本书系国家社科基金项目"传播犯罪的趋势、类型及立法司法研究"（19BXW083）的结项成果；本书获得中国社会科学院大学中央高校基本科研业务费新文科后期出版资助项目经费支持，谨以致谢！

中国社会科学院大学文库

传播犯罪研究

罗斌 著

中国社会科学出版社

图书在版编目(CIP)数据

传播犯罪研究 / 罗斌著. —北京：中国社会科学出版社，2022.2

（中国社会科学院大学文库）

ISBN 978-7-5203-9002-6

Ⅰ.①传… Ⅱ.①罗… Ⅲ.①传播学—犯罪学—研究—中国 Ⅳ.①G206②D917

中国版本图书馆 CIP 数据核字（2021）第 172827 号

出 版 人	赵剑英
责任编辑	宫京蕾　周慧敏
责任校对	秦　婵
责任印制	郝美娜

出　　版	中国社会科学出版社
社　　址	北京鼓楼西大街甲 158 号
邮　　编	100720
网　　址	http://www.csspw.cn
发 行 部	010-84083685
门 市 部	010-84029450
经　　销	新华书店及其他书店

印刷装订	北京君升印刷有限公司
版　　次	2022 年 2 月第 1 版
印　　次	2022 年 2 月第 1 次印刷

开　　本	710×1000　1/16
印　　张	34.5
插　　页	2
字　　数	499 千字
定　　价	198.00 元

凡购买中国社会科学出版社图书，如有质量问题请与本社营销中心联系调换

电话：010-84083683

版权所有　侵权必究

中国社会科学院大学文库学术研究系列编辑委员会

主　任　张政文

副主任　王新清　林　维

编　委（按姓氏笔画排）

　　　　　王　炜　向　征　刘　强　刘文瑞　杜智涛

　　　　　李　俊　何庆仁　张　波　张　斌　张菀洺

　　　　　赵　猛　赵一红　皇　娟　徐　明　高海龙

总　序

张政文[*]

恩格斯说:"一个民族要想站在科学的最高峰,就一刻也不能没有理论思维。"人类社会每一次重大跃进,人类文明每一次重大发展,都离不开哲学社会科学的知识变革和思想先导。中国特色社会主义进入新时代,党中央提出"加快构建中国特色哲学社会科学学科体系、学术体系、话语体系"的重大论断与战略任务。可以说,新时代对哲学社会科学知识和优秀人才的需要比以往任何时候都更为迫切,建设中国特色社会主义一流文科大学的愿望也比以往任何时候都更为强烈。身处这样一个伟大时代,因应这样一种战略机遇,2017 年 5 月,中国社会科学院大学以中国社会科学院研究生院为基础正式创建。学校依托中国社会科学院建设发展,基础雄厚、实力斐然。中国社会科学院是党中央直接领导、国务院直属的中国哲学社会科学研究的最高学术机构和综合研究中心,新时期党中央对其定位是马克思主义的坚强阵地、党中央国务院重要的思想库和智囊团、中国哲学社会科学研究的最高殿堂。使命召唤担当,方向引领未来。建校以来,中国社会科学院大学聚焦"为党育人、为国育才"这一党之大计、国之大计,

---

[*] 中国社会科学院大学党委常务副书记、校长、教授、博士生导师。

坚持党对高校的全面领导，坚持社会主义办学方向，坚持扎根中国大地办大学，依托社科院强大的学科优势和学术队伍优势，以大院制改革为抓手，实施研究所全面支持大学建设发展的融合战略，优进优出、一池活水、优势互补、使命共担，形成中国社会科学院办学优势与特色。学校始终把立德树人作为立身之本，把思想政治工作摆在突出位置，坚持科教融合、强化内涵发展，在人才培养、科学研究、社会服务、文化传承创新、国际交流合作等方面不断开拓创新，为争创"双一流"大学打下坚实基础，积淀了先进的发展经验，呈现出蓬勃的发展态势，成就了今天享誉国内的"社科大"品牌。"中国社会科学院大学文库"就是学校倾力打造的学术品牌，如果将学校之前的学术研究、学术出版比作一道道清澈的溪流，"中国社会科学院大学文库"的推出可谓厚积薄发、百川归海，恰逢其时、意义深远。为其作序，我深感荣幸和骄傲。

高校处于科技第一生产力、人才第一资源、创新第一动力的结合点，是新时代繁荣发展哲学社会科学，建设中国特色哲学社会科学创新体系的重要组成部分。我校建校基础中国社会科学院研究生院是我国第一所人文社会科学研究生院，是我国最高层次的哲学社会科学人才培养基地。周扬、温济泽、胡绳、江流、浦山、方克立、李铁映等一大批曾经在研究生院任职任教的名家大师，坚持运用马克思主义开展哲学社会科学的教学与研究，产出了一大批对文化积累和学科建设具有重大意义、在国内外产生重大影响、能够代表国家水准的重大研究成果，培养了一大批政治可靠、作风过硬、理论深厚、学术精湛的哲学社会科学高端人才，为我国哲学社会科学发展进行了开拓性努力。秉承这一传统，依托中国社会科学院哲学社会科学人才资源丰富、学科门类齐全、基础研究优势明显、国际学术交流活跃的优势，我校把积极推进哲学社会科学基础理论研究和创新，努力建设既体现时代精神又具有鲜明中国特色的哲学社会科学学科体系、学术体系、话语体系作为矢志不渝的追求和义不容辞的责任。以"双一流"和"新文科"建设为抓手，启动实施重大学术创新平台支持计划、创新研究项目支持计划、教育管理科学研究支持计划、科研奖励支持计划等一系列教学科研战略支持计划，全力抓好"大平台、大团队、大项目、大成果""四大"建设，坚持正确的政治方向、学术导向和价值取向，把政治要求、意识形态纪律作为首要标准，贯穿选题设计、科研立项、项目研究、成果运用全过程，以高度的文化自觉和坚定的文化自信，围绕重大理论和实践问题展开深入研究，不断推进知识创新、理论创新、方法创新，不断推出有思想含量、理论分量和话语质量的学术、教材和思政研究成果。"中国社会科学院大学文库"正是对这种历史底蕴和学术精神的传承与发展，更是新时代我校"双一流"建设、科学研究、教育教学改革和思政工作创新发展的集中展示与推介，是学校打造学术精品，彰显中国气派的生动实践。

"中国社会科学院大学文库"按照成果性质分为"学术研究系列""教材系列"和"思政研究系列"三大系列，并在此分类下根据学科建设和人才培养的需求建立相应的引导主题。"学术研究系列"旨在以理论研究创新为基础，在学术命题、学术思想、学术观点、学术话语上聚焦聚力，注重高原上起高峰，推出集大成的引领性、时代性和原创性的高层次成果。"教材系列"旨在服务国家教材建设重大战略，推出适应中国特色社会主义发展要求，立足学术和教学前沿，体现社科院和社科大优势与特色，辐射本硕博各个层次，涵盖纸质和数字化等多种载体的系列课程教材。"思政研究系列"旨在聚焦重大理论问题、工作探索、实践经验等领域，推出一批思想政治教育领域具有影响力的理论和实践研究成果。文库将借助与中国社会科学出版社的战略合作，加大高层次成果的产出与传播。既突出学术研究的理论性、学术性和创新性，推出新时代哲学社会科学研究、教材编写和思政研究的最新理论成果；又注重引导围绕国家重大战略需求开展前瞻性、针对性、储备性政策研究，推出既通"天线"、又接"地气"，能有效发挥思想库、智囊团作用的智库研究成果。文库坚持"方向性、开放式、高水平"的建设理念，以马克思主义为领航，严把学术出版的政治方向关、价值取向关与学术安全关、学术质量关。入选文库的作者，既有德高望重的学部委员、著名学者，又有成果丰硕、担当中坚的学术带头人，更有崭露头角的"青椒"新秀；既以我校专职教师为主体，也包括受聘学校特聘教授、岗位教师的社科院研究人员。我们力争通过文库的分批、分类持续推出，打通全方位、全领域、全要素的高水平哲学社会科学创新成果的转化与输出渠道，集中展示、持续推广、广泛传播学校科学研究、教材建设和思政工作创新发展的最新成果与精品力作，力争高原之上起高峰，以高水平的科研成果支撑高质量人才培养，服务新时代中国特色哲学社会科学"三大体系"建设。

历史表明，社会大变革的时代，一定是哲学社会科学大发展的时代。当代中国正经历着我国历史上最为广泛而深刻的社会变革，也正在进行着人类历史上最为宏大而独特的实践创新。这种前无古人的伟大实践，必将给理论创造、学术繁荣提供强大动力和广阔空间。我们深知，科学研究是永无止境的事业，学科建设与发展、理论探索和创新、人才培养及教育绝非朝夕之事，需要在接续奋斗中担当新作为、创造新辉煌。未来已来，将至已至。我校将以"中国社会科学院大学文库"建设为契机，充分发挥中国特色社会主义教育的育人优势，实施以育人育才为中心的哲学社会科学教学与研究整体发展战略，传承中国社会科学院深厚的哲学社会科学研究底蕴和40多年的研究生高端人才培养经验，秉承"笃学慎思明辨尚行"的校训精神，积极推动社科大教育与社科院科研深度融合，坚持以马克思主义为指导，坚持把论文写在大地上，坚持不忘本来、吸收外来、面向未来，深入研究和回答新时代面临的重大理论问题、重大现实问题和重大实践问题，立志做大学问、做真学问，以清醒的理论自觉、坚定的学术自信、科学的思维方法，积极为党和人民述学立论、育人育才，致力于产出高显示度、集大成的引领性、标志性原创成果，倾心于培养又红又专、德才兼备、全面发展的哲学社会科学高精尖人才，自觉担负起历史赋予的光荣使命，为推进新时代哲学社会科学教学与研究，创新中国特色、中国风骨、中国气派的哲学社会科学学科体系、学术体系、话语体系贡献社科大的一份力量。

自　序

学科（领域）体系的建构，归根结底源于时代进步与社会需要。人类已进入信息社会，现当代传播技术不仅促进了人类社会的快速发展，而且使人类社会形成了"传播依赖"，传播成为人类社会工作与生活的常态和必须，很难想像一个没有传播的社会能够正常存在与发展。与此同时，传播也给人类社会带来各种侵害或威胁：传统的如对精神性人格权的（一次性）侵害，新型传播侵害如非法买卖他人生物识别信息（可能对他人造成终生不可逆转的伤害或威胁）。另外，传播工具与技术的发展，也使许多以前不是问题的问题成为问题，如传统媒体时代，新闻传播侵权中，"新闻"概念不是问题；但在自媒体时代，法律上的"新闻"就成了难以界定的概念——从单一部门法的角度，这些问题的解决可能并不复杂；但基于传播法体系的角度，问题的解决可能更有前瞻性，从而更为科学合理。因此，时代进步与社会需要才是传播法体系化的根基。

当然，从学科本身而言，体系化也有必要性。在2018年出版的《传播侵权研究》的"自序"中，笔者就简述了传播法体系建构的重要性：传播法在信息社会中是一个体系庞大、非常重要的研究领域，虽然"新闻法规与伦理"也早就被教育部确定为新闻学专业核心课程之一，由于交叉学科的性质，由于近二十年来信息技术的飞跃发展、传播方式的根本变革和传播生态的颠覆式变化，根本性质属于法学的

"传播法"或"媒体法"研究，其在与时俱进过程中仍呈现出被动性——这种被动性的原因之一就是学科体系的模糊，或者说研究范畴的不清晰，而研究中的被动又进而导致学科体系、范畴研究的薄弱，这种循环导致传播法在作为一级学科的新闻传播学学科中始终处于边缘状态。

事实上，传播法体系化已经具备相当的基础，即传播法作为一个独立学科领域的品质日益得到广泛承认：

第一，在学术研究方面，传播法学领域的学者，自上世纪改革开放伊始，就已经开始对新闻传播法的探讨。作为传播法研究的发源地，中国社会科学院新闻研究所出版了20多期、70万字的《新闻法通讯》；2016年以来，中国传媒大学媒体法规和政策研究中心推出的电子刊物《传媒法律与政策通讯》双月刊，8年共出版50期。至于传播法的专著，民事侵权问题（包括分割人格权和著作权）的著述丰富，这方面，从2010年以前的名誉权保护到近年的隐私、个人信息保护，焦点转移的特点非常明显。当然，在传播法制史、宪制传播法、行政传播法方面，也有诸多成果。

第二，在课程设置上，传播法已有30多年的历史。自上世纪80年代末期，传播法与传播伦理揉合为一门课程，开始登上新闻学院的讲坛；之后，教育部相继将此课程作为新闻学本科和专业硕士的核心课程——至此，传播法在教学体系中的独立性正式确立（但传播法作为二级学科的硕士点和博士点，尚未出现）。

第三，基于前述两方面的原因，传播法的社会承认度日益广泛。首先，新闻传播学的权威和核心期刊如《新闻与传播研究》《国际新闻界》《新闻记者》《新闻大学》等，都设有相关专栏。其次，这些核心期刊经常开展相关传播法的专题探讨，如2020年《新闻记者》开办的有关《民法典》传播条款的系列探讨。另外，国家社科基金每年都有传播法项目，其重大招标项目也几乎每年都有传播法领域课题。

自 序

尽管传播法作为一个独立的学科领域在新闻传播学界得到承认,但在法学界并未得到承认,至少未清晰地将其作为一个独立的学科领域对待,更不用说作为一个法律部门或学科。在法学界看来,传播法没有统一、完整、系统的法典,不是一个独立的法律部门;其既调整平等主体之间的因信息传播而产生的法律关系即民商事法律关系,也调整不平等主体、如政府与自然人之间的法律关系,甚至还调整刑事法律关系和宪法法律关系,因此,其具有私法和公法结合的特征——这可能是传播法体系化的主要障碍。

传播法的体系当然尚未构建起来:一个学科领域的构建,不会因为几部教材式或教材式专著的概述和几篇研究其体系的论文指出涉及到的法律法规就能完成,而需要这个学科领域志同道合的学者对相关问题孜孜不倦的研究,这些问题绝非只是细节性、个别性问题,纵然这些细节性、个别性问题的研究是建筑高楼必需的砖石,但体系恰如"四梁八柱"构筑的框架。以民法为比照,如果只有民法体系的概述型教材,而没有对其所属的物权法、合同法、人格权法、婚姻法、继承法和侵权法这些分体系内容进行进一步的构建,民法不可能成为一个部门法——传播法目前缺少的就是基于部门法的对分体系的"进一步"建构。

传播法主要涉及法制史、法理学、宪法学、行政法学、民法学、刑法学这几个部门法。目前而言,在我国,民事传播法的研究成果最为突出,但主要集中于侵权角度,合同角度的研究很少、主要探讨媒介消费问题;新闻法制史的研究比较丰满,但也仅限于"新闻法制"史;宪法传播法的研究,虽有不少关于表达自由的专著,但很难说是基于传播的研究,当然传媒与司法关系的研究则多如牛毛;行政传播法方面,关于特殊传播内容(如涉色情、暴力及未成年人传播)和政府信息公开方面的研究比较丰厚,其他方面难言深入;刑事传播法的研究则最为薄弱,虽有网络法的研究涉及到,但其不仅涉及网络传播法,也涉及以网络为工具以及对网络进行的违法犯罪的内容,所以其很难归属于传播法体系，而是与传播法有交叉的一个学科领域……至于涉及其他部门法的研究，虽在具体问题上已经比较深入，但有体系性、类型化思维的专著，目前尚未见成果。

目前，传播法体系建构中的问题或障碍主要是：

第一，在教学内容中受英美教材影响较大，与我国成文法体系有矛盾之处。英美法作为案例法，主要特征就是问题解决出发型，不关注或不太关注部门法分野；我国作为成文法国家，继承大陆法系传统，是典型的部门法思维。目前国内已有的20多部此类教材或教材式专著，其一级目录（章）的设置标准，问题与部门法两种标准共存，这与英美传播教材是一致的。多标准共存，与部门法的类型化方法存在抵牾，必然削弱体系的逻辑性、严密性和科学性。

第二，在内容上除了前述分体系中的薄弱环节，目前的教材以"新闻传播"为基础概念，研究范畴主要是"新闻传播法"。由于历史的原因，英美传播法的起步就是以"新闻传播法"为基点，我国传播法学界也不例外，而且整个新闻传播学界的研究范畴都经历了或正在经历从"新闻传播"到"传播"的转变，所以不能苛求目前已经存在的新闻传播法教材，但应当清醒地认识到：对于"新闻传播法"的执着，无疑是影响传播法体系构建的主要因素之一。

第三，传播法与传播伦理未分开。如前所述，传播法与传播伦理自课程设置伊始，就因为专业教师的缺乏而揉合为一门，许多学者也将两部分内容揉合或并列在一本教材中。伦理学属于哲学学科，与本质上属于法学的传播法是根本性质不同的学科领域。尽管直观上，传播法属于对传播的"他律"，传播伦理属于对传播的"自律"，两者都有一个"律"字即规范的内容，但其规范手段与后果均有本质不同。将本质不同的内容合并成一门课程，不仅使该课程不堪重负，也无疑对两个学科领域品质的提升形成障碍。

总之，一个学科领域或方向，如果没有自己清晰的内容体系、范畴、语言，没有自己的特点，没有自己的研究方法，将难以适应社会发展的需要，也难以提升学科品位。

刑事传播法（传播犯罪）研究是传播法体系中的重要分体系，本著突破"新闻传播"的范畴，以"传播"为研究对象，在研究中基于法学的思维方式构筑体系，希望对传播法大体系的建构有所裨益。

传播法内容广博，疆界广袤，体系庞大，惟愿与同仁共耕之、共乐之。

前　言

一　目的与意义

犯罪行为在学理与立法上的分类，传统上以侵害的法益（客体）为标准。如我国《刑法》分则中，十大类型的犯罪分别是危害国家安全罪、危害公共安全罪、破坏社会主义市场经济秩序罪、扰乱市场秩序罪、侵犯公民人身权利和民主权利罪、侵犯财产罪、妨害社会管理秩序罪、危害国防利益罪、贪污贿赂罪、渎职罪和军人违反职责罪——其中，除贪污贿赂罪、渎职罪和军人违反职责罪没有直接说明所侵害的法益（客体）外［但也间接说明了所侵害的法益（客体）］，其他七种类型的犯罪均以所侵害的法益（客体）为明确的标准。

犯罪行为上述分类的逻辑，在学术与理论研究中形成一种现象：对犯罪的研究也大都以个罪及基于法益（客体）侵害标准的类罪为出发点，即从法益角度进行类型化的研究很多，在上述十种类型下又可具体分类——如此，从某种类型的犯罪"行为"角度进行的研究则极少。也就是说，在刑法体系内，多以权益为本体进行横向研究，少从"行为"角度进行纵向研究——在刑法学的历史上，这种情况已经习以为常。当然，也有一些例外，如近年兴起的"网络犯罪"，通常认为包含网络对象型、网络工具型和网络空间型即网络传播型三种类型犯罪,其本身主要是从行为、方式进行的分类,而非以侵害的法益(客体)为标准。

上述传统研究方法自然有其逻辑依据和历史渊源,也无可厚非。然而,上述研究方法存在一个问题:对犯罪问题的研究多集中在共性问题上,而忽略了特性研究。因为即使各类犯罪在成立条件上完全或大致相同,但各类犯罪行为(如构成要件)毕竟有其特征、规律。

在犯罪体系内,有一种犯罪行为,其对法益的侵害不是以有形的、物理接触的方式进行(比如不是以击打他人身体,占有、损坏他人财物的方式),而是通过使用媒体、传播信息,使人精神直接受到伤害或产生误判、不适当行为,从而造成身体、精神或财产损害——这种犯罪行为就是媒体组织、其他组织或自然人的媒体传播行为犯罪。如果将以有形的、物理接触的方式进行的侵权行为称为"硬犯罪",那么媒体传播行为侵权就是"软犯罪"。

本书的目的就是:通过对媒体传播行为犯罪这种"软犯罪"的系统研究,探讨媒体传播行为犯罪的总体特征、规律及侵害各种法益时在成立条件、构成要件、犯罪主体等方面的不同,在刑法体系,构筑一个立足于"传播"的分体系,以有利于教学,并指导司法实践。

具体而言,本书有以下意义:

(一) 理论意义

1. 本书对丰富刑法理论体系是一种启发

刑法理论或立法对犯罪行为的分类,以侵害的法益(客体)为标准,这是数百年的传统。而本书将突破这种方法:以"传播"行为为线。这种类型化的研究方法,其涉及的法益(客体)几乎包括了我国《刑法》分则列举的各种法益;如果从立法上看,此研究贯穿总则与分则。这种贯穿性体系属于纵向体系,故此研究对丰富刑法理论体系是一种启发。

2. 本书是适应信息时代的刑法理论研究

从经济特征而言,"媒体"是信息社会的产业代表;从社会行为而言,"传播"本身就是信息社会的代表性行为。与代表工业社会的生产、销售伪劣商品罪和破坏环境资源保护罪侵害法益（客体）的单一性不同，媒体传播行为犯罪侵害的法益（客体），包括国家法益、社会法益和个体法益中的几乎所有子类型法益（客体）——所以，媒体传播行为犯罪研究带有明显的信息社会特征。

3. 本书将丰富传播法理论体系

在传播法学体系中，犯罪问题是非常重要的一部分。但是，传统的传播法研究中，传播犯罪并不是重点研究领域，在国内外传播法教材中，关于传播犯罪问题的内容非常少，与民事领域的传播侵权的研究内容之丰富形成鲜明对照。本书对传播犯罪进行独立的体系化研究，与传播侵权问题的研究"同等对待"，无疑将丰富传播法的理论体系。

(二) 实践意义

1. 健全媒体治理制度

传播犯罪制度是国家媒体现代治理体系以及互联网治理组成部分，相关法律制度无论对作为自然人的传播者还是机构、平台传播者，均有直接的指导意义。本书对相关问题的梳理与澄清，可引导传播业务实践，减少传播中的违法犯罪行为。

2. 立法与司法实践的理论指导

本书对涉及传播犯罪问题集中研究，可指导司法实践，减少社会争议。如第十章第三节对我国传播犯罪司法实践中法益的抽象化问题进行研究，明确了谣言传播中的法益也应当是具体的、可还原为个人利益的利益，我国谣言传播法律制度规定的是侵害犯，即要求有现实法益侵害的具体后果，但由于将抽象的"政府形象""社会影响""网络秩序"作为被侵害的法益，也由于编造、故意传播虚假信息罪和传播型寻衅滋事罪的裁判对现实法益侵害结果认定的比例很低，我国谣言传播犯罪的司法实践在相当程度上表现出与法律和司法解释的背离。这就有利于司法实践中的正确的法律适用。

3. 传播法研究生层次教学的体系参照

目前，传播犯罪方面的系统性研究尚未见到，本书可提供这种体系参照。

二 研究现状

近年来，我国传播犯罪案件频发，自2006年"彭水诗案"始的一系列"诽谤领导案"，到2012年"环保卫士刘福堂非法经营案"，2013年"甘肃张家川初中生发帖寻衅滋事案""秦火寻衅滋事诽谤案"，2015年"二十一世纪报敲诈勒索和强迫交易案""王晓璐编造并传播证券交易虚假信息案""刘伟非法获取国家秘密案"，2016年"快播案"，2017年"'耽美小说'作者天一制作、贩卖淫秽物品牟利案""侮辱成吉思汗案"，再到2018年"伊利谣言案""鸿茅药酒案"……一个个案件所涉法律问题和引发的争议，对媒体产业、网络治理、司法威信和社会稳定造成很大负面影响，而其重要原因之一是：传播犯罪立法与司法中，重要、关键问题的澄清与解决缺乏理论体系的宏观引导和具体原则的微观指导。

传播犯罪领域的研究主要分布于以下五个方面，强弱不均，但也焦点"纷呈"：

（一）类型化犯罪或（准）体系性研究

目前国内外尚未发现此类研究。但近年国内有三项类型化研究含有一定程度体系性思维：（1）博士学位论文《媒体表达侵害公共秩序的主要类型及其规制》，[①] 将侵害公共秩序的"媒体表达"分为谣言、虚假商业宣传与虚假证券信息、涉宗教民族类表达和伪科学（迷信类表达）四大类，对涉及的10余种传播犯罪进行了梳理，其研究的范畴涉及行政规制和刑事规制，难以归为传播犯罪的专门体系化研究。（2）《论我国编

[①] 邱敬存：《媒体表达侵害公共秩序的主要类型及其规制》，博士学位论文，河北大学，2017年。

造、传播虚假信息的刑法规制》一文，①对涉及传播虚假信息的10种犯罪的分类、构成要件及法律适用问题进行了探讨，是以信息内容为依据进行的类罪研究。(3) 2006年发表于《法学家》的《试析我国宪法中的言论自由在刑法中的规制》一文，②梳理了我国《刑法》中涉及言论自由的40余种犯罪，对其侵害的法益、法定最高刑及二者关系，以及限制、保护言论自由与侵犯的法益之间的关系等问题，进行了量化分析——该文的基础概念是"言论自由"，研究问题范围也很有限。

(二) 基础理论研究方面，对传播犯罪的基础理论、基本原则、构成要件与违法阻却事由的探讨比较薄弱

这方面研究集中于：(1) 日本刑法学界提出的涉及传播犯罪因果关系的"传播性理论"。其认为向特定人或者少数人进行有扩散可能的传播，可免于证明因果关系。③但我国刑法学界普遍不认可该理论。④ (2) 网络服务商的责任来源。共同观点是其刑事责任源于注意义务、监管能力。⑤ (3) 网络服务商的帮助行为构罪问题。2016年的热点案例"快播案"将网络平台（P2P技术下）不作为帮助行为的归责讨论推向高潮，此问题至今仍存争议，主流意见认为此类行为构成犯罪，在想象竞合数罪中择一重判。⑥ (4) 涉人工智能犯罪问题。这方面探讨已展开，焦点是人工智能是否具备刑事主体资格，有观点认为目前阶段弱人

---

① 赵秉志、徐文文：《论我国编造、传播虚假信息的刑法规制》，《当代法学》2014年第5期。
② 刘守芬、牛广济：《试析我国宪法中的言论自由在刑法中的规制》，《法学家》2006年第3期。
③ [日] 西田典之：《日本刑法各论》，王昭武、刘明祥译，法律出版社2013年版，第129页。
④ 韩玉胜、胡杰：《诽谤罪中散布行为的界定》，《人民检察》2014年第5期。
⑤ Dr. Dieter Dorr & Steffen Janich, *The Criminal Responsibility of Internet Service Providers in Germany*, 80 Miss. L. J. 2010-2011.
⑥ 陈洪兵：《帮助信息网络犯罪活动罪的限缩解释适用》，《辽宁大学学报》（哲学社会科学版）2018年第1期；陈兴良：《快播案一审判决的刑法教义学评判》，《中外法学》2017年第1期。

工智能不具备该资格,① 其设计者和生产者是责任主体。②

（三）热点领域及其问题

刑法学界近年热点领域"网络犯罪"包含网络对象型、网络工具型和网络空间型即网络传播型三种类型犯罪,③ "网络传播犯罪"成为热点研究分领域,其热点基础理论问题：有刑法学者提出"双层社会"概念,认同预备犯实行化和帮助犯正犯化,推崇相关犯罪量化认定,并力主建构"网络刑法"。④ 主流刑法学者则反对上述概念和观点⑤——两者共同点：以新型法益保护为基础,赞同扩大刑法处罚范围,但反对类推性的刑法解释。⑥ 总之,刑事司法政策在罪刑法定原则上的纠结,在该领域非常突出、明显。

（四）热点个罪及其问题（部分列举）方面,由于网络传播的普及、积极干预的刑事司法政策以及新闻记者触犯刑法等原因,许多个罪成为焦点或一度成为热点,并涉及众多法律问题

1. 非法持有宣扬恐怖主义、极端主义物品罪

从互联网下载宣扬恐怖主义、极端主义的音频视频资料后,存入电脑,是否属于"持有",主流观点持肯定意见,但也有反对意见。⑦

2. 诽谤罪和寻衅滋事罪

我国新闻传播法学界针对（新闻和文学）诽谤罪（自1985年的"沈崖夫、牟春霖诽谤杜融案"始）的研究源远流长,21世纪以来出现

---

① Gabriel Hallevy, *The Criminal Liability of Artificial Intelligence Entities-From Science Fiction to LegalSocial Control*, in 4 Akron Intel. Prop. J. 2010.
② 刘宪权、房慧颖：《涉人工智能犯罪的前瞻性刑法思考》,《安徽大学学报》（哲学社会科学版）2019年第1期。
③ 皮勇：《论新型网络犯罪立法及其适用》,《中国社会科学》2018年第10期。
④ 于志刚：《"双层社会"中传统刑法的适用空间——以"两高"〈网络诽谤解释〉的发布为背景》,《法学》2013年第10期。
⑤ 张明楷：《网络时代的刑事立法》,《法律科学》（西北政法大学学报）2017年第3期。
⑥ 欧阳本祺：《论网络时代刑法解释的限度》,《中国法学》2017年第3期。
⑦ 张明楷：《网络时代的刑事立法》,《法律科学》（西北政法大学学报）2017年第3期。

一批相关专著,并有实证分析——其焦点与主流观点在于诽谤的除罪化。①2013 年"两高"《关于办理利用信息网络实施诽谤等刑事案件适用法律若干问题的解释》成为焦点:对网络诽谤罪的情节严重的量化标准(即浏览 5000 次或转发 500 次),主流认为诽谤是否构罪不应由他人行为决定;②对该解释第五条将寻衅滋事罪适用于网络空间,学界主流观点是反对。③

3. 侵犯公民个人信息罪

"两高"《关于办理侵犯公民个人信息刑事案件适用法律若干问题的解释》突破《网络安全法》和《民法典·人格权编(草案)》中的个人信息的外延,将不能识别个人身份的个人隐私性信息也规定在该罪保护范围内,以及将"违反国家有关规定"解释为"违反法律、行政法规和部门规章的规定",引发争议;该罪中"未经公民同意"是否即可视为"非法",也产生分歧。④

4. 侵犯著作权罪

"两高"2011 年《关于办理侵犯知识产权刑事案件具体应用法律若干问题的解释(二)》第二条关于该罪"复制发行"包括复制、发行或者既复制又发行,即将单纯复制行为解释为犯罪的规定,是否属越权解释引发争议;另外,对信息网络传播是否属于"发行"也有分歧。⑤

5. 损害商业信誉、商品声誉罪

该罪引发争议问题有二:只有捏造没有散布构罪的司法实践;2007 年《最高人民检察院公安部关于公安机关管辖的刑事案件立案追诉标准

---

① 张金玺:《美国公共诽谤法》,中国人民大学出版社 2016 年版,第 6 页;郑文明:《诽谤的法律规制——兼论媒体诽谤》,法律出版社 2011 年版,第 24—80 页。
② 李晓明:《诽谤行为是否构罪不应由他人的行为来决定——评"网络诽谤"司法解释》,《政法论坛》2014 年第 1 期。
③ 张明楷:《网络时代的刑事立法》,《法律科学》(西北政法大学学报) 2017 年第 3 期。
④ 曲新久:《论侵犯公民个人信息犯罪的超个人法益属性》,《人民检察》2015 年第 11 期。
⑤ 龚义年:《论知识产权犯罪网络化及其刑法回应》,《河南科技大学学报》(社会科学版) 2018 年第 1 期。

的规定（二）》第七十四条将"利用互联网或者其他媒体公开损害他人商业信誉、商品声誉"作为"情节严重"的标准之一。新闻传播法学界有学者对"中国裁判文书网"所载 6 年来 14 起自媒体刑事商业诽谤案进行分析，按照罪刑相当的原则，就如何合理设定实体法上犯罪构成和程序法上管辖地、证据标准等提出观点。[1]

6. （涉及新闻记者的）敲诈勒索罪及强迫交易罪

新闻传播法学界有观点认为：新闻敲诈完全符合敲诈勒索罪的构成要件；[2] 还有观点认为，相对于敲诈勒索罪，记者的强迫交易罪难以成立，原因是对方有非法利益存在，交易也并非纯粹出于被迫。[3]

7. 非法获取国家秘密罪

新闻传播法学界有观点认为，记者虽可能触犯涉密犯罪，但我国记者因职务需要可以或者有权利接触或依法持有一定国家秘密，这并不构成犯罪。[4]

上述个罪中，对于诽谤罪、侵害个人隐私（信息）犯罪、网络恐怖主义犯罪、煽动仇恨与歧视言论罪等，大陆法系尤其是德国，上述热点个罪的构罪门槛较低，刑事打击较为严厉；[5] 英美法系传播行为（尤其是诽谤）出现除罪化趋势，但在立法和司法上并未消失。[6]

（五）相关传播犯罪的程序问题

1. 由于诸多"跨省追捕"的案例，诽谤罪中的程序（自诉与公诉）

---

[1] 王锦东：《网络环境下如何正确界定刑事商业诽谤？——14 起自媒体刑事商业诽谤案判决统计分析》，《新闻记者》2018 年第 10 期。
[2] 姚广宜：《新闻敲诈的成因及对策——中外新闻法律与规制的比较研究》，《当代传播》2016 年第 6 期。
[3] 李婷婷、展江：《"新闻圣徒"的敲诈勒索和强迫交易罪——媒体人经济犯罪经典案例评析（二十）》，《青年记者》2018 年第 25 期。
[4] 魏永征、钟晓璐：《新闻调查记者与国家秘密：从记者刘伟卷入"案中案"说起》，《新闻界》2015 年第 22 期。
[5] 邢璐：《德国网络言论自由保护与立法规制及其对我国的启示》，《德国研究》2006 年第 3 期。
[6] 郑文明：《诽谤的法律规制——兼论媒体诽谤》，法律出版社 2011 年版，第 24—80 页。

问题是 21 世纪以来的热点之一，主流观点认为公诉的启动会侵犯公民的选择权，① 但并没有给出具体解决方案。

2. 新闻传播法学界有学者对网络传播犯罪刑事诉讼的程序问题进行了初步探讨，认为应严格排除非法证据、官员诽谤罪中应由控方承担被告人即传播者的"实质恶意"的举证责任。② ——上述传播犯罪程序问题的探讨未关注记者拒证权问题，是结构性缺陷。

综上所述，传播犯罪领域的研究，最大的问题是理论体系未建构起来（未发现体系性研究），立法与司法缺乏具体原则的指导。当然，基础理论研究在前述几个点已颇有成果，热点领域"网络传播犯罪"和热点个罪研究也较丰富、深入，类型化犯罪和程序性问题的研究也都不同程度地展开——其均可为本书提供重要参考。

三　研究对象、范围、内容与思路

（一）研究对象、范围

本书研究对象是传播犯罪。狭义即典型的传播犯罪指因传播行为侵害或威胁法益引发的犯罪，广义的传播犯罪还包括非典型传播犯罪：借助传播权侵害或威胁法益（如以舆论监督为要挟，敲诈勒索或强迫他人进行广告宣传即强迫交易），以及与传播行为密切相关的行为侵害或威胁法益（如非法获取国家秘密）引发的犯罪。其在我国《刑法》分则中有 53 种：（1）侵害国家法益的传播犯罪（共 15 种），包括煽动分裂国家罪，煽动颠覆国家政权罪，向境外非法提供国家秘密罪，帮助恐怖活动罪，准备实施恐怖活动罪，宣扬恐怖主义、极端主义、煽动实施恐怖活动罪，利用极端主义破坏法律实施罪，非法持有宣扬恐怖主义、极端主义物品罪，故意泄露国家秘密罪，过失泄露国家秘密罪，煽动军人

---

① 刘艳红：《网络时代言论自由的刑法边界》，《中国社会科学》2016 年第 10 期。
② 陈堂发、杨世宏：《网络言论追责中以审判权制约侦查权问题》，《新闻爱好者》2018 年第 2 期。

逃离部队罪，战时造谣扰乱军心罪，故意泄露军事秘密罪，过失泄露军事秘密罪，战时造谣惑众罪。（2）侵害社会法益的传播犯罪（共25种），包括欺诈发行股票、债券罪，违规披露、不披露重要信息罪，编造并传播证券、期货交易虚假信息罪，虚假广告罪，非法经营罪，煽动暴力抗拒法律实施罪，非法获取国家秘密罪，非法使用窃听、窃照专用器材罪，拒不履行信息网络安全管理义务罪，非法利用信息网络罪，帮助信息网络犯罪活动罪，扰乱无线电管理秩序罪，编造、故意传播虚假恐怖信息罪，编造、故意传播虚假信息罪，寻衅滋事罪，传授犯罪方法罪，侵害英雄烈士名誉、荣誉罪，组织、利用会道门、邪教组织、利用迷信破坏法律实施罪，泄露不应公开的案件信息罪，披露、报道不应公开的案件信息罪，走私淫秽物品罪，制作、复制、出版、贩卖、传播淫秽物品牟利罪，为他人提供书号出版淫秽书刊罪，传播淫秽物品罪，组织播放淫秽音像制品罪。（3）侵害个体法益传播犯罪（共13种），包括侵害个体人格权益和民主权益的传播犯罪（共4种）：侮辱罪，诽谤罪，煽动民族仇恨、民族歧视罪，出版歧视、侮辱少数民族作品罪；侵害个体财产权益的传播犯罪（共5种）：侵犯公民个人信息罪，损害商业信誉、商品声誉罪，诈骗罪，敲诈勒索罪，强迫交易罪；侵害知识产权的传播犯罪（共4种）：假冒注册商标罪，侵犯著作权罪，侵犯商业秘密罪，销售侵权复制品罪。

需强调：本书中的传播主要指利用传统大众媒体或网络媒体面向不特定多数人和特定多数人的传播，不包括人际传播和组织传播。传播犯罪的主体不局限于媒体组织或其工作人员（如记者），还包括媒体组织之外的其他组织或自然人。

（二）研究思路

整个研究逻辑关系与思路如下图：前三章为第一部分即传播犯罪的基础理论部分，第四章至第七章为第二部分即传播犯罪类罪与个罪研究，其中第七章为传播犯罪个罪焦点法律问题；第八章至第十章为第三部分即传播犯罪制度的历史演进，罪刑法定视角下传播犯罪制度与实践的问题；法益侵害原则视角下传播犯罪制度与实践的问题；第十一章为本书结论及建议。总体而言：第一部分对整个研究起基础和指导作用，第二部分在第一部分指导下展开对传播犯罪类罪与个罪研究，第三部分是在第一、第二部分基础上，对我国传播犯罪制度存在问题及如何完善的探讨；第四部分是结论与建议。

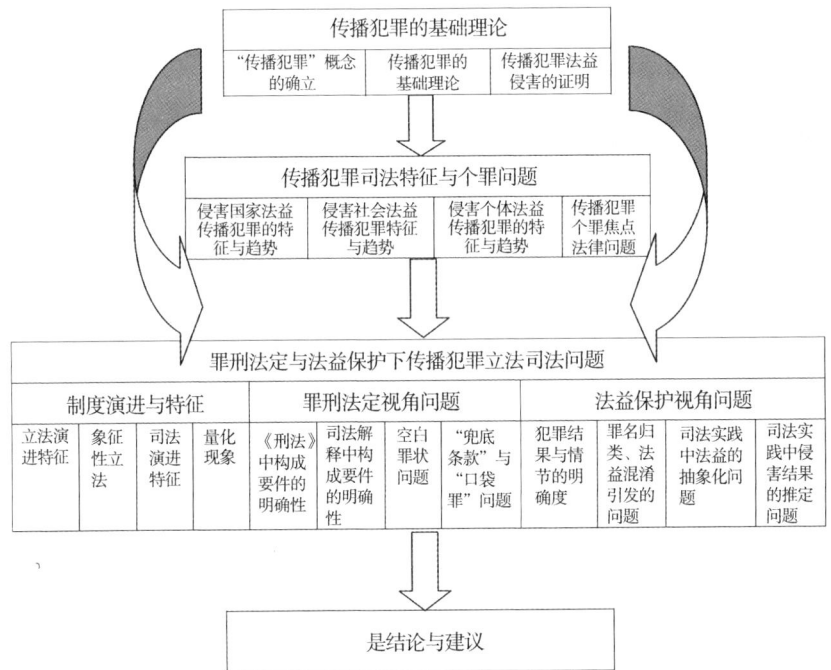

(三) 研究内容

第一章主要确立本书的基石即核心概念"传播犯罪"，内容包括媒体传播行为犯罪的相关概念及其问题，媒体传播行为犯罪概念的要求及"传播犯罪"概念的优点，"传播犯罪"的内涵、外延与特征，基于信息内容等标准的"传播犯罪"学术分类。

第二章主要探讨传播犯罪的基础理论，内容包括罪刑法定原则在传播犯罪制度中的适用，结果无价值的法益保护原则在传播犯罪制度中的适用，传播犯罪的成立条件：三阶层犯罪论。

第三章研究传播犯罪法益侵害的证明问题，从民事与刑事制度比较的视角，内容包括传播结果的法律规定与理论争议，强效果理论和有限效果理论下传播侵害结果推定的问题，传播性理论与诽谤侵害结果。

第四章主要研究侵害国家法益传播犯罪的特征与趋势，内容包括侵害国家法益传播犯罪的媒介使用等行为特征，主体与客体，主观性及刑罚适用。

第五章主要研究侵害社会法益传播犯罪的特征与趋势，内容包括侵害社会法益传播犯罪媒介使用等行为特征，主体与客体，主观性及刑罚适用。

第六章主要研究侵害个体法益传播犯罪的特征与趋势，内容包括侵害社会法益传播犯罪媒介使用等行为特征，主体与客体，主观性及刑罚适用。

第七章主要研究我国传播犯罪个罪焦点法律问题，主要结合热点、焦点及典型案例进行探讨。

第八章主要研究我国传播犯罪立法、司法解释的演进与特征，内容包括我国传播犯罪立法的演进与特征，我国传播犯罪的象征性立法及其原因，我国传播犯罪司法解释的演进与特征，我国传播犯罪司法解释立案、定罪与量刑的量化标准演进。

第九章主要研究我国传播犯罪制度与司法实践中的罪刑法定问题及其完善，内容包括我国《刑法》和司法解释中传播犯罪构成要件的明确性评估，我国传播犯罪的空白罪状问题，传播犯罪制度中的兜底条款与"口袋罪"问题等。

第十章主要研究我国传播犯罪制度中法益保护问题及其完善，内容包括我国传播犯罪法律制度中犯罪结果与情节的明确度，我国传播犯罪司法实践中法益的抽象化问题，我国传播犯罪罪名归类、法益混淆及其引发的问题。

第十一章是本书研究结论与建议部分，总结传播犯罪的司法实践特征与走势，相关制度的打击重心；从立法司法原则、立法司法内容方面，并基于罪刑法定、法益保护原则提出传播犯罪制度的相关建议。

四　研究方法

（一）文本分析法

即对传播犯罪相关法律规定进行由表层文义到深层含义的分析，其又涉及多种具体的法律解释方法，如文义解释、逻辑解释、系统解释、历史解释、目的解释。

（二）案例研究法

对绝大部分传播犯罪个罪，结合（包括"选题依据"开头列举的）典型案例研究，从判决中总结传播犯罪刑事司法动态、得失。

（三）比较法

对于重要的问题，如传播犯罪的成立条件等，以及传播犯罪分类处理原则，对不同国家与我国进行比较研究，剖析优劣，吸取精华，排除糟粕。

（四）定量研究法

量化分析方法是本书特色之一，在第三章至第十章中，均使用量化方法对相关问题进行研究。

五　研究特色

（一）体系化研究

本书将传播犯罪作为一种统一的犯罪类型进行研究，即将研究定位于体系化研究。

（二）注重网络传播犯罪研究

截至 2020 年 3 月，中国网民规模达 9.04 亿人，其中手机网民 8.97

亿人，互联网普及率达到64.5%，多种手机应用规模均以亿为单位。①与此同时，传统媒体传播日渐式微，传播生态发生了颠覆式变化，表现在：生产与传播主体由媒体机构为主被网络用户为主取代，同时呈现媒体机构平台化、生产与传播分离走向；信息内容呈现新闻、文学、音乐、游戏等多样化，信息形式趋向文字、图像及声音的综合化；传播方式方面，移动网络使"即时在线"成为常态，使"数字化生存"更加彰显，（移动）社交媒体成为亿万传播主体的主要传播方式和信息获取方式之一，并呈现场景传播、沉浸传播和共享传播。②本书在兼顾传统媒体犯罪内容研究的同时，以网络传播生态下的犯罪新问题为主要研究对象。

（三）注重定量研究

为论证具体问题，本书在定性研究的基础上，结合定量研究，而且，在案例样本选择上，以中国裁判文书网为主，以无讼网及其他网络资源为辅，保证了样本的权威性、代表性。如第四章共收集282个案例，第五章共收集872个案例，第六章共收集459个案例，第十章共收集408个案例——本书共有2021个案例，保证了研究的严谨性和说服力。

（四）注重引用权威性及文献价值

本书涉及的理论观点，尽量引用权威学者的观点；对文献注重原始来源，如对案例的引用尽量以案号注明出处，对所有重点统计分析案例的案号均在参考文献中列出。

---

① 我国即时通信、搜索引擎、网络新闻、网络音乐、网络游戏、网络直播用户规模分别达8.96亿人、7.5亿人、7.31亿人、6.35亿人、5.32亿人和5.6亿人。中国互联网信息中心：第45次《中国互联网络发展状况统计报告》，（2020-4-28）[2020-7-29] http://www.cnnic.net.cn/hlwfzyj/hlwxzbg/hlwtjbg/202004/P020200428596599037028.pdf。

② 周妍、张文祥：《移动互联网下的传播变革及其社会影响》，《山东社会科学》2019年第2期。

六　主要发现与研究创新

本书在首次基本厘清我国传播犯罪的整体（司法）特征及立法、司法中存在的问题的基础上，主要有以下创新：

（一）主要发现

1. 我国传播犯罪司法实践中的特征

从媒介使用特征上看，我国传播犯罪网络媒介（尤其是微信、QQ）成为犯罪行为实施中的重要工具，但传统媒介仍然是重要的犯罪工具之一；关于此类犯罪主体，除个别犯罪外，其他传播犯罪以21—40岁、受中等和高等教育的男性为主；关于此类犯罪主观性，除过失型泄密类案件及为他人提供书号出版淫秽书刊罪外，其他犯罪在主观上只能由故意构成，而其主观目的与动机多样，包括牟利、危害国家安全或社会秩序、获取高关注度、发泄情绪、炫耀、徇私等；关于此类犯罪的刑罚适用，主刑多为三年以下有期徒刑，重型即判处十年以上有期徒刑主要出现在危害国家安全和妨害社会伦理道德的传播犯罪案件中，整体呈现轻刑化的司法特征，显示出传播犯罪制度在整体上扩大刑罚打击圈，重点打击侵害国家安全、妨害社会伦理道德及侵害个体财产权益犯罪的同时，以轻刑来缓和其中张力的思路。

2. 我国传播犯罪立法与司法解释的整体特征、思路、目标与问题

基于国家安全、社会稳定的主要立法目的，我国传播犯罪立法与司法解释的主要问题在于：传播犯罪罪名设置具有一定超前性；传播犯罪制度结构上注重针对侵害国家和社会法益的犯罪；涉传播犯罪司法解释内容有结构性缺陷，其中司法解释主要针对危害国家安全和社会稳定、伦理风化、知识产权、谣言传播和新型网络传播犯罪体现出打击性、惩罚性的思路与目标。

传播犯罪个罪的问题主要集中于罪刑法定原则问题、法益保护原则问题，即构成要件、法益侵害（证明）方面；其他方面如有责性问题、

竞合问题、程序问题、共犯问题，虽在个罪中有呈现，但比较分散。另外，在侵害社会法益传播犯罪中，涉及罪刑法定原则的问题比较集中；在侵害个体法益的传播犯罪中，涉及法益保护原则的问题则比较集中。

3. 基于罪刑法定原则视角下我国传播犯罪制度的问题

就《刑法》本身规定而言，我国传播犯罪制度中，除个别罪名外，绝大部分罪名构成要件比较模糊，存在不同程度的明确性问题。在侵害国家、社会和个体法益三类53种传播犯罪中，构成要件解释率由高到低为侵害国家法益的传播犯罪→侵害法益社会的传播犯罪→侵害个体法益的传播犯罪；三类传播犯罪经过解释的整体明确度，侵害法益社会的传播犯罪最高，侵害国家法益的传播犯罪依然最低，即使是构成要件明确度比较高的犯罪中，也不同程度存在模糊性问题。

构成要件的模糊，大量空白罪状与兜底条款的存在，"口袋罪"的问题，事实上造成犯罪制度的低门槛，为传播犯罪打击圈和刑罚的不适当扩张埋下了隐患。

4. 基于法益保护原则视角下我国传播犯罪制度的问题

在我国53种传播犯罪中，存在相当程度的犯罪结果模糊化、法益侵害抽象化。另外，我国传播犯罪制度存在罪名的非科学归类及法益混淆现象；在谣言传播犯罪中，将抽象的"政府形象""社会影响""网络秩序"作为被侵害的法益；目前，我国司法实践中针对包括诽谤在内的诸多传播侵害结果的判定，更多地采用推定。

(二) 概念创新

目前，对于利用媒体传播引发的相关犯罪，学界主要使用"媒体犯罪"或"网络犯罪"概念，其均未从此类犯罪的本质特征即"传播"的角度进行界定。本书认为，"传播犯罪"应当作为利用媒体传播引发的犯罪类型的基础概念。

(三) 体系创新与特色

本书的主要目的之一就是传播法学分体系的建构，这本身属于体系创新。以前的研究，唯有"网络犯罪"涉及体系性研究，但并非专门针对"网络传播犯罪"。而且，本书第二部分在对53种传播犯罪进行分别研究时，不是按《刑法》分则的犯罪类型进行结构安排，而是将犯罪侵害的法益分为国家法益、社会法益和个体法益，进而将传播犯罪分成三类。这样，更有利于从理论的视角对相关各种犯罪的立法和司法问题进行审视。

(四) 观点创新（部分列举）

1. 关于传播犯罪的客观结果要件的分类

传播犯罪的客观结果要件应当分类立法或适用：对《刑法》规定了"情节严重（恶劣）"要件的所有犯罪，一律为侵害犯；对部分侵害国家法益（危害国家安全）和社会法益（危害公共安全）的传播犯罪，可以规定为"抽象危险犯"，但应遵守"即刻而明显的危险"原则；对于其他侵害社会法益和个体法益的犯罪行为，当属于侵害犯、结果犯，而不应属于抽象危险犯。

2. 关于传播行为损害后果的判定

从传播效果理论进行分析，传播行为未必会产生实际损害结果，甚至不会产生"抽象危险"；"情节严重（恶劣）"主要指客观损害结果的严重；而且，刑事诉讼的证明标准是排除合理怀疑标准，而不是民事诉讼中的盖然性标准。因此，传播犯罪的侵害结果应该予以证明而不能推定，"两高"《关于办理利用信息网络实施诽谤等刑事案件适用法律若干问题的解释》中诽谤罪的"积量构罪"标准并不科学。以社会调查法（量化方法）确定法益侵害即传播侵害后果是科学的方法与途径。

3. 对侵害个体法益的传播犯罪原则上适用自诉程序

目前，除《刑法》规定对诽谤罪、侮辱罪适用自诉程序外，相关司法解释还规定对知识产权案件可适用自诉程序。所以，侵害个体法益传播犯罪中，事实上已有包括知识产权领域的假冒注册商标罪、侵犯著作权罪、侵犯商业秘密罪和销售侵权复制品罪4种犯罪在内的6个罪名可适用自诉程序。依照法理，人身权益的重要性高于财产权益，如果诽谤罪、侮辱罪可适用自诉程序，其他侵害个体法益的7种传播犯罪原则也应适用。当然，对因侵害个体法益而严重危害社会秩序和国家利益的，可以适用公诉程序。

4. 关于寻衅滋事罪

因 2015 年《刑法修正案（九）》规定了编造、故意传播虚假信息罪，依新法优于旧法、上位法优于下位法原则，2013 年《网络诽谤解释》第五条第二款关于编造或在信息网络或其他媒体上传播虚假信息以寻衅滋事罪定罪处罚的相关规定，不应再适用。

5. 关于煽动民族仇恨、民族歧视罪和出版歧视、侮辱少数民族作品罪

既然该二罪名均规定在《刑法》第四章即"侵犯公民人身权利、民主权利罪"一章中，应增加"侵害公民人身权益或民主权益"的表述，司法实践中也应该严守侵害少数民族公民个人法益的结果要件，否则应该将其调整到《刑法》第六章即"妨害社会管理秩序罪"一章中。

6. 关于损害商业信誉、商品声誉罪

其应属于侵害个体法益犯罪，故不应列入妨害市场经济秩序犯罪一章，且应适用自诉而非公诉程序。

7. 关于非法获取国家秘密罪和披露、报道不应公开的案件信息罪

对于前罪，新闻记者因职务行为获取国家秘密，不构成该罪。对于后罪，因该罪所涉犯罪行为有其他罪名如故意（过失）泄露国家秘密罪、侵犯公民个人信息罪、侵犯商业秘密罪进行规范，且该罪至今在中国裁判文书网上未见到案例，故建议废除。

8. 关于诽谤罪、侮辱罪等亲告罪

原则上须根据被害人意愿来启动刑事诉讼程序，只有当言论行为严重危害社会秩序和国家利益且被害人无诉讼能力或无法表达其是否告诉意思时，方可适用公诉程序；而"严重危害社会秩序和国家利益"等入罪基准须是现实物理的秩序混乱，且行为人主观是故意。

七　不足与遗憾

传播犯罪理论是一个庞大的体系，由于本书是体系性研究，第二部分（第四章至第六章）中相关章节不够深入，这由本书的性质决定；而由于精力问题，相关章节中的相关定量研究、统计框架也只设计了若干重要问题，并不全面；另外，一些个罪，如侵害国防和军事利益的犯罪，由于未能收集到相关案例，本书也未予以专门研究。可以说，本书中的许多章甚至节的内容，均可作为独立的课题进行研究，新媒体环境下传播犯罪的定量研究本身也可作为一个重要课题——上述不足与遗憾，也是本人以后的研究方向之一。

目　录

第一章 "传播犯罪"概念的确立 …………………………………（1）
第一节　媒体传播行为犯罪的相关概念及其问题 ……………（1）
第二节　"传播犯罪"：概念优点及其内涵、外延与特征 ……（6）
第三节　基于信息内容等标准的"传播犯罪"学术分类 ………（11）

第二章 传播犯罪的基础理论 ……………………………………（15）
第一节　罪刑法定原则与传播犯罪 ……………………………（15）
第二节　结果无价值的法益保护原则与传播犯罪 ……………（23）
第三节　传播犯罪的成立条件：三阶层犯罪论 ………………（31）

第三章 传播犯罪法益侵害的证明
　　　　——以诽谤罪为对象的分析 ……………………………（40）
第一节　传播犯罪（诽谤罪）侵害结果：证明与推定共存、
　　　　侵害与危险同在 ………………………………………（41）
第二节　传播犯罪（诽谤罪）作为危险犯的法理悖论 …………（50）
第三节　传播效果理论对推定传播犯罪（诽谤罪）结果的
　　　　否定 ……………………………………………………（58）
第四节　本章结论 ………………………………………………（67）

第四章 侵害国家法益传播犯罪的特征与趋势 …………………（70）
第一节　侵害国家法益传播犯罪的媒介使用等行为特征 ………（70）

第二节　侵害国家法益传播犯罪的主体与客体 …………… (82)
　　第三节　侵害国家法益传播犯罪的主观特征 ……………… (92)
　　第四节　侵害国家法益传播犯罪的刑罚适用 ……………… (95)
　　第五节　本章结论 …………………………………………… (102)

第五章　侵害社会法益传播犯罪特征与趋势 ………………… (104)
　　第一节　侵害社会法益传播犯罪的媒介使用等行为特征 … (104)
　　第二节　侵害社会法益传播犯罪的主体与客体 …………… (123)
　　第三节　侵害社会法益传播犯罪的主观特征 ……………… (137)
　　第四节　侵害社会法益传播犯罪的刑罚适用 ……………… (147)
　　第五节　本章结论 …………………………………………… (161)

第六章　侵害个体法益传播犯罪的特征与趋势 ……………… (163)
　　第一节　侵害个体法益传播犯罪的媒介使用等行为特征 … (163)
　　第二节　侵害个体法益传播犯罪的主体与客体 …………… (176)
　　第三节　侵害个体法益传播犯罪的主观特征 ……………… (187)
　　第四节　侵害个体法益传播犯罪的刑罚适用 ……………… (194)
　　第五节　本章结论 …………………………………………… (202)

第七章　传播犯罪个罪焦点法律问题 ………………………… (205)
　　第一节　侵害社会法益传播犯罪个罪法律问题 …………… (205)
　　第二节　侵害个体法益传播犯罪个罪法律问题 …………… (236)
　　第三节　本章结论 …………………………………………… (261)

第八章　中国传播犯罪立法、司法解释的演进与特征 ……… (265)
　　第一节　中国传播犯罪立法演进与特征 …………………… (265)
　　第二节　中国传播犯罪的象征性立法及其原因 …………… (274)
　　第三节　中国传播犯罪司法解释的演进与特征 …………… (282)
　　第四节　中国传播犯罪司法解释立案、定罪与量刑的量化
　　　　　　标准演进 …………………………………………… (291)

第五节　本章结论 …………………………………………… (309)

第九章　罪刑法定原则视角下的中国传播犯罪制度 …………… (312)

第一节　中国《刑法》中传播犯罪构成要件的明确性评估 … (313)
第二节　中国司法解释中传播犯罪的明确性评估 …………… (330)
第三节　传播犯罪的空白罪状问题 …………………………… (348)
第四节　传播犯罪制度中的兜底条款与"口袋罪" ………… (365)
第五节　传播犯罪制度中构成要件的其他模糊性问题 ……… (375)
第六节　本章结论 ……………………………………………… (379)

第十章　法益保护原则视角下的我国传播犯罪制度 …………… (382)

第一节　中国传播犯罪法律制度中犯罪结果与情节的
　　　　明确度 ……………………………………………… (383)
第二节　中国传播犯罪罪名归类、法益混淆及其引发的
　　　　问题 ………………………………………………… (400)
第三节　中国传播犯罪司法实践中法益的抽象化问题
　　　　——以谣言传播犯罪为例 ………………………… (412)
第四节　本章结论 ……………………………………………… (428)

第十一章　中国传播犯罪的总体特征、问题与完善 …………… (431)

第一节　中国传播犯罪的特征、趋势与热点案例 …………… (431)
第二节　中国传播犯罪相关制度的主要问题 ………………… (433)
第三节　中国传播犯罪相关制度的完善建议 ………………… (434)

参考文献 ………………………………………………………… (442)

后记 ……………………………………………………………… (512)

第一章 "传播犯罪"概念的确立

媒体组织和其他利用媒体的组织或自然人因利用媒体面向大众进行传播而导致的犯罪问题,在两大法系及我国均系传播法重点研究范畴,然而,内涵与外延不一致的概念,常常导致学术探讨不在同一层面。本书主张对此类犯罪进行科学的概念界定,探求一个更科学的概念来涵盖新旧传播犯罪行为形态。当然,网络媒体普及导致的传播生态及犯罪行为形态的变化,是此种探索的基础。

界定"媒体传播行为犯罪"概念,首先需要明确此概念中的"传播"。依照国内外传播法学界约定俗成的研究范围,本书的"传播"不包括人际传播和组织传播,但包含大众传播与网络传播(含自媒体传播)。

第一节 媒体传播行为犯罪的相关概念及其问题

"媒体传播行为犯罪"的概念界定,有以传播内容为主语、以传播媒体为主语和涉及"传播"二字三种类型,其各自存在语法或不符合媒介发展趋势和诉讼实践的问题。

一 媒体传播行为犯罪的相关概念

对涉及因媒体传播行为导致的犯罪,学界有多种概念,包括以下几类：

（一）以传播内容为主语的概念

1. "媒体信息犯罪"

此概念的提出者虽未对此概念明确界定，但指出此类犯罪包括利用新媒体实施的欺诈犯罪，利用新媒体制售假冒伪劣商品犯罪，利用新媒体虚假炒作严重侵蚀着公序良俗。①

2. "（网络）言论型犯罪"②

此概念的提出者将"网络言论型犯罪"界定为"指在做出违反互联网言论自由法律规定而应受刑法处罚的行为。"③

（二）以各类媒体（介）为主语的概念

此类概念包括"媒体（介）犯罪"、④"微信犯罪"⑤和"网络（空间）犯罪"。其中，"网络（空间）犯罪"是使用最广泛的概念，在中国知网上以此概念为主题词，可搜索到7056条论文题目，⑥而且，许多知名学者都在使用。⑦有学者如此解释："网络犯罪概念的具体内涵和外延虽然还没有完全一致的表述，但其基本轮廓已经显现。网络犯罪可分为三种类型：一是计算机作为犯罪对象（the object of a crime）的网络犯罪；二是计算机作为犯罪主体（the subject of a crime）的网络犯

---

① 李玉玉：《新媒体信息犯罪研究》，安徽大学，2016年。
② 刘艳红：《网络时代言论自由的刑法边界》，《中国社会科学》2016年第10期。
③ 邹盛、马青连：《公民言论自由权利行使与网络言论型犯罪的界限》，《哈尔滨师范大学社会科学学报》2018年第4期。
④ 王晓滨：《媒体自由的刑法控制边界》，《新闻界》2015年第1期；宋俊艳：《滥用媒体自由刑法控制对策研究》，《中国报业》2017年第16期。
⑤ 刘洋洋：《从微信传播属性看微信犯罪》，陕西师范大学，2016年。
⑥ 截止2020年6月30日。
⑦ 张明楷：《网络时代的刑法理念——以刑法的谦抑性为中心》，《人民检察》2014年第9期；陈兴良：《网络犯罪的刑法应对》，《中国法律评论》2020年第1期；刘艳红：《网络犯罪的刑法解释空间向度研究》，《社会科学文摘》2020年第2期；皮勇：《论中国网络空间犯罪立法的本土化与国际化》，《比较法研究》2020年第1期；于志刚：《网络犯罪的发展轨迹与刑法分则的转型路径》，《法商研究》2014年第4期；于志刚：《中国网络犯罪的代际演变、刑法样本与理论贡献》，《社会科学文摘》2019年第5期。

罪；三是计算机作为犯罪工具（a criminal instrumentality）的网络犯罪。"[1]

（三）涉及"传播"二字的概念

此类概念包括"网络传播型犯罪"、"传播型犯罪"、[2] "信息传播型犯罪"。[3] 其中，"网络传播型犯罪"界定为"是指利用网络超越时空限制的特性，通过网络向不特定多数人（计算机）传播信息，达到非法目的的一类犯罪，具有行为超时空性、对象不特定性、结果非可控性；其主体包括非法信息的制造者、非法信息的传播者、负有网络服务监管义务者"。[4]

上述有关"媒体传播行为犯罪"的概念中，可总结出的规律是：多以不同形态的媒体作为主语。而且，这些内涵与外延不一致的概念在研究范围上也有共同点：聚焦于使用媒体、面向大众即不特定多数人的传播行为犯罪，而排除了人际传播与组织传播中的犯罪行为。

二 以传播内容和以各类媒体（介）为主语的概念存在的问题

首先必须承认，在有关"媒体传播行为犯罪"的概念中，相对于以传播内容为主语的概念即"（网络）言论犯罪"和"媒体信息犯罪"概念，以不同形态的媒体作为主语的概念有两个进步：一是部分解决了语法问题，即当将媒体（介）理解为媒体机构时，此概念在语法上成立；二是内在地包含了因信息传播引发的犯罪。然而，"微信犯罪""网络犯罪""媒体（介）犯罪"概念在概括此类犯罪行为时，仍然存

---

[1] 刘艳红：《网络犯罪的刑法解释空间向度研究》，《社会科学文摘》2020年第2期。
[2] 苏颖：《论恐怖主义传播型犯罪的界限——兼评〈刑法第九修正案〉120条之六》，《法制博览》2016年第29期。
[3] 张尹：《非法利用信息网络罪的司法适用》，《法律适用》2019年第15期。
[4] 范捷：《网络"传播型"犯罪司法认定研究》，南京师范大学，2016年。

在以下问题：

（一）从犯罪主体上看，"媒体（介）犯罪"不符合媒介发展趋势和诉讼实践

"媒体"指交流、传播信息的工具，如报刊、广播等。①"媒介"一词在《辞海》中有4种解释，与本书探讨问题相关的解释是第二种解释即"各种信息的传输手段。如新闻广播等"。②尽管"媒介"和"媒体"在词典中的解释都是一种信息传播工具或手段，但在传播学的研究中，在与犯罪行为的关联语境中，其基本含义为媒体组织，那么，依照语法结构，则"媒体（介）犯罪"基本含义为媒体组织的犯罪，即犯罪主体系媒体。然而，即使在涉及传统媒体的传播犯罪行为中，自然人即记者本人作为被告人的诉讼也存在。毕竟，"自媒体"只是一种比喻，涉及"自媒体"的犯罪嫌疑人均系自然人，这就需要对"媒介"和"媒体"做扩张解释——第一层扩张解释。

如果将"媒介"和"媒体"含义扩张解释为记者，似乎并不过分。问题是，随着新媒体的发展、自媒体的普及，媒体组织之外的自然人作为传播犯罪行为的当事人越来越多，而媒体则"置身事外"：（1）在网络微博上传播信息而涉及犯罪的诉讼中，检察机关根本不起诉网络服务提供者，而只对自然人即网络用户。如中国政法大学刑诉法教授洪道德诉律师陈光武诽谤罪案。③（2）在利用自媒体的侵权或犯罪中，主体实际上就是自然人，这种传播方式中，根本不存在"媒体组织"，更不存

---

① 中国社会科学院语言研究所编：《现代汉语词典》，商务印书馆2005年版，第928页。
② 夏征农主编：《辞海》，上海辞书出版社2000年版，第1336页。
③ 2015年4月28日，山东高院召开聂树斌案听证会，洪道德作为法学专家代表与会。会后，媒体引用洪道德对此案的部分观点。陈光武在其新浪博客和新浪微博上发表了题为《洪道德教授，无道无德》的文章，称"洪道德教授，无道无德"等言论。根据洪道德的自诉状，截止2015年5月14日证据保全之日，上述博客被点击、浏览次数达到12779次，微博被点击、浏览达到65878次，已经远远超过法律规定的14.7倍；博客转发183次、微博转发2939次，已经远远超过法律规定的5.2倍。经法院调解，双方最终签署刑事和解协议书：陈光武承认自己的行为构成诽谤罪，在《法制日报》刊登道歉声明，并在微博公开和解协议内容；洪道德自愿放弃对陈光武的刑事指控。参见北京市海淀区人民法院（2015）海刑初字第1430号刑事调解书。

在媒体组织的把关——这类案件会越来越多。如果将"媒介"和"媒体"扩张解释为媒体组织之外的人,则为第二层扩张解释,不免牵强。

所以,"媒体(介)犯罪"虽然在语法结构上比"(网络)言论犯罪""信息犯罪"合理,其从犯罪主体的角度对大众传媒传播引发的犯罪进行概括,注意到了新媒体环境下自然人用户同样是媒介的使用者、信息的发布者,但没有注意到自然人用户作为被告人、作为单独被告人越发普遍的现象,因此其对媒体传播行为犯罪的定义依然狭隘,不能适应所有犯罪主体,已经落后于此类犯罪诉讼实践。

另外,我国《刑法》并未在分则中依据主体进行列举,而是依据客体进行分类,这也从一个方面说明:从犯罪主体上对此类犯罪行为进行归纳并没有实质性意义。

(二)当不存在单位犯罪时,"媒体(介)犯罪"不能对应作者本人的犯罪

就传统媒体因传播导致的犯罪而言,如果其记者或媒体外的作者被起诉,责任主体应该是记者或媒体外作者本人,媒体并非被告人。如此,在不存在单位犯罪主体的情况下,从文义上分析,同样需要对"媒介"和"媒体"做扩张解释,而且面临与对犯罪主体进行第二层解释时同样的牵强。

(三)从犯罪的行为形态上看,"媒体(介)犯罪"不能对应媒体传播行为犯罪中的各种行为

在此类犯罪中,媒体行为分主动直接犯罪即作为和被动间接犯罪即不作为两类:前者包括其单独的作为与合作的作为(共同犯罪),而"媒体(介)犯罪"很难说明合作的作为。关于后者,如前所述,在新媒体环境下,媒体组织之外的自然人作为传播犯罪行为的当事人越来越多,如网络用户在网络上发布犯罪信息系主动的作为,而网络服务提供者不采取删除、屏蔽行为,则系不作为(如犯罪行为不明显则网络服务提供者无义务作为)——此种情况使用"媒体(介)犯罪",显然不科学。

（四）从犯罪责任承担主体来看，"媒体（介）犯罪"不能反映司法实践

从司法实践来看，一些案件中，即使媒体是作为被告人，法院基于案情（如媒体已经进行更正，或媒体没有过错），最终并未裁判媒体承担刑事责任，而是裁判其他被告人承担刑事责任。也就是说：此类案件中，最终法律意义上的犯罪主体并不是媒体。所以，"媒体（介）犯罪"不仅不能反映社会实际，也不能反映司法实践。

总之，从犯罪主体角度对媒体传播行为犯罪进行定义的"媒体（介）犯罪"虽然比以传播内容为主语的概念有所进步，但仍然是一个笼统的、通俗化的表述。所以，"媒体（介）犯罪"概念，也已经落后于传媒的发展及司法实践。

第二节 "传播犯罪"：概念优点及其内涵、外延与特征

一 "传播犯罪"概念优势

"媒体传播行为犯罪"概念的界定，需要尽量无语义问题，能揭示此类犯罪行为的本质特征，并符合媒介及媒体传播行为犯罪诉讼发展趋势。在众多对媒体传播行为犯罪进行表述的概念中，"传播犯罪"是最科学的概念，其依据：

（一）"传播犯罪"无语义问题，其概括媒体传播行为犯罪系从"行为"本质特征上着手

与从犯罪主体角度对媒体传播行为犯罪进行定义的"媒体（介）犯罪"相比，"传播犯罪"符合基本的汉语语法规则，不存在"主谓结构"不成立的问题。

既然媒体传播犯罪是利用媒体进行的犯罪，既然其侵犯的法益（国

家法益、社会法益和个体法益）或客体（如人格权、财产权等）是已经确定的，而侵犯此法益或客体的行为、途径、方法则是多样的，那么在此基础上再想进行细分，只能从犯罪行为特征上进行：此类行为的特点是必须利用媒介传播信息；此类犯罪的本质特征或者说显著特征就是利用传播行为进行的犯罪。

（二）"传播犯罪"的包容性强、符合媒介及媒体传播行为犯罪诉讼发展趋势

1. 从犯罪的内容、主体考虑，"传播犯罪"无须做扩张解释

"传播"作为"人与人之间通过符号传递信息、观念、态度、感情，以此实现信息共享和互换的过程"，[①] 既可对应传统大众传媒，也可对应网络新媒体；既可对应目前已有媒体，也可对应未来媒体；既可对应媒体组织的传播，也可对应利用媒介（体）的自然人与组织。从犯罪内容上考虑，"传播"的内容不仅包括"新闻"，也包括其他信息、观点等。

2. 从犯罪行为形态看，"传播犯罪"也比"媒体（介）犯罪"有更强的优越性

从语义即主谓结构上理解，"媒体（介）犯罪"只对应积极的作为，即媒体组织的积极犯罪行为，最多再包括利用媒体的其他组织或自然人的积极犯罪行为。但在网络媒体环境下，犯罪行为既有媒体组织和网络用户直接、主动的犯罪行为，也包括媒体的不作为行为即消极犯罪；既有媒体组织的单独犯罪，也有与自然人之间的共同犯罪——要涵盖网络媒体的消极不作为犯罪和共同犯罪，"媒体（介）犯罪"同样需做扩张性解释，而"传播犯罪"这里也不需做扩张解释。

3. 从对应的犯罪责任形态上看，"传播犯罪"也比"媒体（介）犯罪"有优越性

如前所述，媒体传播行为犯罪导致的犯罪，存在自然人与媒体组织

[①] 夏征农主编：《辞海》，上海辞书出版社2000年版，第258页。

均承担刑事责任的情况,而从语义即主谓结构上理解,"媒体(介)犯罪"只对应媒体组织自己的刑事责任;要对应自然人的刑事责任,则需对"媒介"和"媒体"做扩张解释。而可对应所有传播主体的"传播犯罪"概念,这里也同样不需做扩张解释。

综上所述,媒体传播行为犯罪的基本概念,可以确定为"传播犯罪"(Communication Crime)。

二 "传播犯罪"概念：内涵、外延

传播犯罪,指主要以传统或网络媒体为工具向不特定人群或特定多数人群进行传播,或以此种传播作为目的、威胁,进而实施的犯罪。狭义即典型的传播犯罪指因传播行为侵害或威胁法益引发的犯罪,广义的传播犯罪还包括非典型传播犯罪：借助传播权侵害或威胁法益(如以舆论监督为要挟,敲诈勒索或强迫他人进行广告宣传即强迫交易),以及与(新闻)传播行为密切相关的行为侵害或威胁法益(如非法获取国家秘密)引发的犯罪。

传播犯罪在《刑法》分则中有 53 种：(1)侵害国家法益的 15 种传播犯罪,包括煽动分裂国家罪,煽动颠覆国家政权罪,为境外的机构、组织、人员窃取、刺探、收买、非法提供国家秘密罪,帮助恐怖活动罪,准备实施恐怖活动罪,宣扬恐怖主义、极端主义、煽动实施恐怖活动罪,利用极端主义破坏法律实施罪,非法持有宣扬恐怖主义、极端主义物品罪,故意泄露国家秘密罪,过失泄露国家秘密罪,煽动军人逃离部队罪,战时造谣扰乱军心罪,故意泄露军事秘密罪和过失泄露军事秘密罪,战时造谣惑众罪。(2)侵害社会法益的 25 种传播犯罪,包括：妨害、破坏市场经济秩序的 5 种传播犯罪,即欺诈发行股票、债券罪,违规披露、不披露重要信息罪,编造并传播证券、期货交易虚假信息罪,虚假广告罪,非法经营罪;扰乱社会秩序的 13 种传播犯罪,即煽动暴力抗拒法律实施罪,非法获取国家秘密罪,非法使用窃听、窃照专用器材罪，拒不履行信息网络安全管理义务罪，非法利用信息网络罪，帮助信息网络犯罪活动罪，扰乱无线电管理秩序罪，编造、故意传播虚假恐怖信息罪，编造、故意传播虚假信息罪，寻衅滋事罪，传授犯罪方法罪，侵害英雄烈士名誉、荣誉罪①，组织、利用会道门、邪教组织、利用迷信破坏法律实施罪；妨害司法（秩序）的2种传播犯罪，即泄露不应公开的案件信息罪，披露、报道不应公开的案件信息罪；妨害社会伦理道德的5种传播犯罪，即走私淫秽物品罪，② 制作、复制、出版、贩卖、传播淫秽物品牟利罪，为他人提供书号出版淫秽书刊罪，传播淫秽物品罪，组织播放淫秽音像制品罪。（3）侵害个体法益13种传播犯罪，包括：侵害个体人格权益和民主权益的4种传播犯罪，即侮辱罪，诽谤罪，煽动民族仇恨、民族歧视罪，出版歧视、侮辱少数民族作品罪；侵害个体财产权益的5种传播犯罪，即侵犯公民个人信息罪③，损害商业信誉、商品声誉罪，诈骗罪，敲诈勒索罪，强迫交易罪；侵害知识产权的4种传播犯罪，即假冒注册商标罪，侵犯著作权罪，侵犯商业秘密罪，销售侵权复制品罪。

需要强调：虽与媒介相关、但与本书界定的"传播"行为无关的犯罪，也（基本）无涉新闻传播机构的犯罪，如非法持有国家绝密、机密文件、资料、物品罪，非法获取军事秘密罪，境外的机构、组织、人员窃取、刺探、收买、非法提供军事秘密罪，不在本书界定的传播犯罪范围内。

---

① 《刑法修正案（十一）》增设了第二百九十九条之一，其规定："侮辱、诽谤或者以其他方式侵害英雄烈士的名誉、荣誉，损害社会公共利益，情节严重，处三年以下有期徒刑、拘役、管制或者剥夺政治权利。"侵害英雄烈士名誉、荣誉罪虽然直接针对英雄烈士，但其侵害后果要求"损害社会公共利益"，且将其规定在第六章（妨害社会管理秩序罪）第六节"扰乱公共秩序罪"中，故本书将其归类于侵害社会法益的传播犯罪。

② 走私淫秽物品罪《刑法》中归属分别第三章规定的破坏市场经济秩序的犯罪行为，但本书认为其侵害的法益主要是社会伦理道德，当然也一定程度上违反市场经济秩序。

③ 公民个人信息在《民法典》中确立为人格权益。但其在实践中主要涉及自然人个人的财产权益，故本书将其置于侵害个体财产权益的传播犯罪中。

三 "传播犯罪"的特征

(一) 媒介工具性

不同于人际传播或组织传播,本书研究的"传播犯罪"中的传播是使用媒介的传播,犯罪是使用媒介进行传播导致的犯罪。当然,组织传播中也可能会使用媒介,在此情形下,可能与本书研究的传播有重合之处。

(二) 属于非物理接触性犯罪

本书中的"传播犯罪"行为,其典型过程有三个阶段:通过传统大众媒体或网络媒体(含自媒体)传播各类信息→作用于受害者的思维、精神、情感和情绪→侵害上述各种法益。在此过程中,其对犯罪对象的侵害不是直接物理性接触导致,而是必须通过信息传播进行,在此意义上,与其说传播犯罪通过使用媒介进行,不如说经使用"信息"进行。[①]

需要强调的是,有一种传播犯罪,其使用信息网络,而且针对不确定的受众,但此类犯罪并不经过作用于受害者的思维、精神、情感和情绪而侵害他人合法权益,而是直接导致受害者财产损失,即黑客或计算机病毒对他人计算机系统软件与硬件的侵害。由于传播内容并不具备可理解性和消除不确定性功能,此类犯罪不属于传播犯罪的研究视野。

(三) 侵害法益的广泛性

如前所述,传播犯罪的客体包括《刑法》分则列举的国家法益、社会法益和个体法益三大法益,系各类犯罪中侵害法益最为广泛的一类犯罪。

(四) 犯罪对象的单一性与广泛性并存

传播犯罪中,在侵害个体法益如名誉权、隐私权等精神性人格权的

---

① 罗斌:《传播侵权研究》,国家图书馆出版社2018年版,第13页。

情形下，尽管传播对象是广泛的，但犯罪对象是单一的，如传播一个人的隐私，信息接受者可能成千上万，但受害者可能往往只有一人或极少数人。

但在侵害客体为财产权益时，侵害对象可能非常广泛。如侵犯公民个人信息犯罪时，被泄露的个人信息可能非常多；在侵害投资权益时（如编造并传播证券、期货交易虚假信息罪），侵害对象可能是万千股民；在传播虚假广告信息犯罪（虚假广告罪）时，侵害对象也是非常广泛的广告信息接收者。

第三节 基于信息内容等标准的"传播犯罪"学术分类

前述第三节中对侵害国家法益、社会法益和个体法益的传播犯罪的分类，基础还是我国《刑法》分则基于犯罪行为所侵害客体进行的分类。而目前学术界对媒体传播行为犯罪进行的分类，还有一种依据传播内容对媒体传播行为犯罪的分类。

传播犯罪中传播内容即信息具有公开性、可理解性：公开意味着其应该是可理解的，可理解意味着所传播的信息的特点是大众化的和具有消除不确定性的功能——两者相辅相成。传播犯罪中传播内容这种特点，决定了非常专业或不易被大众接受的信息，原则上不属于此类犯罪的研究范畴，如计算机病毒也是一种信息，也可以被网络广泛传播，但其不是本书中传播犯罪的研究内容。

从司法实践和传播内容而言，目前学界在研究传播犯罪时主要进行以下分类：

一 新闻传播犯罪

新闻传播包括事实类信息和观点信息的传播：前者包括文字、图像、声音或其组合形式的信息,具备新闻价值与不具备新闻价值的事实类信息,真实或虚假事实类信息;后者包括一般性观点意见、学术观点信息。在事实类信息或观点类信息传播过程中经常导致侵害他人合法权益的行为,其典型犯罪为新闻传播犯罪,涉及向境外非法提供国家秘密罪,编造并传播证券、期货交易虚假信息罪,损害商业信誉、商品声誉罪,诽谤罪,侮辱罪,煽动民族仇恨、民族歧视罪,出版歧视、侮辱少数民族作品罪,敲诈勒索罪(和强迫交易罪),非法获取国家秘密罪、非法使用窃听、窃照专用器材罪,披露、报道不应公开的案件信息罪。

二 虚假信息传播犯罪

所谓虚假信息,是不真实的信息,包括虚构的不存在的信息,也包括对真实信息篡改、加工、隐瞒后的信息,一般具有误导性和欺骗性。[①] 此类传播犯罪包括诽谤罪,(传播型)寻衅滋事罪,虚假广告罪,损害商业信誉、商品声誉罪,编造并传播证券、期货交易虚假信息罪,编造、故意传播虚假信息罪,编造、故意传播虚假恐怖信息罪。

三 涉密信息传播犯罪

指以传统或网络媒体为工具,泄露国家秘密的传播犯罪。包括向境外非法提供国家秘密罪,非法获取国家秘密罪、非法使用窃听、窃照专用器材罪,泄露不应公开的案件信息罪,披露、报道不应公开的案件信息罪,故意泄露国家秘密罪,过失泄露国家秘密罪。

---

① 赵秉志、徐文文:《论我国编造、传播虚假信息的刑法规制》,《当代法学》2014年第5期。

四　投资信息传播犯罪

本书中，此类犯罪特指证券市场领域的犯罪。依照证券管理相关法律制度，发行人、上市公司必须依法持续进行相关信息公开，其披露的信息必须真实、准确、完整，不得有虚假记载、误导性陈述或者重大遗漏。发生可能对上市公司股票交易价格产生较大影响的重大事件，投资者尚未得知时，上市公司应当立即将有关该重大事件的情况向国务院证券监督管理机构和证券交易所报送临时报告，并予公告，说明事件的起因、目前的状态和可能产生的法律后果，此类重大事件包括：公司的经营方针和经营范围的重大变化；公司的重大投资行为和重大的购置财产的决定；公司订立重要合同，可能对公司的资产、负债、权益和经营成果产生重要影响；公司发生重大债务和未能清偿到期重大债务的违约情况；公司发生重大亏损或者重大损失；公司的董事、三分之一以上监事或者经理发生变动；持有公司百分之五以上股份的股东或者实际控制人，其持有股份或者控制公司的情况发生较大变化，等等。国务院证券监督管理机构规定的其他事项。此类传播犯罪包括欺诈发行股票、债券罪，违规披露、不披露重要信息罪，编造并传播证券、期货交易虚假信息罪。

上述分类，均基于传播内容的归纳分类。事实上，对传播内容的分类，从不同角度，可能有多种。比如，如果基于传播内容是否具有煽惑性，还可分为"煽动型犯罪",[1] 包括煽动分裂国家罪，煽动颠覆国家政权罪，宣扬恐怖主义、极端主义、煽动实施恐怖活动罪，煽动暴力抗拒法律实施罪，煽动民族仇恨、民族歧视罪，煽动军人逃离部队罪。

另外，从传播受众即传播犯罪对象考虑，传播犯罪又可分为以下两

---

[1] 班克庆：《煽动型犯罪研究》，苏州大学，2012年，第18页；胡亚龙：《煽动犯基本问题研究》，中南财经政法大学，2017年，第39页。

种：（1）传播受众并非犯罪对象的传播犯罪。此类传播犯罪的客体主要是精神性人格权，如名誉权、隐私权、肖像权，需要受众知悉、接收相关传播信息后，降低对受害者的社会评价。对其他精神性人格权及知识产权的侵害，也以非受害者本人的受众知悉、接收相关传播信息为条件。（2）传播受众本人为犯罪对象的传播犯罪。此类传播犯罪的客体主要是物质性人格权及财产权益，如关于药品的虚假广告诱导他人购买劣质、无效药品或劣质、无效医疗服务，从而侵害他人财产权、健康权或生命权；关于虚假、欺诈性投资信息诱导他人进行投资，侵害他人财产权益。

而且，依据是否属传播行为本身导致的犯罪，可分为典型的传播犯罪和以传播为中心的非典型的传播犯罪，后者包括为境外的机构、组织、人员窃取、刺探、收买、非法提供国家秘密罪，拒不履行信息网络安全管理义务罪、非法利用信息网络罪、帮助信息网络犯罪活动罪、非法获取国家秘密罪、走私淫秽物品罪、为他人提供书号出版淫秽书刊罪、敲诈勒索罪、强迫交易罪、侵犯商业秘密罪。

上述关于传播犯罪的分类，在具体罪名上互有交叉。除"煽动型犯罪"研究较多，其他研究多泛泛而谈。本书以三大法益即国家法益、社会法益和个体法益为基本分类，结合传播犯罪侵害的客体，对三大法益再进行分类，对传播犯罪的相关问题进行研究。

第二章 传播犯罪的基础理论

就刑法基本原则与犯罪成立三阶层条件的关系而言，罪刑法定主要是有关第一阶层即构成要件的原则，法益保护是第二阶层即违法性成立条件的原则，而责任主义则是第三阶层即有责任性判断的原则。[①] 传播犯罪制度运行中，虽也有涉有责性判断问题或罪责刑相适应问题，但主要是罪刑法定和法益保护原则下的问题，本章主要对传播犯罪的罪刑法定和法益保护原则及其三阶层成立条件进行研究。

第一节 罪刑法定原则与传播犯罪

作为公认的刑法基本原则，罪刑法定是任何犯罪的立法与司法中必须得到遵守的原则，其禁止溯及既往、排斥习惯法、禁止类推适用的内容，受到普遍遵奉。然而，在传播犯罪中，该原则的其他内容在特定角度、特定方面有其特殊的意义。

一 罪刑法定原则下传播犯罪制度的谦抑性：禁止不当罚

刑罚的适当性是罪刑法定原则的基本要求之一，其既源于刑罚制度

---

① 陈兴良：《刑事法治论》，中国人民大学出版社2017年版，第212页。

本身的局限性，也包含对立法和司法的限制。而在此要求下传播犯罪刑罚制度谦抑性的具体原因如下：

（一）传播犯罪制度有其自身的使命与价值

法律的重要功能是解决社会矛盾、确立行为规范，但惯例、伦理、行业规范等也可以发挥此功能，并且发挥的频率更高、范围更广泛。法律的功能之所以得到重视，法治之所以成为现代社会的标志，正因其解决的是国家政治、社会生活中的大事，而非细微琐事，且具有刚性、示范性价值。

在法律体系内部，针对不同的政治生活和社会生活领域，有宪法、民法、刑法、行政法之分，其各有独立的功能与价值所在。而刑法的独特价值，在于其超强的国家政治秩序与社会秩序的稳定作用，而非解决民事纠纷。因此，传播法律制度的调整对象应该局限于严重破坏和威胁国家政治和社会秩序的传播行为，从而限制立法与司法对刑罚的适用冲动。例如，如果刑法规定"无故在网络上批评政府，处一年以下有期徒刑；情节严重的，处一年以上、三年以下有期徒刑"，虽具备罪刑法定原则的形式要求，但与现代法治社会理念格格不入，有违刑法的打击目的，有违社会价值观而难以为大众接受，故不符合刑罚的适当性要求。在此意义上，传播犯罪刑罚与其他刑罚一样，既有法益保护广泛性的特征，也有法益保护补充性的特征。

（二）传播犯罪制度既有积极性，也有消极性

国家的权威与信用，在于对社会生活进行干预时目的的正当性和手段的妥当性。对国家的权威与信用至关重要的刑罚，其通过限制和剥夺他人财产、人身自由甚至生命的方式发挥功能，因此本质上是民众认可的、最为"暴力"的法律手段。刑罚的代价高昂，如果不区分纠纷领域、矛盾大小，随时、广泛地适用，虽能造成威慑，但同样会导致愤怒、仇恨乃至反抗，反倒造成国家与社会的动荡，结果与刑罚目的适得其反。正因如此，刑法的触角不能也不可能伸向社会生活的细枝末节，其应当是最后诉诸的手段。

与言论自由密切相关的传播，不仅是公民的本能，而且是社会存在的基础。一个令大众恐惧而沉默的制度，人人自危，社会秩序不可能长久稳定，更不可能造就强大的国家，因此，刑罚应当充分考虑传播的特殊性而进行妥当安排。《国语·周语上》指出："防民之口，甚于防川，川壅而溃，伤人必多，民亦如之。"即使不考虑现代刑法的精神与原则，我国古训实质上为传播犯罪的立法与司法提供了一个原则：奉行谦抑，少刑慎刑。

（三）刑罚理论通常强调的是禁止不当罚，而不是强调扩充刑罚

作为需求，言论自由不仅是普通民众的本能，也是社会与国家发展的动力，因此，基于自然法或伦理基础，鼓励畅所欲言而非动辄适用刑罚的传播法律制度，显然更容易得到国民的理解与赞同。所以，刑法理论通常强调限制刑罚，而不是扩张刑罚（当然，特殊情况除外，"非犯罪化"也不可行）。

无论是历史还是现实，应当科处刑罚而未科处的情况并不普遍。我国封建历史上，自周厉王时"王益严，国人莫敢言，道路以目"，至秦的"焚书坑儒"，汉的"罢黜百家、独尊儒术"，直到清朝的"文字狱"，在国人心中留下难以磨灭的"慎言"阴影，同时也有对禁言天然的反感。从现实法律制度看，严重侵害国家、社会或个体而未纳入犯罪（传播）打击圈的情况也难以找到。在刑法可能侵害个人基本自由与放纵个别犯罪之间，民众通常更担心前者。因此，过分扩张传播犯罪的刑罚制度，既不符合历史文化心理，也不具备现实正当性基础。

（四）罪刑法定以限制国家的刑罚权为内容和主旨

罪刑法定原则建立于分权制基础之上。一个同时享有立法权和司法权的国家机关，违背现代法治理念与原则，极易形成司法专制，威胁公民的人身自由和基本权利。我国虽然是中国共产党领导下的社会主义国家，但在党的统一领导下，国家机关也分权运行：立法权只能由全国人大及其常委会行使（其他国家机关行使立法权必须有全国人大授权）；司法权只能由人民法院和人民检察院独立行使。

基于上述思想与制度安排，罪刑法定同时制约立法机关和司法机关：首先，作为一项宪法原则，罪刑法定原则要求立法者不能随心所欲地将一种行为归为犯罪，尤其是行使《宪法》规定的基本权利的行为绝不能入罪，而入罪的范围仅限于有法益侵害的行为。其次，罪刑法定要求法官原则上不具备对刑法的解释权，法官自由裁量权越小越好；法无明文规定的行为不入罪，法无明文规定的行为不处罚。理解和尊奉罪刑法定原则，结果必然是（传播）犯罪立法与司法的谦抑。

（五）"传播犯罪"本身的特征更应遵守刑法的谦抑性

如前所述，传播侵害法益的典型过程有三个阶段：通过传统大众媒体或网络媒体（含自媒体）传播各类信息→作用于受害者的思维、精神、情感和情绪→侵害上述各种法益。也就是说，由于传播行为对犯罪对象的侵害不是直接物理性接触导致，其通常并不能直接产生后果，而是需要他人行为才能产生社会后果，故传播后果的产生并不是必然的、自证的。传播侵害法益的特征使其与其他直接侵害受害人的行为相比，相关刑罚制度的立法与司法更应当慎重、妥当。

总之，刑罚的适当性要求传播犯罪制度同样尊奉谦抑原则，这不仅是由刑法的补充性、谦抑性和最后手段性所决定，而且由传播侵害法益行为本身特征所决定。

二 传播犯罪制度的明确性：具有通常判断能力的一般人可理解

明确性原则是任何法律制度的基本原则，其依据在于：国民的意志应当在法律中得以体现，从而排除法官的独断、擅断。由于涉及人身自由，刑法领域比任何其他法律领域都需要法律的明确性，大陆法系、英美法系国家和我国对此原则均持共同立场。该原则最早确立于美国联邦最高法院于1914年认定的"因不明确而无效"的宪法原则。此后，大陆法系代表性国家相继认可、确立了该原则：1969年，德国联邦法院明确表述了"刑法必须使任何人都能预测对何种行为规定了何种刑罚";①1975年,日本最高裁判所在一个判决中承认了此原则,指出:"某个刑罚规定是否因为模糊、不明确而违反宪法第31条导致无效,应当根据具有通常判断能力的一般人的理解,在具体场合能否判断某行为是否适用该法规为基准来决定。"②——至此,民众"预测的可能性"即"具有通常判断能力的一般人的理解",就成为刑法规范是否明确的标准。③

(一) 传播犯罪立法的明确性

刑事立法的明确性,不仅体现在总则部分内容的明确性,更体现在分则部分个罪的具体而明确。从犯罪构成要件而言,"表示这样一种基本要求:规定犯罪的法律条文必须清楚明确,使人能确切了解违法行为的内容,准确地确定犯罪行为与非犯罪行为的范围,以保障该规范没有明文规定的行为不会成为该规范适用的对象"。④

从犯罪论体系(下文详述)而言,传播犯罪成立各个阶层的规定都必须让具有通常判断能力的一般人可以理解。

首先,犯罪构成要件(犯罪类型)必须明确,即对行为、行为对象、途径与工具、结果、因果关系的描述必须清晰,如果对行为人的行为连归入哪一个罪名都有分歧,说明连入罪的基本门槛都不明确,刑罚擅断之门将洞开。

其次,行为的违法性必须明确,即侵害何种法益必须清晰。对此,侵害单一客体的罪名容易确定,侵害复杂客体的违法性判断可能会产生纠结。比如,煽动民族仇恨、民族歧视罪,对犯罪构成的规定非常模糊:从罪名上看,该罪似乎侵害的是社会秩序,但规定在《分则》第四章即"侵犯公民人身权利、民主权利罪"一章中,说明侵害的是公

---

① [日] 川端博:《罪刑法定主义的问题状况》,《现代刑事法》2001年第11期。
② 日本《最高裁判所刑事案例集》第29卷,第489页。
③ 周光权:《刑法总论》,中国人民大学出版社2016年版,第46页。
④ [意] 杜里奥·帕多瓦尼:《意大利刑法学原理》,陈忠林译,法律出版社1998年版,第24页。

民的人身权利、民主权利。这种罪名与体例安排显然不能使国民有正确的预测。

最后，关于行为的有责性，虽然传播犯罪大都是故意犯罪，但直接故意还是间接故意应当清晰规定，如果是直接故意，对间接故意下的行为就不能施以刑罚。

总之，传播犯罪立法的明确性，不只是为国民预测可能性提供便利，其最重要的是防止公权力对国民言论自由的侵害，因为不明确的犯罪成立条件是这种侵害的源头，所以，有观点认为："没有法律就没有刑罚的原则的真正危险，并非源于类推，而是来自不确定的刑法规定。"[①]

（二）传播犯罪司法的明确性

1. 司法解释和案例指导的明确性

司法解释及案例指导工作，是我国最高人民法院和最高人民检察院承担的指导下级司法机构工作职责的重要途径和方法。作为规范性文件，虽然制定主体与程序与法律不同，但司法解释在技术上与法律制定大致相同，因此，有关刑法的司法解释需要对犯罪构成要件和法益侵害的具体要求进行明确，同时不能跳出《刑法》的应有之义（下文详述）；而案例指导在犯罪构成要件方面，更应作为适用法律和弥补法律漏洞的典范。

2. 司法适用及裁判文书的明确性

裁判文书的明确性是刑事司法明确性的集中体现，对犯罪构成要件和犯罪结果即法益侵害进行明确的认定，是其最基本和首要的任务。但司法是一个过程，裁判文书只是一个结果。刑事诉讼中，从检察院介入始，司法的明确性就必须得以彰显。例如，诽谤法人的网络文章，也可能涉及法人代表及该法人的产品或服务，这种情况下，既可能涉及诽谤

[①] H. Welzel, Das deutsche Strafrecht, Eine Systematische Darstellung, 11. Aufl., Walter de Gruyter & Co., 1969, S. 23.

罪、损害商品声誉和商业信誉罪，也可能涉及寻衅滋事罪，司法机关不能以寻衅滋事罪起诉却以诽谤罪裁判，因为二者在程序上存在公诉与自诉之别。如果裁判文书的最终确定罪名与起诉的罪名不同，司法就难以起到预测犯罪的功能，更不用说发挥罪刑法定实质内容的功能。

三 传播犯罪立法规范的解释

（一）传播犯罪实质解释的本质

世界上没有完美的法律，也不存在完善的刑法典，因此，刑法的解释是必然的。

所谓刑法的实质解释，指对犯罪构成要件进行的解释，是在罪刑法定原则下，在尊重刑法字面意义的前提下探求刑法的真实含义。但真正理解刑法的实质解释，需从罪刑法定原则的内容分类开始。

学界认为，罪刑法定原则可分为形式内容和实质内容。日本有学者认为，前者基本上是传统的"法无明文规定不为罪"，后者则指人权保障，所谓"罪刑法定原则要成为实质的保障人权原理，除了仅仅要求在行为时存在规定有犯罪和刑罚的法律还不够，而且，该刑罚法规还必须是适当的"。[1] 据此，形式内容是罪刑法定原则的基本内容，实质内容是补充内容。对此，我国有学者的理解为：按照前者，只要法律有明文规定，在具备其他犯罪成立条件的情况下，就可以判断犯罪成立；而按照后者，即使法律有明文规定，犯罪是否成立还要根据是否有实质上的处罚必要性，加以进一步排除[2]——但该解释是在限缩犯罪的前提下的理解。我国另有学者认为，罪刑法定的形式内容和实质内容之间存在着冲突：一是成文法的局限性决定了刑法不可能对所有犯罪作出毫无遗漏的规定，即存在有法益侵害、应当科处刑罚但没有法律形式规定的情

---

[1] ［日］曾根威彦：《刑法学基础》，黎宏译，法律出版社2005年版，第12页。
[2] 陈兴良：《刑事法治论》，中国人民大学出版社2017年版，第210页。

况；二是无法益侵害、不值得科处刑罚的行为被入罪的情况。①

由上可见，刑法的实质解释中，对犯罪成立存在一定程度的缩小解释，也必然要求特殊情况和一定程度的扩张解释——后者本身就存在着突破罪刑法定原则的危险。这就需要对实质解释进行原则性限定：即该解释是出罪依据而不能是入罪依据，其"适当性"不是对出罪进行限制，而必须是对入罪进行限制，否则，罪刑法定将在"实质解释"中消解。而依照这个原则，二者之间的逻辑关系在传播犯罪中的体现必须是：后者的适用导致的刑罚打击圈小于前者适用导致的刑罚打击圈。

（二）传播犯罪的扩张解释与类推解释

所谓扩张解释，指根据某种非法行为与某个罪名构成要件中行为的关联、用语的历史发展趋势及可罚性，将该罪名构成要件的含义扩及该行为的解释方法。类推解释，则是指对于某种非法行为，刑法本未定罪，而比照对另一类似行为规定的罪名进行法律适用，即将"已经超出可能语义边界的行为解释为法律已有的明文规定"。②

其实，无论是扩张解释还是类推解释，都离不开对刑法罪名原文的语义解释，而无论是扩张解释中的"用语的历史发展"还是类推解释中的"可能语义边界"，也都并非刚性标准。因此，扩张解释与类推解释之间必然存在交叉关系。然而，两者还是应当有如下区分：（1）扩张解释未抛开可能的语义边界，而类推解释离开了这个边界。虽然有观点认为"可能的语义"是"依一般的语言用法，或者立法标准的语言用法，该用语还能够指称的意义"，③ 但考虑到刑法的教育与预言功能，解释的标准应当是一般人的理解而非专业性解释。例如，将电子邮件理解为我国《刑法》第二百五十二条规定的侵犯通信自由罪和第二百五

---

① 张明楷：《罪刑法定与刑法解释》，北京大学出版社2009年版，第68页。
② 陈兴良：《刑事法治论》，中国人民大学出版社2017年版，第215页。
③ ［德］卡尔·拉伦茨：《法学方法论》，陈爱娥译，台北五南图书出版公司1996年版，第227页。

十三条规定的私自开拆、隐匿、毁弃邮件、电报罪中的"信件"和"邮件",[①] 属于扩张解释；而将网站中负责管理电子邮件的工作人员解释为"邮政人员"，就是类推解释。(2) 被解释的用语未离开原用语本来的类别，未被提高层次或位阶。比如，我国《刑法》第三百零八条之一规定的泄露不应公开的案件信息罪，其主体是特殊主体,[②] 如果将证人解释为此罪的主体，属于合理的扩张解释；如果将其适用于普通网络用户，则不仅离开了法定主体的原来类别，而且提升到普通主体，即属于类推解释。(3) 如果解释的结论未超出一般人的正常理解，属于扩张解释；如果超出一般人的通常理解，属于类推解释。例如，根据我国《刑法》第二百九十三条的规定，寻衅滋事罪发生在公共场所即现实物理空间，如果将在公共场所泼洒粪便解释为寻衅滋事，依然在一般民众的理解之内，属于扩张解释；如果将发生在网络空间的传播虚假信息或辱骂行为，解释为寻衅滋事，即超出一般民众的理解，属类推解释。

另外，扩张解释不能离开《刑法分则》规定的法益类别进行。如我国《刑法》第二百四十九条规定的煽动民族仇恨、民族歧视罪，固然可能影响社会秩序，但其规定于侵害公民人身权利和民主权利的犯罪之中，就必然有针对少数民族个体的侵害，而不能针对抽象的风俗、价值观，否则就是类推。

第二节 结果无价值的法益保护原则与传播犯罪

作为刑法的基本原则，法益保护原则在传播犯罪的立法与司法中同

[①] 《刑法》第二百五十二条规定："隐匿、毁弃或者非法开拆他人信件，侵犯公民通信自由权利，情节严重的，处一年以下有期徒刑或者拘役。"第二百五十三条规定："邮政工作人员私自开拆或者隐匿、毁弃邮件、电报的，处二年以下有期徒刑或者拘役。"

[②] 《刑法》第三百零八条之一第一款规定："司法工作人员、辩护人、诉讼代理人或者其他诉讼参与人，泄露依法不公开审理的案件中不应当公开的信息，造成信息公开传播或者其他严重后果的，处三年以下有期徒刑、拘役或者管制，并处或者单处罚金。"

样应得到尊奉：传播犯罪法律制度所保护的是法益，如果没有法益侵害，当然就不成立犯罪。而这里需要明确的问题是：传播犯罪所侵害法益的实质特征是什么？传播犯罪原则上应当是侵害犯还是危险犯？

一　刑法与传播犯罪中的法益

（一）刑法中的法益

法益概念是在法律目的论的推动下形成的。19世纪后半期，德国法学家耶林提出了法律目的论，认为法律的目的就是保护个人、社会和国家的生活利益……而且，权利是受法律保护的利益，主观权利的真正实质存在于主体的利益，利益的实际效用和享受上。[①] 1872年，德国刑法学家宾丁首先提出了"法益"概念，将其界定为"法律规范的保护客体——具有法的价值的、法共同体的健全生活条件和利益"。[②]

可见，法益最初的界定，与人类的"生活条件和利益"密切相关，所以是具体的而非抽象的。但后来，法益被学界分为个体法益、社会法益和国家法益，法益概念呈现出开放性与抽象性，从而导致对法益界定的争论，这些争论主要聚焦于法益的主体、法益的内容和法益的形式三个方面。

本书认为，对法益的理解应当遵循以下原则：（1）从主体上看，法益必须与自然人、与个体的人相关联。社会法益、国家法益，最终必须与个体法益相关；如果与个体法益无关，则不能称为法益。正所谓"说法是利益的规律，和说法是正义的规律，不相抵触。利益是法所规律的目的，正义则是法所规律的最高标准"。[③]（2）从内容上看，首先，

[①] [德]耶林：《拿破仑法典以来私法的普遍变迁》，徐砥平译，中国政法大学出版社2003年版，第18页；[美] E.博登海默：《法理学—法哲学及其方法》，邓正来译，华夏出版社1987年版，第104页。

[②] 张明楷：《刑法学》（上），法律出版社2016年版，第64页。

[③] [日]美浓部达吉：《法之本质》，林纪东译，台北商务印书馆1993年版，第43页。

法益必须与利益相关，即使是作为状态的秩序，也必须符合人们的需要与需求，是反映公众需要的利益。其次，法益必须是可被侵害的利益（包括侵害的事实或危险），是可以证明的因果性事实与现象，因此，抽象的精神、伦理或价值观因不具备可证明性，不属于法益范畴。（3）从形式上看，法益与法密不可分，更须符合宪法。即使是自然法的内容，作为可适用的具体内容，法益也应当由法律制度确认，而不能适用的内容将无法为法律所保护。

综上所述，可将"法益"界定为：与自然人密不可分的，对其侵害或侵害的危险系可被证明的，由法律和宪法所保护的生活利益。

(二) 传播犯罪中的法益：具体的、可还原为个人利益的利益

违法传播面向大众，其侵害的法益并非均为个体法益，有时是国家利益，有时是作为公众利益的社会利益，表面上与个体关系不大，但事实并非如此。

首先，法益本身应当是具体的而非抽象的利益。虽然刑法上法益概念有数十种之多，[1]但理论上认为：作为法律保护的利益，即使其形态发生变化，且有无形利益，但其首先是个体的、现实的、具体的利益，正因如此，才能够给刑事立法提供正当性理由，"要能够说是法益，必须具有经验上可能把握的实体，而且，该实体对人是有用的……"。换言之，"若保护的对象抽象得无法让人把握，则该对象也不能被看做是法益"。[2]

其次，国家法益与社会法益应当具备可还原性。作为由法所保护的、客观上可能受到侵害或者威胁的人的生活利益，法益主要包括人之个体的生命、健康、人格、财产等方面的利益，但也不绝对排斥建立在

---

[1] 刑法学上对"法益"的界定有：认为法益是刑法所保护的法律价值、法律利益、生命利益、生活利益、重要的功能一致性、人类共同生活所必需的价值和制度等。

[2] 克劳斯·罗克辛、陈璇：《对批判立法之法益概念的检视》，《法学评论》2015年第1期。

个人利益保护基础之上、因而可以还原为个人利益的国家利益与社会利益，①只不过在处罚传播行为时更强调后者的可还原性，这是因为：传播行为只能通过第三人的思想或行为产生效果，本身就难以证明，如果将无法还原为具体法益的国家法益和社会法益等进行普遍保护，必然导致处罚范围的不确定，导致法律擅断，从而会破坏罪刑法定的基本原则——这里，法益保护原则与罪刑法定原则有内在的关联。如果以社会纯朴风尚、善良风俗、"社会秩序"等解释法益，必然将法益概念抽象化、精神化、空洞化，令人无从把握。②

可还原性要求：涉及传播的立法与司法对社会利益必须有具体的、实际的说明，这种说明应当与公众生活利益密切相关，从而涉及个体利益。因此，在刑法理论中，违反伦理道德、没有或找不到受害人、自我损害及单纯损害国家机关权威或形象的行为，通常并不是刑法中的法益侵害。③ 而传播犯罪中经常所见的"社会秩序""政府形象""社会影响"的扰乱或影响，应该是指一种现实的物理秩序的而非抽象的混乱和影响。④

二　法益侵害：传播犯罪刑事处罚的前提

传播犯罪的刑事立法与司法必须遵循刑法的基本原则，以保护法益为目的，即无法益侵害，就不成立犯罪，刑罚也无以适用。

首先，刑罚只能处罚侵害法益的传播行为。在犯罪（成立）论的三阶层体系中，第二阶层违法性判断的指导性理论是行为无价值（规范违反说）和结果无价值（法益侵害说）理论，而目前，新（二元）行为无价值理论不仅承认法益侵害为违法性判断的实质内容，且将其置于

---

① 张明楷：《刑法学》（上），法律出版社2016年版，第63页。
② 周光权：《行为无价值论的法益观》，《中外法学》2011年第5期。
③ 张明楷：《刑法学》（上），法律出版社2016年版，第64页。
④ 刘艳红：《网络时代言论自由的刑法边界》，《中国社会科学》2016年第10期。

优先考虑的地位,① 因此,法益侵害是公认的违法性判断的核心内容,没有法益侵害,就不成立犯罪。在此意义上,法益保护原则上对法益侵害的要求,就是限缩言论型犯罪的具体方法,其实质是"使得某些即使是不当行使自由的行为也不用面对刑罚的危险,以保障言论自由的实现"。② 另外,从法目的而言,刑法根本目的是保护法益,"没有或者不允许有不针对特定法益的刑法规定"。③

其次,刑法只处罚严重侵害法益或侵害重大法益的传播行为。法益保护的任务不是仅由刑法承担,而是由包括宪法、民法、行政法、刑法在内的整个法律制度体系承担,作为法益保护最后手段的刑法,"只有当道德规范与其他法规范的保护没有效果或者并不充分时,才能发动",因此,法益保护原则被表述为"谦抑的法益保护原则"。④ 而且,法律本身并不培训公民如何发表言论,刑法更无此任务,其通常并不禁止一切法益侵害形态,而是仅禁止"重大的侵害",即犯罪行为。这里,"重大的侵害"不仅指传播所侵害利益的重要性,而且指其侵害情节的恶劣性。

最后,立法和司法在决定对传播行为的处罚时,必须进行法益衡量。刑罚适用是通过损害一部分法益来保护另一部分法益的,所以,法益衡量是法益保护原则的最重要内容之一,司法机关在适用刑法时,立法机关在制定刑法时,都需要进行法益衡量。⑤ 对传播在内的所有违法行为进行的立法、适用的刑罚,也都需要权衡所保护的法益与可能造成的法益侵害孰轻孰重,以确定是否将该传播行为纳入犯罪范围或者适用刑罚。

---

① 周光权:《法益初论》,中国政法大学出版社2003年版,第28页。
② 唐煜枫、王明辉:《论言论自由的刑法保障——一个罪刑法定视野的关照》,《甘肃政法学院学报》2010年第2期。
③ [德] 冈特·施特拉腾韦特、洛塔尔·库伦:《刑法总论Ⅰ——犯罪论》,杨萌译,法律出版社2006年版,第29页。
④ [日] 山中敬一:《刑法总论》,成文堂2015年版,第54页。
⑤ 张明楷:《法益保护与比例原则》,《中国社会科学》2017年第7期。

三 传播犯罪：侵（实）害犯还是危险犯

无论在理论上、法律上还是司法实践中，与传播犯罪中法益侵害密切相关的问题是其分类。刑法学界根据实际损害和危险两种结果对犯罪的分类，早期有行为犯、结果犯之分，目前则以侵（实）害犯、危险犯的区分为主流，危险犯又有具体的危险犯和抽象的危险犯之别。① 对于犯罪的分类，从侵害犯→具体危险犯→抽象危险犯，体现了刑罚防线逐步前移的思路，打击范围与力度也随之扩大。② 而立法者对某种行为确定危险犯或侵害犯，其根据通常是自己的认识及证明的难易。

作为言论违法行为的传播犯罪，必须经过他人行为才能产生侵害法益的后果，所以这种行为本身似乎只能是一种"危险"，因此，其结果要件即法益侵害涉及的关键问题是：在尚未产生现实的法益侵害之前，此类犯罪是否包括危险犯？如果包括危险犯，其应当是具体危险犯还是抽象危险犯？

（一）现实危险也是对法益的侵害

在刑法学界，对法益的侵害有侵（实害）论和实害危险兼顾论之分。持侵（实害）论者认为，法益保护原则仅限于将造成实害的行为

---

① 具体危险发生侵害结果的可能性很大，因而是一种高度的、紧迫的危险，在表现形式上已经能够显示为一种外在的事实状态，这种事实状态是一种由行为所造成的法益侵害的可能性，是一种"危险结果"，需要司法上根据具体的情况予以认定；抽象危险是一种缓和的、低度的危险，发生侵害结果的可能性相对而言较小，其还没有和行为相分离，仍然是一种蕴含于行为之内的法益侵害可能性，属于行为本身所具备的危险性，这种危险是立法上推定的，不需要司法上的具体判断。另外，行为犯指在犯罪构成客观要件中仅包括行为要素，其危险是行为本身侵犯法益的危险，其处罚根据即抽象危险。参见王志祥、黄云波《行为犯之基本问题研究》，《河南社会科学》2015年第9期；[德]汉斯·海因里希·耶塞克、托马斯·魏根特《德国刑法教科书》，徐久生译，中国法制出版社2001年，第322页；[德]约克·艾斯勒《抽象危险犯的基础和边界》，《刑法论丛》（第14卷），蔡桂生译，法律出版社2008年版，第333页。

② 陈洪兵：《中国式刑法立法模式下的结果犯与实害犯》，《杭州师范大学学报》（社会科学版）2017年第5期。

规定为犯罪，据此，对没有造成实害的危险行为规定为犯罪，就是对法益保护原则的否定。日本也有学者指出，法益保护原则特别在以下两个方面对立法者起规制作用："（1）禁止仅以维护道德、伦理为由设置处罚规定；（2）即使为了保护法益，但在对法益没有产生任何实害的阶段，也禁止将其规定为犯罪。"① ——依此观点，任何传播行为，如果没有具体的侵害结果，均不能入罪。

然而，刑法学界主流观点是实害危险兼顾论，即现实的危险也是对法益的侵（损）害。不仅我国刑法学界的主流意见秉持此观点，国外刑法学界历史久远的主流意见也是如此。德国学界有学者指出："在刑法'超前保护'的场合……虽然没有损害法益，但是只要通过危险行为威胁到了法益就可以肯定刑事不法的存在。"② 日本刑法学界也认为，实质的违法性应解释为违反国家社会的伦理规范，对法益的侵害或者威胁③——概言之，处罚包括传播在内的"危险行为"，并不违反法益保护原则。但需要注意：这里的危险犯的观点，要么是刑法"超前保护"的场合，要么是"实质解释"而非形式解释，都是特殊情况。

（二）传播犯罪：侵（实）害犯还是危险犯？具体的危险犯还是抽象的危险犯？

由于包含多个罪名，涉及多种法益，传播犯罪究竟是侵（实）害犯还是危险犯，是具体的危险犯还是抽象的危险犯，并没有统一的认识或标准。

对于法益侵害中的危险，成文法国家刑法学界通常容易接受具体的危险而非抽象的危险，认为按照法益保护原则的要求，只有具体的危险才能作为犯罪结果，即"只有对那些离发生实害距离很近，而且发生实

---

① ［日］井田良：《讲义刑法学·总论》，有斐阁2008年版，第20页。
② ［德］乌尔里希·齐白：《全球风险社会与信息社会中的刑法》，周遵友等译，中国法制出版社2012年版，第208页。
③ ［日］大塚仁：《犯罪论的基本问题》，冯军译，中国政法大学出版社1993年版，第116页。

害的概率较高的危险行为,才能实行犯罪化",① 因为它具有现实的危险性,这种危险性是由犯罪行为所造成的某种事实所表现出来的,即它"不是原因的内容而只能属于原因所产生的结果犯罪"。② 在此意义上说,行为犯即抽象危险犯及不存在犯罪结果。③ 而没有具体的犯罪结果,当然也就不成立犯罪。

殊途同归的是:英美法系关于言论处理的著名原则,即源于美国的"明显而即刻的危险"原则。在 Schenck V. U. S. 案中,霍姆斯法官(J. Holmes)认为:"一切行为的性质应由行为时的环境来确定……一切有关言论的案件,其问题在于所发表的言论在当时所处的环境及其性质下,是否能造成明显而即刻的危险(Clear and Present Danger),产生实际祸害。如果有这种危险,国会就有权阻止。"④ ——可见,该原则精神实质并非抽象的危险而是具体的的危险,这与成文法国家刑法学界的观点异曲同工。

然而,Schenck V. U. S. 案中"明显而即刻的危险"原则涉及的法益是国家安全。如果涉及其他法益侵害的行为,该案事实上也给出了参考意见:对言论违法的处理应遵循"所发表的言论在当时所处的环境及其性质"原则。具体到不同类型的传播犯罪,其法益侵害结果同样如此:根据不同的情况和环境,规定或适用侵(实)害犯还是危险犯——当然,如果是危险犯,应当是具体而非抽象的危险犯。

总之,由于涉及言论自由这一宪法权利,由于其本身并不直接导致法益侵害,传播犯罪的成立条件,法理上要求有现实法益侵害——即被侵害的法益有可还原为个体法益的证据等合理支撑,方能具备实质违法

---

① 张明楷:《结果无价值论的法益观——与周光权教授商榷》,《中外法学》2012 年第 1 期。
② 李洁:《犯罪结果论》,吉林大学出版社 1994 年版,第 122—123 页。
③ 陈兴良主编:《刑法总论精释》(上),人民法院出版社 2016 年版,第 194 页;曲新久:《刑法学》,中国政法大学出版社 2009 年版,第 91 页。
④ Schenck V. U. S. 249 U. S. 47, 39S. Ct. 247, 63 1. Ed. 470 (1919).

性；其在立法上应该以侵（实）害犯为主，以具体危险犯为辅。①

事实上，包括传播犯罪在内的所有犯罪既遂标准的选择权在立法者手中，而立法者往往根据法益的重要性和证明的难易来确定某种犯罪的既遂标准，因此，不同类型的传播犯罪究竟是侵（实）害犯还是危险犯，终究要看各国法律的规定。而且，无论是侵害还是危险的结果，还存在一个非常重要的证明问题。

第三节 传播犯罪的成立条件：三阶层犯罪论

传播犯罪的成立条件，与其他犯罪大致相同，但由于传播犯罪本身的特性，在司法实践中需要结合具体情形进行判断，故本节仅做概括性分析。

一 从犯罪构成四要件到犯罪成立的三阶层：我国刑法理论的演进

（一）传统刑法犯罪构成四要件理论及其问题

我国传统刑法理论中，犯罪构成包括四个要件：（1）犯罪客体，指犯罪行为侵害的社会关系。（2）犯罪客观方面（客观要件），指犯罪行为的外在表现，包括行为、结果、因果关系等。（3）犯罪主体，指实施犯罪行为的自然人和单位，前者要求达到法定年龄、有刑事责任能力。（4）犯罪主观方面（主观要件），指犯罪主体对其行为与结果所持的故意或过失的心理态度，以及目的——上述犯罪构成的四要件理论，源于苏联的刑法理论。

苏联著名刑法理论学家特拉伊宁在详细阐述上述四个构成要件的内涵后，做出总结："犯罪构成乃是苏维埃法律认为决定具体的、危害社

---

① 罗斌、龙敏：《谣言传播犯罪中的法益侵害——以谣言传播犯罪三种主要罪名及案例为视角》，《新闻记者》2020年第6期。

会主义祖国的作为（或不作为）为犯罪的一切客观要件和主观要件（因素）的总和。"① 我国刑法学界早期照搬了这种观点，认为："犯罪构成指依照我国刑法的规定，决定某一具体行为的社会危害性及其程度，而为该行为构成犯罪所必需的一切客观要件和主观要件的有机统一。犯罪构成有四个共同要件，即犯罪客体、犯罪客观要件、犯罪主体与犯罪主观要件。"②

在犯罪构成四要件中，居首位的是犯罪客体。这也是该理论首要、突出的问题：犯罪客体是犯罪行为所侵害的社会关系，其实质是刑法所保护的法益；犯罪描述的是从主体到客体的动态的过程，是国家与社会对侵害法益"行为"的定性——显然，前者是静态的客观存在，后者是动态的行为过程，而静态的客观存在作为动态犯罪行为的构成要件，是明显的逻辑错误。另外，将犯罪客体作为犯罪构成要件，还有以下问题：（1）作为独立于犯罪行为存在的客观的犯罪客体即法益，其本身并不决定其是否受到犯罪主体行为的侵害。如在诽谤犯罪中，个人的名誉权这种法益本来就存在，行为人的诽谤行为究竟是否构成犯罪，取决于其诽谤行为对他人名誉权侵害的事实与程度，而非被害人的名誉权。（2）将客体作为犯罪构成要件，意味着犯罪认定前置于犯罪行为，即先入为主，"实质是过分强调国家权力，不利于保障人权和实现法治。"③

另外，学界还认为，犯罪构成"四要件说"还存在以下重大理论问题：④（1）因为不承认"没有责任的不法"，所以难以区分不法与责任，难以为国民行为提供指导，在涉及无刑事责任能力人及共同犯罪时尤其如此。例如，无刑事责任能力人将偷拍的女性裸照上传网络，致被

---

① ［苏］特拉伊宁：《犯罪构成的一般学说》，薛秉忠等译，中国人民大学出版社1958年版，第43页。
② 高铭暄：《中国刑法学》，中国人民大学出版社1989年版，第75页。
③ 周光权：《犯罪构成理论与价值评价的关系》，《环球法律评论》2003年第3期。
④ 周光权：《刑法总论》，中国人民大学出版社2016年版，第78—85页；张明楷：《刑法学》（上），法律出版社2016年版，第101—103页；马克昌：《犯罪通论》，武汉大学出版社1999年版，第67页。

害人难以承受而自杀,依照刑法制度,此种行为为不法行为,但由于无刑事责任能力人不受刑罚处罚,四要件说不能对国民提供指导,这就会影响刑法的预防功能。(2)难以兼顾犯罪构成的形式判断与实质判断。尤其是行为的违法性方面,有行为无价值与结果无价值之争,而犯罪构成四要件说的一次性评价难以承载如此众多使命,可能导致司法的恣意。例如,2013年9月10日起施行的"两高"《关于办理利用信息网络实施诽谤等刑事案件适用法律若干问题的解释》(下称《网络诽谤解释》)第五条第二款创设的传播型寻衅滋事罪①的司法实践中,因规定的法益非常模糊,法官很难与其他要件同时进行行为违法性的实质判断。(3)重视控诉机制而轻视辩护机制。犯罪构成四要件说是一种"定罪"的理论,着眼点在于国家与社会保护理论,没有为辩护权留有空间,没有例外,经常出现符合构成要件但不符合社会伦理的情况。比如,司法实践中有网民因反对在本地建垃圾焚烧厂而在网络呼吁被判(传播型)寻衅滋事罪,网民并没有为自己辩护的空间,但这种判决显然不符合社会伦理。(4)主观判断可能优于客观判断。在犯罪构成四要件理论中,其平面结构特征无以决定主观判断与客观判断的时间、顺序,两者同时或一次性完成,这就导致可能先进行主观判断,而将根本没有法益侵害的行为认定为犯罪,陷入主观主义的泥潭。例如,司法实践中经常见到遭强拆的上访者将批评、谩骂当地政府的信息上传网络的案例,其通常因"故意"而被判(传播型)寻衅滋事罪,但网民这种行为并未侵害任何具体的法益。

总之,由于否定判断的动态过程性,由于封闭式和平面式机理,犯罪构成四要件说决定了犯罪评价过程没有层次性,缺乏逻辑性,呈现一种静态特征。其总体上不利于法益保护基本原则的尊奉。

---

① 该款规定:"编造虚假信息,或者明知是编造的虚假信息,在信息网络上散布,或者组织、指使人员在信息网络上散布,起哄闹事,造成公共秩序严重混乱的,依照刑法第二百九十三条第一款第(四)项的规定,以寻衅滋事罪定罪处罚。"——对这种因在信息网络上编造或传播虚假信息导致的寻衅滋事罪,本书称为传播型寻衅滋事罪。

(二) 三阶层犯罪论体系

"阶层"犯罪论体系由德国刑法学家贝林于 1906 年开始构建,后经古典犯罪论体系与新古典犯罪论体系的争论与演进,目前在日本也成为通说。以德国和日本为代表,犯罪论体系由构成要件的符合性(或称"该当性")、违法性和有责性构成——由于这三个条件表现出层次性,因而这种关于犯罪构成的理论称三阶层的犯罪论体系。① 在阶层犯罪论体系内部,曾有两阶层之学说:将构成要件的符合性与违法性作为一个"不法"阶层,认为违法性是对构成要件的法律评价,故两者无必要分开;而犯罪成立就只需进行不法与有责性两个阶层的判断,所以该观点称为"不法—罪责"的两阶层体系。

目前,传统的犯罪构成四要件理论在我国刑法学界的空间日渐狭窄,由构成要件符合(该当)性、违法性和有责性组成的体系即犯罪成立条件,其在我国不仅有助于贯彻罪刑法定原则,也具有刑事政策上的意义,② 已成为阶层论犯罪体系的主流意见。③

本书对传播犯罪成立的条件也采三阶层犯罪论的主流体系:在认定传播违法或犯罪的过程中,首先要判断传播行为是否符合构成要件,尤其是要认定传播行为是否符合构成要件中的要素;如果其不符合构成要件,就不必判断传播行为的违法性,更不必判断其有责性。④

二 传播犯罪构成要件的符合性

(一) 传播犯罪构成要件的功能

从概念角度,三阶层犯罪论体系中,三个逐层递进的"成立条件"

---

① 周光权:《刑法总论》,中国人民大学出版社 2016 年版,第 69 页。
② 周光权:《阶层犯罪论及其实践展开》,《清华法学》2017 年第 5 期。
③ 周光权:《阶层犯罪论及其实践展开》,《清华法学》2017 年第 5 期;陈兴良:《犯罪构成论:从四要件到三阶层一个学术史的考察》,《中外法学》2010 年第 1 期;张明楷:《违法阻却事由与犯罪构成体系》,《法学家》2010 年第 1 期。
④ 张明楷:《阶层论的司法运用》,《清华法学》2017 年第 5 期。

相当于传统违法或犯罪理论中的"构成要件",但三阶层体系中的"构成要件"指的是刑法制度规定的违法犯罪类型,其内容"是说明行为对法益的侵犯性的客观要素",[①] 这些要素主要包括行为、行为客体和因果关系,[②] 当然,也包括行为主体类型、工具、途径、对象等;而"构成要件的符合(该当)性"只是违法或犯罪第一层次的"成立条件",即相关行为符合行政法或刑法规定的违法或犯罪的构成要件即类型,具备了构成要件所要求的要素及其内在联系。

通俗地讲,构成要件的符合(该当)性作为一种形式性判断,主要解决行为人的行为是否落入刑法规定的某种罪名的判断问题,其为违法或犯罪行为特征即上述要素的评判提供一个初步构架。申言之,构成要件"不仅使公众可以区分此罪与彼罪,而且严格限定了犯罪的客观范围,是罪刑法定原则得以实现的有效保证,因而对于保障公民的权利和自由具有重要意义。"[③] 比如,《刑法》第二百九十一条之一第一款规定的编造、故意传播虚假恐怖信息罪,要求编造、传播的是有关爆炸威胁、生化威胁、放射威胁等恐怖信息,[④] 而不能是其他虚假信息,但没有对传播媒体进行限制;第二款规定的编造、故意传播虚假信息罪,[⑤] 要求编造的是关于险情、疫情、灾情、警情的4种虚假信息,而不能是其他虚假信息;要求在信息网络或者其他媒体上传播,而不能是人际传播或组织传播——其规定的构成要件要素很明确,这样,符合后罪的构成要件,就不能以刑罚较重的前罪来判决。

[①] 张明楷:《刑法学》(上),法律出版社2016年版,第96页。
[②] 周光权:《刑法总论》,中国人民大学出版社2016年版,第69页。
[③] 陈兴良:《教义刑法学》,中国人民大学出版社2017年版,第161页。
[④] 其规定:"投放虚假的爆炸性、毒害性、放射性、传染病病原体等物质,或者编造爆炸威胁、生化威胁、放射威胁等恐怖信息,或者明知是编造的恐怖信息而故意传播,严重扰乱社会秩序的,处五年以下有期徒刑、拘役或者管制;造成严重后果的,处五年以上有期徒刑。"
[⑤] 其规定:"编造虚假的险情、疫情、灾情、警情,在信息网络或者其他媒体上传播,或者明知是上述虚假信息,故意在信息网络或者其他媒体上传播,严重扰乱社会秩序的,处三年以下有期徒刑、拘役或者管制;造成严重后果的,处三年以上七年以下有期徒刑。"

(二) 传播犯罪构成要件的分类

在大陆法系，构成要件有开放的构成要件与封闭的构成要件之分：前者指刑法对某一犯罪的构成要件只进行抽象或者概括规定，确定此行为是否符合该犯罪的构成要件，尚需对构成要件进行内容补充；后者指刑法对某一犯罪的构成要件作了确切规定。①

开放的构成要件是由德国刑法学者威尔泽尔提出的。我国学者认为，威尔泽尔提出的开放的构成要件是指：刑法中的构成要件并未通过行为本身及客观具体的要素，竭尽所能地描述此犯罪，结果是有构成要件的该当性（符合性），但不能表征违法性。②——这说明，开放的构成要件说是从构成要件与违法性的密切关联上提出的。但刑法学界目前通常认为，违法性当然可以从完备的构成要件中进行推定，但违法性判断需要以法益侵害为主要依据，即另做判断。

至于开放的构成要件主要包括何种犯罪，学界认为，一种是不作为犯（主要是不纯正不作为犯③）和过失犯，法官需要依据"保证人地位"或"社会生活上必要的注意"的指导原则，补充立法者规定的构成要件后，通过确认符合构成要件的行为及不存在违法阻却事由便可推定违法性；另一种是立法者没有确立禁止何种行为的基准（盖然性规定），而由法官通过自己的独立价值判断来积极地确定其违法性。④ 比如，对于我国《刑法》第二百八十六条之一规定的拒不履行信息网络安全管理义务罪，法官就首先需要根据一定标准，确定网络服务提供者的网络管理的义务内容，再确定监管部门责令采取改正措施的途径与形式，并明确"拒不改正"的表现与标准，才能判断其行为是否符合相关犯罪构成要件。

---

① 陈兴良：《教义刑法学》，中国人民大学出版社 2017 年版，第 193 页。
② 刘艳红：《开放的犯罪构成要件理论研究》，中国政法大学出版社 2002 年版，第 9 页。
③ 指原本以作为形式方能实施的犯罪，行为人以不作为的方式实施。
④ 张明楷：《刑法的基本立场》，中国法制出版社 2002 年版，第 99—100 页。

可见，构成要件符合性判断的前提是构成要件要素的完备与明确，即"罪状"（或违法行为界定）清晰，否则，司法与执法将出现诸多问题。如，我国《刑法》第二百八十七条之二规定的帮助信息网络犯罪活动罪，要求的行为是明知他人利用信息网络实施犯罪，为其犯罪提供互联网接入、服务器托管、网络存储、通信传输等技术支持，或者提供广告推广、支付结算等帮助——其中的"等"字，是否包括不作为形式，即此罪名是否包括不纯正不作为犯？如果包含，该罪名的犯罪构成可能与前述拒不履行信息网络安全管理义务罪有一定交叉，即成为判断中的难题。又如，《网络诽谤解释》第五条第二款创设的传播型寻衅滋事罪，未规定传播的是何种虚假信息，故难以解决犯罪类型符合性判断问题。

三 传播犯罪的违法性

构成要件的符合性判断，只是一种形式判断，行为是否构成违法和犯罪，还要进行第二阶层的实质性判断即违法性判断。在阶层论体系中，行为违法性又有两层含义：一是违反法律规范，行为为法律所禁止，即形式违法；二是对法益的侵害（包括实际侵害和侵害的危险），即实质违法。在我国传统犯罪构成的四要件理论中，侵害结果是与阶层论违法性的第二层含义相对应的要件。

指导违法性判断的法学理论主要是行为无价值（对于行为本身样态的否定评价）和结果无价值（对于行为引发的法益现实侵害或威胁的否定评价）理论，其原本是关于违法性实质（实体与根据）的对立，但目前这种对立已扩展到包括违法犯罪构成要件在内的广泛领域，[1] 而其对传播犯罪立法的直接影响是：将同类甚至相同（如传播）行为但

---

[1] ［日］前田雅英：《现代社会与实质的犯罪》，东京大学出版会 1992 年版，第 76 页；张明楷：《刑法的基本立场》，中国法制出版社 2002 年版，第 170 页。

针对不同法益的犯罪分为侵害犯与危险犯；其对司法的影响是：司法政策与刑罚成立、处罚的宽严——主要是对于不具备法益侵害的同类型传播犯罪，不同法官的裁判结果不同（如前所述，此不赘述）。

在犯罪的违法性要件中，由于存在实际侵害后果与侵害危险的不同主张，非常重要的是违法性即法益侵害或危险的证明，在传播犯罪理论与实践中，此证明也是非常重要却不甚清晰的问题（第三章详述）。

四 传播犯罪的有责性

违法或犯罪论体系中的有责性，指符合构成要件、具备违法性的行为进行非难的可能性，其包括责任能力、故意、过失和期待的可能性。[1] 由于刑法就责任能力有具体规定，此处仅对传播犯罪有责性中的主观过错要素进行探讨。

我国《刑法》中的传播犯罪大都明确要求故意的主观要素。犯罪故意作为一种基本的罪过形式，主要包含认识因素和意志因素两个部分：前者即"明知"，是后者的基础，也决定着故意犯罪能否成立；后者则决定故意的性质即直接故意还是间接故意。

我国《刑法》中的传播犯罪主要规定的故意是"明知"下的故意。"明知"即行为人认识到自己打算实施行为的性质、危害后果等。首先，刑法学界主流观点认为，"明知"并不包括"应当知道"，因为"应当知道"的本质是不知道；相反，"明知"是一种现实的认识，而不是潜在的认识，即已经知道、确实知道某种事实的存在或可能存在。[2] 其次，可能性认识也应纳入"明知"范畴的观点[3]显然是错误的，

---

[1] 张明楷：《刑法学》（上），法律出版社2016年版，第97页；周光权：《刑法总论》，中国人民大学出版社2016年版，第70页；张明楷：《法益初论》，中国政法大学出版社2003年版，第249页。

[2] 张明楷：《刑法学》（上），法律出版社2016年版，第266页。

[3] 冷大伟：《犯罪故意"明知"问题探析》，《烟台大学学报》（哲学社会科学版）2015年第5期。

将"可能知道"作为"明知"的一种，不仅会导致有罪推定，"也是对行为人人格的审判，是站在道德的制高点对人性弱点的审判。"① 总之，"明知"就是确实已经知道行为肯定或可能会导致某种后果。

关于明知的内容，首先需要区分《刑法》总则中的"明知"和分则规定的对特定要素的"明知"。传播犯罪下的各罪名，其"明知"显然属于第二种"明知"。其次，作为认识因素，"明知"的内容包括传播行为对象、传播行为性质、传播结果、因果关系，甚至时间地点与方法手段。② 需要强调的是，此处的"明知"，对于结果的主观态度是认识到传播信息的行为确定或可能会"造成严重后果"。否则，难以构成相关罪名中的主观故意，也就不具备犯罪成立条件中的有责性。

---

① 孙万怀、卢恒飞：《刑法应当理性应对网络谣言——对网络造谣司法解释的实证评估》，《法学》2013年第11期。
② 付玉明：《犯罪故意的事实认识与内容解读》，《中国刑事法杂志》2016年第6期。

第三章 传播犯罪法益侵害的证明
——以诽谤罪为对象的分析

不法行为侵害结果的证明,是与法益保护原则及犯罪成立条件密切相关的重要问题。在传播犯罪中,由于传播行为通常并不直接导致侵害结果,而是通过受害人或他人思想与行为导致,故该侵害结果证明不仅必须,而且复杂;在司法实践中,侵害结果证明也往往因涉及传播犯罪成立与否,而成为焦点问题。另外,传播犯罪可分为侵害犯和危险犯(包括具体的危险犯和抽象的危险犯),其中侵害犯中侵害结果的证明并无异议,分歧焦点在于危险犯,而且主要集中于抽象的危险犯。

传播犯罪中的法益侵害与传播效果密切相关,而后者是一个非常复杂的行为过程和社会心理过程,基于不同的传播目的,不同的信息受众针对不同的信息,可能有不同的结果与效果。[①] 由于传播犯罪中有38种危险犯,其中抽象危险犯18种,具体危险犯20种,[②] 本章以司法实践中最为常见、案例较多、针对精神性人格权(名誉权)的诽谤罪[③]作为主要分析对象,[④] 从法理、法律和传播效果理论角度,探讨传播侵害结

[①] 如前所述,传播淫秽物品罪中,接受信息本身即意味着损害或侵害成立。
[②] 参见第十章第一节四部分。
[③] 不包含诽谤英雄烈士罪。
[④] 很明显:当一个犯罪嫌疑人为盗窃他人账户存款或侵害他人生命、身体健康权益而非法获取或出售他人个人信息(如人脸信息、指纹信息)时,传播效果可能是直接的,过程显然并不那么复杂。

果的推定或证明问题。

第一节 传播犯罪（诽谤罪）侵害结果：证明与推定共存、侵害与危险同在

两大法系民事诽谤的证明责任制度各有其特点。而刑事诽谤制度，由于英美法系中，英国已经实现诽谤全面除罪化，而美国在联邦层面没有诽谤罪，[①] 故本节对诽谤罪侵害犯与危险犯的法律制度的梳理以大陆法系和我国为主。

一 两大法系及我国民事诽谤结果的理论与制度：证明与推定共存

（一）民事诽谤侵害判定方式的理论争议

证明，即据实以明真伪；推定则是一种假定。因名誉权纠纷涉及社会评价、公众意见、公众态度等社会事实。因此，诽谤诉讼中针对侵害结果的推定是一种事实推定。这种推定属于法官自由心证范围，是法官根据日常生活的经验，根据某一事实的存在推定出另一待证事实存在的情形。[②]

名誉的损毁体现为社会评价的降低。但是在多数诽谤传播中，社会评价降低的事实表现得并不明显。因而在司法实践中，对于侵害结果存在真伪不明之情况。而对于诽谤侵害结果的判定方法，学界存在着两种截然不同的观点：

[①] 美国少数州还保留着诽谤罪。英美法系除罪化的研究与论述，参见郑文明《诽谤的法律规制》，法律出版社2011年版，第24—80页。

[②] 常宝莲：《民事诉讼证明的方法论：以事实证明为中心》，厦门大学出版社2015年版，第164页。

1. 证明的观点

此观点认为,既然名誉毁损表现为社会评价降低,自当予以证明。至于原告还是被告承担证明责任,在大陆法系和我国解决证明责任分配的理论中,居于通说和主导地位的是德国法学家罗森贝克创建的"规范说",其认为:"通常情况下,对于构成诉讼的法律规范的前提条件的此类事实,原告必须承担主张责任和证明责任。只有当被告主张的事实与一个新的对其有利的法律规范特征相适应,且该事实说明该规范的介入是正当的之时,被告才承担证明责任。"①"规范说"在大陆法系一直居于通说地位,其演绎的证明责任分配规则成为包括民事诽谤在内的民事诉讼通行的一般规则,"至今,在大陆法系,还没有哪一种关于证明责任分配的理论能够取代罗氏理论"。② 申言之,在大陆法系国家,包括实际损害在内的侵权责任构成要件由原告承担证明责任,"原告在诉讼中应主张或证明与这四个要件相对应的具体事实并加以证明……而只要其中一个要件事实处于真伪不明状态,法官就不能适用该法规作为原告请求依据的规范,就只能驳回原告诉讼请求"。③

法学界还有学者表示:一种行为只有造成了一定的法律后果,才会引起责任的承担。因此,原告在诉讼中证明社会评价降低的事实是必不可少的,但这只是名誉侵权责任成立的充分条件,而不是必要条件。④

传播法学界有学者从大众传播学的视角考察,提出我国司法实践中推定诽谤侵害结果的模式可能并不能准确,进而质疑诽谤侵害结果的推定。⑤ 另有传播法学界学者从地方保护和法律对自由心证缺乏制约,以

---

① [德] 莱奥·罗森贝克:《证明责任论》,庄敬华译,中国法制出版社2002年版,第113页。
② 张卫平:《证明责任:世纪之猜想——〈证明责任论〉代译序》,[德] 莱奥·罗森贝克:《证明责任论》,庄敬华译,中国法制出版社2002年版,第18页。
③ 李浩:《证明责任与不适用规范说——罗森贝克的学说及其意义》,《现代法学》2003年第4期。
④ 车辉:《论新闻侵害名誉权的认定》,《甘肃社会科学》2000年第5期。
⑤ 张金玺:《试论新闻侵害名誉权诉讼中的损害后果认定》,《国际新闻界》2008年第2期。

及司法实践中法官对民事权利的保护往往重于宪法性权利（即言论自由）等方面，探析了我国新闻诽谤诉讼中推定滥用的原因，指出推定过错和侵害结果的滥用一定程度上导致了我国新闻诽谤诉讼中媒体与记者诉讼负担重、败诉率居高不下。①

2. 推定或降低证明标准的观点

在民事诽谤诉讼中，名誉权侵权责任的成立并不要求加害行为情节严重，而只要求造成他人名誉毁损即可构成。②我国民法学界有学者认为，降低证明标准或推定的方法主要目的是解决受害人对侵害结果即社会评价的举证和证明问题，而第三人知悉足以表明原告名誉受损。③即在诽谤诉讼中，就侵害结果这一要件，原告需要证明行为人所实施的诽谤行为因行为人的过错而为第三人知悉。学者进一步认为，诽谤作为一种传播活动，具有向当事人之外的第三人散布的特点，其传播的影响力是公认的。所以，对自然人来说，只要侵权言论的发表为第三人所知悉，就足以表明原告社会评价降低这一侵害事实的存在。而知悉人的多少仅表明影响的大小，即受侵害的大小而已。④因此，对诽谤损害结果主张适用"事实上的推定"方法，即基于此考虑。⑤

传播法学界也有学者认为，即使侵权言论传播后可能没有发现公众的反应，但这"并不足以否定损害事实的存在。大众传播具有向全社会公开、传播快、覆盖面广等特点，出版物又可能长久保存，网络信息也很难清除，因此侵权言论对受害人的不利影响总是客观存在的……公众贬损性反应的有无，只是新闻侵权损害程度的一种参照。"⑥

---

① 宋素红、罗斌：《我国新闻诽谤诉讼中推定的滥用及其原因——中美新闻诽谤诉讼程序性责任的分担比较》，《国际新闻界》2006年第6期。
② 王利明、杨立新：《人格权与新闻侵权》，中国方正出版社2010年版，第308页。
③ 王利明：《认定侵害名誉权的若干问题》，《法学研究》1993年第1期。
④ 魏振瀛：《侵害名誉权的认定》，《中外法学》1990年第1期。
⑤ 张新宝：《侵权责任法原理》，中国人民大学出版社2005年版，第59页。
⑥ 参见魏永征、周丽娜《新闻传播法教程》（第六版），中国人民大学出版社2019年版，第134页。

(二) 关于民事诽谤侵害结果的法律规定

1. 两大法系关于诽谤侵害结果的民事法律规定及其证明责任

大陆法系传统代表性国家德国、法国的《民法典》中并没有确立名誉权，更谈不上规定诽谤结果的证明问题。但《德国民法典》在第824条第1款中规定了与诽谤定义及其责任基本相同的内容，其关于侵害结果的要求是实际损害——"危害他人信用或对他人生计或前途引起不利益"；① 非洲的《埃塞俄比亚民法典》第2044条也要求诽谤必须有"使他人变得可恶、卑鄙或可笑，并使其信用、名誉或前途受到危害"② 的实际损害——而既然是实际损害，自当予以证明。

英美法系则不同。在英国，传统诽谤法上，原告需要对口头诽谤的实际损害进行证明，其他类型的诽谤则需证明存在造成损害的倾向，③ 即原告只需对"第三人知悉""诽谤指向原告""言论具有诽谤性"这三项证据进行举证即可，其他举证责任交由发布诽谤性内容的被告承担。④ 2013年新《诽谤法》引入"严重侵害"（serious harm）要素，改变了这种根据"诽谤性言论指向原告且被第三人知悉"进而推定诽谤侵害事实的做法，明确规定：除非诽谤性言论对原告的名誉造成或可能造成严重侵害，否则该言论及行为不构成诽谤。此规定要求原告必须证明诽谤言辞的"实质侵害"（substantial harm），方可提起诉讼，以防止滥用诽谤诉讼程序。⑤

在美国，深受美国法律研究院《侵权法重述》影响的50个州的侵权法，接受普通法的传统，允许法官可以直接推定诽谤损害，但根据诽

---

① 《德国民法典》第824条第1款规定："违背事实真相，主张或传播危害他人信用或对他人生计或前途引起不利益的事实者，就其不真实，虽不知悉但应知之者，仍应赔偿他人因此所生损害。"
② 徐国栋主编：《埃塞俄比亚民法典》，薛军译，厦门大学出版社2013年版，第286—287页。
③ [英]萨利·斯皮尔伯利：《媒体法》，周文译，武汉大学出版社2004年版，第66页。
④ 汪梦：《网络诽谤的政府规制》，知识产权出版社2015年版，第72—73页。
⑤ 白净、魏永征：《论英国诽谤法改革的趋势》，《国际新闻界》2011年第6期。

谤内容和结果类型，将诽谤分为需要证明具体损害和无须证明具体损害的两种：前者包括法定的诽谤种类（如口头诽谤）、第三人可重复传播的诽谤（如网络诽谤），后者则包括书面诽谤和有关犯罪、令人厌恶的疾病、不当性行为以及影响他人生意、行业、职业或职位的诽谤。[1] 另外，特殊情况是：公众人物原告必须证明实际损害方可获得损害赔偿。[2]

2. 我国关于诽谤侵害结果的民事法律规定及其证明责任

在《民法通则》1987年1月1日生效之前，[3] 我国没有保护公民人格权益的民事法律，自然也不存在民事诽谤诉讼。随着《民法通则》生效，我国新闻传播诽谤诉讼集中出现于20世纪80年代末期。[4] 此后，经过10余年司法实践的探索，最高人民法院1993年确定了诽谤责任成立的四个要件，包括"名誉被侵害的事实"即侵害结果。[5]

1991年4月9日，我国《民事诉讼法》正式实施，该法第六十四条初步确立了行为意义上的证明责任规则，[6] 但直到2015年最高人民法院出台《关于〈中华人民共和国民事诉讼法〉的解释》（下称《民诉法解释》），[7] 我国民事诉讼包括结果意义证明责任分配的一般规则方得以确立。申言之：《民诉法解释》生效之前，我国民事诽谤诉讼是由法官推定诽谤损害后果；《民诉法解释》生效后，作为侵权诉讼的一种，

---

[1] 美国法律研究院：《侵权法重述第二版：条文部分》，许传玺等译，法律出版社2012年版，第252—254页。

[2] Gertz v. Robert Welch, Inc., 418 U.S. 313, 1974.

[3] 《民法通则》第101条规定：公民、法人依法享有名誉权，公民的人格尊严受法律保护，禁止用侮辱、诽谤等方式侵害公民、法人的名誉。

[4] 魏永征：《"新闻侵权"到"媒介侵权"》，《新闻与传播研究》2014年第2期。

[5] 《关于审理名誉权案件若干问题的解答》（下称《名誉解答》）第7条第1款确定了诽谤责任成立的四个要件：名誉被侵害的事实、行为人行为违法、违法行为与侵害结果之间有因果关系、行为人主观有过错。

[6] 《民事诉讼法》第六十四条规定："当事人对自己提出的主张，有责任提供证据。"

[7] 《民诉法解释》第91条规定：人民法院应当依照下列原则确定举证证明责任的承担，但法律另有规定的除外：（一）主张法律关系存在的当事人，应当对产生该法律关系的基本事实承担举证证明责任；（二）主张法律关系变更、消灭或者权利受到妨害的当事人，应当对该法律关系变更、消灭或者权利受到妨害的基本事实承担举证证明责任。

诽谤诉讼自然也适用证明责任分配的一般规则。因此，在诽谤传播诉讼中，包括侵害结果在内的侵权责任的四个构成要件的证明责任由原告承担，[①]即原告需要对其名誉受损，社会评价降低等事实进行举证。

我国民事诽谤诉讼中证明责任分配规则主流与法律规定是大陆法系（德国学界观点）的理论延伸，民法学界观点与相关司法实践却深受英美法系影响，存在推定现象——这是一个饶有意味的反差。当然，可能的影响因素还包括诽谤侵（损）害难以证明及刑事诉讼中诽谤罪系危险犯的主流观点及相关法律规定。

二 两大法系及我国刑事诽谤结果的理论与制度：侵害与危险同在

危险犯与侵害犯根据危害结果表现形态的不同相区分：前者是指发生了法益侵害的危险，后者是指发生了现实的法益侵害结果。[②] 如果将诽谤罪视为危险犯，则不论诽谤传播行为是否产生具体的社会危害结果，只要该行为存在对他人造成名誉毁损的危险，就应当追究行为人的刑事责任；如若将诽谤罪作为侵害犯进行解释，则必须具有现实名誉侵害结果，而并非一种名誉毁损的可能性。

（一）刑事诽谤侵害结果既遂标准的理论争议

就诽谤罪的既遂标准而言，存在危险犯与侵害犯之争。

1. 危险犯的观点

我国刑法学界主流观点持此观点。有学者在论述诽谤罪在客观方面表现时指出，该罪只要求足以败坏他人名誉，而不必有败坏他人名誉的实际结果。[③] 有学者指出，本罪为抽象危险犯，并不要求行为确实侵害

[①] 罗斌、宋素红：《我国新闻传播诽谤诉讼的历史演进——基于证明责任分配角度的研究》，《新闻与传播研究》2017年第1期。
[②] ［日］山中敬一：《法学院讲义 刑法总论》，成文堂2005年版，第80页。
[③] 李希慧编：《刑法各论》，中国人民大学出版社2012年版，第283页。

了被害人的人格和名誉，被害人的社会评价因此而降低，只要该行为具有侵害被害人人格和名誉的可能性即可。① 针对网络空间的诽谤行为，还有学者主张，存留于信息网络上的诽谤内容对被害人的名誉具有抽象危险，且会在一定时间内持续增加，进而可以认定为诽谤入罪中的"情节严重"。②

大陆法系刑法学界主流均将诽谤罪归为抽象危险犯。③ 日本的名誉毁损罪与我国的诽谤罪类似，旨在保护公民名誉权，而日本学界以及判例的通说主张名誉毁损罪系危险犯，④ 有学者还进一步认为该罪是抽象危险犯。⑤

但这种主流观点中存在着不和谐的因素，如德国刑法学界将诽谤罪归类为抽象危险犯中的"适格性犯罪"，却要求必须"具有一种足以构成蔑视或者贬低的说法"，即接近于具体的危险犯的要求。⑥ 另外，将诽谤罪界定为抽象危险犯的学者，并未对自己的观点进行深入论证，也未对其原因与依据进行深入论述。

2. 侵害犯的观点

我国有学者主张诽谤罪为侵害犯，认为将诽谤罪界定为危险犯的主张虽然是以"危险"的存在，即名誉损毁的可能性为入罪的条件，但实际上是将诽谤侵害结果转移到诽谤传播这一行为上进行考察，而诽谤

---

① 刘艳红：《刑法学》（下），北京大学出版社2016年版，第100—101页。
② 张明楷：《刑法学》（下），法律出版社2016年版，第920页。
③ ［德］克劳斯·罗克辛：《德国刑法学 总论》（第1卷），王世洲译，法律出版社2005年版，第280—281页；［日］网野光雄：《刑法要说各论》，成文堂2009年版，第82页；［日］西田典之：《日本刑法各论》，王昭武、刘明祥译，法律出版社2013年版，第130页；［日］大塚仁：《刑法概说（各论）》，冯军译，中国人民大学出版社2003年版，第160页。
④ 日本有学者认为，只要披露了不实事实，就达到本罪既遂，并不要求被害人的外部名誉具体受到了侵害，因为是否实际降低了被害人的社会评价，事实上是难以证明的。团藤重光：《刑法纲要各论》，创文社1990年版，第513页。
⑤ 该学者指出："名誉毁损罪系抽象危险犯，只要具有毁损名誉的抽象危险即可，不需要具体的使得被害人名誉遭受贬损的事实发生。"［日］山口厚：《刑法各论》，王昭武译，中国人民大学出版社2011年版，第159页。
⑥ ［德］克劳斯·罗克辛：《德国刑法学 总论》（第1卷），王世洲译，法律出版社2005年版，第280—281页。

罪作为危险犯并未考虑到他人对诽谤传播内容的接收与接受，社会评价降低与否更是无从谈起。另外，诽谤罪定性为"侵害犯"也符合"罪刑法定"之原则，即符合"捏造事实诽谤他人，情节严重的"规定，而非"捏造事实诽谤他人的危险，情节严重的"。①

在日本刑法学界，少数学者主张名誉损毁罪必须以名誉现实的侵害，而不是具有毁损名誉的危险作为必要条件。有观点认为，（贬损他人名誉）信息的传播导致名誉受到侵害，即社会评价下降的结果，因此理应将名誉毁损罪作为侵害犯进行解释。②针对"危险犯"这一通说，其认为，在名誉毁损罪中以危险犯的理解去认定名誉权受到侵害的具体事实过于宽松，因此这一说法和做法并不严谨妥当。③

（二）关于刑事诽谤侵害结果的法律规定

1. 我国关于诽谤侵害结果的刑事法律规定及其证明责任

在我国，1997年《刑法》第二百四十六条就已对诽谤罪进行立法规范。④"情节严重"成为诽谤入罪的衡量标准，即只有诽谤行为的社会危害程度严重时才构成犯罪。根据立法者的解释，"情节严重"主要指"手段恶劣、后果严重或者影响很坏等情况"，⑤其中，"手段恶劣"针对行为，"后果严重或者影响很坏"则针对侵害结果——显然，立法者对上述三种条件的表述是"或者"决定的选择关系，即单单"手段恶劣"即可成立犯罪，申言之，能够证明侵害结果自然构成诽谤罪，但我国《刑法》规定的诽谤罪是危险犯，至于是抽象危险犯还是具体危险犯，"手段恶劣"解释为具体危险犯更为合理。而《网络诽谤解释》

---

① 胡杰、任卓冉：《诽谤罪既遂标准探讨》，《人民论坛》2014年第12期。
② [日] 平川宗信：《刑法各论》，有斐阁1995年版，第227页。
③ [日] 曾根威彦：《刑法各论》，弘文堂2008年版，第89页。
④ 《刑法》第二百四十六条规定：以暴力或者其他方法公然侮辱他人或者捏造事实诽谤他人，情节严重的，处三年以下有期徒刑、拘役、管制或者剥夺政治权利。前款罪，告诉的才处理，但是严重危害社会秩序和国家利益的除外。
⑤ 全国人大常委会法制工作委员会刑法室编：《〈中华人民共和国刑法〉条文说明、立法理由及相关规定》，北京大学出版社2009年版，第504页。

第二条第一款的"数量标准",① 进一步明确了诽谤罪的危险犯属性,但更靠近抽象危险犯——上述不甚清晰的规定,必然导致我国刑事诽谤诉讼中对侵害结果的推定。

然而,早在2009年发布的公安部《关于严格依法办理侮辱诽谤案件的通知》就指出,诽谤案件一般属于自诉案件。② 2012年我国《刑事诉讼法》第二次修正,增设第四十九条,③ 这是首次对刑事诉讼举证责任的分配在法律上进行明确规定。据此,可以明确:在刑事诽谤诉讼中,由起诉方承担案件的举证责任。尽管如此,在奉行排除合理怀疑标准的刑事诉讼中,现有法律并未对诽谤入罪的各成立条件进行明确的规定。关于网络诽谤,尽管《网络诽谤解释》第二条对网络空间下《刑法》第二百四十六条中的"情节严重"进行了具体的规定,使得在网络空间中诽谤罪的裁定更加有章可循,但该条款中的"数量标准",存在刑罚冲突、入罪条件不合理等问题,引发了广泛质疑。

2. 两大法系关于诽谤侵害结果的刑事法律规定及其证明责任

从既遂标准角度,大陆法系诽谤罪的归类有三种:(1)诸多国家如法国、瑞典、意大利、西班牙、瑞士、奥地利等,均将诽谤罪规定为抽象危险犯;④(2)相对复杂的德国,视诽谤的类型分为具体危险犯和侵害犯:《德国刑法典》第186条规定的"足以使他人受到公众蔑视或

---

① 该条第一款规定:"利用信息网络诽谤他人,具有下列情形之一的,应当认定为刑法第二百四十六条第一款规定的'情节严重':(一)同一诽谤信息实际被点击、浏览次数达到5000次以上,或者被转发次数达到500次以上的;(二)造成被害人或者其近亲属精神失常、自残、自杀等严重后果的;(三)二年内曾因诽谤受过行政处罚,又诽谤他人的;(四)其他情节严重的情形。"

② 《关于严格依法办理侮辱诽谤案件的通知》指出,根据《刑法》第246条的规定,侮辱、诽谤案件一般属于自诉案件,应由公民个人自行向人民法院提起诉讼,只有在侮辱、诽谤行为"严重危害社会秩序和国家利益"时,公安机关才能按照公诉程序立案侦查。

③ 根据该条规定,公诉案件中被告人有罪的举证责任由人民检察院承担,自诉案件中被告人有罪的举证责任由自诉人承担。

④ 参见《法国出版自由法》第29条、《瑞典刑法典》第5章第1条、《意大利刑法典》第594条、《西班牙刑法典》第209条、《瑞士联邦刑法典》第173条、《奥地利联邦共和国刑法典》第111条。

贬低"的（口头）诽谤罪是显然具体危险犯，① 第187条规定的有实际侵害后果的（恶意）诽谤罪则是侵害犯；② （3）不甚清晰的日本。《日本刑法典》第230条规定中"毁损他人名誉的"的表述，因为有"的"字，从字面上理解，诽谤罪似乎是侵害犯，③ 但司法实务中也是以抽象危险犯处理（下文详析）。

三　小结

总之，与民事诽谤结果两大法系证明责任分配的显著不同相比，无论是德国将过失诽谤作为具体危险犯而将故意诽谤作为侵害犯的令人费解，还是我国与日本相关规定文义上的模糊所显示出成文法国家对诽谤犯罪在危险犯与侵害犯选择上的犹豫不决，均说明刑事诽谤结果证明与推定的选择在司法实践、法律制度及学理观点上的不一致或混乱——这种不一致或混乱，不仅对本章主要问题即诽谤侵（损）害结果应当证明还是推定的问题未提供答案，而且导致我国民事诽谤诉讼中损害结果的推定比例高于刑事诽谤，而刑事诽谤判决书通常落脚于"现实侵害结果"。因此，为解决本书主要问题，以下将重心集中于刑事诽谤结果或既遂的相关理论上。

第二节　传播犯罪（诽谤罪）作为
危险犯的法理悖论

学界无论民事诽谤还是刑事诽谤，证明与推定的不同、侵害犯与危

---

① 该条第一款规定："断言或散布足以使他人受到公众蔑视或贬低的事实，而不能证明其为真实的，处一年以下自由刑或罚金刑……"

② 该条第一款规定："明知为不真实的事实而故意加以断言或散布，因而使他人受到公众蔑视或贬低或有损其信誉的，处二年以下自由刑或罚金刑……"

③ 该条第1款规定："公然披露事实，毁损他人名誉的，不问有无该事实，处3年以下惩役、禁锢或者50万日元以下罚金。"

险犯的分歧,大都停留在观点层面。在德国,尽管有抽象危险犯可提供"安全"即"在法律上充分地通过预防措施而受到保护的状态"之说,[1]但其并不能给诽谤(罪)责任提供特别专门的理论依据。在诽谤结果领域,目前能为诽谤的推定或诽谤罪作为抽象危险犯提供理论依据的,是日本的"传播性理论"。

一 "传播性理论"及其内在矛盾

(一)"传播性理论"的要旨

"传播性理论"是日本法学界将诽谤罪作为抽象危险犯、对诽谤传播的侵害结果适用推定的典型理论,其认为,事实的传播是否给当事人带来了社会评价的毁损,事实上很难举证,法院难以判定,而因为法益重大,要特别予以保护,因此名誉毁损罪归于抽象危险犯之列。基于抽象危险犯的观点,日本通说、判例认为,披露事实必须具体达到具有侵害特定人名誉的可能性的程度,即如果诽谤性言论的公然传播能够造成当事人名誉毁损,那么在实施诽谤传播的行为当时,就已经构成犯罪。[2]

事实上,"传播性理论"要旨如下:(1)传播的"公然性"。这是日本名誉毁损罪"传播性理论"的核心观点,即只要有关名誉的评价性言论具备公然性,即可构成犯罪。[3]根据该观点,"公然性"指不特定人或者多数人能够认识的状态:不特定人指不是由特定关系所限定的人;多数人,虽然不能用数字限定为多少人以下,但仅仅数名尚不足

---

[1] [德]克劳斯·罗克辛:《德国刑法学 总论》(第1卷),王世洲译,法律出版社2005年版,第279页。

[2] [日]西田典之:《日本刑法各论》,王昭武、刘明祥译,法律出版社2013年版,第130页。

[3] 韩玉胜、胡杰:《诽谤罪中散布行为的界定》,《人民检察》2014年第5期。

够，而是需要相当的人数。① 如果"考虑到其人数，并鉴于其集合的性质，能够很好地保守秘密，绝对没有传播之虞时，没有必要称为公然"。②（2）名誉毁损结果的非必要性。"传播性理论"中的"公然"更多地是指行为的公然，即其隐含着如此假设或推定：在诽谤传播中，社会一般人根据一定具体诽谤事实所形成的某种印象，具有降低他人社会评价的结果，因此，日本的名誉毁损罪中"毁损名誉"，是产生具有侵害社会评价之虞的状态，并不要求实际上已经降低了社会对他人的评价。换句话说，只要达到不特定或者多数人能够认识的状态即可，不需要实际被认识到。③（3）名誉毁损罪无须结果要件的目的是减轻原告的证明责任。学者认为，之所以有上述假设或推定，是因为无法测算从而很难举证诽谤传播是否实际降低对被害人的社会评价。④

（二）"传播性理论"在我国一定程度上的接受

法律制度上，我国《网络诽谤解释》第二条中的"数量标准"规定，根据网络诽谤信息的点击、浏览、转发次数等来界定诽谤信息传播的危险、可能性，以及诽谤信息散布的范围，并据此推定判断该诽谤传播的具体影响和侵害结果，不仅降低了网络诽谤入罪的门槛，而且强化了我国刑法学界关于诽谤罪系抽象危险犯的观点，其逻辑内含着公然性、特定与不特定的多数人、向社会一般人传播的可能性等要素，与"传播性理论"基本契合。

司法实践中，在我国诽谤诉讼存在大量依据"行为的公然"逻辑对诽谤传播法益侵害进行判定的案例。如在民事诽谤诉讼中，法官明确表示"网络空间的转载发布行为具有一定的传播性，由此必然产生一定

---

① ［日］大塚仁：《刑法概说》（各论），冯军译，中国人民大学出版社2003年版，第162页。

② ［日］中山研一：《刑法各论》，成文堂1985年版，第156—157页。

③ ［日］大塚仁：《刑法概说》（各论），冯军译，中国人民大学出版社2003年版，第162页。

④ ［日］西田典之：《日本刑法各论》，王昭武、刘明祥译，法律出版社2013年版，第128—130页。

的社会影响，造成当事人社会评价降低"；① 在刑事诽谤诉讼中，法官根据《网络诽谤解释》中关于情节严重的"数量标准"，基于网络诽谤内容的高传播可能性，以诽谤传播内容的点击量、浏览量等量化数据对情节严重进行裁定，进而推定诽谤传播行为带来的名誉毁损结果。

（三）"传播性理论"的内在矛盾

"传播性理论"虽然有其逻辑论证，也有一定接受度，但同时也存在以下内在矛盾：

一是法官对该理论中的"公然性"的认识经常不一致。在一起以邮寄三封诽谤他人卖淫信件引发的名誉毁损案件中，原审认定被告人向县教育委员会委员长、高校校长、高校父母和教师联合会会长的行为符合"公然性"，但再审法官认为，侵害名誉罪中的"公然"是指不特定或者多数人可以认识到，在将载有损人名誉事实的信件直接邮寄给不能称之为特定多数人的情况下，不具备传播的危险，该行为的公然性应该予以否定。② 总之，虽然该案原审、再审均支持"传播性理论"，并将"传播后使不特定的人或多数人能够认识的可能性"作为判定传播行为"公然性"的根据之一，但对同一传播行为是否具有"公然性"的确容易产生分歧。

二是"传播可能性"与"行为的公然"的偏离导致的分歧。这种分歧集中体现在关于向特定的人或少数人披露事实但存在"传播可能性"的，是否也具有"公然性"的认定上。赞成者的依据是：特定少数人的传播也可造成受害人的名誉毁损，例如，向一名记者披露受害人

---

① 参见龙岩市中级人民法院（2018）闽08民终956号民事判决书。
② 被告企图侵害静冈县某学校A教师的名誉，遂撰写三封信，捏造A卖淫等虚假事实，并将这三封信寄送至静冈县教育委员会委员长、高校校长、高校父母和教师联合会会长处，造成A被免职、所获荣誉被撤销等。同时，教育委员会的部分职员阅读或听闻了信件内容。在原判决中，法官认为：被告邮寄虚假事实的信件，侵害A的名誉。同时，信件内容被20名的多数人阅读或听闻，有可能被传播到更广泛的人群中。因此，将被告的行为判定为"公然性"的事实。被告对原审判决不服，提出上诉。昭和58年4月27日，东京高等裁判所进行再审，驳回原审判决，宣告被告人无罪。参见东京高判昭58·4·27高集36·1·27，日本昭和58年4月27日东京高等裁判所名誉毁损被告事件。

的特定信息,记者予以报道——法官认为,此种情况不构成本罪是不妥当的。① 然而,学界认为,传播的"公然性"是指行为的公然而非结果的公然,由第三人是否进行传播来决定是否构成犯罪,并不妥当,会导致个人之间的闲话等日常言论也构成诽谤罪的荒唐情形,并使诽谤罪的危险性进一步抽象化。②

可见,从法理上看,日本关于诽谤罪的"传播性理论"本身就是一个框架和表述不甚清晰、难以自洽的理论,而司法实务中"传播可能性"与"行为的公然"的偏离,导致其徘徊在行为与结果的不确定性中。

而事实上,日本"传播性理论"的内在矛盾只是诽谤罪作为(抽象)危险犯法理矛盾的一部分。

二 诽谤罪作为(抽象)危险犯的法理悖论

(一)诽谤罪作为(抽象)危险犯的依据

在探讨诽谤罪作为(抽象)危险犯的法理矛盾之前,有必要梳理诽谤罪作为(抽象)危险犯的依据:(1)危险犯的保护对象由立法者设置,而立法者的认识是发展变化的,从重大国家法益和社会法益到个体法益,危险犯的范围也在扩展。抽象危险犯本身就是一种价值引领,国家之所以设置这种犯罪类型,是刑罚通过对尚未发生法益侵害情形但具有紧迫危险的违法行为进行制裁,实现对法益的积极、主动保护。③ 而且,对名誉的高度重视与保护是有传统的,在古代罗马法中就非常严格,《十二铜表法》第2八表规定:"有人编造或歌唱含有诽谤

---

① 大判大正 8·4·18 新闻 1556 号 25 页 [157];最判昭和 34·5·7 刑集 13 卷 5 号 641 页 [158][165]。
② [日]西田典之:《日本刑法各论》,王昭武、刘明祥译,法律出版社 2013 年版,第 128—129 页。
③ 舒洪水:《危险犯本质辨析》,《人民检察》2020 年第 5 期。

或侮辱他人的歌词时，则认为必须执行死刑。"① 诽谤罪是我国传播犯罪中影响最为广泛、深远的罪名，这不仅因为其作为第一种保护个体法益而设立的传播犯罪，而且因其主要是基于十年动乱期间公民名誉权等人格尊严被践踏的教训而设立，且明确规定的诽谤手段或工具主要是"暴力或其他方法"，包括"大字报""小字报"，②体现了"痛定思痛"的时代特征。(2) 推定既是一种法律适用，也是一种法律的成长，鉴于法律永远是不完善的，弥补漏洞是法官的天然职责。否则，法官只能拒绝审判。由于抽象危险犯的证明要求较低，"通常只要证明行为人实施了一定行为，即可认为行为具有侵害法益的危险而能定罪处罚，从而大大降低了控诉方追诉犯罪的难度，有利于对犯罪的打击和法益的保护"。③ (3) 从诉讼程序规则及其与实体法的关系看。首先，原告方承担被告人罪刑成立的证明责任，是刑事诉讼的一般规则，而诽谤罪中的推定是特殊规则，一般规则服从于特殊规则；其次，刑事诉讼法作为程序法，应该服从作为实体法的刑法的规定。(4) 刑法与民法的节奏不必完全一致。在人格权的保护方面，刑法经常走在前面，如我国 2009 年在《刑法修正案（七）》中增加了出售或者非法提供个人信息罪和非法获取公民个人信息罪，而 2015 年《民法总则》才规定了对个人信息权益的保护。

（二）诽谤罪作为（抽象）危险犯依据的矛盾与问题

1. 首先是打击范围的错配，或者说是诽谤罪制度的突兀

从侵害犯→具体危险犯→抽象危险犯，刑法的打击力度逐渐增大，但通常，侵害生命、身体、国家安全、公共安全等严重危害社会的犯罪行为，是危险犯的主要适用领域。至于抽象危险犯，"在相当程度上是

---

① 陈朝璧：《罗马法原理》（上册），法律出版社 2006 年版，第 158 页。
② 1979 年《中华人民共和国刑法》第一百四十五条规定："以暴力或者其他方法，包括用'大字报''小字报'，公然侮辱他人或者捏造事实诽谤他人，情节严重的，处三年以下有期徒刑、拘役或者剥夺政治权利。"
③ 陈洪兵：《中国式刑法立法模式下的结果犯与实害犯》，《杭州师范大学学报》（社会科学版）2017 年第 5 期。

一种罗织,透显立法者的霸气,是把刑罚的防线向外扩张"。① 作为轻罪、以个体法益为主要侵害客体的诽谤罪显然并不符合危险犯的旨趣,更不适合抽象危险犯的打击目的。

2. 诽谤结果的推定作为一种司法权,其造法功能与法益保护原则的抵牾

诽谤罪是侵害犯还是危险犯,是抽象危险犯还是具体危险犯,事实上是诽谤罪成立条件、刑罚范围与既遂标准的问题。刑法具体罪名的规定中,极少有关于构成要件证明或法益侵害证明的表述,因此需要学理解释和司法解释。但事实不是因解释而得以发生的,事实作为一种已发生的客观存在,对主体而言是能否认识和证明的问题,而不是解释的问题。如果说民事证明责任规范适用的前提是事实真伪不明,而诽谤罪被确定为抽象危险犯,已经不是解决事实真伪不明的问题,而是将他人内心对原告的认知和评价拟制为法律事实,将不确定、怀疑是否存在的生活事实拟制为法律事实;其事实上改变了实体法,或者说实质性改变了犯罪成立条件;其不是在适用法律,而是通过创制一种规范即"操作规则"来弥补三段论推理过程中的问题,从而完成法律推定。申言之,这种推定在行为上是司法权的行使,在功能上则是造法,而且,这种造法不是通常那种基于法律漏洞的、被动的因而被默许或提倡的行为,而是立法者鼓励的因而是主动的、系统性的行为。

而危险作为一种结果,无论是抽象还是具体,只有高低程度的区分,但都是实质性的。基于结果无价值的法益保护原则,如果最终未发生相关危险即法益侵害,则自然不构成犯罪。② 因此,抽象危险也同具体危险一样,应当得以证明。拟制危险,虽然在逻辑上是为符合法益保护原则,但忘了法益保护原则下的法益是具体的、现实的、可还原的法益,而不是拟制的"被侵害的"法益,其最终违反了法益保护原则,

---

① 林东茂:《刑法综览》,一品文化出版社2015年版,第63页。
② [日]山口厚:《刑法各论》,王昭武译,中国人民大学出版社2018年版,第46页。

并使抽象的法律规范进一步抽象化。

3. 相关刑法与民法规范之间的不协调

法律责任的轻重取决于法律后果，从民事非赔偿责任→民事赔偿责任→刑事责任，对诽谤侵害后果的要求应当是危险或轻度侵害→轻度或一般实际侵害→严重侵害。与我国司法解释明确将"名誉损害事实"作为民事赔偿责任结果要件相对照，将抽象危险作为诽谤罪结果要件，既违背生活逻辑，也显然违背法理和法律常识。

4. 将证明转换为推定，导致相关程序法与实体法的矛盾

诉讼中，抽象危险犯本身就存在难以克服的内在矛盾：一方面，被告人不能对诽谤或其他行为的无危险性进行反证，这违反刑事诉讼不得自证其罪及疑罪从无的原则；另一方面，如果法院要求原告证明相关法益事实上受到危险，则抽象的危险犯就变成了具体的危险犯。因此，此类犯罪中，尽管具体的危险性结果不需要出现，法官也必须解释那些在法律中没有详细规定的危险性特征，即进行推定，① 这又违反法官中立原则并不可避免带有擅断的嫌疑。另外，无论是自诉还是公诉程序，原告方承担被告人罪刑成立的证明责任，是刑事诉讼的原则，任何国家的刑事诉讼法律都未授权法官对犯罪成立条件之一的法益侵害进行推定，刑事诽谤也是如此；即使是自诉程序，原告与被告人也处于平等地位，公诉程序中被告人更是处于劣势地位，推定显然会置被告人于更加劣势的情境之中。

5. 偷换证明对象

抽象危险犯的诉讼中，实际上是将诽谤侵害结果转移到诽谤传播这一行为上进行考察，因为"抽象危险犯与行为犯并没有本质区别。某种意义上，只要有客观行为的发生，就可以认定为构成犯罪"。② 然而，将诽谤罪界定为危险犯的主张仍然是以"危险"的存在，即名誉损毁

---

① ［德］克劳斯·罗克辛：《德国刑法学 总论》（第1卷），王世洲译，法律出版社2005年版，第278—281页。
② 胡杰、任卓冉：《诽谤罪既遂标准探讨》，《人民论坛》2014年第35期。

的可能性为入罪的条件，因为危险犯依然是一种结果犯。① 因此，刑法学界认为不存在没有结果的犯罪，所有的犯罪都是结果犯，而所谓行为犯，一般都应该理解为抽象危险犯，所以应否定单纯行为犯的概念。② 然而，危险与行为毕竟是犯罪成立中本质不同的要件，前者是后者的结果，后者是前者的前提，所以，将对结果的证明转换为对行为的证明，确定是一种错误。

三　小结

虽然传播性理论存在着内在矛盾，诽谤罪作为（抽象）危险犯也有诸多悖论，然而，传播性理论不仅在我国学界已经得到一定认可，而且在司法解释中都已得到规定，司法实践中也得到适用，因此，在法理与法律层面，诽谤罪作为（抽象）危险犯的正方反方都各有其依据，争议最后甚至会上升到行为无价值论与结果无价值论的问题，难以确定优劣。这种情况下，回到的起点可能更有助于问题的解决：诽谤传播是否一定会导致社会评价降低后果（包括危险），何种情况下发生这种侵害后果的可能性更大——对此，传播效果理论可能有更直接的说服力。

第三节　传播效果理论对推定传播犯罪（诽谤罪）结果的否定

传播效果主要是指受众在接收传播信息后，在情感、思想、态度和行为等方面对当事人产生的反应。司法实践中，民事诽谤的推定和刑事诽谤危险犯的既遂标准，事实上有传播学强效果理论的支撑（尽管法官可能并未意识到或了解这种理论）。本节基于传播效果理论考察诽谤结

---

① 舒洪水：《危险犯本质辨析》，《人民检察》2020年第5期。
② 付立庆：《行为犯概念否定论》，《政法论坛》2013年第6期。

果推定说能否成立。

一 回归的强效果理论对推定诽谤侵害的否定

根据不同时期的研究内容、理论假说和研究发现等方面的特征,强效果理论可细分为早期强效果理论和回归强效果理论。

早期强效果理论是 20 世纪 20—40 年代传播效果研究初期的以传播者为中心的传播效果理论,包括"魔弹论""靶子论"或"刺激—反应理论",其核心观点是:大众传媒具有不可抵抗的强大力量,受众只能被动地接受媒介灌输的知识、价值观乃至意识形态。[①] 而"只要发生诽谤传播行为就存在名誉毁损之结果"的主张,体现的是典型的早期强效果理论,其对于诽谤诉讼中的侵害结果,在民事诉讼中体现为推定,在刑事诉讼即诽谤罪中体现为危险犯尤其是抽象危险犯的既遂标准。

然而,20 世纪 70 年代以后,从更广泛的社会生活领域和长期的历史进程中去探讨大众传播活动对社会公众的深度影响和强大效果的"回归的强效果理论"兴起,[②] 其主要成果以议程设置理论、反沉默螺旋理论、培养理论、第三人效果等为代表,其主要观点明显不同于早期强效果理论:主动的受众、协商的结果、注重效果发生的过程以及媒体和人际传播的相互依赖,[③] 其主要特征是注重从传播受众入手考察传播效果。

(一)"反沉默螺旋"效应视角下推定诽谤结果的悖论

"沉默螺旋"理论从社会心理学的角度揭示了大众传播引导舆论的作用原理,并得出舆论的形成是人际传播、大众传播、认知心理三者相互作用的结论,其认为:从受众角度,个人行为受到所属群体和环境影

[①] [美]斯坦利·巴兰、丹尼斯·戴维斯:《大众传播理论:基础、争鸣与未来》,曹书乐译,清华大学出版社 2004 年版,第 51 页。

[②] 宫承波:《传播学纲要》,中国广播电视出版社 2007 年版,第 185 页。

[③] 王帆:《在华外国人的媒介使用与效果研究——中国对外传播研究路径的再审视》,复旦大学 2012 年版,第 50 页。

响，在表达意见前会考虑周围环境和所属群体的意见，若属于"多数"或"优势"意见时，更倾向于表达，反之则倾向于沉默或附和；从大众媒介角度，其通过营造"意见环境"来影响舆论，使受众形成"什么是主导意见""某种意见正在增强""表达什么意见不被孤立"的印象，而在"螺旋式"的社会传播过程中，"优势"意见愈加强大，"劣势"意见倾向于沉默。①

然而，"沉默螺旋"理论产生不久便遭遇了"反沉默螺旋"理论的反动。美国传播学界发现：在舆论形成的"螺旋式"社会传播过程中，少数"中坚分子"形成自己的意见环境，并打破原有"沉默"，逆推沉默螺旋，形成"反沉默螺旋"效应，就是少数人意见演变为多数人意见的机制。② 而目前学界基本认同："反沉默螺旋"现象也是新媒体所特有的现象，是虚拟空间下新媒体呈现的基本特征，③ 并常见于谣言扩散、诽谤传播中。

2018年发生于我国的"王凤雅事件"，就是一个典型的议程设置→"沉默的螺旋"→"反沉默螺旋"相继发生的舆论诽谤事件。④ 在该事件早期即"沉默的螺旋"阶段，网络诽谤的受害者名誉受到侵害；在

---

① [德]伊丽莎白·诺尔-诺依曼：《沉默的螺旋：舆论——我们的社会皮肤》，董璐译，北京大学出版社2013年版，第1—8页。

② 姚珺：《互联网中的反沉默螺旋现象》，《武汉理工大学学报》（社会科学版）2004年第3期。

③ 郭小安：《舆论的寡头化铁律："沉默的螺旋"理论适用边界的再思考》，《国际新闻界》2015年第5期。

④ 该事件分以下三个阶段：第一阶段是拥有90多万粉丝的微博大V@作家陈岚4月9日罔顾事实、意淫揣测，不负责任地发布虚假事实，成功设置议程。第二阶段是微信公众号"有槽"和微博大V@丁香医生、@游识猷直言、@明白漫画等的原创内容，被@北京人不知道的北京事儿、@刺萼龙葵152等微博V转发，将舆论引向高潮，王凤雅的家人进入舆论旋涡——此阶段，事实上相当数量的网民对"诈捐"等言论持有质疑或相反态度，但迫于对孤立的恐惧和群体压力最终选择了沉默，"沉默的螺旋"现象显现。第三阶段，主流媒体《新京报》界面、红星新闻等主流媒体相继开始采访调查，对善款筹集情况、小凤雅病情等进行报道，中坚分子开始发声，先前持质疑态度的网民不再沉默，形成意见环境，出现沉默的螺旋反向逆推现象。随着主流媒体引导受众理性思考，促使舆情发展至可控状态，并最终平息。在此过程中，王凤雅的亲属在上海对作家陈岚提起名誉权纠纷获赔。隗延章：《王凤雅事件全复盘：谣言、网络暴力和一个无计可施的底层家庭》，《中国新闻周刊》2018年第20期。

事件后期即"反沉默螺旋"阶段,受害者名誉得到恢复,最终影响并不是负面。虽然该事件中王凤雅的亲属提起的是民事诽谤诉讼即名誉权纠纷,但其说明,网络诽谤事件过程中,相当多的网民不再是单纯的、被动的信息接受者,而是意见环境(或优势意见)形成过程中的主动参与者和建构者——他们对诽谤信息经过对比和验证之后,就会产生强大的"自纠"和"自净"功能,并自觉地发现、暴露并纠正其中的虚假事实,[①] 这一"自纠"和"自净"的过程事实上就是一种"反沉默螺旋"过程,其决定最初的诽谤传播形成的"优势意见"并不一定最终导致其追求或指向的目标或结果,也恰恰说明推定诽谤侵害结果的武断与机械。

(二)"第三人效果"理论视角下推定诽谤结果的悖论

"第三人效果"理论核心是:人们更倾向于认为媒介总是对他人而非对自己具有更强烈的影响。[②] 第三人效果产生的原因是:人们在评估大众传播对自己的影响时,会把诸如说服性意图的外部因素所起的作用考虑进去;但是当判断媒介对第三人的影响时,人们会认为他人由于具有性格缺陷(如轻信)而不能考虑说服性意图等环境因素,[③] 因此,人们会觉得自己能把握这种信息,而他人却会屈服于该信息。[④]

诽谤传播中名誉损毁与否,是以社会第三人的认知作为标准,因此"第三人效果"通过审判人员如何看待诽谤传播对第三人的影响,在侵权责任和侵害赔偿的确立中起着关键作用。申言之,诽谤诉讼中侵害结果的推定,就是"第三人效果"对司法者产生潜在影响的体现。在法庭审判中,法官通常并不认为那些诽谤传播内容对其本人产生了多大的

---

① 林刚:《新媒体概论》,中国传媒大学出版社 2014 年版,第 61 页。
② Phillips, D.W., "The Third-Person Effect in Communication", *Public Opinion Quarterly*, 1983, 47: 1—15.
③ Gunther, A., "What We Think Others Think Cause and Consequence in the Third-Person Effect", *Communication Research*, 1991, 18(3): 355—372.
④ [美]简宁斯·布莱恩特、道尔夫·兹尔曼:《媒介效果:理论与研究前沿》,石义彬、彭彪译,华夏出版社 2009 年版,第 363—364 页。

影响，但认为这些虚假事实会对社会上那些"敏感脆弱"的第三人产生影响。在我国司法实践中，第三人效果的观点经常直接或间接体现于诽谤诉讼判决中，如有法官认为："在传播内容中使用含有负面性评价的词语，客观上会被社会不特定的第三人所知晓，从而导致当事人社会评价程度降低。"①

然而，通过控制实验法，美国学界曾进行了陪审团在诽谤诉讼中对诽谤传播之于他人影响评估的一项研究，其中一项内容旨在调查诽谤传播背景之下的"第三人效果"，考察受众和陪审团对诽谤传播效果的认知，研究结果表明：（1）法官和陪审团往往惯性推断：诽谤性内容的偏见越大，普通受众越会受该诽谤传播的影响，进而对当事人造成名誉毁损，因此诽谤侵害结果越严重。（2）与法官和陪审团成员的观点相反，诽谤传播中的信息内容偏见越大，对受众的影响越小——法官和陪审团关于诽谤传播对他人的影响的评估可能会受到"第三人效果"认知的影响而存在系统性偏差。②

二 有限效果理论对推定诽谤侵害的否定

早期强效果理论对传播效果直接、强大的主张，过分夸大了传播的效果。1960年，传播学界明确提出"大众传播效果的有限性"这一主张：大众传播通常不是产生受众效果必要的和充足的原因，相反，其仅拥有极小或有限的效果，其最为常见的作用是加强而非改变受众已有态度和倾向，这是因为：大众传播效果会受到诸多中介因素的制约，这些因素包括外部环境的社会文化因素，群体规范及意见领袖和两级传播，受众自身的需求和心理，传播内容的可说服性等——诸多中介因素的作

---

① 参见长沙市中级人民法院（2018）湘01民终6645号民事判决书。
② Jeremy Cohen, Diana Mutz, Vincent Price et al., "Perceived Impact of Defamation: An Experiment on Third-Person Effects", *Public Opinion Quarterly*, 1988, 52 (2): 161-173.

用，使得预期传播效果难以完全实现。①

（一）从传播者的角度看诽谤侵害的有限性

传播者是传播行为的发起人，是在传播活动中借助某种工具首先或主动地向对象发出信息的一方。诽谤是指发布虚假消息而使他人名誉受损的传播行为，不论传播者对所传内容真实情况知情与否，其或多或少带有劝服受众的目的进行诽谤传播活动。

20世纪40—60年代，传播说服效果研究成为传播学研究的重要领域之一，一批社会心理学家完成了态度说服效果研究，其发现作为传播者的信源与传播效果之间的关系，包括：（1）信源动机与受众态度改变效果成反比。当传播动机与传播者利益相反时，说服效果高；当传播动机与传播者利益一致时，说服效果低。（2）信源知名度与受众态度改变效果成正比。信源知名度高时，说服效果高；反之亦然。（3）信源可信度与受众态度改变效果成正比。信源可信度越高，说服效果越强；反之亦然。信源可信度主要取决于传播者的信誉和专业权威性。② 作为网络诽谤事件的前述"王凤雅事件"典型地印证了上述发现。

根据态度说服效果研究的结论，诽谤性内容的传播和扩散在多级传播模式下会涉及不同的传播来源，不同的传播源在不同的阶段和功能上各有作用。其中，大众传播和外地信源在"知晓"阶段更具影响力，人际传播和本地信源在说服和决策阶段更有效果。③ 在传统媒介诽谤传播中，诽谤性言论多在当地传播，囿于传播环境的范围和人际互动的效力，受害人名誉毁损更易判定；在网络诽谤传播中，理论上有无限层次的传播源，诽谤性言论是否最终会给现实空间中的当事人带来名誉毁

---

① [美] 约瑟夫·克拉珀：《大众传播的效果》，段鹏译，中国传媒大学出版社2016年版，第41—57页。
② [美] 卡尔·霍夫兰、欧文·贾尼斯、哈罗德·凯利：《传播与劝服：关于态度转变的心理学研究》，张建中等译，中国人民大学出版社2015年版，第21—41页。
③ [美] 埃弗雷特·M. 罗杰斯：《创新的扩散》，辛欣译，中央编译出版社2002年版，第177页。

损，则很难判定。

(二) 从传播内容的角度看诽谤侵害的有限性

大众传播的内容基本上由两部分组成：(1) "说什么"，即特定内容，这是传播内容的核心；(2) "怎么说"，即特定内容的传播手段、方式、方法等。①

"二战"之后，美国传播学者在开展说服研究时，发现了在观点改变过程中滞后的"休眠效应"：(1) 随着时间的推移（实验时间为4周），受众会逐渐忘记信源属性，而更关注信息内容本身，即长远来看，传播内容本身比信源可信度更具说服力。② (2) 大部分最初只接收单方面信息的人的观点，容易被反面信息所动摇；而最初接收正反两方面信息的人，其态度却未发生明显改变。③ (3) 传播内容的重复与传播效果呈曲线关系，最佳的传播效果在适度的曝光频率下相对容易产生，高强度的曝光频率会减弱传播效果。④

就诽谤传播而言，其是否带来社会评价的降低应当以"理性的第三人"为标准，而诽谤传播内容是否会被"理性的第三人"接受而降低对他人的评价，需要考虑诽谤传播内容的以下方面：(1) 诽谤传播过程中的信息差异，如诽谤信息是否同受众有关，传播内容是否具有显著性、异质性和趣味性，信息是否符合受众的媒介接触习惯等。(2) 与诽谤传播主题相反观点的信息。(3) 诽谤信息量即信息重复问题。信息重复太多，相应的传播效果可能会下降，会产生传播者不希望看到的效果。基于该角度，也可以理解《网络诽谤解释》关于情节严重"数量标准"倍受争议的原因。

---

① 董璐：《传播学核心理论与概念》（第二版），北京大学出版社2016年版，第186页。
② [美] 卡尔·霍夫兰、欧文·贾尼斯、哈罗德·凯利：《传播与劝服：关于态度转变的心理学研究》，张建中等译，中国人民大学出版社2015年版，第207页。
③ 方建移：《传播心理学》，浙江教育出版社2016年版，第163—164页。
④ Cacioppo, J. T., Petty, R.E., "Effects of message repetition and position on cognitive response, recall, and persuasion", *Journal of Personality & Social Psychology.*, 1979, 37: 97-109.

(三) 从传播媒介的角度看诽谤侵害的有限性

传播媒介是传播过程中不可缺少的基本因素之一，是介于传播者和受众之间，用以"传递"或"扩大"特定传播内容的载体，"是指扩大人类信息交流能力的传播中介物"。[①] 不同媒介的信息增值能力不同，即拥有不同的信息覆盖和信息分享能力。[②] 通常说来，人际传播增值需要付出更大努力，同时人际传播对受众态度和行为的影响也更大。诽谤侵害结果更多的指人对人的社会评价的降低，更多涉及人际互动，所以在具体司法实践中就诽谤侵害结果的判定更应该注重现实中人际互动的反馈，而不能简单地进行事实推定。

网络传播对诽谤信息的增值能力远不如人际传播。在网络传播构筑的传播生态中，热点层出，话题不断，用户被海量信息包围。早在10年前的研究就表明：平均每个热点网络舆情议题活跃时间一般为16.8天，其中两周以内的占大多数。[③] 而传播生态已发生颠覆性变化的情况下，公众的注意力会更快由一个热点转移到另一个新热点。[④] 在网络传播环境中，许多热点诽谤事件也是如此，从爆发到扩散再到遗忘，周期越来越短。在层出不穷的网络舆论热点中，要确定诽谤传播信息吸引住普通网民的注意力和记忆力，并导致网络对当事人社会评价的降低，在传播学理论中就不是确定无疑的，何况司法程序。

(四) 从传播受众的角度看诽谤侵害的有限性

在传播过程中，受众是传播内容的接收者，其观念的演变大致经历了"被动的受众→顽固的受众→主动的受众→受众细分化"四个阶段。在这个过程中，学界逐渐认识到，受众对传播内容的接受是一个积极主动而非消极被动的过程。

---

① 吴文虎：《传播学概论》，武汉大学出版社2000年版，第177页。
② 董璐：《传播学核心理论与概念》（第二版），北京大学出版社2016年版，第144页。
③ 喻国明：《网络舆情热点事件的特征及统计分析》，《人民论坛·学术前沿》2010年第4期。
④ 丁柏铨：《舆情新热点一出，"旧"热点的存活期还有多久》，《社会科学报》2018年8月5日第6版。

首先，受众的自主性促使选择性心理的产生，进而影响传播效果。在复杂的传播环境中，个人差异、群体成员、社会关系、传播参与度、文化规范等都会影响受众的选择性心理。同样，受众对于传播过程中的诽谤性言论并不被动，相反，他们对于诽谤性内容有所甄别和选择，会历经选择性接触、选择性注意、选择性理解和选择性记忆四个环节，[①] 而后形成相应的态度，并采取相应的行动。而这也说明了诽谤传播的作用是有限的。

其次，与选择性心理相关，受众对诽谤传播内容"信息处理"还受限于认知结构即"概略"：它从以往的经验中抽象出对人或事的认识，并且对这些抽象经验加以组织，用来处理新的信息，并追溯已有信息。[②] 如果说受众认为诽谤传播活动中有某些可取之处，那么受众会根据已有的"概略"经验即认知结构处理新信息，新信息则会融入或改变旧有"概略"经验；如果受众认为该传播内容是虚假失实、毫无价值，那么诽谤内容就不被理解，更谈不上改变进而降低当事人社会评价。

如前所述，诽谤侵害结果推定将诽谤传播模式简单地设定为：诽谤传播行为→受众→态度形成或改变。然而，传播学有限效果理论语境中，包含诸多中介因素和一系列复杂步骤的诽谤传播过程并不支持这种设定，相反，在诽谤传播对受众态度的传播和改变过程中，受众的心理和受众的信息处理方式举足轻重，离开传播受众谈诽谤结果毫无意义，而具体效果取决于"受众属性"。[③]

---

① ［美］沃纳·赛佛林、小詹姆斯·坦卡德：《传播理论：起源、方法与应用》，郭镇之等译，华夏出版社 2000 年版，第 79—82 页。
② ［美］沃纳·赛佛林、小詹姆斯·坦卡德：《传播理论：起源、方法与应用》，郭镇之等译，华夏出版社 2000 年版，第 71—72 页。
③ ［美］卡尔·霍夫兰、欧文·贾尼斯、哈罗德·凯利：《传播与劝服：关于态度转变的心理学研究》，张建中等译，中国人民大学出版社 2015 年版，第 112—141 页。

三　小结

传播效果理论产生于传统媒体时代,但经过丰富与完善,其基本观点与结论在网络传播时代仍然适用。

"强效果"理论可作为推定诽谤侵害结果的依据,但回归的强效果理论即"反沉默螺旋"效应以及诽谤传播中"第三人效果"的相关研究,均表明:诽谤传播未必而且通常不能产生实际侵(损)害后果;有限效果理论则强调:传播行为对当事人是否带来侵害结果以及带来何种和多大程度的侵害结果,取决于诸多因素共同作用,并受传播者、传播内容、传播媒介和受众的影响,而不能仅凭传播行为本身来进行事实推定。

第四节　本章结论

诽谤罪是传播犯罪中一种"古老"的犯罪,在法益侵害问题上,其也是极具代表性的犯罪:法理上长期存在截然相反的观点,却缺乏基于最具说服力的传播效果理论的支持。

一　诽谤罪作为危险犯存在不可克服的法理悖论

虽然推定诽谤罪侵害结果或者该罪作为危险犯,有各种理由。但作为轻罪,其明显不适合抽象危险犯的打击严重危害社会的犯罪行为的目的;其作为一种事实上的造法行为,将不确定、怀疑是否存在的生活事实拟制为法律事实,违反法益保护原则;在民事诽谤要求有实际损害结果作为责任构成要件的比照下,将抽象危险作为诽谤罪结果要件,显然违背法理和法律常识,导致刑法与民法规范之间的不协调,也违反刑事诉讼不得自证其罪、疑罪从无的原则和刑事诉讼"排除合理怀疑"的证明标准;① 另外，诽谤罪作为抽象危险犯，事实上是将对结果的证明转换为对行为的证明，偷换了证明对象。总之，诽谤罪作为抽象危险犯的最终结果，是不当扩大刑罚处罚的范围，过度干涉表达自由，颠倒了权利位阶。

二 传播侵害结果应从传播过程各环节和要素中进行考察

大众传播是一个由包括传播者、传播内容、传播媒介和传播受众在内的传播基本要素构筑的生态系统，是一个各种显性的社会影响力和潜在的社会心理因素相互作用的"场域"。② 而基于实证的传播学理论认为，受众的认知否会强化或改变要受到已有经验、社会环境等因素的综合影响，且其会有选择地接触媒介及接收传播内容即"译码"，因此大众传播也是一个非常复杂的社会心理过程。诽谤传播也是如此，其侵（损）害结果如何，是否达到预期目标，即是否会导致名誉毁损的结果、会导致何种程度的名誉毁损结果，最终取决于受众接触信息后是否会强化或改变认知，因此，诽谤传播效果的认定需从传播过程中的各环节、各因素进行全面、系统的分析。其中，信息接收者是实际决定传播行为能否产生效果的决定者。

传播效果理论语境下，无论在刑事诉讼还是民事诉讼中，只要诽谤性等言论公开传播，诸如社会评价降低等诽谤侵害结果便可以推定存在的观点，是建立在传播具有强大影响力这一假设之上的，其事实上将证明重心放在了传播内容公开传播本身，而没有考虑受众对传播内容的判断和接受与否。传播效果理论尤其是有限效果理论并不完全否定诽谤性

---

① 《中华人民共和国刑事诉讼法》（2012 修正）第 53 条对"证据确实、充分"应当符合的条件进行了规定：（一）定罪量刑的事实都有证据证明；（二）据以定案的证据均经法定程序查证属实；（三）综合全案证据，对所认定事实已排除合理怀疑。这也是我国首次以法律形式确定了"排除合理怀疑"刑事诉讼证明标准。

② 徐彬：《社会管理学十讲》，安徽师范大学出版社 2015 年版，第 116 页。

传播可能产生实际的侵害后果或危险,而是强调传播活动总是在特定的社会关系结构和传播情境下运行,诽谤传播行为的发生或诽谤性信息的公开传播,只能视为改变受众态度的必要条件,但未必是充分条件。①

综上所述,传播侵害结果的判定需要考察社会公众对特定当事人的认知态度改变与否,而对原则上作为侵害犯的传播犯罪的结果适用证明方法,既是传播效果理论的自然结论,也是符合法理的选择。

---

① Cohen, Jeremy, Gunther and Albert, C., "Libel as Communication Phenomena", 9 *Communications and the Law*, 26 (1987).

第四章　侵害国家法益传播犯罪的特征与趋势

侵害国家法益的犯罪侵害的是国家根本利益，故历来都被视为最严重的、危害最大的犯罪。[①] 我国《刑法》分则中，侵害国家安全和政权稳定的犯罪也置于第一章进行打击，其中就包括相关传播型犯罪。

侵害国家法益的传播犯罪包括3种侵害国家安全的传播犯罪、2种侵害国家功能的传播犯罪、5种侵害国防和军事利益的传播犯罪、3种侵害国家和公共安全的传播犯罪。本章以司法案例为研究依据，对侵害国家法益的传播犯罪的媒介使用、主体、主观性及刑罚适用进行重点研究，以图勾勒出此类犯罪的整体特征及走势。[②]

第一节　侵害国家法益传播犯罪的媒介使用等行为特征

除其他行为特征外，媒介使用是侵害国家法益传播犯罪行为特征的主要表现。本节除对此类犯罪的媒介使用进行归类分析外，对有案例数

[①] 王世洲、郭自力、张美英：《危害国家安全罪研究》，中国检察出版社2012年版，第2页。

[②] 本章以中国裁判文书网、无讼网为收集来源，以2014年1月1日到2019年12月30日为收集范围，以相关罪名为关键词进行全文检索，以下不再交代案例来源。另外，除只有个别案例和其他特别情况的相关个罪外，案例较多的个罪案例案号均在文末参考文献部分。

量规模及其他有特殊性的个罪的媒介使用特征也进行个别研究。

一 侵害国家安全传播犯罪的媒介使用等行为特征①

(一) 侵害国家安全传播犯罪的媒介使用等特征

1. 煽动分裂国家罪

传播煽动分裂国家罪，即利用传统传播媒介及网络媒介，传播包含极端思想的图片、音频、视频、文字，以诱导、迷惑、造谣、鼓动、刺激等方式，使他人产生或者加强分裂国家的犯意，且我国《刑法》并未规定该罪需有最终被煽动者行使分裂国家、破坏国家统一的行为，故该犯为抽象危险犯。该罪煽动行为传播的对象为特定或不特定的多数人。

在书收集的12起煽动国家分裂罪案例中，②所涉媒体包括纸质出版物、视听资料、手机应用软件（各类APP）、QQ（空间、群）、百度网盘。

此类案例中，行为方式中手机作为传播媒介使用频次最高，并多以非法书籍、视听资料为媒介，向他人传播"圣战"等极端思想及"疆独""藏独"等违法言论，意图使对方接受或相信其煽动内容，分裂国

---

① 此部分中相应类型的案例参见"侵害国家安全传播犯罪的主体"部分。
② 参见吉林省高级人民法院（2014）吉刑经终字第23号刑事裁定书；河南省南阳市中级人民法院（2014）南刑三初字第00011号刑事判决书；广东省广州市中级人民法院（2015）穗中法刑一初字第193号刑事裁定书；天津市高级人民法院（2015）津高刑一终字第7号刑事裁定书；辽宁省大连市中级人民法院（2015）大刑二初字第38号刑事判决书；江苏省南京市中级人民法院（2015）宁刑二初字第8号刑事判决书；四川省德阳市旌阳区人民法院（2016）川0603刑初464号刑事判决书；四川省甘孜州中级人民法院（2016）川33刑初7号刑事裁定书；吉林省四平市中级人民法院（2017）吉03刑更311号刑事裁定书；青海省达日县人民法院（2019）青2624刑初22号刑事判决书；福建省南平市中级人民法院（2019）闽07刑更845号刑事裁定书；四川省甘孜藏族自治州中级人民法院（2018）川33刑更277号刑事裁定书。

家、破坏国家统一。①

2. 煽动颠覆国家政权罪

煽动颠覆国家政权罪，即利用传统传播媒介及网络媒介，以诱导、迷惑、造谣、鼓动、刺激等方式，使他人产生或者加强颠覆国家政权、推翻社会主义制度的犯意。与煽动分裂国家罪相同的是，该犯也为抽象危险犯。

本书收集到的7起案例中，②所涉媒体包括境外网站、QQ群、腾讯微博、非法出版物、无线电设备、电子邮箱。

通过2014—2019年煽动颠覆国家政权罪的判决书分析，行为人的行为特征主要是：（1）建立非法政党策划另立政权。由词频分析，排名第一、第二的词频为"民主党""委员会"。③（2）以造谣诽谤为主要方式。在建立非法党派的过程中，行为人通常进行造谣、污蔑国家政权与社会主体制度的行为。词频分析结果：排名第三、第四、第五的关键词为"政权""专制"和"中共"，表明行为人在实施犯罪行为污蔑

---

① 在尔力·艾合提煽动分裂国家罪一案中，被告尔力·艾合提伙同肖克热提·赛卖提和麦提阿卜拉·伊敏尼亚孜，拉拢、串联部分吉林大学、东北师范大学、长春师范大学等院校新疆籍维吾尔族学生，以校外两间出租屋作为据点，对被拉拢学生灌输"圣战"思想。尔力·艾合提利用非法筹集的资金购买大量平板电脑、移动存储介质等设备，由下载、拷贝关于"圣战"和在新疆建立"东突厥斯坦伊斯兰国"等内容的电子书和视频，发送给前来听课的学生，并对视频等资料进行讲解。三人对被拉拢的学生大肆宣扬"圣战"是正确的道路、维吾尔族大学生要出国参加"圣战"、取得经验后回国在新疆组织"圣战"、把新疆从中国分裂出去、建立"东突厥斯坦伊斯兰国"等分裂国家的言论，煽动他人实施分裂国家的行为。参见吉林省高级人民法院（2014）吉刑经终字第23号刑事裁定书。

② 参见湖南省益阳市中级人民法院（2016）湘09刑更1665号刑事裁定书；安徽省涡阳县人民法院（2015）涡刑初字第00009号刑事裁定书；浙江省高级人民法院（2016）浙刑终311号刑事裁定书；宁夏银川市中级人民法院（2018）宁01刑初41号刑事裁定书；河南省南阳市中级人民法院（2017）豫13刑更1号刑事裁定书；江苏省无锡市中级人民法院（2016）苏02行终52号行政裁定书；浙江省高级人民法院（2016）浙刑终310号刑事裁定书。

③ 2014年吕耿松煽动颠覆国家政权案中，行为人明知"中国民主党"系以颠覆我国国家政权、推翻社会主义制度为目的的非法组织，仍长期以"中国民主党浙江委员会"的名义和"中国民主党"成员身份从事活动。行为人一方面在境外网站污蔑诽谤国家政权和社会主义制度并明确表示以夺取政权、推翻社会主义为目标；另一方面积极发展非法党员、举行秘密会议、建立组织体系甚至起草"法律"。参见浙江省高级人民法院（2016）浙刑终311号刑事裁定书。

执政党，鼓动不特定的人或多数人颠覆国家政权。（3）利用邪教组织。部分行为通过对他人传播邪教思想，进而实行精神控制，同时造谣诽谤执政党和社会主义制度。①

3.（传播型）为境外窃取、刺探、收买、非法提供国家秘密、情报罪

传播型为境外非法提供国家秘密罪，指为境外的机构、组织、人员窃取、刺探、收买、国家秘密或者情报，并利用传统传播媒介及网络媒介非法提供、传播的行为。

本书收集到此类犯罪判决书、裁定书共90份。② 本罪中，被告人使用的媒体主要为期刊、电子邮件和QQ。期刊为涉密的内部资料，一般为限制流通。境外人员多以高价购买吸引被告人回应，由于涉密期刊和杂志的保密等级较低，被告人很容易放松警惕与其联络，进而与其进一步交流，最终一步步走向犯罪的深渊。③

（二）侵害国家安全传播犯罪的媒介使用行为特征小结

侵害国家安全传播犯罪的媒介使用特征表

罪名＼媒介	网络媒介					传统媒介			
	网站（境外）	手机应用软件	微博	邮箱	无线电子设备	QQ	印刷媒介	电视	广播电台
煽动分裂国家罪		2				3	1		

---

① 在栾某案中，被告人栾某在传播法轮功过程中发布大量以造谣、诽谤等方式煽动颠覆国家政权、推翻社会主义制度的文章，被法院以犯煽动颠覆国家政权罪，判处有期徒刑四年，剥夺政治权利三年。参见银川市中级人民法院（2018）宁01刑初41号刑事裁定书。

② 在裁判文书网、无讼网2014—2019年为境外窃取、刺探、收买、非法提供国家秘密、情报罪可查询判决书16份，1份公开；裁定书76份，33份公开；其他文书11份。由于只有一份判决书公开，而裁定书中并不显示罪犯行为过程，故其媒介使用情况只能根据此一例案件进行统计。

③ 在张某为境外窃取、刺探、收买、非法提供国家秘密、情报罪案中，境外人员以邮件联系张某，表明愿意高价购买包含军事秘密的杂志；后表示愿以更高额报酬换取包含密级更高的杂志和资料。张某未能抵御重金诱惑，答应预期交易，遂开始犯罪行为。参见贵州省贵阳市中级人民法院（2016）黔01刑初41号刑事判决书。

续表

媒介 罪名	网络媒介					传统媒介			
	网站（境外）	手机应用软件	微博	邮箱	无线电子设备	QQ	印刷媒介	电视	广播电台
煽动颠覆国家政权罪	1		1	1	1		2		
为境外窃取、刺探、收买、非法提供国家秘密、情报罪				1		1	1		
合计	1	2	1	2	1	4	4	0	0

由上表可见，从媒介使用上看，侵害国家安全的传播犯罪中，使用最多的是即时通信工具——QQ 和印刷媒介，其次为邮箱、手机应用软件，紧接着是网站（境外）、微博。

侵害国家安全的传播犯罪的媒介使用比较均衡，传统媒体和新媒体均有所涉及。其中，传统媒体主要为非法出版书籍，这与侵害国家安全的传播犯罪行为特征有关：首先，侵害国家安全的犯罪是国家严厉打击的犯罪之一，使用社交软件传播煽动、反动言论容易被关键词识别所检测、屏蔽，非法出版书籍可随时阅读的特点可以为犯罪主体寻找受众、即时传播时带来方便。其次，煽动分裂国家罪中，犯罪主体的目的是通过传播煽动性内容达到分裂国家的目的，其多以"圣战"为由煽动受众，相比起新媒体的碎片化阅读，纸媒更符合受众长时间阅读的习惯，因此，有利于犯罪主体在书中完整地陈述极端思想，更容易使受众信服。为境外窃取、刺探、收买、非法提供国家秘密、情报罪中，纸媒为期刊杂志，多为涉密的内部资料，一般为限制流通。

QQ 也是危害国家安全犯罪的高频率使用媒体。QQ 的传播对象是有一定社会关系的人群。此类犯罪中，有犯罪主体将 QQ 空间相册设为空开，在其中上传极端照片，便于受众查看空间动态时自行浏览。[①]

---

① 参见辽宁省大连市中级人民法院（2015）大刑二初字第 38 号刑事判决书。

电子邮件可接收任意信息的特征有利于犯罪主体向不特点的大多数人传播极端思想。如栾某煽动颠覆国家政权罪案中，[1] 犯罪主体使用邮件以造谣、诽谤的方式散布有损于国家政权和社会主义制度的言论。

在本书收集的案例中，手机（应用软件）和非法网站属于一个完整的犯罪传播过程中所需要的媒介：犯罪主体通过手机应用软件访问非法网站，[2] 在非法网站中下载包含极端思想、暴力恐怖的音频视频。而境外非法网站是极端思想、暴力恐怖音频、视频、图片的重要源头。而因为主要是境外非法网站，国内网络用户需要借助手机应用软件或VPN访问，由此具备隐蔽性的特点。

二 侵害国家功能传播犯罪的媒介使用等行为特征

（一）侵害国家功能传播犯罪的媒介使用特征[3]

侵害国家功能的传播犯罪包括故意或过失泄露国家秘密的传播犯罪，指因故意或过失，通过传统媒体或网络媒体面向不特定多数人或特定多数人的泄露触犯该罪名。

在本书所收集的47起故意泄露国家秘密罪、1起过失泄露国家秘密罪案例中，犯罪主体所使用的媒体中，排名第一的为QQ，其次为短信、微信、作弊器。

司法实践中，此类案例多涉及相关考试内容泄露，绝密级内容有：考试结束前的普通高等学校招生考试试卷及参考答案、高等教育自学考试试卷及参考答案、专业技术资格考试试卷及参考答案、事业单位招聘

---

[1] 参见宁夏银川市中级人民法院（2018）宁01刑初41号刑事裁定书。
[2] 参见河南省南阳市中级人民法院（2014）南刑三初字第00011号刑事判决书，广东省广州市中级人民法院（2015）穗中法刑一初字第193号刑事裁定书。
[3] 因过失泄露国家秘密案例仅收集到1起公开案例，且过失泄露侵害国家功能传播犯罪包括国家秘密与故意泄露国家秘密在除"故意"的主观性外，其余行为特征、媒介使用相似度极高，故本节将二者共同讨论。

考试及参考答案、保密期内标注"绝密"的国家文件等；① 机密级内容有：学业水平考试试卷及参考答案、犯罪嫌疑人所交代的机密级国家秘密、部分从业资格考试启用前的考试试卷及标准答案、部分保密期内标注"绝密"的国家文件等；② 秘密级内容有：学业考试试卷及参考答案、一般问话笔录、机密地图、保密期内标注为"秘密"的国家文件等。③

对于同一种泄密行为，向境内对象泄密与向境外对象泄密的危害行为不同。向境外机构、组织、人员泄密更容易将国家法益陷入危险境地，造成严重的危害后果。

（二）侵害国家功能传播犯罪的媒介使用行为特征小结

侵害国家功能传播犯罪的媒介使用特征表

罪名 \ 媒介	网络媒介					传统媒介				
	网站	论坛	手机短信	微博	作弊器材	微信	QQ	印刷媒介	电视	广播电台
故意泄露国家秘密罪	2		12	2	4	6	21	2		
过失泄露国家秘密罪		1								
合计	2	1	12	2	4	6	21	2		

由上表可见，从媒介使用上看，故意泄露国家秘密罪以使用QQ、

---

① 参见江苏省南京市浦口区人民法院（2017）苏0111刑初456号刑事判决书，吉林省通化县人民法院（2015）通刑初字第56号刑事判决书，湖北省天门市人民法院（2014）鄂天门刑初字第00314号刑事判决书，湖北省宜昌市西陵区人民法院（2016）鄂0502刑初53号刑事判决书，江苏省盐城市亭湖区人民法院（2017）苏0902刑初15号刑事判决书。

② 参见湖南省宁远县人民法院（2016）湘1126刑初506号刑事判决书，北京市第二中级人民法院（2019）京02刑终137号刑事裁定书，山东省济南市长清区人民法院（2017）鲁0113刑初27号刑事判决书。

③ 参见广西壮族自治区南宁市江南区人民法院（2016）桂0105刑初411号刑事判决书，湖南省永州市中级人民法院（2014）永中法刑二终字第69号刑事判决书，云南省泸西县人民法院（2014）泸刑初字第88号刑事判决书。

手机短信和微信等工具为主；过失泄露国家秘密罪的犯罪主体所涉媒体为论坛。传统媒介方面，上述犯罪仅涉及印刷媒体。

在侵害国家功能的传播犯罪的行为特征方面，犯罪主体均为泄露国家秘密。泄露行为的方式可以是多种多样的，包括：使用非涉密计算机或存储设备处理国家秘密，将涉密计算机或存储设备与公共网络进行链接，在涉密信息系统与公共网络之间进行信息传递；在未采取保密措施的有线或无线通信中传递国家秘密；在公共网络中传递国家秘密；擅自卸载、修改涉密程序，擅自将未经安全处理的电脑或存储设备出售、丢弃或赠送等。

三 侵害国防和军事利益的传播犯罪的媒介使用等行为特征

煽动军人逃离部队罪、战时造谣扰乱军心罪、故意或过失泄漏军事秘密罪、战时造谣惑众罪主体使用的媒体没有限制，可为网络媒体、新媒体和传统媒体。① 值得注意的是，在侵害国防和军事利益的传播犯罪中，军事新闻报道泄密是故意或过失泄露军事秘密传播犯罪的主要方式。部分记者在完成军事新闻稿件时，保密观念不强，将新武器、新技术作为新闻背景或人物成就报道出来；无意中公开部队番号、人数、武器装备造成重大损失。②

理论上分析，侵害国防和军事利益的传播犯罪有如下特征：制造谣言，方式包括书面、口头的；书信、电话、电报或由第三人代为转告而不当面提供。传播方式需通过传统和大众媒体进行，表现为：(1) 向武装部队传播谣言，提供虚假敌情即夸大敌方实力的行为。敌情是指敌人的军事情况，包括敌军的作战计划、军事布防、部队组成、军种、番

---

① 因中国裁判文书网无此类犯罪案例，故其实践中的媒介使用情况无法归纳。
② 林凌：《军事新闻传播侵权形态及责任认定》，《南京政治学院学报》2010 年第 2 期。

号、武器装备、军事设置、作战意图、军事行动等一切与作战有关的情况。所谓虚假敌情，是指不符合真实情况、夸大敌方力量的情况。(2) 向武装部队传播谣言，提供虚假我情的行为。主要是传播贬损我方军情的信息。

四　侵害国家和公共安全传播犯罪的媒介使用等行为特征

本类型传播犯罪中，利用极端主义破坏法律实施罪因无案例，不予分析。

(一) 侵害国家和公共安全传播犯罪的媒介使用特征

1. 帮助恐怖活动罪

在本书收集的 1 起与传播相关的帮助恐怖活动罪案例中，被告人使用的媒体为社交媒体——微信。

2. 准备实施恐怖活动罪

在本书收集的 2 起与传播相关的帮助恐怖活动罪案例中，[①] 1 起媒体为境外社交网站、1 起为即时通信媒体——QQ。

3. (传播型) 宣扬恐怖主义、极端主义、煽动实施恐怖活动罪

传播型宣扬恐怖主义、极端主义、煽动实施恐怖活动罪，指以传统媒体或网络媒体制作、散发宣扬恐怖主义、极端主义的图书、音频视频资料或者其他物品，宣扬恐怖主义、极端主义，或者煽动实施恐怖活动的犯罪行为。

在本书收集的 75 起宣扬恐怖主义、极端主义、煽动实施恐怖活动罪案例中，多起案件使用多种媒介实施宣扬恐怖主义、极端主义、煽动实施恐怖活动罪。其中，微信使用频次为 61 次，QQ 使用频次为 22 次，网站使用频次为 4 次，微博使用频次为 2 次，印刷媒介使用频次为 1

[①] 参见黑龙江省哈尔滨市中级人民法院 (2019) 黑 01 刑初 6 号判决书；安徽省合肥市中级人民法院 (2017) 皖 01 刑初 54 号判决书。

次。如在李芮宇宣扬恐怖主义、极端主义、煽动实施恐怖活动罪一案中，被告人李芮宇出于好奇和个人爱好，通过互联网下载、观看宣扬恐怖主义的血腥恐怖视频、图片，并存储在自己的电脑和存储卡内。随后，李芮宇通过QQ向程洪、杨丹等四名网友发送载有宣扬恐怖主义内容的视频资料7个、压缩文件包1个。[①]

4. 非法持有宣扬恐怖主义物品罪

在本书收集的47起非法持有宣扬恐怖主义物品罪案例中，网盘使用频次为20次，QQ使用频次为17次，微信使用频次为11次，网站使用频次为12次，手机软件使用频次为3次。

（二）侵害国家和公共安全传播犯罪的媒介使用行为特征小结

侵害国家和公共安全传播犯罪的媒介使用特征表

媒介 罪名	网络媒介					传统媒介			
	网站	电脑	手机短信	微博	网盘	微信	QQ	印刷媒介	电视	广播电台
帮助恐怖活动罪						1				
准备实施恐怖活动罪	1						1			
宣扬恐怖主义、极端主义、煽动实施恐怖活动罪	4			2		61	22	1		
非法持有宣扬恐怖主义物品罪	12		3		20	11	17			
合计	17		3	2	20	73	40	1		

在侵害国家和公共安全传播犯罪中，4类犯罪在犯罪行为上具有不同的行为特征，但都和恐怖主义的传播相关。从媒介使用上看，即时通信工具占比较大，宣扬恐怖主义、极端主义、煽动实施恐怖活动罪和非

---

① 参见四川省攀枝花市中级人民法院（2019）川04刑初24号刑事判决书。

法持有宣扬恐怖主义物品罪主要使用微信和QQ,其次是网盘、网站,紧接着是印刷媒介、手机、微博。

五 侵害国家法益媒介使用等行为特征小结

上述四类侵害国家法益传播犯罪的媒介分析如下:

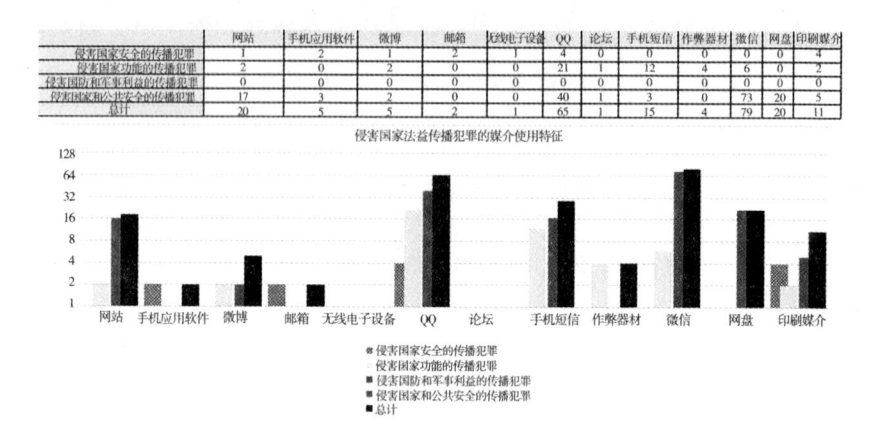

	网站	手机应用软件	微博	邮箱	无线电子设备	QQ	论坛	手机短信	作弊器材	微信	网盘	印刷媒介
侵害国家安全的传播犯罪	1	2	1	2	1	4	0	0	0	0	0	4
侵害国家功能的传播犯罪	2	0	2	0	0	21	1	12	4	6	0	2
侵害国防和军事利益的传播犯罪	0	0	0	0	0	0	0	0	0	0	0	0
侵害国家和公共安全的传播犯罪	17	3	2	0	0	40	0	3	0	73	20	5
总计	20	5	5	2	1	65	1	15	4	79	20	11

侵害国家法益传播犯罪的媒介使用特征

(一) 传播形态

侵害国家法益传播犯罪,在传播形态上包括以下类型:(1) 非法出版书籍、使用境外网站和百度网盘的传播,因接受信息、传播信息、储存信息的用户为不特定的多数人,为大众传播形态。(2) 腾讯QQ群、开放的QQ空间,接受信息、传播信息、储存信息的用户为有特定关系的多数人,为群体传播。(3) 利用带有储存功能的设备在特定的地点向特定的人传播极端思想、实行煽动行为,行为人团体内部有明确分工,可视为组织传播。(4) 行为人在不特定的时间、地点向第三人传播极端思想、实行煽动行为,为人际传播。

(二) 媒介特征与犯罪特征的契合度

1. 即时通讯类媒体的使用

根据微信发布的《2019年微信数据报告》:2019年微信月活跃账

户为11.51亿人,是社交软件中使用群体最庞大的软件;QQ使用者紧随其后。微信人际关系网伴随使用习惯的产生,因此,基于使用习惯和人际关系,帮助恐怖活动、准备实施恐怖活动、宣扬恐怖主义、极端主义、煽动实施恐怖活动的犯罪主体,使用微信作为传播媒体的比例较大。

QQ群和微信群为传播犯罪主体提供便利如下:(1)条件查找为犯罪主体提供便利条件。行为人出于某种目标进行条件查找即可找到该类社交群,加入后即可进行犯罪活动。(2)方便上传和下载文件。在QQ群和微信群内,犯罪主体只需上传一次文件,所有接收方即可接收并下载,节省犯罪主体的时间,提高了犯罪效率,故而受到犯罪主体的青睐。(3)隐蔽性强。群体传播在一定程度上只能在封闭群体内部进行传播,具有隐蔽性,非常适合泄露秘密的犯罪行为。传播者和受传者身份的隐蔽性,为该类传播犯罪提供了最好的保护。

2. 电子邮件的使用

在侵害国家法益传播犯罪中,以电子邮箱作为犯罪手段的案例较多,这与煽动颠覆国家政权罪的犯罪内容有密切关系。在此类犯罪中,行为人多以推翻现有政权、党派,建立新政权、党派为目的进行宣传,需要招募大量人员,故而需要电子邮箱接收个人资料。通常,境外人员首先确定侵害目标,再通过电子邮件联系国内可为其提供信息的行为人。

电子邮箱在涉及国家安全的传播中具备如下优势:(1)身份保密。涉及国家安全的犯罪均需要通过非正常渠道实施。境外不法分子利用电子邮箱与国内的行为人建立联络关系时,国内行为人无法通过邮箱来获取境外不法分子的身份信息。就申请账号而言,与微信相比,电子邮箱在申请阶段不需实名;与腾讯QQ相比,电子邮箱不需要填写一定数量的资料,一个行为主体可以拥有多个邮箱账户。在保密性方面,付费邮箱的保密性均强于微信和腾讯QQ。(2)接收主体是不特定的大多数人。电子邮箱在发送信件时,不需要与收件方建立好友关系,掌握对方的收件地址即可发送，且不存在数量限制问题。（3）具有储存功能。电子邮箱均具有储存功能，附件支持大多数文档、视频、音频格式，方便行为人传输非法资料。且支持大格式附件传输，保存时间较长。

3. 境外非法网站的使用

在侵害国家法益传播犯罪中，境外非法网站是煽动颠覆国家政权罪犯罪行为的最主要的使用媒体，而行为人多通过 VPN 登录境外非法网站。在煽动分裂国家的犯罪中，许多暴恐音视频是由"东伊运"成员在叙利亚战场等地收集素材、剪辑合成，并借助境外恐怖组织网站、自建网站、分享网站、免费网络硬盘、社交平台等途径对外传播。[1] 在一些案例中，被告人出于猎奇的目的自行寻找境外恐怖组织网站，并从中下载、持有、传播并进行煽动行为。境外非法网站的使用原因如下：首先，境外非法网站不受我国政府管辖，可以随意发布不实言论。其次，我国公民一般情况下不会登录境外非法网站，一方面无法驳斥相关言论，另一方面无法向国内公安部门举报，对于行为人来说在一定程度上具有安全性高的特点。

4. 网盘的使用

网盘是集上传、储存、下载、分享为一体的虚拟储存工具，其优势在于拥有大容量的储存空间，可以高速转存、分享文件，随时查看文件，为行为人实施本罪提供便利条件，因此使用频率也较高。

第二节 侵害国家法益传播犯罪的主体与客体

侵害国家法益传播犯罪的客体是复杂客体，涉及国家安全及保密制度、军事利益、公共安全，也会侵害不特定自然人的生命、健康及公私财产的安全，具体为：（1）侵害国家安全的传播犯罪客体为国家安全，

---

[1] 隋云雁：《媒体揭秘暴恐音视频来源以及传播的内容》，天山网，（202014-07-11）［2020-03-21］，http：//news.sohu.com/20140711/n402080803.shtml。

即国家政权、主权、统一和领土完整、人民福祉、社会经济可持续发展和国家其他重大利益相对处于没有危险和不受内外威胁的状态，以及保障持续安全状态的能力。(2) 侵害国家功能的传播犯罪的客体是国家的保密制度，侵害的对象是国家秘密。(3) 侵害国防和军事利益的传播犯罪客体分别为兵员管理秩序（犯罪对象是现役军人）、武装部队的作战利益（这种利益涉及国家领土、政权及社会稳定）、军事秘密的安全和国家国事保密制度、武装部队的作战利益。(4) 侵害国家和公共安全传播犯罪的客体是公共安全，包括不特定自然人的生命、健康，公私财产的安全及国家安全——可见，侵害国家法益的传播犯罪的客体与其他类型的侵害国家法益的犯罪相比，并没有本质区别。而此类犯罪主体，除故意泄露军事秘密罪和过失泄露军事秘密罪外，均为一般主体，有鲜明的时代特征。[①]

一　侵害国家安全传播犯罪的主体

(一) 侵害国家安全传播犯罪的主体信息概况

1. 煽动分裂国家罪

在本书所收集的12起煽动分裂国家罪案例中，[②] 犯罪主体均为自然人。统计可公开的判决书中出现的犯罪主体信息，14名犯罪主体均为男性；7人维吾尔族、1人回族、5人藏族、1人不详；受教育程度上：1人受过初等教育、4人受过中等教育、2人受过高等教育、7人不详；职业分布上：2人为在校大学生、2人无业、1人为个体、1人为农民、8人不详；年龄分布上：21—30岁6人、31—40岁1人，最高年龄为37岁，最低年龄为22岁。

[①] 以下分析重点主要是侵害国家法益传播犯罪主体特征，但一般性的立法特征原则上不再赘述，对无案例可供分析的罪名则从立法与法理上进行简单分析。

[②] 在裁判文书网、无讼网上，2014—2019年煽动分裂国家罪可查询判决书11份，4份公开；裁定书13份，8份公开。部分判决书、裁定书中犯罪主体信息缺失。

2. 煽动颠覆国家政权罪

在本书收集到相关 7 起案例中,① 犯罪主体均为自然人;均为男性;均为汉族;3 人系累犯;受教育程度上:1 人受过初等教育、1 人受过中等教育、4 人受过高等教育;职业分布上:1 人无业、1 人为企业职工、2 人为农民;年龄分布上:21—30 岁 1 人、31—40 岁 1 人、50 岁以上 3 人,最高年龄为 77 岁,最低年龄为 33 岁。

3. 为境外窃取、刺探、收买、非法提供国家秘密、情报罪

在本书收集到的相关 90 起案例中,② 90 名犯罪主体均为自然人。其中,46 人系男性、1 人系女性;39 人系汉族,1 人系回族、1 人系黎族;受教育程度上,1 人受过初等教育、28 人受过中等教育、12 人受过高等教育;职业分布上:3 人无业、1 人系企业职工、1 人系个体、1 人系教官;年龄分布上:20 岁及以下有 2 人、21—30 岁有 23 人、31—40 岁有 14 人、40 岁以上有 5 人。最高年龄为 52 岁,最低年龄为 19 岁。

另外,本罪所侵害的法益是与国家安全密切相关的秘密和情报,一般公民无法通过正常渠道获取。因此,犯罪主体或为能接触到秘密或情报的工作人员,或为与其相关的亲人、朋友。

(二)侵害国家安全传播犯罪的主体分析

侵害国家安全传播犯罪的主体特征表

主体特征 罪名	性别 男	性别 女	年龄(岁) 20岁及以下	年龄(岁) 21—30	年龄(岁) 31—40	年龄(岁) 41—50	年龄(岁) 50岁以上	受教育程度 初等	受教育程度 中等	受教育程度 高等
煽动分裂国家罪	14	0		6	1			1	4	2
煽动颠覆国家政权罪	7			1	1		3	1	1	4

---

① 在裁判文书网、无讼网上,2014—2019 年煽动颠覆国家政权罪可查询判决书、裁定书 6 份。部分判决书、裁定书中犯罪主体信息缺失。

② 部分判决书、裁定书、其他文书中犯罪主体信息缺失。

第四章　侵害国家法益传播犯罪的特征与趋势　85

续表

主体特征 罪名	性别		年龄（岁）					受教育程度		
	男	女	20岁及以下	21—30	31—40	41—50	50岁以上	初等	中等	高等
为境外窃取、刺探、收买、非法提供国家秘密、情报罪	46	1	2	23	14	3	2	1	28	12
合计	67	1	2	30	16	3	5	3	33	18

由上表可见：侵害国家安全的传播犯罪的主体，在性别分布上，男性是女性的60多倍；在年龄分布上，21—40岁的犯罪主体占绝大部分，其中以21—30岁为最多，20岁以下和51岁以上的犯罪主体极少，整个年龄分布呈橄榄型结构；在教育程度分布上也呈橄榄型结构：受中等教育的犯罪主体较多，初等教育和高等教育者比较少。

另外，在职业分布上比较分散；民族分布上，危害国家安全的犯罪主体中，煽动分裂国家罪犯罪主体均为少数民族；煽动颠覆国家政权罪主体均为汉族；为境外窃取、刺探、收买、非法提供国家秘密、情报罪主体包含汉族与少数民族，但主要以汉族为主。

二　侵害国家功能传播犯罪的主体

（一）侵害国家功能传播犯罪的主体信息概况

故意或过失泄露国家秘密的传播犯罪的主体为特殊主体，主要为国家机关工作人员，也包括非国家机关工作人员。

1. 故意泄露国家秘密罪

在本书所收集的47起故意泄露国家秘密罪案例中，犯罪主体均为自然人。统计可公开的判决书中出现的犯罪主体信息，95名自然人犯罪主体中，男性61名、女性10名；汉族59人、回族1人、瑶族1人、壮族1人、回族1人；受教育程度上，受过初等教育1人，受过中等教育20人，受过高等教育39人；职业分布上：教师7人、警察5人、国家机关工作人员5人、国企或事业单位职工10人、私企人员14人、在校大学生1人、无业18人，22起案例与犯罪主体职务相关；年龄分布上，20岁及以下3人、21—30岁49人、31—40岁21人、41—50岁7人、50岁以上有6人，最高年龄为59岁，最低年龄为19岁。

2. 过失泄露国家秘密罪

本书收集到1起过失泄露国家秘密罪案例，[①] 该案犯罪主体系男性；汉族；48岁，职业、受教育程度、民族等均未予以确认。

需要注意：非国家工作人员身份不影响故意或过失泄露国家秘密罪成立。虽然此类罪名属于刑法第九章的渎职罪，法条规定其犯罪主体主要是国家机关工作人员，但无论是立法还是在司法实践中，行为人以非国家工作人员身份从事公务时实施该犯罪行为的，与国家工作人员实施共同犯罪的或非法获取国家秘密后再泄露的，也成立故意泄露国家秘密罪。

（二）侵害国家功能传播犯罪的主体分析

侵害国家功能传播犯罪的主体特征表

主体特征 罪名	性别 男	性别 女	年龄（岁）20岁及以下	年龄（岁）21—30	年龄（岁）31—40	年龄（岁）41—50	年龄（岁）50岁以上	受教育程度 初等	受教育程度 中等	受教育程度 高等
故意泄露国家秘密罪	61	10	3	49	21	7	6	1	20	39
过失泄露国家秘密罪	1					1				
合计	62	10	3	49	21	8	6	1	20	39

由上表可见：侵害国家功能的传播犯罪的主体，在性别分布上，男性是女性的6倍多；在年龄分布上，21—40岁的犯罪主体占绝大部分，

[①] 参见北京市海淀区人民法院（2014）海刑初字第855号刑事判决书。

其中以21—30岁为最多，20岁及以下和50岁以上的犯罪主体极少，整个年龄分布呈橄榄型结构；在教育程度分布呈正金字塔结构：受高等教育的犯罪主体较多，受初等教育少，受中等教育的犯罪主体次之。

三 侵害国防和军事利益的传播犯罪的主体

此类犯罪包括煽动军人逃离部队罪、战时造谣扰乱军心罪、故意泄露军事秘密罪和过失泄露军事秘密罪、战时造谣惑众罪，除故意泄露军事秘密罪和过失泄露军事秘密罪主体要求为掌握一定军事秘密的军人即特殊主体外，其余犯罪主体均为一般主体，即年满十六周岁以上、具有刑事责任能力的自然人。[①]

四 侵害国家和公共安全传播犯罪的主体

（一）侵害国家和公共安全传播犯罪的主体信息概况

此类犯罪中，利用极端主义破坏法律实施罪判决书均不公开，故仅对以下几小类犯罪进行分析：

1. 帮助恐怖活动罪

本书收集到1起此类案例。[②] 犯罪主体为自然人，男性，回族，受过中等教育，农民，有犯罪前科。

2. 准备实施恐怖活动罪

本书收集到2起此类案例。犯罪主体均为自然人。均为男性；1名汉族、1名朝鲜族；均受过高等教育；职业分布上：1人无业、1人为在校大学生；年龄分布上：1人51岁、1人21岁。[③]

[①] 由于缺乏案例，对此类犯罪主体的司法实践中的具体特征无法予以分析。
[②] 参见云南省大理白族自治州中级人民法院（2017）云29刑初58号判决书。
[③] 参见云南省大理白族自治州中级人民法院（2017）云29刑初58号判决书、黑龙江省哈尔滨市中级人民法院（2019）黑01刑初6号判决书。

3. 宣扬恐怖主义、极端主义、煽动实施恐怖活动罪

本书收集到 75 起宣扬恐怖主义、极端主义、煽动实施恐怖活动罪案例,① 犯罪主体均为自然人。统计判决书中出现的犯罪主体信息:88 名自然人犯罪主体中,有 84 名男性、2 名女性;71 名汉族、2 名回族、2 名哈尼族、1 名撒拉族、1 名彝族、1 名满族、1 名布依族;受教育程度上,1 人文盲、13 人受过初等教育、49 人受过中等教育、11 人受过高等教育;职业分布上,17 人无业、14 人为农民、10 人为个体经营者、11 人在企业工作、12 人务工、1 人为国家工作人员;年龄分布上,20 岁以下 1 人、20—25 岁 19 人、26—30 岁 20 人、31—35 岁 15 人、36—40 岁 10 人、41—45 岁 6 人、46—50 岁 9 人、50 岁以上 2 人,最高年龄为 59 岁、最低年龄为 19 岁。

4. 非法持有宣扬恐怖主义、极端主义物品罪

本书收集到 47 起此类案例,② 犯罪主体均为自然人。统计判决书中出现的犯罪主体信息,51 名自然人犯罪主体中,有 46 名男性、3 名女性;36 名汉族、5 名维吾尔族、3 名回族、1 名满族、1 名壮族;受教育程度上,1 人受过初等教育、24 人受过中等教育、15 人受过高等教育;职业分布上,务工 12 人、农民 5 人、学生 3 人、工程师 1 人、11 人无业;年龄分布上,20—25 岁有 12 人、26—30 岁 14 人、31—35 岁 7 人、36—40 岁 2 人、41—45 岁 5 人、46—50 岁 4 人、50 岁以上 2 人,年龄最低为 20 岁,年龄最高为 56 岁。

(二) 侵害国家和公共安全传播犯罪的主体分析

由下表可见:侵害国家和公共安全传播犯罪的主体,在性别分布上,男性是女性的 27 倍;在年龄分布上,21—40 岁的犯罪主体占绝大部分,其中以 21—30 岁为最多,20 岁以下和 50 岁以上的犯罪主体极少,整个年龄分布呈橄榄型结构;在教育程度分布上,也呈橄榄型结

---

① 参见本书参考文献部分所列案例号。
② 参见本书参考文献部分所列案例号。

构：受中等教育的犯罪主体较多，初等教育和高等教育者比较少。

侵害国家和公共安全传播犯罪的主体特征表

主体特征 罪名	性别 男	性别 女	年龄（岁）20岁及以下	21—30	31—40	41—50	50岁以上	受教育程度 初等	中等	高等
帮助恐怖活动罪	1	0							1	
准备实施恐怖活动罪	2			1		1				2
宣扬恐怖主义、极端主义、煽动实施恐怖活动罪	84	2	1	39	25	15	2	13	49	11
非法持有宣扬恐怖主义、极端主义物品罪	46	3		26	9	9	2	1	24	15
合计	133	5	6	66	34	24	5	14	74	28

五 侵害国家法益传播犯罪的主体小结

	侵害国家安全传播罪	侵害国家功能的传播犯罪	侵害国防和军事利益的传播犯罪	侵害国家和公共安全的传播犯罪	总计
男	67	62	0	133	262
女	1	10	0	5	16
缺失	43	23	0	2	68

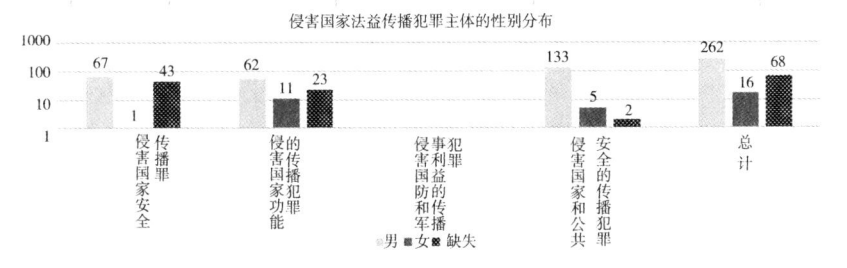

侵害国家法益传播犯罪主体的性别分布

（一）侵害国家法益传播犯罪主体的性别

如上图所示，本书所收集的 282 起侵害国家法益传播犯罪案件中，犯罪主体共涉 349 名自然人。其中，男性共计 262 人，女性共计 17 人（68 人性别判决书中未予记录），男性约为女性的 15 倍。

	20岁及以下	21—30	31—40	41—50	50岁以上
侵害国家安全的传播犯罪	2	30	16	3	5
侵害国家功能的传播犯罪	3	49	21	8	6
侵害国防和军事利益的传播犯罪	0	0	0	0	0
侵害国家和公共安全的传播犯罪	6	66	34	24	5
总计	11	145	71	35	16

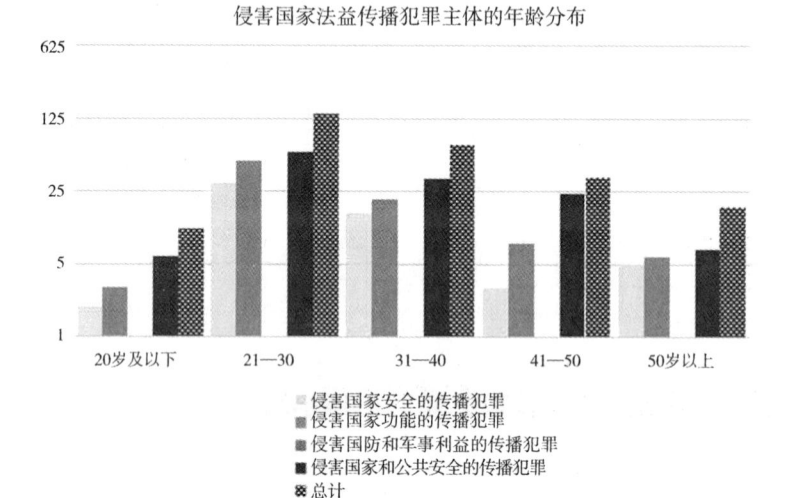

侵害国家法益传播犯罪主体的年龄分布

（二）侵害国家法益传播犯罪主体的年龄分布

如上图所示，本书所收集的 282 起侵害国家法益传播犯罪案件中，犯罪主体共涉 349 名自然人。其中，20 岁及以下有 11 人，21—30 岁有 145 人，31—40 岁有 71 人，41—50 岁有 35 人，50 岁以上有 16 人（74 人年龄判决书未予以记录）——可见，涉侵害国家法益传播犯罪中，21—40 岁之间的犯罪主体是其他年龄段犯罪主体 3 倍多。

21—40 岁之间的犯罪主体多，原因如下：一方面该年龄段的行为人三观未稳，法律意识淡薄，容易受到诱惑和挑唆。如在煽动分裂国家罪中，被告尔力·艾合提煽动的对象均为吉林大学、东北师范大学、长春师范大学等院校新疆籍在校大学生。[1] 另一方面，20—30 岁正是青年初入职场，面对金钱的诱惑抵挡能力较低，容易被犯罪分子利用。张某犯罪时仅 20 岁，为在校大学生，因未经受住境外犯罪分子三年一百万的金钱诱惑而踏上不归路。[2]

(三) 侵害国家法益传播犯罪主体的教育程度

如下图所示，本书所收集的 282 起侵害国家法益传播犯罪案件中，犯罪主体共涉 349 名自然人。其中，1 人为文盲，19 人受过初等教育，126 人受过中等教育，85 人受过高等教育（118 人教育程度判决书未予以记录）——在侵害国家法益传播犯罪中，受高等教育的犯罪主体之多是值得注意的现象。

	初等教育	中等教育	高等教育	文盲
侵害国家安全的传播犯罪	3	33	18	0
侵害国家功能的传播犯罪	1	20	39	0
侵害国防和军事利益的传播犯罪	0	0	0	0
侵害国家和公共安全的传播犯罪	14	74	28	1
总计	18	127	85	1

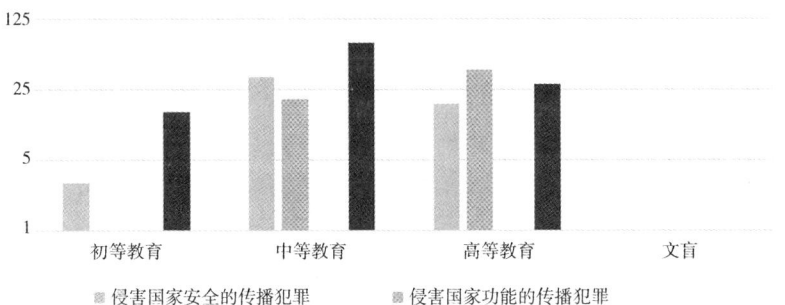

侵害国家法益传播犯罪主体的受教育程度分布

---

[1] 参见吉林省高级人民法院（2014）吉刑经终字第 23 号刑事裁定书。
[2] 参见贵州省贵阳市中级人民法院（2016）黔 01 刑初 41 号判决书。

(四) 侵害国家法益传播犯罪主体的总体特征

综上所述，如下图所示，总体来看，我国侵害国家法益传播犯罪的主体以 21—40 岁，受中等、高等教育的男性为主。

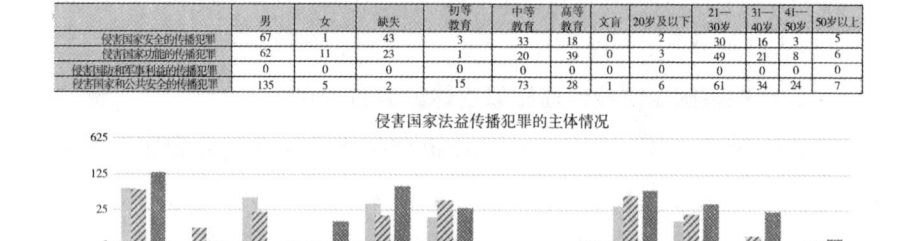

	男	女	缺失	初等教育	中等教育	高等教育	文盲	20岁及以下	21—30岁	31—40岁	41—50岁	50岁以上
侵害国家安全的传播犯罪	67	1	43	3	33	18	0	2	30	16	3	5
侵害国家功能的传播犯罪	62	11	23	1	20	39	0	3	49	21	8	6
侵害国防和军事利益的传播犯罪	0	0	0	0	0	0	0	0	0	0	0	0
侵害国家和公共安全的传播犯罪	135	5	2	15	73	28	1	6	61	34	24	7

侵害国家法益传播犯罪的主体情况

第三节 侵害国家法益传播犯罪的主观特征

犯罪主观性，指犯罪主体对自己的行为及其危害社会的结果所持的心理态度，包括罪过（即犯罪的故意或者犯罪的过失）以及犯罪的目的和动机这几种因素。[1] 在侵害国家法益的传播犯罪中，只有过失泄露国家秘密罪和过失泄露军事秘密罪是过失犯罪，其他犯罪均为故意犯罪。当然，故意犯罪有直接故意和间接故意之分，而且，行为人也有不同的目的与动机。本节仅以侵害国家安全和国家功能的传播犯罪为例进行研究。

一 侵害国家安全传播犯罪的主观特征

侵害国家安全的传播犯罪的责任形式均为故意。该类罪要求行为人主观上有煽动他人分裂国家或颠覆国家政权的意图，明知自己危害国家

---

[1] 高铭暄、马克昌：《刑法学》，北京大学出版社 2017 年版，第 104 页。

安全的行为会带来危害国家安全的结果，仍希望或放任该结果的发生。

第一，直接故意。行为人主观上须有煽动分裂国家、破坏国家统一、颠覆国家政权或侵害国家功能的意图，并追求这种结果的发生。在传播过程中，行为人须意识到传播内容包含煽动分裂国家、破坏国家统一或颠覆国家政权的文字、图片等信息，仍予以传播，以期分裂国家、破坏国家统一或颠覆国家政权。在如某某煽动分裂国家一案中，如某某与宗教极端分子阿某乙都拉纠集在一起，接受宗教极端、暴力恐怖思想。随后，如某多次通过手机应用软件登录宣扬"圣战"等内容的非法网站，收听、观看煽动实施暴力恐怖活动的音频、视频等，并利用手机应用软件转发相关链接给同案人努尔艾某·喀迪尔，利用宗教极端、暴力恐怖思想鼓动他人"圣战"，煽动分裂国家，破坏国家统一。[1]

实践中，行为人的直接故意往往可通过相关行为细节表现出来。如在何某故意泄露国家秘密一案中，其违反保密制度，在接触涉密文件后将自己认为重要的部分内容用笔标注下画线，并用手机对该文件内容拍照，随后，将拍照的三张照片连同其编辑的评论一并上传到其在《新浪微博》注册的"云南—梯田彩云"微博上。截至删除时止，微博上共有3人对何某上传的上列微博内容进行7条评论，1人转发。[2]

第二，间接故意。行为人在明知自己的行为可能导致侵害结果的情况下，仍放任结果的发生。如传播者明知出版物、储存介质中有煽动分裂国家、破坏国家统一或者颠覆国家政权的内容仍予以传播。在网络传播中，网络媒体的管理者允许或放任发布上述内容的，往往构成间接故意，以煽动分裂国家罪的共犯定罪处罚。在阿某煽动分裂国家罪一案中，被告阿某虽主观上没有分裂国家、破坏国家统一的意图，但明知上传的内容包含宣扬宗教极端思想、宣传"圣战"、挑动民族仇恨，对社会稳定有较大的危害性，其仍将上述内容上传至QQ群内，放任危害结

---

[1] 参见广东省广州市中级人民法院（2015）穗中法刑一初字第193号刑事裁定书。
[2] 参见云南省泸西县人民法院（2014）泸刑初字第88号刑事判决书。

果发生。其行为被认定属于间接故意，构成煽动分裂国家罪，被判处有期徒刑二年，并处剥夺政治权利一年。①

在过失侵害国家安全的犯罪中，行为人虽为过失，但侵害对象往往极其重要或敏感。在李某过失泄露国家秘密一案中，其在"飞扬军事论坛"上"大陆狂飙板块"对一篇主题为"说说公安现役部队"的帖子进行了跟帖，其跟帖内容涉及我国重要国防战备工程的驻地、名称和性质，经中国人民解放军保密委员会鉴定系绝密级军事秘密。②

二 侵害国家功能传播犯罪的主观特征

（一）牟利

在本书收集的65起故意泄露国家秘密罪中，以牟利为犯罪目的的案件占绝大多数，包括以牟取私利为目的组织作弊和泄露保密信息。在佟某某等故意泄露国家秘密一案中，被告人通过非法途径获取硕士研究生全国统一考试试题答案，并利用无线电收发设备向正在考场内的考生传递，收取每位考生4.8万元。③

侵害国家功能的传播犯罪绝大部分是泄露国家秘密罪，且集中于各种考试，而此类案例中，以牟利为目的的犯罪行为比例最高。在我国，考试是获得学位和工作最常见、最公平的选拔方式，因此，提前获得考试内容帮助作弊的犯罪存在数量庞大的潜在受众，也因此形成了巨大的利益链条。

（二）炫耀

炫耀是犯罪主体实施犯罪行为的动机之一。被告人王某在参加2017年海南省公务员考试时，违规将手机带入考场，藏匿于裤兜内。监考老师发放试卷后，王某为了炫耀，在其座位上用手机拍摄正在进行

---

① 参见吉林省高级人民法院（2014）吉刑经终字第23号刑事裁定书。
② 参见北京市海淀区人民法院（2014）海刑初字第855号刑事判决书。
③ 参见黑龙江省哈尔滨市中级人民法院（2015）哈刑二终字第49号刑事判决书。

的省公务员考试的试卷,并将所拍摄的四张试卷照片上传到其共有八名同学、朋友为成员的名为"爱情公寓"的微信群里。①

(三) 徇私

除上述因素外,徇私是泄露国家秘密的原因。如被告人江某某在 2014 年天门市事业单位公开招聘考试前,利用其命题排版工作的便利,向宋某某泄露《综合应用能力测试》50%的考题及答案、《基本素质测试》70%的考题及答案,导致 2014 年天门市事业单位公开招聘考试所有科目考试无效,需重新组织笔试,造成经济损失 16 万余元。②

第四节 侵害国家法益传播犯罪的刑罚适用

因对象不同,侵害国家法益传播犯罪的刑罚适用呈现不同特征。其中,侵害国防和军事利益的传播犯罪因缺乏案例,其刑罚适用难以统计分析,故本节仅对侵害国家安全和国家功能的传播犯罪进行统计分析,对侵害国防和军事利益的传播犯罪从法律规定进行分析。

一 侵害国家安全传播犯罪的刑罚适用

(一) 主刑的适用

1. 煽动分裂国家罪

根据我国《刑法》第一百零三条的规定,煽动分裂国家罪的刑罚低于实行行为即分裂国家罪③。在本书收集的 12 起煽动分裂国家罪案例中,14 名被告人均被判处主刑、附加刑。主刑期最低 2 年,最高 8 年。

---

① 参见海南省海口市中级人民法院 (2018) 琼 01 刑终 136 号判决书。
② 参见湖北省天门市人民法院 (2014) 鄂天门刑初字第 00314 号判决书。
③ 《刑法》第一百零三条第二款规定:"煽动分裂国家、破坏国家统一的,处五年以下有期徒刑、拘役、管制或者剥夺政治权利;首要分子或者罪行重大的,处五年以上有期徒刑。"

2. 煽动颠覆国家政权罪①

在本书收集的 7 起煽动颠覆国家政权罪案例中，7 名被告人中 6 名被告人被判处主刑、附加刑、无缓刑，1 人不详。主刑期最低 1 年，最高 11 年。

3. 为境外窃取、刺探、收买、非法提供国家秘密、情报罪

在本书收集的 90 起为境外窃取、刺探、收买、非法提供国家秘密、情报罪案例中，90 名被告人中，49 人被判处主刑②。主刑期最低 3 年，最高 15 年。

(二) 附加刑的适用

我国《刑法》规定，危害国家安全罪应附加剥夺政治权利。在 12 起煽动分裂国家罪案例的 12 名被告人中，被告人均被剥夺政治权利，最高 4 年，最低 1 年并处罚金；其余剥夺政治权利的被告人未处罚金。在 7 起煽动颠覆国家政权罪的 7 名被告人中，4 名被剥夺政治权利。在 90 起为境外窃取、刺探、收买、非法提供国家秘密、情报罪案例的 90 名被告人中，42 名剥夺政治权利、1 名被处罚金。

(三) 侵害国家安全的传播犯罪刑罚适用小结

由下表可见，此类犯罪的刑罚适用呈现以下特征：(1) 由于为境外窃取、刺探、收买、非法提供国家秘密、情报罪的案例数量在此类罪名中占绝对多数，因此其刑罚适用体现了此类罪名的刑罚适用特征。(2) 关于主刑适用。5—10 年有期徒刑是适用最多的刑罚。被判处主刑期 10 年以上的案例皆为境外窃取、刺探、收买、非法提供国家秘密、情报罪。(3) 关于附加刑适用。煽动分裂国家罪、煽动颠覆国家政权罪皆无罚金，为境外窃取、刺探、收买、非法提供国家秘密、情报罪的

---

① 根据我国《刑法》第一百零五条的规定，以造谣、诽谤或者其他方式煽动颠覆国家政权、推翻社会主义制度的，处五年以下有期徒刑、拘役、管制或者剥夺政治权利；首要分子或者罪行重大的，处五年以上有期徒刑。

② 裁判文书网、无讼网 2014—2019 年为境外窃取、刺探、收买、非法提供国家秘密、情报罪的 90 个案例中，仅公开 34 份裁判文书，故此表中仅根据公开的裁判文书进行统计的

犯罪主体被处罚金——综上所述，为境外窃取、刺探、收买、非法提供国家秘密、情报罪是侵害国家安全的传播犯罪打击最为严厉的犯罪。

侵害国家安全的传播犯罪的刑罚适用表

刑罚 罪名	主刑（年）						罚金刑（万元）			
	<1	1—2	2—3	3—5	5—10	10<	<1	1—10	10—100	100<
煽动分裂国家罪	1		4	4	5					
煽动颠覆国家政权罪		1		3	2					
为境外窃取、刺探、收买、非法提供国家秘密、情报罪					27	22	1			
合计	1	1	4	7	34	22	1			

注：1. 数字区间，右侧数字即大数不包括在该区间统计范围内。2. 拘役为1年以内。

二 侵害国家功能传播犯罪的刑罚适用

（一）主刑适用

1. 故意泄露国家秘密罪[①]

在本书收集的47起故意泄露国家秘密罪案例的95名被告人中，73名被告人未被判处主刑，17名被告因情节轻微免于刑事处罚；其余被告人皆被处6个月至4年6个月不等的有期徒刑。

当犯罪主体出于一个犯罪目的，同时触犯非法获取国家秘密罪和故意泄露国家秘密罪时，该行为系牵连犯，应择一重罪处罚。相比较，非法获取国家秘密罪处罚更重，故实践中对该犯罪主体通常以非法获取国

---

① 根据《刑法》第三百九十八条，国家机关工作人员违反保守国家秘密法的规定，故意或者过失泄露国家秘密，情节严重的，处三年以下有期徒刑或者拘役；情节特别严重的，处三年以上七年以下有期徒刑。非国家机关工作人员犯前款罪的，依照前款的规定酌情处罚。

家秘密罪定罪处罚。①

2. 过失泄露国家秘密罪

在2014—2019年出现的1起过失泄露国家秘密的案例中，被告因有自首行为被从轻处罚，被处有期徒刑1年，缓刑1年。

（二）附加刑适用

在47起故意泄露国家秘密罪中，违法收入均被没收，并处罚金。根据我国《刑法》规定，侵害国家功能的犯罪均应处罚金，故在上述案例中被告人均被处罚金，最高10000元，最低1000元。

由下表可见，此类犯罪的刑罚适用呈现以下特征：（1）关于主刑适用。除拘役外，1—2年有期徒刑适用最多，最高刑实践中为5年。（2）关于附加刑适用。罚金在1—10万元的案例最多。

（三）侵害国家功能传播犯罪刑罚适用小结

侵害国家功能传播犯罪的刑罚适用表

罪名 \ 刑罚	拘役	<1	1—2	2—3	3—5	5—10	10<	<1	1—10	10—100	100<
			主刑（年）						罚金刑（万元）		
故意泄露国家秘密罪	5	25	30	8	5				2	4	2
过失泄露国家秘密罪			1								
合计	5	25	31	8	5	0	0		2	4	2

三 侵害国防和军事利益传播犯罪的刑罚适用

侵害国防和军事利益的传播犯罪包括煽动军人逃离部队罪、战时造谣扰乱军心罪、故意泄露军事秘密罪和过失泄露军事秘密罪、战时造谣

---

① 非法获取国家秘密罪在第五章中研究。

惑众罪，根据我国《刑法》相关规定，此类犯罪的刑罚主要包括三种刑期：三年以下有期徒刑、拘役或者管制；情节严重的，处三年以上十年以下有期徒刑；情节特别严重的，处十年以上有期徒刑或者无期徒刑。①

四 侵害国家和公共安全传播犯罪的刑罚适用

(一) 主刑适用

1. 帮助恐怖活动罪②

学界认为，犯本罪的，不得适用刑法第 27 条关于对从犯"应当从轻、减轻处罚或者免除处罚"的规定③。在本节研究所涉 1 例帮助恐怖活动罪中，被告人被判处主刑与附加刑，其中，主刑为有期徒刑二年。④

2. 准备实施恐怖活动罪⑤

在本书收集的 2 起案例中，被告人均被判处主刑与附加刑。1 人主刑为有期徒刑 4 年，1 人为 2 年。⑥

---

① 参见《刑法》第三百七十三条、第三百七十八条、第四百三十二条、第四百三十三条。
② 根据《刑法》第一百二十条之一的规定，犯帮助恐怖活动罪，处五年以下有期徒刑、拘役、管制或者剥夺政治权利，并处罚金；情节严重的，处五年以上有期徒刑，并处罚金或者没收财产。单位犯本罪的，对单位判处罚金，并对其直接负责的主管人员和其他直接责任人员，依照上述法定刑处罚。
③ 张明楷：《刑法学》（第五版），法律出版社 2016 年版，第 705 页。
④ 参见云南省大理白族自治州中级人民法院（2017）云 29 刑初 58 号刑事判决书。
⑤ 根据《刑法》第一百二十条之二，准备实施恐怖活动罪处五年以下有期徒刑、拘役、管制或者剥夺政治权利，并处罚金；情节严重的，处五年以上有期徒刑，并处罚金或者没收财产。实施该犯罪行为，同时构成其他犯罪的，依照处罚较重的规定定罪处罚。
⑥ 参见黑龙江省哈尔滨市中级人民法院（2019）黑 01 刑初 6 号刑事判决书，安徽省合肥市中级人民法院（2017）皖 01 刑初 54 号刑事判决书。

3. 宣扬恐怖主义、极端主义、煽动实施恐怖活动罪①

在本书收集的 75 起宣扬恐怖主义、极端主义、煽动实施恐怖活动罪的 88 名被告人中，87 名被告人被判处 2 个月拘役至 3 年有期徒刑不等的刑罚，1 名被告因情节轻微免于刑事处罚。

4. 非法持有宣扬恐怖主义、极端主义物品罪

在本书收集的 47 起非法持有宣扬恐怖主义、极端主义物品罪的 51 名被告人中，47 名被告人被判处 3 个月至 3 年不等的有期徒刑，1 人因情节轻微免于刑事处罚。

(二) 附加刑适用

根据我国《刑法》规定侵害国家和公共安全的传播犯罪需处罚金，情节严重的，需处罚金或者没收财产。其中非法持有宣扬恐怖主义、极端主义物品罪也可单处罚金。最高 20000 元，最低 1000 元。

(三) 侵害国家和公共安全传播犯罪刑罚适用小结

侵害国家和公共安全传播犯罪的刑罚适用表

刑罚 罪名	主刑（年）						罚金刑（万元）			
	拘役	管制	<1	1—2	2—3	3—5	<1	1—10	10—100	100<
帮助恐怖活动罪					1		1			
准备实施恐怖活动罪					1	1	2			
宣扬恐怖主义、极端主义、煽动实施恐怖活动罪	13	5	38	18	9	4	86	3		
非法持有宣扬恐怖主义、极端主义物品罪	8	2	18	14	5	1	51	3		
合计	21	7	56	32	16	6	140	6	0	0

---

① 根据《刑法》第一百二十条之六，犯非法持有宣扬恐怖主义、极端主义物品罪，处三年以下有期徒刑、拘役或者管制，并处或者单处罚金。

由上述统计可见,此类犯罪的刑罚适用呈现以下特征:(1)关于主刑适用。除拘役、管制外,1年以下有期徒刑是适用最多的刑罚;3年以上的刑罚中,宣扬恐怖主义、极端主义、煽动实施恐怖活动罪占比最大。(2)关于附加刑适用。上述4类犯罪主体均被处附加刑,10000元以下为最多的处罚范围,处10000元以上的罚金的罪名包括宣扬恐怖主义、极端主义、煽动实施恐怖活动罪;非法持有宣扬恐怖主义、极端主义物品罪——综上所述,宣扬恐怖主义、极端主义、煽动实施恐怖活动罪是打击最为严厉的犯罪。

五 侵害国家法益传播犯罪刑罚适用小结

由下图可见:282起侵害国家法益的传播犯罪案件中,犯罪主体涉及349名自然人。从主刑适用情况来看,有281人受到主刑处罚。其中,侵害国家法益传播犯罪的主刑多为有期徒刑,被处三年以下有期徒刑最多(174名),其次是三年以上十年以下有期徒刑,而十年以上有期徒刑仅有22名;另有26人被处以拘役,7人被处以管制。附加刑主要是罚金,罚金视具体案情不等;58人被剥夺政治权利,均出现在侵害国家安全的传播犯罪的案例中。

	侵害国家安全的传播犯罪	侵害国家功能的传播犯罪	侵害国防和军事利益的传播犯罪	侵害国家和公共安全的传播犯罪	总计
拘役	0	5	0	21	26
管制	0	0	0	7	7
三年以下	6	64	0	104	174
三年以上十年以下	41	5	0	6	52
十年以上	22	0	0	0	22

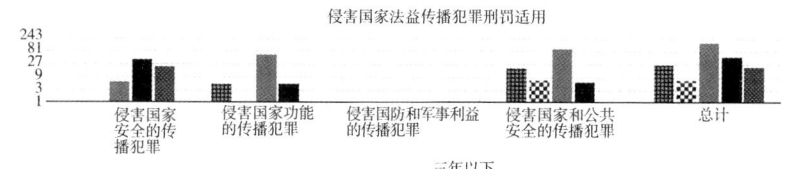

侵害国家法益传播犯罪刑罚适用

第五节 本章结论

一 侵害国家法益传播犯罪的司法实践特征

通过对我国2014—2019年五年间282起侵害国家法益传播犯罪案件进行量化分析，可以看出此类犯罪的总体特征：

关于此类犯罪行为特征，14种侵害国家法益传播犯罪在犯罪行为上具有不同的表现。从媒介使用特征上看，信息网络（尤其是微信、QQ、邮箱）成为犯罪行为实施中的重要媒介，但传统媒介仍然是重要的犯罪工具之一。

关于此类犯罪主体，以20—40岁、受中等教育的男性为主。

关于此类犯罪客体，涉及国家安全、国家的保密制度、兵员管理秩序、武装部队的作战利益、军事秘密的安全和国家国事保密制度、武装部队的作战利益、公共安全等。

关于此类犯罪主观特征，除过失泄露国家秘密罪和过失泄露军事秘密罪外，其他13种犯罪在主观上只能由故意构成，而其主观目的与动机以牟取私利、炫耀、徇私为主。

关于此类犯罪的刑罚适用，主刑多为3年以下有期徒刑，重型即判处10年以上有期徒刑主要出现在侵害国家安全的传播犯罪案件中，整体呈现轻刑化的司法特征；附加刑主要是罚金、剥夺政治权利。

二 侵害国家法益传播犯罪的结构特征与总体走势

由下图，总体而言，我国侵害国家法益传播犯罪表现出以下特征：

（一）侵害国家法益传播犯罪结构特征

侵害国家和公共安全的传播犯罪在侵害国家法益传播犯罪中，占

年份	侵害国家安全的传播犯罪	侵害国家功能的传播犯罪	侵害国防和军事利益的传播犯罪	侵害国家和公共安全的传播犯罪	总计
2014	32	11	0	0	43
2015	27	12	0	0	39
2016	8	7	0	6	21
2017	15	7	0	35	57
2018	19	8	0	40	67
2019	8	8	0	44	60
共计	109	53	0	125	287

侵害国家法益传播犯罪的特征与走势

43.6%（125/287），为绝对多数，其中，又以宣扬恐怖主义、极端主义、煽动实施恐怖活动罪（75）和非法持有宣扬恐怖主义、极端主义物品罪数量为多（47）；2014—2019年司法实践中未发现侵害国防和军事利益的传播犯罪、利用极端主义破坏法律实施罪的案例。

（二）侵害国家法益传播犯罪整体走势

侵害国家法益传播犯罪中，侵害国家安全的犯罪总数虽然在2017年、2018年有所回升，但整体呈下降趋势；侵害国家功能的传播犯罪呈下降趋势；侵害国家安全和公共安全的传播犯罪则呈上升趋势。

第五章　侵害社会法益传播犯罪特征与趋势

侵害社会法益的传播犯罪，是传播犯罪中涉及罪名最多的犯罪，包括5种妨害、破坏市场经济秩序的传播犯罪和13种扰乱社会秩序的传播犯罪、2种妨害司法（秩序）的传播犯罪、5种妨害社会伦理道德的传播犯罪。

本章以司法案例为研究依据，对侵害社会法益的传播犯罪的媒体使用、主体、主观性及刑罚适用进行重点研究，以图勾勒出此类犯罪的整体特征及走势。[①]

第一节　侵害社会法益传播犯罪的媒介使用等行为特征

除其他行为特征外，媒介使用是侵害社会法益传播犯罪行为特征的主要表现。本节除对各类罪名的媒介使用进行归类分析外，对有案例数量规模及其他有特殊性的个罪的媒介使用特征也进行个别研究。

---

① 本章以中国裁判文书网、无讼网为收集来源，以2014年1月1日到2019年12月30日为收集范围，以相关罪名为关键词进行全文检索，以下不再交代案例来源。上述犯罪，侵害英雄烈士名誉、荣誉罪因《刑法修正案（十一）》2021年3月1日生效，尚无案例；两种妨害司法（秩序）的传播犯罪和为他人提供书号出版淫秽书刊罪也缺乏案例，无法归纳其作为类罪的司法特征，故本章相关统计表图不包括这4个罪名。另外，除只有个别案例和其他特别情况的相关个罪外，案例较多的个罪案例案号均在文末参考文献部分。

一 妨害、破坏市场经济秩序传播犯罪的媒介使用等行为特征

(一) 妨害、破坏市场经济秩序传播犯罪的媒介使用等特征

1. 欺诈发行股票、债券罪[①]

根据《公司法》第八十八条的规定，不论是正在设立还是已经成立的股份有限公司，只要是向社会公开发行股份，都必须向社会公开招股说明书和认股书。本书所检索到的3例欺诈发行股票、债券罪案例中，[②] 向社会公开的途径主要是上海证券交易所、深圳证券交易所的网站以及本公司的网站。

2. 违规披露、不披露重要信息罪[③]

该罪中，披露的概念涵盖了送交、置备、公告、置放、登载等各种方式——其中，作为传播方式的公告、登载，则是重要的披露途径。

该罪虚假信息的传播对象多为特殊群体，且行为人为了达到特定犯罪目的，必须将自己编造的虚假信息进行传播、扩散，在这种情况下，虚假信息的编造者和传播者基本上具有同一性。而证券期货市场的传播，主要指通过传统或者网络媒体、证券期货交易系统、报告会或者咨询电话等各种形式，把信息向不特定或多数人告知的行为。在本书所研究的余某等违规披露、不披露重要信息罪案件[④]中，所涉及的披露途

[①] 根据《刑法》第一百六十条，该罪欺诈发行股票、债券罪是在招股说明书、认股书、公司、企业债券募集办法中隐瞒重要事实或者编造重大虚假内容，发行股票或者公司、企业债券、存托凭证或者国务院依法认定的其他证券，数额巨大、后果严重或者有其他严重情节的行为。

[②] 参见江苏省无锡市中级人民法院（2018）苏02刑初49号、上海市第一中级人民法院（2018）沪01刑初58号、上海市第一中级人民法院（2018）沪01刑初66号刑事判决书。

[③] 根据《刑法》第一百六十一条，违规披露、不披露重要信息罪是依法负有信息披露义务的公司、企业向股东和社会公众提供虚假的或者隐瞒重要事实的财务会计报告，或者对依法应当披露的其他重要信息不按照规定披露，严重损害股东或者其他人利益，或者有其他严重情节的行为。

[④] 参见广东省珠海市中级人民法院（2016）粤04刑初131号判决书。

径是上海证券交易所的网站。

3. 编造并传播证券、期货交易虚假信息罪①

本罪在客观方面，必须同时具备编造和传播行为。所谓编造，是指虚构根本不存在的信息或者对已经存在的真实信息进行隐瞒或篡改，可以包括完全虚构或部分虚构；所谓传播，是指将前述编造的虚假信息让不特定或者多数人知悉或处于可能知悉状态。传播的方式包括口头传播、书面传播、网络传播等。只有编造的行为而不进行传播，或者传播的信息是真实而非虚构，都不构成犯罪。如在本书所检索到的滕用雄、林天山编造并传播证券、期货交易虚假信息一案中，被告人在明知海欣食品股份有限公司不具备实际履约能力的情况下，仍代表海欣股份假意与厦门国际银行股份有限公司洽谈协商，并擅自签订《增资协议》，并将该虚假信息在中国证券网上予以公告发布。②

4. 虚假广告罪③

虚假广告主要是以夸大、无中生有的宣传及以含糊、令人误解的语言进行宣传，其经由媒体进行传播后，影响广泛，往往给众多消费者带来损失。④ 目前，网络日渐成为虚假广告的主要滋生地。

本书收集的 31 起虚假广告罪案例中，多起案件使用多种媒介进行虚假宣传。其中，各类网站使用频次为 17 次；微信使用频次为 14 次；

---

① 根据《刑法》第一百八十一条，编造并传播证券、期货交易虚假信息罪是编造并且传播影响证券、期货交易的虚假信息，扰乱证券、期货交易市场，造成严重后果的行为。

② 参见上海市第二中级人民法院（2018）沪 02 刑初 27 号刑事判决书。

③ 根据《刑法》第二百二十二条，虚假广告罪指广告主、广告经营者、广告发布者违反国家规定，利用广告对商品或者服务作虚假宣传，情节严重的行为。

④ 经修订，2015 年 9 月 1 日施行的《广告法》第二十八条规定："广告以虚假或者引人误解的内容欺骗、误导消费者的，构成虚假广告。"该条第二款还对虚假广告进行了列举，规定广告有下列情形之一的，为虚假广告：（1）商品或者服务不存在的；（2）商品的性能、功能、产地、用途、质量、规格、成分、价格、生产者、有效期限、销售状况、曾获荣誉等信息，或者服务的内容、提供者、形式、质量、价格、销售状况、曾获荣誉等信息，以及与商品或者服务有关的允诺等信息与实际情况不符，对购买行为有实质性影响的；（3）使用虚构、伪造或者无法验证的科研成果、统计资料、调查结果、文摘、引用语等信息作证明材料的；（4）虚构使用商品或者接受服务的效果的；（5）以虚假或者引人误解的内容欺骗、误导消费者的其他情形。

QQ 使用频次为 9 次；杂志、传单等印刷媒介使用频次为 11 次；电视使用频次为 1 次。如在陈某虚假广告罪一案中，陈某为吸引群众加盟传志快公司在北京、上海、成都设立三个招商中心，并通过互联网、宣传册、电视等媒介，对外发布传志快公司获得各项大奖、系上市公司、和联想、京东等知名企业是合作关系、能提供快递、快运双运营等虚假广告信息，致使全国 100 多名被害人受骗签约，被告人陈某从中获得不法收益人民币 900 余万元。①

5. 非法经营罪

涉传播犯罪的非法经营，必须通过开展传播活动进行宣传或招揽客户，或者非法经营活动本身即为某种传播活动。本书收集的 74 起涉传播非法经营罪案例中，不乏网络传播与传统传播渠道并行的案例。其中，微信使用频次为 38 次；QQ 使用频次为 17 次；各类网站使用频次为 9 次；传单等印刷制品使用频次为 27 次；广播电台使用频次为 2 次。上述 74 起非法经营罪案例中：（1）41 起案件的非法经营行为表现为出版、印刷、复制、发行书刊、影片、音像、图片、软件等非法出版物的行为，或者非法从事出版物的出版、印刷、复制、发行业务，严重扰乱市场秩序的行为；（2）21 起案件的非法经营行为表现为：未经国家有关部门批准，非法通过传播途径经营证券、期货、保险业务或者从事资金支付结算业务；（3）12 起案件是以传播手段进行其他严重扰乱市场秩序的非法经营行为，包括：采取租用国际专线、私设转接设备或者其他方法，擅自经营国际电信业务或者涉港澳台电信业务进行营利活动；非法生产、销售"伪基站"设备；以营利为目的，通过信息网络有偿提供删除信息服务，或者明知是虚假信息，通过信息网络有偿提供发布信息等服务。

（二）妨害、破坏市场经济秩序传播犯罪的媒介使用行为特征小结

如下表，在妨害、破坏市场经济秩序传播犯罪中，5 类犯罪在犯罪

---

① 参见上海市青浦区人民法院（2018）沪 0118 刑初 58 号刑事判决书。

行为上具有不同的行为特征。其中,欺诈发行股票、债券罪,违规披露、不披露重要信息罪,编造并传播证券、期货交易虚假信息罪和虚假广告罪的共性在于虚假信息的传播;非法经营罪侧重于经营的非法性。

妨害、破坏市场经济秩序传播犯罪的媒介使用特征表

媒介特征 罪名	网络媒介			传统媒介		
	网站	微信	QQ	印刷媒介	电视	广播电台
欺诈发行股票、债券罪	3					
违规披露、不披露重要信息罪	1					
编造并传播证券、期货交易虚假信息罪	1					
虚假广告罪	17	14	9	11	1	
非法经营罪	9	38	17	27		2
合计	31	52	26	38	1	2

从媒介使用上看,5类犯罪均涉及网站。其中,欺诈发行股票、债券罪,违规披露、不披露重要信息罪和编造并传播证券、期货交易虚假信息罪主要涉及在特定网站上进行公布;而虚假广告罪和非法经营罪则以微信、QQ等即时通讯软件为主。在传统媒介使用中,杂志等印刷媒介则是主要媒体。

二 扰乱社会秩序传播犯罪的媒介使用等行为特征

(一) 扰乱社会秩序传播犯罪的媒介使用特征

1. 煽动暴力抗拒法律实施罪[①]

煽动暴力抗拒法律实施罪中的煽动行为是一种公开传播,具有公然

---

① 根据《刑法》第二百七十八条,煽动暴力抗拒法律实施罪是煽动群众暴力抗拒国家法律、行政法规实施的行为。

性，即在不特定人、多数人共见共闻或可见可闻的情形下从事煽动。① 司法实践中，煽动多以口头语言当场直接进行，但也出现利用信息网络等媒体背后间接进行煽动的形式。

本书收集的 2 起煽动暴力抗拒实施罪案例中，1 起案件涉及微信，1 起案件涉传统印刷媒介及口耳相传的传播形式。在江某某煽动暴力抗拒法律实施罪一案中，被告人江某某在有 161 人的微信群中实施煽动行为。② 在沈某甲煽动暴力抗拒法律实施罪一案中，被告人利用印刷媒介，多次鼓动、怂恿股东及包工头一起纠集数百名群众至浙江省湖州市吴兴区政府上访，并意图安排人员在上访时以跳楼、堵高速、投放燃烧弹等方式给政府施加压力。③

2. （传播型）非法获取国家秘密罪

根据《刑法》第二百八十二条，非法获取国家秘密罪的行为特征表现为以窃取、刺探、收买方法，非法获取国家秘密。传播型非法获取国家秘密罪须指行为人通过窃取、刺探、收买方法获取国家秘密后，向不特定或特定多数人进行传播，故多与故意或过失泄露国家秘密罪关联。

在本书收集的 203 起非法获取国家秘密罪案件中，暂未发现刺探国家秘密的行为。而非法获取的国家秘密，多为各种国家考试试卷及答案。

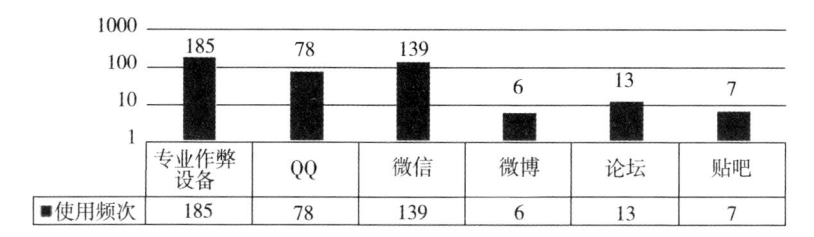

非法获取国家秘密罪的媒介使用频次

	专业作弊设备	QQ	微信	微博	论坛	贴吧
使用频次	185	78	139	6	13	7

---

① 张明楷：《刑法学》（下），法律出版社 2016 年版，第 1036 页。
② 参见河南省杞县人民法院（2017）豫 0221 刑初 548 号刑事判决书。
③ 参见浙江省湖州市吴兴区人民法院（2016）浙 0502 刑初 1304 号刑事判决书。

如上图所示,在这 203 起非法获取国家秘密罪案例中,考虑到涉密信息传播的内容特殊性,185 起案件选择专业作弊设备(如微型耳机、信号发射器等)作为传播媒介进行犯罪,比例最高;即时通信(如 QQ、微信等)以其时效强、可控性强、相对隐蔽、扁平化等特点,成为使用率极高的犯罪媒介之一。此外,个别犯罪主体为吸引网络用户注意而在微博、论坛、贴吧等平台发布涉密信息,以此获得某种"社会认同"。

3. 非法使用窃听、窃照专用器材罪

根据国家安全法和其他法律、法规的规定,除非特别授权,我国一般禁止持有、使用窃听、窃照等专用器材,任何组织和个人均不得非法持有、使用即为非法。司法实践中,此类犯罪对象多为各种国家考试试卷及答案。

本书收集的 27 起涉传播犯罪的非法使用窃听、窃照专用器材罪案件中,23 起案件的犯罪行为系使用微型摄像头、视频发射转换器、视频接收转换器、无线耳机等专用设备窃听、窃照设备;而媒介中,微信、QQ、论坛等社交平台也被高频使用。

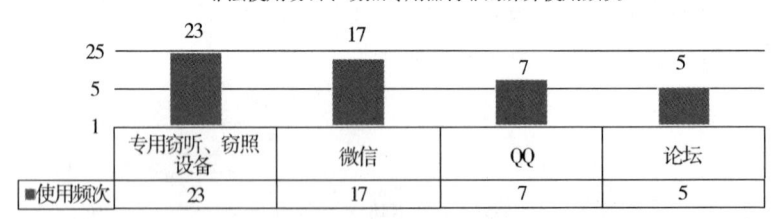

非法使用窃听、窃照专用器材罪的媒介使用频次

	专用窃听、窃照设备	微信	QQ	论坛
使用频次	23	17	7	5

4. 拒不履行信息网络安全管理义务罪[①]

该罪中,网络服务提供者拒绝履行的义务,既包括事前提醒义务,

[①] 根据《刑法》第二百八十六条之一,拒不履行信息网络安全管理义务罪是网络服务提供者不履行法律、行政法规规定的信息网络安全管理义务,经监管部门责令采取改正措施而拒不改正的行为。

也包括网络运行过程中发生的一切违法侵权信息的处理义务即事中注意义务，还包括发生虚假、侵权性信息接到通知后的删除、屏蔽等义务。

本书收集的 2 起拒不履行信息网络安全管理义务罪案件中，[1] 2 名犯罪主体擅自建立、使用非法定信道进行国际联网，非法提供国际联网代理服务，拒不履行法律、行政法规规定的信息网络安全管理义务，经监管部门责令采取改正措施后拒不改正，构成拒不履行信息网络安全管理义务罪。

5. 非法利用信息网络罪[2]

本书收集的 128 起非法利用信息网络罪案例中，65 起案件的犯罪行为类型为设立用于实施诈骗、传授犯罪方法、制作或者销售违禁物品、管制物品等违法犯罪活动的网站、通信群组；54 起案件的犯罪行为类型为利用信息网络发布有关制作或者销售毒品、枪支、淫秽物品等违禁物品、管制物品或者其他违法犯罪信息；9 起案件的犯罪行为类型是利用信息网络为实施诈骗等违法活动发布信息。

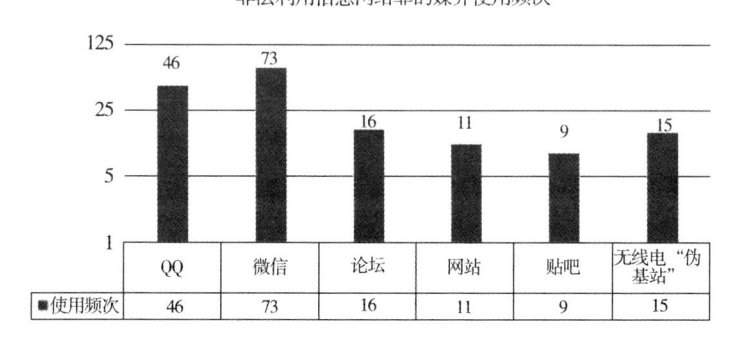

非法利用信息网络罪的媒介使用频次

	QQ	微信	论坛	网站	贴吧	无线电"伪基站"
使用频次	46	73	16	11	9	15

---

[1] 参见上海市浦东新区人民法院（2018）沪 0115 刑初 2974 号、荆州市荆州区人民法院（2018）鄂 1003 刑初 150 号刑事判决书。

[2] 根据《刑法》第二百八十七条之一，非法利用信息网络罪是利用信息网络实施下列行为之一，情节严重的行为：（一）设立用于实施诈骗、传授犯罪方法、制作或者销售违禁物品、管制物品等违法犯罪活动的网站、通信群组的；（二）发布有关制作或者销售毒品、枪支、淫秽物品等违禁物品、管制物品或者其他违法犯罪信息的；（三）为实施诈骗等违法犯罪活动发布信息的。

如上图所示，前述 128 起非法利用信息网络罪案例中，QQ、微信等即时通信软件的适用频次最高；其次是利用网络论坛、无线电"伪基站"、网站等发布涉违法犯罪活动信息；贴吧使用频次最低。

6. 帮助信息网络犯罪活动罪[①]

本书收集的 80 起帮助信息网络犯罪活动罪案例中，48 起案件行为特征表现为为犯罪提供互联网接入、通信传输等技术支持，20 起案件行为特征表现为为犯罪提供支付结算帮助，12 起案件行为特征表现为为犯罪活动提供广告推广。

前述 80 起帮助利用信息网络犯罪活动罪案例中，43 起案件涉及各类网站，17 起案件涉及各类网络应用软件，主要用于为犯罪提供技术支持或广告推广；20 起案件中涉及支付宝、微信钱包等移动支付平台，用以提供网络支付结算。

7. 扰乱无线电通信管理秩序罪[②]

在本书收集的 23 起扰乱无线电通信管理秩序罪案例中，18 起案件的行为特征表现为擅自设置、使用无线电台（站），干扰无线电通信秩序；5 起案件的行为特征表现为擅自使用无线电频率，干扰无线电通信秩序。

扰乱无线电通信管理秩序罪事实上是扰乱以无线电频率为工具的传播秩序的行为。本书收集的 23 起案件涉及无线电"伪基站"设备，与此相关的媒介主要是无线电广播和无线电通信。

[①] 根据《刑法》第二百八十七条之二，帮助信息网络犯罪活动罪是明知他人利用信息网络实施犯罪，为其犯罪提供互联网接入、服务器托管、网络存储、通信传输等技术支持，或者提供广告推广、支付结算等帮助，情节严重的行为。该罪中，互联网接入，是指为各类用户提供接入互联网的服务；服务器托管，是指将服务器及相关设备托管到具有专门数据中心的机房；网络存储，是指通过网络存储、管理数据；通信传输，是指提供信息网络，实现数据传输和远程链接；广告推广，是指制作或者投放广告，进行广告宣传；支付结算，是指包括第三方支付等多种网络支付结算服务提供者，完成收款、转账、取现等活动。参见郎胜《中华人民共和国刑法释义》，法律出版社 2015 年版，第 507 页。

[②] 根据《刑法》第二百八十八条，扰乱无线电管理秩序罪是违反国家规定，擅自设置、使用无线电台（站），或者擅自使用无线电频率，干扰无线电通信秩序，情节严重的行为。

8. 编造、故意传播虚假恐怖信息罪①

该罪中编造行为不仅包括完全凭空捏造的行为,而且包括对某些信息进行加工、修改的行为。②

编造、故意传播虚假恐怖信息罪是选择性罪名:根据最高人民检察院的指导性案例及通知,③ 编造恐怖信息后向特定和不特定对象传播,或者单纯传播他人捏造的虚假恐怖信息,均可构成此罪。因此,这里的传播是必须具备的要件。

如下图所示,在本书收集的17起编造、故意传播虚假恐怖信息罪案件所涉及的媒介主要为信息网络,其中,微信、QQ等即时通信软件使用频次最高;其次是微博和视频网站;印刷媒介次之;网络论坛最少。如在姜某编造、故意传播虚假恐怖信息罪一案中,被告人姜某在互联网天涯论坛发帖谎称:"我在射阳最繁华街道一楼梯间安装了炸弹,请县公安局侦破十八年命案。"盐城市公安局、射阳县公安局立即于当日下午按照《反恐处突指挥调度和现场处置流程》启动应急措施,组织大量警力在射阳县县城范围内进行了大规模的搜索、排查等工作。④

9. 编造、故意传播虚假信息罪⑤

与编造、故意传播虚假恐怖信息罪相同,该罪名也是选择性罪名。其包括两种情形:编造虚假的险情、疫情、灾情、警情,在信息网络或者其他媒体上传播;或者明知是上述虚假信息,故意在信息网络或者其他媒体上传播——两种情形均要求传播。必须明确:本罪要求传播是信

---

① 根据《刑法》第二百九十一条之一第一款,编造、故意传播虚假恐怖信息罪是编造爆炸威胁、生化威胁、放射威胁等恐怖信息,或者明知是编造的恐怖信息而故意传播,严重扰乱社会秩序的行为。
② 张明楷:《刑法学》(下),法律出版社2016年版,第1058页。
③ 参见最高人民检察院2013年5月27日《关于印发第三批指导性案例》(检例第9号:李泽强编造、故意传播虚假恐怖信息案)。
④ 参见江苏省射阳县人民法院(2014)射刑初字第00166号刑事判决书。
⑤ 根据《刑法》第二百九十一条之一第二款,编造、故意传播虚假信息罪是编造虚假的险情、疫情、灾情、警情,在信息网络或者其他媒体上传播,或者明知是上述虚假信息,故意在信息网络或者其他媒体上传播,严重扰乱社会秩序的行为。

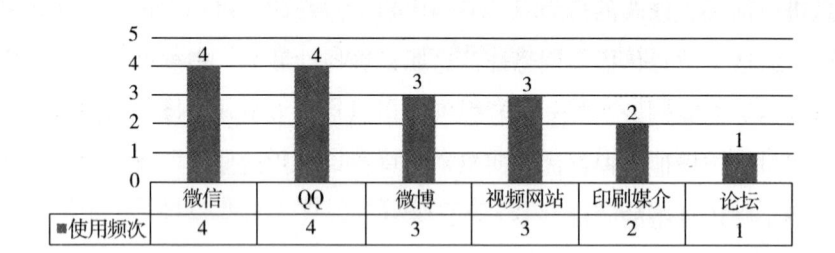

编造、故意传播虚假恐怖信息罪的媒介使用频次

	微信	QQ	微博	视频网站	印刷媒介	论坛
使用频次	4	4	3	3	2	1

息只有险情、疫情、灾情、警情四种，这是闭合性列举，不能包括其他虚假信息。

在媒介使用上，与编造、故意传播虚假恐怖信息罪不同，编造、故意传播虚假信息罪要求的传播必须是利用信息网络或者其他媒体进行的传播，而不能是传统的人际传播、组织传播；"其他媒体"当然包括传统的纸媒、电视、广播、手机（短信）等。从法理上看，本罪的传播应当是面向不特定人或多数人的传播，而不包括向特定人的传播。

本书收集的23起编造、故意传播虚假信息罪案件所涉及的媒介主要包括社交网络平台、网站论坛、视频平台等。其中，8起案件中涉及在微信平台中实施犯罪；涉及QQ、微博的案件各5起；3起案件涉及快手等短视频社交平台；2起案件涉及网络论坛。

10. （传播型）寻衅滋事罪

传播型寻衅滋事罪是经《网络诽谤解释》类推而来的罪名。其行为特征主要体现为两种情形。[①]

在大部分的寻衅滋事犯罪案例中，通过信息网络传播虚假信息仅为寻衅滋事的手段之一，多数案例中犯罪主体还同时以非正常上访、辱

---

① 根据《网络诽谤解释》第五条，这两种情形是：利用信息网络辱骂、恐吓他人，情节恶劣，破坏社会秩序；编造虚假信息，或者明知是编造的虚假信息，在信息网络上散布，或者组织、指使人员在信息网络上散布，起哄闹事，造成公共秩序严重混乱。

骂、恐吓他人、强拿硬要公私财物等形式破坏社会秩序，造成恶劣社会影响。如黄某甲寻衅滋事一案中，被告人谎报"村霸"故意破坏其养殖场，曾先后4次前往北京越级上访，其中有两次是在国家举办重大活动之时。在第4次上访时，被告人在互联网上"天涯论坛"发布题为《村霸破坏我养殖场派出所所长庇护》的帖子，散布不实信息。①

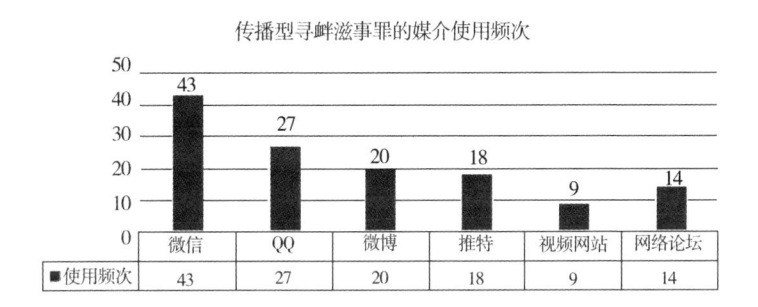

传播型寻衅滋事罪的媒介使用频次

	微信	QQ	微博	推特	视频网站	网络论坛
使用频次	43	27	20	18	9	14

传播型寻衅滋事罪中的传播是利用信息网络进行的传播。如上图所示，在本书收集的131起传播型寻衅滋事罪中，微信、QQ等即时通信软件被高频使用；其次是微博、网络论坛、推特等社交平台；视频网站使用频次相对最低。

如在陈某犯寻衅滋事罪一案中，被告人陈某为提高自己在网络上的知名度，提高点击量，利用宫某、刘某某、何某某、赵某、蒋某某的智力障碍，组织宫某等人拍摄不雅视频，起哄闹事，并于2019年8月13日、14日将不雅视频上传至快手网络平台，播放量24427次，点赞247次。后该视频又被腾讯视频、优酷视频等各大网络平台转发，点击量达4300余万次，引发评论1468条、点赞5000余次。②

11.（传播型）传授犯罪方法罪

传播型传授犯罪方法罪的行为特征表现为利用媒体，故意将犯罪方法传播给他人。这里的犯罪方法，指犯罪的技能、手段、经验等，包括

---

① 参见浙江省温州市瓯海区人民法院（2016）浙0304刑初1006号刑事判决书。
② 参见河北省霸州市人民法院（2019）冀1081刑初711号刑事判决书。

犯罪的基本内容、步骤、反侦查措施、技巧等，分别为为犯罪制造条件、进行犯罪和犯罪后逃避追查的各种方法。

传授犯罪方法可当面以口头、动作示范进行，也可通过媒体途径进行。由于传统媒体的审核、把关很严，所以这里所使用的媒体主要是网络媒体。在本书收集的 17 起传授犯罪方法罪案件中，其中 12 起案件使用微信，5 起案件使用 QQ。如在杨永康犯传授犯罪方法罪一案中，被告人杨某在海南省儋州市那大镇通过 QQ 向王某传授在相关网页以及微信等网络平台发布出售"宠物猴"的虚假信息实施网络诈骗的方法，后王某在网上发布多条出售"宠物猴"的诈骗信息。

12.（传播型）组织、利用会道门、邪教组织、利用迷信破坏法律实施罪

根据《刑法》第三百条的规定，该罪中的法律，不仅指全国人大通过的正式法律，也包括行政法规。

本书收集的 41 起组织、利用会道门、邪教组织、利用迷信破坏法律实施罪案件，均涉及传播行为；就媒介使用来看，多数案件涉及媒介为印刷物和音像制品，仅 5 起案件中涉及网络媒介。从媒介使用频次来看，印刷媒介使用频次为 27 次，音像制品使用频次为 18 次，各类网站使用频次为 5 次。

如在崔某等人犯组织、利用会道门、邪教组织、利用迷信破坏法律实施罪一案中，被告人崔某组织被告人赵某、沈某、陈某及颜某等"法轮功"成员不定期在"功友"家或被告人崔某家中串联集会，策划、组织、编写"法轮功"反宣文章，交流"法轮功"反宣文章的写作技巧，并明确了责任分工：被告人崔某主要负责指挥组织、传递信息、提供素材、布置任务，将"法轮功"成员完成的稿件上传至明慧网发表；被告人赵某主要负责讲解如何提高写作水平及借鉴的书籍，同时对"法轮功"成员编写的材料进行指导、修改；被告人沈某、陈某利用崔某提供的资料及自己在明慧网收集的材料编写反宣材料。在此期间前后，被告人崔某组织被告人赵某、沈某、陈某等人编撰了大量"法轮功"宣

传文章并在明慧网上发表。在该案件中,涉及的媒介包括网站和印刷物。

(二) 扰乱社会秩序传播犯罪的媒介使用等行为特征小结

扰乱社会秩序传播犯罪的媒介使用特征表

媒体 罪名	专用设备媒介	网络媒介									传统媒介			
^	^	微信	QQ	微博	论坛	推特	网站	视频平台	贴吧	移动支付平台	网络软件	印刷媒介	广播电台	电影电视
煽动暴力抗拒法律实施罪		1										1		
非法获取国家秘密罪	185	139	78	6	13			7						
非法使用窃听、窃照专用器材罪	23	17	7		5									
拒不履行信息网络安全管理义务罪								2						
非法利用信息网络罪		73	46		16		11	9				15		
帮助信息网络犯罪活动罪							43		20	17				
扰乱无线电通信管理秩序罪												23		
编造、故意传播虚假恐怖信息罪		4	4	3	1			3				2		
编造、故意传播虚假信息罪		8	5	5	2									
寻衅滋事罪		43	27	20	14	18		9						
传授犯罪方法罪		12	5											
组织、利用会道门、邪教组织、利用迷信破坏法律实施罪							5					27		18
合计	208	297	172	34	51	18	61	9	19	20	17	30	38	18

说明:因侵害英雄烈士名誉、荣誉罪暂无案例,故未能统计分析。

如上表，在扰乱社会秩序传播犯罪中，12类犯罪在犯罪行为上具有不同的行为特征。从媒介使用上看，因涉及罪名较多，媒介使用也较为多样。其中，非法获取国家秘密罪和非法使用窃听、窃照专用器材罪涉及较多作弊设备和专业媒介；帮助信息网络犯罪活动罪中涉及移动支付平台；扰乱无线电通信管理秩序罪主要涉及无线电"伪基站"。其他犯罪中，微信、QQ等即时通信软件是主要使用媒体，微博、贴吧、论坛等网络社交平台在扰乱社会秩序传播犯罪中使用也较多。传统媒介中，广播电台使用频次最高，印刷媒介次之，音像制品使用频次最低。

三 妨害司法（秩序）传播犯罪的媒介使用等行为特征

（一）泄露不应公开的案件信息罪的媒介使用特征

泄露不应公开的案件信息罪中的泄露，指经传播使不应为他人知悉的信息为他人知悉。本罪中泄露的方式和途径多种，其中通过媒介泄露，范围最为广泛，后果可能最为严重。

（二）披露、报道不应公开的案件信息罪

披露、报道不应公开的案件信息罪中的披露，指发表、公布；报道指新闻媒体或其他自然人，通过报纸、杂志、广播、电视等传统大众传媒或网络媒体（含自媒体和社交媒体），把信息向公众传播。

虽然此类罪名尚未发现司法案例，但传播实践中经常出现此类情况。[①]

[①] 如2018年1月30日澎湃新闻记者发布的一篇名为《寻找汤兰兰：少女称遭亲友性侵，11人入狱多年其人"失联"》的文章，一经发出引发网络热议。该篇报道详细叙述了相关的案件细节（包括配图）和当事人汤兰兰的户籍信息等。时年14岁的受害人被长期性侵的案件明显属于不公开审理的案件，因此其文中所提及的内容毫无疑问属于"不公开审理的案件信息"。参见杨瑞铭《后真相时代下调查记者的伦理法制素养缺失与重建》，《南方论刊》2019年第8期。

四 妨害社会伦理道德传播犯罪的媒介使用等行为特征

(一) 妨害社会伦理道德传播犯罪的媒介使用特征

1. (传播型) 走私淫秽物品罪[①]

传播型走私淫秽物品罪是以传播为目的,违反海关法规,逃避海关监管,非法运输、携带、邮寄淫秽物品进出国(边)境的行为。当然,以牟利为目的客观上也进行了传播。

本书收集的 6 起走私淫秽物品罪案件所涉及的媒介均为信息网络,[②] 或用于实施犯罪行为中的沟通和交流,或借助媒介招揽客户、销售牟利。其中 4 起案件涉及各类网站,2 起案件涉及微信。如在东莞市上大裕强货运代理有限公司、谢某等犯走私淫秽物品罪一案中,被告人郭某分别与汪某、时任被告单位东莞上大公司股东的被告人谢某共谋通过"激 AV"色情网站招揽客户,并制作淫秽光碟,通过被告单位东莞上大公司邮寄至台湾销售牟利。[③] 在钟某犯走私淫秽物品罪一案中,被告人钟某在其注册的"双子星娱乐"淘宝网店接受客户委托,从亚马逊美国、德国、英国等境外网站代购同性恋题材的画册,并在该淘宝网店销售牟利。[④]

2. 制作、复制、出版、贩卖、传播淫秽物品牟利罪

该罪中,制作与复制是出版、贩卖和传播的前提。[⑤]

[①] 根据《刑法》第一百五十二条,走私淫秽物品罪是以牟利或者传播为目的,走私淫秽的影片、录像带、录音带、图片、书刊或者其他淫秽物品的行为。

[②] 参见舟山市中级人民法院 (2014) 浙舟刑初字第 2 号、延边朝鲜族自治州中级人民法院 (2019) 吉 24 刑初 33 号、揭阳市中级人民法院 (2017) 粤 52 刑初 12 号、武汉市中级人民法院 (2017) 鄂 01 刑初 51 号、武汉市中级人民法院 (2019) 鄂 01 刑初 113 号、广州市中级人民法院 (2018) 粤 01 刑初 110 号刑事判决书。

[③] 参见浙江省舟山市中级人民法院 (2014) 浙舟刑初字第 2 号刑事判决书。

[④] 参见北京市第二中级人民法院 (2015) 二中刑终字第 351 号刑事判决书。

[⑤] 制作指生产、录制、摄制、编写、译著、绘画、印刷、刻印、洗印等行为,包括合法

在本书收集的 46 起制作、复制、出版、贩卖、传播淫秽物品牟利罪案件中，所涉及的媒介均为信息网络。其中，19 起案件涉及微信，使用频次最高；其次是百度云、360 云盘等云盘储存媒介，使用频次 10 次；9 起案件涉及微博；8 起案件涉及 QQ。如在王某犯复制、贩卖、传播淫秽物品牟利罪一案中，被告人王某利用微信软件查找附近人功能添加好友，后通过微信向这些好友宣传其能贩卖淫秽视频。只要购买者通过微信向其发送 50 元的红包，便可将自己所有的淫秽视频通过 360 云盘复制到一个新的 360 云盘账号中，并将该云盘账号和密码发送给购买者，购买者就可以观看。①

3. 为他人提供书号出版淫秽书刊罪

本书在"无讼网"和"中国裁判文书网"中未能检索到相关案例，但可以确定的是在该类犯罪活动中必然涉及印刷媒介。

4. 传播淫秽物品罪②

传播淫秽物品罪中的传播方式包括播放、出借、运输、展览、发表、邮寄和媒体传播等，其使淫秽物品或其内容为不特定多数人和特定多数人接收。在本书收集的 12 起传播淫秽物品罪案件中所涉及的传播方式均为网络传播，其中 5 起案件涉及微信，3 起案件涉及 QQ，2 起案件涉及网络论坛，2 起案件涉及视频播放平台。

5. 组织播放淫秽音像制品罪

组织播放淫秽音像制品罪中的播放是指将淫秽的电影、录像等音像制品的内容展现出来，使人可视可闻的行为；③ 组织播放即是指召集多

（接上页）出版单位和非法出版者的制作；复制指合法出版单位和非法出版者进行复印、拓印、翻印、复写、复录、抄写等；出版指合法出版单位的编辑、审核、校对、印刷、装订等系列行为；贩卖指向不特定多数人和特定多数人发行、批发、零售、倒卖等，其行为包括从他人处购买后又出售，也包括自己制作、复制后出售的行为；传播指通过播放、放映、出租、出借、承运、邮寄等方式，使淫秽物品或其内容为不特定多数人和特定多数人接收的行为。

① 参见黑龙江省哈尔滨市中级人民法院（2017）黑 01 刑终 351 号刑事判决书。
② 根据《刑法》第三百六十四条，传播淫秽物品罪指传播淫秽的书刊、影片、音像、图片或者其他淫秽物品，情节严重的行为。
③ 张明楷：《刑法学》（下），法律出版社 2016 年版，第 1170 页。

人或多次播放淫秽音像制品的行为，多以放映机、放录机、录音机或计算机等机器来进行传播。在本书收集的4起组织传播淫秽音像制品罪案件中，[1] 所涉及的媒介为电视、影碟机、放映机。如在王某某犯组织播放淫秽音像制品罪一案中，被告人王某某在成都市新都区新繁镇一无名茶铺内，为前来喝茶的顾客播放淫秽录像100余场次，其中所涉及的媒介包括DVD和电视机。[2]

（二）妨害社会伦理道德传播犯罪的媒介使用等行为特征小结

妨害社会伦理道德传播犯罪的媒介使用特征表

媒体类型＼罪名	网络媒介						传统媒介	
	微信	QQ	网站	论坛	视频平台	微博	云盘	电影电视
走私淫秽物品罪	2		4					
制作、复制、出版、贩卖、传播淫秽物品牟利罪	19	8				9	10	
传播淫秽物品罪	5	3		2	2			
组织播放淫秽音像制品罪								4
合计	26	11	4	2	2	9	10	4

在妨害社会伦理道德传播犯罪中，5类犯罪在犯罪行为上具有不同的行为特征，但都和淫秽物品的传播相关。从媒介使用上看，目前此类犯罪主要使用网络媒介，其中微信使用频次最高，其次是QQ和云盘储存媒介，再次是网站、论坛、视频平台。在组织播放淫秽音像制品罪中涉及传统媒介中的电影、电视，用于播放淫秽影音。

---

[1] 参见重庆市渝中区人民法院（2014）中区法刑初字第00754号、乐山市五通桥区人民法院（2017）川1112刑初91号、四川省成都市新都区人民法院（2018）川0114刑初734号、成都市郫都区人民法院（2019）川0124刑初829号刑事判决书。

[2] 参见四川省成都市新都区人民法院（2018）川0114刑初734号刑事判决书。

五　侵害社会法益媒介使用等行为特征小结

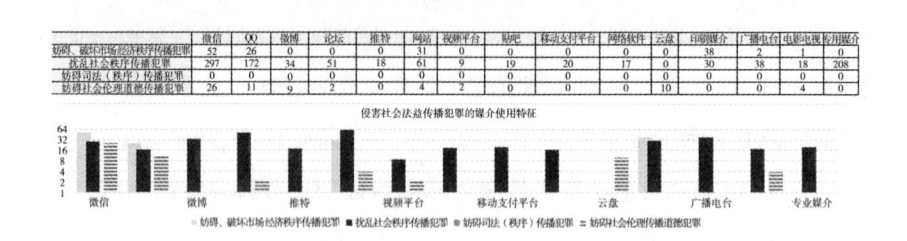

	微信	QQ	微博	论坛	推特	网站	视频平台	贴吧	移动支付平台	网络软件	云盘	印刷媒介	广播电台	电影电视	专用媒介
妨害、破坏市场经济秩序传播犯罪	52	26	0	0	0	31	0	0	0	0	0	38	2	1	0
扰乱社会秩序传播犯罪	297	172	34	51	18	61	9	19	20	17	0	30	38	18	208
妨碍司法（秩序）传播罪	0	0	0	0	0	0	0	0	0	0	0	0	0	0	0
妨碍社会伦理道德传播犯罪	26	11	9	2	0	4	2	0	0	0	10	0	0	4	0

侵害社会法益传播犯罪的媒介使用特征

如上图，在侵害社会法益传播犯罪中，因涉及罪名较多，各类犯罪在犯罪行为上具有不同的行为特征。从媒介使用具体特征来看：（1）在媒体结构上，信息网络媒体使用频次为862次，而传统媒体是130次。（2）在媒体类型上，除妨害社会秩序传播犯罪中的非法获取国家秘密罪，非法使用窃听、窃照专用器材罪涉及较多专用媒介外，微信使用频率为325次，QQ使用频率为209次，论坛、微博等社交网站和各类网站次之，360云盘、百度网盘等云盘媒介也在妨害社会伦理道德犯罪中被使用。（3）从类罪上看，扰乱社会秩序的传播犯罪涉及媒体类型最多，达14种；妨害、破坏市场经济秩序传播犯罪涉及媒体相对较少。（4）从个罪上看，虚假广告罪、非法经营罪、非法获取国家秘密罪，非法利用信息网络罪，编造、故意传播虚假恐怖信息罪，编造、故意传播虚假信息罪，寻衅滋事罪，传播淫秽物品罪和制作、复制、出版、贩卖、传播淫秽物品牟利罪涉及媒体类型较多，都在4种以上；而扰乱无线电通信管理秩序罪和为他人提供书号出版淫秽书刊罪所涉及媒体则较为单一，其中前者相关的媒介主要是无线电广播和无线电通信。

总体来看，侵害社会法益传播犯罪类型众多，媒介使用多样，除信息网络被高频使用外，传统媒介仍然是特定传播犯罪中不可忽视的传播工具。

第二节 侵害社会法益传播犯罪的主体与客体

侵害社会法益传播犯罪的客体是复杂客体，涉及市场经济秩序、社会秩序、司法秩序、社会伦理道德，同时也涉及公民的人身、财产权益，分别是：(1) 妨害、破坏市场经济秩序的传播犯罪客体为市场经济秩序，包括国家对证券市场的管理制度以及投资者（即股东、债权人和公众）的合法权益，国家对广告市场的管理制度、管理秩序以及他人生命、健康和财产权益损失，国家许可经营物品或业务的管理秩序。(2) 扰乱社会秩序的传播犯罪客体分别是国家法律、行政法规的实施秩序，国家的保密制度，国家对于窃听、窃照专用器材的管理制度及公民隐私权益、个人信息权益，国家网络安全管理秩序与制度，国家无线电管理制度，工作、生产、生活、教学、医疗、科研等各方面在内的社会秩序，个人身体安全、个人行动自由与安全、人格尊严和名誉权等。(3) 妨害司法（秩序）的传播犯罪客体是国家司法机关的正常诉讼活动和国家司法权的正常行使和当事人的相关合法权益。(4) 妨害社会伦理道德的传播犯罪客体是国家对外贸易管理制度和社会管理秩序，社会善良风俗及国家对文化、出版市场的管理秩序。

以下主要分析侵害社会法益传播犯罪主体的特征，分析重点在于其司法特征；对其一般性的立法特征原则上不再赘述，对无案例的罪名则从立法与法理上进行简单分析。

一 妨害、破坏市场经济秩序传播犯罪的主体

（一）妨害、破坏市场经济秩序传播犯罪主体信息概况

1. 欺诈发行股票、债券罪

本罪主体为特殊主体。本书所检索到的3起欺诈发行股票、债券罪案例中，犯罪主体涉及7名自然人和2个单位。在7名自然人中，5名

男性，1名女性，1人性别未予以记录；年龄分布上，41—50岁有4人，51—60岁有2人，1人年龄未予以记录；受教育程度上，1人受过中等教育，5人受过高等教育，1人教育程度未予以记录；职业身份上，7人均为企业高管。

2. 违规披露、不披露重要信息罪

本罪主体为特殊主体。本书检索到1起违规披露、不披露重要信息罪案例中，犯罪主体为5名自然人。其中，2名男性，3名女性；年龄分布上，40岁以下有2人，41—50岁有2人，年龄最高为58岁；受教育程度上，5名自然人均受过高等教育；职业身份上，5名自然人均为企业高管。[①]

3. 编造并传播证券、期货交易虚假信息罪

本书收集的1起编造并传播证券、期货交易虚假信息罪案例中，犯罪主体为2名男性，其中1人46岁，另1人37岁。对于犯罪主体其他个人信息，判决书并未予以记录。[②]

4. 虚假广告罪

本罪主体为特殊主体。本书检索到的31起虚假广告罪案例中，犯罪主体涉及5个单位和46名自然人。在46名自然人中，33名男性，9名女性，4名自然人性别未予以记录；民族类型上，28人为汉族，1人为回族，1人为苗族，16人民族类型未予以记录；年龄分布上，21—30岁有8人，31—40岁有14人，41—50岁有12人，50岁以上1人，11名自然人年龄未予以记录；受教育程度上，1人仅受过初等教育，18人受过中等教育，8人受过高等教育，19人教育程度未予以记录；职业身份上，16名企业高管，6名公司员工（非管理层），1名广告主，2名广告发布者，1名广告经营者，1名广告中介人，3名农民，2名个体经营者，4人无业，10人职业身份未予以记录。

[①] 参见广东省珠海市中级人民法院（2016）粤04刑初131号判决书。
[②] 参见上海市第二中级人民法院（2018）沪02刑初27号判决书。

5. 非法经营罪

本书检索的74起非法经营罪案例中，① 犯罪主体涉及201名自然人。其中，126名男性，39名女性，36名自然人性别未予以记录；民族类型上，143人为汉族，14人为少数民族，44人民族类型未予以记录；年龄分布上，16—20岁有3人，21—30岁有60人，31—40岁有56人，41—50岁有21人，51—55岁有13人，48名自然人年龄未予以记录；受教育程度上，30人受过初等教育，95人受过中等教育，30人受过高等教育，46人教育程度未予以记录；职业身份上，26名个体经营者，23名农民，10名企业高管，11名公司员工（非管理层），4名工人，2名学生，1名工程师，1名教师，1名翻译，66人无业，56人职业身份未予以记录。

（二）妨害、破坏市场经济秩序传播犯罪的主体分析

由下表可见：妨害、破坏市场经济秩序传播犯罪的主体，在性别分布上，男性是女性的3倍多；在年龄分布上，21—50岁的犯罪主体占绝大部分，其中以31—40岁为最多，16—20岁和51—55岁的犯罪主体极少，整个年龄分布呈橄榄型结构；在教育程度分布上，也呈橄榄型结构：受中等教育的犯罪主体较多，初等教育和高等教育者比较少。

妨害、破坏市场经济秩序传播犯罪的主体特征表

主体特征 罪名	性别		年龄（岁）					受教育程度		
	男	女	20岁及以下	21—30	31—40	41—50	51—55	初等	中等	高等
欺诈发行股票、债券罪	5	1				4	2		1	5
违规披露、不披露重要信息罪	2	3		2	2	1				5

---

① 因非法经营罪案例较多，检索条件加上"二审"。

续表

主体特征 / 罪名	性别 男	性别 女	年龄（岁）20岁及以下	21—30	31—40	41—50	51—55	受教育程度 初等	中等	高等
编造并传播证券、期货交易虚假信息罪	2				1	1				
虚假广告罪	33	9		8	14	12	1	1	18	8
非法经营罪	126	39	3	60	56	21	13	30	95	30
合计	168	52	3	68	73	40	17	31	114	48

另外，在职业分布上，除欺诈发行股票、债券罪和违规披露、不披露重要信息罪的犯罪主体为企业高管，虚假广告罪和非法经营罪犯罪主体也有一部分企业高管外，其他3种犯罪的主体职业分布比较分散。

二 扰乱社会秩序传播犯罪的主体

此类犯罪中，侵害英雄烈士名誉、荣誉罪的主体是一般主体，因尚无案例，不予以统计分析。

（一）扰乱社会秩序传播犯罪主体信息概况

1. 煽动暴力抗拒法律实施罪

本书收集的2起煽动暴力抗拒法律实施罪案例中，犯罪主体涉及2名自然人。其中，1名49岁男性，1名34岁女性；受教育程度上，男性为初中文化，女性为大学文化；职业身份上，该女性无业，男性职业未予以记录。[①]

2. 非法获取国家秘密罪

本书收集的203起非法获取国家秘密罪案例中，犯罪主体涉及578

---

① 参见河南省杞县人民法院（2017）豫0221刑初548号判决书；浙江省湖州市吴兴区人民法院（2016）浙0502刑初1304号判决书。

名自然人。其中，男性421人，女性52人，105人性别未予以记录；年龄分布上，20岁及以下有2人，21—30岁有129人，31—40岁有212人，41—50岁有31人，50岁以上有9人，195人年龄未予以记录；受教育程度上，10人受过初等教育，96人受过中等教育，220人受过高等教育，252人受教育程度未予以记录；职业身份上，52人为公司员工，39人为学生，32人为农民，30人为教育工作者，12人为医务工作者，12人为个体经营者，3人为自由职业者，2人为公职人员，1人为工人，157人无业，238人职业身份未予以记录。

3. 非法使用窃听、窃照专用器材罪

本书收集的27起非法使用窃听、窃照专用器材罪案例中，犯罪主体涉及60名自然人。其中，男性41人，女性3人，16人性别未予以记录；年龄分布上，21—30岁有3人，31—40岁有19人，41—50岁有12人，50岁以上有4人，22人年龄未予以记录；受教育程度上，4人受过初等教育，14人受过中等教育，16人受过高等教育，26人受教育程度未予以记录；职业身份上，1人为个体经营者，1人为工人，4人为公职人员，7人为农民，14人无业，24人职业身份未予以记录。

4. 拒不履行信息网络安全管理义务罪

本罪主体为特殊主体。本书收集的2起拒不履行信息网络安全管理义务罪案例中，犯罪主体涉及2名汉族男性。其中1人34岁，另1人30岁；受教育程度上，1人受过高等教育，另1人受教育程度未予以记录；职业身份上，1人为公司法人，另1人职业身份未予以记录。拒不履行信息网络安全管理义务罪的犯罪主体为网络服务提供者，包括网络接入服务提供者和网络内容服务提供者。本书收集的2起案件相关犯罪主体均为网络接入服务提供者。[1]

---

[1] 参见上海市浦东新区人民法院（2018）沪0115刑初2974号判决书；湖北省荆州市荆州区人民法院（2018）鄂1003刑初150号判决书。

5. 非法利用信息网络罪

本书收集的128起非法利用信息网络罪案例中，犯罪主体涉及1个单位和181名自然人。在181名自然人中，131名男性，37名女性，13人性别未予以记录；年龄分布上，16—20岁有4人，21—30岁有86人，31—40岁有62人，41—50岁有9人，51—55岁有2人，18人年龄未予以记录；民族类型上，汉族148人，回族、苗族、壮族各3人，满族2人，22人民族类型未予以记录；受教育程度上，21人受过初等教育；97人受过中等教育；30人受过高等教育；33人受教育程度未予以记录；职业身份上，17人为农民，15人为工人，14人为公司员工，13人为个体经营者，3人为司机，1人为车管所临时人员，1人为工程师，1人为导购，1人为外卖员，1人为学生，61人无业，53人职业身份未予以记录。

6. 帮助信息网络犯罪活动罪

本书收集的80起帮助信息网络犯罪活动罪案例中，犯罪主体涉及3个单位和116名自然人。在这116名自然人中，104名男性，9名女性，3人性别未予以记录；民族类型上，99名汉族，2名回族，2名壮族，1名土家族，12人民族未予以记录；年龄分布上，21—30岁有69人，31—40岁有36人，41—50岁有3人，1人56岁，7人年龄未予以记录；受教育程度上，8人受过初等教育，52人受过中等教育，37人受过高等教育，19人教育程度未予以记录；职业身份上，33人为公司员工，11人为工人，7人为个体经营者，6人为农民，2人为软件开发员，2人为自由职业者，1人为网络游戏主播，20人无业，34人职业身份未予以记录。

7. 扰乱无线电通信管理秩序罪

本书收集的23起扰乱无线电通信管理秩序罪案例中，[①] 犯罪主体涉及34名自然人。在这34名自然人中，27名男性，1名女性，6人性别

[①] 因扰乱无线电通讯管理秩序罪案例较多，检索条件加上"二审"。

未予以记录；民族类型上，19名汉族，2名满族，1名瑶族，12人民族未予以记录；年龄分布上，21—30岁有6人，31—40岁有11人，41—50岁有4人，1人60岁，12人年龄未予以记录；受教育程度上，1人受过初等教育，14人受过中等教育，7人受过高等教育，12人教育程度未予以记录；职业身份上，6人为公司员工，4人为农民，3人为个体经营者，9人无业，12人职业身份未予以记录。

8. 编造、故意传播虚假恐怖信息罪

本书收集的17起编造、故意传播虚假恐怖信息罪案例中，犯罪主体涉及22名自然人。在这22名自然人中，12名男性，2名女性，8人性别未予以记录；民族类型上，5名汉族，5名少数民族，11人民族未予以记录，1名外籍人；年龄分布上，21—30岁有7人，31—40岁有3人，41—50岁有3人，9人年龄未予以记录；受教育程度上，2人受过初等教育，6人受过中等教育，4人受过高等教育，10人教育程度未予以记录。

9. 编造、故意传播虚假信息罪

本书收集的23起编造、故意传播虚假信息罪案例中，犯罪主体涉29名自然人。在这29名自然人中，21名男性，4名女性，4人性别未予以记录；民族类型上，21名汉族，2名少数民族，6人民族未予以记录；年龄分布上，20岁及以下有1人，21—30岁有12人，31—40岁有4人，41—50岁有2人，50岁以上有1人，9人年龄未予以记录；受教育程度上，6人受过初等教育，13人受过中等教育，4人受过高等教育，6人教育程度未予以记录。

10. 寻衅滋事罪

本书收集的131例寻衅滋事罪案例中，① 犯罪主体涉及158名自然人。在这158名自然人中，126名男性，18名女性，14人性别未予以记录；民族类型上，121名汉族，11名少数民族，26人民族未予以记录；

---

① 因传播型寻衅滋事罪涉及信息网络，检索条件加上"信息网络"。

年龄分布上，21—30 岁有 29 人，31—40 岁有 10 人，41—50 岁有 41 人，51—60 岁有 36 人，60 岁以上有 10 人，32 人年龄未予以记录；受教育程度上，30 人受过初等教育，63 人受过中等教育，26 人受过高等教育，39 人教育程度未予以记录。

11. 传授犯罪方法罪

本书收集的 17 起传授犯罪方法罪案例中，[①] 犯罪主体涉及 21 名自然人。在这 21 名自然人中，14 名男性，7 人性别未予以记录；民族类型上，10 人为汉族，11 人民族未予以记录；年龄分布上，21—30 岁有 9 人，31—40 岁有 4 人，41—50 岁有 2 人，1 人 59 岁，5 人年龄未予以记录；受教育程度上，4 人受过初等教育，5 人受过中等教育，2 人受过高等教育，10 人教育程度未予以记录；职业身份上，3 人为农民，2 人为工人，1 人为公司管理人员，1 人为公职人员，1 人为学生，10 人无业，3 人职业身份未予以记录。

12. 组织、利用会道门、邪教组织、利用迷信破坏法律实施罪

本书收集的 41 起组织、利用会道门、邪教组织、利用迷信破坏法律实施罪案例中，[②] 犯罪主体涉及 63 名自然人。在这 63 名自然人中，24 名男性，33 名女性，6 人性别未予以记录；民族类型上，57 名汉族，6 人民族未予以记录；年龄分布上，31—40 岁有 8 人，41—50 岁有 12 人，51—60 岁有 20 人，61—70 岁有 9 人，71—80 岁有 5 人，1 人 81 岁，8 人年龄未予以记录；受教育程度上，12 人受过初等教育，23 人受过中等教育，11 人受过高等教育，17 人教育程度未予以记录；职业身份上，10 人为退休职工，8 人为农民，5 人为老师，4 人为个体经营者，3 人为公司员工，1 人为工人，26 人无业，6 人职业身份未予以记录。

(二) 扰乱社会秩序传播犯罪的主体分析

综上所述，根据可统计到的扰乱社会秩序传播犯罪主体的性别、年

[①] 因传授犯罪方法罪案例较多，检索条件加上"二审"。
[②] 因组织、利用会道门、邪教组织、利用迷信破坏法律实施罪案例较多，检索条件加上"二审"。

龄和教育程度信息，制成下表。

扰乱社会秩序传播犯罪的主体特征表

主体特征 罪名	性别 男	性别 女	年龄（岁）20岁及以下	年龄 21—30	年龄 31—40	年龄 41—50	年龄 50岁以上	受教育程度 初等	受教育程度 中等	受教育程度 高等
煽动暴力抗拒法律实施罪	1	1			1	1			1	1
非法获取国家秘密罪	421	52	2	129	212	31	9	10	96	220
非法使用窃听、窃照专用器材罪	41	3		3	19	12	4	4	14	16
拒不履行信息网络安全管理义务罪	2			1	1					1
非法利用信息网络罪	131	37	4	86	62	9	2	21	97	30
帮助信息网络犯罪活动罪	104	9		69	36	3	1	8	52	37
扰乱无线电通信管理秩序罪	27	1		6	11	4	1	1	14	7
编造、故意传播虚假恐怖信息罪	12	2		7	3	3		2	6	4
编造、故意传播虚假信息罪	21	4	1	12	4	2	1	6	13	4
寻衅滋事罪	126	18		29	10	41	46	30	63	26
传授犯罪方法罪	14			9	4		1	4	5	2
组织、利用会道门、邪教组织、利用迷信破坏法律实施罪	24	33			8	12	35	12	23	11
合计	924	160	7	351	371	120	100	98	384	359

说明：因侵害英雄烈士名誉、荣誉罪暂无案例，故未能统计分析。

由上表可见：妨害、破坏社会秩序传播犯罪的主体，在性别分布上，男性是女性的 5 倍多，而组织、利用会道门、邪教组织、利用迷信破坏法律实施罪的犯罪主体则是女性多于男性；在年龄分布上，21—40 岁的犯罪主体占绝大部分，41 岁以上次之，20 岁及以下的犯罪主体最少，整个年龄分布呈橄榄型结构；在教育程度分布上，仅受过初等教育的犯罪主体较少，受中等教育和高等教育者较多，而且受高等教育者和中等教育者人数接近——这是妨害、破坏社会秩序传播犯罪的主体特征中应该注意的现象。

三 妨害司法（秩序）传播犯罪的主体

（一）泄露不应公开的案件信息罪主体分析

泄露不应公开的案件信息罪的主体是特殊主体，即国家司法机关的工作人员、案件辩护人、诉讼代理人或者其他诉讼参与人，同时单位也可以构成本罪成为本罪的犯罪主体。所谓司法工作人员：是指根据相关法律规定具有侦查、检察和审判、监管职责的工作人员；民事诉讼中的诉讼参与人包括当事人（原告、被告、共同诉讼人、第三人）、诉讼代表人、诉讼代理人、证人、鉴定人、勘验人员和翻译人员；行政诉讼中的诉讼参与人包括当事人、诉讼代理人、证人、鉴定人、勘验人员和翻译人员；刑事诉讼中的诉讼参与人包括当事人（被害人、自诉人，犯罪嫌疑人、被告人，附带民事诉讼的原告和被告）、法定代理人、诉讼代理人、辩护人、证人、鉴定人和翻译人员。"其他诉讼参与人"是指证人、鉴定人、勘验人员、翻译人员。

司法工作人员、辩护人、诉讼代理人、职业媒体人的职业具有高度专业性，本罪事实上为其设置了高度的职业保密义务。

（二）披露、报道不应公开的案件信息罪主体分析

披露、报道不应公开的案件信息罪的主体是一般主体，凡是年满 16 周岁具有刑事责任能力的自然人和单位都可以构成本罪。本罪主体主要是如新闻工作者以及其他掌握不应公开的案件信息的人等其他自然

人，同时一些新闻媒体和其他发布信息的公司、企业、事业单位、机关、团体等单位也可作为本罪主体，但不包括泄露不应公开的案件信息罪的主体即司法工作人员、辩护人、诉讼代理人或者其他诉讼参与人。

四 妨害社会伦理道德传播犯罪的主体

(一) 妨害社会伦理道德传播犯罪主体信息概况

1. 走私淫秽物品罪

本书收集的6起走私淫秽物品罪案例中，犯罪主体涉及8名自然人和1个单位。在8名自然人中，男性4名，女性1名，3人性别未予以记录；民族类型上，5人为汉族，3人民族未予以记录；年龄分布上，26—30岁有4人，4人年龄未予以记录；受教育程度上，3人受过中等教育，2人受过高等教育，3人教育程度未予以记录；职业身份上，1人为公司员工，1人为淘宝店主，1人为公职人员，5人职业身份未予以记录。

2. 制作、复制、出版、贩卖、传播淫秽物品牟利罪

本书收集的46起制作、复制、出版、贩卖、传播淫秽物品牟利罪案例中，[①] 犯罪主体涉及82名自然人。其中，65名男性，12名女性，5人性别未予以记录；民族类型上，68人为汉族，1人为苗族，1人为瑶族，12人民族类型未予以记录；年龄分布上，21—30岁有45人，31—40岁有28人，41—50岁有2人，51—55岁有2人，5人年龄未予以记录；受教育程度上，7人受过初等教育，42人受过中等教育，16人受过高等教育，17人教育程度未予以记录；职业身份上，17人为农民，8人为个体经营者，3人为公司员工，2人为工人，2人为学生，1人为公职人员，1人为驾驶员，1人为超市收银员，1人为自由职业者，24人无业，22人职业身份未予以记录。

---

① 因制作、复制、出版、贩卖、传播淫秽物品牟利罪案例较多，检索条件加上"二审"。

3. 为他人提供书号出版淫秽书刊罪

本罪主体为特殊主体。由于书号不被一般人或单位掌握，所以能够提供书号进而构成本罪的，主要为国家新闻出版单位及其工作人员。由于此罪名并无案例信息供分析，故不再对此罪主体进行深入讨论。

4. 传播淫秽物品罪

本书收集的 12 起传播淫秽物品罪案例中，[①] 犯罪主体涉及 20 名自然人。其中，16 名男性，2 名女性，2 人性别未予以记录；民族类型上，14 人为汉族，1 人为彝族，5 人民族未予以记录；年龄分布上，21—30 岁有 10 人，31—40 岁有 6 人，4 人年龄未予以记录；受教育程度上，4 人受过初等教育，7 人受过中等教育，4 人受过高等教育，5 人教育程度未予以记录；职业身份上，8 人为农民，5 人为公司员工，2 人为个体经营者，1 人为公职人员，2 人无业，2 人职业身份未予以记录。

5. 组织播放淫秽音像制品罪

本书收集的 4 起组织播放淫秽音像制品罪案例中，犯罪主体为 4 名汉族男性。其中，41—50 岁有 3 人，1 人为 52 岁；受教育程度上，2 人受过初等教育，1 人受过中等教育，1 人教育程度未予以记录；职业身份上，2 人为个体经营者，1 人为工人，1 人无业。

(二) 妨害社会伦理道德传播犯罪主体分析

综上所述，根据可统计到的妨害社会伦理道德传播犯罪主体的性别、年龄和教育程度信息，制成下表。

妨害社会伦理道德传播犯罪的主体特征表

主体特征 罪名	性别 男	性别 女	年龄（岁）21—30	年龄（岁）31—40	年龄（岁）41—50	年龄（岁）51—55	受教育程度 初等	受教育程度 中等	受教育程度 高等
走私淫秽物品罪	4	1	4					3	2

[①] 因传播淫秽物品罪案例较多，检索条件加上"二审"。

续表

主体特征 罪名	性别 男	性别 女	年龄（岁）21—30	年龄（岁）31—40	年龄（岁）41—50	年龄（岁）51—55	受教育程度 初等	受教育程度 中等	受教育程度 高等
制作、复制、出版、贩卖、传播淫秽物品牟利罪	65	12	45	28	2	2	7	42	16
传播淫秽物品罪	16	2	10	6			4	7	4
组织播放淫秽音像制品罪	4				3	1	2	1	
合计	89	15	59	34	5	3	13	53	22

由上表可见：妨害社会伦理道德传播犯罪的主体，在性别分布上，男性是女性的近6倍；在年龄分布上，21—40岁的犯罪主体占绝大部分，其中以21—30岁最多，40岁以上的犯罪主体极少，整个年龄分布呈倒金字塔结构；在教育程度分布上，呈橄榄型结构：受中等教育的犯罪主体最多，仅受过初等教育和高等教育者较少。

五 侵害社会法益传播犯罪主体小结

（一）侵害社会法益传播犯罪主体的性别

如下图所示，本书所收集的872起侵害社会法益传播犯罪案件中，犯罪主体共涉11个单位和1651名自然人。在这1651名自然人中，男性共计1181人，女性共计227人（243人性别判决书中未予记录），男性约为女性的5倍。

（二）侵害社会法益传播犯罪主体的年龄分布

在1651名自然人中，20岁及以下有10人，21—30岁有478人，31—40岁有478人，41—50岁有165人，50岁以上有120人（391人年龄判决书未予以记录）——可见，侵害社会法益传播犯罪中，以

	妨碍、破坏市场经济秩序传播犯罪	扰乱社会秩序传播犯罪	妨碍司法（秩序）传播犯罪	妨碍社会伦理传播道德犯罪
男	168	924	0	89
女	52	160	0	15
缺失	41	92	0	10

侵害社会法益传播犯罪主体性别分布

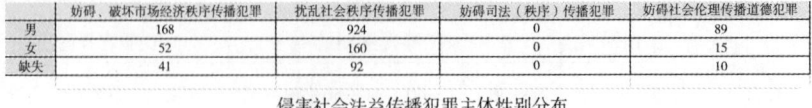

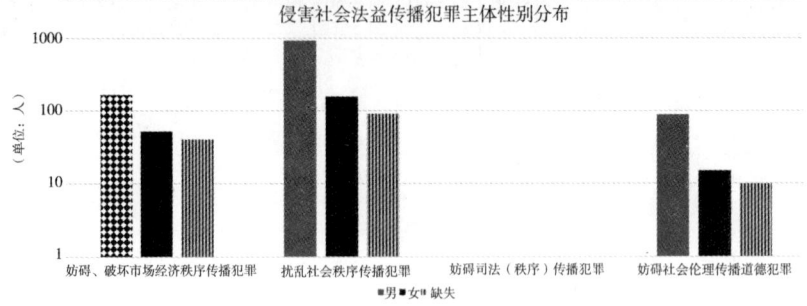

21—40岁的犯罪主体为主，其数量是其他年龄段犯罪主体3倍多。

	妨碍、破坏市场经济秩序传播犯罪	扰乱社会秩序传播犯罪	妨碍司法（秩序）传播犯罪	妨碍社会伦理传播道德犯罪
初等教育	31	98	0	13
中等教育	114	384	0	53
高等教育	48	359	0	22
缺失	68	475	0	26

侵害社会法益传播犯罪主体的受教育情况

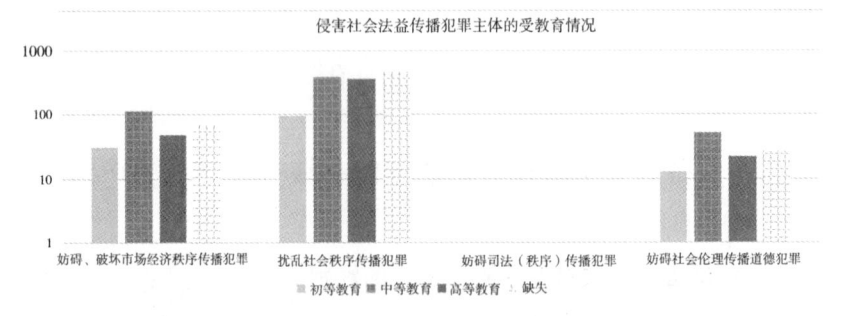

(三) 侵害社会法益传播犯罪主体的教育程度

在1651名犯罪自然人中，142人受过初等教育，560人受过中等教育，440人受过高等教育（509人教育程度判决书中未予以记录）——在侵害社会法益传播犯罪中，受高等教育的犯罪主体数量很多，主要原因是扰乱社会秩序传播犯罪中受高等教育的犯罪主体数量很多，值得高度注意。

总体来看，我国侵害社会法益传播犯罪的主体以21—40岁，受中

侵害社会法益传播犯罪的主体情况

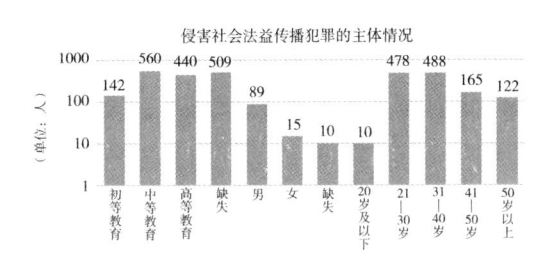

等教育、高等教育的男性为主。

第三节 侵害社会法益传播犯罪的主观特征

侵害社会法益的传播犯罪中，除为他人提供书号出版淫秽书刊罪的主观要件是过失外，其他犯罪均为故意，包括直接故意和间接故意；而此类犯罪的目的与动机，则复杂多样。

一 妨害、破坏市场经济秩序传播犯罪的主观特征

本书收集的5种妨害、破坏市场经济秩序传播犯罪，在主观上只能由故意构成，其直接动机或最终目的多在于牟取非法利益，但在表现上各有不同。

(一) 按期募足股票、公司债券以顺利上市

此类动机主要体现在欺诈发行股票、债券罪和违规披露、不披露重要信息罪中。

欺诈发行股票、债券罪在主观上只能是故意，过失不构成本罪。即行为人明知自己所制作的招股说明书、认股书、债券募集办法等的主要内容是虚假和欺诈性的，仍然积极为之者。因而本罪行为人的罪过实质是诈欺募股或诈欺发行债券。实践中行为人往往以此手段达到按期募足

股票、公司债券的目的，但法律上不以此目的为本罪的必备要件。

违规披露、不披露重要信息罪在主观上只能是故意，过失不构成本罪。即行为人明知自己向股东和社会公众提供的财务会计报告是虚假的或者隐瞒了重要事实，会严重破坏证券市场管理秩序，并损害股东或者其他人利益，仍然希望或追求这种结果的发生。如在余某等违规披露、不披露重要信息罪一案①中，被告人余某等人基于完成股权分置改革方案、实现股票上市流通的目的，虚构财务报表并予以违规披露。

（二）推销商品或服务

此类目的主要体现在虚假广告罪中。该罪的主观要件为故意，包括直接故意和间接故意，即明知自己的行为会破坏广告市场管理秩序，导致他人生命、健康和财产权益损失，而希望或放任这种结果的发生。过失不构成本罪。本书收集的31起虚假广告罪案例中，大多犯罪主体为推销商品或服务，通过制作或者发布虚假广告信息获取非法经济利益。如在石某甲虚假广告罪②一案中，自2013年7月以来，被告人石某甲作为沈阳师联艺术幼师培训学校法定代表人，通过夸大事实的虚假招生简章、学校网站对外宣传，招生办学，从中非法牟利。

（三）控制信息传播

此动机与目的主要体现在传播型非法经营罪中。依照司法解释，下列行为，经营数额达到一定标准，以非法经营罪定罪处罚：（1）通过信息网络有偿提供删除信息服务；（2）通过信息网络有偿提供发布明知是虚假信息的服务；（3）非法生产、销售"伪基站"设备，以及明知他人实施非法生产、销售"伪基站"设备，或者非法使用"伪基站"设备干扰公用电信网络信号等犯罪，为其提供资金、场所、技术、设备等帮助的行为。

另外，非法经营罪在网络领域中的适用涉及多种"新类型"行为，

---

① 参见广东省珠海市中级人民法院（2016）粤04刑初131号刑事判决书。
② 参见辽宁省沈阳市沈河区人民法院（2014）沈河刑初字第753号刑事判决书。

如"刷单炒信"行为,基于《刑法》第二百二十五条第四款和《网络诽谤解释》第七条的规定,自 2017 年始,这种行为被归入非法经营罪。①

上述行为,其目的与动机直接表现在对信息流动的控制上。

(四) 制造轰动效应以获得关注

此类动机主要体现在编造并传播证券、期货交易虚假信息罪中。行为人明知自己编造并且传播影响证券、期货交易的虚假信息,会扰乱证券、期货交易市场,造成严重后果,仍然追求或放纵这种结果,如进行新闻报道。

二 扰乱社会秩序传播犯罪的主观特征

本书梳理的 13 种扰乱社会秩序传播犯罪,在主观上只能由故意构成,其主观目的或动机主要包括牟取非法利益、获取高关注度、危害国家安全或社会秩序、发泄不满等。

(一) 牟利

1. 非法获取国家秘密罪

非法获取国家秘密罪在主观方面为故意,而且是直接故意,即行为人明知是国家秘密,仍以窃取、刺探、收买方法非法获取。本罪主观动

---

① 2017 年 6 月 20 日上午,浙江省杭州市余杭区人民法院在我国第一次将此类行为判决为非法经营罪:2013 年 2 月,李某利用网站以及网上聊天工具创建一刷单炒信平台,通过制定刷单炒信规则与流程使得网上店铺的卖家成为这一刷单平台的会员,收取其交纳的保证金和管理平台维护费。该刷单平台组织会员利用该平台发布刷单信息或接受刷单信息,会员在收到任务后,通过在电商平台进行伪造交易并给予虚假好评的方式赚取任务点,采取赏格任务点的方法吸引其他会员为自己刷单炒信,进而提升自家网商店铺的销量和信誉,欺骗买家。截止 2014 年 6 月,李某共收取会员费、平台管理维护费、体验费以及任务点销售收入等共合计 80 余万元人民币。2017 年 6 月 20 日上午,浙江省杭州市余杭区人民法院认为,被告人李某违反国家规定,以营利为目的,明知是虚假的信息仍通过网络有偿提供发布信息等服务,扰乱市场秩序,情节特别严重,其行为已经构成非法经营罪,判处有期徒刑 5 年零 6 个月,并处罚金人民币 90 万元。参见浙江省杭州市余杭区人民法院 (2016) 浙 0110 刑初 726 号刑事判决书。

机多种多样，可能是为了金钱，也可能是出于对政府的不满等，但动机不影响此罪构成。

本书收集的203起非法获取国家秘密罪案例中，绝大多数案件是以非法获取各类考试秘密进行牟利。如在徐某某等人犯非法获取国家秘密罪一案中，被告人徐某某和周某预谋，利用国家级考试进行作弊从中牟利。二人以助考的名义（考过收费）通过发展"校园代理"招收哈尔滨部分高校购买考试答案的考生，并购置、租用了考试作弊使用的中继器、发射器、针孔摄像机、耳机等设备，考试时利用考生进入考场现场秘密拍摄、网络QQ群聊天等非法方法获取考题和答案，雇用英语教师确定答案的准确性后，由发展的"校园代理"利用无线电作弊设备将答案发送给购买答案的考生，并向考生收取相应费用。[1]

2. 非法使用窃听、窃照专用器材罪

非法使用窃听、窃照专用器材罪主观方面为故意，而且是直接故意，间接故意和过失不构成本罪。在司法实践中，行为人非法使用窃听、窃照专用器材，既有非法目的动机，也有好奇动机，不论出于何种目的和动机，均不影响本罪成立。

本书收集的27起非法使用窃听、窃照专用器材罪案例中，多数犯罪主体出于非法牟利的目的实施犯罪行为。如在冉某某犯非法使用窃听、窃照专用器材罪一案[2]中，被告人冉某某因好赌欠债，为还赌债寻找赚钱捷径，后经人介绍认识湖南籍专门从事高考舞弊的王某，伙同他人非法使用电脑、传输终端等窃听、窃照等专用间谍器材发送高考答案，从而获取高额费用。

3. 拒不履行信息网络安全管理义务罪

拒不履行信息网络安全管理义务罪主观上只能是故意，包括直接故意和间接故意，即明知自己的行为会发生违法信息大量传播，或者致使

---

[1] 参见黑龙江省牡丹江市爱民区人民法院（2014）爱刑初字第25号刑事判决书。
[2] 参见贵州省德江县人民法院（2015）德刑初字第193号刑事判决书。

用户信息泄露、造成严重后果，或者致使刑事案件证据灭失、情节严重的后果，而追求、希望或者放纵这种结果的发生。如朱某犯拒不履行信息网络安全管理义务罪一案中，被告人朱某为了牟取非法利益，开展非法 VPN 业务，身为网络服务的提供者不履行法律、行政法规规定的信息网络安全管理义务，经监管部门责令采取改正措施而拒不改正。①

4. 非法利用信息网络罪

非法利用信息网络罪的主观方面是故意，而且只能是直接故意，即行为人明知自己的行为会发生严重后果，而追求、希望这种结果的发生。

本书收集的 128 起非法利用信息网络罪案例中，绝大多数的犯罪主体为非法获利而实施犯罪行为。如在胡某犯非法利用网络信息罪一案中，被告人胡某以牟利为目的，受诈骗分子委托，利用境外服务器制作了 6 个虚假网站。之后诈骗分子利用这些网站，以采购军需物资的名义实施诈骗。②

5. 帮助信息网络犯罪活动罪

帮助信息网络犯罪活动罪主观方面是故意，包括直接故意和间接故意，即行为人明知自己对他人的帮助行为会产生侵害信息网络管理秩序的后果，而追求、希望或放任这种结果的发生。

本书收集的 80 份帮助信息网络犯罪活动罪判决书中，有 63 份判决书中明确犯罪主体或出于以营利为目的，或出于非法获利的目的实施犯罪行为。如在陈某犯帮助信息网络犯罪活动罪一案中，被告人陈某通过互联网架设域名为"猫头鹰六合彩专家"的网站，在明知他人利用信息网络实施诈骗、开设赌场等犯罪活动的情况下，为他人实施上述犯罪活动提供广告推广网站链接等服务，共计收取服务费用人民币 235900 元③。

---

① 参见湖北省荆州市荆州区人民法院（2018）鄂 1003 刑初 150 号刑事判决书。
② 参见福建省宁德市蕉城区人民法院（2017）闽 0902 刑初 432 号刑事判决书。
③ 参见福建省厦门市集美区人民法院（2018）闽 0211 刑初 1044 号刑事判决书。

6. 扰乱无线电通信管理秩序罪

扰乱无线电通信管理秩序罪的主观表现既有直接故意，也有间接故意。

本书收集的 23 起扰乱无线电通信管理秩序罪案例中，多数犯罪主体出于牟利的目的实施犯罪行为。如在王某等人犯扰乱无线电通信管理秩序罪一案中，被告人邹某和王某某等人承包重庆市某医疗门诊男科。为争取客源、谋取利润，被告人王某等人共谋，私自在重庆市各地租房架设无线电设备，播放某医疗门诊男科广告。①

(二) 危害社会秩序或国家安全

此罪动机主要体现在编造、故意传播虚假恐怖信息罪中。此罪在主观上要求直接故意或间接故意，即明知自己编造、传播爆炸威胁、生化威胁、放射威胁等恐怖信息，会导致工作、生产、生活、教学、医疗、科研等各方面在内的社会秩序严重混乱，仍然追求、希望或放任这种结果的发生。如在李某犯编造、故意传播虚假恐怖信息罪一案中，2014 年 6 月至 8 月，被告人李某在韩国首尔市住处，使用"东北大嫖客4""脱脱粉木耳""绿色咖啡阿里卡"等多个网名，在百度贴吧——"哈尔滨贴吧"等网页上多次持续编造、发布哈尔滨机场、哈尔滨火车站、哈尔滨市道里区中央大街等地发生爆恐事件、火灾，山西省太原市发生恐怖袭击等一系列的虚假恐怖信息，造成多个职能部门为此进行排查、核实，严重扰乱了社会秩序。②

(三) 获取高关注度

1. 编造、故意传播虚假恐怖信息罪

如前所述，本罪在主观上为故意。在本书收集的 17 起编造、故意传播虚假恐怖信息罪案例中，部分犯罪主体为吸引他人注意，提高关注度，故意编造并传播恐怖信息。如在吴某等人犯编造、故意传播虚假恐

---

① 参见重庆市第五中级人民法院（2017）渝 05 刑终 695 号刑事判决书。
② 参见黑龙江省哈尔滨市中级人民法院（2016）黑 01 刑终 267 号刑事判决书。

怖信息罪一案①中，被告人吴某、向某、李某、陈某等人在深圳市的地铁站内故意编造爆炸威胁的恐怖信息进行传播，并拍摄恶搞视频上传至"快手"视频播放平台，以赚取人气和点击率。

2. 编造、故意传播虚假信息罪

本罪在主观上为故意。在本书收集的23起编造、故意传播虚假信息罪案例中，有11起案件的犯罪主体借传播虚假信息获取高关注度，达到增长阅读量、谋取广告或流量收益、增长粉丝的目的。如在周某编造、传播虚假信息一案②中，广州市越秀区一德路488号发生一起1名男子坠楼身亡的刑事案件，引起社会关注，涉案人员许某因该案被刑事拘留。2018年12月19日，被告人周某为增加点击量，使用其手机在"快手"APP分享平台上以"许想想717"之名，并以许某的相片作为封面并附上许某的身份证，冒充上述涉案人员许某，在网络上发布已被释放的虚假警情信息，造成社会恶劣影响。

3. 寻衅滋事罪

传播型寻衅滋事罪的主观方面必须是直接故意，即明知自己的传播行为会导致社会秩序混乱，或致他人人格尊严和名誉受损，仍然追求这种结果。间接故意和过失均不构成本罪。在本书收集的131起寻衅滋事罪案件中，不乏主观上为获取高点击率或关注度而实施犯罪行为的案件。如在陈某犯寻衅滋事罪一案③中，被告人陈某为提高自己在网络上的知名度，提高点击量，利用宫某、刘某某、何某某、赵某、蒋某某的智力障碍，组织宫某等人拍摄不雅视频，并于2019年8月13日、14日将不雅视频上传至快手网络平台，播放量24427次，点赞247次。后该视频又被腾讯视频、优酷视频等各大网络平台转发，点击量达4300余万次，引发评论1468条、点赞5000余次，造成恶劣社会影响。

---

① 参见广东省深圳市福田区人民法院（2019）粤0304刑初1224号刑事判决书。
② 参见广东省广州市越秀区人民法院（2019）粤0104刑初443号刑事判决书。
③ 参见河北省霸州市人民法院（2019）冀1081刑初711号刑事判决书。

(四) 发泄不满

1. 煽动暴力抗拒法律实施罪

煽动暴力抗拒法律实施罪主观上只能是故意，而且是直接故意，即明知自己的行为会使被煽动人以暴力抗拒国家低于法律、行政法规的实施，仍然追求或希望这种结果的发生。间接故意不构成本罪，因为"煽动"直接表明了行为人是追求和希望达成犯罪目的，而非"放任"危害结果的发生。如在沈某甲犯煽动暴力抗拒法律实施罪一案中，被告人沈某甲为拒绝拆迁，积极策划上访名单，安排人员制作上访标牌标语，并聚集众多股东及包工头到其办公室及虹冠投资公司，多次鼓动、怂恿股东及包工头一起纠集数百名群众至湖州市吴兴区政府上访，安排人员在上访时以跳楼、堵高速、投放燃烧弹等方式给政府施加压力。①

2. 寻衅滋事罪

如前所述，寻衅滋事罪在主观上必须是直接故意。在本书收集的 131 起寻衅滋事罪案例中，多数犯罪主体出于报复泄愤以其满足个人诉求的目的而实施犯罪行为。如在杨某犯寻衅滋事罪一案②中，被告人杨某因犯盗窃罪于 2016 年 7 月 4 日被河南省南阳市宛城区人民法院判处罚金 2000 元，自 2016 年 7 月至 2018 年 12 月，杨某为表达对相关办案人员不满，利用在百度贴吧、微博等网络社交平台注册的多个账号，对相关办案民警王某、检察官赵某、法官周某多次发帖辱骂，丑化王某照片形象。严重伤害王某、赵某、周某心理健康；影响王某、赵某、周某正常开展工作；破坏南阳市公安局仲景派出所、宛城区人民检察院、宛城区人民法院正面社会形象。

3. 编造、故意传播虚假恐怖信息罪

如前所述，本罪在主观上为故意。在本书收集的 17 起编造、故意传播虚假恐怖信息罪案例中，有 7 起案件明确提及犯罪主体为发泄不满

---

① 参见浙江省湖州市吴兴区人民法院（2016）浙 0502 刑初 1304 号刑事判决书。
② 参见河南省方城县人民法院（2019）豫 1322 刑初 481 号刑事判决书。

情绪、扩大事件曝光度而散布虚假恐怖信息。如在李某犯编造、故意传播虚假恐怖信息罪一案[①]中，被告人李某因进入广州大学城中山大学图书馆多次受到保安的阻拦而心生不满，遂用其移动电话拨打报警电话110，谎称有人在图书馆内放置炸弹，造成中山大学图书馆进行紧急疏散，并出动消防、刑警、120等相关部门进行全面排爆检查的后果。同月13日，被告人李某再次用其移动电话致电新闻媒体"今日一线"，编造同样的虚假信息以引发关注及恐慌。

三　妨害司法（秩序）传播犯罪的主观特征

泄露不应公开的案件信息罪和披露、报道不应公开的案件信息罪主观上要求为故意，包括直接故意和间接故意，即行为人明知自己的行为会造成或可能造成相关案件信息公开传播或者其他严重后果，仍然追求、希望或放任该结果的发生。其动机非常复杂，包括发泄不满、牟利、徇私、干预司法、追求报道的高关注度等（因暂无案例，此处仅简单分析）。

四　妨害社会伦理道德传播犯罪的主观特征

除为他人提供书号出版淫秽书刊罪外，本书收集的其他4种妨害社会伦理道德传播犯罪，在主观上只能由故意构成，其主观目的或动机主要是牟利和传播等。

（一）牟利

1. 走私淫秽物品罪

本罪属故意犯罪，而且必须以牟利或者传播为目的。在本书收集的6起走私淫秽物品罪案件中，犯罪主体无视国家法律，以牟利为目的走

[①] 参见辽宁省大连市中级人民法院（2014）大刑二终字第441号刑事判决书。

私淫秽物品。如在钟某犯走私淫秽物品罪一案中，被告人为给所经营的淘宝店铺创收牟利，从亚马逊美国、德国、英国等境外网站代购同性恋题材的画册而后走私入境进行销售。①

2. 制作、复制、出版、贩卖、传播淫秽物品牟利罪

制作、复制、出版、贩卖、传播淫秽物品牟利罪主观要件为故意，而且要求有牟利目的，所以，这里的故意为直接故意，即明知自己的行为系制作、复制、出版、贩卖、传播淫秽物品，而追求这种结果的发生。这里的"牟利"方式，既可以是直接获得财物，也可以是通过广告、网络流量间接获得。

如在叶某犯传播淫秽物品牟利罪一案中，被告人叶某无视国法，以牟利为目的，租用境外服务器制作了三个淫秽网站，并利用第三方程序专门采集其他网站的淫秽视频进行播放，通过广告商到其网站投放广告进行牟利。②

3. 组织播放淫秽音像制品罪

本罪在主观方面表现为故意，过失不构成本罪。在本书收集的4起组织播放淫秽音像制品罪案件中，犯罪主体均出于招揽顾客进行牟利为目的，组织召集多人观看、收听并播映淫秽音像制品。如在张某犯组织播放淫秽音像制品罪一案中，被告人张某在成都市郫都区经营茶铺，按照每个人5元钱标准收取茶钱，并通过播放淫秽录像供客人免费观看的方式吸引客源。③

（二）传播

1. 传播淫秽物品罪

本罪主观要件为故意，而且是直接故意，即明知自己在传播淫秽的书刊、报纸、画片、影片、录像带、录音带等淫秽物品，而追求或希望造成相关后果。在本书收集的12起传播淫秽物品罪案件中，犯罪主体

---

① 参见湖北省武汉市中级人民法院（2017）鄂01刑初51号刑事判决书。
② 参见广东省惠州市中级人民法院（2019）粤13刑终181号刑事判决书。
③ 参见四川省成都市郫都区人民法院（2019）川0124刑初829号刑事判决书。

不必出于牟利目的，多是出于和他人分享传播的目的实施犯罪行为。如在魏某犯传播淫秽物品罪一案中，被告人魏某利用昵称为"繁华落尽"的微信号，以"卖蜂蜜的猪八戒"为群昵称，在名为"视频共享群"的微信群里发送淫秽视频及含有淫秽视频的二维码和链接，供微信群中人员观看。[1] 又如在陈某犯传播淫秽物品罪一案中，被告人出于分享传播的目的，建立一个名为"抢红包"的微信群（群成员149人），在该微信群内共传播内容含有具体性行为的视频163个。[2]

（三）其他

为他人提供书号出版淫秽书刊罪的主观要件是过失，即应当知道自己非法提供书号的行为可能导致他人出版淫秽书刊的行为，因疏忽大意或轻信可以避免，而导致淫秽书刊出版的结果。需强调的是：本罪中，行为人对引起淫秽书刊出版的后果是出于过失，而提供书号的行为则是出于故意。

五 侵害社会法益传播犯罪主观特征小结

在本书收集的24种侵害社会法益传播犯罪中，除为他人提供书号出版淫秽书刊罪外，其他23种犯罪在主观上只能由故意构成。其主观目的与动机多样，包括牟利、危害国家安全或社会秩序、获取高关注度、发泄不满、传播等，其中不乏一个罪名中含有多个犯罪目的或动机，如传播型寻衅滋事罪就包括危害社会秩序、获取高关注度、发泄不满等。

第四节 侵害社会法益传播犯罪的刑罚适用

侵害社会法益传播犯罪主刑与附加刑的适用中，四个小类型的犯罪

---

[1] 参见浙江省丽水市中级人民法院（2017）浙11刑终123号刑事判决书。
[2] 参见浙江省丽水市中级人民法院（2018）浙11刑终295号刑事判决书。

各有其适用特点。其中，侵害英雄烈士名誉、荣誉罪、两种妨害司法（秩序）的传播犯罪和为他人提供书号出版淫秽书刊罪因缺乏案例，本节只依据立法进行简要分析。

一 妨害、破坏市场经济秩序传播犯罪的刑罚适用

（一）妨害、破坏市场经济秩序传播犯罪主刑与附加刑的适用

1. 欺诈发行股票、债券罪[①]

本书收集的3起欺诈发行股票、债券罪案例中，犯罪主体涉及2个单位和7名自然人。在这7名自然人中，3人被处两年有期徒刑；2人被处三年有期徒刑；2人分别被处一年三个月、一年六个月有期徒刑。前述3起欺诈发行股票、债券罪案例中，犯罪主体涉及2个单位，分别被处100万元、450万元罚金。

2. 违规披露、不披露重要信息罪[②]

在余某等违规披露、不披露重要信息、背信损害上市公司利益一案[③]中，5名自然人被处以有期徒刑或拘役，其中3人被处以有期徒刑，分别为：一年七个月、八个月、七个月；2人被处以拘役，分别为：六个月、三个月。此案中，5名自然人均被处以罚金，最低罚金为两万元，最高罚金为十万元。

[①] 根据《刑法修正案（十一）》第八条的规定，犯欺诈发行股票、债券罪，数额巨大、后果严重或者有其他严重情节的，处五年以下有期徒刑或者拘役，并处或者单处罚金；数额特别巨大、后果特别严重或者有其他特别严重情节的，处五年以上有期徒刑，并处罚金。对控股股东、实际控制人或单位组织、指使实施前款行为的，还可并处或者单处非法募集资金金额百分之二十以上一倍以下罚金。本节对该罪的统计分析，基于《刑法修正案（十一）》生效之前的案例。

[②] 根据《刑法修正案（十一）》第九条的规定，犯违规披露、不披露重要信息罪的，对其直接负责的主管人员和其他直接责任人员，主刑为五年以下有期徒刑或者拘役，并处或者单处罚金；情节特别严重的，处五年以上十年以下有期徒刑，并处罚金。本节对该罪的统计分析，基于《刑法修正案（十一）》生效之前的案例。

[③] 参见广东省珠海市中级人民法院（2016）粤04刑初131号刑事判决书。

3. 编造并传播证券、期货交易虚假信息罪①

在滕用雄、林天山编造并传播证券、期货交易虚假信息一案②中，被告人滕用雄被判处有期徒刑三年，被告人林天山被判处有期徒刑一年六个月。二人均被处以十万元的罚金。

4. 虚假广告罪③

本书收集的31起虚假广告罪案例中，犯罪主体涉及5个单位和46名自然人。在46名自然人中，6人未受主刑刑罚；6人被处一年以下的拘役；12人被处一年以下有期徒刑，22人被处一年至二年不等有期徒刑。

前述案例中，犯罪主体均被处以罚金。5个单位中，1个单位被处以100万元的罚金；④ 2个单位被处以5万元至8万元罚金；1个单位被处以25000元罚金；⑤ 1个单位被处以15000元罚金。⑥ 在46名自然人中，12人被处10万元及以上罚金；2人被处8万元至10万元罚金；8人被处5万元至8万元罚金；4人被处3万元至5万元罚金；7人被处2万元至3万元罚金；8人被处1万元至2万元罚金；5人被处1万元以下罚金。其中，最高罚金300万元，⑦ 最低罚金2000元。⑧

5. 传播型非法经营罪⑨

本书收集的74起传播型非法经营罪案例中，犯罪主体涉及201名

---

① 根据《刑法》第一百八十一条的规定，犯编造并传播证券、期货交易虚假信息罪的，主刑为处五年以下有期徒刑或者拘役；并处或者单处一万元以上十万元以下罚金。
② 参见上海市第二中级人民法院（2018）沪02刑初27号刑事判决书。
③ 根据《刑法》第一百八十一条的规定，犯虚假广告罪的，主刑为处二年以下有期徒刑或者拘役；并处或者单处罚金。
④ 参见重庆市渝北区人民法院（2017）渝0112刑初993号刑事判决书。
⑤ 参见浙江省宁波市江北区人民法院（2018）浙0205刑初503号刑事判决书。
⑥ 参见浙江省宁波市江北区人民法院（2019）浙0205刑初244号刑事判决书。
⑦ 参见福建省建平县人民法院（2018）辽1322刑初174号刑事判决书。
⑧ 参见内蒙古乌审旗人民法院（2016）内0626刑初230号刑事判决书。
⑨ 根据《刑法》第二百二十五条的规定，犯非法经营罪，情节严重的，主刑为处五年以下有期徒刑或者拘役，并处或者单处违法所得一倍以上五倍以下罚金；情节特别严重的，主刑为处五年以上有期徒刑，并处违法所得一倍以上五倍以下罚金或者没收财产。

自然人。在201名自然人中,1人未受主刑刑罚,单处罚金;①1人被处拘役四个月;②15人被处一年以下有期徒刑,44人被处1年至2年不等有期徒刑,39人被处2年至3年不等有期徒刑,40人被处3年至5年不等有期徒刑,61人被处5年及以上有期徒刑,最长刑期为11年。③

前述案例中,犯罪主体均被处以罚金。在201名自然人中,8人被处1万元以下罚金;44人被处1万元至3万元罚金;27人被处3万元至5万元罚金;47人被处5万元至10万元罚金;40人被处10万元至20万元罚金;12人被处20万元至30万元罚金;23人被处30万元及以上罚金。其中,最高罚金2000万元,④ 最低罚金2000元。⑤

(二) 妨害、破坏市场经济秩序传播犯罪刑罚适用小结

妨害、破坏市场经济秩序传播犯罪的刑罚适用表

刑罚\罪名	拘役	主刑（年）<1	1—2	2—3	3—5	5—	罚金刑（万元）<1	1—10	10—100	100—500	500—
欺诈发行股票、债券罪			2	3	2				2		
违规披露、不披露重要信息罪	2	2	1					1	1		
编造并传播证券期货交易虚假信息罪			1		1				2		
虚假广告罪	6	12	22				5	32	12	1	
传播型非法经营罪	1	15	44	39	40	61	8	118	75		1
合计	9	29	70	42	43	61	13	150	85	3	1

注：1. 数字区间,右侧数字即大数不包括在该区间统计范围内。2. 拘役为1年以内。

妨害、破坏市场经济秩序传播犯罪立法中,刑罚最重的是传播型非

---

① 参见湖北省荆门市中级人民法院 (2017) 鄂08刑终117号刑事判决书。
② 参见江苏省淮安市中级人民法院 (2015) 淮中刑二终字第00043号刑事判决书。
③ 参见浙江省台州市中级人民法院 (2017) 浙10刑终926号刑事判决书。
④ 参见浙江省台州市中级人民法院 (2017) 浙10刑终926号刑事判决书。
⑤ 参见福建省泉州市中级人民法院 (2015) 泉刑终字第724号刑事判决书。

法经营罪（情节特别严重的，处五年以上有期徒刑），而由上述统计可见，此类犯罪的刑罚适用呈现以下特征：（1）由于虚假广告罪和非法经营罪的案例数量在此类罪名中占绝对多数，因此其刑罚适用体现了此类罪名的刑罚适用特征。（2）关于主刑适用。除拘役外，1—2 年有期徒刑是适用最多的刑罚；5 年以上刑罚均为非法经营罪，而且该罪中适用数量最多的刑罚是 5 年以上有期徒刑；虚假广告罪案例虽不少，但刑罚适用较轻；证券市场的传播犯罪案例数量少，刑罚适用较轻。（3）关于附加刑适用。对欺诈发行股票的处罚较重，但处罚最重的仍然是非法经营罪——可见，传播型非法经营罪，是妨害、破坏市场经济秩序传播犯罪打击最为严厉的犯罪。

二 扰乱社会秩序传播犯罪的刑罚适用

（一）扰乱社会秩序传播犯罪刑罚的适用

1. 煽动暴力抗拒法律实施罪①

本书收集的 2 起煽动暴力抗拒法律实施罪案例中，犯罪主体涉及 2 名自然人，均被处以拘役，其中一人被处拘役三个月，另一人被处拘役四个月。犯罪主体并未被处附加刑。

2. 非法获取国家秘密罪②

本书收集的 203 例非法获取国家秘密罪案例中，犯罪主体涉及 578 名自然人。在这 578 人中，16 人被处以管制；99 人被处以拘役；194 人被处以一年以下有期徒刑，172 人被处以 1 年至 2 年不等有期徒刑，16 人被处以 2 年至 3 年不等有期徒刑，11 人被处以 3 年至 5 年有期徒刑，

---

① 根据《刑法》第二百七十八条的规定，犯煽动暴力抗拒法律实施罪的，主刑为处三年以下有期徒刑、拘役、管制或者剥夺政治权利；造成严重后果的，处三年以上七年以下有期徒刑。

② 根据《刑法》第二百八十二条的规定，犯非法获取国家秘密罪的，主刑为处三年以下有期徒刑、拘役、管制；情节严重的，处三年以上七年以下有期徒刑。附加刑为剥夺政治权利。

2人被处5年以上有期徒刑;7人单处附加刑;61人免予刑事处罚。

前述案例中,其中7人单处剥夺政治权利。

3. 非法使用窃听、窃照专用器材罪①

本书收集的27起非法使用窃听、窃照专用器材罪案例中,犯罪主体涉及60名自然人。其中,6人被处以管制;14人被处以拘役;25人被处一年以下有期徒刑,12人被处1年至2年不等有期徒刑;3人被免予刑事处罚。

我国《刑法》未对非法使用窃听、窃照专用器材罪规定相应的附加刑。

4. 拒不履行信息网络安全管理义务罪②

本书收集的2起拒不履行信息网络安全管理义务罪案例中,2名被告分别被处以6个月拘役、一年四个月有期徒刑。2名被告分别被处罚金3万元和8万元。

5. 非法利用信息网络罪③

本书收集的128起非法利用信息网络罪案例中,犯罪主体涉及1个单位和181名自然人。在181名自然人中,7人未受到主刑刑罚;8人被处以一年以下拘役;107人被处以一年以下有期徒刑,51人被处以1年至2年不等有期徒刑,8人被处以2年至3年不等有期徒刑。

前述案例中,犯罪主体涉及1个单位和181名自然人。该单位被处以10万元罚金。在181名自然人中,179人被处以罚金。其中,47人被处5000元以下不等罚金;39人被处5000元至1万元不等罚金;54人被处1万元至3万元不等罚金;21人被处3万元至5万元不等罚金;5人被处5万元至10万元不等罚金;13人被处10万元及以上罚金。自

---

① 根据《刑法》第二百八十四条的规定,非法使用窃听、窃照专用器材罪,造成严重后果的,处二年以下有期徒刑、拘役或者管制。

② 根据《刑法》第二百八十六条之一的规定,犯拒不履行信息网络安全管理义务罪,主刑为处三年以下有期徒刑、拘役或者管制,并处或者单处罚金。

③ 根据《刑法》第二百八十七条之一的规定,犯利用信息网络罪的,主刑为处三年以下有期徒刑或者拘役。并处或单处罚金。

然人中，最高罚金 40 万元，最低罚金 1000 元。

6. 帮助信息网络犯罪活动罪①

本书收集的 80 起帮助信息网络犯罪活动罪案例中，犯罪主体涉及 3 个单位和 116 名自然人。在这 116 名自然人中，2 人被免予刑事处罚；4 人单处罚金；25 人被处以一年以下拘役；41 人被处以一年以下有期徒刑，44 人被处以 1 年至 2 年（包括 2 年）有期徒刑。

前述案例中，3 个单位分别被处罚金 3 万元、5 万元、98 万元。116 名自然人中，有 114 人被处罚金。其中，32 人被处 5000 元以下不等罚金；18 人被处 5000 元至 1 万元不等罚金；49 人被处 1 万元至 10 万元不等罚金；6 人被处 10 万元及以上罚金。自然人中，最高罚金 30 万元，最低罚金 1000 元。

7. 扰乱无线电通信管理秩序罪②

本书收集的 23 起扰乱无线电通信管理秩序罪案例中，犯罪主体涉及 34 名自然人。在这 34 名自然人中，5 人被处一年以下有期徒刑，11 人被处 1 年至 2 年不等有期徒刑，15 人被处 2 年至 3 年不等有期徒刑，3 人被处 3 年及以上有期徒刑。最短刑期 8 个月，最长刑期 3 年半。

前述案例中，30 人被处以罚金。其中 10 人被处 5000 元以下罚金；7 人被处 5000 元罚金；8 人被处 1 万元罚金；1 人被处 2 万元罚金；1 人被处 4 万元罚金；2 人被处 5 万元罚金；1 人被处 6 万元罚金。

8. 编造、故意传播虚假恐怖信息罪③

本书收集的 17 起编造、故意传播虚假恐怖信息罪案例中，犯罪主体涉及 22 名自然人。其中，4 人被处以拘役；12 人被处一年以下有期

---

① 根据《刑法》第二百八十七条之二的规定，犯帮助信息网络犯罪活动罪的，主刑为处三年以下有期徒刑或者拘役，并处或者单处罚金；单位犯罪的，对单位判处罚金。

② 根据《刑法》第二百八十八条的规定，犯扰乱无线电通讯管理秩序罪，情节严重的，主刑为处三年以下有期徒刑、拘役或者管制，并处或者单处罚金；情节特别严重的，处三年以上七年以下有期徒刑，并处罚金。

③ 根据《刑法》第二百九十一条之一规定，犯编造、故意传播虚假恐怖信息罪，主刑为处五年以下有期徒刑、拘役或者管制；造成严重后果的，处五年以上有期徒刑。

徒刑；4人被处1年至2年不等有期徒刑；2人被处2年至3年不等有期徒刑。

我国《刑法》未对编造、故意传播虚假恐怖信息罪规定相应的附加刑。

9. 编造、故意传播虚假信息罪①

本书收集的23起编造、故意传播虚假信息罪案例中，犯罪主体涉及29名自然人。在这29名自然人中，3人被处以拘役；13人被处以一年以下有期徒刑；11人被处以1年至2年（包括2年）不等有期徒刑；2人被处以3年以上有期徒刑。

我国《刑法》未对编造、故意传播虚假信息罪规定相应的附加刑。

10. 传播型寻衅滋事罪②

在本书收集的131起传播型寻衅滋事罪案例中，犯罪主体涉及158名自然人。其中，5人被免予刑事处罚；12人被处以拘役；41人被处以一年以下有期徒刑；57人被处以1年至2年不等有期徒刑；20人被处以2年至3年不等有期徒刑；15人被处以3年至4年不等有期徒刑；7人被处以4年至5年不等有期徒刑；1人被处以7年有期徒刑。

前述案件，158名犯罪主体未受到附加刑处罚。

11. 传授犯罪方法罪③

在本书收集的17起传授犯罪方法罪案例中，犯罪主体涉及21名自然人，均被处以五年以下有期徒刑。其中，8人被处一年以下有期徒刑，10人被处1年至2年（包括2年）不等有期徒刑，1人被处3年有期徒刑，1人被处4年有期徒刑，1人被处四年六个月有期徒刑。

---

① 根据《刑法》第二百九十一条之一规定，犯编造、故意传播虚假信息罪，主刑为处三年以下有期徒刑、拘役或者管制；造成严重后果的，处三年以上七年以下有期徒刑。

② 根据《刑法》第二百九十三条的规定，犯寻衅滋事罪的，主刑为处五年以下有期徒刑、拘役或者管制；纠集他人多次实施寻衅滋事行为，严重破坏社会秩序的，处五年以上十年以下有期徒刑，并处罚金。

③ 根据《刑法》第二百九十五条的规定，犯传授犯罪方法罪的，主刑为处五年以下有期徒刑、拘役或者管制；情节严重的，处五年以上十年以下有期徒刑；情节特别严重的，处十年以上有期徒刑或者无期徒刑。

我国《刑法》未对传授犯罪方法罪规定相应的附加刑。

12. 侵害英雄烈士名誉、荣誉罪

根据《刑法》第二百九十九条之一的规定，该罪刑罚为三年以下有期徒刑、拘役、管制或者剥夺政治权利。

13. 组织、利用会道门、邪教组织、利用迷信破坏法律实施罪①

本书收集的 41 起组织、利用会道门、邪教组织、利用迷信破坏法律实施罪案例中，犯罪主体涉及 63 名自然人，均被处以有期徒刑。其中，1 人被处 8 个月有期徒刑；12 人被处 1 年至 2 年不等有期徒刑；16 人被处 2 年至 3 年不等有期徒刑；23 人被处 3 年至 4 年不等有期徒刑；11 人被处 4 年至 5 年（包括 5 年）有期徒刑。

前述案例中，犯罪主体涉及 63 名自然人。在这 63 名自然人中，49 人被处以罚金。其中，20 人被处 5000 元以下罚金；26 人被处 5000 元至 1 万元（包括 1 万元）罚金；2 人被处 2 万元罚金；1 人被处 4 万元罚金。

（二）扰乱社会秩序传播犯罪刑罚适用小结

扰乱社会秩序传播犯罪的刑罚适用表

罪名\刑罚	主刑（年）							罚金刑（万元）				
	拘役	管制	<1	1—2	2—3	3—5	5—	<1	1—10	10—100	100—500	500—
煽动暴力抗拒法律实施罪	2											
非法获取国家秘密罪	99	16	194	172	16	11	2					
非法使用窃听、窃照专用器材罪	14	6	25	12								

---

① 根据《刑法》第三百条的规定，犯组织、利用会道门、邪教组织、利用迷信破坏法律实施罪的，主刑为处三年以上七年以下有期徒刑，并处罚金；情节严重的，处七年以上有期徒刑或者无期徒刑，并处罚金或者没收财产；情节较轻的，处三年以下有期徒刑、拘役、管制，剥夺政治权利，并处或者单处罚金。

续表

刑罚 罪名	主刑（年）							罚金刑（万元）			
	拘役	管制	<1	1—2	2—3	3—5	5—	<1	1—10	10—100	100—500	500—
拒不履行信息网络安全管理义务罪	1			1					2			
非法利用信息网络罪	8		107	51	8			86	80	13		
帮助信息网络犯罪活动罪	25		41	44				50	49	6		
扰乱无线电通信管理秩序罪			5	11	15	3		17	13			
编造、故意传播虚假恐怖信息罪	4		12	4	22							
编造、故意传播虚假信息罪	3		13	11		2						
传播型寻衅滋事罪	12		41	57	20	22	1					
传授犯罪方法罪			8	10		3						
组织、利用会道门、邪教组织、利用迷信破坏法律实施罪			1	12	16	34		46	3			
总计	168	22	447	385	97	75	3	199	145	19		

注：1. 数字区间，右侧数字即大数不包括在该区间统计范围内。2. 拘役为1年以内。3. 因侵害英雄烈士名誉、荣誉罪暂无案例，故未能统计分析。

扰乱社会秩序传播犯罪立法中，刑罚最重的是传授犯罪方法罪（情节特别严重的，处十年以上有期徒刑或者无期徒刑）。而由上述统计可见，此类犯罪的刑罚适用呈现以下特征：（1）关于主刑适用。除拘役外，1—3年有期徒刑是主要适用的刑罚，其中以1—2年居多；5年以上刑罚为非法获取国家秘密罪和传播型寻衅滋事罪，均为7年有期徒刑。（2）关于附加刑适用。此类犯罪在附加刑处罚上较轻；针对非法使用窃听、窃照专用器材罪，编造、故意传播虚假恐怖信息罪，编造、故意传播虚假信息罪，传授犯罪方法罪，我国《刑法》未对上述罪名规定相应的附加刑；司法实践中对非法利用信息网络罪的附加刑即罚金数额最高。

三 妨害司法（秩序）传播犯罪的刑罚适用

因此类犯罪两个罪名均无案例，以下仅从立法上对其刑罚特征进行简单分析：

（一）泄露不应公开的案件信息罪刑罚适用

根据《刑法》第三百零八条之一的规定，犯泄露不应公开的案件信息罪的，主刑为处三年以下有期徒刑、拘役或者管制；附加刑为并处或者单处罚金。

（二）披露、报道不应公开的案件信息罪刑罚适用

根据《刑法》第三百零八条之一的规定，犯披露、报道不应公开的案件信息罪的，主刑为处三年以下有期徒刑、拘役或者管制；附加刑为并处或者单处罚金。

四 妨害社会伦理道德传播犯罪的刑罚适用

（一）妨害社会伦理道德传播犯罪刑罚的适用

1. 传播型走私淫秽物品罪[①]

本书收集的6起传播型走私淫秽物品罪案件中，犯罪主体涉及8名自然人，均被处以有期徒刑。其中1人被处一年半有期徒刑；2人被处三年有期徒刑；5人被处五年及以上有期徒刑。

---

① 根据《刑法》第一百五十二条的规定，犯走私淫秽物品罪的，主刑为处三年以上十年以下有期徒刑，并处罚金；情节严重的，处十年以上有期徒刑或者无期徒刑，并处罚金或者没收财产；情节较轻的，处三年以下有期徒刑、拘役或者管制，并处罚金。

前述案件中，犯罪主体涉及 8 名自然人和 1 个单位。其中，该涉案单位被处 10 万元罚金；6 人被处 1 万元至 10 万元罚金；2 人被处 20 万元罚金。

2. 制作、复制、出版、贩卖、传播淫秽物品牟利罪[①]

本书收集的 46 起制作、复制、出版、贩卖、传播淫秽物品牟利罪案件中，犯罪主体涉及 92 名自然人。其中 2 人被处拘役；17 人被处一年以下有期徒刑；24 人被处一年以上两年以下有期徒刑；9 人被处两年以上三年以下有期徒刑；19 人被处三年以上五年以下有期徒刑；21 人被处五年及以上有期徒刑。

前述案件中，有 78 人被处以罚金。其中，42 人被处 1 万元及以下罚金；7 人被处 1 万元至 2 万元（包括 3 万元）罚金；5 人被处 2 万元至 3 万元罚金；7 人被处 3 万元至 5 万元（包括 5 万元）罚金；8 人被处 5 万元至 10 万元（包括 10 万元）罚金；7 人被处 10 万元至 30 万元（包括 30 万元）罚金；2 人被处 110 万元罚金。

3. 为他人提供书号出版淫秽书刊罪

根据《刑法》第三百六十三条的规定，犯为他人提供书号出版淫秽书刊罪的，主刑为处三年以下有期徒刑、拘役或者管制；附加刑为并处或者单处罚金。

4. 传播淫秽物品罪[②]

本书收集的 12 起传播淫秽物品罪案件中，犯罪主体涉及 20 名自然人。其中，7 人被处以半年及以下拘役；9 人被处一年及以下有期徒刑；4 人被处两年有期徒刑。

我国《刑法》未对传播淫秽物品罪规定相应的附加刑。

[①] 根据《刑法》第三百六十三条的规定，犯制作、复制、出版、贩卖、传播淫秽物品牟利罪的，主刑为处三年以下有期徒刑、拘役或者管制，并处罚金；情节严重的，处三年以上十年以下有期徒刑，并处罚金；情节特别严重的，处十年以上有期徒刑或者无期徒刑，并处罚金或者没收财产。

[②] 根据《刑法》第三百六十四条的规定，犯传播淫秽物品罪的，主刑为处二年以下有期徒刑、拘役或者管制。

第五章 侵害社会法益传播犯罪特征与趋势

5. 组织播放淫秽音像制品罪[①]

本书收集的 4 起组织播放淫秽音像制品罪案例中，犯罪主体涉及 4 名自然人。其中，1 人被处以拘役 3 个月；3 人分别被处以 6 个月、8 个月、9 个月有期徒刑。

前述案例中，1 人被处 1000 元罚金，1 人被处 3000 元罚金，2 人被处 5000 元罚金。

（二）妨害社会伦理道德传播犯罪刑罚适用小结

妨害社会伦理道德传播犯罪的刑罚适用表

刑罚 罪名	拘役	主刑（年）				罚金刑（万元）				
		<1	1—2	2—3	3—5	5—	<1	1—10	10—100	100—500	500—
传播型走私淫秽物品罪			1		2	5	6	2			
制作、复制、出版、贩卖、传播淫秽物品牟利罪	2	17	24	9	19	21	42	27	7	2	
传播淫秽物品罪	7	9		4							
组织播放淫秽音像制品	1	3					4				
合计	10	29	25	13	21	26	46	33	9	2	

注：1. 数字区间，右侧数字即大数不包括在该区间统计范围内。2. 拘役为 1 年以内。

妨害社会伦理道德传播犯罪立法中，刑罚最重的是制作、复制、出版、贩卖、传播淫秽物品牟利罪（情节特别严重的，处十年以上有期徒刑或者无期徒刑），该罪案例数量也是此类犯罪中最多的，其刑罚适用的特点体现了此类犯罪的刑罚适用特征。由上述统计可见，此类犯罪的

---

① 根据《刑法》第三百六十四条的规定，犯组织播放淫秽音像制品罪的，主刑为处三年以下有期徒刑、拘役或者管制；情节严重的，处三年以上十年以下有期徒刑，并处罚金。

刑罚适用呈现以下特征：（1）关于主刑适用。2年以下有期徒刑和3—5年有期徒刑是主要的刑法适用，其中以一年以下有期徒刑居多；组织播放淫秽音像制品罪的刑罚适用较轻。（2）关于附加刑适用。我国《刑法》未对传播淫秽物品罪规定相应的附加刑；从司法实践来看，对制作、复制、出版、贩卖、传播淫秽物品牟利罪的处罚最重——综上所述，制作、复制、出版、贩卖、传播淫秽物品牟利罪是妨害社会伦理道德传播犯罪打击最为严厉的犯罪。

五　侵害社会法益传播犯罪刑罚适用小结

由下图可见：872起侵害社会法益传播犯罪案件中，犯罪主体涉及1651名自然人，其中71人免予刑事处罚。从主刑适用情况来看，有1545人受到主刑处罚，其中：侵害社会法益传播犯罪的主刑多为有期徒刑，被处三年以下有期徒刑者最多（1123名），三年以上十年以下有期徒刑仅有213名；值得注意的是出现7起重刑即判处10年以上有期徒刑，其中6起出现在妨害社会伦理道德传播犯罪案件中；另有162人被处以拘役，47人被处以管制。附加刑主要是被处罚金，罚金视具体案情不等；7人被剥夺政治权利，均出现在非法获取国家秘密罪案例中。总体而言，传播型非法经营罪、非法获取国家秘密罪、传播型寻衅滋事罪、妨害社会伦理道德传播犯罪，是此类犯罪的打击重心。

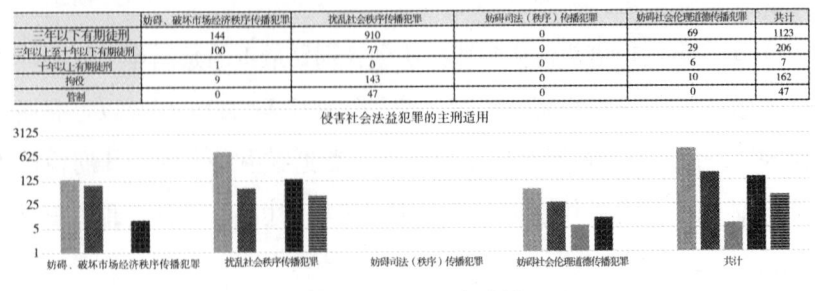

	妨碍、破坏市场经济秩序传播犯罪	扰乱社会秩序传播犯罪	妨碍司法（秩序）传播犯罪	妨碍社会伦理道德传播犯罪	共计
三年以下有期徒刑	144	910	0	69	1123
三年以上至十年以下有期徒刑	100	77	0	29	206
十年以上有期徒刑	1	0	0	6	7
拘役	9	143	0	10	162
管制	0	47	0	0	47

侵害社会法益犯罪的主刑适用

第五节 本章结论

一 侵害社会法益传播犯罪的立法与司法实践特征

通过对我国2014—2019年六年间872起侵害社会法益传播犯罪案件进行量化分析，可以得出如下结论：

关于此类犯罪行为特征，侵害社会法益传播犯罪在犯罪行为上具有不同的表现。从媒介使用特征上看，因侵害社会法益传播犯罪类型众多，媒介使用多样，其中信息网络（尤其是微信、QQ）成为犯罪行为实施中的重要媒介，但传统媒介仍然是重要的犯罪工具之一。

关于此类犯罪主体，以21—40岁，受中等教育、高等教育的男性为主；但在组织、利用会道门、邪教组织、利用迷信破坏法律实施罪中，犯罪主体集中为40岁以上的女性。

关于此类犯罪客体，侵害社会法益传播犯罪涉及国家对市场经济秩序、社会秩序、司法秩序、社会伦理道德的方方面面，同时也会侵害公民的人身、财产权益等。

关于此类犯罪主观特征，除为他人提供书号出版淫秽书刊罪外，其他23种犯罪在主观上只能由故意构成，而其主观目的与动机多样，包括牟利、危害国家安全或社会秩序、获取高关注度、发泄情绪、传播等。

关于此类犯罪在刑罚适用，主刑多为三年以下有期徒刑，重型即判处10年以上有期徒刑主要出现在妨害社会伦理道德的传播犯罪案件中，其次是传播型非法经营罪、非法获取国家秘密罪、传播型寻衅滋事罪；附加刑主要是被处以罚金，罚金视具体案情不等。

二 侵害社会法益传播犯罪的结构特征与总体走势

总的看来,我国侵害社会法益传播犯罪在数量上表现出以下特征:

(一) 侵害社会法益传播犯罪结构特征

在侵害社会法益传播犯罪中,扰乱社会秩序的传播犯罪占79.58%(694/872)即绝对多数,其中,又以非法获取国家秘密罪,非法利用信息网络罪,帮助信息网络犯罪活动罪,编造、故意传播虚假恐怖信息罪,传播型寻衅滋事罪,组织、利用会道门、邪教组织、利用迷信破坏法律实施罪数量为多;妨害社会伦理道德的案件数量则比较少。

(二) 侵害社会法益传播犯罪整体走势

侵害社会法益传播犯罪数量,虽然在2017年度有下降现象,但整体上呈上升趋势,其中2016年的增长率40.56%,为最高。

年份	妨碍、破坏市场经济秩序传播犯罪	扰乱社会秩序传播犯罪	妨碍司法(秩序)传播犯罪	妨碍社会伦理道德传播犯罪	共计
2014	13	78	0	2	93
2015	11	92	0	3	106
2016	14	128	0	7	149
2017	28	87	0	16	131
2018	25	133	0	18	176
2019	19	176	0	22	217
共计	110	694	0	68	872

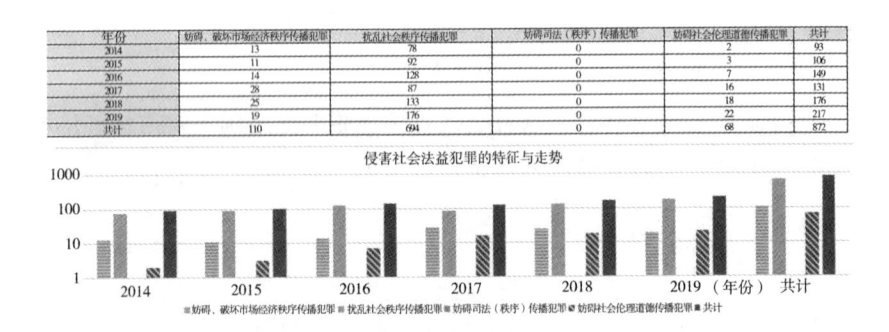

侵害社会法益犯罪的特征与走势

第六章 侵害个体法益传播犯罪的特征与趋势

侵害个体法益的传播犯罪包括4种侵害个体人格权益和民主权益的传播犯罪、5种侵害个体财产权益的传播犯罪①和4种侵害知识产权的传播犯罪。

本章以司法案例为研究依据，对侵害个体法益的传播犯罪的媒体使用、主体、主观性及刑罚适用进行重点研究，以图勾勒出此类犯罪的整体性的案例的司法特征及整体走势。②

第一节 侵害个体法益传播犯罪的媒介使用等行为特征

除其他行为特征外，媒介使用是侵害个体法益传播犯罪行为特征的主要表现。本节除对各类罪名的媒介使用进行归类分析外，对有案例数量规模及其他有特殊性的个罪的媒介使用特征也进行个别研究。

---

① 其中侵犯公民个人信息罪涉及公民的财产、人格尊严及人身安全，本书将其归为侵犯公民财产的犯罪。

② 本章以中国裁判文书网、无讼网为收集来源，以2014年1月1日到2019年12月30日为收集范围，以相关罪名为关键词进行全文检索，以下不再交代案例来源。另外，除只有个别案例和其他特别情况的相关个罪外，其他罪名案例案号均在文末参考文献部分。

一 侵害个体人格权益和民主权益传播犯罪的媒介使用等行为特征

(一) 侵害个体人格权益和民主权益传播犯罪的媒介使用特征

1. 传播型侮辱罪

传播型侮辱罪,指以传播手段,即以传统媒体或网络媒体为工具,侮辱他人人格,侵害他人名誉,情节严重的行为。目前,传播型侮辱罪多以网络、尤其是以自媒体为工具。[①] 随着互联网的迅速发展,对"公然"要件逐渐作扩大解释,与此同时,社交媒体的普及也提高了侮辱罪的社会危害性。

本书共收集到 20 起传播型侮辱罪案例。在这些案例中,犯罪主体与被害人均有一定的社会关系或地域联系,犯罪主体因某种原因对被害人产生不满而公然侮辱被害人的人格权益、人格尊严和名誉。即时通信类媒体具有社交功能,行为人使用该类媒体进行侵害行为时,其传播对象在很大程度上与被害人的社会关系重合,因此行为人多使用此类媒体,如使用微信或 QQ 进行群发,或在微信朋友圈发布、转发。因本地论坛、网站的受众和传播效果也具备上述特点,因此也是行为人的媒体选择。如孙某某、赵某侮辱一案,[②] 犯罪主体均通过即时通信工具、当地网站传播有损被害人名誉、人格权益、人格尊严的照片、文字,造成了严重后果。

此类犯罪中,行为人多以手机为工具,拍摄视频、照片,发布带有

---

① 参见广东省汕尾市中级人民法院 (2014) 汕尾中法刑一终字第 77 号刑事裁定书,广东省广州市中级人民法院 (2016) 粤 01 刑终 1308 号刑事裁定书,山西省运城市中级人民法院 (2016) 晋 08 刑终 395 号刑事裁定书,浙江省丽水市中级人民法院 (2016) 浙 11 刑终 109 号刑事裁定书,云南省丽江市中级人民法院 (2016) 云 07 刑终 68 号刑事裁定书,四川省雅安市中级人民法院 (2017) 川 18 刑终 16 号刑事裁定书,广西百色市中级人民法院 (2017) 桂 10 刑终 48 号刑事裁定书,山西省阳泉市中级人民法院 (2017) 晋 03 刑终 217 号刑事裁定书。

② 参见山东省临沂市兰山区人民法院 (2019) 鲁 1302 刑初 7 号判决书。

侮辱信息的内容。部分犯罪主体实施传播型侮辱行为时不限于言语暴力和传播行为，同时伴有暴力手段。

除上述特征，本罪还具备如下特征：（1）本罪是危险犯，只有情节严重才能构成本罪。情节严重包括：实施侮辱手段恶劣，多次实施侮辱行为，侮辱行为造成严重后果。[1] 如在陈某侮辱一案中，[2] 被告人陈某在微信朋友圈内公然发表侮辱他人的言论，但由于未达到情节严重的标准，最终法院判决陈某无罪。（2）本罪是亲告罪，即告诉才处理，但严重危害社会秩序和国家利益的除外。然而，本节所研究的案例中，自诉案件仅4例，占总体案例的19%；而公诉案件17例，占80.95%——这是值得注意的现象。

2. 诽谤罪

诽谤罪在客观上表现为捏造事实、传播（散布）事实诽谤他人。诽谤行为包括人际传播（口头）诽谤、组织传播诽谤，但真正构成犯罪的行为，往往是使用媒体进行的诽谤。

本书共检索到92起诽谤罪案例，其中，所涉及的传统媒体包括：非法出版物、电视台；网络媒体主要为网站；新媒体包括：微博、短视频软件、即时社交（通信）媒体及其衍生平台。其中犯罪主体使用网站实施侵害行为的案例较多，而"天涯论坛"的使用率最高，其次为被告人和被害人居住地的论坛。"天涯论坛"是国内知较为名的论坛之一，受众广泛；地方论坛的受众与被害人社交关系有最大的重合可能性，使用此类网站传播捏造的事实对被害人的名誉和人格损害最大。如在张某诽谤罪一案中，被告人张某从网络上找来一篇文章，修改后以"实名举报兴安县县委书记以权谋财"为标题发布到"天涯论坛"等知名网站上，用虚构事实的方式诽谤李芳、陈虹林、殷继明等人。该文章发布后，点击率达5493次，评论33条。[3] 在冯某诽谤罪一案中，被告

---

[1] 张明楷：《刑法学》（第五版），法律出版社2016年版，第917页。
[2] 参见云南省勐腊县人民法院（2016）云2823刑初181号判决书。
[3] 参见广西兴安县人民法院（2019）桂0325刑初242号判决书。

人冯某因违章建房问题与被害人周某发生争吵。后被告人冯某未经核实，编写有关被害人周某违法违纪问题11条，让花某于2014年5月31日以"安丰卜页中堡蟹"的网名，在兴化市民论坛上发表《举报大垛镇从六村支部书记》的帖子，损害周某名誉、贬损其人格。此后，被害人周某自杀身亡，并留遗书称因冯某在网上发帖对其进行诽谤而自杀。经中共大垛镇纪委调查，帖子中所述内容均不属实。①

3. 煽动民族仇恨、民族歧视罪

本节共检索到13起煽动民族仇恨、民族歧视罪案例。其中，共11个被告人使用了即时（社交）通信媒体。② 即时通信媒体具有较强的反馈性，方便行为人发表煽动言论、与目标受众讨论，且传播效率高。

本罪的其他行为特征有三类。分别如下：（1）通过宣扬极端宗教思想、反动宗教或倾向类宗教煽动民族仇恨。本罪被告人通过传播与穆斯林、宗教、圣战相关的视听资料，煽动民族仇恨情绪，旨在破坏民族团结。如在吐某煽动民族仇恨、民族歧视罪③一案中，被告人吐某通过其手机登录个人QQ，下载宣传宗教极端思想、宣扬"圣战"的反动宗教类、倾向性宗教类非法音频、视频、图片，随后多次向其QQ好友和QQ群发送、传播。以传播宗教极端思想、宣扬"圣战"的反动宗教类、倾向性宗教的手段煽动民族仇恨，破坏民族团结，该行为已严重违反了国家关于民族平等、民族团结的法律及政策规定。（2）通过侮辱少数民族或其宗教习惯煽动民族仇恨。此类犯罪中，被告人均为汉族，其故意在社交媒体平台发布侮辱少数民族宗教习惯，破坏民族团结。如唐某煽动民族仇恨、民族歧视一案中，被告人在廊坊开发区艾力枫社小区M—2号楼，通过其手机在"快手"短视频应用平台上，使用ID230557755、昵称为"唐某鸿鹄之志"的"快手"账号，上传一段用喷火枪烤猪蹄的视频，并在视频上附文字"回民最爱吃的一道菜"。该

---

① 参见湖南省兴化市人民法院（2014）泰兴刑初字第566号判决书。
② 因部分案例犯罪主体不止使用一个媒体，因此本书所涉媒体总和超过案例数量。
③ 参见浙江省玉环县人民法院（2014）台玉刑初字第837号判决书。

视频上传后迅速在"快手"平台及"微信朋友圈"传播，引发较大规模回族群众到廊坊市政府聚集抗议。①（3）宣扬个别少数民族的犯罪行为，破坏民族团结。此类犯罪中，被告人也为汉族，通过宣扬少数民族个别群众犯罪，从而煽动不特定的大多数人仇恨、歧视该民族，破坏民族团结。如在李某煽动民族仇恨、民族歧视罪、伪造公司、企业、事业单位、人民团体印某罪一案中，李某创建"GDI装甲研究部"QQ群，并在网上拉拢了80多名网友加入该QQ群，在群内多次发布穆斯林在中国犯罪的新闻和仇视穆斯林的言论，探讨如何袭击黑色人种和穆斯林，煽动群成员的民族仇恨情绪，同时向群成员募集资金着手成立反黑色人种、反穆斯林组织。②

4. 出版歧视、侮辱少数民族作品罪

出版歧视、侮辱少数民族作品罪，指在出版物中刊载歧视、侮辱少数民族的内容，情节恶劣，造成严重后果的行为。此罪名无案例。

（二）侵害个体人格权益和民主权益传播犯罪的媒介使用及行为特征小结

侵害个体人格权益和民主权益的传播犯罪的媒介使用特征

媒介特征 罪名	网络媒介						传统媒介		
	网站	微信	QQ	贴吧	论坛	微博	印刷媒介	电视	广播电台
传播型侮辱罪	3	10	4	1	1	1	0	0	0
诽谤罪	85	12	2	12	27	1	1	1	0
煽动民族仇恨、民族歧视罪	2	5	6	0	0	2	0	0	0
出版歧视、侮辱少数民族作品罪	0	0	0	0	0	0	0	0	0
合计	90	27	12	13	28	4	1	1	0

---

① 参见河北省廊坊经济技术开发区人民法院（2018）冀1091刑初30号判决书。
② 参见陕西省西安市雁塔区人民法院（2018）陕0113刑初220号判决书。

由上表，在侵害个体人格权益和民主权益的传播犯罪，在犯罪行为上具有不同的行为特征：诽谤罪是捏造虚假信息传播，侮辱罪和煽动民族仇恨、民族歧视罪是传播真实却带有侮辱性或断章取义的真实信息。从媒介使用上看，3类犯罪使用最多的媒介是网站，论坛次之，微信第三。其中，诽谤罪的行为人主要利用网站发布带有侮辱或捏造的不实信息；侮辱罪，煽动民族仇恨、民族歧视罪则以微信、QQ等即时通信软件为主。在传统媒介使用中，仅涉电视媒体1起。

二 侵害个体财产权益传播犯罪的媒介使用等行为特征

（一）侵害个体财产权益传播犯罪的媒介使用特征

1. 侵犯公民个人信息罪[①]

本罪的行为方式与途径中，"出售或提供"行为涉及传播，而"出售或提供"行为既有向特定人进行传播，也有向不特定人进行传播。

在本书收集的81起侵犯公民个人信息罪案例中，犯罪主体使用即时（社交）通信类媒体的有81例，网站、邮箱、微博共计26例[②]。本罪的主要犯罪方式包括如下两种：犯罪主体使用内部网络获取公民个人信息，再通过即时通信工具、邮箱集中售卖；犯罪主体通过即时通信工具从他人处购买公民个人信息后转卖。如陶某侵犯公民个人信息罪一案中，时任四川省甘孜州色达县公安局网安大队民警的陶某使用数字证书从公安内网获取公民个人信息后，在互联网上非法出售同名信息、驾驶证信息、行驶证信息、身份证头像信息等公民个人信息，共计获利人民币120492.17元。[③] 又如被告人唐某先加入一些专门倒卖公民个人信息

[①] 根据《刑法》第二百五十三条之一，侵犯公民个人信息罪包括：违反国家有关规定，向他人出售或者提供公民个人信息，情节严重的行为；违反国家有关规定，将在履行职责或者提供服务过程中获得的公民个人信息，出售或者提供给他人的行为。

[②] 因部分案例犯罪主体使用不止一种媒体，因此本书所涉媒体总和超过案例数量。

[③] 参见四川省眉山市中级人民法院（2018）川14刑终104号判决书。

的QQ群，然后在QQ群里购买大量公民个人信息，再倒卖给他人，从中赚取差价。①

通过案例，结合词频分析，出售公民个人信息的行为包括：（1）获取。本节案例中，被告人获取公民个人信息的方式包括向他人购买、冒名登录有权限的网站、从互联网获取、在履行职责或者提供服务过程中获取。如杨某某、付某某侵犯公民个人信息罪一案中，被告人杨某某从QQ好友处得知买卖公民信息可以赚钱，随后便通过QQ购得1000余万条公民个人信息，并通过QQ、微信等方式联系客户进行销售。②（2）出售（传播）。出售公民个人信息是本罪的主要侵害方式。如梁某、徐某侵犯公民个人信息罪一案中，梁某利用担任广西壮族自治区柳州市公安局交警支队鱼峰大队辅警的工作便利，违规登录公安机关信息查询系统获取车辆登记数据，通过微信网络社交工具，出售给被告人覃某，违法所得共计人民币127535元。③（3）提供（传播）。提供公民个人信息行为是本罪的另一种侵害方式。如薛某、邹某侵犯公民个人信息罪一案中，被告人为向他人推销公司或个人的装修业务，通过QQ、微信等网络平台及公司业务员或个人之间交换等方式，分别获取楼盘业主信息共计252457条。④

2. 损害商业信誉、商品声誉罪⑤

由于人际传播和组织传播很难对他人商业信誉、商品声誉造成重大损失，所以此类犯罪是典型的适用媒体面向大众进行的传播犯罪。

本书收集20起损害商业信誉、商品声誉罪案例。在媒体选择中，行为人通常使用知名度较高的网站、论坛，发布贬损被害人或单位的信息以损害他人商业信誉。如陈某损害商业信誉、商品声誉罪一案中，其

---

① 参见四川省南充市中级人民法院（2018）川13刑终215号判决书。
② 参见山东省临沂市中级人民法院（2019）鲁13刑终359号判决书。
③ 参见湖北省宜昌市中级人民法院（2019）鄂05刑终125号判决书。
④ 参见河南省郑州市中级人民法院（2019）豫01刑终344号判决书。
⑤ 根据《刑法》第二百二十一条，损害商业信誉、商品声誉罪是捏造并散布虚伪事实，损害他人的商业信誉、商品声誉，给他人造成重大损失或者有其他严重情节的行为。

通过刘某介绍，积极联系《南方都市报》媒体并接受记者采访，安排被告人李某接受相关媒体记者的调查核实，散布针对某公司的不实信息。在相关媒体报道关于某公司的不实信息后，陈某安排自己公司的员工吉某某在互联网上转发；被告人李某安排自己公司的员工冉某某编撰相关不实信息并在互联网上发布。自 2016 年 10 月 8 日开始，相关虚假报道通过百度贴吧、微信等互联网渠道和《南方都市报》媒体迅速传播，相关帖文的点击阅览数量超过 20 万次，对某公司的经营造成重大影响，公司商业信誉、经济利益受到重大损害。①

损害商业信誉、商品声誉罪的捏造与传播行为须同时存在方才构成此罪。所谓捏造，是指虚构根本不存在的信息或者对已经存在的真实信息进行隐瞒或篡改，可以包括完全虚构或部分虚构，所虚构的事实需要能够产生罪名规定的严重后果；所谓传播（散布），是指将前述捏造的虚假信息让不特定或者多数人知悉或处于可能知悉状态。捏造事实不具有法益侵害性和紧迫危险，捏造后的传播（散布）才会对他人的商业信誉和商品声誉产生法益侵害性和紧迫危险，故传播（散布）才是本罪的关键实行行为。传播（散布）的方式包括口头传播、书面传播、通过互联网传播等。

3. 传播型诈骗罪

传播型诈骗罪，指通过传播途径，对不特定人或多数人实施欺诈行为，使被害人产生错误认识进而处分财产，诈骗行为人从而取得财产的行为。根据规定，传播型诈骗罪应从严惩处。②

本罪在客观上表现为传播虚假信息，基于对方瑕疵的意思而取得财产，如制作虚假网页、在网站上发布虚假信息、在社交媒体平台发布虚

---

① 参见重庆市渝北区人民法院（2017）渝 0112 刑初 1328 号判决书。
② 根据《关于办理诈骗刑事案件具体应用法律若干问题的解释》，诈骗公私财物达到该解释第一条规定的数额标准，具有下列情形之一的，可以依照刑法第二百六十六条的规定酌情从严惩处：通过发送短信、拨打电话或者利用互联网、广播电视、报纸杂志等发布虚假信息，对不特定多数人实施诈骗的。

假信息，以骗取被害人财产。根据检索条件，本书共收集到62起传播型诈骗罪案例。① 其中，被告人使用最多的媒体为网站，其次为微信、QQ。

前述案例中，以编造高额回报为诱饵或冒充业务员的骗取被害人投资的案例17起、假冒身份骗取被害人充值游戏、赌博账投注的案例9起、通过社交软件骗取被害人进行高额消费的案例5起。62起诈骗罪案例的301名被告中，诈骗数额较大者121人、数额巨大者139人、数额特别巨大者41人；涉诈骗金额3万元至10万元以上的犯罪主体最多，占总体比例的46.18%。②

4. 涉传播敲诈勒索罪

涉传播敲诈勒索罪，指以非法占有为目的，以将要进行的传播（负面信息）或已经完成的部分传播为要挟手段，索要公私财物，数额较大或多次索要的行为。

本书共检索到60起敲诈勒索罪作为研究案例。③ 其中，被告人使用最多的媒体为网站，占总体比例的32.2%；其次为微信、百度贴吧、QQ和新闻报道，分别占总体比例的27%、13.5%、11.86%和10%。

---

① 因诈骗罪案例较多，本罪的检索条件以"诈骗罪""刑事二审"为固定检索条件，分别匹配"互联网""信息网络""新闻""媒体""记者""报道""微信""QQ""报社""网站""贴吧""论坛""邮箱""微博""电视台""广播"等与传播相关的关键词进行全文检索，选取我国每个省级行政单位（除香港特别行政区、澳门特别行政区、台湾地区外）中的2起案例。

② 根据最高人民法院最高人民检察院《关于办理诈骗刑事案件具体应用法律若干问题的解释》规定：诈骗公私财物价值三千元至一万元以上、三万元至十万元以上、五十万元以上的，应当分别认定为刑法第二百六十六条规定的"数额较大""数额巨大""数额特别巨大"。

③ 因敲诈勒索罪案例较多，本罪的检索条件以"敲诈勒索罪""刑事二审"为固定检索条件，分别匹配"互联网""信息网络""新闻""媒体""记者""报道""微信""QQ""报社""网站""贴吧""论坛""邮箱""微博""电视台""广播"等与传播相关的关键词进行全文检索，选取我国每个省级行政单位（除香港特别行政区、澳门特别行政区、台湾地区外）中的2起案例。另，西藏自治区共查找到9篇敲诈勒索罪判决书与裁定书，其中未发现与传播犯罪相关的案例。

5. 涉传播强迫交易罪[①]

涉传播强迫交易罪，司法实践中主要是媒体、记者或其他自然人以将要进行的传播（负面信息）或已经完成的部分传播为要挟手段，强迫他人接受宣传、广告服务的行为。

本书收集到 14 起强迫交易罪案例。在本罪中，行为人多以记者身份或冒充记者身份，以发布负面信息为要挟，要求对方付"正面宣传"费用、广告费用或删帖费，强行推销图书等。媒体选择上，本罪呈现出传统媒体与新媒体选择较为均衡的情况，其中，被告人使用最多的媒体为新闻网站，其次为报纸、微信、杂志、百度贴吧、邮箱、电视、QQ。其中，传统媒体占比 47%。

（二）侵害个体财产法益传播犯罪的媒介使用行为特征小结

由下表，侵害个体财产权益的传播犯罪的媒介使用，网站虽排名第一，但社交媒体微信和 QQ 占绝大多数；传统媒体主要涉及纸质媒介，但使用频率极低。另外，电子邮件在侵犯个人信息罪中比其他犯罪的使用频率高。另外，此类犯罪中，所传播的信息分别有真实和虚假两种，使用手段也分别有欺诈与强迫。

侵害个体法益传播犯罪的媒介使用特征

媒介 罪名	网络媒介							传统媒介
	网站	微信	QQ	邮箱	网盘	应用软件	网络平台	百度贴吧	印刷媒介
侵犯公民个人信息罪	13	29	52	12	1	0	0	0	0

[①] 根据《刑法》第二百二十六条，强迫交易罪指以暴力、威胁手段，实施下列行为之一，情节严重的，处三年以下有期徒刑或者拘役，并处或者单处罚金；情节特别严重的，处三年以上七年以下有期徒刑，并处罚金：（一）强买强卖商品的；（二）强迫他人提供或者接受服务的；（三）强迫他人参与或者退出投标、拍卖的；（四）强迫他人转让或者收购公司、企业的股份、债券或者其他资产的；（五）强迫他人参与或者退出特定的经营活动的。

续表

媒介 罪名	网络媒介								传统媒介
	网站	微信	QQ	邮箱	网盘	应用软件	网络平台	百度贴吧	印刷媒介
损害商业信誉、商品声誉罪	17	5	0	0	0	2	0	0	2
传播型诈骗罪	31	22	16	0	0	3	8	0	0
涉传播敲诈勒索罪	19	16	7	0	0	0	0	8	6
强迫交易罪	4	3	1	1	0	1	0	3	6
合计	84	75	76	13	1	6	8	11	14

三 侵害知识产权传播犯罪的媒介使用等行为特征

(一) 侵害知识产权传播犯罪的媒介使用特征

1. 假冒注册商标罪[1]

在传播型假冒注册商标罪中，行为人假冒注册商标的主要目的为销售假冒商品。在本书收集的62起假冒注册商标罪案件[2]中，被告人使用最多的媒体为网站，均为销售类网站，包括淘宝网和闲鱼APP，占总体比例的33.87%；其次为QQ、"互联网"[3] 和微信。分别占总体比例的29%、19.35%、16%。

2. 侵犯著作权罪

侵犯著作权罪在客观上是典型的传播犯罪。《刑法》第二百一十七

---

[1] 根据《刑法》第二百一十三条，假冒注册商标罪指未经注册商标所有人许可，在同一种商品上使用与其注册商标、服务相同的商标，情节严重的行为。
[2] 因假冒注册商标罪案例较多，检索条件加上"二审"。
[3] "互联网"系裁判文书中仅称"互联网"而未说明何种网络媒介的情况。

条列举的6种行为，均为传播行为。①

在侵犯著作权罪中，行为人通常私自设立网站服务器，未经著作权人许可通过网站传播他人作品，利用他人上传的侵权作品、游戏，通过网站收取广告费。本书收集的46起侵犯著作权罪案件中，②被告人使用最多的媒体为网站，占总体比例的91.5%，包括游戏（私服）网站、小说网站和淘宝网站；其次为社交媒体即微信、QQ，占比较小，分别占总体的4%、4%。③

3. 传播型侵犯商业秘密罪④

传播刑侵犯商业秘密，主要涉及披露、使用或者允许他人使用权利人的商业秘密；违反约定或者违反权利人有关保守商业秘密的要求披露、使用或者允许他人使用其所掌握的商业秘密的行为。

此类犯罪中，行为人多使用邮箱传输包含商业秘密文件，或通过论坛、即时通信工具发布售卖商业秘密的广告。在本书收集的8起侵犯商业秘密罪案件中，被告人使用最多的媒体为邮箱，占总体比例的50%，其次为微信和QQ。

4. 销售侵权复制品罪

销售侵权复制品罪在客观上指以牟利为目的，销售未经著作权人许

---

① 这六种行为是：（一）未经著作权人许可，复制发行、通过信息网络向公众传播其文字作品、音乐、美术、视听作品、计算机软件及法律、行政法规规定的其他作品的；（二）出版他人享有专有出版权的图书的；（三）未经录音录像制作者许可，复制发行、通过信息网络向公众传播其制作的录音录像的；（四）未经表演者许可，复制发行录有其表演的录音录像制品，或者通过信息网络向公众传播其表演的；（五）制作、出售假冒他人署名的美术作品的；（六）未经著作权人或者与著作权有关的权利人许可，故意避开或者破坏权利人为其作品、录音录像制品等采取的保护著作权或者与著作权有关的权利的技术措施的。

② 因侵犯著作权罪案例较多，检索条件加上"二审"。

③ 因单个案例涉及不止一个媒体，故媒体使用数量多于案例数量。

④ 根据《刑法》第二百一十九条，侵犯商业秘密罪指下列行为：（一）以盗窃、贿赂、欺诈、胁迫、电子侵入或者其他不正当手段获取权利人的商业秘密的；（二）披露、使用或者允许他人使用以前项手段获取的权利人的商业秘密的；（三）违反保密义务或者违反权利人有关保守商业秘密的要求，披露、使用或者允许他人使用其所掌握的商业秘密的。本条所称商业秘密，是指不为公众所知悉，能为权利人带来经济利益，具有实用性并经权利人采取保密措施的技术信息和经营信息。

可，复制发行的文字作品、音乐、电视、电影、录像作品、计算机软件及其他作品；出版他人享有专有出版权图书；制作、出售假冒他人署名的美术作品。

本书收集的8起销售侵权复制品罪案件中，被告人使用最多的媒体为网站，占总体比例的，其次为互联网和直播平台。

（二）侵害知识产权的传播犯罪的媒介使用行为特征小结

侵害知识产权传播犯罪的媒介使用特征

媒介 罪名	网络媒介							传统媒介		
	网站	微信	QQ	互联网	论坛	邮箱	百度贴吧	印刷媒介	电视	广播电台
假冒注册商标罪	21	10	18	12	0	0	0	0	0	0
侵犯著作权罪	43	1	2	0	2	0	0	0	0	0
传播型侵犯商业秘密罪	31	22	3	0	2	4	1	0	0	0
销售侵权复制品罪	6	0	0	1	0	0	1	0	0	0
合计	101	33	23	13	4	4	2	0	0	0

注：上表中"网络媒介"中的"互联网"系裁判文书中仅称"互联网"而未说明何种网络媒介的情况。

在侵害知识产权传播犯罪中，各类犯罪在犯罪行为上具有不同的行为特征。从媒体使用特征来看，销售网站、新闻网站、社交网站和各类网站使用频率最高，微信、QQ等即时通信软件和网站次之，电子邮件在侵犯商业秘密罪中有使用情况。值得注意的是：此类犯罪中，传统媒体未发现有使用情况。

四 侵害个体法益媒介使用等行为特征小结

在侵害个体法益传播犯罪中，因涉及罪名较多，各类犯罪在犯罪行为上具有不同的行为特征：（1）从媒体结构上看，网络媒体使用频次为597次，而传统媒体是35次。（2）从媒体类型上看，网站使用频次最高，为 275 次；即时通信工具次之，其中微信使用频次为 135 次，QQ 使用频率为 111 次；贴吧、论坛、微博等各类网站百度网盘等云盘媒介也被使用。(3) 从类罪上看，侵害个体人格权益和民主权益的传播犯罪涉及媒体种类最多，达 12 种；侵害知识产权的传播犯罪涉及媒体相对较少。(4) 从个罪上看，诽谤罪涉及媒体种类较多，为 12 种；而销售侵权复制品罪则较为单一，主要媒介为销售类网站。

总体来看，侵害个体法益传播犯罪类型众多，媒介使用多样，除信息网络被高频使用外，传统媒介仍然是特定传播犯罪中不可忽视的传播工具。

	侵害知识产权的传播犯罪	侵害个体人格权益和民主权益的传播犯罪	侵害个体法益的传播犯罪	共计
网站	101	90	84	275
微信	33	27	75	135
QQ	23	12	76	111
贴吧	1	13	0	27
论坛	4	28	0	33
微博	0	4	0	10
邮箱	4	0	0	4
百度贴吧	2	0	11	2
印刷媒介	0	0	8	9
电视	0	1	11	12
广播电台	0	0	14	14

侵害个体法益传播犯罪的媒介使用特征

第二节　侵害个体法益传播犯罪的主体与客体

侵害个体法益传播犯罪的客体是复杂客体，其中：(1) 侵害个体人格权益和民主权益的传播犯罪客体，包括他人人格权益、人格尊严、隐私和名誉；国家利益包括国家名誉、国家安全稳定。在自诉案件中，侮辱罪、诽谤罪侵害的客体为他人的名誉；部分公诉案件中，侮辱罪、诽谤罪侵害的客体会涉及国家名誉；煽动民族仇恨、民族歧视罪侵害的客体是特定和不特定公民的平等的政治权利、经济权利和人身权利、民主权利、国家各民族平等、团结、和睦、互助的政策及关系。(2) 侵害个体财产权益的传播犯罪客体分别是公民的信息自由与安全的权益、公私财物所有权、他人人身权益，包括他人的名誉、信用、隐私、意思自治与行为自由、人身安全、交易相对方的合法权益和商品交易市场秩序、国家对市场秩序的管理制度及他人的商业信誉和商品声誉等。(3) 侵害知识产权的传播犯罪客体是国家对商标的管理制度、他人注册商标专用权、国家的著作权管理制度、他人的著作权、商业秘密权、市场经济秩序。

以下主要分析侵害个体法益传播犯罪的主体。

一 侵害个体人格权益和民主权益的传播犯罪的主体

(一) 侵害个体人格权益和民主权益传播犯罪主体信息概况

1. （传播型）侮辱罪

本书所检索到的20起侮辱罪案例中，犯罪主体涉及33名自然人。其中，13名男性，15名女性，5名性别未予以记录；年龄分布上，16—20岁有6人，21—30岁有17人，31—40岁有4人，6人年龄未予以记录；在民族分布上，汉族24人，回族2人，壮族2人，5人未予以记录；受教育程度上，1人受过初等教育，22人受过中等教育，5人受过高等教育，5人教育程度未予以记录；职业身份上，7人为个体从业者，3人务工，3人务农，13人无业，7人缺失职业记录。

2. 诽谤罪

本书所检索到的92起诽谤罪案例中，犯罪主体涉及101名自然人。其中，70名男性，18名女性，13名性别未予以记录；年龄分布上，16—20岁有1人，21—30岁有13人，31—40岁有11人，41—50岁有21人，51岁以上有32人，23人年龄未予以记录；在民族分布上，汉族71人，藏族1人，回族1人，畲族1人，彝族1人，苗族1人，土家族1人，24人未予以记录；受教育程度上，14人受过初等教育，32人受过中等教育，6人受过高等教育，48人教育程度未予以记录；职业身份上，32人为农民，7人为个体从业者，6人务工，2人为宗教人士，1人为医生，1人为职业画家，1人为自由职业，12人无业，39人缺失职业记录。

3. 煽动民族仇恨、民族歧视罪

本书所检索到的13起煽动民族仇恨、民族歧视罪案例中，犯罪主体涉及13名自然人。其中，9名男性，4名性别未予以记录；年龄分布上，21—30岁有8人，41—50岁有1人，4人年龄未予以记录；在民族分布上，汉族3人，回族2人，维吾尔族1人，7人未予以记录；受教育程度上，1人受过初等教育，2人受过中等教育，2人受过高等教育，8人教育程度未予以记录；职业身份上，1人为农民，1人为个体从业者，2人务工，1人为学生，2人无业，6人缺失职业记录。

4. 出版歧视、侮辱少数民族作品罪[①]

本罪的主体是特殊主体，但只能是自然人。自然人包括达到刑事责任年龄、有刑事责任能力的作者，以及出版单位责任编辑、法人代表或其他责任人。[②]

（二）侵害个体人格权益和民主权益传播犯罪的主体分析

由下表可见：侵害个体人格权益和民主权益传播犯罪的主体，在性别分布上，男性是女性的4倍多；在年龄分布上，21—40岁的犯罪主体占绝大部分，其中以21—30岁为最多，50岁以上次之，16—20岁的犯罪主体极少；在教育程度分布上，受中等教育的犯罪主体最多，受初等教育、高等教育者较少，呈橄榄型结构。在民族分布上，汉族占比最大，少数民族很少，分布比较分散；在职业分布上，务农、无业者较多，其余职业分布比较分散。

[①] 根据《刑法》第二百五十条，本罪只适用于直接责任人员，不适用于单位。
[②] 由于缺乏案例，对此类犯罪主体的司法实践中的具体特征无法予以分析。

侵害个体人格权益和民主权益的传播犯罪的主体特征表

主体特征 罪名	性别 男	性别 女	年龄（岁）16—20	年龄（岁）21—30	年龄（岁）31—40	年龄（岁）41—50	年龄（岁）50以上	受教育程度 初等	受教育程度 中等	受教育程度 高等
侮辱罪	13	15	6	17	4	0	0	1	22	5
诽谤罪	70	18	1	13	11	21	32	14	32	6
煽动民族仇恨、民族歧视罪	9	0	0	8	0	1	0	1	2	2
合计	92	33	7	38	15	22	32	16	56	13

二 侵害个体财产权益的传播犯罪的主体

（一）侵害个体财产权益的传播犯罪的传播犯罪主体信息概况

1. 侵犯公民个人信息罪

在本书所检索到的80起侵犯公民个人信息罪案例中，[1] 犯罪主体涉及267名自然人。其中，229名男性，32名女性，6名性别未予以记录；年龄分布上，16—20岁有5人，21—30岁有156人，31—40岁有84人，41—50岁有8人，51—60岁有2人，12人年龄未予以记录；民族分布上，汉族245人，侗族1人，回族3人，蒙古族1人，满族1人，黎族1人，水族1人，14人未予以记录；受教育程度上，6人受过初等教育，155人受过中等教育，83人受过高等教育，23人教育程度未予以记录；职业身份上，48人务工，28人为农民，9人为个体从业者，1人为公务人员，23人为警务工作者，2人为学生，2人为自由职业，14人经商，65人无业，75人缺失职业记录。

2. 损害商业信誉、商品声誉罪

在本书所检索到的20起损害商业信誉、商品声誉罪案例中，犯罪

---

[1] 因侵犯公民个人信息罪案例较多，检索条件加上"刑事二审""判决书"。

主体涉及29名自然人、1家单位。其中，19名男性，1名女性，9名性别未予以记录；年龄分布上，21—30岁有4人，31—40岁有9人，41—50岁有3人，50岁以上有1人，12人年龄未予以记录；民族分布上，14人为汉族，2人为回族，1人为蒙古族，12人未予以确认；受教育程度上，4人受过初等教育，7人受过中等教育，7人受过高等教育，11人教育程度未予以记录；职业身份上，5人为农民，2人务工，3人经商，1人为教师，19人缺失职业记录。

3. 传播型诈骗罪

本书选取了62起此类犯罪案例作为研究案例，犯罪主体涉及299名自然人。其中，223名男性，62名女性，14名性别未予以记录；年龄分布上，16—20岁有19人，21—30岁有169人，31—40岁有65人，41—50岁有14人，50岁以上有3人，29人年龄未予以确认；民族分布上，汉族225人，苗族5人，壮族3人，回族2人，土家族2人，佤族2人，朝鲜族1人，哈尼族1人，怒族1人，蒙古族2人，瑶族1人，彝族1人。受教育程度上，21人受过初等教育，156人受过中等教育，44人受过高等教育，78人教育程度未予以记录；职业身份上，35人为农民，2人为个体从业者，48人务工，11人经商，3人为学生，85人无业，115人未予以确认。

4. 涉传播敲诈勒索罪

本书共选取60起此类犯罪敲诈勒索罪案例，犯罪主体涉及154名自然人。其中，91名男性，18名女性，45名被告性别未予以确认；年龄分布上，16—20岁有5人，21—30岁有34人，31—40岁有35人，41—50岁有20人，50岁以上有9人，41人年龄未予以记录；民族分布上：汉族75人，回族6人，土家族2人，彝族1人，白族1；受教育程度上，12人受过初等教育，44人受过中等教育，15人受过高等教育，73人教育程度未予以记录；职业身份上，12人为农民，9人为个体从业者，9人务工，7人经商，6人为新闻工作者（1人外聘），1人为教师，2人为公务员，21人无业，77人未予以确认。

传播型敲诈勒索罪主体涉及新闻传播机构和自然人、企业两类：（1）主体为新闻媒体。如在张某某等人敲诈勒索一案中，被告人张某为《现代消费导报》社副社长、副总编辑，并分管报社官网现代消费网的运营，其通过线人或其他手段，收集各地政府机关、企事业单位及个人的负面信息，再安排其他被告人对涉事对象进行采访、撰稿，以新闻补充采访函的形式发给涉事单位或个人，利用对方惧怕舆论压力的心理，迫使涉事者前来"协商"。在"协商"的过程中，张某某等人以删除负面信息或不再跟踪报道为条件，索要钱财。先后敲诈勒索杭州市余杭供电局、娄烦县人民政府等单位和个人63万元。① （2）主体为自然人及企业。一是个人，如在张某某等人敲诈勒索一案中，被告人王杰在广西合浦县王某家中，利用其手机上有其前女友王某的不雅视频和照片向被害人王某索要钱财，威胁称如果不同意给钱，其就在微信朋友圈公开不雅视频和照片，王某被迫将人民币3500元转给王杰。② 二是企业，主要是利用发帖并删帖进行敲诈勒索，这种情况，并不要求对价行为自身具有违法性。③ 如在马某甲、刘某甲敲诈勒索一案中，被告人马某甲撰写有关临西轴承工业园区侵占耕地的帖子并发布到燕赵晚报帮帮网、临西贴吧上。临西轴承工业园区为消除影响、删除帖子，付给马某甲现金8000元后马某才将帖子删除。④ 在本案中，删帖行为不具有违法性，但以删帖为要挟索取财物则成立本罪。

5. 涉传播强迫交易罪

本书所共检索到的14起强迫交易罪案例中，犯罪主体涉及7家单位、41名自然人。其中，34名男性，6名女性，1名性别未予以记录；年龄分布上，21—30岁有8人，31—40岁有8人，41—50岁有2人，50岁以上有1人，22人年龄未予以记录；受教育程度上，4人受过初

---

① 参见湖南省衡阳市中级人民法院（2016）湘04刑终230号判决书。
② 参见广西北海市中级人民法院（2019）桂05刑终183号判决书。
③ 张明楷：《刑法学》（下），法律出版社2016年版，第1016页。
④ 参见河北省邢台市中级人民法院（2016）冀05刑终22号裁定书。

等教育，16人受过中等教育，12人受过高等教育，9人教育程度未予以记录；民族分布上，汉族32人、壮族3人、满族1人；职业身份上，7人传媒公司员工、2人为新闻单位工作人员、1人为网络公司技术人员、1人经商，5人无业，25人未予以确认。

（二）侵害个体财产权益的传播犯罪的传播犯罪的主体分析

由下表可见：侵害个体财产权益的传播犯罪的主体，在性别分布上，男性是女性的5倍多；在年龄分布上，21—40岁的犯罪主体占绝大部分，其中以21—30岁为最多，31—40岁次之，16—20岁和50岁以上的犯罪主体较少；在教育程度分布上，受中等教育的犯罪主体最多，受初等教育、高等教育者较少，呈橄榄型结构；在民族分布上，汉族占比最大，少数民族分布比较分散；在职业分布上，务工、无业者较多，其余职业分布比较分散。另外，在敲诈勒索罪和强迫交易罪中，犯罪主体多数与其职业身份相关；侵犯公民个人信息罪，部分犯罪主体也与其职业身份相关。

侵害个体财产权益的传播犯罪的主体特征表

主体特征 罪名	性别 男	性别 女	年龄（岁）16—20	21—30	31—40	41—50	50以上	受教育程度 初等	中等	高等
侵犯公民个人信息罪	229	32	5	156	84	8	2	6	155	83
损害商业信誉、商品声誉罪	19	1	0	4	9	3	1	4	7	7
传播型诈骗罪	223	62	19	169	65	14	3	21	156	44
涉传播敲诈勒索罪	91	18	5	34	35	20	9	12	44	15
涉传播强迫交易罪	34	6	0	8	8	2	1	4	16	12
合计	596	119	29	371	201	47	16	47	378	161

三 侵害知识产权的传播犯罪的主体

(一) 侵害个体知识产权传播犯罪的传播犯罪主体信息概况

1. 假冒注册商标罪

本书检索到的62起假冒注册商标罪案例中,[①] 犯罪主体涉及1家单位、172名自然人。其中,104名男性,32名女性,36名性别未予以记录;年龄分布上,16—20岁有1人,21—30岁有43人,31—40岁有35人,41—50岁有29人,50岁以上有9人,55人年龄未予以记录;受教育程度上,13人受过初等教育,80人受过中等教育,18人受过高等教育,61人教育程度未予以记录;民族分布上,土家族3人,布依族1人,满族1人,汉族121人;职业身份上,18人经商,10人务工,7人为个体从业者,2人农民,25人无业,112人未予确认。

2. 侵犯著作权罪

本书检索的46起侵犯著作权罪案例中,[②] 犯罪主体涉及3家单位、109名自然人。其中,82名男性,6名女性,21名性别未予以记录;年龄分布上,16—20岁有1人,21—30岁有41人,31—40岁有35人,41—50岁有5人,50岁以上有4人,23人年龄未予以记录;受教育程度上,1人受过初等教育,31人受过中等教育,16人受过高等教育,61人教育程度未予以记录;民族分布上,56人为汉族、2人壮族、1人满族。职业身份上,4人为农民,5人务工,28人无业,72人未予以确认。

3. 侵犯商业秘密罪

本书检索的8起侵犯商业秘密罪案例中,犯罪主体涉及14名自然人。其中,9名男性,1名女性,4名性别未予以记录;年龄分布上,

[①] 因假冒注册商标罪案例较多,检索条件加上"二审"。
[②] 因侵犯著作权罪案例较多,检索条件加上"二审"。

21—30岁有4人，31—40岁有5人，7人年龄未予以记录；民族分布上，7人为汉族，7人未予以确认；受教育程度上，2人受过中等教育，3人受过高等教育，9人教育程度未予以确认；职业身份上，5人为公司员工，2人经商，2人为公司技术人员，5人职业身份未予以确认。

4. 销售侵权复制品罪

本书检索到的8销售侵权复制品罪案例中，犯罪主体涉及20名自然人。其中，18名男性，2名性别未予以确认；年龄分布上，21—30岁有12人，31—40岁有5人，3人年龄未予以记录；受教育程度上，1人受过初等教育，6人受过中等教育，6人受过高等教育，7人教育程度未予以记录；民族分布上，17人为汉族，1人为畲族；职业身份上，3人为个体经营者，2人为公司员工（1人为管理层），1人为学生，11人无业，3人职业身份未确认。

（二）侵害知识产权传播犯罪的主体分析

由下表可见：侵害知识产权的传播犯罪的主体，在性别分布上，男性是女性的5倍多；在年龄分布上，21—40岁的犯罪主体占绝大部分，其中以21—30岁为最多，31—40岁次之，50岁以上的犯罪主体极少；在教育程度分布上，受中等教育的犯罪主体最多，受初等教育、高等教育者较少，呈橄榄型结构；在民族分布上，汉族占比最大；在职业分布上，无业者最多，经商者其次，其余职业分布比较分散。另外，在侵犯商业秘密罪中，犯罪主体多数与其职业身份相关。

侵害知识产权的传播犯罪的主体特征表

主体特征 罪名	性别 男	性别 女	年龄（岁） 16—20	年龄（岁） 21—30	年龄（岁） 31—40	年龄（岁） 41—50	年龄（岁） 50以上	受教育程度 初等	受教育程度 中等	受教育程度 高等
假冒注册商标罪	104	32	1	43	35	29	9	13	80	18
侵犯著作权罪	82	6	1	41	35	5	4	1	31	16
侵犯商业秘密罪	9	1	0	4	5	0	0	0	2	3

第六章 侵害个体法益传播犯罪的特征与趋势

续表

主体特征 罪名	性别 男	性别 女	年龄（岁）16—20	年龄（岁）21—30	年龄（岁）31—40	年龄（岁）41—50	年龄（岁）50以上	受教育程度 初等	受教育程度 中等	受教育程度 高等
销售侵权复制品罪	18	2	0	12	5	0	0	1	6	6
合计	213	41	2	100	80	34	13	15	119	43

四 侵害个体法益传播犯罪主体小结

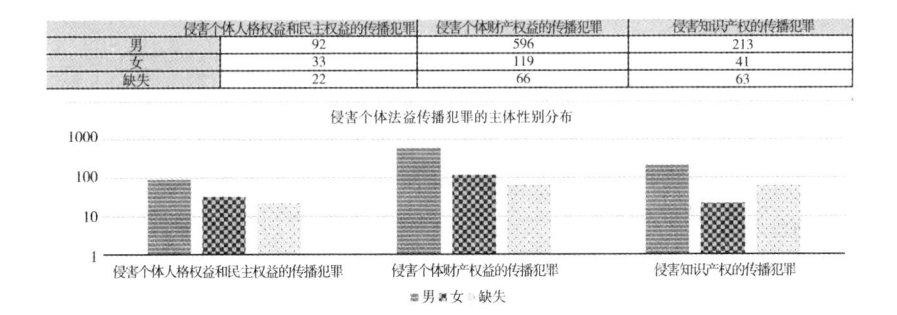

	侵害个体人格权益和民主权益的传播犯罪	侵害个体财产权益的传播犯罪	侵害知识产权的传播犯罪
男	92	596	213
女	33	119	41
缺失	22	66	63

侵害个体法益传播犯罪的主体性别分布

（一）侵害个体法益传播犯罪主体的性别

如上图所示，本书所收集的 425 起侵害个体法益传播犯罪案件中，犯罪主体共涉及 11 家单位、1245 名自然人。在这 1245 名自然人中，男性共计 901 人，女性共计 193 人（151 人性别判决书中未予记录），男性约为女性的 5 倍。

（二）侵害个体法益传播犯罪主体的年龄分布

如下图所示，本书所收集的 425 起侵害个体法益传播犯罪案件的 1245 名自然人中，20 岁及以下有 54 人，21—30 岁有 504 人，31—40 岁有 286 人，41—50 岁有 103 人，50 岁以上有 61 人（237 人年龄判决书未予以记录）——可见，涉侵害个体法益传播犯罪中，21—40 岁之间的犯罪主体占比最大,是其他年龄段犯罪主体2倍多。

	侵害知识产权的传播犯罪	侵害个体财产权益的传播犯罪	侵害个体人格权益和民主权益的传播犯罪
20岁以下	2	29	7
21—30岁	100	371	38
31—40岁	80	201	15
41—50岁	34	47	22
50岁以上	13	16	32
缺失	87	117	33

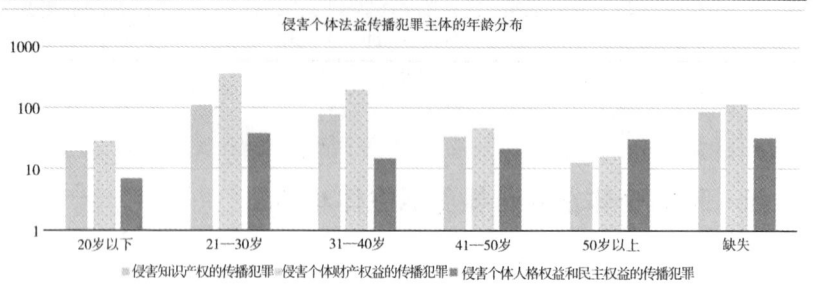

侵害个体法益传播犯罪主体的年龄分布

(三) 侵害个体法益传播犯罪主体的教育程度

如上图所示,本书所收集的425起侵害个体法益传播犯罪案件的1245名自然人中,78人受过初等教育,533人受过中等教育,217人受过高等教育(497人教育程度判决书未予以记录)——显然,犯罪主体以受过中等教育者为主,但受过高等教育者的数量也占相当比例。

	侵害知识产权的传播犯罪	侵害个体财产法益的传播犯罪	侵害个体人格权益和民主权益的传播犯罪
初等教育	15	47	16
中等教育	119	378	56
高等教育	43	161	13
缺失	240	195	62

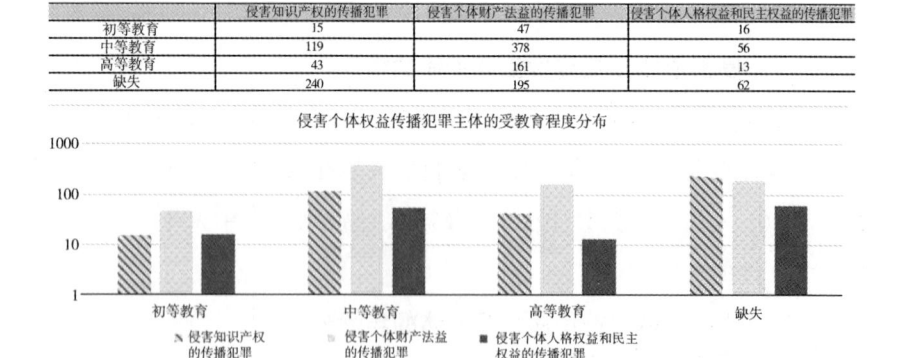

侵害个体权益传播犯罪主体的受教育程度分布

(四) 总体特征

总体来看,我国侵害个体法益传播犯罪的主体以21—40岁、受中等教育的男性为主。

侵害个体法益传播犯罪的主体情况

初等教育	中等教育	高等教育	缺失	男	女	缺失	20岁及以下	21—30岁	31—40岁	41—50岁	50岁以上	缺失
78	553	217	497	901	565	151	54	504	286	103	61	237

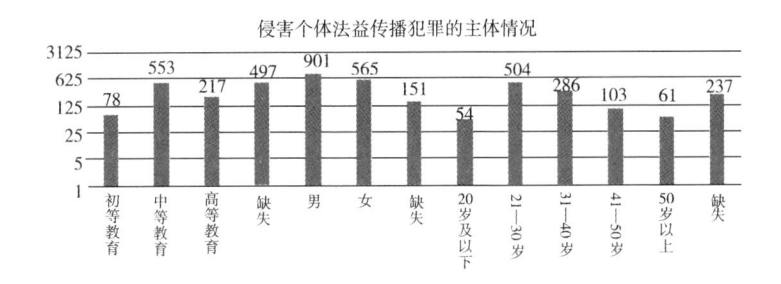

第三节 侵害个体法益传播犯罪的主观特征

侵害个体法益的传播犯罪中，除侵害个体人格、民主权益的传播犯罪外，侵害个体财产和知识产权的犯罪，其目的与动机主要是牟利。

一 侵害个体人格权益和民主权益传播犯罪的主观特征

本书中的4种侵害个体人格权益和民主权益的传播犯罪，在主观上只能由故意构成，主观目的主要包括败坏他人名誉、发泄私愤、危害国家利益。

(一) 败坏他人名誉

1. 传播型侮辱罪

侮辱罪的主观性为故意，即行为人明知自己传播的信息会败坏他人的名誉、损害他人的人格，仍希望或放任该结果发生。本罪实施中，行为人通常是通过传统媒体、网络媒体或自媒体传播带有侮辱性的信息，达到败坏被害人名誉的目的。

2. 诽谤罪

诽谤罪在主观上只能由故意构成，过失不构成本罪。即行为人明知自己散布的捏造事实足以损毁他人名誉，仍希望或放任该结果的发生。

在诽谤罪的判定中，区分"捏造事实"与"事实认定错误"是判定诽谤罪的重要依据。"捏造事实"要件属主观故意，"事实认定错误"属过失。新闻工作者在撰写报道的过程中，捏造事实的可构成诽谤罪，若因新闻工作者事实认定错误而给被采访者带来损害的，则不构成诽谤罪。在沈崖夫、牟春霖诽谤杜融案中，二者的矛盾尤为突出。在该案中，记者坚持认为采访对象狄某并无精神疾病，系其丈夫为掩盖自身作风问题，将其强行送入精神病院。其丈夫和专业医生则拿出精神鉴定报告、病例等作为证据，证明狄某系精神病患者，记者的言论属诽谤行为。经过七年审理，两次上诉，最高人民法院最终判定记者的行为并非事实认定错误，从而判处两位记者构成诽谤罪。[①] 本案中，故意与过失二者的区分，成为判决的关键。

(二) 发泄私愤

1. 传播型侮辱罪

本书所涉侮辱罪案例中，部分被告人实施犯罪行为的动机是发泄私愤，包括因经济纠纷、情感纠葛、未达目的而报复。如罗某、吴某侮辱罪一案中，被告人吴某因与其丈夫离婚，误以为是李某破坏其家庭所致，随后吴某便约朋友对受害人李某进行殴打，当众脱其上衣，引来多人围观，以解其恨。殴打结束后，被告人吴某将视频发至微信朋友圈。[②]

2. 诽谤罪

在本节所涉的案例中，诽谤罪的主观故意即被告人的行为动机与侮辱罪相同，亦为包括因经济纠纷、情感纠葛等原因而发泄私愤。如彭某诽谤一案中，彭某与被害人朱某因个人问题产生矛盾。彭某为泄私愤，将朱某、孙某（彭老黑女友）、宋某（朱某之妻）的照片编辑上侮辱性文字，制作成照片及视频，发送到"天津各界精英交流群""新蔡商业

---

① 参见上海市中级人民法院 (1987) 沪中刑上字第531号刑事裁定书。
② 参见广西省乐业县人民法院 (2018) 桂1028刑初66号判决书。

交流群""弥陀寺乡信息交流群"等六个微信群中,并编造了"孙某是朱某的小妈""宋某系朱某和他小妈生的闺女"等虚假事实,对朱某等三人进行侮辱、诽谤,造成恶劣影响。①

(三) 危害国家利益

1. 传播型侮辱罪

侮辱罪为亲告罪,被告人损害国家利益时可由公安机关提起公诉,此种情况下,本罪侵害的法益则为国家利益。如黄某侮辱罪一案中,被告人黄某在其微信朋友圈发布了一张侮辱习某某的图片,该张图片是将习某某的头像剪接到一个上身赤裸且有纹身,右手拿大刀,刀口朝下,姿态站立的男性身上。② 行为人公然侮辱国家领导人,损害国家形象、严重危害国家利益。

2. 诽谤罪

如前所述,诽谤罪亦为亲告罪,即被告人损害国家利益时可由公安机关提起公诉,此种情况下,本罪侵害的法益则为国家利益。如李某诽谤罪一案中,被告人李某注册了境外网站 Facebook 账号。从 2016 年开始,被告人李某在境外网站 Facebook 上使用"李彦君"的虚拟身份,频繁发布大量有害信息,信息中包含大量抹黑我国政府、诽谤国家领导人的内容,③ 损害了国家形象,造成了恶劣国际影响。

(四) 制造民族仇恨、民族歧视

1. 煽动民族仇恨、民族歧视罪

煽动民族仇恨、民族歧视罪的责任形式为故意,包括直接故意和间接故意,行为人明知自己的行为会导致民族仇恨、民族歧视的后果,而追求、希望或放任这种结果的发生。在萨某煽动民族仇恨、民族歧视罪中,被告人萨某提利用自己的手机在某"QQ"群内下载涉及"圣战"内容的音频文件(该音频系用维吾尔语宣传所谓的"穆斯林信徒被踩

---

① 参见天津市滨海新区人民法院 (2019) 津 0116 刑初 60436 号判决书。
② 参见广东省廉江市人民法院 (2019) 粤 0881 刑初 40 号判决书。
③ 参见湖南省宁远县人民法院 (2019) 湘 1126 刑初 435 号判决书。

躏在异教徒的脚下遭到侮辱",并要求穆斯林信徒进行"圣战"消灭异教徒),并将该音频上传至成员数达 280 余人的名为"手机应用"的"QQ"群内,供群内不特定人员进行收听、下载、扩散,促使、加剧对民族、宗教问题没有正确认识的穆斯林信徒对其他民族产生仇恨、敌视情绪。①

2. 出版歧视、侮辱少数民族作品罪

本罪必须出于故意,包括直接故意与间接故意,即行为人明知自己的出版歧视、侮辱少数民族作品的行为会或可能造成侵害少数民族的合法权利的结果,而追求、希望或放任这种结果的发生。

二 侵害个体财产权益的传播犯罪的主观特征

本书中的 5 种侵害个体财产权益的传播犯罪,在主观上只能由故意构成,故意犯罪的主观目的主要包括牟取非法利益、恶意竞争。

(一) 牟取非法利益

1. 侵犯公民个人信息罪

侵犯公民信息罪在主观方面为故意,而且是直接故意。本罪主观动机可分为非法牟取利益和报复被害人,但动机不影响构成此罪。

在书收集的 81 起侵犯公民个人信息罪案例中,绝大多数案件是买卖公民个人信息,牟取非法利益。如陈某、康某侵犯公民个人信息罪一案中,被告人陈某发现买卖公民个人信息有利可图,便加入各类微信群以结识更多微信网友,并在其微信朋友圈发布可以查询其他公民户籍信息、人员轨迹、征信记录、手机信息的各类广告,以此来招揽查询其他公民个人信息的客户。被告人陈某将其收集、购买到的共计 31 条公民个人信息以人民币 107900 元的价格出售给他人。②

---

① 参见浙江省玉环县人民法院 (2014) 台玉刑初字第 837 号判决书。
② 参见福建省厦门市中级人民法院 (2019) 闽 02 刑终 626 号判决书。

在侵犯公民个人信息罪案例中，牟取非法利益可能并不直接通过出售或提供他人个人信息。如霍辙高骆硌侵犯公民个人信息罪一案，被告人罗某的公司在玉林市某改造项目没有中标，为了迫使该新区管委和其公司商谈并取得开发该项目，被告人周某接受委托后，指使公司的副总经理伍某配合周某等人跟踪、偷拍时任玉林市某某新区工委书记陈某，将定位器安装在陈某驾驶的汽车上，窃取陈某的行踪轨迹，偷拍陈某的活动情况。周某根据偷拍陈某的视频及相片制成帖文，通过信息网络发布公民姓名及任职单位的帖文进行炒作。[①]

2. 传播型诈骗罪

诈骗罪在主观方面是故意，而且只能是直接故意，过失不成立本罪。在本书收集的 57 起传播型诈骗罪案例中，被告人主观目的均为牟取非法利益。如被告人李某雇用他人制作虚假期刊、杂志社网页，在互联网上发布相关网页信息，诱骗被害人点击投稿，并利用自动链接程序，从其制作的虚假网页的后台获取投稿人的信息，进而由其本人及其招募并培训的被告人吴某等人，冒充编辑，虚构能在相应刊物刊发论文的事实，通过电子邮件或电话，以交纳初审费、版面费为名，要求被害人向指定个人账户汇款。被告人以上述方式，骗取被害人苏某、吴某等 22 人共计人民币 59115 元。[②]

3. 涉传播敲诈勒索罪

敲诈勒索罪的主观方面是故意，而且只能是直接故意，即行为人明知自己的行为会发生严重后果，而追求、希望这种结果的发生。在本书收集的 57 起敲诈勒索罪案例中，被告人主观目的均为牟取非法利益。如在高某等诈骗罪一案中，被告人邱某、李某、张某、胡某、樊某、李某某、吴某、王某、高某同时以中视九九公司、木林山水公司的名义，对外以在央视网进行宣传的名义从事活动，与部分单位签订了合作协

[①] 参见重庆市第五中级人民法院（2019）渝 05 刑终 140 号判决书。
[②] 参见北京市第二中级人民法院（2018）京 02 刑终 309 号判决书。

议，并在央视网进行宣传，同时也针对存在负面新闻的单位，以不合作即进行深度采访报道相威胁，迫使对方合作或付款。[①]

(二) 恶意竞争

此动机主要在损害商业信誉、商品声誉罪案例中，其主观上只能是故意，而且是直接故意，即行为人明知自己的行为会损害他人的商业信誉、商品声誉罪，仍然追求或希望这种结果的发生。在本书所涉相关案例中，被告人多以恶意竞争为目的。

三 侵害个体知识产权传播犯罪的主观特征

本节所研究的 4 种侵害知识产权的传播犯罪，在主观上只能由故意构成，故意犯罪的主观目的均为非法牟取利益。

1. 假冒注册商标罪

假冒注册商标罪的行为人未经注册商标所有人许可，在同一种商品上使用与其注册商标相同的商标即为牟取非法利益。本书的案例中，被告人均为牟取非法利益而实行犯罪行为，如在张某假冒注册商标一案中，被告人张某未经注册商标所有权人许可，生产假冒"Ochirly""FivePlus"注册商标的皮包，并通过淘宝店铺大肆销售，金额累计 765052.19 元。[②]

2. 侵犯著作权罪

侵犯著作权罪主观要件为故意，而且要求有营利目的，即明知自己的行为侵犯著作权人的利益，仍追求这种结果的发生。在本书收集的 47 起侵犯著作权罪案件中，犯罪主体均出于牟利之目的，如余某等侵犯著作权罪一案中，为牟取非法利益，被告人余某建立盗版小说网站"39 小说网"，未经中文在线数字出版集团股份有限公司等著作

[①] 参见北京市第一中级人民法院（2017）京 01 刑终 237 号裁定书。
[②] 参见广东省广州市中级人民法院（2018）粤 01 刑终 1855 号判决书。

权人许可，擅自在该网站上向互联网用户免费大量传播从中文在线公司旗下网站"17k小说网"等网站非法采集的小说，并在该网站上刊登百度联盟收费广告，通过用户阅读该网站侵权小说时产生的广告点击量牟取广告收入。截止2014年12月，二被告人共获得广告收入人民币428084.05元。①

3. 侵犯商业秘密罪

侵犯商业秘密罪主观要件为故意，包括"明知或者应知"，其中，"明知"是指特定行为人已经知道而非应当知道，故过失不构成本罪。在本节研究所涉8个案例中，被告人均以牟利为目的。如潘某侵犯商业秘密一案中，被告人潘某利用职务便利，违反被害公司有关保守商业秘密的要求，将其掌握的商业秘密通过QQ聊天工具及电子邮件方式，泄露给被害公司的商业竞争对手唐某，并非法获利人民币3万元。②

4. 销售侵权复制品罪

销售侵权复制品罪主观要件为故意，且法条中表明："营利为目的"。本节研究所涉的案例中，被告人均为牟取非法利益而实行犯罪行为。如王某、秦某销售侵权复制品罪一案中，2013年7月至2014年2月，二被告人以营利为目的，购进侵权复制品《张博士医考红宝书临床执业含助理级乡镇助理》（全四卷）、《张博士医考红宝书临床执业含助理》（第一卷），并通过淘宝网店对外销售，违法所得人民币142740元。③

四 侵害个体法益传播犯罪主观特征小结

本书中的13种侵害个体法益传播犯罪，在主观上只能由故意构成。主观目的与动机多样，包括，牟取非法利益、危害国家利益、发泄私愤

---

① 参见北京市第二中级人民法院（2017）京02刑终1号判决书。
② 参见广东省佛山市三水区人民法院（2018）粤0607刑初7号判决书。
③ 参见山东省潍坊高新技术产业开发区人民法院（2016）鲁0791刑初39号判决书。

等，其中，牟取非法利益的目的占比较大。

第四节　侵害个体法益传播犯罪的刑罚适用

侵害个体法益传播犯罪主刑与附加刑的适用中，三个小类型的犯罪各有其适用特点。

一　侵害个体人格权益和民主权益的传播犯罪的刑罚适用

(一) 侵害个体人格权益和民主权益的传播犯罪主刑与附加刑的适用

1. 传播型侮辱罪[①]

本书收集的20起侮辱罪案件中，犯罪主体涉及33名自然人。26名犯罪主体被处有期徒刑，其中17人被判处有期徒刑1年以下；7人被处有期徒刑1年；2人被处有期徒刑1年以上。6名犯罪主体被处拘役，其中3人被处拘役3个月；1人被处拘役5个月，2人被处拘役6个月。1人因情节轻微免于刑事处罚。主刑期最低为拘役3个月，刑期最高为有期徒刑1年9个月。

2. 诽谤罪[②]

本书收集的92起诽谤罪案件中，犯罪主体涉及101名自然人，57名犯罪主体被处有期徒刑，其中21人被判处有期徒刑一年以下；35人被判处有期徒刑3年以下，1人被处有期徒刑3年。20名犯罪主体被处拘役，其中12人被处拘役3个月以下；8人被处拘役3个月及以上。15名犯罪主体被处管制，其中6人被处管制一年以下；7人被处管制1年；1人被处管制一年以上；1人被处以剥夺政治权利；8人因情节轻

[①] 根据《刑法》第二百四十六条，以暴力或者其他方法公然侮辱他人，情节严重的，处三年以下有期徒刑、拘役、管制或者剥夺政治权利。

[②] 根据《刑法》第二百四十六条，捏造事实诽谤他人，情节严重的，处三年以下有期徒刑、拘役、管制或者剥夺政治权利。

微免于刑事处罚。主刑期最高为3年，最低为拘役1个月。

3. 煽动民族仇恨、民族歧视罪[①]

本书收集的13起煽动民族仇恨、民族歧视罪案件中，犯罪主体涉及13名自然人，11人被处以有期徒刑，1人因情节轻微免于刑事处罚。其中11人被处三年以下有期徒刑；1人被处三年以上有期徒刑。主刑期最高为4年，最低为6个月。上述案件中，1人被处附加刑——剥夺政治权利两年。

4. 出版歧视、侮辱少数民族作品罪

根据《刑法》第二百五十条规定，犯出版歧视、侮辱少数民族作品罪者，处三年以下有期徒刑、拘役或者管制。

（二）侵害个体人格权益和民主权益的传播犯罪刑罚适用分析

侵害个体人格权益和民主权益的传播犯罪的刑罚适用

刑罚 罪名	管制	拘役	主刑（年）					罚金刑（万元）		
			<1	1—2	2—3	3—5	5<	<1	1—10	10以上
传播型侮辱罪	0	6	17	9	0	0	0	0	0	0
诽谤罪	15	20	21	33	3	0	0	0	0	0
煽动民族仇恨、民族歧视罪	0	0	4	5	2	1	0	0	0	0
出版歧视、侮辱少数民族作品罪	0	0	0	0	0	0	0	0	0	0
合计	15	26	42	47	5	1	0	0	0	0

注：1. 数字区间，右侧数字即大数不包括在该区间统计范围内。

侵害个体人格权益和民主权益的传播犯罪立法中，立法上刑罚最重的是煽动民族仇恨、民族歧视罪（情节特别严重的，处三年以上十年以下有期徒刑）。而由上述统计可见，此类犯罪的刑罚适用呈现以下特征：（1）由于诽谤罪和侮辱罪的案例数量在此类罪名中占绝对多数，因此

---

① 根据《刑法》第二百四十九条，煽动民族仇恨、民族歧视，情节严重的，处三年以下有期徒刑、拘役、管制或者剥夺政治权利；情节特别严重的，处三年以上十年以下有期徒刑。

其刑罚适用体现了此类罪名的刑罚适用特征。(2) 关于主刑适用。除拘役、管制外，1—2年有期徒刑是适用最多的刑罚；虽然煽动民族仇恨、民族歧视罪的刑罚最重，但在本节研究的案例中，煽动民族仇恨、民族歧视罪的最高刑罚为有期徒刑4年，[①] 诽谤罪最高刑罚为有期徒刑3年；煽动民族仇恨、民族歧视罪最低刑罚为有期徒刑6个月，诽谤罪、侮辱罪的最低刑罚为1个月和3个月。(3) 关于附加刑适用。诽谤罪、侮辱罪、煽动民族仇恨、民族歧视罪的附加刑均为剥夺政治权利。综上所述，侵害个体人格权益和民主权益的传播犯罪刑罚适用较为均衡。

二 侵害个体财产权益传播犯罪的刑罚适用

(一) 侵害个体财产权益传播犯罪的主刑和附加刑适用

1. 侵犯公民个人信息罪[②]

本书收集的80起侵犯公民个人信息罪案件中，犯罪主体涉及267名自然人，26名犯罪主体被处以有期徒刑。其中153人被处三年以下有期徒刑；108人被处三年以上七年以下有期徒刑。3名犯罪主体被处以拘役，1人被处以拘役4个月；1人被处以拘役5个月；1人被处以拘役6个月。2人被单处罚金，1人因情节轻微免于刑事处罚。主刑期最高为有期徒刑6年，最低为拘役3个月。

上述案例中，58人被处罚金1万元以下，176人被处罚金1万元以上10万元以下，23人被处罚金10万元以上。

[①] 参见新疆塔城地区乌苏市人民法院（2015）乌刑初字第120号判决书。
[②] 根据《刑法》第二百五十三条之一，违反国家有关规定，向他人出售或者提供公民个人信息，情节严重的，处三年以下有期徒刑或者拘役，并处或者单处罚金；情节特别严重的，处三年以上七年以下有期徒刑，并处罚金……单位犯前三款罪的，对单位判处罚金，并对其直接负责的主管人员和其他直接责任人员，依照各该款的规定处罚。

2. 损害商业信誉、商品声誉罪①

本书收集的 20 起损害商业信誉、商品声誉罪案件中，犯罪主体涉及 29 名自然人、1 家单位。自然人犯罪主体中，26 人被处以有期徒刑。其中 19 人被处一年以下有期徒刑；4 人被处一年有期徒刑；3 人处一年以上有期徒刑。1 人被处拘役 5 个月。1 人被单处罚金 3000 元。单位被处罚金 50000 元。主刑期最高为有期徒刑 1 年 6 个月，最低为拘役 5 个月。

上述案例中，8 人被处罚金 1 万元以下，21 人被处罚金 1 万元以上 10 万元以下。

3. 传播型诈骗罪②

本书收集的 62 起诈骗罪案件中，犯罪主体涉及 299 名自然人，290 人被处以有期徒刑。其中 115 人被处三年以下有期徒刑；185 人被处三年以上十年以下有期徒刑；29 人被处十年以上有期徒刑；1 人被处以拘役 3 个月，1 人因情节轻微免于刑事处罚。

上述诈骗罪案件中，50 人被处罚金 1 万元以下，197 人被处罚金 1 万元以上 10 万元以下，46 人被处罚金 10 万元以上 100 万元以下，1 人被处罚金 100 万元。

4. 涉传播敲诈勒索罪③

本书收集的 60 起敲诈勒索罪案件中，犯罪主体涉及 144 名自然人，2 名被告被判处拘役分别为 3 个月、5 个月，142 名被告被处以有期徒

---

① 根据《刑法》第二百二十一条，损害商业信誉、商品声誉罪，捏造并散布虚伪事实，损害他人的商业信誉、商品声誉，给他人造成重大损失或者有其他严重情节的，处二年以下有期徒刑或者拘役，并处或者单处罚金。

② 根据《刑法》第二百六十六条，诈骗公私财物，数额较大的，处三年以下有期徒刑、拘役或者管制，并处或者单处罚金；数额巨大或者有其他严重情节的，处三年以上十年以下有期徒刑，并处罚金；数额特别巨大或者有其他特别严重情节的，处十年以上有期徒刑或者无期徒刑，并处罚金或者没收财产。本法另有规定的，依照规定。

③ 根据《刑法》第二百七十四条，敲诈勒索公私财物，数额较大或者多次敲诈勒索的，处三年以下有期徒刑、拘役或者管制，并处或者单处罚金；数额巨大或者有其他严重情节的，处三年以上十年以下有期徒刑，并处罚金；数额特别巨大或者有其他特别严重情节的，处十年以上有期徒刑，并处罚金。

刑。其中66人被处三年以下有期徒刑；68人被处三年以上十年以下有期徒刑；8人被处十年以上有期徒刑。

上述案例中，59人被处罚金1万元以下，63人被处罚金1万元以上10万元以下，40人被处罚金10万元以上100万元以下。

5. 涉传播强迫交易罪①

本书收集的14起强迫交易罪案件中，犯罪主体涉及7家单位、41名自然人，均被处以有期徒刑。其中32人被处三年以下有期徒刑；5人被处三年以上十年以下有期徒刑；4人因情节轻微免于刑事处罚。

上述案例中，2家单位分别被处罚金10万元，5家单位被处罚金1万元；自然人犯罪主体中，19人被处罚金1万元以下，23人被处罚金1万元以上10万元以下，2人被处罚金10万元以上100万元以下。

(二) 侵害个体财产权益的传播犯罪刑罚适用分析

侵害个体财产权益的传播犯罪的刑罚适用

刑罚\罪名	主刑（年）						罚金刑（万元）			
	拘役	<1	1—2	2—3	3—5	5—	<1	1—10	10—100	100—500
侵犯公民个人信息罪	3	39	67	47	103	5	58	176	23	0
损害商业信誉、商品声誉罪	1	19	7	0	0	0	8	21	0	0
传播型诈骗罪	1	11	46	58	91	94	50	197	46	1
涉传播敲诈勒索罪	1	15	29	22	41	35	59	63	40	0
涉传播强迫交易罪	0	14	18	0	4	1	19	23	2	0
总计	6	98	167	127	239	135	194	480	111	1

注：1. 数字区间，右侧数字即大数不包括在该区间统计范围内。2. 拘役为1年以内。

侵害个体财产权益的传播犯罪立法中，刑罚最重的是诈骗罪（数额

---

① 根据《刑法》第二百二十六条，以暴力、威胁手段，强迫交易，情节严重的，处三年以下有期徒刑或者拘役，并处或者单处罚金；情节特别严重的，处三年以上七年以下有期徒刑，并处罚金。

特别巨大或者有其他特别严重情节的,处十年以上有期徒刑或者无期徒刑,并处罚金或者没收财产)。而由上述统计可见,此类犯罪的刑罚适用呈现以下特征:(1)关于主刑适用。除拘役外,3—5年有期徒刑是主要适用的刑罚;5年以上刑罚有诈骗罪、敲诈勒索罪和强迫交易罪。(2)关于附加刑适用。此类犯罪在附加刑处罚上较重;侵害个体财产权益的传播犯罪均被处罚金,最重的是诈骗罪,为100万元。

三 侵害知识产权传播犯罪刑罚适用

(一) 侵害知识产权传播犯罪主刑适用[1]

1. 假冒注册商标罪[2]

本书检索到的62起假冒注册商标罪案例中,[3] 犯罪主体涉及1家单位、172名自然人。其中,单位被处罚金8万元;自然人犯罪主体均被处以有期徒刑,19人被判处有期徒刑1年以下,63人被判处有期徒刑1年以上2年以下,24人被判处有期徒刑2年以上3年以下,54人被判处有期徒刑5年,5人被判5年以上有期徒刑,7名犯罪主体未处主刑。

附加刑方面,4人被处罚金1万元以下,105人被处罚金1万元以上10万元以下,52人被处罚金10万元以上100万元以下,8人被处罚金100万元以上500万元以下,3人未处罚金。

2. 侵犯著作权罪[4]

本书检索的46起侵犯著作权罪案例中[5],犯罪主体涉及3家单位、

---

[1] 2021年3月1日生效的《刑法修正案(十一)》对本部分侵犯知识产权犯罪均加重了刑罚,但本部分统计的是该修正案生效之前的案例。

[2] 根据《刑法》第二百一十三条,构成该罪,情节严重的,处三年以下有期徒刑,并处或者单处罚金;情节特别严重的,处三年以上十年以下有期徒刑,并处罚金。

[3] 因假冒注册商标罪案例较多,检索条件加上"二审"。

[4] 根据《刑法》第二百一十七条规定,构成该罪,违法所得数额较大或者有其他严重情节的,处三年以下有期徒刑,并处或者单处罚金;违法所得数额巨大或者有其他特别严重情节的,处三年以上十年以下有期徒刑,并处罚金。

[5] 因侵犯著作权罪案例较多,检索条件加上"二审"。

109 名自然人。自然人犯罪主体中，10 人被处刑期 1 年以下，36 人被处主刑 1 年以上 2 年以下，20 人被判处有期徒刑 2 年以上 3 年以下，40 人被判处有期徒刑 3 年以上 5 年以下，2 人被处有期徒刑 5 年，1 名犯罪主体未被处主刑。

附加刑方面，3 家单位中，1 家单位被处罚金 6000 元，两家单位分别被处罚金 20 万元。自然人犯罪主体中，5 人被处罚金 1 万元以下，45 人被处罚金 1 万元以上 10 万元以下，55 人被处罚金 10 万元以上 100 万元以下，3 人被处罚金 100 万元以上 500 万元以下，1 人未处罚金。

3. 侵犯商业秘密罪①

本书检索的 8 起侵犯商业秘密罪案例中，犯罪主体涉及 14 名自然人。其中，1 人被处刑期 1 年以下，3 人被处主刑 1 年以上 2 年以下，3 人被判处有期徒刑 2—3 年，5 人被判处有期徒刑 3—5 年，1 人被处有期徒刑 5 年，1 名犯罪主体未被处主刑。

附加刑方面，14 名自然人犯罪主体中，6 人被处罚金 1 万元以上 10 万元以下，7 人被处罚金 10 万元以上 100 万元以下。

4. 销售侵权复制品罪②

本书检索到的 8 起销售侵权复制品罪案例中，犯罪主体涉及 20 名自然人。其中，3 人被处拘役 3—6 个月，3 人被处刑期 1 年以下，11 人被处主刑 1 年以上 2 年以下，1 人被判处有期徒刑 2 年，1 人被判处有期徒刑 3 年，1 名犯罪主体未处主刑。

附加刑方面，20 名自然人犯罪主体中，5 人被处罚金 1 万元以上 10 万元以下，12 人被处罚金 10 万元以上 100 万元以下，3 人被处罚金 100 万元以上 500 万元以下。

---

① 根据《刑法》第二百一十九条规定，构成该罪，情节严重的，处三年以下有期徒刑，并处或者单处罚金；情节特别严重的，处三年以上十年以下有期徒刑，并处罚金。

② 根据《刑法》第二百一十八条规定，构成该罪，违法所得数额巨大或者有其他严重情节的，处五年以下有期徒刑，并处或者单处罚金。

（二）侵害知识产权的传播犯罪刑罚适用分析

侵害知识产权的传播犯罪的刑罚适用表

刑罚 罪名	主刑（年）					罚金刑（万元）			
	拘役	<1	1—2	2—3	3—5	5—	<1	1—10	10—100	100—500	500—
假冒注册商标罪	0	19	63	24	54	5	4	105	52	8	0
侵犯著作权罪	0	10	36	20	40	2	5	45	55	3	0
侵犯商业秘密罪	0	1	3	3	5	1	0	6	7	0	0
销售侵权复制品罪	3	3	11	1	1		0	5	12	3	0
合计	3	33	113	48	100	8	9	161	126	14	0

注：1. 数字区间，右侧数字即大数不包括在该区间统计范围内。2. 拘役为1年以内。

侵害知识产权的传播犯罪刑罚规定较为均衡，除销售侵权复制品罪外，其余犯罪均为三年以下有期徒刑或者拘役；造成特别严重后果的，处三年以上十年以下有期徒刑，并处或者单处罚金。

由上述统计表可见，此类犯罪的刑罚适用呈现以下特征：（1）关于主刑适用。1—2年和3—5年有期徒刑是主要的刑法适用，销售侵权复制品罪的刑罚适用较轻、假冒注册商标罪刑罚适用较重。（2）关于附加刑适用。假冒注册商标罪刑罚适用较重。从司法实践来看，对假冒注册商标罪的处罚最重——综上所述，假冒注册商标罪是侵害知识产权的传播犯罪打击最为严厉的犯罪。

四 侵害个体法益传播犯罪刑罚适用小结

由下图可见：本书所收集的425起侵害个体法益传播犯罪案件中，犯罪主体共涉及11家单位、1245名自然人。在这1245名自然人中，其中18人免予刑事处罚。从主刑适用情况来看，有1248人受到主刑处罚，其中，侵害个体法益传播犯罪的主刑多为有期徒刑，被处一年以下有期徒刑仅有172人，一年以上两年以下（327人）和三年以上五年以下有期徒刑最多（339人），两年以上三年以下有期徒刑有180人，五年以上者则有143人；另有34人被处以拘役，15人被处以管制。附加刑主要是被处罚金，罚金视具体案情不等；仅2人被处以剥夺政治权利，1名犯罪出现在诽谤罪中，1名犯罪主体出现煽动民族仇恨、民族歧视罪中。

	侵害知识产权的传播犯罪	侵害个体财产权益的传播犯罪	侵害个体民主权益和人格权益的传播犯罪	总计
管制	0	0	15	15
拘役	3	5	26	34
一年以下	32	98	42	172
一年至两年	113	167	47	327
两年至三年	48	127	5	180
三年至五年	100	239	0	339
五年以上	8	135	0	143

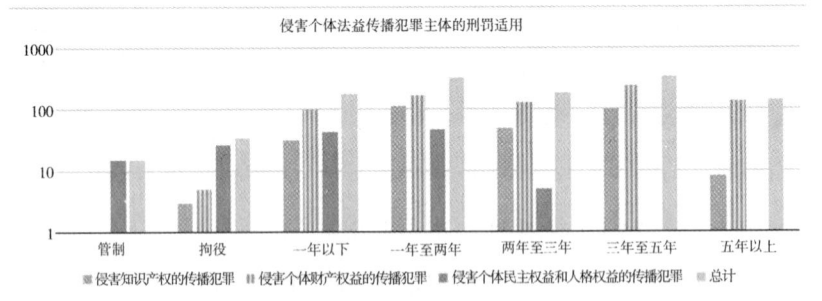

侵害个体法益传播犯罪主体的刑罚适用

第五节 本章结论

一 侵害个体法益传播犯罪的立法与司法实践特征

通过对我国2014—2019年五年间459起侵害个体法益传播犯罪案件进行量化分析，可以得出如下结论：

在行为特征方面，13种侵害个体法益传播犯罪在犯罪行为上具有不同的表现。从媒介使用特征上看，侵害个体法益传播犯罪媒介使用多样，信息网络、传统媒介均为高频的传播工具。

关于此类犯罪主体，以21—40岁，受中等教育的男性为主。

在犯罪客体方面，侵害个体法益传播犯罪的客体是复杂客体，涉及国家利益、单位利益、个体权益、对市场经济秩序，同时也会侵害公民的人身、财产权益。

在犯罪主观性方面，主观目的多样，以牟利为主，也包括危害国家利益、发泄私愤等。

关于此类犯罪在刑罚适用，侵害个体法益传播犯罪的主刑多为一年以上五年以下有期徒刑；附加刑主要是被处以罚金，罚金视具体案情不等。

二 侵害个体法益传播犯罪的结构特征与总体走势

由下图所示，总的看来，我国侵害个体法益传播犯罪在数量上表现出以下特征：

(一) 侵害个体法益传播犯罪结构特征

从类罪而言，在侵害个体法益的传播犯罪中，侵害个体人格权益和民主权益的传播犯罪占多数（214起）；侵害个体财产权益和知识产权的传播犯罪案件数量相差无几，分别为124起和121起。

从个罪而言，诽谤罪（92起）、侵害个人信息罪（80起）、传播型诈骗罪（62起）和假冒注册商标罪（62起），在侵害个体法益传播犯罪中占据主体地位。

(二) 侵害个体法益传播犯罪整体走势

如下图所示，侵害个体法益传播犯罪数量，虽然在2017年度有下降现象，但整体上呈上升趋势，其中以2019年的增长率42.85%为最高，且该年度侵害个体人格权益和民主权益的传播犯罪增长比较突出。

年份	侵害知识产权的传播犯罪	侵害个体财产权益的传播犯罪	侵害个体人格权益和民主权利的传播犯罪	总计
2014	10	13	18	41
2015	22	20	14	56
2016	30	20	22	72
2017	30	22	17	69
2018	47	22	22	91
2019	75	27	28	130

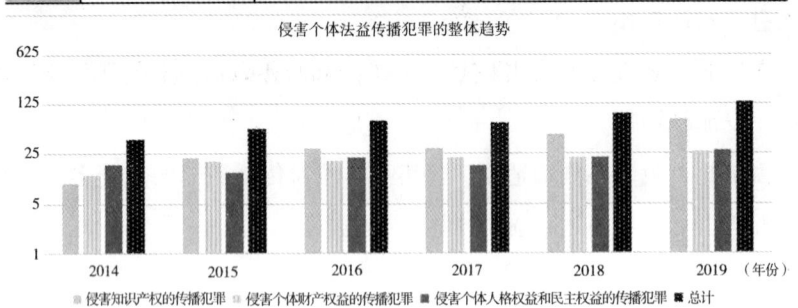

侵害个体法益传播犯罪的整体趋势

第七章　传播犯罪个罪焦点法律问题

传播犯罪许多案件都涉及诸多法律问题，一些案件还涉及社会敏感点而引发巨大社会舆论。本章主要通过探讨传播犯罪中热点或典型案例的法律问题及学界关注的法律问题，[①] 简要梳理传播犯罪法律制度的问题与缺陷。由于侵害国家法益传播犯罪案例较少等客观原因，本章主要以侵害社会法益和个体法益传播犯罪为研究对象。

第一节　侵害社会法益传播犯罪个罪法律问题

侵害社会法益传播犯罪所涉 25 个罪名中，有热点案例、存在相关法律问题争议、引发社会关注的罪名，主要是编造并传播证券、期货交易虚假信息罪，虚假广告罪，非法经营罪；非法获取国家秘密罪，拒不履行信息网络安全管理义务罪，[②] 帮助信息网络犯罪活动罪，寻衅滋事罪，泄露不应公开的案件信息罪，披露、报道不应公开的案件信息罪，制作、复制、出版、贩卖、传播淫秽物品牟利罪，传播淫秽物品罪——本节主要分析上述犯罪的法律问题。

[①] 一些案件，虽然成为一时社会关注热点，但并未引发法律问题的争议和分歧，本章不予梳理。

[②] 该罪由于理论依据不确定、犯罪构成过于模糊等原因，在立法时引发较大争议，也缺乏案例。其争议的法律问题参见第九章第三节。

一 妨害、破坏市场经济秩序传播犯罪的热点案例及其法律问题

(一) 编造并传播证券、期货交易虚假信息罪热点案例及法律问题

编造并传播证券、期货交易虚假信息罪的热点案例是2015年的王晓璐编造并传播证券、期货交易虚假信息案。[①]该案主要涉及两个法律问题：

1. 行为结果即法益侵害问题

编造并传播证券、期货交易虚假信息罪为侵害犯，行为人的行为必须扰乱了证券、期货交易市场，造成了严重的危害后果：如果未扰乱证券、期货交易市场，或者扰乱证券、期货交易市场但未造成实际危害后果，或者造成了实际危害后果但不严重的，均不构成本罪。

所谓造成严重后果，从理论上讲，主要是指因行为人的行为造成了证券、期货市场价格剧烈波动，引发投资者恐慌而大量抛售或购买证券、期货合约，并给投资者造成重大经济损失，且造成恶劣社会影响，等等。根据2010年《最高人民检察院、公安部关于公安机关管辖的刑事案件立案追诉标准的规定》第三十七条的规定，编造并且传播影响证券、期货交易的虚假信息，扰乱证券、期货交易市场，涉嫌下列情形之一的，应予立案追诉：（一）获利或者避免损失数额累计在五万元以上

[①] 2015年7月20日，《财经》记者王晓璐在《财经》杂志和财经网上发表《证监会研究维稳资金退出方案有三种可选方案》一文，当日证监会发言人表示此报道不实。因该文被认为引发股市异常波动，王晓璐被采取刑事强制措施。王晓璐发文当日，澎湃新闻网发表了《证监会上周召集券商开会商议救市资金如何退出》一文，文章称：就救市资金如何退出问题，7月17日、18日，证监会两度召集券商开会，讨论救市资金退出的问题。根据官方报道，王晓璐在接受调查时说：他根据私下打听的股市信息，结合自己的主观判断撰写了相关报道，自己作为经过培训、从业多年的专业财经记者，对私下听说的有关股市信息没有进行核实，明知该信息会对股市产生重大影响，为了一味追求轰动效应，不负责任地编造传播不实报道。之后，王晓璐未被起诉。袁国礼：《〈财经〉记者王晓璐、证监会刘书帆等被采取强制措施》，《京华时报》2015年8月31日第4版。

的；(二) 造成投资者直接经济损失数额在五万元以上的；(三) 致使交易价格和交易量异常波动的；(四) 虽未达到上述数额标准，但多次编造并且传播影响证券、期货交易的虚假信息的；(五) 其他造成严重后果的情形。而王晓璐发文的 7 月 20 日的沪深股市情况：沪综指涨 0.88%、深成指涨 1.52%、创业板指涨 2.33%——由此，王晓璐发文并未造成投资者损失，且三大股指的涨幅也都在正常范围内，故本案不存在法益侵害问题。

2. 因果关系即法益侵害的证明问题

王晓璐案的另一个核心是王晓璐所发信息与股市涨跌是否有刑法上的因果关系。如前所述，王晓璐发文的 7 月 20 日的沪深股市是上涨的，随后的 7 月 21 日、22 日、23 日，也均为上涨，至 7 月 24 日三个指数方有下跌。而此前数月，由于杠杆原因，股市激烈波动，前所未有。因此，王晓璐的报道与股市下跌之间难以认定有刑法上的因果关系。

(二) 虚假广告罪热点案例及法律问题

1. 虚假广告罪的量刑问题

全国首例虚假广告罪案——杭州黄元敏等人虚假广告罪案，[①] 其反

[①] 2005 年 2 月 7 日，福建省莆田市人杨文秀、杨国坤等人经事先预谋，出资 1 万港币在香港注册成立了康恒医院投资集团（香港）有限公司及香港国际类风湿病研究院，但在香港实际并无办公地址与人员。同年 5 月 31 日，杨文秀、杨国坤等人共同出资，以香港国际类风湿病研究院的名义承包了私营合伙企业杭州华夏医院风湿科，由并无相关经验的医生王之义到该院负责实施"免疫平衡调节术"治疗类风湿性关节炎、强直性脊柱炎。2005 年 6 月 29 日至 9 月期间，杨元其等人以杭州华夏医院名义多次在杭州《都市快报》发布医疗广告，内容为"杭州华夏医院经过多年的研究、探索，发明的免疫平衡调节微创手术治疗类风湿性关节炎、强直性脊柱炎新技术，只需一个部位、一次手术，安全可靠，无痛苦……"，并将王之义虚称为"系香港国际类风湿病研究院研究员、国内临床协作基地首席专家"等。2005 年 7 月 10 日至 8 月 8 日，杨元其等人以杭州华夏医院名义在浙江省电视台体育健康频道发布广告，杭州华夏医院负责人黄元敏帮助联系了广告中介浙江兆和广告有限公司，并提供了失效的 2004 年度医疗广告证明，内容与报纸刊发的虚假宣传大致相同。广告发布以后，共有 38 名患者于 2005 年在杭州华夏医院接受了免疫平衡调节微创（或介入微创定位）手术治疗，所涉 33 名患者中不仅未达广告中所称医疗效果，且不同程度造成患者声音嘶哑等后果。经鉴定，有 14 名患者伤残等级为九级。浙江省杭州市江干区人民法院以虚假广告罪判处被告人黄元敏有期徒刑一年六个月，缓刑二年，并处罚金人民币三万元；

映出的首要问题即该罪的量刑问题。

其一，该罪立法规定的法定刑过低。① 许多广告，尤其是食药领域的虚假广告，可能会给消费者的生命健康带来严重威胁甚至影响，而与此巨大的财产损失和人身损害相比，两年以下的有期徒刑或拘役，根本不足以惩戒、威慑虚假广告罪行为人。如前述杭州黄元敏等人虚假广告罪案，造成14名患者伤残的行为，最高刑罚仅一年半，对其惩罚微不足道。其二，未分情况设置刑罚梯度。由于刑罚规定在二年以下，难以根据情节严重程度区分量刑，不利于贯彻罪、责、刑相适应的基本原则。因此，学界认为："在罪、责、刑适应的原则下适当提高虚假广告罪的法定刑、设置刑罚梯度的需求尤为迫切。"② 其三，关于该罪罚金刑，《刑法》第二百二十二条虽规定了罚金，但没有具体的金额规定，也无操作性。

总之，近乎纵容的刑罚规定，限制了虚假广告罪的遏制功能。

2. 虚假广告代言人的刑事责任问题

根据《刑法》第二百二十二条，虚假广告罪主体是特殊主体，即只能是广告主、发布者和经营者，广告代言人未被《刑法》列入虚假广告罪的打击范围。在实践中，一些广告代言人明知广告内容虚假而与广告主、广告经营者、广告发布者勾结，扰乱广告市场，损害消费者利益，有观点认为在法理上可以构成共同犯罪。然而，由于受共犯共同故意、共犯从属性和共犯量刑的限制，司法实践中并未出现虚假广告代言人承担刑事责任的情况。

对上述情况，有学者主张应修订《刑法》第二百二十二条，将广

（接上页）判处被告人杨文秀有期徒刑一年二个月，缓刑一年六个月，并处罚金人民币三万元；判处被告人杨国坤有期徒刑一年二个月，并处罚金人民币二万元；判处被告人杨元其有期徒刑一年，并处罚金人民币二万元。参见辛成《全国首例虚假医疗广告案宣判华夏医院负责人等获刑》，（2007-11-09）[2020-06-22]，https：//www.chinacourt.org/article/detail/2007/11/id/274843.shtml09/273961.shtml。

① 《刑法》第二百二十二条规定："广告主、广告经营者、广告发布者违反国家规定，利用广告对商品或者服务作虚假宣传，情节严重的，处二年以下有期徒刑或者拘役，并处或者单处罚金"。

② 周利民、肖银垒：《论虚假广告代言人的刑事责任》，《湖南警察学院学报》2018年第5期。

告代言人列为犯罪主体；① 但主流观点是将该罪主体改为一般主体，理由：（1）国外该罪设立中，犯罪主体大都是一般主体，即非身份犯。（2）根据《广告法》第38条规定，② 虚假广告责任主体的界定除了广告主、广告经营者和广告发布者之外，还包括社会团体或其他组织，而刑法典的规定并未体现出这一点。（3）有学者认为本罪的主体名义上是特殊主体，实际上也是一般主体，因为"任何公民、法人和其他经济组织随时可能转换为广告主、广告经营者，任何法人或者其他经济组织都可能成为广告发布者"。③ 的确，截止2020年3月，中国网民规模达9.04亿，其中手机网民8.97亿，互联网普及率达到64.5%，多种手机应用规模均以亿为单位，④ 在此情况下，每个移动终端的持有人都是潜在的广告经营者和发布者，广告罪的主体为特殊主体的观点已经落伍于传播生态的根本变化。

3. 虚假广告犯罪中网络服务提供者的刑事责任问题

虚假广告刑事诉讼司法实践中，网络服务提供者刑事责任问题也是分歧点之一。曹某某虚假广告罪案是焦点案例之一。⑤

---

① 陈娟、邓丽：《虚假广告罪的主体研究》，《法制与社会》2009年第3期；周利民、肖银垒：《论虚假广告代言人的刑事责任》，《湖南警察学院学报》2018年第5期。

② "社会团体或者其他组织，在虚假广告中向消费者推荐商品或服务，使消费者的合法利益受到损害的，应当依法承担连带责任。"

③ 胡英：《虚假广告罪的构成和易混淆的几个问题》，《律师世界》1999年第4期。

④ 中国互联网信息中心：《第45次〈中国互联网络发展状况统计报告〉》，（2020-4-28）[2020-8-8]，http：//www.cnnic.net.cn/hlwfzyj/hlwxzbg/hlwtjbg/202004/P020200428596599037028.pdf。

⑤ 2011年3月31日，曹某某在北京市房山区注册成立北京瑞兆麟网络文化传播有限公司（以下简称"瑞兆麟公司"）。2013年年底至2014年10月期间，罗某（已判刑）通过瑞兆麟公司业务员被告人仇某发布虚假的"风湿骨痛胶囊"药品广告，曹某某、仇某未严格按照广告法关于药品广告审查的规定对罗某提供的药品广告进行审查，致使该药品广告通过手机凤凰网等网络平台予以发布，导致销售该药品收入500余万元，瑞兆麟公司从中收取广告费用150余万元。法院认为，被告人曹某某情节严重，其行为均已构成虚假广告罪。判决：一、被告人曹某某犯虚假广告罪，判处有期徒刑六个月，并处罚金人民币八万元；二、被告人仇某犯虚假广告罪，判处有期徒刑六个月，缓刑一年，并处罚金人民币四万元；三、对被告人曹某某退出的赃款人民币一百五十万元予以没收，上缴国库。参见江苏省淮安市中级人民法院（2018）苏08刑终34号刑事裁定书。

分歧并不在于 ISP 的责任，而是 ICP 的责任。有观点认为，ICP 涉及到网络信息的传播，有可能认识到信息的虚假性，但互联网上的信息内容庞杂且瞬息万变，作为经营者的 ICP 不可能每条信息进行甄别，去伪存真。而且从国际上的立法来看，美国、欧盟、日本、新加坡等国均排除网络服务商承担对信息一般性的监控义务，① 因为在这种情况下"服务提供者对信息的传输和存储是技术性的、自动的和暂时的，服务提供者并不知道被传输或存储信息的内容，也不对被传输或存储的信息内容作任何修改。"② 所以对仅属经营性质的 ICP 也不应使其承担刑事责任。

事实上，曹某某虚假广告罪案还有一个明显的问题：虚假广告罪是故意犯，过失不构成犯罪，但从判决书看，犯罪行为人显然是过失而非故意，即除特殊情况，ICP 对虚假广告的发布行为通常是未尽到注意义务，是过失而非故意，故很难构成犯罪。

（三）传播型非法经营罪案例及相关法律问题

传播型非法经营罪案存在两大问题：

1. "口袋罪"的过于严苛问题

自 1997 年《刑法》废除了投机倒把罪，代之以非法经营罪，该罪就一直向传播领域扩张，共有 4 类 9 种行为被纳入此罪：与出版物有关的非法经营行为，与互联网经营相关、违反国家规定的两种行为，与网络信息经营相关、以营利为目的、违反国家规定的两种行为，与"伪基站"经营有关的三种行为。③ 其中，与网络信息经营相关、以营利为目的、违反国家规定的两种行为，是《网络诽谤解释》第七条规定的。

---

① 李希慧、沈元春：《虚假广告罪若干问题探究》，《河北法学》2005 年第 12 期。
② 郑成思、薛红：《国际上电子商务立法状况》，《科技与法律》2000 年第 3 期。
③ 关于非法经营罪的"口袋罪"问题，主要在第九章"罪刑法定原则视角下的我国传播犯罪制度中"第四节探讨，此处不予展开。

在王某以承揽删帖进行非法营利罪案中，① 王某看到《网络诽谤解释》前并不知道自己的行为涉及犯罪，而看到司法解释后主动投案，但仍然被判刑4年，引发争议。

2. 传播型非法经营罪中的主观故意即有责性问题

传播型非法经营罪涉及的主观性问题，突出表现于2012年"环保卫士刘福堂非法经营案"。② 对该案判决，辩护方称，涉案图书不是淫秽书籍，也非盗版书籍，更没有煽动颠覆国家政权；刘福堂自费印书是为了宣传环保，不是出于营利目的，不符合非法经营罪主观要件；刘福堂的行为没有严重危害社会秩序和扰乱市场秩序，予以行政处罚足以惩戒。而公诉人回应称，"非法经营罪是行为犯，在主观方面并不要求行为人有营利目的，就像我们通常说经营人生一样，经营不一定都有营利

---

① 2013年5月以来，被告人王某以营利为目的，通过QQ从网名为"诚信网络传媒""屏蔽"等数十人处承揽删除"西祠胡同"网站的帖文业务，后与被告人周某商定以每条400—800元不等的价格删除相关帖文。被告人周某在明知被告人谭某掌握的"西祠胡同"等网站论坛板块管理员账号和密码是非法获得的情况下，与谭某共同利用上述权限，进行违法删帖牟利。2013年7月，被告人谭某因他人告知该行为违法，便停止删帖，但未采取措施让周某停止使用其所提供的"西祠胡同"网站论坛板块管理员的账号和密码继续删帖。截至案发，王某通过支付宝账户付给周某删帖费用共计人民币284810元，周某利用谭某提供的账号和密码，单独或与谭某共同删除西祠胡同的帖文费用为人民币250110元，并将其中的54000余元作为删帖报酬支付给谭某。法院以非法经营罪判处周某有期徒刑五年三个月，罚金人民币六万元；以非法经营罪判处谭某有期徒刑五年，罚金人民币五万五千元；以非法经营罪判处王某犯非法经营罪，判处有期徒刑四年，罚金人民币五万元。参见南京市中级人民法院(2014) 宁刑二终字第224号刑事判决书。

② 刘福堂曾任海南省森林防火指挥部办公室主任、省政协人口资源环境委员会副主任。由于持续关注推动生态环保事业，民间和媒体称其为"生态斗士""环保斗士"。退休后，刘福堂一直为保护海南生态环境奔走呼吁，在网上发了大量博文。后来，他将这些作品整理结集成书，自费印刷，向林业部门、环保组织和关心环保的人士广泛赠阅。其间，一些收到赠书的机构和个人，为了贴补刘福堂的付出，也给了他一些费用。2012年3月开始，海南省莺歌海镇发生当地居民反对电厂选址于该镇的群体性事件，持续了一个多月。为了让社会更了解莺歌海发生的一切，刘福堂在2012年5月，将自己所写的有关莺歌海事件的文章、微博，及一些网友的评论，结集成《海南泪（二）》，自费印制，广泛赠阅。2012年7月20日，刘福堂被海口市公安局以涉嫌非法经营罪刑事拘留，并经海口市人民检察院批捕、起诉。2012年12月5日下午，判决书下达，刘福堂以非法经营罪获被判处有期徒刑3年，缓刑3年，并处罚金1.7万元。参见王銮锋《"环保卫士"刘福堂被判缓刑》，《南方都市报》2012年12月6日第1版。

目的。"

学界主流观点认为，非法经营罪在主观上只能是故意，而且是直接故意，即行为人明知自己的行为会破坏国家对相关市场的管理秩序或他人权益，而追求或希望这种结果的发生。① 而刘福堂显然不存在破坏国家对相关市场的管理秩序或他人权益，而追求或希望这种结果的发生的主观意志，因此不具备犯罪成立的有责性条件。公诉方从"行为犯"角度的公诉意见，反映的是法益侵害问题，而非有责性问题。

二 扰乱社会秩序传播犯罪的热点案例及其法律问题

（一）非法获取国家秘密罪及相关法律问题

目前的司法实践中，此犯罪通常是行为人获取各种考试试题后，通过传播媒介向参加考试者传播试题及答案，以获取金钱利益。但引发社会关注的非法获取国家秘密罪典型案例是 2015 年《南方都市报》记者刘伟涉嫌非法获取国家秘密被刑拘事件，② 其涉及新闻记者采访刑事案件时权益保护问题。

关于该案，在法理上存在以下问题：

---

① 高铭暄、马克昌：《刑法学》，北京大学出版社、高等教育出版社 2017 年版，第 450 页；周光权：《刑法各论》，中国人民大学出版社 2016 年版，第 325 页。

② 《南方都市报》时任深度报道记者刘伟从 2013 年开始介入王林事件报道。当年 10 月 23 日，南都深度周刊对此事件进行了 4 个整版报道。2015 年 7 月，王林"弟子"邹勇被通报身亡；8 月 20 日，萍乡市公安局安源分局经提请萍乡市安源区人民检察院批准，对王林等人执行逮捕。其中，王林和黄钰刚涉嫌非法拘禁罪，另有两人涉嫌故意杀人罪。此后，《南方都市报》社派刘伟再次赶赴萍乡予以采访报道，并刊发王林与他人签订的多份承诺书。这些承诺书均为王林家人给刘伟独家提供，承诺书上的内容多数为王林要求他人帮忙调查邹勇的犯罪证据及将其抓捕归案等。10 月 9 日，刘伟因涉嫌非法获取国家秘密被刑拘。10 月 23 日，南方都市报对此事件作出回应：刘伟系受单位委派，其对王林案的采访、报道、持续关注等，均属履行工作职责的职务行为。10 月 31 日，央视公布了部分涉案人员的采访画面，刘伟说，他参与此事的动机是想拿到别人拿不到的独家信息，他在部门中负责调查，需要出成绩。刘伟后被取保候审。参见杨锋、涂重航《南方都市报记者刘伟被刑拘涉非法获取国家秘密》，《新京报》2015 年 10 月 23 日第 A5 版；刘天宇：《制度缺失下新闻记者的调查采访困境》，《新闻研究导刊》2016 年第 5 期。

1. 记者采访刑事案件与窃取、刺探、收买的关系

首先，我国新闻记者可以合法接触到国家秘密。我国新闻单位均为经过国家行政机构批准设立的国有单位，虽然在法律上不属于任何行政机关，系独立的法人实体，但其在政治上定性为"喉舌"，在人事上属于各级党政部门管理，除极个别情况，记者采访系履行单位规定或指定的工作任务，因此，其基本上是合法行为。记者采访，可以是明访，也可以是暗访，即使是暗访，接触到国家秘密，"也是很正常的事情，尤其是直接由党和政府机构主办的媒体，甚至其自身还生产'国家秘密'，比如'内参'"。① 这种履职行为不能定性为窃取、刺探、收买行为。本案中，刘伟系受单位委派，调查采访王林涉嫌刑事责任案件的相关新闻，其对王林案的采访、报道、持续关注等，均属履行工作职责的职务行为，故其行为是合法行为。

其次，我国新闻记者有保守国家秘密的义务。根据《保守国秘密法》第二十七条，任何传播主体的传播行为都"应当遵守有关保密规定"，② 新闻记者当然也有此义务，如果不是工作必须，应当自觉回避对国家秘密的接触，更不应窃取、刺探、收买国家秘密。

2. 如何判断刑事侦查中的国家秘密及记者的犯罪故意

根据我国《宪法》与《刑事诉讼法》的规定，除涉及国家秘密、商业秘密、个人隐私、未成年人案件及其他不宜公开的案件信息外，刑事诉讼应公开进行。新闻记者对涉及商业秘密、个人隐私、未成年人案件的判断，应当具备常识。然而，国家秘密的确定并不是一个简单的问题。

根据《保守国家秘密法》第二条，国家秘密指"关系国家的安全

---

① 魏永征：《新闻调查记者与国家秘密——从记者刘伟卷入"案中案"说起》，《新闻界》2015年第22期。
② 该条规定："报纸、图书、音像制品、电子出版物的编辑、出版、印制、发行，广播节目、电视节目、电影的制作和播放，互联网、移动通信网等公共信息网络及其他传媒的信息编辑、发布，应当遵守有关保密规定。"

和利益,依照法定程序确定,在一定时间内只限一定范围的人员知悉的事项",此定义为概括性定义,并不确切。该法第九条则列举了国家秘密的类型①——其中,"追查刑事犯罪中的秘密事项"应当属于国家秘密,然而,对于哪些事项属于"秘密事项"即国家秘密,以及哪些信息属于不宜公开的案件信息,法律没有明确规定。而根据《保守国家秘密法》第十三条,公安、国家安全机关在其工作范围内按照规定的权限确定国家秘密的密级。

问题是:记者并不一定知道其采访的刑事案件的相关内容是否属于国家秘密。

根据1992年6月由国家保密局、中央对外宣传小组、新闻出版署、广播电影电视部联合制定的《新闻出版保密规定》第七条,新闻出版单位和提供信息的单位对是否涉及国家秘密界限不清的信息,应当送交有关主管部门或其上级机关、单位审定。但根据该规定第九条,对于刑事案件中的国家秘密,公安机关也有义务告知新闻媒体与记者。②

本案中,记者刘伟从2013年开始介入王林事件报道,至2015年已持续两年;在2015年8月20日王林等人被逮捕后,刘伟所在的《南方都市报》刊发刘伟采写的数篇报道——如果这些报道涉密,侦查机关应该及时通报《南方都市报》和刘伟。作为新闻单位和记者,其可能不会意识到相关案件内容为国家秘密,即使意识到相关内容可能涉密,也未必能确定为国家秘密,而非法获取国家秘密罪在主观方面要求为直接故意,即行为人明知是国家秘密,仍以窃取、刺探、收买方法非法获取。从这个角度,刘伟也不构成本罪。

---

① 根据《保守国家秘密法》第九条,国家秘密包括:国家事务重大决策中的秘密事项、国防建设和武装力量活动中的秘密事项、外交和外事活动中的秘密事项以及对外承担保密义务的秘密事项、国民经济和社会发展中的秘密事项、科学技术中的秘密事项、维护国家安全活动和追查刑事犯罪中的秘密事项、经国家保密行政管理部门确定的其他秘密事项。

② 根据《新闻出版保密规定》第九条,被采访单位、被采访人向新闻出版单位的采编人员提供有关信息时,对其中确因工作需要而又涉及国家秘密的事项,应当事先按照有关规定的程序批准,并向采编人员申明;新闻出版单位及其采编人员对被采访单位、被采访人申明属于国家秘密的事项,不得公开报道、出版。

在记者采访遭遇国家秘密问题上，正如学界观点，《保守国家秘密法》"定密标准模糊，一方面政府部门可以随意扩大保密范围，另一方面媒体很难在新闻传播过程中肯定哪些信息是秘密，哪些不是秘密。"①

3. 本案宜定性非法获取国家秘密罪还是泄露国家秘密罪

新闻记者非法获取国家秘密，通常是为新闻报道。从逻辑上讲，一经报道，即泄露该秘密，应依照故意或过失泄露国家秘密罪处罚。但依照我国《刑法》的规定，非法获取国家秘密罪的刑罚重于泄露国家秘密罪的刑罚，② 则依择一重罪处理的原则，如果新闻媒体和记者非法获取国家秘密且泄露，依照非法获取国家秘密罪定罪。而且，如果适用泄露国家秘密罪，就会牵连新闻媒体，牵涉面广，公安机关"难以处理"，故非法获取国家秘密罪的罪名成为"最优选择"。就本案而言，《南方都市报》刊发数篇刘伟采写的相关报道，如果报道内容涉密，显然构成"泄露"。而基于前述分析，警方未追究《南方都市报》责任，仅仅对记者本人进行处罚。故意或过失泄露国家机密罪，犯罪主体只有自然人，没有单位，但是，全国人民代表大会常务委员会 2014 年 4 月通过的《关于〈中华人民共和国刑法〉第三十条的解释》规定："公司、企业、事业单位、机关、团体等单位实施刑法规定的危害社会的行为，刑法分则和其他法律未规定追究单位的刑事责任的，对组织、策划、实施该危害社会行为的人依法追究刑事责任。"申言之，如果刘伟采写的数篇报道的确涉密，警方严格执法，就应当对《南方都市报》组织、策划该报道者也进行处罚，但警方的行为显然自相矛盾。

当然，非法获取国家秘密罪的刑罚重于泄露国家秘密罪的刑罚，这本身也暴露了《刑法》刑罚规定的设罪问题。

---

① 孙旭培：《新闻传播法》，复旦大学出版社 2015 年版，第 129 页。
② 根据《刑法》第二百八十二条，以窃取、刺探、收买方法，非法获取国家秘密的，处三年以下有期徒刑、拘役、管制或者剥夺政治权利；情节严重的，处三年以上七年以下有期徒刑。而根据《刑法》第三百九十八条第二款的规定，故意或者过失泄露国家秘密，情节严重的，处三年以下有期徒刑或者拘役；情节特别严重的，处三年以上七年以下有期徒刑。

(二) 帮助信息网络犯罪活动罪及相关法律问题

此罪名案例较多，而该罪司法实践中的主要问题是：

1. "从一重罪处罚"原则的适用问题

根据《刑法》第二百八十七条之二第三款的规定，实施帮助信息网络犯罪活动的行为，同时构成其他犯罪的，依照处罚较重的规定定罪处罚[①]——上述规定中"从一重罪处罚"原则，在理论界引发争议。对于本罪与同时构成的"其他犯罪"之间的关系，从特别法优于普通法的原则，多数学者认为只能是想象竞合关系；[②]当然，也有个别学者认为其关系是法条竞合关系。[③]

对上述问题，有观点认为，为了避免罪刑失衡，"对我国《刑法》第二百八十七条之二第3款应当做限制解释，该款中的'同时构成其他犯罪'，是指法定刑高于该条第1款法定刑的犯罪，而不包括法定刑低于本条第1款的犯罪"。[④]

相反的观点则认为："帮助行为统一正犯化后就应当统一适用，'从一重'处罚的规定也应当统一适用。"[⑤] 还有学者认为，《刑法修正案（九）》陡增八处类似"同时构成其他犯罪的，依照处罚较重的规定定罪处罚"条款的规定，加之司法解释中类似条款的习惯性规定，均说明：因不利于有效保护法益，立法者与司法者并不认同严格区分法条竞合与想象竞合并固守特别法优于普通法的特别关系法条竞合适用原

[①] 该条规定："明知他人利用信息网络实施犯罪，为其犯罪提供互联网接入、服务器托管、网络存储、通信传输等技术支持，或者提供广告推广、支付结算等帮助，情节严重的，处三年以下有期徒刑或者拘役，并处或者单处罚金。单位犯前款罪的，对单位判处罚金，并对其直接负责的主管人员和其他直接责任人员，依照第一款的规定处罚。有前两款行为，同时构成其他犯罪的，依照处罚较重的规定定罪处罚。"

[②] 陈兴良：《快播案一审判决的刑法教义学评判》，《中外法学》2017年第1期；梁根林：《传统犯罪网络化：归责障碍、刑法应对与教义限缩》，《法学》2017年第2期。

[③] 赵运锋：《帮助信息网络犯罪活动罪的立法依据与法理分析》，《上海政法学院学报》（法治论丛）2017年第1期。

[④] 张明楷：《论帮助信息网络犯罪活动罪》，《政治与法律》2016年第2期。

[⑤] 于志刚：《共犯行为正犯化的立法探索与理论梳理——以"帮助信息网络犯罪活动罪"立法定位为角度的分析》，《法律科学》（西北政法大学学报）2017年第3期。

则，因此，若认定一个行为符合"同时"构成其他犯罪的要求，无论法条竞合还是想象竞合，均应从一重处罚。①

实践中，该罪与诈骗罪经常发生竞合，如胡某因帮助信息网络犯罪而构成诈骗案。②

2. 帮助信息网络犯罪活动罪"正犯化"的争议

所谓帮助犯的正犯化，是指刑法分则条文直接将某种帮助行为规定为正犯行为，并配备了独立的法定刑。对我国《刑法》第二百八十七条之二确立的帮助信息网络犯罪活动罪的性质，有两种主要观点即分歧：

一是"量刑规则说"。其认为，根据可罚性的独立程度，帮助犯可以区分为绝对正犯化、相对正犯化和量刑规则三种。③ 在帮助犯绝对正犯化的场合，帮助行为具有独立的可罚性；④ 在帮助犯相对正犯化的场合，帮助行为之处罚，依赖于正犯行为的成立，即需要成立共同犯罪；

---

① 陈洪兵：《竞合处断原则探究——兼与周光权、张明楷二位教授商榷》，《中外法学》2016年第3期。

② 2015年2月至4月期间，被告人胡某、曾某伙同他人通过假冒淘宝客服人员，以被害人的淘宝网店无法正常支付、需激活淘宝账号、交纳保证金、开通业务等为由，利用钓鱼网站实施诈骗。其中，胡某负责提供诈骗使用的支付宝分润平台账号和跳转软件等技术支持，并获取8.8%—9%作为报酬，其参与的诈骗数额为人民币254.8432万元，涉及的被害人数达751人；曾某参与的诈骗数额为人民币98.8944万元，涉及的被害人数达333人。法院认为，胡某、曾某的行为均已构成诈骗罪，系共同犯罪。胡某明知他人利用信息网络实施诈骗犯罪，为其犯罪提供网络技术支持等帮助，情节严重，其行为同时构成诈骗罪和帮助信息网络犯罪活动罪，按照具体犯罪行为应当适用的法定刑幅度，依法应当以处罚较重的诈骗罪定罪处罚。法院以诈骗罪，分别判处被告人胡某有期徒刑十一年六个月，并处罚金人民币5万元；判处被告人曾某有期徒刑十一年，并处罚金人民币4万元。参见浙江省杭州市中级人民法院（2016）浙01刑终1084号刑事裁定书。

③ 张明楷：《论帮助信息网络犯罪活动罪》，《政治与法律》2016年第2期。

④ 最高人民法院、最高人民检察院《关于办理利用互联网、移动通信终端、声讯台制作、复制、出版、贩卖、传播淫秽电子信息刑事案件具体应用法律若干问题的解释（二）》（下称《淫秽电子信息解释二》）的第3条和第6条，对"利用互联网建立主要用于传播淫秽电子信息的群组""电信业务经营者、互联网信息服务提供者明知是淫秽网站，为其提供互联网接入、服务器托管、网络存储空间、通信传输通道、代收费等服务，并收取服务费"等行为，单独规定入刑的罪量，对其处罚不受限于传播淫秽物品罪与传播淫秽物品牟利罪的入罪标准。

另一方面，司法解释设定了帮助行为的单独入罪门槛。① 在帮助犯从属正犯化的场合，帮助行为的可罚性依赖于正犯行为的实施，② 此类规定属于注意规定，即便没有该规定，相应的帮助行为也应按照共同犯罪的规定加以处罚。③

帮助信息网络犯罪活动罪属于帮助犯的量刑规则：客观上看，本罪中的行为人是为他人利用信息网络实施犯罪提供互联网接入、服务器托管等网络帮助行为；主观上看，本罪行为人在实施网络帮助行为时须"明知"他人利用信息网络实施犯罪——即：帮助信息网络犯罪活动罪并不能独立于正犯而存在，其不具有绝对正犯化和相对正犯化那样程度的可罚性。④ 也就是说：该款规定并没有将帮助信息网络犯罪活动罪提升为正犯，"只是对其规定了独立的法定刑，而不再适用刑法总则关于帮助犯（从犯）的处罚规定，这是根据共犯从属性原理、相关犯罪的保护法益以及相关行为是否侵犯法益及其侵犯程度得出的结论。"⑤

"量刑规则说"坚持帮助犯从属性说，所以，其不仅否定帮助犯的正犯化，而且否定帮助犯的独立性。其认为：帮助犯的正犯化，意味着帮助犯已经被提升为正犯，不再是帮助犯；倘若采取限制的正犯概念与帮助犯的独立性说，则意味着只要行为人实施了帮助行为，虽然正犯还

---

① 如前述《淫秽电子信息解释二》第 7 条规定，"明知是淫秽网站，以牟利为目的，通过投放广告等方式向其直接或者间接提供资金，或者提供费用结算服务，具有下列情形之一的，对直接负责的主管人员和其他直接责任人员，依照刑法第三百六十三条第一款的规定，以制作、复制、出版、贩卖、传播淫秽物品牟利罪的共同犯罪处罚……"

② 如《最高人民法院、最高人民检察院关于办理利用信息网络实施诽谤等刑事案件适用法律若干问题的解释》第 8 条规定，明知他人利用信息网络实施诽谤、寻衅滋事、敲诈勒索、非法经营等犯罪，为其提供资金、场所、技术支持等帮助的，以共同犯罪论处。再如《最高人民法院、最高人民检察院关于办理诈骗刑事案件具体应用法律若干问题的解释》第 7 条，明知他人实施诈骗犯罪，为其提供信用卡、手机卡、通信工具、通信传输通道、网络技术支持、费用结算等帮助的，以共同犯罪论处。

③ 徐然：《帮助信息网络犯罪活动罪的规范属性与司法认定》，《法律适用》（司法案例）2018 年第 16 期。

④ 徐然：《帮助信息网络犯罪活动罪的规范属性与司法认定》，《法律适用》（司法案例）2018 年第 16 期。

⑤ 张明楷：《论帮助信息网络犯罪活动罪》，《政治与法律》2016 年第 2 期。

没有着手实行犯罪,对帮助行为也应以帮助犯论处。……只有当被帮助犯着手实行犯罪,使法益受到具体的、紧迫的危险时,才处罚帮助犯。这正是帮助犯从属性说的结论。①

二是"帮助犯的正犯化说",其认为第二百八十七条之二是"帮助犯的正犯化":(1)"量刑规则说"论者明显呈现出厚此薄彼的随意解释样态;(2)论者没有明确指出所谓的相对的正犯化是否允许再次惩罚共犯;(3)在刑法为共犯行为规定独立的罪刑条款之后,为了实现罪名标签化的预防功能,即使司法上没有配置独立的罪名,也应认为属于共犯的正犯化;(4)刑法规定独立的法定刑是以行为独立成罪为前提的,将该立法看作是"帮助犯的量刑规则",会淡化刑法分则的罪名设置功能,而只突出其刑罚设置功能;(5)将该条理解为"帮助犯的量刑规则",会导致刑法总则共犯理论被虚置,从犯、帮助犯等的规定都会无法适用,从而使刑法总则设立的犯罪一般原理被刑法分则架空,最终丧失其对刑法分则的指导意义;(6)将刑法中同样的帮助行为单独入罪的立法如帮助恐怖活动罪、协助组织卖淫罪、帮助信息网络犯罪活动罪等人为地分为帮助犯的绝对正犯化、相对正犯化和量刑规则,显然是一种"强硬"解释,不符合刑法解释的体系规则和正犯与共犯相区分的基本原理;(7)在他人没有实施相应的网络犯罪活动或者没有使用其提供的网络技术支持时,行为人不构成帮助信息网络犯罪活动罪的根据,并非罪名的属性是否帮助行为正犯化,而是因为这种帮助行为不具有实质的可罚性;(8)唯有诉诸实质判断才能区分三种类型,同时以所实施的帮助行为是否"值得科处刑罚"作为关注的中心,而后再回溯判断法条性质的路径,多少赋予了些许以刑制罪的意味;(9)"量刑规则说"消解了《刑法》第二百八十七条之二第一款与第三款的差异这点,恰恰可以从反面佐证,《刑法》第二百八十七条之二第

---

① 张明楷:《论帮助信息网络犯罪活动罪》,《政治与法律》2016年第2期。

一款并非帮助犯的量刑规则而是帮助犯的正犯化。①

（三）传播型寻衅滋事罪热点案例及相关法律问题

1. 参照《网络诽谤解释》第二条"情节严重"的量化标准问题

《网络诽谤解释》仅在第二条对诽谤罪进行了定罪"情节严重"的量化标准，并未对寻衅滋事罪规定量化标准。而许多法院对寻衅滋事罪的判决中，均直接或间接参照该标准，认定其对网络空间秩序的破坏。该问题最早、最典型且引发社会广泛关注的案例是"秦火火寻衅滋事案"。②

法院对秦火火寻衅滋事罪的判决中，认定其对网络空间秩序的破坏，以"虚假信息被转发 11000 次，评论 3300 余次"为依据；而且将"引发大量网民对国家机关公信力的质疑"作为破坏现实社会秩序的依据——该案是《网络诽谤解释》生效后第一个适用第五条第二款、并将第二条诽谤罪"情节严重"的量化标准作为入罪依据的案例，其"判例效应"产生巨大的影响，也引发激烈的争议。

此后，在诸多此罪名案例中，法院均将网络浏览量、评论量作为"破坏社会秩序"的依据。如 2016 年"贾灵敏寻衅滋事罪"案中，法院对其三条微博信息的影响如此进行认定：2013 年 9 月 25 日个人微博中上传的"@南方都市报记者和@河南贾某丙被石佛办事处主任田某甲

---

① 于志刚：《共犯行为正犯化的立法探索与理论梳理——以"帮助信息网络犯罪活动罪"立法定位为角度的分析》，《法律科学》（西北政法大学学报）2017 年第 3 期；刘艳红：《网络犯罪帮助行为正犯化之批判》，《法商研究》2016 年第 3 期；刘仁文、杨学文：《帮助行为正犯化的网络语境——兼及对犯罪参与理论的省思》，《法律科学》（西北政法大学学报）2017 年第 3 期。

② 秦火火寻衅滋事的事实：2011 年 7 月 23 日，甬温铁路浙江省温州市相关路段发生特别重大铁路交通事故（即"7·23"甬温线动车事故）。在事故善后处理期间，被告人秦×为了利用热点事件进行自我炒作，提高网络关注度，于 2011 年 8 月 20 日使用昵称为"中国秦××_f92"的新浪微博账户（UID 号：××09413）编造并散布虚假信息，称原铁道部向"7·23"甬温线动车事故中外籍遇难旅客支付 3000 万欧元高额赔偿金。该微博被转发 11000 次，评论 3300 余次，引发大量网民对国家机关公信力的质疑，原铁道部被迫于当夜辟谣。法院认为，被告人秦×上述行为构成寻衅滋事罪。判决被告人犯寻衅滋事罪，判处有期徒刑一年六个月。另外，秦×犯诽谤罪，判处有期徒刑二年，二罪合并，决定执行有期徒刑三年。参见北京市朝阳区人民法院（2013）朝刑初字第 2584 号刑事判决书。

带领一群穿着迷彩服不提供任何证件的人当着 012114 警官的面殴打和辱骂"的信息,被 2465 名网民关注,83 名网民转发,15 名网民评论;2014 年 1 月 26 日在其个人微博中上传"白某某走出金水区拘留所的大门,迎接她的是鲜花、掌声、口号和条幅,10 天前,这个 44 岁的上访户被以非法上访的罪名行政拘留"的虚假信息,被 2465 名网民关注,57 名网民转发,13 名网民评论;2014 年 4 月 24 日发表微博内容"#紧急求助#老兵抗强拆跳塔,郑州新港办事处固城村赵文泉因家被强拆,现爬上发射塔"的信息,被 2465 名网民关注,266 名网民转发,56 名网民评论。[①]

诽谤罪是主要侵害个体法益的犯罪,而寻衅滋事罪是主要侵害社会法益的犯罪,两者犯罪成立条件应当有根本的不同,将前者的成立条件作为后者的成立条件,本就极不严肃。而且,公安机关在办案过程中,出现将极少点击量的案件也作为刑事案件办理的现象,其典型案例是甘肃张家川县初中生杨某发帖涉嫌寻衅滋事被刑拘案,当然,因争议极大,该案当事人杨某后被撤销刑事拘留,转为行政拘留。[②]

2. "破坏社会秩序"与"造成公共秩序严重混乱"的解释问题

对此问题,除最早的"秦火火寻衅滋事案"外,董某寻衅滋事罪

[①] 法院认定贾灵敏故意煽动他人任意毁坏财物,情节严重,在公共场所起哄闹事,造成公共场所秩序严重混乱,并编造虚假信息,在信息网络上散布,起哄闹事,造成公共秩序严重混乱,其行为已构成寻衅滋事罪,判决其有期徒刑 4 年。参见河南省郑州市中级人民法院刑事(2015)郑刑一终字第 418 号裁定书。

[②] 2013 年 9 月 12 日,张家川县张川镇一 KTV 歌厅从业人员高某非正常死亡。在案件侦查阶段,公安机关为查明死因,多次要求家属配合尸检,均遭到死者家属无理拒绝。在高某死因未确定的情况下,杨某于 9 月 14 日中午在其微博、QQ 空间造谣发布"警察与群众争执,殴打死者家属""凶手警察早知道了""看来必须得游行了"等虚假信息煽动游行,导致高某系他杀的言论大量传播。警方称,14 日,部分社会闲散人员转载、浏览杨某 QQ 空间信息后听信误导,纠集数十人在案发现场呼喊口号,致使案发现场数百群众聚集,交通堵塞,现场失控,严重干扰公安机关依法办案。一些社会闲散人员在死者家属的带领下打横幅到县行政中心闹访。9 月 17 日,杨某被警方以涉嫌寻衅滋事被刑拘。警方称,杨某的发帖点击次数达到 500 次以上。2013 年 9 月 23 日,杨某获释。此案经甘肃省公安厅和天水市公安局联合工作组调查核实,决定撤销刑事案件,对其行政拘留 7 日。王瑞锋、贾世煜:《警方:初中生发帖散播谣言被刑拘》,《新京报》2013 年 9 月 21 日第 A11 版。

案也非常典型。①

法院认为:"董某所作帖文总点击量高达数十万次,转发数千次,已经破坏了社会秩序,网络公共空间秩序亦应属于社会秩序的一部分,破坏网络公共空间秩序的表现形式不同于现实秩序,但网络世界不是法外之地,其利用信息网络实施寻衅滋事,虽未引起现实秩序严重混乱,从其高点击率和高转发率来看,已经破坏了网络公共空间秩序,已构成犯罪。"法院的观点简单概括为:董某的行为虽未造成现实社会秩序严重混乱,因破坏网络公共空间秩序,也构成犯罪。

这里提出的问题是:《网络诽谤解释》第五条中,"公共秩序"指的是现实社会公共秩序还是网络空间的秩序?

传统的社会秩序指的是现实社会秩序,而传统的公共场所是限于实体的、现实的人类活动空间。对此,有观点认为:"在当今'双层社会'的背景下,网络空间已经成为人类活动的'第二空间',几乎和现实空间一样给人们提供了相同条件的活动场所……网络空间不是现实空间的简单复制,但是网络空间的行为仍然只是现实空间中人类活动的延伸,差别在于表现形式不同。"② 基于"双层社会"概念,这种观点进一步认为:"在'双层社会'的全新背景下,人类社会的'公共秩序'被赋予了全新的含义,它包括网络公共秩序和现实公共秩序两个部分,

---

① 董某有如下犯罪事实:2014年8月14日至2015年3月20日,董某指使他人,或自己使用昵称为"法治特工"的账户,将自己撰写的《菏泽曹县法官包庇违法犯罪嫌疑人涉嫌枉法裁判、徇私枉法渎职侵权》《围剿曹县法院刑事审判庭冤假错案》等四文,在《大众网菏泽论坛》和《新浪微博》发布。董某在上述帖文中分别宣称"原审适用法律明显错误,程序严重违法,涉嫌枉法裁判、徇私枉法、渎职侵权违法犯罪,应依法追究法律责任"(并将办案法官祁某、魏某、孟某作为犯罪嫌疑人在网上举报),使用"不作死就不会死,曹县法院刑庭法官想作死很容易,本代理人得成全他们……""曹县法官真是无法无天,有点权力就太任性……菏泽曹县法院还要脸吗?"等语言。上述四篇帖文分别被点击282847次、回复1185条,转发1474次,评论27次,点赞4次,点击43524次,回复334条,被点击120273次、回复376条。法院判决:被告人董某犯寻衅滋事罪,判处有期徒刑四年。参见山东省菏泽市中级人民法院(2016)鲁17刑终300号刑事裁定书。

② 于志刚:《"双层社会"中传统刑法的适用空间——以"两高"〈网络诽谤解释〉的发布为背景》,《法学》2013年第10期。

破坏其中任何的一部分都属于对公共秩序的侵害。"① ——这种观点，在一定程度上说明了"网络空间秩序"作为社会秩序一部分而成立的合理性，即"网络空间"可以作为"公共空间"的一部分，从而论证了破坏"网络空间秩序"受到刑罚的该当性。

即使承认上述学者的观点，即网络空间的秩序是社会秩序的一部分，但仍留下两个重要的未决问题：第一，什么是网络空间秩序？第二，如何判断网络空间中的"秩序混乱"？是网络上引发了广泛的社会争议，抑或造成具体的严重后果？如果认为网络空间中的"秩序混乱"是后者即造成具体的严重后果，判断的标准难以清晰界定。

当然，最高人民法院相关解释及学界主流观点并不认可上述立场，此不赘述。②

3. 寻衅滋事罪与诽谤罪、侮辱罪的竞合及其引发的诉讼程序问题

此问题的典型案例是"伊利谣言案"：邹光祥、刘成昆涉嫌犯寻衅滋事罪案。③

---

① 于志刚：《"双层社会"中传统刑法的适用空间——以两高〈网络诽谤解释〉的发布为背景》，《法学》2013 年第 10 期。

② 对该罪存在的问题，本书从罪刑法定和法益保护原则两个角度，分别在第九章第四节和第十章第三节中予以探讨。

③ 2018 年 3 月 24 日起，微信公众号"天禄财经"作者刘成昆陆续在其公号发布《出乌兰记——盘先生在美丽坚》《出美丽坚记——盘先生回乌兰配合调查》《出乌兰记——童话故事》三篇文章，暗示性地把"小说"所指与伊利董事长潘刚联系在一起。3 月 26 日上午，邹光祥在其公号发文称"光祥财经获悉，潘刚已于近期回国，很快被有关部门带走并协助调查。"当日，伊利发布澄清公告称，相关报道不实，市场传言均为谣言，公司生产经营一切正常。邹光祥看了刘成昆的文章后，加了刘的微信并核实，刘在自己也拿不准的情况下，却告诉邹"可以写"。邹光祥出于职业敏感，也打电话向伊利公司求证，被告知是谣言后，仍写下了《公司聚焦：伊利股份董事长潘刚或"失联"》的文章并发出，并且在伊利再次告诉他是谣言要求删稿时，也没有同意。两人的文章经互联网传播，引起很大反响，导致以伊利为核心的上下游产业链均受到冲击，反映到资本市场上，股价从 34 元一路下跌至 24 元，谣言发布的两天时间里，市值缩水 130 亿元。后经两审，法院以寻衅滋事罪判处邹光祥有期徒刑一年，缓刑一年六个月；以寻衅滋事罪判处刘成昆有期徒刑八个月。参见郭铁《"伊利谣言案"涉事 2 人因何被判寻衅滋事罪？事件始末回顾》，《新京报》2018 年 10 月 24 日第 A5 版；新华社记者：《网络自媒体不是"法外之地"》，（2018 - 5 - 7）[2018 - 12 - 08]，https：//www.guancha.cn/FaZhi/2018_05_07_456014.shtml；刘懿德：《"伊利谣言案"二审宣判　呼和浩特中院裁定维持原判》，（2018-11-23）[2018-12-08]，https：//www.xinhuanet.com/legal/2018-11/23/c_1123760139.html。

对行为人利用信息网络诽谤、辱骂他人，如果行为人的有关行为针对的是不特定对象，侵害的是社会秩序，则应当依法以寻衅滋事罪定罪处罚——这一点比较明确，一般不会引发分歧。分歧在于竞合的情况，即"如果辱骂他人情节恶劣，破坏社会秩序的"情况，最高人民检察院和最高人民法院有比较大的分歧：前者认为，这种情况应按照《网络诽谤解释》第9条的规定，依照处罚较重的罪即寻衅滋事罪定罪。① 后者认为，要严格入罪标准，辱骂、恐吓行为必须达到情节恶劣的程度，同时对社会秩序造成了现实的破坏，才能入罪。对于一些网民在网络上发泄不满，辱骂他人的，要重在教育，强化管理，一般不要轻易适用本款规定按犯罪处理。② 事实上，《网络诽谤解释》第9条并不涉及寻衅滋事罪与诽谤罪、侮辱罪的竞合问题，③ 最高人民法院的解释才是符合法理的权威解释，但司法实践中难免出现混乱。在上述案例中，在接到伊利公司和潘刚本人书面报案后，呼和浩特公安机关以涉嫌寻衅滋事罪、诽谤罪将刘成昆和邹光祥抓获，检察机关以诽谤罪对2人批准逮捕；后在起诉中将2人罪名变更为寻衅滋事罪——此过程说明：在传播型寻衅滋事罪的司法实践中，无论"两高"如何对司法解释进行再解释，下级司法机关的处理不仅存在前述两个问题，竞合问题引发的公诉与自诉程序的混乱也是重要问题之一。

三 妨害司法（秩序）传播犯罪的热点案例及其法律问题

虽然泄露或披露、报道不应公开的案件信息罪并无案例供分析，但

---

① 最高人民检察院法律政策研究室：《关于办理利用信息网络实施诽谤等刑事案件适用法律若干问题的解释解读》，《人民检察》2013年第23期。
② 最高人民法院刑事审判第三庭：《〈关于办理利用信息网络实施诽谤等刑事案件适用法律若干问题的解释〉的理解与适用》，《人民司法》2013年第21期。
③ 该条规定："利用信息网络实施诽谤、寻衅滋事、敲诈勒索、非法经营犯罪，同时又构成刑法第二百二十一条规定的损害商业信誉、商品声誉罪，第二百七十八条规定的煽动暴力抗拒法律实施罪，第二百九十一条之一规定的编造、故意传播虚假恐怖信息罪等犯罪的，依照处罚较重的规定定罪处罚。"

其在立法过程中的争议其相关法律问题仍然引发社会关注。

(一) 应否入罪问题

在《刑法修正案（九）（草案）》征求意见过程中，泄露或公开披露、报道依法不公开审理的案件中不应公开的信息行为的"入刑"问题，曾引发激烈讨论，主要原因是对律师正常执业及新闻媒体的舆论监督造成负面影响：其一，本条对泄密主体、秘密信息定性、泄密后果表述模糊，实践中不易操作，容易引导律师不作为。其二，不公开审理的案件信息在全国被公开的情况很少见，没有必要以刑法规制。其三，披露、报道不应公开的案件信息罪主要针对新闻媒体和新闻记者，应当谨慎，因为新闻媒体的天职就是传播新闻，进行舆论监督，应该有相当自由度，即使报道错误，也非恶意，所以其公开披露和报道行为入罪，值得推敲。该条规定引发学者、律师群体及新闻界的广泛质疑，尤其成为"律师们普遍关切的问题"。[1] 有学者指出："本条规定是否会造成处罚范围过大并不当限制公民以及媒体的宪法权利，值得进一步讨论，因而本条是否应该设立该罪，应该慎重考虑。"[2]

而最高人民法院对本条立法的解释是：司法实践中，一些依法不公开审理案件的诉讼参与人，泄露或借助媒体、自媒体公开传播相关案件中不应公开的案件信息；有的司法工作人员违反保密纪律，向当事人或媒体泄露正在不公开审理的案件信息；有的当事人、辩护人、诉讼代理人或当事人的亲属，为向司法机关和对方当事人施加压力，公开传播涉及当事人隐私和犯罪细节的信息，制造舆论，以图影响裁判结果；[3] 有

---

[1] 周光权：《〈刑法修正案（九）〉（草案）的若干争议问题》，《法学杂志》2015年第5期。

[2] 赵秉志、刘志伟等：《关于〈刑法修正案（九）（草案）〉的修法建议》，《刑法论丛》2014年第4期。

[3] 例如，在轰动一时的"李某某等5人强奸案"中，不论从李某某系未成年人，还是涉及被害人隐私角度出发，该案都属于法定不公开审理案件，但在该案的审判过程中，不仅被告人李某某等的姓名等被非法公布，被害人的姓名等相关信息也被案件有关律师泄露，给被害人造成二次伤害，也导致审判机关承受巨大的舆论压力，严重妨碍司法活动的正常进行。参见刘晓玲《李某某案律师被律协处分》，《北京青年报》2014年4月18日第A18版。

新闻媒体为追求轰动效应,对正在不公开审理的案件内容公开报道,深挖所谓内幕信息,有时甚至形成舆论关注的热点;有个人、媒体和网站,虽非上述案件信息泄露人,但获得相关案件信息后,公开披露、报道,甚至大肆炒作,给司法秩序和当事人造成严重损害——而刑法对此类行为没有专门规定。①

立法机关对规定此条的解释是:保障人民法院独立公正行使审判权。该条规定是针对所有诉讼参与人,并非针对某一特定群体。《律师法》第三十八条第一款对律师的保密义务有规定,本条只是在行政责任基础上规定了刑事责任;法律对不公开审理的案件范围也有明确规定,新闻媒体对涉及此类案件的新闻线索,应谨慎处理,避免触及红线。②

(二) 依法不公开审理的案件的范围

"依法不公开审理的案件",是指根据法律规定,属于特别情况,不得进行公开审理的案件:在民事诉讼中,指涉及国家秘密、个人隐私或者法律另有规定的不公开审理案件;离婚案件,涉及商业秘密的案件,当事人申请不公开审理的,可以不公开审理。在行政诉讼中,指涉及国家秘密、个人隐私和法律另有规定的不公开审理案件。在刑事诉讼中,涉及国家秘密或者个人隐私的案件,不公开审理;涉及商业秘密的案件,当事人申请不公开审理的,可以不公开审理;审判的时候被告人不满18周岁的,不公开审理。

可见,不公开审理的案件,分为法定和依申请由法官裁定两种。因此,"'依法不公开审理的案件',是指依照刑事诉讼法、民事诉讼法、行政诉讼法、未成年人保护法等法律规定,应当不公开审理或者经当事人提出申请,人民法院决定不公开审理的案件。"③ 法定不公开审理案

---

① 沈德咏:《〈刑法修正案(九)〉条文的理解与适用》,人民法院出版社2015年版,第325页。
② 沈德咏:《〈刑法修正案(九)〉条文的理解与适用》,人民法院出版社2015年版,第327页。
③ 雷建斌:《中华人民共和国刑法修正案(九)解释与适用》,人民法院出版社2015年版,第327页。

件，自案件立案始就不公开；依当事人申请不公开审理的案件，由法院依法行使裁量权，在法院宣告该案件为不公开审理案件前，相关主体进行的传播行为不构成本罪。

（三）不应当公开的信息的范围

"不应当公开的信息"指对国家、社会和当事人权益有重大影响的相关信息，如涉及国家秘密、个人隐私、个人信息、商业秘密，以及被告人为未满18周岁未成年被告人的个人身份信息。[①] 在《民事诉讼法》《刑事诉讼法》和《行政诉讼法》的相关规定中，相关当事人应当保守的秘密，与本罪中不应公开的案件信息的范围基本一致，因此，并非只有进入法院审理阶段或法院宣告该案件为不公开审理的案件后，相关当事人才开始对不应当公开的信息有保密义务。

在《刑法修正案（九）（草案）》讨论过程中，就有学者曾指出："不公开审理案件中哪些信息属于不应当公开的信息，其范围缺乏必要的界定。"[②] 至今，对哪些案件信息属于本罪中的信息，仍有分歧。而最高人民法院认为，本罪中的信息不能仅限于上述国家秘密、个人隐私、个人信息、商业秘密，以及被告人为未满18周岁未成年被告人的个人身份信息，还包括其他与案件有关、不宜为诉讼参与人以外人员知悉的信息。[③] 例如，根据《最高人民法院关于适用〈中华人民共和国刑事诉讼法〉的解释》第176条，合议庭成员在评议案件时，"评议情况应当保密"，故评议信息属于"不应公开的信息"；依据《最高人民法

[①] 《民事诉讼法》第一百三十四条规定："人民法院审理民事案件，除涉及国家秘密、个人隐私或者法律另有规定的以外，应当公开进行。离婚案件，涉及商业秘密的案件，当事人申请不公开审理的，可以不公开审理。"《刑事诉讼法》第五十二条规定："对涉及国家秘密、商业秘密、个人隐私的证据，应当保密。"《刑事诉讼法》第一百五十条第二款规定："侦查人员对采取技术侦查措施过程中知悉的国家秘密、商业秘密和个人隐私，应当保密。"《律师法》第三十八条第一款规定："律师应当保守在执业活动中知悉的国家秘密、商业秘密，不得泄露当事人的隐私。"

[②] 林维：《刑法应当如何平等规制律师》，《中国法律评论》2015年第2期。

[③] 沈德咏：《〈刑法修正案（九）〉条文的理解与适用》，人民法院出版社2015年版，第329页。

院关于保守审判工作秘密的规定》第三条,宣判前对案件的处理意见以及合议庭、审判委员会对具体案件处理的讨论情况,上下级法院之间对案件处理的各种不同意见以及有关单位领导、党委的意见,一律不得向工作上无关人员和单位透露,故属于"不应公开的信息"。在涉及未成年人犯罪案件中,所有可能推断出该未成年人的信息,包括姓名、住所、照片、图像等,均属于不应公开的信息。①

另外,有观点认为,"不应公开的信息"不仅包括依法不公开审理案件中相关当事人的信息,还包括特定案件中与案件有关的证人、鉴定人、报案人、控告人、举报人等人员的有关信息。②例如,根据《刑事诉讼法》第六十二条,对于危害国家安全犯罪、恐怖活动犯罪、黑社会性质的组织犯罪、毒品犯罪等案件,证人、鉴定人、被害人因在诉讼中作证,本人或者其近亲属的人身安全面临危险的,人民法院、人民检察院和公安机关应当采取的保护措施中就包括对相关人员的真实姓名、住址和工作单位等个人信息保密;根据《刑事诉讼法》第一百零九条第三款的规定,报案人、控告人、举报人不愿公开自己的姓名和报案、控告、举报行为的,公安机关、人民检察院或者人民法院应当为其保守秘密——这些信息理应纳入"不应公开的信息"所涵盖的范畴。

需要强调:不公开审理的案件审理完毕,裁判生效后,上述相关主体仍不应泄露上述不应当公开的信息,因为相关信息公开传播可能给国家、当事人带来严重的影响。所以,《民事诉讼法》第一百五十六条规定:"公众可以查阅发生法律效力的判决书、裁判书,但涉及国家秘密、商业秘密和个人隐私的内容除外。"

但是,本罪的设立也遭遇如下问题:如果诉讼涉及的权益(如隐私权)人放弃自己的权益,并主动向外传播,则虽然行为人的行为表面上

---

① 沈德咏:《〈刑法修正案(九)〉条文的理解与适用》,人民法院出版社2015年版,第329页。
② 曹波:《论不应公开的案件信息刑法保护的规范诠释》,《科学经济社会》2017年第2期。

符合本罪构成，但因不具有可保护的法益而不构成本罪。

四 妨害社会伦理道德传播犯罪的热点案例及其法律问题

（一）传播淫秽物品罪中淫秽视频链接发布行为定性

淫秽视频链接是否属于《刑法》第三百六十七条规定的"其他淫秽物品"，近年来成为传播淫秽物品罪司法实践中的焦点问题之一，王某传播淫秽物品罪是典型案例[①]。

淫秽视频链接是否属于《刑法》第三百六十七条规定的"其他淫秽物品"，要看其是否属于《传播淫秽信息案件解释》）（一）第九条中规定的性网络电子信息。淫秽视频链接当然属于电子信息，但作为数字代码，其本身肯定不属于电子淫秽信息。正如学者认为的，这些数字代码并不具有信息表述功能，既不能具体描述性行为，也不能露骨宣扬色情内容，根本不具备淫秽物品应具有的诲淫性。[②] 也就是说：淫秽视频链接本身并不是淫秽视频。

既然淫秽视频链接本身并不是淫秽视频，则发布淫秽视频链接是否属于传播淫秽物品之行为？有观点认为，虽然淫秽视频链接不属于淫秽物品，但发布淫秽视频链接的行为在客观上同样应当认定为传播淫秽物品。《刑法》第三百六十四条第一款规定的传播淫秽物品罪并没有要求行为人直接占有或控制淫秽物品，只要行为人在客观上达到了传播淫秽物品的效果即可。事实上，传播淫秽视频存在两种方式：其一是传播淫

[①] 2016年6月27日至8月3日，被告人王某为提高自己产品的关注度，以微信名"青波"和"女王亦欣"在一个名为"福利社禁18进群+群主"微信群发布传播视频链接1000余条。该群有200余名成员，经鉴定其中有61个视频链接为淫秽视频链接。温岭市人民法院审理认为，被告人王某通过微信群以淫秽视频链接的方式传播淫秽物品，其行为已构成传播淫秽物品罪。鉴于被告人王某归案后如实供述其犯罪事实，且当庭自愿认罪，确有悔罪表现，温岭市人民法院判处被告人王某犯传播淫秽物品罪，判处有期徒刑九个月，缓刑一年。参见温岭市人民法院（2016）浙1081刑初2335号刑事判决书。

[②] 郑丽萍、宁势强：《微信群内发布淫秽视频链接行为定罪问题研究》，《法律适用》2017年第8期。

秽视频本身；其二是传播淫秽视频内容。后者并不需要传播者占有或实际控制淫秽视频，只要达到公众能够感知淫秽视频内容的效果即可。从这个意义上讲，发布淫秽视频链接仅是传播淫秽物品的一种行为方式。学者进一步认为，被告人是否构成传播淫秽物品罪，将依赖于其发布的视频链接背后包含的淫秽视频，根据2004年《传播淫秽信息案件解释》(一)第三条，淫秽视频的数量达到40个以上才构成犯罪，本案中行为人发布的淫秽视频链接数量为61个，已经达到法定传播数量的标准。①

上述观点是扩张性的类推解释。刑法的解释必须在法律文本所能涵盖的射程之内，如果超越这个范围，则属于越权。淫秽视频链接不属于电子淫秽信息，当然就不属于淫秽物品，虽然其指向而且极其直接地指向淫秽视频，但其本身并非淫秽视频——在此问题上，只能说法律及司法解释有漏洞，需要通过修改法律或司法解释来适应司法实践，但法官无权进行扩张性解释。因此，本案中的王某难以构成本罪。

(二)传播淫秽物品牟利罪中"传播"的认定

传播技术的发展，使得传播淫秽物品牟利罪中的"传播"成为该罪定罪的关键，而"快播案"是该问题的典型案例。②

对于快播案中快播公司的行为，不能简单地归为介入传播或者传

---

① 郑丽萍、宁势强：《微信群内发布淫秽视频链接行为定罪问题研究》，《法律适用》2017年第8期。

② 深圳市快播科技有限公司（下称快播公司）成立于2007年12月26日，至案发之日没有取得互联网视听节目服务许可。快播公司通过免费提供QSI（QVODServerInstall，即QVOD资源服务器程序）和QVODPlayer（即快播播放器程序或客户端程序）的方式，使中心调度服务器在用户与用户之间搭建了一个视频文件传输的平台，为网络用户提供网络视频服务。为提高热点视频下载速度，快播公司通过自有或与运营商合作的方式，在全国各地不同运营商处设置缓存服务器1000余台。在视频文件点播次数达到一定标准后，缓存调度服务器即指令处于适当位置的缓存服务器（运行CacheServer程序）抓取、存储该视频文件。当用户再次点播该视频时，若下载速度慢，缓存调度服务器就会提供最佳路径，供用户建立链接，向缓存服务器调取该视频，提高用户下载速度。部分淫秽视频因用户的点播、下载次数较高而被缓存服务器自动存储。缓存服务器方便、加速了淫秽视频的下载、传播。2013年上半年，北京网联光通技术有限公司为解决使用快播播放器访问快播视频资源不流畅的问题，提供4台服务

播，需从多角度分析：

以快播公司否是介入缓存为标准，可将快播公司传播视频的方式分为"非缓存"视频传播模式、缓存视频传播模式，但这两种模式都离不开 P2P 技术。

在互联网上，客户端都是通过与服务器的联系而在互联网上互联的，随着计算机应用技术的发展，互联网上的资源逐渐丰富起来，并呈现爆炸式增长的态势，但同时资源流向却集中化，大部分资源以所谓服务器形式在互联网上被提供，这种垄断方式带来一个最主要的问题就是资源无法得到充分利用。但在互联网上，最大的资源拥有群不是服务器，而是客户端，客户端才是互联网的主体，也就是说最多最好的资源实际上是存在于客户端，即我们每一个网络用户的电脑中的。[①] P2P 技术[②]正是基于打破服务器垄断而诞生的，其提供服务器所不具有的功能，充分利用和丰富现有的互联网资源，使网络用户实现最大化的共享。

（接上页）器。2014 年 4 月 11 日，北京市公安局海淀分局对王欣等人涉嫌传播淫秽物品牟利罪立案。公安机关从该 4 台服务器里提取了 29841 个视频文件进行鉴定，认定其中属于淫秽视频的文件为 21251 个。2013 年底，为了规避版权和淫秽视频等法律风险，在王欣的授意下，张克东领导的技术部门开始对快播缓存服务器的存储方式进行调整，将原有的完整视频文件存储变为多台服务器的碎片化存储，将一部视频改由多台服务器共同下载，每台服务器保存的均是 32M 大小的视频文件片段，用户点播时需通过多台服务器调取链接，集合为可完整播放的视频节目。法院认定：快播公司的缓存服务器下载、存储并提供淫秽视频传播，属于传播淫秽视频的实行行为，不适用于共同犯罪中的中立的帮助行为理论。法院以传播淫秽物品牟利罪，对被告单位深圳市快播科技有限公司判处罚金人民币一千万元；对被告人王欣判处有期徒刑三年六个月，罚金人民币一百万元；对被告人张克东判处有期徒刑三年三个月，罚金人民币五十万元；对被告人吴铭判处有期徒刑三年三个月，罚金人民币三十万元；对被告人牛×判处有期徒刑三年，罚金人民币二十万元。参见北京市第一中级人民法院（2016）京 01 刑终 592 号刑事裁定书；北京市海淀区人民法院（2015）海刑初字第 512 号刑事判决书。

① 杨勤：《论互联网服务提供者的刑事责任位阶——从"快播案"说起》，《北京政法职业学院学报》2016 年第 3 期。

② 所谓 P2P 是 peer to peer 的缩写，可以理解为"伙伴对伙伴"的意思，或称为对等联网，就是网络中的每一台计算机既能充当网络的请求者，又能对其他计算机的请求做出响应，提供资源和服务。杨彩霞：《P2P 软件和服务提供商著作权侵害刑事责任探究——以 P2P 技术架构为切入点》，《政治与法律》2016 年第 3 期。

1. 快播公司"非缓存"模式中"介入传播"行为之定性

在传统视频传播模式中,观看视频主要是两种运行模式:观看者登录一个网站,利用下载软件直接从网站上下载选中的视频,然后利用自己电脑上的播放器观看;观看者从某一视频网站直接点击某个视频,直接在浏览器里观看。这些网站上的视频,部分网站只有网站管理者自己上传,如搜狐视频等;部分网站管理者和客户均可上传视频,如土豆网等。这是典型的无数客户对一个服务器模式。[1]

与这种客户—服务器视频模式明显不同,快播公司传播视频是基于 P2P 技术,每一个客户端就是一个微型服务器,每一个用户既是使用者也是上传者。任何人(被快播公司称为"站长")均可发布自己所拥有的视频资源,其具体方法是:"站长"选择要发布的视频文件,使用资源服务器程序生成该视频文件的特征码(hash 值),导出包含 hash 值等信息的链接。"站长"把链接放到自己或他人的网站上,即可通过快播公司中心调度服务器(运行 P2PTracker 调度服务器程序)与点播用户分享该视频。这样,快播公司中心调度服务器在站长与用户、用户与用户之间搭建了一个视频文件传输平台,通过免费提供资源服务器程序和快播播放器程序或者客户端程序的方式,为网络用户提供网络视频服务。[2]

在快播公司"非缓存"视频传播模式下,快播公司仅提供视频传播软件(包括共享软件和播放软件),其本身并不是内容的提供者,用户才是内容的提供者,是视频的传播者。法院认为快播公司的这种行为属于"介入传播"行为——该概念并非法律概念,因为"介入传播"很难归属于帮助行为,如果是帮助犯,首先得确定主犯的存在;而且帮助犯与主犯间还应当有意思联络。因此,"介入传播"只是一种模糊的描述,并没有法律意义。

---

[1] 涂龙科:《网络内容管理义务与网络服务提供者的刑事责任》,《法学评论》2016 年第 3 期。

[2] 参见北京市海淀区人民法院(2015)海刑初字第 512 号刑事判决书。

2. 快播公司"缓存"模式中的传播角色

用户点播链接视频文件，需要占用快播公司向电信部门租用的宽带的容量，如果用户大量点播链接视频文件，快播公司带宽就会显得拥挤不堪，调度服务器就会忙不过来，用户播放点播的视频文件就会显得很"卡"，视频文件播放不流畅。[1] 为解决这个问题，快播公司在最接近用户集中的城市或者区域，设置缓存服务器，把快播用户点播次数较多的热点视频文件存储在缓存服务器中，当该城市或者区域用户点播热点视频文件时，调度服务器直接指令最接近用户所在地的缓存服务器向该用户发送其点播的热点视频文件，确保播放流畅，从而将调度服务器解放出来，快播调度服务器不需要多占用带宽资源。[2] 当该用户下载完毕后，就会自动生成种子，并上传到快播服务器的种子库，成为其他用户下载该视频的种子和视频源——在"缓存"视频传播模式下，快播公司就成为内容提供者，其行为就是不折不扣的传播行为。

快播公司在2013年底前采取的是"完整视频文件存储"，之后改为"碎片化存储"。两者之间的区别主要在于：一是"完整视频文件存储"的视频存储（备份）于一个服务器，"碎片化存储"的视频则存储（备份）于多个服务器。二是"碎片化存储"可以加速用户播放视频的速度，而"完整视频文件存储"则不具有此功能。相同之处在于，两者均把视频进行了完整备份，并能够进行完整的传输。总之，"抓取并存储"视频行为性质的定性是界定快播公司导致淫秽物品传播行为定性的关键。概言之，快播既是一个淫秽信息的内容提供者，也是一个专门供用户发布淫秽信息的平台，客观上为那些分享淫秽信息的用户提供了帮助和便利，这就是其涉嫌犯罪的行为事实基础。

3. "快播公司"主观上是否存在明知与放任

判断"快播公司"主观上是否存在明知与放任，首先应判断其在

---

[1] 殷少平：《论互联网环境下著作权保护的基本理念》，《法律适用》2009年第12期。
[2] 范君：《快播案犯罪构成及相关审判问题——从技术判断行为的进路》，《中外法学》2017年第1期。

技术层面对淫秽内容管理与屏蔽的责任与能力。

需要指出：作为网络服务方的快播公司，在其缓存服务器中建立了110屏蔽过滤系统，过滤不良网站链接及其索引种子。而"站长"即用户的点击操作，都是向快播公司的调度服务器发出一个播放某链接视频文件的请求而不是指令。如果快播经审查发现是淫秽、侵权视频文件，其调度服务器可自动作出不同意共享的决定，"站长"发出的共享视频文件请求将被退回或者作废，相关淫秽、侵权视频文件就不能通过快播网络实现共享和传播；如果视频文件没有问题，快播公司调度服务器自动作出共享的决定，"站长"发出的共享视频文件的请求将被接受，视频文件自动生成的链接将在网络上显示出来，相关的视频文件能够通过快播网络实现共享和传播。而快播公司的屏蔽系统是通过关键字形式进行过滤屏蔽，虽然能过滤屏蔽大量的不良网站及其上传的视频种子，但往往很难达到效果。不良网站一旦知道视频种子被屏蔽，采取避开关键词，修改一下名称就能照样上传种子。可以说，快播公司对不良视频的屏蔽管理没有到位，但在每天用快播软件播放视频用户有时达上亿的情况下，要进行视频内容的彻底检索过滤，目前的技术手段还难以达到。而这个情况快播公司自身虽意识到，却放任不管，继续靠淫秽视频牟利，已经是对自身网络服务提供者义务的严重怠慢。

其次，刑法上的"明知"，司法实践中一是直接证明行为人知道或者因他人告知而知道；二是基于行为人的特定身份、职业、经验等特点推定其知道。但并不要求对于单位传播淫秽物品的具体方法、技术等完全知晓。[①] 具体到本案，并不要求各被告人对于快播公司缓存服务器在调度服务器的支配下传播淫秽视频的具体方法、技术具有认知，只要求各被告人对于快播公司传播淫秽视频这一基

---

① 周光权：《犯罪支配还是义务违反快播案定罪理由之探究》，《中外法学》2017年第1期。

本事实具有明知即可。作为一个自称"非常重视用户体验"的视频服务提供商,快播公司应当知道其网络用户搜索和点击的视频内容的统计特征,在案扣押的缓存服务器内存储的内容多达70%为淫秽视频,便是这一特征的直接表现。更直接的证据是:执法部门在2012年和2013年以各种方式开展了监管活动,并对快播公司未建立信息安全保护管理制度和过滤淫秽视频等给予行政处罚警告。快播公司先后两次整改的内容都是针对传播淫秽视频这一事实,此时快播公司的经营者、管理者仍然坚称不知情,但在案证据和事实,已经证明各被告人在主观上完全符合单位犯罪所要求的传播淫秽物品牟利罪的"明知"内容,应予认定。

4. "技术中立"是否适用于快播公司的行为

在庭审过程中,辩方提出的核心观点是技术无罪。应当明确,技术本身具有中立性,这最早是在1984年美国最高法院的索尼案判决中确立的,"实质性非侵权用途"是早已确立、并在司法实践中反复适用以判断技术发展是与非的重要标准。[①]

法律对于技术中立的肯定,是要鼓励技术创新和发展。但技术的用途取决于技术提供者和使用者的目的和利益。技术本身固然是中立的,但如何使用技术则决定了该项技术是推动社会的发展还是阻碍社会的发展,所以,司法实践中因技术中立原则而产生的法律责任豁免,通常仅限于技术提供者,对于技术的使用主体,则应视其具体行为是否符合法律规定进行判断。本案中,快播公司是技术提供者,但他同时也是技术使用者,"站长"或用户发布或点播视频时,快播公司的调度服务器、缓存服务器参与其中;其利用P2P技术,通过缓存、碎片整合等技术服务,在向用户"暗示"或"鼓励"非法资源,然后借用庞大的浏览量和用户数,以精准广告等方式牟利。[②] 快播公司的行为已经超出技术

---

① 付玉明:《论刑法中的中立帮助行为》,《法学杂志》2017年第10期。
② 王华伟:《网络服务提供者刑事责任的认定路径——兼评快播案的相关争议》,《国家检察官学院学报》2017年第5期。

中立的界定。总之,技术无罪,但"快播"有罪。

快播公司导致淫秽物品传播的行为,是因为其给广大用户提供平台导致淫秽物品传播的帮助传播行为,也包含该公司的缓存服务器里存储的淫秽物品导致淫秽物品传播的行为,前者属于介入传播,后者属于传播,所以,其行为实质是传播和介入传播的结合。

第二节 侵害个体法益传播犯罪个罪法律问题

侵害个体法益13种传播犯罪,有热点案例、存在相关法律问题争议、引发社会关注的罪名,主要是诽谤罪,煽动民族仇恨、民族歧视罪,侵犯公民个人信息罪,损害商业信誉、商品声誉罪,诈骗罪,敲诈勒索罪,强迫交易罪,侵犯著作权罪——本节主要分析上述犯罪的法律问题。

一 侵害个体人格权益和民主权益传播犯罪热点案例及其法律问题

侵害个体人格权益和民主权益的传播犯罪中,传播型侮辱罪也涉及一些引发社会关注的案例,如2010年蕲春"艳照门"案、[①] 2013年

---

① 2009年1月,吴某(湖北蕲春人)经他人介绍,与被害人周某建立恋爱关系并同居,准备结婚,其间,吴某用数码相机拍摄了多张周某的裸照。由于双方在同居期间产生矛盾,周某萌生分手之意,遂逃婚。吴某感觉颜面无存,用"柳絮儿"的网名,2010年4月5日通过QQ群发邮件,将周某的28张裸照和其亲友同事电话号码、个人信息等资料发上互联网。周某遂报警。4月16日,吴某因涉嫌侮辱罪被蕲春公安局刑拘,同月30日被捕。7月20日,蕲春县检察院以构成侮辱罪对吴某提起公诉。法院认为,被告人吴某为泄私愤,利用互联网故意泄露传播他人隐私,致使他人裸照在互联网上迅速传播,情节严重,其行为已构成侮辱罪,遂判决:吴某构成侮辱罪,判刑两年六个月。参见姬云力《蕲春"艳照门"发布者领刑2年半 构成侮辱罪》,《楚天都市报》2010年9月6日第5版。

"花季少女不堪侮辱投河自杀案",① 但不存在法律问题争议,故本部分不予探讨。

(一) 诽谤罪热点案例及相关法律问题

诽谤罪是传播犯罪中案例较多的"传统"罪名,我国自第一例诽谤罪案始,② 许多案例涉及相关法律问题并引发社会关注:

1. 法益侵害问题及"情节严重"认定问题

诽谤罪涉及危险犯与侵害犯的争议,而目前争议的犯罪行为领域主要集中于网络传播。引发社会关注的案例包括较早的"彭水诗案""稷山匿名信案""王帅贴案""志丹短信案""吴保全案""拘传《法制日

---

① 蔡某因怀疑徐某在陆丰市东海镇金碣路32号其"格仔店"服装店试衣服时偷了一件衣服,于2013年12月2日18时许将徐某在该店的视频截图配上"穿花花衣服的是小偷"等字幕后,上传到其新浪微博上,并以求"人肉搜索"等方式对徐某进行侮辱。同年12月3日晚上,徐某因不堪受辱在陆丰市东海镇茫洋河跳水自杀。2013年12月4日12时许,徐某亲属到公安机关报案,并向法院提起刑事自诉。法院认为,蔡某在新浪微博上公然对他人进行侮辱,致徐某因不堪受辱跳水自杀身亡,情节严重,其行为已构成侮辱罪,应依法惩处。鉴于案发后上诉人亲属与被害人亲属达成调解协议,上诉人亲属对被害人的亲属进行经济赔偿并取得被害人亲属的谅解,依法给予从轻处罚。法院判决:以侮辱罪判处被告人蔡某有期徒刑一年。参见汕尾市中级人民法院(2014)汕尾中法刑一终字第77号刑事裁定书。

② 被告人沈涯夫、牟春霖合作撰写了《二十年"疯女"之谜》(以下简称"谜"文)一文,刊载在1983年第1期《民主与法制》杂志上。"谜"文以"仅将调查经过公布于众"的口吻,披露:杜融("谜"文中化名屠勇)为达到从武汉市调到上海市的目的,采取毒打等手段,逼妻子狄振智("谜"文中化名田珍珠)装疯,并两次将狄振智送进精神病医院。杜融调到上海后,因私生活露出马脚,害怕妻子揭发,于1973年3月第三次强行将狄振智送进精神病医院,致使狄振智戴着"疯女"的帽子,生活了20年。"谜"文发表之后,造成恶劣影响,全国各地不明真相的读者纷纷投书《民主与法制》杂志,谴责杜融,并强烈要求给予法律制裁。之后,沈涯夫、牟春霖又撰写了《"疯女"之谜的悬念……》,连同"谜"文,同时在辽宁《妇女》杂志1983年第12期上发表,继续对杜融进行诽谤,致使杜融无法正常工作,经济上也遭受一定损失。杜融的女儿亦因此遭到非议。1985年1月20日,自诉人杜融向上海市长宁区人民法院起诉,指控被告人沈涯夫、牟春霖利用写文章对他进行诽谤,要求依法追究刑事责任,并要求赔偿因被告人的诽谤行为使其遭受的经济损失。法院查明:狄振智确系精神病患者;杜融从武汉调至上海,属于正常工作调动;杜融作风正派,根本不存在私生活腐化问题。法院判决:被告人沈涯夫犯诽谤罪,判处剥夺政治权利一年六个月;被告人牟春霖犯诽谤罪,判处剥夺政治权利一年;并分别判处沈涯夫、牟春霖赔偿附带民事诉讼原告杜融的经济损失。参见上海市中级人民法院(1987)沪中刑上字第531号刑事裁定书。

报》记者案",① 以及近年的"秦火火诽谤案""中国政法大学刑诉法教授洪道德诉律师陈光武诽谤罪案"。②

虽然法律与主流观点均采"抽象危险犯"说,③ 但也有观点认为:绝大多数网络诽谤并没有什么影响力,不能笼统说网络诽谤危害巨大,进而推定凡是借助于网络诽谤他人即属于"情节严重"。④《网络诽谤解释》第二条"情节严重"量化标准和第四条"一年内诽谤信息实际被点击、浏览、转发次数累计计算"的规定,⑤ 更是引发争议(此不赞

---

① 2008年1月1日出版的《法人》杂志(法制日报社主办)刊发了记者朱文娜采写的《辽宁西丰:一场官商较量》,报道了西丰县商人赵俊萍遭遇的"短信诽谤"案:赵俊萍在西丰县的沈丰加油站被列入拆迁范围,西丰县拆迁办委托县房产局房产评估事务所对沈丰加油站初次评估值为364万元,但开发商不同意,第二次评估值为22万元。对此,赵俊萍不同意,但沈丰加油站被强制拆除。赵俊萍先后到多个部门反映此事。2007年3月3日,西丰县公安局以涉嫌偷税对赵俊萍立案侦查,正在沈阳治病的赵俊萍发了一条短信发给西丰的部分领导干部:"辽宁西丰有大案,案主姓张是正县,独霸西丰整六年,贪赃枉法罪无限。大市场案中案,官商勾结真黑暗,乌云笼罩西丰县……"当天,西丰县公安局以涉嫌诽谤罪将参与发短信的赵俊萍二姐等人抓捕。赵俊萍于3月15日携带关于县委书记张志国涉嫌违法的举报材料进京。3月21日,西丰警方从北京将赵俊萍抓回西丰。2007年12月28日,西丰县法院一审判决:赵俊萍犯偷税罪,判处有期徒刑两年六个月;犯诽谤罪,判处有期徒刑一年六个月。2008年1月4日,西丰县公安局多名警察来到《法人》杂志社,向杂志总编辑王丰斌出示了警官证、对朱文娜的涉嫌诽谤罪的《立案通知》及《拘传证》。辽宁省铁岭市委5日在西丰县宣布,西丰县委书记张志国因在"进京拘传记者"事件中负有不可推卸的领导责任,被铁岭市委责令引咎辞职。西丰县公安局1月8日正式撤销立案、撤销拘传,并于9日到报社道歉。

② 2015年4月28日,山东高院召开了聂树斌案听证会。洪道德作为法学专家代表,是聂树斌案件听证会听证成员,会后,媒体引用了洪道德对于此案的部分观点。陈光武在微博中对这些观点表达了不满。洪道德在自诉状中称,2015年5月2日,被告人陈光武在其新浪博客和新浪微博上发表了题为《洪道德教授,无道无德》的文章在信息网络散布,有"洪道德教授,无道无德""很多人说您很坏"等言论。根据自诉状,截止2015年5月14日证据保全之日,上述博客被点击、浏览次数达到12779次,微博被点击、浏览达到65878次,已经远远超过法律规定的14.7倍;博客转发183次,微博转发2939次,已经远远超过法律规定的5.2倍。洪道德向北京市海淀区法院提起刑事自诉,请求追究陈光武诽谤罪的刑事责任。经法院调解,双方最终签署刑事和解协议书:陈光武承认自己的行为构成诽谤罪,愿意悔罪,在《法制日报》刊登道歉声明,并在微博公开和解协议内容;洪道德自愿放弃对陈光武的刑事指控。参见林斐然《聂树斌案律师登报向洪道德致歉》,《新京报》2016年3月27日第A05版。

③ 张明楷:《刑法学》(下),法律出版社2016年版,第920页。

④ 曲新久:《惩治网络诽谤的三个刑法问题》,《人民检察》2013年第9期。

⑤ 该条规定:"一年内多次实施利用信息网络诽谤他人行为未经处理,诽谤信息实际被点击、浏览、转发次数累计计算构成犯罪的,应当依法定罪处罚。"

述）。①

2. 诽谤罪的诉讼程序即公诉与自诉问题

依照《刑法》第二百四十六条第二款规定，在"严重危害社会秩序和国家利益"情况下，可以公诉，即诽谤罪在公诉情况下是侵害犯。但实践中，许多针对个人并没有"严重危害社会秩序和国家利益"的诽谤案，也适用了公诉程序，导致"公器私用"。对此，2009年4月公安部《关于严格依法办理侮辱诽谤案件的通知》和2013年《网络诽谤解释》均列举了"严重危害社会秩序和国家利益"的情形，其中大部分比较具体、明确，但也有几种涉及法益抽象、模糊（此不赘述）。②

（二）煽动民族仇恨、民族歧视罪热点案例及相关法律问题

1. 罪名与实质保护法益不符

从字面上理解，煽动民族仇恨、民族歧视罪侵害的客体或法益首先应该是国家安全或者公共安全，其次应该是社会管理秩序，最后才可能是公民人身权利、民主权利。然而，该罪在《刑法》（第二百四十九条）分则中归属于"侵犯公民人身权利、民主权利罪"之中，许多教科书中将本罪直接归为侵犯人格权的犯罪。③从司法实践来看，该罪犯罪行为主要针对一个民族或种族，极少见到有针对个人的侵害行为，即侵害的法益主要是国家法益和社会法益，裁判文书中尚未见到有对个体法益侵害的证据，但并未影响定罪量刑。典型案例如2018年的"唐某煽动民族仇恨、民族歧视案"。④如此，形成以下问题：

---

① 相关问题争议及解决，参考本书第三章。
② 参见第十章第二节。
③ 周光权：《刑法各论·细目》，中国人民大学出版社2016年版，第2页；马克昌：《刑法学·目录》，高等教育出版社2003年版，第2页；李希慧：《刑法各论·目录》，中国人民大学出版社2007年版，第2页。
④ 2018年2月23日下午，被告人唐某在廊坊开发区艾力枫社小区M-2号楼，通过其手机在"快手"短视频应用平台上，使用"ID230557755、昵称为唐某，鸿鹄之志"的"快手"

如果说本罪的侵害客体仅仅是国家各民族平等、团结、和睦、互助的政策及关系，就很难解释《刑法》将本罪归属于现行分则第四章即"侵犯公民人身权利、民主权利罪"之中；但在将本罪的侵害客体指向民族平等关系的具体化即平等的公民人身权利和民主权利时，在相当多的情形下却并不能体现煽动民族仇恨、民族歧视罪行为的性质和特征。

2. 不能适应反恐形势需要

鉴于上述原因，在司法实践中，除了情节轻微、影响范围较小、后果也并不严重的煽动民族仇恨、民族歧视行为，也被认定为犯罪外，还出现一种现象：将为实施恐怖主义或分裂国家而进行的煽动民族仇恨、民族歧视行为，认定为本罪——对此，学界有观点认为，《刑法》第二百四十九条尤其不能体现犯罪行为的恐怖主义性质。目前，我国许多煽动民族仇恨和民族歧视的行为，只是实施其他恐怖犯罪或分裂国家犯罪的预备行为，如"东突"分裂势力利用网络宣传"东突厥斯坦"国家观、"泛突厥主义"的民族观、"泛伊斯兰主义"的宗教观，煽动民族仇恨和宗教狂热，一些维族民众成了顽固的民族分裂主义分子或暴力恐怖分子。而从我国的现实情况来看，不论是"东突""藏独"势力，都是打着"民族"的旗号，谋求的却是分裂国家的目的，其煽动民族仇恨或民族歧视，仅仅只是一种手段。① 所以，从字面理解，该条不能凸显对恐怖主义犯罪的打击，不能适应反恐怖主义的需要。如"萨拉麦某

(接上页) 账号上传一段用喷火枪烤猪蹄的视频，并在视频上附文字"回民最爱吃的一道菜"，该视频上传后迅速在"快手"平某及"微信朋友圈"传播，引发了大量回族群众于当晚在廊坊开发区荷塘月色饭店聚集寻找唐振珠下落，并引发较大规模回族群众到廊坊市政府聚集抗议。唐某发现事态严重后，将该视频删除，并向单位负责人彭某说明情况，后彭某联系公安机关，公安机关依法将被告人唐某传唤到案。法院认为唐某的行为情节严重，已构成煽动民族仇恨、民族歧视罪，判处其拘役六个月。河北省廊坊市廊坊经济技术开发区人民法院（2018）冀1091刑初30号刑事判决书。

① 王秀梅：《依法打击"东突"势力 切实维护国家稳定——兼论"煽动民族仇恨、民族歧视罪"的完善》，《法学评论》2011年第6期。

麦提煽动民族仇恨、民族歧视罪案"。①

《刑法》第二百四十九条出现上述问题，有时代背景：煽动民族仇恨、民族歧视罪是我国《刑法》1997年修订时规定的，其立法依据背景与目的：（1）我国当时存在的不利于民族关系发展、特别是不利于民族团结局面的一些社会因素，主要是大民族和地方民族主义在一定条件下容易导致民族歧视和民族仇恨，民族分裂势力往往通过煽动民族歧视和仇恨的手段危害国家，境外反华势力往往打着"宗教"和"民族"的旗号，煽动民族歧视和仇恨，企图"分化"和"西化"中国。（2）我国原《刑法》是在1979年制定的，宪法第四条有关民族关系的规定（"禁止破坏民族团结和制造民族分裂的行为"，"维护和发展各民族的平等、团结、互助关系"）是在1982年制定的，这样，《刑法》修订就把1982年宪法的有关原则规定进行刑事法律方面的具体化和规范化。可见，刑法第二百四十九条之规定，主要出于民族平等、团结的大局考虑，这与现在社会情势严重脱节。

总之，煽动民族仇恨、民族歧视罪一方面出现"口袋化"现象，另一方面却不能适应反恐形势需要。

3. 将针对个别人甚至死者、与保护民族平等和民主法益无关联的行为，认定为该罪

引发社会关注和争议的案例是近年的"罗某侮辱成吉思汗画像案"。② 相

---

① 2014年5月底，被告人萨拉麦某麦提利用自己的手机在某"QQ"群内下载涉及"圣战"内容的音频文件。该音频系用维吾尔语宣传所谓的"穆斯林信徒被踩踏，在异教徒的脚下遭到侮辱"，并要求穆斯林信徒进行"圣战"，消灭异教徒。同年6月中旬，被告人萨拉麦某麦提在本县干江镇梅岭村的暂住房内，明知上述音频内容含有对非信奉伊斯兰教民族的仇恨和歧视内容且音频内容具有较强的煽动性，仍将该音频上传至成员数达280余人的名为"手机应用"的"QQ"群内，供群内不特定人员进行收听、下载、扩散，促使、加剧对民族、宗教问题没有正确认识的穆斯林信徒对其他民族产生仇恨、敌视情绪。法院认为，被告萨拉麦某麦提行为情节严重，构成煽动民族仇恨、民族歧视罪。判决：被告人萨拉麦某麦提犯煽动民族仇恨、民族歧视罪，判处有期徒刑一年。参见浙江省玉环县人民法院（2014）台玉刑初字第837号刑事判决书。

② 2017年5月20日，罗某在银川市滨河新区音乐文化广场"锡林浩特"蒙古包内踩踏侮辱成吉思汗挂像，并拍摄视频于当晚发布到"快手"网络平台，后该视频在微信群和朋友

关法律问题此不赘述。①

二 侵害个体财产权益传播犯罪热点案例及其法律问题

(一) 侵害个人信息罪热点案例及相关法律问题

该罪主要涉及以下法律问题：

1. 个人信息的内涵与外延的演进

本罪的对象是公民"个人信息"。而此概念内涵与外延在我国经历了三个阶段的演进：第一阶段，强调"个人信息"能够识别公民个人身份和个人隐私。2012年全国人大常委会通过的《关于加强网络信息保护的决定》第1条对于个人信息进行原则性的规定："国家保护能够识别公民个人身份和涉及公民个人隐私的电子信息。"据此，2013年最高人民法院、最高人民检察院、公安部联合发布的《关于依法惩处侵害公民个人信息犯罪活动的通知》进一步规定，公民个人信息包括"公民的姓名、年龄、有效证件号码、婚姻状况、工作单位、学历、履历、家庭住址、电话号码等能够识别公民个人身份或者涉及公民个人隐私的信息、数据资料"。——上述两部法律文件主要从能够识别公民个人身份和个人隐私两方面界定个人信息。

第二阶段，仅强调"个人信息"能够识别公民个人身份。根据《网络安全法》第七十六条第五款的规定，个人信息是指以电子或者其他方式记录的能够单独或者与其他信息结合识别自然人个人身份的各种信息，包括但不限于自然人的姓名、出生日期、身份证件号码、个人生

（接上页）圈内大量转发。2小时后，罗某在网友的提醒下，删除了该视频，但该视频已被人转发到"脸书"及微信群内。内蒙古伊金霍洛旗人民法院经审理认为，被告人罗某利用互联网络，发布侮辱成吉思汗画像的视频，煽动民族仇恨、民族歧视，情节严重，其行为已构成煽动民族仇恨、民族歧视罪，判处被告人罗某有期徒刑一年。《男子制作传播侮辱成吉思汗挂像视频　被判有期徒刑》，（2017-12-15）［2020-12-21］，http：//news.sina.com.cn/c/nd/2017-12-15/doc-ifyptkyk4573828.shtml。

① 参见本书第十章第二节。

物识别信息、住址、电话号码等——可见,《网络安全法》将"可识别性"作为个人信息的法律标准,包括了"能够单独识别"或者"与其他信息结合识别"。2020年5月公布的《民法典·人格权编》第一千零三十四条对个人信息的界定几与《网络安全法》相同。但早在2013年7月工信部发布的《电信和互联网用户个人信息保护规定》第四条规定中,个人信息是指电信业务经营者和互联网信息服务提供者在提供服务的过程中收集的网络用户姓名、出生日期、身份证件号码、住址、电话号码、账号和密码等能够单独或者与其他信息结合识别用户的信息,以及网络用户使用服务的时间、地点等信息——可见,两部法律文件相同点在于均删除了个人隐私的表述,不同点在于:后者对个人信息的界定还包括"网络用户使用服务的时间、地点等信息"。这也表明立法者对于个人信息与个人隐私关系的区分。

第三阶段,具体分类阶段。根据2017年6月1日起施行的最高人民法院、最高人民检察院《关于办理侵犯公民个人信息刑事案件适用法律若干问题的解释》(下称《个人信息刑事司法解释》)第一条的明确规定,刑法第二百五十三条之一规定的"公民个人信息",是指以电子或者其他方式记录的能够单独或者与其他信息结合识别特定自然人身份或者反映特定自然人活动情况的各种信息,包括姓名、身份证件号码、通信联系方式、住址、账号密码、财产状况、行踪轨迹等——可见,网络用户的网上活动的习惯如使用网络服务的时间、地点等及具体行踪,也属于个人信息。[①] 但《个人信息刑事司法解释》对个人信息概念最大的贡献在于具体分类,其第五条对获取和非法出售个人信息行为的"情节严重"的认定,按个人信息类别分类:(1)非法获取、出售或者提供行踪轨迹信息、通信内容、征信信息、

[①] 2020年5月全国人大通过的《民法典》第一千零三十四条规定:"个人信息是以电子或者其他方式记录的能够单独或者与其他信息结合识别特定自然人的各种信息,包括自然人的姓名、出生日期、身份证件号码、生物识别信息、住址、电话号码、电子邮箱、健康信息、行踪信息等。"——此条最终确认个人行踪为个人信息内容之一。

财产信息 50 条以上的；（2）非法获取、出售或者提供住宿信息、通信记录、健康生理信息、交易信息等其他可能影响人身、财产安全的公民个人信息 500 条以上的；（3）非法获取、出售或者提供其他公民个人信息 5000 条以上的——可见，在该条规定中，最高法院实际上按自己理解的重要性对个人信息进行了归类，并且突破《网络安全法》中的个人信息的外延，再次将不能识别个人身份的行踪轨迹信息、征信信息、财产信息等个人隐私性信息也包括在内，对个人信息的保护范围大幅度扩张。

上述个人信息内涵与外延的界定总体上尚不准确，分类也不很科学——相关问题均有待《个人信息保护法》的出台。

2. "违反国家有关规定"的理解与界定

我国关于个人信息保护的规定散见于 30 余部不同的法律、行政法规、部门规章和司法解释之中——主要包括个人信息保护的一般立法、涉及个人信息保护的具体行业、个人健康信息、个人快递信息、未成年人信息等领域的规定，其即为"国家有关规定"。[1] 对如何理解"国家有关规定"，学界有不同观点，此不赘述。[2] 但是，如果并未违反上述规定，但未经信息权利人同意而进行违法犯罪，是否应视为"违反国家有关规定"？有学者指出，根据公民个人信息本身所具有的"超个人法益属性"，应当将"违反国家有关规定""非法"视为"弱意义"的构成要件，不具有犯罪构成认定的实际价值，"未经公民同意"即可视为"非法"。[3]

---

[1] 这些法律、法规、部门规章主要包括：《民法典·人格权编》《居民身份证法》《商业银行法》《未成年人保护法》《邮政法》《侵权责任法》《精神卫生法》《消费者权益保护法》《网络安全法》等；《关于加强网络信息保护的决定》《征信业管理条例》《电信条例》《电信与互联网用户个人信息保护规定》《人口健康信息管理办法（试行）》《寄递服务用户个人信息安全管理规定》《互联网信息服务管理办法》《个人存款账户实名制规定》等。

[2] 参见第九章第三节二部分。

[3] 曲新久：《论侵犯公民个人信息犯罪的超个人法益属性》，《人民检察》2015 年第 11 期。

3. 刑罚过轻问题

随着人类社会踏入信息社会，侵犯公民个人信息现象日益普遍，其造成的危害也日益严重：所侵害的法益不仅涉及自然人财产，而且涉及自然人的生命、健康安全。侵害公民个人信息罪最知名的案例，当属"徐玉玉被骗案"。[①] 但是，根据《刑法》第二百五十三条之一的规定，该罪最高刑罚为（"情节特别严重的"）处三年以上七年以下有期徒刑，并处罚金，这种刑罚与其造成的侵害显然不相符。

"徐玉玉被骗案"中，被告人陈文辉构成诈骗罪和侵犯公民个人信息罪，两罪均被认定为"情节特别严重"，虽然两罪并罚的判决结果是"决定执行无期徒刑，剥夺政治权利终身，并处没收个人全部财产"，但却是在"以诈骗罪判处被告人陈文辉无期徒刑，剥夺政治权利终身，并处没收个人全部财产；以侵犯公民个人信息罪判处其有期徒刑五年，并处罚金人民币三万元"基础上执行的。[②] 从案情看，其侵害公民个人信息是进行诈骗的基础和途径，是诈骗得逞的关键，但单就侵犯公民个人信息罪而言，量刑显然难以抵销其侵害的法益。这种情况显然是未考虑个人信息所涉及的法益即个人生命、健康安全的重要性。

（二）损害商业信誉、商品声誉罪热点案例及相关法律问题

司法实践中，损害商业信誉、商品声誉罪虽然案例不多，但产生许多热点案例，并引发以下相关法律问题的争议与思考：

[①] 徐玉玉，女，山东临沂罗庄区高都街道中坦社区人。2016年高考，徐玉玉以568分的成绩被南京邮电大学录取。2016年8月21日下午4点半左右，徐玉玉母亲接到了一个陌生电话，骗子以发放助学金为由指示其汇款。随后，徐玉玉汇出9900元，意识到被骗后，拨打对方电话，对方已关机。当晚7点半左右，徐玉玉和父亲前往派出所报案。从派出所出来后，徐玉玉歪倒在车上，不省人事。当晚，医院称徐玉玉"已经开始脑死亡"。2016年8月26日，临沂市徐玉玉电信诈骗案成功告破，主要犯罪嫌疑人熊超等4人被抓获；同日，头号犯罪嫌疑人郑贤聪投案自首。2017年7月19日，主犯陈文辉一审因诈骗罪、非法获取公民个人信息罪被判无期徒刑，没收个人全部财产；其他六名被告人被判15年到3年不等的有期徒刑并处罚金。之后，3名被告人提出上诉，2017年9月15日，山东省高级人民法院委托临沂市中级人民法院宣判裁定：驳回陈文辉、黄进春、陈宝生的上诉，维持原判。参见山东省临沂市中级人民法院（2017）鲁13刑初第26号刑事判决书。

[②] 参见山东省临沂市中级人民法院（2017）鲁13刑初第26号刑事判决书。

1. 捏造与散布的关系问题

值得注意的是：近年来，随着网络媒体的普及，公民因通过微博和微信对经营者的产品与服务提出批评，而被处罚，成为我国社会舆论的焦点。而"天地侠影"（原名汪炜华）损害商业信誉案中，① 捏造与散布的关系成为焦点中的焦点。

捏造，指无中生有，虚构（全部或部分），或者以小夸大，引人误解；散布，虽然包括人际传播和组织传播，但利用大众媒体进行的散布才能对他人商业信誉和商品声誉造成重大损害，其包括使用文字、语言和音像手段将捏造情况在社会或一定范围内加以传播、扩散。司法实践中，本罪主要有以下类型：一是由侵权人本人捏造并散布虚伪事实；二是由侵权人本人捏造虚伪事实，唆使、收买或欺骗他人（如新闻媒介）等形式去散布；三是唆使或者收买他人捏造并散布损害商业信誉或商品声誉——在第二种和第三种情况下，可构成共同犯罪。

值得探讨的是：本罪的成立是包括捏造与散布，还是只有散布？即没有捏造，但如果将他人捏造的信息散布出去，是否构成本罪？有观点认为，散布即传播行为是本罪致害的本质和核心环节，是否捏造，不影响本罪成立，法律之所以使用"捏造"，是要排除非故意传播的行为构

---

① 网友"天地侠影"原名汪炜华，1995年赴澳大利亚留学，取得墨尔本大学通信专业的博士学位后留校任教，后来辞职专业从事股票投资。2009年来，一直活跃于微博、博客以及雪球财经。自2012年10月以来，"天地侠影"针对广汇能源的财务问题陆续发表了35篇分析博文，进行了一系列质疑，其一，广汇能源哈密一期已经竣工，但是至今77亿元的在建工程依旧没纳入固定资产，质疑公司用计提固定资产折旧来调整企业真实利润及财务报表；其二，广汇能源露天煤炭开采的巨额剥离费用，纳入未来长期逐年摊销；其三，广汇能源开发中的哈密淖毛湖煤田的煤层厚度仅15米，埋藏深度平均130米，剥离难度大；其四，广汇能源重点项目区哈萨克斯坦东部、北部、中部没有油气资源分布；其五，称整个哈密三塘湖煤田，由国投哈密能源开发有限责任公司和新疆京能建设投资有限公司开发，广汇能源将面临巨大竞争压力等；其六，广汇能源通过信用交易担保证券账户融资融券炒作自己的股票。2013年10月12日，"天地侠影"在上海被新疆乌鲁木齐警方以涉嫌"编造并传播证券、期货交易虚假信息罪"刑拘，举报方是广汇能源。之后，乌鲁木齐市天山区检察院以损害商业信誉罪对汪炜华起诉。2015年2月16日，汪炜华一审被以损害商业信誉罪判有期徒刑一年六个月，当时已经被关押一年四个月。参见余以墨《网友质疑广汇被拘一个月 律师呼吁不构成犯罪立即放人》，《投资快报》2013年11月11日第5版。

成本罪，即防止将误以为是真实事实而散布的行为认定为犯罪，亦即是为了防止处罚没有犯罪故意的行为，但不一定要求传播者本人捏造，传播他人捏造的虚假信息同样构成本罪。如果认为构成本罪必须要求有捏造行为，则意味着捏造本身也是实行犯罪行为的一部分，这反而与赞同捏造为行为要件者的目的相背：一方面，既然认为捏造行为是实行行为，就不能认为为了散布而捏造是预备行为。如同暴力、胁迫是抢劫行为的实行行为的一部分一样，不能认为为了强取财物而实施暴力、胁迫是抢劫行为预备行为。另一方面，即使将捏造行为认定为犯罪预备行为，也不利于保障国民自由。因为这种观点导致的结局是：写日记、在私人电脑上写文章，都可能成为犯罪的预备行为。①

上述观点并不妥当：首先，捏造与散布均为本罪的核心行为，从本罪的社会危害来看，只有捏造没有散布，本罪不可能成立，因为其不具备法益侵害的紧迫危险。如张某捏造了信用某食品会致癌的文章，并保存在电脑中，但未传播，其不具备致害性。申言之，如果没有散布行为，捏造行为根本就不应、不可追究。相反，只有散布没有捏造，也不能成立本罪。因此，捏造行为既不是犯罪的预备行为，也不是独立于散布的犯罪行为的"一部分"；只有在存在散布行为的前提下，捏造行为方能作为整个犯罪的一部分进行定性和追究。其次，既然法律明确规定了"捏造并散布"虚伪事实方能构成本罪，则应尊重《刑法》的规定，不能"推敲"其含义，进行扩大解释。刑罚应保持法无规定不追究的底线，不能超越法律的明确规定，尤其是涉及言论行为，更应遵循谦抑原则。最后，本罪的本来含义是捏造者与散布者必须为同一主体，立法者如果欲将捏造或散布行为单独追究刑事责任，则应在捏造和散布之间加"或"字或顿号，但立法者用了"并"字，这些立法中常用字句应当是经过斟酌而确定的，这足以表明其立法目的。如果在没有捏造的前提下追究散布者的责任，则可能

---

① 张明楷：《刑法分则的解释原理》，中国人民大学出版社2011年版，第498页。

导致故意推定,进而导致有罪推定。

显然,上述案例中,汪炜华的行为根本不能构成"捏造"。

2. 损害商业信誉、商品声誉罪"重大损失"和"其他严重情节"的认定问题

根据《刑法》第二百二十一条的规定,该罪必须"给他人造成重大损失或者有其他严重情节"。而司法解释对此条规定的"重大损失"和"其他严重情节"进行了明确。① 但司法解释规定的追诉条件并不严格,如果滥用该罪名,可能引发"寒蝉效应",公民可能因害怕犯罪而闭口不言,不敢发表任何批评意见。如施某损害商业信誉、商品声誉罪案。② 该案中,一审法院以"销售价款"来认定重大损失,与纯经济损失并不相符;但二审法院以施某利用互联网等媒体公开损害农夫山泉股份有限公司商业信誉,认定属于"情节严重"。

因司法解释追诉条件中"其他严重情节"指利用互联网或者其他媒体公开损害他人商业信誉、商品声誉的,并没有损失额的辅助规定,故此类案例中行为人构罪门槛较低。陈永洲、卓志强侵害中联重科商业

---

① 根据2007年《最高人民检察院公安部关于公安机关管辖的刑事案件立案追诉标准的规定(二)》第七十四条的规定,给他人造成直接经济损失数额在五十万元以上的,属于"重大损失";虽未达到上述数额标准,但具有下列情形之一的,属于"其他严重情节":1. 利用互联网或者其他媒体公开损害他人商业信誉、商品声誉的;2. 造成公司、企业等单位停业、停产六个月以上,或者破产的。

② 2014年10月15日,被告人施某为增加其微信公众号"创业传奇"的关注度和点击率,并从中牟利,在无任何事实依据的情况下,将从互联网上搜集的涉及农夫山泉质量问题的图片进行拼凑,凭空编造了"农夫山泉停产,市面上所售90%都是造假水"的文章,并将该虚假文章发布在其微信公众号"创业传奇"上。后该虚假文章被大量点击阅读,并在微信等互联网媒体上迅速传播。原告诉称查,截止2014年12月,其因浙江、贵州、四川、重庆等地经销商取消已签订的产品订单而造成的销售价款损失为人民币936949元,一审法院予以认定。二审法院认为,上诉人施某利用互联网捏造并散布虚伪事实,损害他人商业信誉,情节严重,其行为构成损害商业信誉罪,原判定罪正确。原判根据农夫山泉股份有限公司的经销商取消已签订的产品订单销售价款达人民币93万余元,认定造成重大损失依据不足;本案中上诉人施某利用互联网等媒体公开损害农夫山泉股份有限公司商业信誉,属于情节严重。参见浙江省杭州市中级人民法院(2016)浙01刑终12号刑事裁定书。

信誉罪案①也是如此，因二行为人在网络及《新快报》发表文章、侵害中联重科商业信誉行为，符合"其他严重情节"。

3. 损害商业信誉、商品声誉罪的因果关系即证明问题

此问题典型案例为"鸿茅药酒事件"即广州医生谭秦东吐槽鸿茅药酒被抓捕事件。②

---

① 2012年9月至2013年5月，被告人陈永洲在其供职的广东新快报社发行的《新快报》上署名发表了《中联重科再遭举报财务造假记者暗访证实华中大区涉嫌虚假销售》（下称《虚假销售》）等多篇针对中联重科的不实报道，其中《虚假销售》由被告人陈永洲、卓志强共同撰写初稿，捏造中联重科"大施财技、虚增利润""打折甩卖中联环卫、搞利益输送""畸形营销"和"华中区存在虚假销售、财务造假"等虚伪事实。上述不实报道经《新快报》发表后，被多家网站转载，其中，《虚假销售》一文于2013年5月27日发表后，中联重科被迫于当日、次日对A股及债券、H股申请停牌并发布公告澄清，至同年5月29日方复牌。2013年5月28日，朱某某通过其弟熊某某以转账的方式支付给被告人陈永洲人民币3万元。湖南省长沙市岳麓区人民法院判决：一、被告人陈永洲犯损害商业信誉罪，判处有期徒刑一年四个月，并处罚金人民币2万元；犯非国家工作人员受贿罪，判处有期徒刑八个月，决定执行有期徒刑一年十个月，并处罚金人民币2万元。二、被告人卓志强犯损害商业信誉罪，判处有期徒刑十个月，并处罚金人民币1万元。参见湖南省长沙市岳麓区人民法院（2014）岳刑初字第255号刑事判决书。

② 2017年12月19日，谭秦东在"美篇"上发布一篇名为《中国神酒"鸿毛药酒"，来自天堂的毒药》帖子，并将该文分享到微信群。谭秦东在文章中指出，人在步入老年后，心肌、心脏传导系统、心瓣膜、血管、动脉粥样等发生变化，而有高血压、糖尿病的老年人尤其注意不能饮酒。"鸿茅药酒"的消费者基本是老年人，该酒的宣传具有夸大疗效的作用。鸿茅药酒公司报警称，谭秦东发布那篇帖子后，有2家公司、7名个人退货，给鸿茅药酒公司造成损失共计140余万元，严重损害鸿茅药酒的商品声誉。2018年1月10日，内蒙古凉城警方以"损害商品声誉罪"将谭秦东跨省抓捕。3月13日，凉城县公安局作出《起诉意见书》称，依法侦查查明：谭秦东在微信群连续转发"毒药"一文10次左右，网站点击量2075次，美篇APP有三次访问，微信好友有250次访问、微信群有849次访问、朋友圈有720次访问、其他访问253次、被分享120次。事件引发社会激烈反响。2018年4月17日，内蒙古自治区人民检察院通报该案案件事实不清、证据不足，指令凉城县人民检察院将该案退回公安机关补充侦查并变更强制措施。当日下午谭秦东取保候审。4月26日内蒙古鸿茅国药股份有限公司发布企业自查报告，面向社会公众致歉。5月11日上午，谭秦东前往广东车陂派出所接受问询。11日晚10时出来后，便突发精神疾病，开始胡言乱语，回到家后将自己关闭在房间内，并有哭泣、自言自语、情绪失控扇自己耳光，甚至以头撞墙等自残行为。治疗两天后，病情稍许稳定。5月17日，谭秦东发道歉声明，承认"在写作上述文章时使用了'毒药'作为标题，主要是想用这种'抓眼球'的方式吸引读者，强调该药品的'禁忌症'，希望对特殊人群起到警示作用……在标题用词上考虑不周，缺乏严谨性"，并因此"深表歉意，同时希望鸿茅国药股份有限公司予以谅解。此外，本人对该文给消费者可能带来的误解表示歉意"。同日17时,鸿茅药酒公司发布声明说，接受谭秦东致歉并撤回报案及侵权诉讼。参见长安剑

对于谭秦东损害鸿茅药酒商品声誉案,学界认为:根据损害商品声誉罪的构成要件,必须要证实谭秦东发布的内容不属实并且客观上造成了退货等声誉损害的后果,即司法机关必须证明谭秦东所发表的文章与企业的退货损失存在法律上的因果关系。谭秦东所写的文章更多是一篇科普文章,有一定的事实根据,虽然他使用了情绪化的"毒药"一词,不太妥当,但不能说是凭空捏造。而从相关材料来看,鸿茅药酒有多次违反广告法的事实。

4. 损害商业信誉、商品声誉罪主观故意证明问题

本罪的主观要件必须是故意,而且是直接故意,即以损害他人商业信誉和商品声誉为目的,行为人明知自己的行为会造成他人商业信誉和商品声誉的重大损害,而追求或希望这种结果的发生。仍以谭秦东案为例,在主观上,谭秦东的文章主要部分都以科学论述为主,"相似内容可以在权威医学杂志、网站上查询",正文的其他部分则多转载自其他权威媒体、网站和国家行政机关的公开报道与处罚公告截图,基本上有案可查,其目的是让存在心脑血管疾病隐患的中老年人少喝甚至远离鸿茅药酒,很难证明谭秦东主观上出于犯罪故意。①

5. 损害商业信誉、商品声誉罪的适用错误问题

损害商品声誉罪必须针对具体的商品,即针对具体商业主体生产的商品,单单一个产品通称,没有主体、没有商标,不能成为该罪中的"商品"。而司法实践中,有案例将不针对具体商品的行为以此罪名判

(接上页)《"鸿茅药酒事件"这三个问题应得到回应》,(2018-4-17)[2020-720],http://news.163.com/18/0417/09/DFJ8I4J7000187VE.html;吕栋:《鸿茅药酒事件:我们还有三个不明白》,(2018-4-18)[2020-720],https://www.guancha.cn/society/2018_04_18_454174.shtml;张文生:《鸿茅药酒事件后各方如何退场》,(2018-5-18)[2020-720],http://news.medlive.cn/all/info-news/show-143989.html。

① 赵瑜:《法学专家解读鸿茅药酒事件》,《成都商报》2018年4月19日第6版。

决。如北京电视台记者訾北佳损害商品声誉罪案。①

（三）传播型诈骗罪与帮助信息网络犯罪活动罪的竞合问题

司法实践中，传播型诈骗罪行为人多通过发送短信、拨打电话或者利用互联网、广播电视、报纸杂志等发布虚假信息，对不特定多数人实施诈骗。根据《诈骗罪司法解释》第七条，明知他人实施诈骗犯罪，为其提供信用卡、手机卡、通信工具、通信传输通道、网络技术支持、费用结算等帮助的，以共同犯罪论处——即以诈骗罪论处。但此类犯罪经常与帮助信息网络犯罪活动罪竞合，这种情况属想象竞合，依照刑法适用原则，应择一重罪处罚，但实践中经常发生以帮助信息网络犯罪活动罪处罚的情况。典型案例如于某利用互联网诈骗案。该案中，被告人赵某、陈某宇明知网站不具有 YY 挂机功能，仍为犯罪提供技术支持，情节严重，其行为构成共同诈骗罪与帮助信息网络犯罪活动罪的竞合，应以诈骗罪处罚，而帮助信息网络犯罪活动罪的主型是三年以下有期徒刑或者拘役，本案对被告人赵某、陈某宇的处罚显然是罪过于罚。②

---

① 2007年7月8日，北京电视台《透明度》栏目以"纸做的包子"为题，播出了记者訾北佳暗访朝阳区一无照加工"纸箱馅包子"的节目，报道里描述的这个骇人听闻的过程是这样的：先将纸箱浸泡，再加入具有强烈腐蚀性的工业火碱，纸箱很快就褪色且一捏就碎。将湿纸剁成纸浆后，再按6∶4的比例加入肉馅，再撒上猪肉香精，这个特殊的包子馅就完成了，蒸熟后颜色还没什么异样。这则调查节目播出后引发的食品安全恐慌引起了更多媒体的注意，海外媒体也开始关注此事。在北京市工商局等单位调查无果后，公安机关介入调查。几经侦查，訾北佳最终承认作假，"纸包子惊魂"是他一手策划导演的"新闻戏"。訾北佳在向警方的交代中承认，今年6月初，节目组通过了他报的"纸馅包子"选题，随着截稿时间临近，急于立功的他就花钱请了几个包子工导演了这场戏。其中肉纸比例、火碱说法也是由訾北佳所创，然后教与一个农民工说出，以增加节目的视觉、听觉效果。2007年8月12日，訾北佳因犯损害商品声誉罪，被一审判处有期徒刑1年，并处罚金1000元。参见叶伟民《假新闻事件：纸包子露馅》，《南都周刊》2007年12月29日第5版。

② 2016年10月，被告人于某通过网络与吉林省网诚传媒有限公司被告人赵某联系，要求制作"YY挂机网站"，随后被告人赵某安排他人制作网站，网站建好后即投入运营。2016年12月至2017年3月，被告人于某伙同其余13名被告人以该平台为幌子，使用多玩歪歪（以下简称"YY"）等软件发布网络兼职挂机挣人气可以赚取酬劳的虚假信息，当被害人感兴趣点开该链接之后，外宣的人会让被害人加推自为好友，然后推自按照预先设置的套路进行诈骗。被害人选择交完钱，发现网站可以进去了，服务器计时器也在计时，但是赚不了钱，

(四) 涉传播强迫交易罪和敲诈勒索罪法律问题

1. 涉传播强迫交易罪中"情节严重"与"情节特别严重"的认定与理解

法律对强迫交易罪中的"情节严重"并未明确。2017 年最高人民检察院、公安部《关于公安机关管辖的刑事案件立案追诉标准的规定（一）的补充规定》第五条规定了立案追诉标准①——由上述规定中第（6）项的"其他情节严重的情形"，可以推出前 5 项也是"情节严重"的情形，如此，强迫交易罪中"情节严重"问题基本解决。

然而，强迫交易罪中"情节特别严重"的认定仍然没有法律依据。有观点认为，作为"情节严重"的升级和刑罚加重适用的条件，界定强迫交易罪中的"情节特别严重"应重点把握以下几点：其一，行为人强迫他人从事不愿意从事的活动的次数或者强迫他人的人数。其二，审查行为人强迫他人交易的价格。如果行为人强迫他人交易的价格低于或者高于市场价格 1 倍以上的，应当认定为"情节严重"，交易的价格低于或者高于市场价格 2 倍以上的，应当认定为"情节特别严重"。②

2. 涉传播强迫交易罪受害人是迫于威胁还是基于自身问题而进行交易的认定

涉传播强迫交易罪中，传播行为人的相对方最终同意进行交易，通

（接上页）被害人找技术，技术就把被害人拉进黑名单。法院认定被告人于某涉嫌共同诈骗 413554 元，其行为已构成诈骗罪；被告人赵某、陈某情节严重，其行为已构成帮助信息网络犯罪活动罪。法院判决：被告人于某犯诈骗罪，判处有期徒刑八年三个月，并处罚金三十万元；其他被告人分别被判处有期徒刑一年（缓刑）至五年一个月的刑罚。参见安徽省蚌埠市中级人民法院（2018）皖 03 刑终 453 号刑事裁定书。

① 该条规定："以暴力、威胁手段强买强卖商品，强迫他人提供服务或者接受服务，涉嫌下列情形之一的，应予立案追诉：（1）造成被害人轻微伤的；（2）造成直接经济损失二千元以上的；（3）强迫交易三次以上或者强迫三人以上交易的；（4）强迫交易数额一万元以上，或者违法所得数额二千元以上的；（5）强迫他人购买伪劣商品数额五千元以上，或者违法所得数额一千元以上的；（6）其他情节严重的情形。以暴力、威胁手段强迫他人参与或者退出投标、拍卖，强迫他人转让或者收购公司、企业的股份、债券或者其他资产，强迫他人参与或者退出特定的经营活动，具有多次实施、手段恶劣、造成严重后果或者恶劣社会影响等情形之一的，应予立案追诉。"

② 桂林：《如何理解强迫交易行为"情节特别严重"》，《检察日报》2018 年 7 月 15 日第 6 版。

常既有传播行为人或其同伙的威胁的外在因素，也有本身问题：或者自己有违法违纪行为，或者自己有基于某个角度考虑的弱点而不愿被他人知晓，或者因公司大的经营战略而不愿在涉及传媒这种"小事情"上"纠缠"，或者不想"因小失大"——无论什么原因，其本身的意愿也是进行交易的重要原因。申言之：传播行为人的相对方与其达成交易，并非完全基于威胁的因素。如二十一世纪传媒及沈颢强迫交易等罪案。①

对于上述案件，学界有观点认为，沈颢的行为不构成强迫交易罪：首先，本案不存在强迫交易罪客观方面所必备的暴力、威胁手段。一方面，被控的 70 起犯罪事实中，被告单位没有发布相关企业的负面报道，也没有以将要发布负面报道对他人予以威胁。此时受害单位的恐惧来自于对其自身的企业本身经营情况的不确定，如果将媒体监督企业情况定义为媒体的威胁，明显有失公允。另一方面，将财经公关公司的列举、"施压"归属于威胁，过于牵强，这种行为也可视为法律风险防范的告知。其次，二十一世纪传媒与财经公关公司不存在共同的犯意联络与犯罪行为。财经公关公司与媒体没有隶属关系，双方是广告合同版面的买卖关系。因此，二十一世纪传媒与财经公关公司虽然属于利益共同体，

---

① 2009 年 8 月至 2014 年 9 月间，二十一世纪传媒及沈颢一手掌控的二十一世纪报系，由三家机构的新闻采编部门与二十一世纪传媒所属的分布在上海、成都、广州和北京四地的 7 家运营和广告公司互相配合，选择正处于拟上市或资产重组商业敏感期等情形的企业，利用企业对媒体登载负面报道的恐惧心理，采取有偿撤稿、删稿、不跟踪报道等有偿不闻的方法，以广告费、赞助费等名义向四川郎酒集团有限责任公司等 9 家受害单位索取钱财，共计人民币 728 万余元。2009 年 12 月至 2014 年 8 月，沈颢和二十一世纪传媒公司统一掌控所属 7 家运营、广告公司以及 21 世纪报系三机构，通过分布在上海、广州、深圳等地的财经公关公司，由财经公关公司利用 21 世纪报系登载的负面报道给受害单位施加舆论压力，或向受害单位列举因未投放广告导致上市失败事例等方式，先后迫使 70 家受害单位签订广告等合同，共计强迫交易金额 1897 万余元。2014 年 1 月，沈颢和乐冰分别利用担任二十一世纪传媒总裁和财务总监的职务便利，将上海月盛经济发展有限公司返还的财政扶持款 20 万元占为己有，沈颢实际得款 8 万元，乐冰实际得款 12 万元。法院决议：二十一世纪传媒以强迫交易罪，被判处罚金人民币 948.5 万元；沈颢犯敲诈勒索罪，判处有期徒刑 3 年 6 个月，并处罚金人民币 4 万元；犯强迫交易罪，判处有期徒刑 2 年，并处罚金人民币 2 万元；犯职务侵占罪，判处有期徒刑 2 年；决定执行有期徒刑 4 年，并处罚金 6 万元。参见上海市浦东新区人民法院（2015）浦刑初字第 3652 号刑事判决书。

但并不能从在案证据中得出二者存在共同强迫交易的确定事实。①

3. 强迫交易罪与涉传播敲诈勒索罪的区别

司法实践中,新闻单位主要以强迫对方接受广告宣传服务为目的;自然人通常以在社交媒体或自媒体上进行传播为要挟,强迫对方交付财物,或者强迫对方接受"删帖服务"——前者构成传播型强迫交易罪,后者构成传播型敲诈勒索罪,② 二者区别:(1) 客体不同。强迫交易罪侵犯的客体是复杂客体,包括他人的人身权、财产权或其他合法权益,以及市场交易秩序;而敲诈勒索罪侵犯的客体是简单客体,即公私财产所有权。(2) 客观要件不同。虽然涉传播强迫交易罪与涉传播敲诈勒索罪在行为方式上基本相同,即以可能发生的传播"曝光"进行威胁,但前罪行为人在强迫对方达成交易后会依照合同给付对方一定对价即提供广告等宣传服务,而涉传播敲诈勒索罪的行为人则不支付对价,而是无偿占有被害人财物。(3) 主体不同。强迫交易罪自然人和单位均可为犯罪主体,而涉传播敲诈勒索罪主体只能由自然人构成。(4) 主观要件不同。强迫交易罪行为人实施强迫交易行为主观上是为了达成交易而牟利,而且需准备支付对价;而涉传播敲诈勒索罪行为人主观上则是为了非法占有公私财物。

---

① 李婷婷、展江:《"新闻圣徒"的敲诈勒索和强迫交易罪》,《青年记者》2018 年第 25 期。

② 谢某系《当代商报》记者。2016 年 10 月至 2017 年 5 月期间,谢某和《当代商报》临聘人员兰某(另案处理)以群众在网上举报湘乡市内相关采石场存在环境污染问题为由,在未经《当代商报》社指派的情况下来到湘乡市多个采石场拍摄照片,以采石场存在环境污染、违规作业等问题要登报曝光为由,联系相关采石场经营者并要求经营者协调处理,要求湘乡市白田镇自力村永鑫采石场(两次)、翻江镇兴利采石场、壶天镇麒俊采石场、泉塘镇双娄采石场、山枣镇窑冲万顺采石场、壶天镇藕塘村藕塘采石场请客消费,并勒索红包金额 77160 元;在勒索壶天镇藕塘采石场 9000 元时因被识破而未得逞。2017 年 6 月 7 日,谢某在《当代商报》负责人的陪同下向湘乡市公安局投案。法院认为,谢某以非法占有为目的,敲诈勒索他人财物,数额巨大,其行为构成敲诈勒索罪。谢某敲诈勒索壶天镇藕塘采石场财物,因意志以外的原因未得逞,系犯罪未遂,可比照即遂从轻处罚。谢某犯罪后自动投案,如实供述犯罪事实,系自首,可减轻处罚。谢某退赔了被害人经济损失,取得了被害人谅解,可酌情从轻处罚。判决:谢某犯敲诈勒索罪,判处有期徒刑一年六个月,并处罚金人民币二万元。参见湘潭市中级人民法院(2018)湘 03 刑终 118 号刑事裁定书。

三 侵犯著作权罪热点案例及相关法律问题

（一）"发行"的"专业性阐释"及其问题

2011年元月《最高人民法院最高人民检察院公安部关于办理侵犯知识产权刑事案件适用法律若干问题的意见》（下称《知识产权刑事案件办理意见》）第十二条，将侵犯著作权罪中的"发行"界定为包括总发行、批发、零售、通过信息网络传播以及出租、展销等活动。而对于出版、复制、发行他人作品，并构成侵犯著作权罪的，还明确"按照侵犯著作权罪定罪处罚，不认定为非法经营罪等其他犯罪"。此规定引发了学界争议：

质疑上述规定的观点认为，司法解释的"专业性阐释"淡化和虚置了销售侵权复制权罪：其一，既然立法者设置侵犯著作权罪和销售侵权复制品罪，侵犯著作权罪中的"发行"肯定不应包括销售，否则就不会设立销售侵权复制品罪。[①] 其二，因为侵犯著作权罪的构罪以"数额较大"为门槛，而销售侵权复制品罪以"数额巨大"为门槛，既然"发行"包括了零售，那么前罪的适用标准低于后罪，后罪自然无适用的余地。其三，2007年出台的《关于办理侵犯知识产权刑事案件具体应用法律若干问题的解释》（二）（以下简称：《知识产权刑事案件司法解释（二）》），将侵犯著作权罪中的"复制发行"解释为"复制、发行或者既复制又发行的行为"，"发行"行为可单独成为该罪构成要件要求的行为要素——总之，在"发行"包括了零售且包括信息网络传播的情况下，刑法设置销售侵权复制品罪就成为多余。

有学者建议将侵犯著作权罪中的销售解释为"批量销售或者大规模

---

① 张绍谦：《试论行政犯中行政法规与刑事法规的关系——从著作权犯罪的"复制发行"说起》，《政治与法律》2011年第8期。

销售（但不限于第一次销售），而将销售侵权复制品罪中的销售解释为零售；①或者解释为第一次总发行"，"第一次总发行、分发行"或"批发"等不同观点，销售侵权复制品罪中的"销售"即可界定为除上述销售行为之外的分批发、零售或"分批发+零售"等行为类型②——如此解释，虽然保持了《刑法》第二百一十八条即销售侵权复制品罪的存在，即表面上保持了刑法体系的稳定，但事实上仍然不能解决销售侵权复制品罪的虚置问题。

不仅如此，由于侵犯著作权罪的法定刑第二档（第一档是三年以下有期徒刑或者拘役）三年以上七年以下有期徒刑，远高于销售侵权复制品罪的三年以下有期徒刑或者拘役，以前达不到后罪的行为现在以前罪处刑，虽然加大了打击著作权犯罪行为，但有违罪刑法定原则和罪刑相适应原则的精神。③对此，有观点建议：保持司法解释的"专业性阐释"，但出于刑法的谦抑性原则，可适当提高侵犯著作权罪的入罪门槛。④

（二）主观归责要件即"以营利为目的"问题

《刑法》第二百一十七条规定侵犯著作权罪需要"以营利为目的"，《知识产权刑事案件办理意见》第十条对"以营利为目的"的认定进行了解释。⑤对此主观要件，学界一直有不同观点：

---

① 张明楷：《刑法学》（下），法律出版社2016年版，第825页。
② 张远煌、余浩：《论刑法中"销售"与"复制发行"之关系》，《中国刑事法杂志》2011年第6期。
③ 刘蔚文：《销售侵权复制品罪的弃用现象与启用路径研究》，《政治与法律》2013年第5期。
④ 其建议将"复制发行复制品数量合计在二千张（份）"作为侵犯著作权罪的入罪门槛——以每张（份）正品光盘、书籍售价在20元至50元计，二千张（份）侵权复制品对应的正品金额约在4万元至10万元。参见杨帆、张海宏《销售侵权复制品罪虚置之争的再思考——基于功利主义知识产权刑事政策立场的评析》，《政治与法律》2014年第3期。
⑤ 该条规定："除销售外，具有下列情形之一的，可以认定为'以营利为目的'：（一）以在他人作品刊登收费广告、捆绑第三方作品等方式直接或者间接收取费用的；（二）通过信息网络传播他人作品，或者利用他人上传的侵权作品，在网站或者网页上提供刊登收费广告服务，直接或者间接收取费用的；（三）以会员制方式通过信息网络传播他人作品，收取会员注册费或者其他费用的；（四）其他利用他人作品牟利的情形。"

主流观点是废弃此要件。其一，同样是知识产权的保护对象，侵害商标权、专利权和商业秘密的犯罪成立条件中，均未要求"以营利为目的"，如此，有违反同等对待原则之嫌。① 其二，无论在传统媒体传播环境中还是网络传播环境中，都存在不以营利为目的的侵犯著作权的行为。尤其在网络传播环境中，以侵害他人名誉、泄愤甚至是炫耀网络技术为目的的侵害行为也大量存在，如果要求"以营利为目的"，无疑使这类构成犯罪的行为逃脱刑罚制裁。其三，著作权法律制度中，对侵害著作权的行为并没有要求该主观要件，在民事侵权中适用过错推定或无过错原则，所以该要件与整个著作权法律制度不协调。

主张保留该要件的观点。认为刑法不同于民法和行政法，其犯罪的成立应当更为严谨。② 著作权体现了权利人思想，精神层次的内容，而这些内容在商标、专利和商业秘密中无以体现，故其犯罪成立条件应当有所不同。③

折中的观点是：传统传播方式中，保留"以营利为目的"的犯罪成立条件；网络传播环境中，废除该条件。

综合以上观点，尽管有司法解释对"以营利为目的"的认定进行了明确，但许多情形仍然难以认定。如侵权行为人并没有《知识产权刑事案件办理意见》第十条列举的营利行为，但最终以侵权行为使网站取得很大知名度之后予以整体出售，就难以认定"以营利为目的"。因此，侵犯著作权罪中，可废除"以营利为目的"的主观成立条件，但将其作为量刑的加重情节，应该是妥当的选择。

（三）以违法所得作为刑罚标准的问题

在著作权侵害中，著作权人的实际损失与侵权人的违法所得并不一

---

① 张志勋、黄淑彬：《〈TRIPS协定〉与我国著作权的刑法保护问题》，《南昌大学学报》（人文社会科学版）2004年第6期。
② 赵国玲、刘东根：《中国内地与澳门刑法中侵犯著作权犯罪之比较》，《犯罪研究》2002年第5期。
③ 卢建平：《在宽严和轻重之间寻求平衡：我国侵犯著作权犯罪刑事立法完善的方向》，《深圳大学学报》2006年第5期。

致，前者通常高于后者，即违法所得并不反映实际损失，因此，以侵权人的获利作为标准难以客观反映刑法对非法经济活动的整体评价，①WTO 专家组也不认可将"违法所得"界定为"非法获利"。② 而且，将违法所得数额规定为定罪情节，与法益保护原则相悖，"容易使人们认为犯罪的本质就是行为人获得利益，而不在于行为侵犯了合法权益。这不符合刑法的整体精神"。③

以违法所得作为刑罚标准，与我国《著作权法》密切相关。我国《著作权法》规定的赔偿原则是实际损失（包括直接损失和间接损失），④ 其确立的著作权纠纷赔偿原则包括法定和酌定两种：其中，法定赔偿的适用优于酌定赔偿的适用；法定赔偿中，"实际损失"的适用应当优于（侵权人）"违法所得"的适用。然而，实务中，"实际损失"往往难以确定，故违法所得成为赔偿标准。

实际损失难以确定，与对著作权的侵害赔偿仅考虑智力投入、不考虑经营性投入——即不考虑邻接权密切相关，这在新闻作品著作权纠纷中特别突出。

依照我国《著作权法》第四十九条规定，经营性投入是新闻著作权纠纷中需要首先考虑的赔偿内容，是法定赔偿原则即"实际损失"中的刚性要素。在著作权法律制度中，作者享有著作权，传播者享有邻接权。与传统著作权的保护客体不同，新闻出版者邻接权并非对形成新闻作品的"智力投入"予以保护，而是对（新闻）作品生产和传播过

---

① 胡云腾、刘科：《知识产权刑事司法解释若干问题研究》，《中国法学》2004 年第 6 期。
② WTO, Report of the Panel, China-Measures Affecting the Protection and Enforcement of Intellectual Property Rights, WT/DS362/R, p. 7.681, p. 7.545, p. 7.609.
③ 张明楷：《刑法第 14 条"销售金额"的展开》，《清华法律评论》（第 2 辑），清华大学出版社 1999 年版，第 188 页。
④ 《著作权法》第四十九条规定："侵犯著作权或者著作权有关的权利，侵权人应当按照权利人的实际损失给予赔偿；实际损失难以计算的，可以按照侵权人的违法所得给予赔偿，赔偿数额还应当包括权利人为制止侵权行为所支付的合理开支。权利人的实际损失或者侵权人的违法所得不能确定的，由人民法院根据侵权行为的情节，判决给予 50 万元以下的赔偿。"

程中付出的投入（投资）进行保护，即：前者保护智力投入，后者保护经营性投入。然而，由于混淆著作权与邻接权的保护客体，在著作权法律制度史上，在德国《著作权法》第八修正案之前，（新闻）出版者的邻接权长期未得以确立；而直到2019年3月26日欧盟议会通过的《版权指令》中确立此权，世界各国才普遍意识到此权利及相关制度的重要性。

《版权指令》虽未明确新闻出版者邻接权的保护客体，但在欧洲，普遍认可德国的"经济性和组织性投入"之学说。德国联邦司法部对2013年8月德国《著作权法》第八修正案法律草案的说明中指出，报刊出版者权的权利客体并非文字作品、照片等报刊产品本身，而是"报刊出版者为了生产报刊产品所必需的经济上、组织上和技术上的劳动投入"。[1] 而早在2008年德国联邦最高法院针对电影片段"Urteil TV-Total"和2009年针对录音制品片段"Metall auf Metall"的两个判决中，阐述了新闻出版者邻接权保护的条件：保护对象凝结和体现了新闻媒体"经济性和组织性"的投入。[2]

由于将新闻出版者邻接权的客体误认为就是新闻作品的客体即"智力投入"，导致从功利主义出发，对新闻出版者邻接权提出异议：认为确立该权利在很大程度上是为了缓解国外互联网巨头对欧洲本土传媒产业垄断式的冲击，但基于相关政策规定，国外互联网公司几乎无法对国内传媒产业造成实质性影响，从保护我国本土传媒产业的立场来看，引入该权利缺乏一定的必要性；而且，我国新闻出版单位的版权利益已有较为完善的法律保障，若引入新闻出版者邻接权的规定，则会造成版权法上的"重复保护"。[3]

刑法虽不以民事赔偿为目的，但侵犯著作权罪的入罪门槛应当与

---

[1] Begründung zum Regierungsentwurf, BT-Drs. 17/11470, S. 8.
[2] BGH MMR 2008, S. 536 ff; BGH MMR 2009, S. 253 ff.
[3] 彭桂兵、陈煜帆：《取道竞争法：我国新闻聚合平台的规制路径——欧盟〈数字版权指令〉争议条款的启示》，《新闻与传播研究》2019年第4期。

《著作权法》保持一致。而目前,无论是我国《刑法》第二百一十七条规定的"违法所得数额",①还是司法解释规定的"非法经营数额",或涉案的侵权作品的数量,②虽然反映的是行为的社会危害程度,但并未直接反映被害人实际利益损失的大小。所以,在《著作权法》修订过程中,完善相关邻接权的规定,对于遵守实际损失赔偿原则、对于纠正刑法中以违法所得为刑罚标准,都具有重要意义。

(四) 侵犯著作权罪与非法经营罪的竞合问题

1998年《最高人民法院关于审理非法出版物刑事案件具体应用法律若干问题的解释》(下称《非法出版物刑事案司法解释》)对非法从事出版物的出版、印刷、复制、发行业务,严重扰乱市场秩序的行为,规定可以非法经营罪定罪处罚,其要点:其一,是行为人涉及的行为是"非法从事",即未经批准或其他违反国家规定的行为;其二,行为对象是"合法出版物";其三,要求"情节特别严重";③其四,是"可以"而非"应当"以非法经营罪定罪处罚。

但《知识产权刑事案件办理意见》第十二条对侵犯著作权罪与非法经营罪的竞合问题进行了明确,规定非法出版、复制、发行他人作品,侵犯著作权构成犯罪的,按照侵犯著作权罪定罪处罚,不认定为非法经营罪等其他犯罪。2015年江苏省高级人民法院判决的杨某、苏某

---

① 该条规定:"以营利为目的,有下列侵犯著作权情形之一,违法所得数额较大或者有其他严重情节的,处三年以下有期徒刑或者拘役,并处或者单处罚金;违法所得数额巨大或者有其他特别严重情节的,处三年以上七年以下有期徒刑,并处罚金……"

② 如《知识产权刑事案件司法解释(二)》第五条第一款规定:"以营利为目的,实施刑法第二百一十七条所列侵犯著作权行为之一,违法所得数额在三万元以上的,属于'违法所得数额较大';具有下列情形之一的,属于'有其他严重情节',应当以侵犯著作权罪判处三年以下有期徒刑或者拘役,并处或者单处罚金:(一)非法经营数额在五万元以上的;(二)未经著作权人许可,复制发行其文字作品、音乐、电影、电视、录像作品、计算机软件及其他作品,复制品数量合计在一千张(份)以上的;(三)其他严重情节的情形。"

③ 《非法出版物刑事案司法解释》第十五条规定:"非法从事出版物的出版、印刷、复制、发行业务,严重扰乱市场秩序,情节特别严重,构成犯罪的,可以依照刑法第二百二十五条第(三)项的规定,以非法经营罪定罪处罚。"

和陈某侵犯著作权罪案,① 是此规定的典型适用。

第三节 本章结论

传播犯罪涉及的法律问题众多，可分为罪刑法定原则问题、法益保护原则问题、有责性问题及其他问题，事实上，前三个问题在实践层面主要是构成要件、法益侵害（证明）及主观条件问题。

传播犯罪涉及法律问题略表

问题归类 罪名		罪刑法定原则问题（构成要件等）	法益保护原则问题（法益侵害）	有责性问题	其他问题
侵害社会法益的传播犯罪	编造并传播证券期货交易虚假信息罪		1. 行为结果问题 2. 结果证明问题		
	虚假广告罪				1. 量刑问题 2. 代言人及网络服务提供者责任问题
	非法经营罪	口袋罪问题		主观目的问题	

---

① 2012 年初至 2014 年 6 月，被告人杨某未经北京畅游时代数码技术有限公司的授权或许可，租用服务器，设立私服网站，在 www.haotl.com 网站上发布广告，利用 www.feebao.cn 等第三方支付平台与其银行卡绑定支付费用，非法运营该公司拥有著作权的《天龙八部》网络游戏牟利。2013 年 8 月至 2014 年 6 月间，杨某通过非法运营《天龙八部》网络游戏，非法经营额共计 57 万余元人民币。2013 年 8 月，被告人苏某开设 www.feebao.cn 网站，后与被告人陈某共谋通过该网站为《天龙八部》等私服游戏的经营者提供支付结算业务，通过抽取佣金牟利。2013 年 11 月，陈某雇用被告人胡某负责具体办理该网站支付结算业务。苏某、陈某、胡某三人明知杨某是私服游戏经营者，并实施了侵犯他人著作权的行为，仍通过 www.feebao.cn 网站为其进行结算。2014 年 3 月至 2014 年 7 月，陈某明知 www.haotl.com 网站系《天龙八部》私服游戏的广告发布网站，仍接受网站经营者雇佣，负责具体办理该网站的广告业务收取广告费用共计 170 余万元。法院认为，杨某、陈某、苏某、胡某的行为，情节特别严重，构成侵犯著作权罪。在共同犯罪中，被告人杨某是主犯，被告人陈某、苏某、胡某在共同犯罪中起辅助作用，系从犯。法院判决：一、被告人杨某犯侵犯著作权罪，判处有期徒刑三年，并处罚金三十万元。二、被告人陈某犯侵犯著作权罪，判处有期徒刑一年，并处罚金十五万元。三、被告人苏某犯侵犯著作权罪，判处有期徒刑十个月，并处罚金四万元。四、被告人胡某犯侵犯著作权罪，判处拘役三个月，并处罚金一万元。五、被告人杨某违法所得人民币二十万元予以追缴，被告人陈某经营广告业务的违法所得人民币二十五万元予以追缴，被告人陈某、苏某共同违法所得人民币一千七百一十元予以追缴，上缴国库。参见江苏省高级人民法院（2015）苏知刑终字第 00011 号刑事裁定书。

续表

侵害社会法益的传播犯罪	非法获取国家秘密罪	记者采访刑事案件与窃取、刺探、收买的关系		记者采访中犯罪故意的证明
	帮助信息网络犯罪活动罪			1. "从一重罪处罚"原则的适用问题 2. 该罪"正犯化"问题
	寻衅滋事罪		1. "情节严重"的量化标准问题 2. "破坏社会秩序"的解释问题	与诽谤罪、侮辱罪的竞合问题
	泄露不应公开的案件信息罪和披露、报道不应公开的案件信息罪	1. 依法不公开审理案件范围问题 2. 不应公开案件的信息问题		应否入罪问题
	传播淫秽物品罪	淫秽视频链接是否属于"其他淫秽物品"		
	传播淫秽物品牟利罪	"传播"的认定		1. 明知的认定 2. 技术中立是否适用于"快播"公司
侵害个体法益的传播犯罪	诽谤罪		1. 诽谤结果认定 2. "情节严重"认定	公诉与自诉程序问题
	煽动民族仇恨、民族歧视罪		罪名与保护法益不符	不适应反恐形势
	侵害个人信息罪	1. "个人信息"的理解 2. 空白罪状问题		刑罚过轻问题
	损害商业信誉、商品声誉罪	捏造与散布关系问题	1. 因果关系证明问题 2. "重大损失"和"其他严重情节"的认定问题	主观故意证明问题	法律适用错误问题
	诈骗罪			与帮助信息网络犯罪活动罪的竞合问题

续表

侵害社会法益的传播犯罪	非法获取国家秘密罪	记者采访刑事案件与窃取、刺探、收买的关系		记者采访中犯罪故意的证明	
	帮助信息网络犯罪活动罪				1."从一重罪处罚"原则的适用问题 2. 该罪"正犯化"问题
	寻衅滋事罪		1."情节严重"的量化标准问题 2."破坏社会秩序"的解释问题		与诽谤罪、侮辱罪的竞合问题
	泄露不应公开的案件信息罪和披露、报道不应公开的案件信息罪	1. 依法不公开审理案件范围问题 2. 不应公开案件的信息问题			应否入罪问题
	传播淫秽物品罪	淫秽视频链接是否属于"其他淫秽物品"			
	传播淫秽物品牟利罪	"传播"的认定		1. 明知的认定 2. 技术中立是否适用于"快播"公司	
	强迫交易罪	是迫于威胁还是基于自身问题而进行交易的认定	"情节严重"与"情节特别严重"的认定与理解		
	侵犯著作权罪	"发行"的"专业性阐释"及其问题	以违法所得作为刑罚标准的问题	主观归责要件即"以营利为目的"问题	

由上表可见：传播犯罪个罪的问题主要集中于罪刑法定原则问题、法益保护原则问题，即构成要件、法益侵害（证明）方面；其他方面如有责性问题、竞合问题、程序问题、共犯问题，虽在个罪中有呈现，但比较分散。在侵害社会法益传播犯罪中，涉及罪刑法定原则的问题比较集中；在侵害个体法益的传播犯罪中，涉及法益保护原则的问题则比

较集中——无论哪个方面和角度的问题，相关热点案例都引发了不同程度的社会舆论与分歧。故传播犯罪相关法律问题的解决，既需要从我国相关法律制度形成、演进过程与特点中寻找原因，也应当从罪刑法定原则和法益保护原则角度寻找答案。

第八章 中国传播犯罪立法、司法解释的演进与特征

法律固然有自己的"品格"与相对独立的规律，但无论是立法还是司法，都难以摆脱社会背景的影响与渗透。我国传播犯罪制度也是如此，无论是立法还是司法解释，都基于独特的国情，体现着政策的指导性。在我国传播犯罪立法中，象征性立法是一大特征；在我国传播犯罪司法解释中，定罪、量刑标准的量化是一大特色。本章在前述三章内容的基础上，总结探讨我国传播犯罪立法与司法的演进与特征，并通过相关特定领域的犯罪成立条件，揭示我国传播犯罪立法与司法中政策驱动的特点。

第一节 中国传播犯罪立法演进与特征

我国传播犯罪罪名体系，跟随《刑法》的一次大修订和10次修正而逐步完善，并具有鲜明的时代特征。其中，在高度重视侵害国家法益犯罪的同时，侵害社会法益的罪名占有最大比例。

一 我国传播犯罪的立法演进过程

由于历史原因，新中国成立后我国长期没有法典意义上的《刑法》，但刑法意义上的传播犯罪制度，在1951年6月1日政务院第八十七次政务会议通过的《保守国家机密暂行条例》中就有规定，该条例

以 3 条规模规定了与传播泄密相关的制度。① 而 1979 年 7 月 1 日第五届全国人民代表大会第二次会议通过、自 1980 年 1 月 1 日起施行的第一部《中华人民共和国刑法》，在第一百四十五条规定了诽谤罪。70 年来，我国传播犯罪立法演进整体上如下表：

我国传播犯罪立法演进表

刑法修正 \ 罪名	侵害国家法益传播犯罪	侵害社会法益传播犯罪	侵害个体法益传播犯罪
刑法 1979 年	反革命罪②	无	第一百四十五条：诽谤罪
刑法修订（1997 年）	新增煽动分裂国家罪；煽动颠覆国家政权罪；为境外窃取、刺探、收买、非法提供国家秘密、情报罪；煽动军人逃离部队罪；故意或者过失泄露国家秘密罪；故意或者过失泄露军事秘密罪；战时造谣惑众、战时造谣扰乱军心罪。(增 10 种)	新增（传播型）走私淫秽物品罪；③欺诈发行股票、债券罪；违规披露、不披露重要信息罪；编造并且传播影响证券、期货交易的虚假信息罪；非法经营罪；虚假广告罪；煽动暴力抗拒国家法律实施罪；非法获取国家秘密罪；非法使用窃听、窃照专用器材罪；编造或传播虚假恐怖信息罪；传授犯罪方法罪；组织、利用会道门、邪教组织、利用迷信破坏法律实施罪；扰乱无线电管理秩序罪；制作、复制、出版、贩卖、传播淫秽物品牟利罪；为他人提供书号出版淫秽书刊罪；传播淫秽物品罪；组织播放淫秽音像制品罪，寻衅滋事罪④ (增 18 种)	新增损害商业信誉、商品声誉罪；假冒注册商标罪；侵犯著作权罪；销售侵权复制品罪；侵犯商业秘密罪；煽动民族仇恨、民族歧视罪；出版歧视、侮辱少数民族作品罪；诽谤罪；侮辱罪；诈骗罪；敲诈勒索罪；强迫交易罪。(增 12 种)

---

① 《保守国家机密暂行条例》第十一条规定："凡有关国家政策的新闻、论文、资料的公布或报道，属于政务范围者，由中央人民政府政务院统一规定发布办法；属于军事范围者，由中央人民政府人民革命军事委员会统一规定发布办法。凡报刊公布、电台广播的新闻、论文、资料等，内容均不得涉及国家机密。各通讯社、报馆、广播电台、出版机关均应订定发布新闻、论文、资料的保密审查办法。"第十二条规定："凡政府系统所属单位出版刊物，须经中央人民政府政务院或各大行政区人民政府（军政委员会）分别批准；凡军事系统所属单位出版刊物，须经中央人民政府人民革命军事委员会总参谋部、总政治部及一级军区或野战军司令部、政治部分别批准。上述刊物，不得登载国家的机密文件，泄露国家的机密；于付印前，须由主管首长作保密审查。"

② 第一百零二条规定："以反革命为目的，进行下列行为之一的，处五年以下有期徒刑、拘役、管制或者剥夺政治权利；首要分子或者其他罪恶重大的，处五年以上有期徒刑：（一）煽动群众抗拒、破坏国家法律、法令实施的；（二）以反革命标语、传单或者其他方法宣传煽动推翻无产阶级专政的政权和社会主义制度的。"

③ 该条规定："以牟利或者传播为目的，走私淫秽的影片、录像带、录音带、图片、书刊或者其他淫秽物品的，处三年以上十年以下有期徒刑，并处罚金；情节严重的，处十年以上有期徒刑或者无期徒刑，并处罚金或者没收财产；情节较轻的，处三年以下有期徒刑、拘役或者管制，并处罚金。"

④ 寻衅滋事罪是在 2003 年《网络诽谤解释》中才成为传播型犯罪。

续表

刑法修正\罪名	侵害国家法益传播犯罪	侵害社会法益传播犯罪	侵害个体法益传播犯罪
刑法修正案一（1999年）	未修订	未修订	未修订
刑法修正案二（2001年）	未修订	未修订	未修订
刑法修正案三（2001年）	未修订	未修订	未修订
刑法修正案四（2002年）	未修订	未修订	未修订
刑法修正案五（2005年）	未修订	未修订	增加窃取、收买、非法提供信用卡信息罪
刑法修正案六（2006年）	未修订	修订欺诈发行股票、债券罪	未修订
刑法修正案七（2009年）	未修订	未修订	增加出售或者非法提供个人信息罪和非法获取公民个人信息罪（增2种）
刑法修正案八（2011年）	未修订	未修订	未修订
刑法修正案九（2015年）	增加帮助恐怖活动罪，准备实施恐怖活动罪，宣扬恐怖主义、极端主义、煽动实施恐怖活动罪，利用极端主义破坏法律实施罪，非法持有宣扬恐怖主义、极端主义物品罪；修正战时造谣惑众罪。（增加5种）	增加拒不履行信息网络安全管理义务罪，非法利用信息网络罪，帮助信息网络犯罪活动罪；修改第二百八十八条规定的扰乱无线电管理秩序罪；增加编造、故意传播虚假信息罪；泄露不应公开的案件信息罪；披露、报道不应公开的案件信息罪。（增加6种）	修订第二百四十六条规定的侮辱罪和诽谤罪；① 第二百五十三条之一的侵犯公民个人信息罪修正。②
刑法修正案十（2017年）	未修订	未修订	未修订

---

① 增加第三款："通过信息网络实施第一款规定的行为，被害人向人民法院告诉，但提供证据确有困难的，人民法院可以要求公安机关提供协助。"

② 修正为："违反国家有关规定，向他人出售或者提供公民个人信息，情节严重的，处三年以下有期徒刑或者拘役，并处或者单处罚金；情节特别严重的，处三年以上七年以下有期徒刑，并处罚金。违反国家有关规定，将在履行职责或者提供服务过程中获得的公民个人信息，出售或者提供给他人的，依照前款的规定从重处罚。窃取或者以其他方法非法获取公民个人信息的，依照第一款的规定处罚。单位犯前三款罪的，对单位判处罚金，并对其直接负责的主管人员和其他直接责任人员，依照各该款的规定处罚。"

续表

罪名 刑法修正	侵害国家法益 传播犯罪	侵害社会法益 传播犯罪	侵害个体法益 传播犯罪
刑法修正案十一（2020年）	未修订	修订欺诈发行股票、债券罪①和违规披露、不披露重要信息罪；②	修订假冒注册商标罪③、侵犯著作权罪、④销售侵权复制品罪，⑤侵犯商业

---

① 刑法第一百六十条修改为："在招股说明书、认股书、公司、企业债券募集办法等发行文件中隐瞒重要事实或者编造重大虚假内容，发行股票或者公司、企业债券、存托凭证或者国务院依法认定的其他证券，数额巨大、后果严重或者有其他严重情节的，处五年以下有期徒刑或者拘役，并处或者单处罚金；数额特别巨大、后果特别严重或者有其他特别严重情节的，处五年以上有期徒刑，并处罚金。控股股东、实际控制人组织、指使实施前款行为的，处五年以下有期徒刑或者拘役，并处或者单处非法募集资金金额百分之二十以上一倍以下罚金；数额特别巨大、后果特别严重或者有其他特别严重情节的，处五年以上有期徒刑，并处非法募集资金金额百分之二十以上一倍以下罚金。单位犯前两款罪的，对单位判处非法募集资金金额百分之二十以上一倍以下罚金，并对其直接负责的主管人员和其他直接责任人员，依照第一款的规定处罚。"

② 刑法第一百六十一条修改为："依法负有信息披露义务的公司、企业向股东和社会公众提供虚假的或者隐瞒重要事实的财务会计报告，或者对依法应当披露的其他重要信息不按照规定披露，严重损害股东或者其他人利益，或者有其他严重情节的，对其直接负责的主管人员和其他直接责任人员，处五年以下有期徒刑或者拘役，并处或者单处罚金；情节特别严重的，处五年以上十年以下有期徒刑，并处罚金。前款规定的公司、企业的控股股东、实际控制人实施或者组织、指使实施前款行为的，或者隐瞒相关事项导致前款规定的情形发生的，依照前款的规定处罚。犯前款罪的控股股东、实际控制人是单位的，对单位判处罚金，并对其直接负责的主管人员和其他直接责任人员，依照第一款的规定处罚。"

③ 刑法第二百一十三条修改为："未经注册商标所有人许可，在同一种商品、服务上使用与其注册商标相同的商标，情节严重的，处三年以下有期徒刑，并处或者单处罚金；情节特别严重的，处三年以上十年以下有期徒刑，并处罚金。"

④ 刑法第二百一十七条修改为："以营利为目的，有下列侵犯著作权或者与著作权有关的权利的情形之一，违法所得数额较大或者有其他严重情节的，处三年以下有期徒刑，并处或者单处罚金；违法所得数额巨大或者有其他特别严重情节的，处三年以上十年以下有期徒刑，并处罚金：（一）未经著作权人许可，复制发行、通过信息网络向公众传播其文字作品、音乐、美术、视听作品、计算机软件及法律、行政法规规定的其他作品的；（二）出版他人享有专有出版权的图书的；（三）未经录音录像制作者许可，复制发行、通过信息网络向公众传播其制作的录音录像的；（四）未经表演者许可，复制发行录有其表演的录音录像制品，或者通过信息网络向公众传播其表演的；（五）制作、出售假冒他人署名的美术作品的；（六）未经著作权人或者与著作权有关的权利人许可，故意避开或者破坏权利人为其作品、录音录像制品等采取的保护著作权或者与著作权有关的权利的技术措施的。"

⑤ 刑法第二百一十八条修改为："以营利为目的，销售明知是本法第二百一十七条规定的侵权复制品，违法所得数额巨大或者有其他严重情节的，处五年以下有期徒刑，并处或者单处罚金。"

续表

刑法修正 \ 罪名	侵害国家法益传播犯罪	侵害社会法益传播犯罪	侵害个体法益传播犯罪
			秘密罪;①增侮辱、诽谤英烈罪。②

二 我国传播犯罪的立法特征

(一) 在发展趋势上,体现为阶段性发展

我国现有的53种传播犯罪中:自1979年《刑法》规定的涉及两种法益的两个罪名,到1997年陡增为侵害三种法益的40种罪名,关于传播犯罪的罪名框架基本建立起来;之后,在2009年的修正案中增加了出售或者非法提供个人信息罪和非法获取公民个人信息罪;近年来,随着网络传播的普及和传播生态的改变,以及恐怖主义活动的猖獗,相关传播犯罪活动成为焦点,故在2015年《刑法修正案(九)》增加了11种罪名,其中增加涉及网络传播犯罪的罪名4个,增加涉及恐怖主义的传播犯罪罪名5个;在2020年《刑法修正案(十一)》增加了1个罪名即侮辱、诽谤英烈罪——至此,我国传播犯罪罪名体系基本成熟。

值得注意的是:在我国传播犯罪罪名体系演进过程中,自1979—

---

① 刑法第二百一十九条修改为:"有下列侵犯商业秘密行为之一,情节严重的,处三年以下有期徒刑,并处或者单处罚金;情节特别严重的,处三年以上十年以下有期徒刑,并处罚金:(一)以盗窃、贿赂、欺诈、胁迫、电子侵入或者其他不正当手段获取权利人的商业秘密的;(二)披露、使用或者允许他人使用以前项手段获取的权利人的商业秘密的;(三)违反保密义务或者违反权利人有关保守商业秘密的要求,披露、使用或者允许他人使用其所掌握的商业秘密的。明知前款所列行为,获取、披露、使用或者允许他人使用该商业秘密的,以侵犯商业秘密论。本条所称权利人,是指商业秘密的所有人和经商业秘密所有人许可的商业秘密使用人。"

② 刑法第二百九十九条后增加一条,作为第二百九十九条之一:"侮辱、诽谤或者以其他方式侵害英雄烈士的名誉、荣誉,损害社会公共利益,情节严重的,处三年以下有期徒刑、拘役、管制或者剥夺政治权利。"

1997 年的 18 年之间，刑法未经修正，未增加罪名；自 1997—2020 年的 23 年之间，《刑法》经 10 个修正案，但传播犯罪仅增加了 13 个罪名，且均在 2015 年以后增加——这可能是历史的巧合，但网络传播对国家、社会和个体的侵害和威胁，却是近年大幅度增加传播犯罪罪名的内在原因。

（二）传播犯罪立法发展表现出鲜明的时代特征

任何国家刑法制度中的罪名设置，都会体现出时代特征，但这个特征在我国尤为突出。

1. 基于拨乱反正而设立诽谤罪

诽谤罪是我国传播犯罪中影响最为广泛、深远的罪名，这不仅因为其作为第一种保护个体法益而设立的传播犯罪，而且因其主要是基于十年动乱期间公民名誉权等人格尊严被践踏的教训而设立，且明确规定的诽谤手段或工具主要是"暴力或其他方法"，包括"大字报""小字报"，[①] 体现了"痛定思痛"的时代特征。

2. 适应改革开放而设立保护市场经济和知识产权的罪名

在 1997 年的修订中，为适应改革开放的要求和社会主义市场经济发展的需要，设立了欺诈发行股票、债券罪，违规披露、不披露重要信息罪，编造并且传播影响证券、期货交易的虚假信息罪，非法经营罪，虚假广告罪，损害商业信誉、商品声誉罪；为保护知识产权，履行加入世贸组织的承诺，增加了相关知识产权的犯罪。

3. 基于保护信息网络安全而设立系列罪名

2015 年，基于保护信息网络安全、打击网络传播犯罪的考虑，《刑法修正案（九）》增加的拒不履行信息网络安全管理义务罪，非法利用信息网络罪，帮助信息网络犯罪活动罪，编造、故意传播虚假信息罪，以及合并修改而成的侵犯公民个人信息罪，适应了网络传播的普及

[①] 1979 年《中华人民共和国刑法》，其第一百四十五条规定："以暴力或者其他方法，包括用'大字报''小字报'，公然侮辱他人或者捏造事实诽谤他人，情节严重的，处三年以下有期徒刑、拘役或者剥夺政治权利。前款罪，告诉的才处理。但是严重危害社会秩序和国家利益的除外。"

和新类型违法犯罪的出现，使得传播犯罪立法与时俱进，使我国《刑法》跟上时代的发展。

（三）在结构上，侵害社会法益的传播犯罪有 25 种，占 53 种传播犯罪的近一半，而侵害个体法益的传播犯罪只有 13 种，这是传播犯罪立法的突出特征

在 1979 年《刑法》中，侵害国家法益和个体法益的传播犯罪各有一种，分别是反革命罪和诽谤罪，侵害社会法益的传播犯罪则没有；到 1997 年《刑法》大修订中，侵害社会法益的传播犯罪罪名超越侵害国家法益和个体法益的总和，达 17 种；[①] 而《刑法修正案（九）》中，侵害社会法益的传播犯罪罪名增量依然最大（6 种），但增长率近 35%，低于侵害国家法益传播犯罪的 50% 的增长率（5 种）。

我国真正专门保护个体法益的传播犯罪数量很少。如上，即使是诽谤罪，在设立之初也是针对"暴力"手段的诽谤。至于 1997 年《刑法》大修订中设立的诈骗罪、敲诈勒索罪、强迫交易罪，当时并不针对传播行为，只是后来司法实践中出现了以传播行为进行的相关犯罪，这三种罪名才进入"传播犯罪"的领域；而公认的与网络时代密切相关的侵犯公民个人信息罪，也包含与传播无关的非法获取行为。

需要注意的是：我国传播犯罪立法对个体权益主要保护精神性人格权和财产权，对相关物质性人格权——健康权和生命权的违法传播行为，则无立法。近年来，网络传播对社会生活和公民的侵害程度，已触及侵害对象的生命权：第一类是虚假网络医疗广告传播影响患者正常就医治疗，从而侵害他人生命权。如魏哲西案中，行政机关的调查结论是："相关关键词竞价排名结果客观上对魏则西选择就医产生了影响，竞价排名机制影响了搜索结果的公正性和客观性……"[②] 第二类是因网络传播内容分别侵害他人精神性人格权或财产权，导致被侵权人自杀或

---

① 寻衅滋事罪是在 2013 年《网络诽谤解释》中才成为传播型犯罪。
② 黄筱菁：《调查组公布"魏则西事件"调查结果》，《北京青年报》2016 年 5 月 10 日第 6 版。

死亡，前者如"花季少女不堪'人肉'投河身亡"案；① 后者如因侵害个人信息权益，导致他人财产权损失，继而导致他人死亡，如"徐玉玉案"。② 第三类是传播内容诱导被侵权人自杀，如浙江丽水"QQ 相约自杀案"中，张某在不同 QQ 群向不特定对象发出自杀邀请，范某与其一起自杀；③ 源于俄罗斯的"蓝鲸死亡游戏"，通过网络一步步引导，导致俄罗斯 130 名青少年自杀，而中途退出者，则会面临隐私泄露、身败名裂，在我国也有类似案例④——由于没有专门的罪名和刑罚，对上述案件的处理，要么以非常轻微的刑罚，要么根本无法入刑。

（四）在刑罚方面，重刑基本针对侵害国家法益的传播犯罪

从量刑上看，传播犯罪没有死刑。但如果以最高刑 5 年有期徒刑为区分，5 年及以下有期徒刑有 22 种，显然少于 5 年及以上的 32 种；7 年及以上的有期徒刑的犯罪有 26 种，10 年及以上有期徒刑的犯罪有 14 种，均说明：从立法而言，传播犯罪的刑罚较重。

以法定最高刑档为准据分析：6 个无期徒刑的罪名，侵害国家法益和社会法益的传播犯罪各占 3 个，侵害个体法益的传播犯罪只有 1 个；10 年及以上有期徒刑的犯罪，侵害国家法益、社会法益和个体法益的传播犯罪各占 3 个、3 个、2 个；7 年及以上的有期徒刑的犯罪，侵害个体法益的传播犯罪则略多于侵害国家法益、社会法益的传播犯罪——整体而言，对侵害国家法益和社会法益的传播犯罪刑罚，要重于侵害个

---

① 2013 年 12 月 2 日，广东省陆丰市个体服装店店主蔡某怀疑监控中的女孩安琪（化名，18 岁，高三学生）偷了店内衣服，于是将安琪购物时的多张监控视频截图发布在自己的微博上，内容有："穿花衣服的是小偷，求人肉，麻烦帮忙转发。"短短一个多小时，网络"人肉搜索"就将安琪的个人信息包括姓名、所在学校、家庭住址和个人照片等曝光，对安琪的各种批评、辱骂迅速蔓延。12 月 3 日晚，在连续发出"第一次面对河水不那么惧怕""坐稳了"两条微博后，安琪跳河自杀身亡。之后，安琪家人对蔡某提起侮辱罪诉讼，蔡某终审被判刑一年。黄立靖：《"广东人肉搜索第一案"终审宣判》，《人民法院报》2014 年 9 月 7 日第 1 版。
② 沈寅飞：《徐玉玉案调查》，《检察日报》2016 年 10 月 12 日第 3 版。
③ 参见浙江省丽水市中级人民法院（2011）浙丽民终字第 40 号判决书。
④ 李夏恩：《让 130 人高兴自杀的蓝鲸游戏究竟有什么魔力?》，（2017-5-20）［2020-5-8］http://news.ifeng.com/a/20170520/51129134_ 0. shtml。

体法益的传播犯罪,说明:相比较而言,立法者更重视对国家和社会法益的保护。

就侵害国家法益的传播犯罪而言,5年以上的有期徒刑占绝大部分。值得注意的是:煽动分裂国家罪,煽动颠覆国家政权罪,为境外的机构、组织、人员窃取、刺探、收买、非法获取军事秘密罪,非法提供军事秘密罪,帮助恐怖活动罪,准备实施恐怖活动罪和宣扬恐怖主义、极端主义、煽动实施恐怖活动罪,对首要分子或者罪行重大的行为,或情节严重的行为,都可以判处5年以上——虽然起点是5年,但5年以上并无封顶,显示出立法者对此类行为的严厉打击态度。

就侵害社会法益的传播犯罪而言,大部分罪名是5年以下有期徒刑,其中虚假广告罪顶格刑只有2年有期徒刑,显示立法对此类犯罪的态度。但值得注意的是:(1)涉及淫秽物品的两种传播犯罪顶格刑是无期徒刑,表明立法者对侵害社会伦理传播犯罪绝不姑息的态度。(2)寻衅滋事罪本是针对现实空间的侵害社会秩序和他人人身、财产安全的行为,故最高刑罚达10年,但相关司法解释将网络空间的相关行为类推为寻衅滋事罪。

就侵害个体法益的传播犯罪而言,7年以上有期徒刑的犯罪行为占大部分,但主要针对侵害个体财产的犯罪(煽动民族仇恨、民族歧视罪除外);侵害个体精神性人格权的刑罚相对较轻。

刑档 犯罪 类型	无期徒刑	10年以上	7年以上	5年及以上	5年以下
侵害国家法益	为境外的机构、组织、人员窃取、刺探、收买、非法提供国家秘密罪;故意泄露军事秘密罪和过失泄露军事秘密罪(3种)	煽动军人逃离部队罪;战时造谣惑众罪(2种)	利用极端主义破坏法律实施罪;故意泄露国家秘密罪;过失泄露国家秘密罪;战时造谣扰乱军心罪①(4种)	煽动分裂国家罪,煽动颠覆国家政权罪,帮助恐怖活动罪,准备实施恐怖活动罪,宣扬恐怖主义、极端主义、煽动实施恐怖活动罪,(5种)	非法持有宣扬恐怖主义、极端主义物品罪;煽动军人逃离部队罪(2种)

---

① 依据《刑法》第三百七十八条,该罪情节严重的,处三年以上十年以下有期徒刑。

续表

刑档 犯罪类型	无期徒刑	10年以上	7年以上	5年及以上	5年以下
侵害社会法益	组织、利用会道门、邪教组织、利用迷信破坏法律实施罪；走私淫秽物品罪，制作、复制、出版、贩卖、传播淫秽物品牟利罪（3种）	寻衅滋事罪，传授犯罪方法罪；组织播放淫秽音像制品罪（3种）	煽动暴力抗拒法律实施罪，非法获取国家秘密罪，扰乱无线电管理秩序罪，编造、故意传播虚假信息罪（4种）	欺诈发行股票、债券罪，违规披露、不披露重要信息罪，传播型非法经营罪，编造、故意传播虚假恐怖信息罪（4种）	编造并传播证券、期货交易虚假信息罪，虚假广告罪，非法使用窃听、窃照专用器材罪，拒不履行信息网络安全管理义务罪，非法利用信息网络罪，帮助信息网络犯罪活动罪；侮辱、诽谤英烈罪，泄露不应公开的案件信息罪，披露、报道不应公开的案件信息罪；传播淫秽物品罪，为他人提供书号出版淫秽书刊罪（11种）
侵害个体法益	传播型诈骗罪（1种）	煽动民族仇恨、民族歧视罪；传播型敲诈勒索罪（2种）	侵犯公民个人信息罪；传播型强迫交易罪；假冒注册商标罪，侵犯著作权罪，侵犯商业秘密罪（5种）		侮辱罪，诽谤罪，出版歧视、侮辱少数民族作品罪；损害商业信誉、商品声誉罪，销售侵权复制品罪（5种）

注：(1) 表中5种刑档均以相关传播犯罪的最高刑为基准，但5年以下的刑档包括最高刑为3年及2年的罪名。(2) 本表格所称以上、以下，包括本数。

第二节　中国传播犯罪的象征性立法及其原因

关于"象征性立法"，中外学者有诸多界定。[①] 综合而言，作为刑

---

① 参见田宏杰《立法扩张与司法限缩：刑法谦抑性的展开》，《中国法学》2020年第1期；刘艳红《象征性立法对刑法功能的损害——二十年来中国刑事立法总评》，《政治与法律》2017年第3期；刘艳红《以科学立法促进刑法话语体系发展》，《学术月刊》2019年第4期；郭玮《象征性刑法概念辨析》，《政治与法律》2018年第10期；杨新绿《论拒不履行信息网络安全管理义务罪的法益》，《北方法学》2019年第6期；魏昌东《刑法立法"反向运动"中的象征主义倾向及其规避》，《环球法律评论》2018年第6期；Krems, Grundfragen der Gesetzgebungslehre, Berlin: Dunker & Humblot Gmb H, 1979, S. 34; Peter‐Alexis Albrecht, Das nach‐pr？ventive Strafrecht, in: Institut für Kriminalwissenschaften und Rechtsphilosophie Frankfurt a. M.（Hrsg.）, Jenseit des rechtsstaatlichen Strafrechts, 2007, S. 5。

事立法政策指导下刑法打击圈扩张的结果,其指以立法者的价值观、偏好和立场为主,未发挥或很少发挥实际规制功能,注重犯罪预防而非法益侵害,对公众行为无实际影响的刑事立法。

对象征性立法存在诸多负面评价,主要集中于两点:一是此类立法违反刑法法益保护的立法目的,无实际功效;二是此类立法违反刑法的谦抑原则。但相反的观点认为,象征性立法的存在有其合理性。[①]

一 我国传播犯罪象征性立法与司法概况

基于不同观点,对于属于象征性立法的罪名种类有不同的理解。有学者还将象征性刑法分为绝对的象征性刑法和相对的象征性刑法。[②]

从是否保护法益的角度对某种罪名是否属于象征性立法进行判断,固然有其合理性,但如果对法益判断本身存在分歧,则在此问题上可能陷入不可知论。笔者认为:从是否发挥实际规制功能即案件数量来判断,是便捷、刚性的标准(首先必须确定一个前提:象征性立法本身并不是一个贬义词)。考虑到2015年《刑法修正案(九)》以来仅增加一个新罪名(侵害英雄烈士名誉、荣誉罪),将案件数量在10起以下的罪名归为象征性立法具备合理性。当然,不排除一些罪名下的案例未被中国裁判文书网收录,但由于该网的权威性及各级法院上传生效裁判文书的法定性,将这些罪名归为象征性立法也具备说服力。

笔者以前述53种传播犯罪罪名为关键词,在中国裁判文书网的搜

[①] 贾健:《象征性刑法"污名化"现象检讨——兼论象征性刑法的相对合理性》,《法商研究》2019年第1期;郭玮:《象征性刑法概念辨析》,《政治与法律》2018年第10期。

[②] 其认为,绝对的象征性刑法指既不保护个人法益,也无论如何与超个体法益的保护无关,而是以立法者的自我价值实现为目的的刑事立法,典型的例子如第二次世界大战时德国设立的"玷污种族罪"和当前仍存世的"亵渎神明罪"。相对的象征性刑法指虽然对于以保护何种法益为目的还不太清晰(可能因为所涉及的是一个尚需论证的超个体法益的保护,或者保护的是一个新类型的法益),但归根结底能够将其归于"为了个人"法益保护目的的立法,换言之,其属于最终能够与法益保护取得关联的刑事立法。贾健:《象征性刑法"污名化"现象检讨——兼论象征性刑法的相对合理性》,《法商研究》2019年第1期。

索结果:① 有 17 种罪名的案件数量在 10 起以下,其中案件数为零的罪名包括战时造谣惑众罪,战时造谣扰乱军心罪,煽动军人逃离部队罪,过失泄露军事秘密罪,利用极端主义破坏法律实施罪,披露、报道不应公开的案件信息罪,为他人提供书号出版淫秽书刊罪;只有 1 起案例的罪名包括帮助恐怖活动罪,② 故意泄露军事秘密罪,③ 欺诈发行股票、债券罪,④ 编造并且传播影响证券、期货交易虚假信息罪,⑤ 拒不履行信息网络管理义务罪,⑥ 泄露不应公开的案件信息罪;⑦ 而 10 起以内案例的是准备实施恐怖活动罪,宣扬恐怖主义、极端主义、煽动实施恐怖活动罪,煽动暴力抗拒国家法律实施罪,⑧——总之,16 种罪名属于笔者界定的象征性立法的范畴,在 53 种传播犯罪罪名中几乎占三分之一,这个比例相当之高。

二 我国传播犯罪象征性立法"虚置"的原因

(一) 我国传播犯罪象征性立法"虚置"的社会及制度原因

有观点认为,象征性立法源于公众对于风险的心理态度。现代社会是一个风险社会,经济发展和科技研发,均给社会甚至人类生存发展带来不可预测的风险,风险给公众带来恐慌心理。公众为求得心理安慰,会将不安与恐慌通过媒体进行宣泄,而自媒体的普及为这种宣泄提供了

---

① 截止 2020 年 6 月 30 日。
② 参见黑龙江省哈尔滨市中级人民法院 (2019) 黑 01 刑初 6 号判决书,安徽省合肥市中级人民法院 (2017) 皖 01 刑初 54 号判决书。
③ 参见中国人民解放军海南南海舰队军事法院 (2014) 军海南刑初字第 3 号刑事判决书。
④ 参见江苏省无锡市中级人民法院 (2018) 苏 02 刑初 49 号刑事判决书。
⑤ 参见上海市第二中级人民法院 (2018) 沪 02 刑初 27 号刑事判决书。
⑥ 参见上海市浦东新区人民法院 (2018) 沪 0115 刑初 2974 号刑事判决书。
⑦ 参见北京市东城区人民法院 (2016) 京 0101 刑初 106 号刑事裁定书。
⑧ 参见河南省杞县人民法院 (2017) 豫 0221 刑初 548 号刑事判决书;浙江省湖州市吴兴区人民法院 (2016) 浙 0502 刑初 1304 号刑事判决书。

便利。这种宣泄形成一种"道德恐慌",即"经由媒体不断传播,造成一些明显不相当或夸大的社会反应,因而形成为一种全社会性的不安全感下的道德恐慌,它包含疑虑、敌意、舆论、不对称与反复无常"。[①] 面对这种恐慌,立法者不能坐视不理,便求诸立法,以舒缓民众的不安。

象征性立法"虚置"的原因,是社会与自然环境、犯罪实施的便利度、抑制犯罪行为等综合因素,导致某种犯罪的可能性小、发案率低,这种原因主要是客观的而非主观的:如战时造谣惑众罪和战时造谣扰乱军心罪要求发生在"战时";煽动军人逃离部队罪、故意或过失泄露军事秘密罪,犯罪主体非常少;涉及恐怖主义和极端主义的传播犯罪,犯罪主体及行为动机也都非常特殊;为他人提供书号出版淫秽书刊罪,在司法实践中大都作为制作、复制、出版、贩卖、传播淫秽物品牟利罪和传播淫秽物品罪的共犯处理。

(二)我国传播犯罪象征性立法"虚置"的具体原因

我国以下几种罪名成为象征性立法而"虚置",有其特殊的具体原因:

1. 披露、报道不应公开的案件信息罪

在近年来成为公共热点的事件中,司法舆情占相当比例。前几年的薄熙来案、李天一案、曾成杰案、冀中星案、杨达才案、唐慧案,近年的雷洋案、于欢案、"伊利谣言案"等,均引发社会极大反响。从影响看,除了少数案件的审理获好评外,在其他案件审理中法院均受到质疑、批评。司法舆情产生的直接原因,是案件信息的披露:当事人面临诉讼,尤其是其感觉裁判不公或可能有裁判不公时,普遍选择媒体干预、曝光;新闻媒体千方百计地挖掘、报道一些轰动性的案件信息;网

---

① [美] David Denny:《面对风险社会》,吕奕欣、郑佩岚译,台北台湾"国立"编译馆 2009 年版,第 130 页。

络大V的对案件信息及其观点的传播,对司法舆情也起到推波助澜的作用。① 而汹涌的司法舆情不可避免地产生一系列负面作用,包括"媒体审判"或"舆论审判"。一项调查显示,72.4%的受众、73.3%司法人员和50%的媒体从业人员都认为,在媒体监督存在的诸多问题中,首要的是"容易被人利用,利用媒体干预审判"。②

在上述背景下,《刑法修正案(九)》增设了披露、报道不应公开的案件信息罪。

然而,该罪至今未有案例公布,也有其内在的主观原因:

法理上,司法公开原则为新闻媒体对案件报道提供了基础性保护。当事人的知情权和获得公正审判权,公众的司法监督权和参与权,都需要司法公开,其对于防止司法专横、增强裁判的公正性、提高判决的公信力有不可否认的作用,已成为现代司法文明的标志。

在法律上,我国法律为新闻媒体对案件报道提供了明确保护。我国《宪法》第三十五条规定:"中华人民共和国公民有言论、出版、集会、结社、游行、示威的自由。"《宪法》第一百二十五条规定:"人民法院审理案件,除法律特别规定的以外,一律公开进行。"为落实言论自由及审判公开原则,《人民法院组织法》《刑事诉讼法》《民事诉讼法》《行政诉讼法》等对宪法审判公开原则予以"法律化"。

社会认识上,新闻媒体对案件报道得到社会各界认可。法学界普遍观点是:法院公开审判的案件,允许新闻记者采访、报道。③ 人民法院

---

① 有学者统计,周泽律师的粉丝达到39万,陈有西律师的粉丝达到51万,前律师李庄的粉丝达到209万,兼职律师徐昕的粉丝达到3161万——超过中国历史上任何一份报纸的发行量。徐昕一条题为"死磕聂树斌案"的微博,发表于2013年2月22日,截止到2015年12月17日,被转发60万次,评论5万条。以上关于"大V"粉丝和转载情况的统计截止日期为2015年12月17日。参见高一飞《互联网时代的媒体与司法关系》,《中外法学》2016年第2期。

② 姚广宜:《中国媒体监督与司法公正关系问题研究》,中国政法大学出版社2013年版,第313页。

③ 柴发邦:《民事诉讼法》,北京大学出版社2000年版,第89页;常怡:《民事诉讼法学》,中国政法大学出版社1996年版,第82页;章武生:《民事诉讼法新论》,法律出版社2002年版,第114页;卞建林:《媒体监督与司法公正》,《政法论坛》2000年第6期。

本身对新闻媒体的报道也逐步走向开放,20世纪末至今,我国人民法院历经了一个对社会越来越开放的过程:1998—2008年为选择性公开阶段,[①] 2008—2013年为全面、规范化公开启动阶段,[②] 2013年至今的公开为原则、不公开为例外阶段。[③]至于法官,调查显示:69%的司法工作人员认为,舆论监督遏制了权力干预和司法腐败,维护了公众知情权,促进了司法公正。[④] 在具体规定方面,该罪犯罪主体、"依法不公开审理的案件"和"不应当公开的信息"等构成要件要素本身就存在模糊性,学界也有极大争议,[⑤] 法官在实践中难以操作。

在上述情况下,披露、报道不应公开的案件信息罪的设立与法理、法律和社会认识等因素均存在内在张力,其设立显得颇为"突兀"。

2. 拒不履行信息网络管理义务罪

拒不履行信息网络管理义务罪是《刑法修正案(九)》落实网络服务提供者"主体责任",解决"以网管网"命题的直接产物。但至今,在中国裁判文书网上仅能搜索到一起案例。其成为象征性立法的原因如下:

第一,在立法时,对是否确立该罪就有很大争议,其中主要问题之一是该罪的理论依据不确定。学界提供了设立该罪的理论依据:"中立

[①] 2000年,最高人民法院出台《裁判文书公布管理办法》,从当年起有选择地向社会公布裁判文书。

[②] 2008年最高人民法院《关于司法公开的六项规定》确立了依法公开、及时公开、全面公开的原则,规定了立案公开、庭审公开、执行公开、听证公开、文书公开、审务公开即"六项公开"内容。

[③] 2013年,最高人民法院公布《关于推进司法公开三大平台建设的若干意见》,不仅要求裁判文书上网,还要求法院以视频、音频、图文、微博等方式适时公开庭审过程,并明确提出"以公开为原则,以不公开为例外"。同时修正《关于人民法院在互联网公布裁判文书的规定》要求自2014年1月1日起,各级法院生效裁判文书要统一在"中国裁判文书网"公布。

[④] 姚广宜:《从调查数据看中国媒体与司法关系的现状》,《中国政法大学学报》2013年第6期。

[⑤] 赵秉志、商浩文:《论妨害司法罪的立法完善——以〈刑法修正案(九)(草案)〉的相关修法为主要视角》,《法律适用》2015年第1期;周光权:《〈刑法修正案(九)〉(草案)的若干争议问题》,《法学杂志》2015年第5期;林维:《刑法应当如何平等规制律师》,《中国法律评论》2015年第2期。

帮助行为正犯化"、①"监管过失说"（或曰"网络监管渎职罪说"）、②"保证人地位（说）"（或曰"不作为说"）③和"义务违反说"。④但其均存在不周严之处："中立帮助行为正犯化"是针对积极的作为行为，即可以反复、连续进行的生产、生活行为或业务，而本罪是针对不作为行为，而且是纯正的不作为。"监管过失说"要求被监管者是监管者的法定监管对象，监管者对被监管者有明确的法定监管义务，⑤但网络服务提供者面对的是不确定的众多网络用户，两者之间不能形成监督与被监督（行政）关系。传统刑法中的"保证人地位（说）"，强调保证人对犯罪结果不仅在法律上有防止义务，而且在人力物力等方面具备防止能力，⑥但网络服务提供者面对众多网络用户，在人力物力上都不具备这方面的能力。"义务违反说"要求违反特定义务的人成为整个犯罪的核心与关键，但此类犯罪中，不作为者很难说是整个犯罪的关键，而很可能只起到辅助作用。

　　第二，本罪的犯罪构成过于概括，以下要素均不清晰：（1）网络服务提供者究竟有哪些法定义务？（2）对于监管部门"责令采取监管措施"，"责令"的形式是什么？监管措施如果不清晰明确，如何处理？（3）"拒不改正"有没有时间节点，不具备履行义务能力情况下如何处

---

① 该说认为，当平台被不法分子利用之时，客观上的帮助行为已经存在；而在监管机关责令改正之后，拒不改正则表明平台对不法行为的放任态度以及导致法益侵害的危险性，此时，平台服务商的主观状态便可以确定。参见郭泽强、张曼《网络服务提供者刑事责任初论——以中立帮助行为的处罚为中心》，《预防青少年犯罪研究》2016年第2期。

② 陆旭：《网络服务提供者的刑事责任及展开——兼评〈刑法修正案（九）〉的相关规定》，《法治研究》2015年第6期；姜瀛：《"以网管网"背景下网络平台的刑法境遇》，《国家检察官学院学报》2017年第5期。

③ 齐文远、杨柳：《网络平台提供者的刑法规制》，《法律科学》（西北政法大学学报）2017年第3期。

④ 该说认为，拒不履行信息网络管理义务罪作为纯正不作为犯是义务犯，其实质根据在于对行为人所承担的社会角色和规范义务的违反，其对特定义务的有意识违反奠定了正犯性。周光权：《拒不履行信息网络安全管理义务罪的司法适用》，《人民检察》2018年第9期。

⑤ 钱叶六：《监督过失理论及其适用》，刘明祥主编：《过失犯研究——以交通过失和医疗过失为中心》，北京大学出版社2010年版，第167—168页。

⑥ 林东茂：《刑法综览》，中国人民大学出版社2009年版，第114页。

理？（4）如何判断是网络服务提供者的不作为导致违法信息传播、即因果关系如何判断？如何判断犯罪结果即"大量传播"？同时，要求网络服务提供者履行删除义务以避免"致使违法信息大量传播"，与保存违法证据的法律义务可能产生冲突——基于上述问题，"两高"2019年11月出台实施了《关于办理非法利用信息网络、帮助信息网络犯罪活动等刑事案件适用法律若干问题的解释》，对"责令改正"的形式，以及"大量传播""严重后果""情节严重"进行了解释，但并未解决所有问题，效果也有待证明。

第三，罪犯同时触犯数罪，择一重罪处罚。在出现作为和不作为竞合的情形时，法院通常分别查明被告人的积极行为和消极的不作为行为，尔后适用想象竞合犯"从一重罪处断"的处理方法。如被告人何某、李某开设赌场罪案例中，法院认为，被告人何某、李某利用互联网游戏平台开设赌场，情节严重，其行为已构成开设赌场罪。而且，何某、李某在经营、管理盘古公司的辰龙游戏平台的过程中，不履行法律、行政法规规定的信息网络安全管理义务，经监管部门责令采取改正措施而拒不改正，且明知他人利用信息网络实施犯罪，为其犯罪提供技术支持，其行为同时触犯拒不履行信息网络安全管理义务罪、帮助信息网络犯罪活动罪。法院最终择一重罪处罚，对何某、李某的行为以开设赌场罪定罪处罚。[1]

---

[1] 该案中，被告人何某、李某在经营、管理盘古公司的辰龙游戏平台（网址为××）的过程中，将该平台的"捕鱼""五子棋"游戏提供给参赌人员进行赌博活动。"玩家"（参赌人员）在"捕鱼"游戏中，通过以炮打鱼的方式消耗虚拟游戏币，每炮消耗10—9900游戏币不等，捕鱼成功则获取2—100倍不等的游戏币返还，然后在"五子棋"游戏中，通过"银商"（从事游戏币的网上销售、回购的人员）将游戏币兑换为人民币。其中，从2015年10月至2016年10月，涉案"银商"有非法牟利人民币分别达约10万元、50万元和60万元之巨者。在盘古公司经营期间，2015年10月9日，金华市公安局网络警察支队、金华市文化行政综合执法支队、金华市市场监督管理局网络经营监管处（支队）曾下发《责令限期改正通知书》，责令盘古公司在2015年11月9日前将辰龙游戏中心网站（域名：c10579.com）在规范管理方面存在的未禁止注册用户账号使用暗含银商交易的个性签名、提供不同用户账号间虚拟币变相转账的服务等问题改正完毕。参见江西省南昌市东湖区人民法院（2018）赣0102刑初585号刑事判决书。

3. 编造并且传播证券、期货交易虚假信息罪

编造并传播证券、期货交易虚假信息罪是1997年《刑法》修订时设置的罪名，但至今只有一起案例，主要原因在于其因果关系要件难以证明。本罪为侵害犯，行为人的行为必须"扰乱证券、期货市场，造成严重后果"：如果未扰乱证券、期货交易市场，或者扰乱证券、期货交易市场但未造成实际危害后果，或者造成了实际危害后果但不严重的，均不构成本罪。所谓造成严重后果，从理论上看，主要是指因行为人的行为造成了证券、期货市场价格强烈波动，引发投资者恐慌而大量抛售或购买证券、期货合约，并给投资者造成重大经济损失，且造成恶劣社会影响，等等。根据2010年《最高人民检察院、公安部关于公安机关管辖的刑事案件立案追诉标准的规定（二）》第三十七条的规定，严重后果指"获利或者避免损失数额累计在五万元以上的；造成投资者直接经济损失数额在五万元以上的；致使交易价格和交易量异常波动的；虽未达到上述数额标准，但多次编造并且传播影响证券、期货交易的虚假信息的；其他造成严重后果的情形。"——虽然该规定门槛并不高，但实践中，由于很难证明投资者因恐慌而进行的交易是由传播行为导致，故此类案例极少。①

第三节　中国传播犯罪司法解释的演进与特征

我国传播犯罪的司法解释虽然针对刑法规范，但并未全部紧跟立法节奏；其着力热点犯罪，充分体现司法政策；在内容上围绕"情节严重"、构成要件及犯罪竞合等问题；对于犯罪结果的解释，出现量化标准现象。

---

① 目前，中国裁判文书网上尚无此罪名案例。

一 我国有关传播犯罪司法解释的演进

司法解释是我国独特的"准立法",其兼备的立法及司法功能与特征,使其在我国法治建设中有着巨大的作用和影响。在相关传播犯罪法律制度中,司法解释也发挥着不可忽视的作用。

我国相关传播犯罪的司法解释简表

司法解释及罪名 时间	司法解释	涉及传播犯罪
1998年12月	最高人民法院关于审理非法出版物刑事案件具体应用法律若干问题的解释	煽动分裂国家罪,煽动颠覆国家政权罪,侵犯著作权罪,出版歧视、侮辱少数民族作品罪,制作、复制、出版、贩卖、传播淫秽物品牟利罪,非法经营罪
1999年8月	关于人民检察院直接受理立案侦查案件立案标准的规定(试行)	故意或者过失泄露国家秘密罪
2001年1月	最高人民法院关于审理为境外窃取、刺探、收买、非法提供国家秘密、情报案件具体应用法律若干问题的解释	为境外的机构、组织、人员窃取、刺探、收买、非法提供国家秘密、情报犯罪,故意或者过失泄露国家秘密罪
2001年4月	最高人民检察院、公安部关于经济犯罪案件追诉标准的规定	欺诈发行股票、债券罪,提供虚假财会报告罪,①非法经营罪,编造并传播证券、期货交易虚假信息罪
2004年9月	最高人民法院、最高人民检察院关于办理利用互联网、移动通信终端、声讯台制作、复制、出版、贩卖、传播淫秽电子信息刑事案件具体应用法律若干问题的解释(一)	制作、复制、出版、贩卖、传播淫秽物品牟利罪,传播淫秽物品罪
2004年12月	最高人民法院、最高人民检察院关于办理侵犯知识产权刑事案件具体应用法律若干问题的解释(一)	假冒注册商标罪,侵犯著作权罪,侵犯商业秘密罪;销售侵权复制品罪
2006年7月	最高人民检察院关于渎职侵权犯罪案件立案标准的规定	故意泄露国家秘密罪,过失泄露国家秘密罪

---

① 该罪后被合并为违规披露、不披露重要信息罪。

续表

司法解释及罪名 时间	司法解释	涉及传播犯罪
2007年4月	最高人民法院、最高人民检察院关于办理侵犯知识产权刑事案件具体应用法律若干问题的解释（二）	假冒注册商标罪，侵犯著作权罪，侵犯商业秘密罪；销售侵权复制品罪
2008年3月	最高人民检察院、公安部关于经济犯罪案件追诉标准的补充规定	违规披露、不披露重要信息罪
2008年6月	最高人民检察院、公安部关于公安机关管辖的刑事案件立案追诉标准的规定（一）	走私淫秽物品罪，侵犯著作权罪，销售侵权复制品罪，强迫交易罪，制作、复制、出版、贩卖、传播淫秽物品牟利罪，传播淫秽物品罪，为他人提供书号出版淫秽书刊罪，组织播放淫秽物品罪，煽动军人逃离部队罪
2010年1月	最高人民法院、最高人民检察院关于办理利用互联网、移动通信终端、声讯台制作、复制、出版、贩卖、传播淫秽电子信息刑事案件具体应用法律若干问题的解释（二）	制作、复制、出版、贩卖、传播淫秽物品牟利罪，传播淫秽物品罪
2010年5月	最高人民检察院、公安部关于公安机关管辖的刑事案件立案追诉标准的规定（二）	欺诈发行股票、债券罪，违规披露、不披露重要信息罪，非法经营罪，编造并传播证券、期货交易虚假信息罪，诈骗罪，假冒注册商标罪，侵犯商业秘密罪，损害商业信誉、商品声誉罪，虚假广告罪
2011年1月	最高人民法院、最高人民检察院、公安部关于办理侵犯知识产权刑事案件适用法律若干问题的意见	侵犯著作权罪，销售侵权复制品罪，假冒注册商标罪
2011年4月	最高人民法院、最高人民检察院关于办理诈骗刑事案件具体应用法律若干问题的解释	诈骗罪
2013年3月	最高人民检察院、解放军总政治部军人违反职责罪案件立案标准的规定	故意泄露军事秘密罪，过失泄露军事秘密罪，战时造谣扰乱军心（惑众）罪

续表

司法解释及罪名时间	司法解释	涉及传播犯罪
2013年4月	最高人民法院、最高人民检察院关于办理敲诈勒索刑事案件适用法律若干问题的解释	敲诈勒索罪
2013年9月	最高人民法院、最高人民检察院关于办理利用信息网络实施诽谤等刑事案件适用法律若干问题的解释	诽谤罪，寻衅滋事罪，敲诈勒索罪，非法经营罪，损害商业信誉、商品声誉罪，煽动暴力抗拒法律实施罪，编造、故意传播虚假恐怖信息罪
2013年9月	最高人民法院关于审理编造、故意传播虚假恐怖信息刑事案件适用法律若干问题的解释	编造虚假恐怖信息罪
2014年3月	最高人民法院、最高人民检察院、公安部、国家安全部关于依法办理非法生产销售使用"伪基站"设备案件的意见	非法经营罪，虚假广告罪，非法获取公民个人信息罪，扰乱无线电通信管理秩序罪
2014年6月	最高人民法院、最高人民检察院关于办理走私刑事案件适用法律若干问题的解释	走私淫秽物品罪
2017年2月	最高人民法院、最高人民检察院关于办理组织、利用邪教组织破坏法律实施等刑事案件适用法律若干问题的解释	组织、利用会道门、邪教组织、利用迷信破坏法律实施罪，煽动分裂国家罪，煽动颠覆国家政权罪，侮辱罪，诽谤罪
2017年6月	最高人民法院、最高人民检察院关于办理侵犯公民个人信息刑事案件适用法律若干问题的解释	侵犯公民个人信息罪，非法利用信息网络罪，拒不履行信息网络安全管理义务罪
2017年7月	最高人民法院、最高人民检察院关于办理扰乱无线电通信管理秩序等刑事案件适用法律若干问题的解释	扰乱无线电通信管理秩序罪
2018年5月	最高人民法院、最高人民检察院、公安部、司法部关于办理恐怖活动和极端主义犯罪案件适用法律若干问题的意见	帮助恐怖活动罪，准备实施恐怖活动罪，宣扬恐怖主义、极端主义、煽动实施恐怖活动罪，利用极端主义破坏法律实施罪，非法持有宣扬恐怖主义、极端主义物品罪

续表

司法解释及罪名 时间	司法解释	涉及传播犯罪
2019年11月	最高人民法院、最高人民检察院关于办理非法利用信息网络、帮助信息网络犯罪活动等刑事案件适用法律若干问题的解释	拒不履行信息网络安全管理义务罪，非法利用信息网络罪，帮助信息网络犯罪活动罪

说明：1. 上表中的相关规定主要是"两高"制定的司法解释，但由于刑事诉讼程序特殊性，将"两高"和公安部或安全部联合制定的相关规定也收录在内，但公安部单独制定的相关规定不能作为"司法解释"。2. 左栏时间均为生效时间。3. 上述司法解释，以下分别简称为《非法出版物刑事案司法解释》《检察院侦查案件立案标准（试行）》《为境外窃取、刺探、收买、非法提供国家秘密罪司法解释》《经济犯罪案追诉标准》《利用互联网等传播淫秽信息案司法解释（一或二）》《渎职犯罪立案标准》《知识产权刑事案件司法解释（一或二）》《经济犯罪案追诉标准补充规定》《公安管辖刑事案件立案标准（一或二）》《知识产权刑事案件办理意见》《诈骗案司法解释》《军人职责犯罪立案标准》《敲诈勒索案司法解释》《网络诽谤解释》《虚假恐怖信息案司法解释》《非法生产销售使用"伪基站"案办理意见》《走私罪司法解释》《组织、利用邪教破坏法律实施等刑事案司法解释》《个人信息刑事司法解释》《扰乱无线电通讯管理秩序案司法解释》《恐怖主义犯罪案办理意见》《非法利用信息网络等刑事案司法解释》。

二 我国有关传播犯罪司法解释的特征

（一）在节奏上与立法活动密切相关

1998年12月至2008年的10年间，相关传播犯罪的司法解释有10个；2010年至2019年的10年间，相关传播犯罪的司法解释有14个（其中的2013年就有4个），高于前一个10年的40%——这说明：近10年间，相关传播犯罪的司法解释密度明显加大。

相关传播犯罪的司法解释与有关立法活动自然密切相关，在以下3个司法解释中得以明显体现：（1）在1997年《刑法》大修订后的次年，最高人民法院就出台了《非法出版物刑事案司法解释》，对侵害国家法益、社会法益和个体法益的相关犯罪法律适用进行了规定。(2) 2015年《刑法修正案（九）》将2009年《刑法修正案（七）》规定的出售、非法提供个人信息罪和非法获取公民个人信息罪整合为侵犯公民个人信息罪后，2017年6月"两高"就联合出台了《个人信息案司法解释》。(3) 2018年4月对《反恐怖主义法》修正一个月后，最高人民法院、最高人民检察院、公安部、司法部就联合发布了《恐怖主义犯罪案办理意见》，对帮助恐怖活动罪，准备实施恐怖活动罪，宣扬恐怖主义、极端主义、煽动实施恐怖活动罪，利用极端主义破坏法律实施罪，非法持有宣扬恐怖主义、极端主义物品罪的法律适用进行解释。

然而，司法解释并未全部紧跟立法节奏，原因：(1) 一些罪名本身就有争议或有问题，需要司法实践经验积累，才能总结出适用要点与规律。如2015年《刑法修正案（九）》增加了关于网络服务提供者的3种犯罪即拒不履行信息网络安全管理义务罪，非法利用信息网络罪，帮助信息网络犯罪活动罪，直到4年后的2019年11月，"两高"发布实施的《非法利用信息网络等刑事案司法解释》，对其法律适用进行解释。(2) 一些传播犯罪，虽然案例数量很多，但始终没有及时和详细的司法解释。如诽谤罪，作为1979年《刑法》就已规定、我国最早的传播犯罪之一，直到2013年9月的《网络诽谤解释》，才对网络传播诽谤中的结果要件即"情节严重""严重危害社会秩序和国家利益"进行了明确，[①] 对于行为、主体、因果关系等要件，仍未明确。

（二）着力热点犯罪，体现司法政策

我国《刑法》上的传播犯罪，除战时造谣扰乱军心罪，泄露不应公开的案件信息罪，披露、报道不应公开的案件信息罪和侮辱、诽谤英

[①] 《网络诽谤解释》第三条规定："利用信息网络诽谤他人，具有下列情形之一的，应当认定为刑法第二百四十六条第二款规定的'严重危害社会秩序和国家利益'：（一）引发群体性事件的；（二）引发公共秩序混乱的；（三）引发民族、宗教冲突的；（四）诽谤多人，造成恶劣社会影响的；（五）损害国家形象，严重危害国家利益的；（六）造成恶劣国际影响的；（七）其他严重危害社会秩序和国家利益的情形。"

烈罪外，其余49种犯罪，均在司法解释的覆盖范围之内，得以直接或间接解释。但司法解释的关注焦点，仍然非常明确体现着司法政策的打击重点，集中于以下5类犯罪：

1. 涉及国家安全的传播犯罪

此类犯罪是司法解释首要着力点。1998年第一个有关传播犯罪的司法解释即《非法出版物司法解释》，首先对煽动分裂国家罪、煽动颠覆国家政权罪的法律适用进行了解释；2001年1月的最高人民法院《为境外窃取、刺探、收买、非法提供国家秘密罪司法解释》，聚焦于国家安全；1999年《检察院侦查案件立案标准（试行）》、2006年7月《渎职犯罪立案标准》和2013年3月《军人职责犯罪立案标准》中，分别对故意或过失泄露国家秘密罪和故意或过失泄露军事秘密罪、战时造谣惑众罪的立案标准进行了规定；而2018年5月《恐怖主义犯罪案办理意见》，则对5种相关传播犯罪法律适用进行了规定。可见，涉及国家安全的传播犯罪，始终是司法解释关注的重点。

2. 涉及社会伦理的传播犯罪

淫秽物品传播，是传播犯罪司法解释的长期关注点。在《非法出版物司法解释》中，就涉及此类犯罪两个罪名；而2004年9月和2010年1月，最高人民法院和最高人民检察院以两个专门的《利用互联网等传播淫秽信息案司法解释》，对相关刑事案件中的具体法律适用问题，进行了解释——其间的2008年6月，《公安管辖刑事案件立案标准（一）》对相关5个犯罪立案标准进行了规定；2014年6月的《走私罪司法解释》，则对走私淫秽物品罪的入罪和量刑情节进行了规定。

3. 侵犯著作权的传播犯罪

打击此类犯罪不仅是适应市场经济发展、保护权利人合法权益的需要，也是树立国际形象的需要，因此始终是司法的不懈着力点。2004年12月和2007年4月两个《知识产权刑事案件司法解释》、2011年1月《知识产权刑事案件办理意见》《公安管辖刑事案件立案标准（二）》，对相关案件的法律适用进行了详细规定。

4. 谣言即虚假信息传播犯罪

随着网络谣言的盛行，谣言传播犯罪成为近年来我国司法打击的重点，而2013年《网络诽谤解释》《虚假恐怖信息案司法解释》，则揭开了打击序幕，并且将在网络上传播虚假信息而不易被定性为其他犯罪的行为，也类推为（传播型）寻衅滋事罪。

5. 涉及网络传播的新类型犯罪

随着网络传播的普及，不仅网络用户的网络传播犯罪日益增多，网络服务提供者（平台）的犯罪也成为社会焦点。"快播案"的发生成为2015年《刑法修正案（九）》增加关于网络服务提供者3种犯罪的直接原因，其审理中的困难也成为《非法利用信息网络等刑事案司法解释》出台的重要原因。

（三）我国有关传播犯罪司法解释的内容着力点

1. 对"情节严重"或"情节特别严重"的解释

刑法中的"情节"有两种：一种是定罪情节，是犯罪成立的必备要素；另一种是量刑情节，指由法律规定或认可的，在定罪事实以外，能够体现犯罪行为的社会危害性程度和犯罪人人身危险性大小，进而决定量刑轻重及是否免除刑罚的事实情况。[①] 在我国《刑法》分则中，一般情况下对情节的表述有三种："情节较轻"和"情节严重"兼有犯罪成立和量刑两种功能（当然量刑功能只是对于个罪的最低档刑罚而言）；"情节特别严重"则只有量刑功能——前者的犯罪成立功能，通常是由法益侵害或危险的表现即犯罪结果的规定体现出来。然而，即我国《刑法》一般并未明确其"严重"或"情节特别严重"的具体含义，需要司法解释予以明确。在前述23部司法解释中，几乎所有有关传播犯罪的解释都有对犯罪情节的解释，而这些解释，通常又可分为两种：一种是量化标准的解释，另一种是定性标准的解释。

---

① 周光权：《刑法总论》，中国人民大学出版社2016年版，第422页；张明楷：《刑法学》（上），法律出版社2016年版，第553页。

如《刑法》第一百一十一条规定的为境外窃取、刺探、收买、非法提供国家秘密、情报罪,"情节较轻"事实上是犯罪成立的情节,而《为境外窃取、刺探、收买、非法提供国家秘密罪司法解释》第四条的解释属于定性解释;① 第二条既有定性解释,也有量化标准的解释,属于量刑情节。②

另外,需要注意:我国司法解释对"情节严重"或"情节特别严重"的解释中,既有对行为的列举,也有对行为结果的明确,为个罪危险犯或侵害犯的判断造成了困难。

2. 对法条竞合的处理

这方面的内容是司法解释的又一着力点。如《网络诽谤解释》第九条,对利用信息网络实施诽谤、寻衅滋事,同时又构成其他犯罪的情况进行了明确。③

3. 对构成要件要素和侵害结果进行解释

犯罪构成要件要素的清晰明确是罪刑法定的基础,但由于法律的简洁性要求,许多罪名规定中,犯罪构成要件并不清晰。如我国《刑法》第二百一十三条规定的假冒注册商标罪中的行为要素"使用",对其范围、手段、工具等均未明确,《知识产权刑事案件司法解释(一)》第八条第二款进行了补充完善,明确其包括用于广告宣传④——正因如

---

① 该条规定:"为境外窃取、刺探、收买、非法提供秘密级国家秘密或者情报,属于'情节较轻',处五年以下有期徒刑、拘役、管制或者剥夺政治权利,可以并处没收财产。"
② 该条规定:"为境外窃取、刺探、收买、非法提供国家秘密或者情报,具有下列情形之一的,属于'情节特别严重',处十年以上有期徒刑、无期徒刑,可以并处没收财产:(一)为境外窃取、刺探、收买、非法提供绝密级国家秘密的;(二)为境外窃取、刺探、收买、非法提供三项以上机密级国家秘密的;(三)为境外窃取、刺探、收买、非法提供国家秘密或者情报,对国家安全和利益造成其他特别严重损害的。"
③ 该条规定:"利用信息网络实施诽谤、寻衅滋事、敲诈勒索、非法经营犯罪,同时又构成刑法第二百二十一条规定的损害商业信誉、商品声誉罪,第二百七十八条规定的煽动暴力抗拒法律实施罪,第二百九十一条之一规定的编造、故意传播虚假恐怖信息罪等犯罪的,依照处罚较重的规定定罪处罚。"
④ 该款规定:"刑法第二百一十三条规定的'使用',是指将注册商标或者假冒的注册商标用于商品、商品包装或者容器以及产品说明书、商品交易文书,或者将注册商标或者假冒的注册商标用于广告宣传、展览以及其他商业活动等行为。"

此，该罪名成为传播犯罪的研究对象。《知识产权刑事案件办理意见》第十条，则对侵犯著作权罪的"以营利为目的"在信息网络环境下的含义进行了明确。①

侵害结果也是犯罪成立条件的关键，而传播犯罪的立法中，许多罪名的侵害结果都要求"数额（较）巨大""后果严重"，这些要求都需要在司法解释中予以明确。

当然，与对"情节"和法条竞合的解释相比，对犯罪构成要件和侵害后果的解释，显然要薄弱许多。

第四节　中国传播犯罪司法解释立案、定罪与量刑的量化标准演进

刑事司法实践的直接任务无非就是定罪与量刑：二者均需确定的量化标准，否则，司法的统一性与权威将大打折扣。量化标准不仅在传统媒体传播犯罪中如此，在涉及网络传播犯罪中也明显体现出来，并呈现一定的规律。

一　我国传播犯罪量化标准内容

（一）我国传播犯罪司法解释立案追诉、定罪和量刑标准量化内容梳理

我国传播犯罪司法解释，对部分传播犯罪的立案追诉、定罪和量刑标准进行了不同程度的量化规定。以下将此类量化内容分成8个表格进

---

① 该条规定："除销售外，具有下列情形之一的，可以认定为'以营利为目的'：（一）以在他人作品中刊登收费广告、捆绑第三方作品等方式直接或者间接收取费用的；（二）通过信息网络传播他人作品，或者利用他人上传的侵权作品，在网站或者网页上提供刊登收费广告服务，直接或者间接收取费用的；（三）以会员制方式通过信息网络传播他人作品，收取会员注册费或者其他费用的；（四）其他利用他人作品牟利的情形。"

行梳理：其中表格 1 是涉及侵害国家法益的传播犯罪；表格 2—3 涉及侵害经济秩序的传播犯罪；表格 4—6 涉及侵害社会秩序的传播犯罪；表格 7—8 涉及侵害个体法益的传播犯罪。①

1. 侵害国家法益传播犯罪量化标准内容

罪名 \ 解释内容	司法解释	解释对象	量化内容
为境外的机构、组织、人员窃取、刺探、收买、非法提供国家秘密罪	《为境外窃取、刺探、收买、非法提供国家秘密罪司法解释》	五年以上十年以下有期徒刑标准	秘密级国家秘密：3 项以上
		"情节特别严重"	机密级国家秘密：3 项以上
故意泄露国家秘密罪	《渎职犯罪立案标准》	立案追诉标准	绝密级国家秘密：1 项（件）以上 机密级国家秘密：2 项（件）以上 秘密级国家秘密：3 项（件）以上
过失泄露国家秘密罪	《渎职犯罪立案标准》	立案追诉标准	绝密级国家秘密：1 项（件）以上 机密级国家秘密：3 项（件）以上 秘密级国家秘密：4 项（件）以上
故意泄露军事秘密罪	《军人职责犯罪立案标准》（2013 年）	立案追诉标准	绝密级或机密级军事秘密：1 项（件）以上 秘密级军事秘密：3 项（件）以上
过失泄露军事秘密罪	《军人职责犯罪立案标准》（2013 年）	立案追诉标准	绝密级军事秘密：1 项（件）以上 机密级军事秘密：3 项（件）以上 秘密级军事秘密：4 项（件）以上
煽动军人逃离部队罪	《公安管辖刑事案件立案标准（一）》（2008 年）	立案追诉标准	3 人以上逃离部队
非法持有宣扬恐怖主义、极端主义物品罪	《恐怖主义犯罪案办理意见》（2008 年）	定罪标准	四类：（1）图书、刊物 20 册，或者电子图书、刊物 5 册；（2）报纸 100 份（张），或电子报纸 20 份（张）；（3）文稿、图片 100 篇（张）以上，或电子文稿、图片 10 篇（张），或电子文档 50 万字符；（4）录音带、录像带等音像制品 20 个，或者电子音频视频资料 5 个，或电子音频视频资料 20 分钟

---

① 以下表格中的量化内容，只是相关犯罪立案追诉、定罪和量刑标准的量化内容，其他定性标准未在表中予以梳理。为语言简洁，除必需外，表格的"量化内容"栏中均略去与罪名相关的犯罪行为之描述。如故意泄露国家秘密罪的量化内容中，"绝密级国家秘密 1 项（件）以上的"指"泄露绝密级国家秘密 1 项（件）以上的"。

2. 非法经营类传播犯罪的量化标准内容

罪名	司法解释	解释对象	量化内容
非法经营罪	《非法出版物刑事案司法解释》（1998年）、《公安管辖刑事案件立案标准（二）》（2010年）《网络诽谤解释》（2013年）	个人"情节严重"	三类：（1）经营数额5万元至10万元以上的；（2）违法所得数额2万元至3万元以上的；（3）经营：报纸5000份，或期刊5000本，或图书2000册，或音像制品、电子出版物500张（盒）以上的①
		个人"情节特别严重"	三类：（1）经营数额15万元至30万元以上的；（2）违法所得数额5万元至10万元以上的；（3）经营报纸1.5万份或者期刊1.5万本或者图书5000册或者音像制品、电子出版物1500张（盒）以上的
		单位"情节严重"	三类：（1）经营数额在15万元至30万元以上的；（2）违法所得数额在5万元至10万元以上的；（3）经营报纸1.5万份或者期刊1.5万本或者图书5000册或者音像制品、电子出版物1500张（盒）以上的②
		单位"情节特别严重"	三类：（1）经营数额在50万元至100万元以上的；（2）违法所得数额在15万元至30万元以上的；（3）经营报纸5万份或者期刊5万本或者图书1.5万册或者音像制品、电子出版物5000张（盒）以上的
走私淫秽物品罪	《公安管辖刑事案件立案标准（一）》（2008年）	立案追诉标准	五类：（1）淫秽影像制品50盘（张）以上；（2）淫秽影像制品100盘（张）以上；（3）淫秽纸质品100副（册）以上；（4）淫秽照片、画片500张以上；（5）其他淫秽物品相当于上述数量；（6）淫秽物品数量虽未达到本条上述标准，但分别达到其中两项以上标准的50%以上

---

① 根据《公安管辖刑事案件立案标准（二）》第七十九条（五），虽未达上述标准，但两年内因出版、印刷、复制、发行非法出版物受过行政处罚2次以上，又出版、印刷、复制、发行非法出版物的，应予立案追诉。

② 根据《公安管辖刑事案件立案标准（二）》第七十九条（六），虽未达上述标准，但两年内因出版、印刷、复制、发行非法出版物受过行政处罚2次以上，又出版、印刷、复制、发行非法出版物的，应予立案追诉。

3. 证券期货和广告信息传播犯罪

罪名 \ 解释内容	司法解释	解释对象	量化内容
编造并传播证券、期货交易虚假信息罪	《经济犯罪案追诉标准》（2001年）	立案追诉标准	造成投资者直接经济损失3万元以上
	《公安管辖刑事案件立案标准（二）》（2010年）	立案追诉标准	获利或者避免损失5万元以上；造成投资者直接经济损失在5万元以上
欺诈发行股票、债券罪	《经济犯罪案追诉标准》（2001年）	立案追诉标准	发行数额在1000万元以上
	《公安管辖刑事案件立案标准（二）》（2010年）	立案追诉标准	发行数额在500万元以上
违规披露、不披露重要信息罪	《经济犯罪案追诉标准补充规定》（2008年）	立案追诉标准	四类：（1）造成他人直接经济损失数额累计50万元以上；（2）虚增或者虚减资产达当期资产总额30%以上；（3）虚增或者虚减利润达到当期利润总额30%以上；（4）未按照规定披露的重大事项所涉及的数额或者连续12个月的累计数额占净资产50%以上
	《公安管辖刑事案件立案标准（二）》（2010年）	立案追诉标准	同上
虚假广告罪	《公安管辖刑事案件立案标准（二）》（2010年）	立案追诉标准	三类：（1）违法所得10万元以上的；（2）给单个消费者直接经济损失数额5万元以上，或多个消费者直接经济损失20万元以上的；（3）假借预防、控制突发事件名义，致使多人受骗，违法所得数额3万元以上①

---

① 根据《公安管辖刑事案件立案标准（二）》第七十一条，虽未达到上述数额标准，但两年内因利用广告作虚假宣传，受过行政处罚2次以上，又利用广告作虚假宣传的，需立案追诉。

4. 淫秽色情传播犯罪量化标准内容

罪名	司法解释	解释对象	量化内容
制作、复制、出版、贩卖、传播淫秽物品牟利罪	《非法出版物刑事案司法解释》（1998年）、《公安管辖刑事案件立案标准（一）》（2008年）	入罪标准	四类：（1）制作、复制、出版淫秽影像制品50—100张（盒）以上，音乐制品100—200张（盒）以上，纸质品100—200副（册）以上，照片、画片500—1000张以上；（2）贩卖影像制品100—200张（盒）以上，音乐制品或纸质品200—400张、副（册）以上，照片、画片1000—2000张以上；（3）传播淫秽物品200—500人次以上，或组织播放淫秽影像达10—20场次以上的；（4）制作、复制、出版、贩卖、传播淫秽物品，获利5000—1万元以上
		"情节严重"	四类：（1）制作、复制、出版淫秽影像制品250—500张（盒）以上，音乐制品500—1000张（盒）以上，纸质品500—1000副（册）以上，照片、画片2500—5000张以上；（2）贩卖影像制品500—1000张（盒）以上，音乐制品或纸质品1000—2000张、副（册）以上，照片、画片5000—10000张以上；（3）传播淫秽物品1000—2000人次以上，或组织播放淫秽影像达50—100场次以上的；（4）制作、复制、出版、贩卖、传播淫秽物品，获利3—5万元以上
		"情节特别严重"	"情节严重"各项指标5倍以上
	《利用互联网等传播淫秽信息案司法解释（一）和（二）》	入罪标准	六类：（1）淫秽视频文件20个以上；（2）音频文件100个以上；（3）电子刊物、图片、文章、短信息等200件以上；（4）或电子信息实际被点击数达到1万次以上；（5）注册会员达200人以上；（6）利用淫秽电子信息收取广告费、会员注册费或者其他费用，违法所得1万元以上①制作、复制、出版、贩卖、传播含有不满十四周岁未成年人的淫秽电子信息，各项标准为上述标准的一半
		"情节严重"	该罪入罪标准的5倍以上制作、复制、出版、贩卖、传播含有不满十四周岁未成年人的淫秽电子信息，各项标准为上述标准的一半
		"情节特别严重"	该罪入罪标准的25倍以上制作、复制、出版、贩卖、传播含有不满十四周岁未成年人的淫秽电子信息，各项标准为上述标准的一半

---

① 根据《利用互联网等传播淫秽信息案司法解释（一）》第一条，数量或者数额虽未达到上述标准，但分别达到其中2项以上标准一半以上，需立案追诉。

续表

罪名 \ 解释内容	司法解释	解释对象	量化内容
传播淫秽物品牟利罪	《利用互联网等传播淫秽信息案司法解释（一）和（二）》	入罪标准	六类：（1）淫秽视频文件50个以上；（2）音频文件250个以上；（3）或电子刊物、图片、文章、短信息等500件以上；（4）或电子信息实际被点击数达到2.5万次以上；（5）注册会员达500人以上；（6）利用淫秽电子信息收取广告费、会员注册费或者其他费用，违法所得2.5万元以上[①]通过声讯台向100人次以上传播；违法所得10000元以上
		"情节严重"	该罪入罪标准的25倍以上通过声讯台传播，数量或者数额达到入罪规定标准5倍以上
		"情节特别严重"	该罪入罪标准的100倍以上通过声讯台传播，数量或者数额达到入罪规定标准25倍以上
传播淫秽物品罪	《非法出版物刑事案司法解释》（1998年）	入罪标准	向他人传播淫秽出版物达300—600人次以上
	《利用互联网等传播淫秽信息案司法解释（一）和（二）》《公安管辖刑事案件立案标准（一）》（2008年）	入罪标准	与上述利用信息网络实施的制作、复制、出版、贩卖、传播淫秽物品牟利罪各项标准相同网站建立者、直接负责的管理者入罪标准是上述标准的2倍；电信业务经营者、互联网信息服务提供者入罪标准需达到下列标准之一：为5个以上淫秽网站提供相关服务；[②]收取服务费数额在2万元以上；为淫秽网站提供代费服务，收取服务费数额在5万元以上
		"情节严重"	与上述利用信息网络实施的制作、复制、出版、贩卖、传播淫秽物品牟利罪各项标准相同
		"情节特别严重"	与上述利用信息网络实施的制作、复制、出版、贩卖、传播淫秽物品牟利罪各项标准相同
组织播放淫秽音像制品罪	《非法出版物刑事案司法解释》（1998年）	入罪标准	组织播放淫秽音像制品15—30场次以上

---

① 根据《利用互联网等传播淫秽信息案司法解释（一）》第三条，数量或者数额虽未达到上述标准，但分别达到其中2项以上标准一半以上，需立案追诉。

② 《利用互联网等传播淫秽信息案司法解释（二）》第六条规定的相关服务为：互联网接入、服务器托管、网络存储空间、通信传输通道、代收费等服务。

续表

罪名 \ 解释内容	司法解释	解释对象	量化内容
走私淫秽物品罪	《走私罪司法解释》（2014年）	情节较轻	五类：（1）淫秽录像带、影碟五十盘（张）以上不满一百盘（张）；（2）录音带、音碟一百盘（张）以上不满二百盘（张）；（3）扑克、书刊、画册一百副（册）以上不满二百副（册）；（4）照片、画片五百张以上不满一千张；（5）其他淫秽物品相当于上述数量
		情节一般	情节较轻规定的最高数量以上不满最高数量五倍
		情节严重	情节较轻规定的最高数量五倍以上

由上表可见，我国淫秽物品传播的刑罚制度主要分为针对实体出版物和电子信息两种，而各种犯罪之间也有细微区分：以牟利为目的的犯罪入罪门槛及法定刑升格条件都较低，单纯的不以牟利为目的的传播型犯罪入罪门槛及法定刑升格条件较高；而对传播包含未成年人淫秽信息的犯罪，入罪门槛及法定刑升格条件都较低。

5. 信息网络新类型传播犯罪量化标准内容

罪名 \ 解释内容	司法解释	解释对象	量化内容
拒不履行信息网络安全管理义务罪	《非法利用信息网络等刑事案司法解释》（2019年）	"致使违法信息大量传播"	四类：（1）致使传播：违法视频文件200个以上或违法视频文件以外的其他违法信息2000个以上；（2）致使向2000个以上用户账号传播违法信息；（3）致使利用群组成员账号数累计3000以上的通讯群组或者关注人员账号数累计3万以上的社交网络传播违法信息；（4）致使违法信息实际被点击数达到5万以上①
		"造成严重后果"	致使泄露：（1）行踪轨迹信息、通信内容、征信信息、财产信息500条以上；（2）住宿信息、通信记录、健康生理信息、交易信息等其他可能影响人身、财产安全的用户信息5000条以上；（3）前述规定以外的用户信息5万条以上

---

① 根据《非法利用信息网络等刑事案司法解释》第六条规定，二年内经多次责令改正拒不改正的，应当认定为刑法第二百八十六条之一第一款第四项规定的"有其他严重情节"。

续表

罪名\解释内容	司法解释	解释对象	量化内容
非法利用信息网络罪	《非法利用信息网络等刑事案司法解释》（2019年）	"情节严重"	1. 设立网站数量3个以上或者注册账号数累计2000以上的；2. 设立通讯群组数量5个以上或者群组成员账号数累计1000以上的；3. 发布有关违法犯罪的信息或为为实施违法犯罪活动发布信息，具有下列情形之一：（1）在网站上发布有关信息100条以上；（2）向2000个以上用户账号发送有关信息；（3）向群组成员数累计达到3000以上的通讯群组发送有关信息；（4）利用关注人员账号数累计达到3万以上的社交网络传播有关信息的。（5）违法所得1万元以上
帮助信息网络犯罪活动罪	《非法利用信息网络等刑事案司法解释》（2019年）	"情节严重"	四类：（1）为3个以上对象提供帮助；（2）支付结算金额20万元以上；（3）以投放广告等方式提供资金5万元以上；（4）违法所得1万元以上

6. 其他扰乱社会秩序的传播犯罪量化标准内容

罪名\解释内容	司法解释	解释对象	量化内容
组织、利用会道门、邪教组织、利用迷信破坏法律实施罪	《组织、利用邪教破坏法律实施等刑事案司法解释》	三年以上七年以下有期徒刑的量刑标准	1. 以货币为载体宣扬邪教，数量在5百张（枚）以上的。2. 制作、传播邪教宣传品，达到下列数量标准之一：（1）传单、喷图、图片、标语、报纸1000份（张）以上；（2）书籍、刊物250册以上；（3）录音带、录像带等音像制品250盒（张）以上；（4）标识、标志物250件以上；（5）光盘、U盘、储存卡、移动硬盘等移动存储介质100个以上；（6）横幅、条幅50条（个）以上的。3. 利用信息网络宣扬邪教，具有下列情形之一：（1）制作、传播宣扬邪教的电子图片、文章200张（篇）以上，电子书籍、刊物、音视频50册（个）以上，或者电子文档500万字符以上、电子音视频250分钟以上；（2）编发信息、拨打电话1000条（次）以上；（3）利用在线人数累计达到1000以上的聊天室，或者利用群组成员、关注人员等账号数累计1000以上的通讯群组、微信、微博等社交网络宣扬邪教；（4）邪教信息实际被点击、浏览数达到5000次以上

续表

罪名 \ 解释内容	司法解释	解释对象	量化内容
编造、故意传播虚假恐怖信息罪	《恐怖主义犯罪案办理意见》	五年以下有期徒刑范围内酌情从重处罚情节	造成直接经济损失 20 万元以上
		"造成严重后果"	造成 3 人以上轻伤或者 1 人以上重伤；造成直接经济损失 50 万元以上的
扰乱无线电管理秩序罪	《扰乱无线电通讯管理秩序案司法解释》（2017 年）	"情节严重"	四类：（1）"黑广播"的实测发射功率 500 瓦以上，或者覆盖范围 10 公里以上；（2）使用"伪基站"发送违法犯罪信息 5000 条以上，或者销毁发送数量等记录；（3）违法所得 3 万元以上；（4）曾因该罪受过刑罚，或 2 年内曾因该行为受过行政处罚，又实施相关行为
		"情节特别严重"	三类：（1）同时使用 10 个以上"黑广播""伪基站"；（2）"黑广播"实测发射功率 3000 瓦以上，或覆盖范围 20 公里以上；（3）违法所得 15 万元以上

7. 知识产权犯罪量化标准内容

罪名 \ 解释内容	司法解释	解释对象	量化内容
侵犯著作权罪	《非法出版物刑事案司法解释》（1998 年）、《公安管辖刑事案件立案标准（一）》（2008 年）	"违法所得数额较大"	个人 5 万元以上，单位 20 万元以上
		"有其他严重情节"	非法经营额：个人 20 万元以上，单位 100 万元以上
		"违法所得数额巨大"	个人 20 万元以上，单位 100 万元以上
		"有其他特别严重情节"	非法经营额：个人 100 万元以上，单位 500 万元以上
	《知识产权刑事案件司法解（一）》（2004 年）	"违法所得数额较大"	3 万元以上（不分个人与单位）
		"有其他严重情节"	非法经营额：5 万元以上；未经许可复制发行著作权人作品数量 1000 张（份）以上

续表

罪名	司法解释	解释对象	量化内容
侵犯著作权罪		"违法所得数额巨大"	违法所得额：15 万元以上（不分个人与单位）
		"有其他特别严重情节"	非法经营数额：在 25 万元以上；未经许可复制发行著作权人作品数量 5000 张（份）以上
	《知识产权刑事案件司法解（二）》（2007年）	"有其他严重情节"	未经许可复制发行著作权人作品数量 500 张（份）以上
		"有其他特别严重情节"	未经许可复制发行著作权人作品数量在 2500 张（份）以上
	《知识产权刑事案件办理意见》（2011年）	侵害信息网络传播权中的"有其他严重情节"	非法经营额：5 万元以上；传播他人作品 500 件（部）以上；传播他人作品的实际被点击数 5 万次以上；以会员制方式传播他人作品，注册会员 1000 人以上
	《知识产权刑事案件司法解释（一）》（2004年）	"有其他特别严重情节"	数额或者数量达到上述规定标准的 5 倍以上
销售侵权复制品罪	《非法出版物刑事案司法解释》（1998年）、《公安管辖刑事案件立案标准（一）》（2008年）	入罪标准	违法所得额：个人 10 万元以上，单位 50 万元以上
	《知识产权刑事案件司法解释（一）》（2004年）	"违法所得数额巨大"	10 万元以上（不分个人与单位）
假冒注册商标罪	《知识产权刑事案件司法解释（一）》（2004年）、《公安管辖刑事案件立案标准（二）》（2010年）	"情节严重"	非法经营额：5 万元以上；违法所得额：3 万元以上；假冒两种以上注册商标，非法经营数额 3 万元以上或者违法所得数额 2 万元以上
		"情节特别严重"	非法经营额：25 万元以上；违法所得额：15 万元以上；假冒两种以上注册商标，非法经营数额 15 万元以上或违法所得数额 10 元以上
侵犯商业秘密罪	《知识产权刑事案件司法解释（一）》（2004年）、《公安管辖刑事案件立案标准（二）》（2010年）	"给商业秘密的权利人造成重大损失"	损失数额：50 万元以上
		"造成特别严重后果"	损失数额：250 万元以上

由上表，我国知识产权尤其是著作权犯罪入罪门槛及量刑台阶都逐步降低，在"违法所得数额较大""有其他严重情节""违法所得数额巨大""有其他特别严重情节"四个台阶上，分别有 2/3 到 7 倍之间的降低，显示了我国法律制度在保护知识产权方面的进步。

8. 侵害个体人格和财产法益传播犯罪量化标准内容

罪名 \ 解释内容	司法解释	解释对象	量化内容
诽谤罪	《网络诽谤解释》（2013年）	"情节严重"	同一诽谤信息实际被点击、浏览次数5000次以上，或被转发次数500次以上
侵犯公民个人信息罪	《个人信息刑事司法解释》（2017年）	非法获取、出售或者提供导致犯罪中的"情节严重"	五类：（1）行踪轨迹信息、通信内容、征信信息、财产信息50条以上；（2）住宿信息、通信记录、健康生理信息、交易信息等其他可能影响人身、财产安全的公民个人信息500条以上；（3）上述规定以外的公民个人信息5000条以上；（4）违法所得5000元以上；（5）将在履职或提供服务过程中获得的公民个人信息出售或者提供给他人，数量或者数额达到前述规定标准一半以上
		非法获取、出售或者提供导致犯罪中的"情节特别严重"	数量或者数额达到"情节严重"规定标准10倍以上
		为合法经营活动而非法购买、收受导致犯罪中的"情节严重"	获利5万元以上的①
损害商业信誉、商品声誉罪	《公安管辖刑事案件立案标准（二）》（2010年）	立案追诉标准	1. 造成他人直接经济损失50万元以上的。2. 虽未达到上述数额标准，但具有下列情形之一的：（1）利用互联网或者其他媒体公开损害他人商业信誉、商品声誉的；（2）造成公司、企业等单位停业、停产6个月以上，或破产

---

① 根据《个人信息刑事司法解释》第五条（九）的规定，曾因侵犯公民个人信息受过刑事处罚或者二年内受过行政处罚，又非法获取、出售或者提供公民个人信息的，应当认定为刑法第二百五十三条之一规定的"情节严重"。

续表

罪名 \ 解释内容	司法解释	解释对象	量化内容
强迫交易罪	《公安管辖刑事案件立案标准（一）》（2008年）	立案追诉标准	三类：（1）造成直接经济损失2000元以上；（2）强迫交易3次以上或者强迫3人以上交易；强迫交易数额1万元以上，或者违法所得数额2000元以上的；（3）强迫他人购买伪劣商品数额5000元以上，或者违法所得数额1000元以上
敲诈勒索罪	《敲诈勒索案司法解释》（2013年）	"数额较大"	两类：（1）2000—5000元以上；（2）冒充新闻工作者等特殊身份敲诈勒索，数额1000—2500元以上
		"数额巨大"	3万元至10万元以上
		"数额特别巨大"	50万元以上
		"其他严重情节"	冒充新闻工作者等特殊身份，数额达3万元至10万元的80%以上
		"其他特别严重情节"	冒充新闻工作者等特殊身份敲诈勒索，数额达3万元至10万元的40万元以上
诈骗罪	《诈骗案司法解释》	"数额较大"	3000—1万元以上
		"数额巨大"	3万元至10万元以上
		"数额特别巨大"	50万元以上
		"其他严重情节"	发送诈骗信息5000条以上的，拨打诈骗电话500人次以上的

（二）我国传播犯罪司法解释立案追诉、定罪和量刑标准量化内容特点

由以上表格内容可见：我国司法解释，对33种传播犯罪立案追诉、定罪和量刑标准进行了量化规定，占全部53种传播犯罪的比例约63%；其中，侵害国家法益的传播犯罪有7种，占此类犯罪比例约47%（7/15）；侵害社会法益的传播犯罪有16种，占此类犯罪比例约67%（16/24）；侵害个体法益的传播犯罪有6种，占此类犯罪的46.15%（6/13）。

从内容上看,有两类犯罪量化标准内容比较完善:(1)侵害著作权罪的相关规定中,不仅区分了传统媒体和网络媒体传播导致的犯罪,而且分别有"违法所得数额较大""有其他严重情节""违法所得数额巨大""有其他特别严重情节"之规定。(2)淫秽色情传播犯罪量化标准内容比较完善,从入罪标准到"情节严重""情节特别严重",均有规定。另外,值得注意的是:信息网络新类型传播犯罪中,即使是象征性立法的拒不履行信息网络管理义务罪,其量化标准内容也有情节及后果的规定。

证券期货信息传播犯罪量化标准内容则最为简单,仅有立案追诉标准。

(三) 我国传播犯罪量化标准种类

1. 金额标准

以人民币金额为依据的标准,是传播犯罪中使用最为广泛的定罪量刑标准,在大部分相关传播犯罪的司法解释中都有适用,此不赘述。

2. 物品的"个""件""张(份)""部""盘""册""套"数标准

《利用互联网等传播淫秽信息案司法解释(一)》第一条,规定制作、复制、出版、贩卖、传播淫秽电影、表演、动画等视频文件二十"个"以上的,构成相关犯罪。而根据《知识产权刑事案件司法解释(一)》第三条第一款规定,伪造、擅自制造或者销售伪造、擅自制造两种以上注册商标标识数量在一万"件"以上,属于情节严重;第五条第一款中,对于文字作品、音乐、电影、电视、录像作品、计算机软件及其他作品,是"张(份)"的标准。在《知识产权刑事案件办理意见》第十三(二)规定中,是"部"数的标准。在《公安管辖刑事案件立案标准(一或二)》第二十五条中,对淫秽物品使用的有"盘""册"标准。在《扰乱无线电通信管理秩序案司法解释》第四条中,规定非法生产、销售无线电设备三"套",构成情节严重。

3. "人"数标准

《利用互联网等传播淫秽信息案司法解释(一)》第一条第五款,

要求以会员制方式出版、贩卖、传播淫秽电子信息，注册会员达二百"人"以上的，构成相关犯罪。

4. 信息"项""件"数标准

《检察院侦查案件立案标准（试行）》二（三）中，对故意泄露国家秘密案中国家机关工作人员涉嫌故意泄露国家秘密行为，规定泄露秘密级国家秘密"3项以上的"，可以立案；《为境外窃取、刺探、收买、非法提供国家秘密罪司法解释》第二条，也规定为境外窃取、刺探、收买、非法提供"三项以上"机密级国家秘密的，构成情节特别严重。但在《渎职犯罪立案标准》一（三）和《军人职责犯罪立案标准》第十四条（一）和（二）中，使用的是"项（件）"。

5. 信息"条"数标准。《诈骗案司法解释》第五条第二款规定，发送诈骗信息五千"条"以上的，应认定为"其他严重情节"；在《个人信息案司法解释》，对个人信息一律使用"条"数标准。

6. 无线电发射功能的"瓦"及"公里"标准

在《扰乱无线电通信管理秩序案司法解释》第三条中，规定，"黑广播"的实测发射功率3000瓦以上，或者覆盖范围20公里以上的，构成情节特别严重。

二 我国传播犯罪司法解释中定罪量刑量化标准的演进

近年来，随着司法实践的变化和司法解释的跟进，我国传播犯罪中定罪量刑量化标准，正在经历着广泛而深刻的变化。

1. 从传统媒体的"人（场）次标准"到网络传播的"实际被点击数"（或"浏览次数"）标准

"人（场）次标准"主要适用于传统媒体的传播犯罪中。其最早出现于1998年《非法出版物刑事案司法解释》第八条第三款，如向他人传播淫秽物品达"二百至五百人次以上"，或者组织播放淫秽影、像达"十至二十场次以上"，构成制作、复制、出版、贩卖、传播淫秽物品牟利罪。

"实际被点击数"（或"浏览次数"）标准是针对网络传播犯罪定罪量刑的特别标准，也可能是传播犯罪领域最负盛名的量化标准，其事实上是传统媒体犯罪的"人次标准"在网络传播犯罪中的演进。该标准最早出现于2004年《利用互联网等传播淫秽信息案司法解释（一）》第一条第四款，要求制作、复制、出版、贩卖、传播的淫秽电子信息，"实际被点击数达到一万次以上的"，构成相关犯罪；根据2010年《利用互联网等传播淫秽信息案司法解释（二）》第一条第二款第三项的规定，制作、复制、出版、贩卖、传播含有不满十四周岁未成年人的淫秽电子信息，"实际被点击数达到五千次以上的"，构成相关犯罪；根据2011年《知识产权刑事案件办理意见》第十三条第五款规定，传播他人作品的"实际被点击数达到五万次以上的"，构成侵害信息网络传播侵权犯罪中的"其他严重情节"；根据《网络诽谤解释》第二条第一款，同一诽谤信息实际"被点击、浏览次数达到五千次以上"，应当认定为刑法第二百四十六条第一款规定的"情节严重"；根据《组织、利用邪教破坏法律实施等刑事案司法解释》第二条第十二款第四项，邪教信息"实际被点击、浏览数达到五千次以上的"，处相关规定的有期徒刑；根据《非法利用信息网络等刑事案司法解释》第三条第六款，致使违法信息"实际被点击数达到五万以上的"，构成"致使违法信息大量传播"——上述六个规范性司法解释的相关规定中，实际被点击数分别是五千、一万和五万，其中，对侵害信息网络传播权的要求最高即五万，可能是考虑到作品的文化公益属性，对权利人的权利进行平衡和限制；对网络服务提供者构成拒不履行信息网络管理义务罪，要求五万次，考虑的是网络服务提供者的业务性质；而传播含有未成年人的淫秽电子信息、诽谤信息以及邪教信息，侵害公共利益、他人个体权益和国家安全，应当严厉打击，故入罪标准为五千次。

2. 网络传播犯罪的覆盖范围标准

"实际被点击数"（或"浏览次数"）标准，均系从传播后果而非传播范围的角度来判决定罪量刑。2019年11月的《非法利用信息网络等刑事案司法解释》，则从以下方面给予参照：（1）关于拒不履行信息网络安全管理义务的"致使违法信息大量传播"，要求致使向两千个以上用户账号传播违法信息，或者致使利用群组成员账号数累计三千以上的通讯群组或者关注人员账号数累计三万以上的社交网络传播违法信息的；①（2）关于非法利用信息网络罪，情节严重的判断标准之一也要求与前述"致使违法信息大量传播"几乎同样的传播范围②——上述范围，在解释本书第一章界定的"传播"概念中的"特定多数人"时，可作为重要参照。

3. 我国传播犯罪司法解释中定罪量刑量化标准的走向

为提高司法权权威，推进刑事司法统一性和规范化，最高人民法院在2013年《关于实施量刑规范化工作的通知》中，提出了量化问题，并在2017年在两个《关于常见犯罪量刑的指导意见》中，对23种传统犯罪的量刑进行了规范，但并未涉及新类型犯罪尤其是网络传播犯罪。网络时代新型法益的出现，需要有新的量化的定罪量刑标准。

如前所述，"实际被点击数"（或"浏览次数"）标准最早出现于2004年《利用互联网等传播淫秽信息案司法解释（一）》中，而2013年《网络诽谤解释》第四次确认了这一标准。由于该解释涉及面与影响，其不仅对传统媒体时代"人次标准"进行了继承和发展，不仅首次提出了"浏览次数"和"被转发次数"两个定罪的量化标准，是网络诽谤罪中定罪量刑的标准，事实上也揭开了网络时代定罪量刑量化体系转型大幕。③

定罪量刑其实主要是对法益侵害或危险进行的认定，而无论是传统媒体传播犯罪还是网络传播犯罪，其需要确定的要素都围绕以下问题展开：（1）何种行为主体、多少行为主体进行了相关行为；（2）行为主

---

① 参见《非法利用信息网络等刑事案司法解释》第三条（四）、（五）。
② 参见《非法利用信息网络等刑事案司法解释》第十条（四）。
③ 当然，学界对这种标准本身存在极大分歧。而且，该司法解释也难以确定新型法益。

体以何种方式、途径和传播工具，进行了多少次或时长的相关行为；（3）多少行为受害对象，受到多少或何种程度、何种范围的侵害或危险——据此，如果说传统媒体传播犯罪中，定罪量刑的量化中心要素主要是数额、数量、人次，则网络传播时代定罪量刑的量化中心要素演进为实际被点击数、浏览次数、下载数量、被转发次数、系统或信息数量、信息时长、行为人次、传播工具、技术种数、覆盖范围。

三 对传播犯罪量化标准的争议

传播犯罪定罪量刑的量化标准，客观上解决了相关刑事司法实践中的部分法律适用问题，对定罪量刑的规范化、科学化发挥了作用。但对定罪量刑的量化标准，学界一直都有争议。而2013年"两高"《网络诽谤解释》出台后，对其第二条中点击、浏览次数达到5000次以上或转发次数达到500次以上属于"情节严重"的解释，使这种争议达到高潮。

综合而言，反对者的主要观点是：（1）该规定超出解释的界限，属于对法律的补充，构成了对宪法规定的基本权利的限制，违反了法律保留原则；其限制手段与保护（名誉权）目的不符合比例原则，影响言论自由的实现，违反宪法规定的权力框架。[1]（2）一个人是否构成犯罪，不应该由他人行为来决定，否则违反刑法罪责自负和主客观统一的基本原则。而且，该规定不能区分"恶意"点击或转发情形，极不科学合理。[2]（3）该规定不仅实质上不合理，而且是司法"偷懒"；构成犯罪必须有法益侵害即受害人社会评价严重降低的事实。[3] 否则，在网

---

[1] 尹培培：《"诽谤信息转发500次入刑"的合宪性评析》，《华东政法大学学报》2014年第4期。

[2] 李晓明：《诽谤行为是否构罪不应由他人的行为来决定——评"网络诽谤"司法解释》，《政法论坛》2014年第1期。

[3] 刘湘廉、师晓东：《网络诽谤"情节严重"标准之探讨》，《海峡法学》2015年第1期。

络传播环境下，很容易扩大打击面，不利于网络平稳有序发展，所以应当采"情节加后果"的标准。①

该规定的支持者则认为：（1）行为人在信息网络上发表诽谤他人的言论时，其行为就已经既遂。网络诽谤本身就符合情节严重的要件，实际上属于持续犯。并且，只要诽谤内容仍然存在于信息网络上，其对被害人的名誉毁损所具有的抽象危险就会在一定时间内持续增加。②（2）诽谤罪的行为本身就需要第三人介入，而网络诽谤中，诽谤信息因不断被点击、浏览、转发得以传播，因此该标准符合诽谤罪的行为特征。③（3）某些（行为引发的）危险与危害结果之间有极强的关联性，这类行为引发的危险容易演变为对法益的侵害，网络诽谤犯罪之危害性较现实诽谤犯罪具有更为强烈的扩张性，对于网络诽谤犯罪中"情节严重"的判定标准向前，将特定的危险状态作为判定法益侵害的前置性标准，进而实行法益保护的前置化，具有其合理性。④（4）诽谤罪是将"情节严重"作为犯罪成立的要件，是一种标准的"情节犯"，所以这种规定有积极作用。⑤（5）该规定有较充分的实践基础和调研支撑、处刑较轻、入罪并不必然受追究。⑥

事实上，法益侵害或危险是传播犯罪的前提，而即使存在这种侵害或危险，其因果关系的证明也是此类犯罪必然解决的问题（第三章和第十章有详述，此不赘述）。

---

① 杜曦明：《利用信息网络实施的诽谤犯罪实务问题研究》，《法律适用》2013年第11期。
② 张明楷：《网络诽谤的争议问题探究》，《中国法学》2015年第3期。
③ 高铭暄、张海梅：《网络诽谤构成诽谤罪之要件——兼评"两高"关于利用信息网络诽谤的解释》，《国家检察官学院学报》2015年第4期。
④ 姜瀛：《论网络诽谤犯罪的法益保护前置化》，《华北水利水电大学学报》（社会科学版）2014年第2期。
⑤ 石绪、何雯雯：《浅析网络诽谤中"情节严重"的认定》，《法制与经济》（中旬）2014年第3期。
⑥ 赵秉志、袁彬：《网络诽谤入罪标准的细化科学合理》，《检察日报》2013年9月18日第3版。

第五节 本章结论

我国传播犯罪立法与司法解释，是基于独特的国情，在立法政策的指导下进行的。在立法与司法目的上，着重国家安全、社会稳定，因此在各方面体现出刑治主义文化与传统。

一 传播犯罪罪名设置具有一定超前性

作为只调整和打击重大违法行为的制度，罪名的设置本应有保守性，以体现刑法的谦抑性。但我国传播犯罪立法在此方面却表现出一定的超前性：（1）设立侵犯公民个人信息罪。相关个人信息的犯罪，是在2009年的《刑法修正案（七）》中设立的，为出售或者非法提供个人信息罪和非法获取公民个人信息罪两个罪名，但要求是特殊主体。我国直到目前，即使在《民法典》中，也尚未确立个人信息权[①]——民法上尚未作为权利确立，而刑法上已经设置了罪名，这体现出我国《刑法》在此方面的超前，当然，应当说这是一种积极的、适应时代潮流的"超前"。（2）设立网络服务提供者因不作为导致的犯罪——拒不履行信息网络安全管理义务罪。在民法上，注意义务理论是侵权法的"深水区"理论，关于网络服务提供者究竟承担何种范围与标准的注意义务，至今都没有定论。而刑法在民法尚未解决争论的情况下设立此罪，再次体现出"超前"，只不过，这种"超前"并未得到理论界的普遍认可。（3）网络传播犯罪预备行为实行化。《刑法修正案（九）》设立了非法利用信息网络罪，将相关设立网站、通讯群组，发布相关制作或销售违禁物品或涉及诈骗等其他违法犯罪信息，单独作为犯罪予以制裁。设立

[①] 我国2020年通过的《民法典》，仅在第一百一十一条规定了"个人信息受法律保护"的内容，即仅确认个人信息为利益，但并没有确立其作为一种民事权利。

此罪的目的是为打击日益猖獗的相关网络犯罪，但却将预备犯作为正犯进行定性。

二 传播犯罪制度结构上注重针对侵害国家和社会法益的犯罪

在罪名结构上，侵害国家法益、社会法益的罪名各有 15 种和 25 种，而针对个体法益的传播犯罪则只有 13 种——其中 4 种还是在《刑法》分则中列入第三章"破坏社会主义市场经济秩序罪"的侵犯知识产权的犯罪，煽动民族仇恨、民族歧视罪和出版歧视、侮辱少数民族作品罪也并非纯粹的侵害个体法益的传播犯罪，所以，我国《刑法》的传播犯罪制度对个体法益的保护显然比较薄弱。而且许多制度既不符合常识和法理，也不适应现实，所以出现象征性立法现象，浪费了立法资源。

三 涉传播犯罪司法解释内容有结构性缺陷

我国传播犯罪的司法解释，基本上在司法政策的指导下进行，主要针对危害国家安全和社会稳定、伦理风化、知识产权、谣言传播和新型网络传播犯罪，其中对伦理风化、知识产权、谣言传播的司法解释都在两个以上，体现出打击性、惩罚性为首要目标——而基于此目标，在司法解释的内容方面，对法理、逻辑的考虑并不周严，表现在：（1）强调追诉标准，忽视犯罪构成。涉及立案标准的有《检察院侦查案件立案标准（试行）》《渎职犯罪立案标准》《经济犯罪案追诉标准补充规定》《公安管辖刑事案件立案标准（一或二）》共 5 个；却没有一个专门针对犯罪构成的司法解释，最多只是在条文中涉及构成要件要素。（2）强调犯罪"情节"，忽视犯罪结果。大部分关于传播犯罪的司法解释主要针对犯罪"情节"即行为和法条竞合方面，尽管在针对"情节"

的解释中出现一些犯罪结果的规定，但没有专门针对犯罪结果即法益侵害的解释。

上述情况的出现，主要原因在于：我国关于传播犯罪的制度确立，主要基于打击违法犯罪行为，即从"入罪"角度进行考虑，而不是从"出罪"角度进行考虑。

上述结论，部分回答了我国传播犯罪个罪问题主要集中于罪刑法定原则、法益保护原则两个方面（即构成要件、法益侵害及证明）的原因，但要全面解释，尚需从罪刑法定和法益侵害原则两个角度，进行深入探讨。

第九章　罪刑法定原则视角下的
中国传播犯罪制度

刑法的明确性要求禁止不确定的规范，要求犯罪构成要件和刑罚的明确。现代刑法，在刑罚的明确性方面已基本消除不确定性问题，而犯罪构成要件的明确性问题依然存在。

作为对犯罪类型的基本描述，"构成要件"内容"是说明行为对法益的侵犯性的客观要素"，[1] 这些要素主要包括三种：行为、行为客体和因果关系；[2] 当然，也包括行为主体类型、工具、途径等。

构成要件的明确，就是通常而言的"罪状"明确：包括行为、行为对象、工具、途径、因果关系的确定。作为违法或犯罪第一层次的"成立条件"，作为出罪入罪的第一道关口，构成要件有着重要的人权保障机能：其首先划定了违法或犯罪的范围，不符合这个范围的行为，就不能在刑罚打击圈内，在这个意义上，其成为罪刑法定的主要实现途径。而构成要件的明确性，就成为罪刑法定原则的派生原则。如果构成要件即"罪状"不明确，不仅可能造成刑罚的扩张，还可能导致刑罚的不统一，影响刑法与刑事司法的威信。

当然，刑法的明确性也是相对的，刑法中的开放性构成要件、空白

---

[1] 张明楷：《刑法学》（上），法律出版社2016年版，第96页。
[2] 周光权：《刑法总论》，中国人民大学出版社2016年版，第69页。

罪状、概然性规定等立法方式，在世界各国刑法中都不同程度存在。但毫无疑问，这种立法方式不得滥用，而应当加以限制。[①]

本章主要从罪刑法定原则的视角，评估我国《刑法》及相关司法解释中传播犯罪构成要件的明确性，考察我国传播犯罪相关罪名中的空白罪状问题，探讨我国传播犯罪中的"口袋罪"、兜底条款等构成要件的模糊性问题。

第一节　中国《刑法》中传播犯罪构成要件的明确性评估

考察一种犯罪是否符合明确性原则，首先要考察其行为、行为客体（对象）——通常情况下，这两种要素是行为是否符合构成要件的关键性判断因素，申言之，关于某种行为，如果有这两种要素，则一般可判定是否属于该种犯罪；当然，在特殊情况下，其他如因果关系、主体类型、工具或途径，也是重要的判断要素。

在犯罪构成中，行为（包括工具与途径）是关键要素，行为主体与客体通常都比较清晰，而结果与因果关系则通常比较模糊。本节将犯罪构成要件各要素总和设定为10分，分值分配如下：（1）行为（含对象、工具或途径）占6分。其中，如果只有行为的概括性概念而没有类型列举，为1分，有类型列举为2分；规定有行为对象者，加2分；有工具或途径、方式规定，加2分。行为类型列举和工具、途径或方式都有规定的，行为一项的等级为"高"；只有行为而没有规定工具、途径或方式，该项等级为"低"；对工具、途径或方式虽无明文规定，但有间接或隐含规定的，该项等级为"中"。（2）行为客体（对象）与主体因比较明确，各占1分。（3）结果与因果关系要素各占1分。我国《刑法》分则中，对危险犯个罪犯罪结果的表述，极少有具体规定，故

[①] 陈兴良：《教义刑法学》，中国人民大学出版社2017年版，第45页。

该项得分均为零；而作为侵害犯的罪名中，一般都会有"致使……""造成……"等之类的表述，视为有因果关系的规定，均为1分。

一 我国侵害国家法益的传播犯罪构成要件明确性评估

（一）我国侵害国家法益的传播犯罪的构成要件明确性的分值

侵害国家法益的传播犯罪的构成要件的明确性分值表

罪名 \ 构成要件要素	犯罪类型	行为（对象、工具途径）描述等级	6分	行为客体 1分	行为主体 1分	结果 1分	因果关系 1分	总分
煽动分裂国家罪①	危险犯	低	1	1	1	0	0	3
煽动颠覆国家政权罪②	危险犯	低	1	1	1	0	0	3
为境外的机构、组织、人员窃取、刺探、收买、非法提供国家秘密罪③	危险犯	低	2	1	1	0	0	4
帮助恐怖活动罪④	危险犯	低	2	1	0	0	0	3
准备实施恐怖活动罪⑤	危险犯	低	2	1	1	0	0	4

---

① 罪状："煽动分裂国家、破坏国家统一的……"
② 罪状："以造谣、诽谤或者其他方式煽动颠覆国家政权、推翻社会主义制度的……"
③ 罪状："为境外的机构、组织、人员窃取、刺探、收买、非法提供国家秘密或者情报的……"
④ 罪状："为恐怖活动组织、实施恐怖活动或者恐怖活动培训招募、运送人员的……"
⑤ 罪状："组织恐怖活动培训或者积极参加恐怖活动培训的……"

第九章　罪刑法定原则视角下的中国传播犯罪制度　　315

续表

罪名＼构成要件要素	犯罪类型	行为（对象、工具途径） 描述等级 / 6分	行为客体 1分	行为主体 1分	结果 1分	因果关系 1分	总分
宣扬恐怖主义、极端主义、煽动实施恐怖活动罪①	危险犯	中　4	1	1	0	0	6
利用极端主义破坏法律实施罪②	危险犯	低　1	1	1	0	0	3
非法持有宣扬恐怖主义、极端主义物品罪③	危险犯	中　3	1	1	0	0	5
故意泄露国家秘密罪④	危险犯	低　1	1	1	0	0	3
过失泄露国家秘密罪⑤	危险犯	低　1	1	1	0	0	3
煽动军人逃离部队罪⑥	危险犯	低　1	1	1	0	0	3
战时造谣扰乱军心罪⑦	危险犯	低　1	1	1	0	0	3
故意泄露军事秘密罪⑧	危险犯	低　1	1	1	0	0	3

---

① 罪状："以制作、散发宣扬恐怖主义、极端主义的图书、音频视频资料或者其他物品，或者通过讲授、发布信息等方式宣扬恐怖主义、极端主义的，或者煽动实施恐怖活动的……"

② 罪状："利用极端主义煽动、胁迫群众破坏国家法律确立的婚姻、司法、教育、社会管理等制度实施的……"

③ 罪状："明知是宣扬恐怖主义、极端主义的图书、音频视频资料或者其他物品而非法持有，情节严重的……"

④ 罪状："国家机关工作人员违反保守国家秘密法的规定，故意泄露国家秘密，情节严重的……"

⑤ 罪状："国家机关工作人员违反保守国家秘密法的规定，故意泄露国家秘密，情节严重的……"。

⑥ 罪状："煽动军人逃离部队……情节严重的……"

⑦ 罪状："战时造谣惑众，扰乱军心的……"

⑧ 罪状："违反保守国家秘密法规，故意泄露军事秘密，情节严重的……"

续表

构成要件要素 罪名	犯罪类型	行为（对象、工具途径）描述等级	6分	行为客体 1分	行为主体 1分	结果 1分	因果关系 1分	总分
过失泄露军事秘密罪①	危险犯	低	1	1	1	0	0	3
战时造谣惑众罪②	危险犯	低	1	1	1	0	0	3

注：本表中的"犯罪类型"及"结果"，仅指根据我国《刑法》分则的规定得出的结论，而根据相关司法解释，结论可能不一致（下节详述）。

（二）侵害国家法益传播犯罪构成要件明确性评估得分的原因

1. 煽动分裂国家罪。"煽动"的工具与途径未做限定；"破坏国家统一"当然是主观目的。该罪是危险犯，但是需要达到何种危险即结果要件，并不明确。

2. 煽动颠覆国家政权罪。虽然说明"煽动"方式是"造谣、诽谤或者其他方式"，但工具与途径未做限定；"颠覆国家政权、推翻社会主义制度"也是主观目的。该罪是危险犯，但是需要达到何种危险即结果要件，并不明确。

3. 为境外的机构、组织、人员窃取、刺探、收买、非法提供国家秘密罪。只要目的是为境外机构、组织、人员提供国家秘密，无论是窃取、刺探、收买行为，都成立本罪。但本罪与传播有关的重点是传播型"提供"，但"提供"的方式并不明确。

4. 帮助恐怖活动罪。该罪法定的行为是"培训""招募"，至于以何种方式进行，没有明确；与之相关的传播方式，更未规定。

5. 准备实施恐怖活动罪。该罪的法定行为是"组织培训"或者"积极参加培训"，至于以何种方式进行，没有明确；与之相关的传播

---

① 罪状："违反保守国家秘密法规，故意泄露军事秘密，情节严重的……"
② 罪状："战时造谣惑众，动摇军心的……"

方式,也未规定。

6. 宣扬恐怖主义、极端主义、煽动实施恐怖活动罪。该罪是侵害国家法益的传播犯罪中,对行为描述最具体的罪名,要求传播工具是"图书、音频视频资料或者其他物品",方式或途径是"讲授、发布信息等",因此行为一项得 4 分。

7. 利用极端主义破坏法律实施罪。该罪的法定行为方式是"煽动"与"胁迫",但"煽动"的工具、方式、途径与范围,均未明确。

8. 非法持有宣扬恐怖主义、极端主义物品罪。该罪中,虽然对"持有"方式未进行类型化列举,但对"持有"的物品即图书、音频视频资料或者其他物品进行了规定,事实上明确了行为工具或方式,因此行为一项得 3 分。

9. 故意泄露国家秘密罪。该罪构成要件属于空白罪状,但参照法律相对明确——《保守国家秘密法》。当然泄露的工具、方式未规定。

10. 过失泄露国家秘密罪。该罪构成要件的得分原因与故意泄露国家秘密罪的情况基本相同。

11. 煽动军人逃离部队罪。"煽动"的工具与途径未做限定;该罪是危险犯,但要达到何种程度的危险,即:是足以使军人决定逃离部队还是仅进行煽动即构成此罪,未做规定。

12. 战时造谣扰乱军心罪。"造谣"方式未做规定。该罪是危险犯,但要达到何种程度的危险,即:是足以扰乱军心,还是仅传播相关谣言即构成此罪,未做规定。

13. 故意泄露军事秘密罪。该罪构成要件属于空白罪状,参照的法律法规相对明确——涉及军事秘密的法律法规,但比故意泄露国家秘密罪的参照对象模糊。泄露的工具、方式也未规定。

14. 过失泄露军事秘密罪。该罪构成要件的得分原因与故意泄露军事秘密罪的情况基本相同。

15. 战时造谣惑众罪。"造谣"方式未做规定。该罪是危险犯,但要达到何种程度的危险,即:是足以惑众,还是仅传播相关谣言即构成此罪，未做规定。

由上，我国侵害社会法益传播犯罪构成要件明确性分值的特点如下：(1) 侵害国家法益传播犯罪构成要件明确性的平均分值为3.47，整体较低。(2) 上述罪名中，煽动分裂国家罪，为境外的机构、组织、人员窃取、刺探、收买、非法提供国家秘密罪，故意或过失泄露国家秘密罪，煽动军人逃离部队罪，战时造谣扰乱军心罪，故意或过失泄露军事秘密罪，战时造谣惑众罪这9种犯罪的构成要件与罪名几乎相同，没有任何细化或展开，属于高度概然性条款；而且泄露国家秘密或军事秘密的4种犯罪，都属典型的空白条款，占此类犯罪的26.67%。(3) 15个罪名中，构成要件最高得分仅为6分，且只有一种：可见，侵害国家法益传播犯罪构成要件的明确性总体很低，当然，这种情况与其基本属于危险犯有直接关系。

二 我国侵害社会法益的传播犯罪构成要件明确性评估

（一）我国侵害社会法益传播犯罪构成要件明确性的分值

侵害社会法益的传播犯罪构成要件明确性分值表

罪名 \ 构成要件要素	犯罪类型	行为（对象、工具途径） 描述等级 / 6分		行为客体 1分	行为主体 1分	结果 1分	因果关系 1分	总分
欺诈发行股票、债券罪①	侵害犯	低	2	1	1	0	1	5
违规披露、不披露重要信息罪②	侵害犯	低	2	1	1	0	1	5

---

① 罪状："在招股说明书、认股书、公司、企业债券募集办法中隐瞒重要事实或者编造重大虚假内容，发行股票或者公司、企业债券、存托凭证或者国务院依法认定的其他证券，数额巨大、后果严重或者有其他严重情节的……"

② 罪状："依法负有信息披露义务的公司、企业向股东和社会公众提供虚假的或者隐瞒重要事实的财务会计报告，或者对依法应当披露的其他重要信息不按照规定披露，严重损害股东或者其他人利益，或者有其他严重情节的……"

第九章　罪刑法定原则视角下的中国传播犯罪制度

续表

构成要件要素 罪名	犯罪类型	行为（对象、工具途径）描述等级	6分	行为客体 1分	行为主体 1分	结果 1分	因果关系 1分	总分
编造并传播证券、期货交易虚假信息罪①	侵害犯	低	2	1	1	0	1	5
虚假广告罪②	危险犯	低	2	1	1	0	0	4
非法经营罪③	危险犯	低	1	1	1	0	0	3
煽动暴力抗拒法律实施罪④	危险犯	低	2	1	1	0	0	4
非法获取国家秘密罪⑤	危险犯	中	2	1	1	0	0	4
非法使用窃听、窃照专用器材罪⑥	侵害犯	低	2	1	1	0	1	5
拒不履行信息网络安全管理义务罪⑦	侵害犯	低	2	1	1	0	1	5
非法利用信息网络罪⑧	危险犯	中	4	1	1	0	0	6

---

① 罪状："编造并且传播影响证券、期货交易的虚假信息，扰乱证券、期货交易市场，造成严重后果的……"

② 罪状："广告主、广告经营者、广告发布者违反国家规定，利用广告对商品或者服务作虚假宣传，情节严重的……"

③ 罪状："违反国家规定，有下列非法经营行为之一，扰乱市场秩序，情节严重的……（四）其他严重扰乱市场秩序的非法经营行为……"

④ 罪状："煽动群众暴力抗拒国家法律、行政法规实施的……；造成严重后果的……"

⑤ 罪状："以窃取、刺探、收买方法，非法获取国家秘密的……；情节严重的……"

⑥ 罪状："非法使用窃听、窃照专用器材，造成严重后果的……"

⑦ 罪状："网络服务提供者不履行法律、行政法规规定的信息网络安全管理义务，经监管部门责令采取改正措施而拒不改正有下列情形之一的，处三年以下有期徒刑、拘役或者管制，并处或者单处罚金：（一）致使违法信息大量传播的；（二）致使用户信息泄露，造成严重后果的；（三）致使刑事案件证据灭失，情节严重的；（四）有其他严重情节的。"

⑧ 罪状："利用信息网络实施下列行为之一，情节严重的，处三年以下有期徒刑或者拘役，并处或者单处罚金：（一）设立用于实施诈骗、传授犯罪方法、制作或者销售违禁物品、管制物品等违法犯罪活动的网站、通信群组的；（二）发布有关制作或者销售毒品、枪支、淫秽物品等违禁物品、管制物品或者其他违法犯罪信息的；（三）为实施诈骗等违法犯罪活动发布信息的。"

续表

罪名 \ 构成要件要素	犯罪类型	行为（对象、工具途径）描述等级	6分	行为客体 1分	行为主体 1分	结果 1分	因果关系 1分	总分
帮助信息网络犯罪活动罪①	危险犯	中	4	1	1	0	0	6
扰乱无线电管理秩序罪②	危险犯	低	2	1	1	0	0	4
编造、故意传播虚假恐怖信息罪③	侵害犯	中	4	1	1	0	1	7
编造、故意传播虚假信息罪④	侵害犯	高	6	1	1	0	1	9
传授犯罪方法罪⑤	危险犯	低	1	1	1	0	0	3
侵害英雄烈士名誉、荣誉罪⑥	侵害犯	低	1	1	1	0	0	3
组织、利用会道门、邪教组织、利用迷信破坏法律实施罪⑦	危险犯	中	2	1	1	0	1	5
泄露不应公开的案件信息罪⑧	侵害犯	低	2	1	1	0	1	5

---

① 罪状："明知他人利用信息网络实施犯罪，为其犯罪提供互联网接入、服务器托管、网络存储、通信传输等技术支持，或者提供广告推广、支付结算等帮助，情节严重的……"

② 罪状："违反国家规定，擅自设置、使用无线电台（站），或者擅自使用无线电频率，干扰无线电通信秩序，情节严重的……"

③ 罪状："编造爆炸威胁、生化威胁、放射威胁等恐怖信息，或者明知是编造的恐怖信息而故意传播，严重扰乱社会秩序的……"

④ 罪状："编造虚假的险情、疫情、灾情、警情，在信息网络或者其他媒体上传播，或者明知是上述虚假信息，故意在信息网络或者其他媒体上传播，严重扰乱社会秩序的……"

⑤ 罪状："传授犯罪方法的……"

⑥ 罪状："侮辱、诽谤或者以其他方式侵害英雄烈士的名誉、荣誉，损害社会公共利益，情节严重的……"

⑦ 罪状："组织、利用会道门、邪教组织或者利用迷信破坏国家法律、行政法规实施的……蒙骗他人，致人重伤、死亡的……"

⑧ 罪状："司法工作人员、辩护人、诉讼代理人或者其他诉讼参与人，泄露依法不公开审理的案件中不应当公开的信息，造成信息公开传播或者其他严重后果的……"

续表

罪名＼构成要件要素	犯罪类型	行为（对象、工具途径）描述等级	6分	行为客体 1分	行为主体 1分	结果 1分	因果关系 1分	总分
披露、报道不应公开的案件信息罪①	危险犯	低	3	1	1	0	0	5
走私淫秽物品罪②	危险犯	中	3	1	1	0	0	5
制作、复制、出版、贩卖、传播淫秽物品牟利罪③	危险犯	低	2	1	1	0	0	4
为他人提供书号出版淫秽书刊罪④	危险犯	中	4	1	1	0	0	6
传播淫秽物品罪⑤	危险犯	中	4	1	1	0	0	6
组织播放淫秽音像制品罪⑥	危险犯	中	3	1	1	0	0	5

注：（1）本表中的"犯罪类型"及"结果"，仅指根据我国《刑法》分则的规定得出的结论，而根据相关司法解释，结论可能不一致（下节详述）。（2）侵害社会法益的传播犯罪共有25种，本部分只依据我国《刑法》分则的规定对具体犯罪的构成要件的明确性进行评析，而我国《刑法》第二百九十三条规定的寻衅滋事罪的构成要件要素中明确不包含传播行为，故此只对24种传播犯罪进行评析。

（二）侵害社会法益传播犯罪构成要件明确性评估得分的原因

1. 欺诈发行股票、债券罪。该罪罪状涉及的行为是以"隐瞒""编造"手段，"发行"股票、债券，但"隐瞒""编造"的对象即"重要

---

① 罪状："公开披露、报道第一款规定的案件信息，情节严重的……"
② 罪状："以牟利或者传播为目的，走私淫秽的影片、录像带、录音带、图片、书刊或者其他淫秽物品的……"
③ 罪状："以牟利为目的，制作、复制、出版、贩卖、传播淫秽物品的……"
④ 罪状："为他人提供书号，出版淫秽书刊的……"
⑤ 罪状："传播淫秽的书刊、影片、音像、图片或者其他淫秽物品，情节严重的……"
⑥ 罪状："组织播放淫秽的电影、录像等音像制品的……"

事实"或者"重大虚假内容",并不明确。另外,传播工具与途径未规定,但我国证券发行都有固定的网站,如股票是在上海或深圳证券交易所网站或上市公司的官方网站,债券多通过金融机构的官方网站,当然,也可能同时经由传统大众传媒进行传播。

2. 违规披露、不披露重要信息罪。该罪罪状的"披露"方式、途径,中国证监会有固定的渠道(后述),但"披露"的对象,主要是财务会计报告,至于"其他重要信息",并不明确。

3. 编造并传播证券、期货交易虚假信息罪。该罪要求的行为是"编造并传播",当然,至于传播工具、途径与方式并不明确,因为该罪主体并非特殊主体,所以肯定不限于中国证监会指定的媒体。至于传播的对象即"影响证券、期货交易的虚假信息",以下详述。

4. 虚假广告罪。虽然该罪的主体很明确,即广告主、广告经营者、广告发布者,但"违反国家规定"则属于典型的空白罪状;行为即"虚假宣传"的媒体、途径、方式也未进行限定。

5. 非法经营罪。该罪涉及传播的是违法经营出版物的行为,属于兜底条款"其他严重扰乱市场秩序的非法经营行为"所调整。该罪的构成要件高度模糊。

6. 煽动暴力抗拒法律实施罪。"煽动"的工具与途径未做限定;"抗拒国家法律、行政法规实施的"当然是主观目的。当该罪是危险犯即第一层次的犯罪时,需要达到何种危险即结果要件,并不明确。

7. 非法获取国家秘密罪。该罪的行为即非法获取类型有三种:窃取、刺探、收买方法,因法律规定中没有"等"字,故属于闭合型列举。其他手段或途径获得国家秘密,不构成此罪。当然,窃取、刺探、收买没有具体规定,如以色相作为交换而获取国家秘密,是否符合本罪的构成要件,并不明确。

8. 非法使用窃听、窃照专用器材罪。该罪最大的问题是,何为"窃听、窃照专用器材"。随着音视频传播工具与技术的快速发展,原来被视为"窃听、窃照专用器材"的传播工具，目前已经普及，这就存在一个如何认定的问题。

9. 拒不履行信息网络安全管理义务罪。该罪是纯正不作为犯，即只能以不作为方式实施的犯罪，故该罪无法规定行为方式。由于是不作为犯，该罪模糊度非常高：网络服务提供者有许多类型，每个类型应当有不同的法律义务，但目前法律和行政法律显然未能类型化地规定其义务，故不履行的对象即"法律、行政法规规定的信息网络安全管理义务"并不明确：是仅限于行政法上的管理义务，还是包括了民法上的注意义务——应当给予明确规定；监管部门的"责令"应当采取口头还是必须书面，未予明确；"采取改正措施"是否要考虑网络服务提供者的技术能力，如何证明其是否采取，如果采取的相关措施但未能达到行政部门的要求如何处理；构成要件结果中违法信息"大量"传播和"严重后果"，如何界定，均不清晰。

10. 非法利用信息网络罪。该罪构成要件中包括两类行为：一是设立网站、通讯群组；二是利用信息网络发布相关违法犯罪信息——行为类型相对明确，工具、途径也是特定的即网络传播。当然，由于是预备犯正犯化，只能是危险犯，结果与因果关系要素不明晰。

11. 帮助信息网络犯罪活动罪。该罪构成要件中的行为多种：提供互联网接入、服务器托管、网络存储、通信传输等技术支持，或者提供广告推广、支付结算。由于是帮助犯正犯化，也只能是危险犯，结果与因果关系要素不明晰。

12. 扰乱无线电管理秩序罪。该罪构成要件中的行为包括擅自设置、使用无线电台（站），和擅自使用无线电频率两种，行为对象也比较明确。

13. 编造、故意传播虚假恐怖信息罪。该罪是选择性罪名，可归为谣言传播犯罪，行为包括编造、传播或编造加传播三种。行为对象限于爆炸威胁、生化威胁、放射威胁等恐怖信息。可能是出于对恐怖信息传播结果的预防及打击要求，传播工具与途径未做限定，可理解为任何传播工具与途径。然而,一般的人际传播又很难导致"严重扰乱社会秩序"的后果。

14. 编造、故意传播虚假信息罪。与编造、故意传播虚假恐怖信息罪相同的是:该罪也是选择性罪名,可归为谣言传播犯罪,行为包括编造、传播或编造加传播三种;结果也要求是严重扰乱社会秩序。然而,行为对象限于险情、疫情、灾情、警情四种,属于闭合性列举;传播工具或途径限于信息网络及其他媒体,排除了人际传播。在传播犯罪中,该罪的构成要件是最为明确的。

15. 传授犯罪方法罪。该罪是高度开放性构成要件,对行为即"传授"没有进行任何规定,当然也未涉及传播工具与途径;关于行为对象即"犯罪方法",本身也存在模糊性。

16. 侵害英雄烈士名誉、荣誉罪。该罪构成要件中,行为即诽谤的工具、途径不明确;行为对象相对明确即英雄烈士的名誉、荣誉。整体上,该罪构成要件高度模糊。

17. 组织、利用会道门、邪教组织、利用迷信破坏法律实施罪。该罪构成要件的行为包括组织、利用会道门、邪教组织和利用迷信,破坏法律实施,但对如何组织、利用未进行明确,当然更未明确传播工具与手段。

18. 泄露不应公开的案件信息罪。该罪构成要件中,"泄露"的工具、途径、方式不明;"泄露"的对象即"依法不公开审理的案件中不应当公开的信息",表面上很明确,但"不应当公开的信息"是依法不应当公开的信息还是法院自己认为不应当公开的信息,存在模糊之处;造成信息公开传播,传播多大范围才算"公开传播";"其他严重后果"指什么,均不明确。

19. 披露、报道不应公开的案件信息罪。该罪与泄露不应公开的案件信息罪规定在我国《刑法》分则的同一条中,其行为即披露、报道的对象与之相同;但规定的是危险犯。整体构成要件比泄露不应公开的案件信息罪更为模糊。

20. 走私淫秽物品罪。该罪构成要件中，除行为对象明确规定是"淫秽的影片、录像带、录音带、图片、书刊或者其他淫秽物品"外，其他要素均不明确。

21. 制作、复制、出版、贩卖、传播淫秽物品牟利罪。该罪构成要件中，除列举了5种行为种类外，其他要素均不明确。

22. 为他人提供书号出版淫秽书刊罪。该罪构成要件中，除行为对象即书号明确外，其他要素均不明确。

23. 传播淫秽物品罪。该罪构成要件中，除行为对象明确规定"书刊、影片、音像、图片或者其他淫秽物品"外，其他要素均不明确。

24. 组织播放淫秽音像制品罪。该罪构成要件中，除行为对象明确规定是"音像制品"外，其他要素均不明确。

由上所述，我国侵害社会法益传播犯罪构成要件明确性分值的特点：（1）侵害社会法益传播犯罪构成要件明确性的平均分值为4.83，整体上比侵害国家法益的传播犯罪要清晰、明确。（2）在此类犯罪内部，涉及社会伦理（传播淫秽物品）的5种传播犯罪，非法经营罪、虚假广告罪、扰乱无线电管理秩序罪、传授犯罪方法罪以及侵害英雄烈士名誉、荣誉罪和披露、报道不应公开的案件信息罪的构成要件比较模糊，拉低了侵害社会法益传播犯罪构成要件明确性的平均分值。其中，传播型非法经营罪、虚假广告罪、扰乱无线电管理秩序罪、拒不履行信息网络安全管理义务罪这4个罪名的构成要件属空白罪状，占此类犯罪的16.67%。（3）属于谣言传播犯罪的编造并传播证券、期货交易虚假信息罪，编造、故意传播虚假恐怖信息罪和编造、故意传播虚假信息罪，构成要件明确性的分值较高，说明我国对谣言入罪在立法上还是比较慎重的（当然，其司法状况并不理想）。

三 我国侵害个体法益的传播犯罪构成要件明确性评估

(一) 我国侵害个体法益传播犯罪构成要件明确性的分值

侵害个体法益传播犯罪构成要件明确性的分值表

罪名 \ 构成要件要素	犯罪类型	行为（对象、工具途径）描述等级 / 6分		行为客体 1分	行为主体 1分	结果 1分	因果关系 1分	总分
侮辱罪①	危险犯	低	1	1	1	0	0	3
诽谤罪②	危险犯	低	1	1	1	0	0	3
煽动民族仇恨、民族歧视罪③	危险犯	低	1	1	1	0	0	3
出版歧视、侮辱少数民族作品罪④	侵害犯	中	4	1	1	0	1	6
侵犯公民个人信息罪⑤	危险犯	中	3	1	1	0	0	5
损害商业信誉、商品声誉罪⑥	侵害犯	中	3	1	1	0	1	6
诈骗罪⑦	侵害犯	低	1	1	1	0	1	4
敲诈勒索罪⑧	侵害犯	低	1	1	1	0	1	4
强迫交易罪⑨	危险犯	中	2	1	1	0	0	4

---

① 罪状："以暴力或者其他方法公然侮辱他人，情节严重的……"
② 罪状："以暴力或者其他方法捏造事实诽谤他人，情节严重的……"
③ 罪状："煽动民族仇恨、民族歧视，情节严重的……"
④ 罪状："在出版物中刊载歧视、侮辱少数民族的内容，情节恶劣，造成严重后果的……"
⑤ 罪状："违反国家有关规定，向他人出售或者提供公民个人信息，情节严重的……"
⑥ 罪状："捏造并散布虚伪事实，损害他人的商业信誉、商品声誉，给他人造成重大损失或者有其他严重情节的……"
⑦ 罪状："诈骗公私财物，数额较大的……"
⑧ 罪状："敲诈勒索公私财物，数额较大或者多次敲诈勒索的……"
⑨ 罪状："以暴力、威胁手段，实施下列行为之一，情节严重的……；(二) 强迫他人提供或者接受服务的……"

续表

罪名 \ 构成要件要素	犯罪类型	行为（对象、工具途径）描述等级	6分	行为客体 1分	行为主体 1分	结果 1分	因果关系 1分	总分
假冒注册商标罪①	危险犯	中	3	1	1	0	0	5
侵犯著作权罪②	危险犯	高	5	1	1	0	0	7
侵犯商业秘密罪③	侵害犯	低	2	1	1	0	1	5
销售侵权复制品罪④	侵害犯	低	2	1	1	0	1	5

注：本表中的"犯罪类型"及"结果"，仅指根据我国《刑法》分则的规定得出的结论，而根据相关司法解释，结论可能不一致（下节详述）。

（二）侵害个体法益传播犯罪构成要件明确性评估得分的原因

1. 侮辱罪。该罪犯罪构成中，行为即侮辱方式列举有"暴力"一种，但其他方式或工具、途径不明确。在现代汉语中，"侮辱"的含义是"使他人人格或名誉受到损害，蒙受耻辱"，⑤ 只说明了结果，未说明方式，故语言侮辱或传播手段均为侮辱方式。

2. 诽谤罪。该罪构成要件中，行为即诽谤的工具、途径不明确；当然，确定的方式是"捏造事实"。然而，"以暴力"是否作为诽谤的状语，也不明晰。现代汉语中，对"诽谤"的解释是"无中生有，说人坏话，毁人名誉"；⑥ ——据此，"诽谤"是一种非物理接触的"语言

---

① 罪状："未经注册商标所有人许可，在同一种商品上使用与其注册商标相同的商标，情节严重的……"
② 该罪罪状有6种行为。参见《刑法修正案（十一）》第二十条。
③ 该罪罪状有3种行为。参见《刑法修正案（十一）》第二十二条。
④ 罪状："以营利为目的，销售明知是本法第二百一十七条规定的侵权复制品，违法所得数额巨大的……"
⑤ 中国社会科学院语言研究所词典编辑室：《现代汉语词典》，商务印书馆2012年版，第1382页。
⑥ 中国社会科学院语言研究所词典编辑室：《现代汉语词典》，商务印书馆2012年版，第377页。

暴力"。

3. 煽动民族仇恨、民族歧视罪。该罪构成要件中，煽动的对象、方式、工具、途径不明；结果也不清晰。整体高度模糊。

4. 出版歧视、侮辱少数民族作品罪。该罪犯罪构成中，行为及行为对象明确，工具与途径其实也相对明确：无论纸质出版还是电子出版，都是出版。但何为"歧视、侮辱少数民族"，并不明确。"严重后果"也需要明确。

5. 侵犯公民个人信息罪。该罪构成要件是典型的空白罪状。2009年《刑法修正案（七）》增加了出售或者非法提供个人信息罪和非法获取公民个人信息罪，而2015年《刑法修正案（九）》将行为限于出售、提供两种，当然，这两种行为都可以传播手段进行。问题在于行为对象即"个人信息"和"违反国家有关规定"的明确性问题。需要强调：窃取手段本身就是违法的，但出售或提供公民个人信息的行为，并不必然违法的，更不意味着犯罪，而必须"违反国家有关规定"，而且必须"情节严重"。当然，由于我国《刑法》规定该罪时，民法并未对"个人信息"进行界定，当时未予明确也可理解，但目前，2017年《网络安全法》和2021年元月生效的《民法典》均对个人信息进行了界定，《刑法》也应跟进。另外，该罪的行为工具虽未明确，但实践中多以信息网络传播进行。

6. 损害商业信誉、商品声誉罪。该罪构成要件整体比较明确：首先，其行为要求"捏造并散布"，当然，散布的工具、途径未予明确；行为对象是"虚伪事实"，与谣言传播犯罪中的行为对象"虚假信息"有所不同，但未予界定。

7. 诈骗罪。诈骗行为本身主要是以言辞进行的行为，当然不排除以身体动作进行。但本书探讨的诈骗罪是利用媒体进行的传播型诈骗罪。该罪的行为类型、工具、途径与方式均未予以规定，目前以信息网络传播进行诈骗非常普遍。

8. 敲诈勒索罪。敲诈勒索既可以身体的物理行为进行，也可以言辞方式进行。本书探讨的敲诈勒索罪是利用媒体进行的传播型敲诈勒索罪。与诈骗罪构成要件类似，该罪的行为类型、工具、途径与方式均未予以规定，但实践中多以"曝光"（传播）为要挟进行。

9. 强迫交易罪。强迫交易既可以身体的物理行为进行，也可以言辞方式进行。本书探讨的强迫交易罪是利用媒体进行的传播型强迫交易罪，既强迫他人以财物换取传播服务。与敲诈勒索罪构成要件类似，该罪的行为类型、工具、途径与方式均未予以规定，但实践中也是多以"曝光"（传播）为要挟进行。

10. 假冒注册商标罪。该罪构成要件中，行为即"使用"未进行列举，是附着于商品本身使用还是在包装上使用？在广告宣传中使用是否构成此罪？该罪行为对象则清晰。

11. 侵犯著作权罪。该罪是侵害个人法益传播犯罪中构成要件最为明确的：行为包括复制、发行、出版、出售；行为对象包括文字作品、音乐、电影、电视、录像作品、计算机软件及其他作品；行为工具、途径与方式，当然包括传统媒体与网络传播。

12. 侵犯商业秘密罪。该罪构成要件的行为要素，主要包括披露和使用，传播型侵犯商业秘密罪的行为当然是披露。但法律对披露的工具、途径和方式均未明确。

13. 销售侵权复制品罪。该罪的行为即销售未予规定，销售本身可以传播手段进行，但以何种工具、途径和方式进行不明，所以仍然是开放性构成要件要素。行为对象与侵犯著作权罪的对象则一致。

由上所述，我国侵害个体法益传播犯罪构成要件明确性的分值的整体特点：（1）侵害个体法益传播犯罪构成要件明确性的平均分值为4.77，高于侵害国家法益的传播犯罪，低于侵害社会法益的传播犯罪。（2）在此类犯罪内部，涉及侮辱罪、诽谤罪和煽动民族仇恨、民族歧视罪的构成要件比较模糊，拉低了侵害个体法益传播犯罪构成要件明确性的平均分值。其中，只有侵犯公民个人信息罪的构成要件属空白罪状，占此类犯罪的6.67%。（3）出版歧视、侮辱少数民族作品罪，损害商业信誉、商品声誉罪和知识产权犯罪构成要件明确性的分值较高，说明我国对这几类行为入罪在立法上还是比较慎重的。

综上所述，我国传播犯罪立法中，除个别罪名外，绝大部分罪名构成要件比较模糊，存在不同程度的明确性问题，事实上造成传播犯罪制度的低门槛，为传播犯罪打击圈和刑罚的不适当扩张埋下了隐患。

第二节　中国司法解释中传播犯罪的明确性评估

为解决我国传播犯罪构成要件的模糊性问题，我国司法解释承担起相关罪名构成要件的明确化重担。自1998年以来，我国相关传播犯罪的规范性司法解释共有24个，其在不同程度上使我国《刑法》规定的传播犯罪构成要件得以明确化，但也存在甚至造成一些问题。

需要强调：本节研究中，只对司法解释中的个罪构成要件要素进行表面评估，司法解释本身是否合乎法理和宪法，是否科学，本节不做探讨。

一　司法解释与我国侵害国家法益的传播犯罪构成要件的明确性

（一）司法解释中我国侵害国家法益的传播犯罪的构成要件明确性的分值

司法解释中侵害国家法益的传播犯罪构成要件的明确性分值表

构成要件要素 罪名	行为（对象、工具与途径）		行为客体 1分	行为主体 1分	结果 1分	因果关系 1分	总分	增分
	描述等级	6分						
煽动分裂国家罪	低	1	1	1	0	0	3	0
煽动颠覆国家政权罪	低	1	1	1	0	0	3	0

续表

构成要件要素 罪名	行为（对象、工具与途径）描述等级	6分	行为客体 1分	行为主体 1分	结果 1分	因果关系 1分	总分	增分
为境外的机构、组织、人员窃取、刺探、收买、非法提供国家秘密罪	中	4	1	1	1	0	7	3
帮助恐怖活动罪	中	3	1	1	0	0	5	2
准备实施恐怖活动罪	高	6	1	1	0	0	8	4
宣扬恐怖主义、极端主义、煽动实施恐怖活动罪	高	6	1	1	0	0	8	2
利用极端主义破坏法律实施罪	中	3	1	1	0	0	5	2
非法持有宣扬恐怖主义、极端主义物品罪	高	5	1	1	0	0	7	3
故意泄露国家秘密罪	高	5	1	1	0	0	7	4
过失泄露国家秘密罪	低	2	1	1	0	0	4	1
煽动军人逃离部队罪	低	1	1	1	1	0	4	1
战时造谣扰乱军心罪	低	2	1	1	1	0	5	2
故意泄露军事秘密罪	中	4	1	1	0	0	6	3
过失泄露军事秘密罪	低	2	1	1	0	0	4	1

续表

构成要件要素\罪名	行为（对象、工具与途径）描述等级	6分	行为客体 1分	行为主体 1分	结果 1分	因果关系 1分	总分	增分
战时造谣惑众罪	低	1	1	1	0	0	3	0

说明：煽动分裂国家罪、煽动颠覆国家政权罪和战时造谣惑众罪的构成要件，因没有司法解释予以明确，故未进行统计。

（二）司法解释中我国侵害国家法益传播犯罪构成要件明确性增分原因

1. 为境外的机构、组织、人员窃取、刺探、收买、非法提供国家秘密罪。司法解释对该罪构成要件的明确如下：（1）对行为对象——国家秘密进行了界定；（2）列举了两种行为方式或途径，即"发送给境外的机构、组织、个人"和"发布"；（3）上述两种行为方式的工具均为"通过互联网"；（4）对"情节特别严重"和"情节较轻"进行了解释[①]——经解释，该罪构成要件明确性比《刑法》分则规定提高3分。

2. 帮助恐怖活动罪。司法解释对该罪构成要件的明确如下：（1）明确了"宣传"是为恐怖活动组织、实施恐怖活动、恐怖活动培训招募人员的重要手段。（2）明确了该罪犯罪主体包括已经实施恐怖活动的个人和准备实施、正在实施恐怖活动的个人，包括在我国领域内和在我国领域外实施恐怖活动的个人，也包括我国公民、外国公民和无国籍人[②]——经解释，该罪构成要件明确性比《刑法》分则规定提高2分。

3. 准备实施恐怖活动罪。根据《刑法》第一百二十条之二的规定，很难将该罪与"传播"挂钩，而司法解释对该罪构成要件的明确如下：

[①] 参见《为境外窃取、刺探、收买、非法提供国家秘密罪司法解释》第二条、第三条的规定。

[②] 参见《恐怖主义犯罪案办理意见》第一（二）的规定。

(1) 司法解释明确了该罪的 5 个类型的行为，其中两个类型是传播型行为；(2) 对工具及途径即网络传播的方式进行了详细列举①——经解释，该罪构成要件明确性比《刑法》分则规定提高 4 分。

4. 宣扬恐怖主义、极端主义、煽动实施恐怖活动罪。司法解释对该罪构成要件的明确如下：(1) 行为。《刑法》第一百二十条之三仅规定了行为方式包括"制作、散发"和"讲授、发布"，司法解释则明确了 5 种类型行为方式："编写、出版、印刷、复制、发行、散发、播放""设计、生产、制作、销售、租赁、运输、托运、寄递、散发、展示""登载、张贴、复制、发送、播放、演示""允许或者放任他人发布""利用教经、讲经、解经、学经、婚礼、葬礼、纪念、聚会和文体活动等宣扬"。(2) 行为对象。《刑法》第一百二十条之三仅规定了行为对象包括"图书、音频视频资料"和"信息"，司法解释则将行为对象进行了大幅度扩展。(3) 对行为工具和途径网络传播的方式进行了详细列举②——经解释，该罪构成要件明确性比《刑法》分则规定提高 2 分。

5. 利用极端主义破坏法律实施罪。司法解释将该罪定性为煽动型犯罪：6 种列举的行为和兜底条款全部为"煽动"行为。然而，对煽动的工具、途径、方式并未明确。当然，由于该罪与宣扬恐怖主义、极端主义、煽动实施恐怖活动罪共同规定于一个司法解释中，可参照该罪中

---

① 该罪涉及传播的行为包括：1. 以当面传授、开办培训班、组建训练营、开办论坛、组织收听收看音频视频资料等方式，或者利用网站、网页、论坛、博客、微博客、网盘、即时通信、通讯群组、聊天室等网络平台、网络应用服务组织恐怖活动培训的，或者积极参加恐怖活动心理体能培训，传授、学习犯罪技能方法或者进行恐怖活动训练的；2. 为实施恐怖活动，通过拨打电话、发送短信、电子邮件等方式，或者利用网站、网页、论坛、博客、微博客、网盘、即时通信、通讯群组、聊天室等网络平台、网络应用服务与境外恐怖活动组织、人员联络的。参见《恐怖主义犯罪案办理意见》第一（三）的规定。

② 该罪行为对象包括"图书、报刊、文稿、图片或者音频视频资料"和"标识、标志、服饰、旗帜、徽章、器物、纪念品"；行为工具和途径包括"网站、网页、论坛、博客、微博客、网盘、即时通信、通信群组、聊天室等网络平台、网络应用服务"和"教经、讲经、解经、学经、婚礼、葬礼、纪念、聚会和文体活动"。参见《恐怖主义犯罪案办理意见》第一（四）的规定。

的煽动工具、途径与方式进行解释①——经解释，该罪构成要件明确性比《刑法》分则规定提高2分。

6. 非法持有宣扬恐怖主义、极端主义物品罪。司法解释对该罪构成要件的明确如下：（1）行为对象。司法解释主要是明确了该罪行为对象及其数量。（2）行为工具。司法解释对行为工具的明确，事实上是通过对行为对象的明确而明确的，如电子图书、刊物和文档，均需以电子存储介质进行持有②——经解释，该罪构成要件明确性比《刑法》分则规定提高3分。

7. 故意泄露国家秘密罪。司法解释对该罪构成要件的明确如下：（1）行为。司法解释明确泄露行为包括"向公众散布、传播"，并特别强调了"通过互联网予以发布"系该罪。③（2）行为对象。司法解释主要明确了该罪行为对象（不同密级的国家秘密）及其数量。④（3）行为工具。司法解释明确了网络传播属于此罪的行为工具——经解释，该罪构成要件明确性比《刑法》分则规定提高4分。

8. 过失泄露国家秘密罪。司法解释对该罪构成要件，仅明确了行为对象（不同密级的国家秘密）及其数量——经解释，该罪构成要件明确性比《刑法》分则规定高1分。

9. 煽动军人逃离部队罪。事实上，司法解释对该罪构成要件中的行为及行为对象、工具、方式均未明确，只是对"情节严重"进行了明确。⑤——经解释，该罪构成要件明确性比《刑法》分则规定提高

---

① 参见《恐怖主义犯罪案办理意见》第一（五）的规定。
② 该罪行为对象包括"1. 图书、刊物二十册以上，或者电子图书、刊物五册以上的；2. 报纸一百份（张）以上，或者电子报纸二十份（张）以上的；3. 文稿、图片一百篇（张）以上，或者电子文稿、图片十篇（张）以上，或者电子文档五十万字符以上的；4. 录音带、录像带等音像制品二十个以上，或者电子音频视频资料五个以上，或者电子音频视频资料二十分钟以上的；5. 服饰、标志二十件以上的"。参见《恐怖主义犯罪案办理意见》第一（七）的规定。
③ 参见《为境外窃取、刺探、收买、非法提供国家秘密罪司法解释》第六条。
④ 包括"泄露绝密级或机密级国家秘密的；泄露秘密级国家秘密3项以上"。参见《关于人民检察院直接受理立案侦查案件立案标准的规定（试行）》第二（三）的规定。
⑤ 参见《公安管辖刑事案件立案标准（一）》第九十一条的规定。

1分。

10. 战时造谣扰乱军心罪。司法解释对该罪构成要件中的行为及行为对象、工具、方式均未明确，但对该罪可能达到的结果即法益侵害进行了明确，即编造或散布的谣言是要达到"怯战、厌战或者恐怖情绪"目的的谣言，其结果是"造成或者足以造成部队情绪恐慌、士气不振、军心涣散"，从而使该罪成为具体危险犯而非抽象危险犯①——经解释，该罪构成要件明确性比《刑法》分则规定提高2分。

11. 故意泄露军事秘密罪。司法解释对该罪构成要件的明确如下：（1）行为。司法解释明确泄露行为包括"向公众散布、传播"；（2）行为对象。司法解释主要是明确了该罪行为对象（不同密级的国家秘密）及其数量。②——经解释，该罪构成要件明确性比《刑法》有关规定提高3分。

12. 过失泄露军事秘密罪。司法解释对该罪构成要件，仅明确了行为对象（不同密级的军事秘密）及其数量——经解释，该罪构成要件明确性比《刑法》分则规定提高1分。

由上可见，除煽动分裂国家罪、煽动颠覆国家政权罪和战时造谣惑众罪因没有司法解释予以明确外，其他12种侵害国家法益的传播犯罪（占80%），均由司法解释对其构成要件进行了不同程度的明确，整体明确度为5.27分，平均增分2.17（除去司法解释未予明确的3种犯罪）；其中，准备实施恐怖活动罪和故意泄露国家秘密罪增分最多，为4分；为境外的机构、组织、人员窃取、刺探、收买、非法提供国家秘密罪，非法持有宣扬恐怖主义、极端主义物品罪和故意泄露军事秘密罪增分为3分；其他犯罪构成要件的明确性则提高不多。

---

① 参见《军人职责犯罪立案标准》第十六条的规定。
② 包括"泄露绝密级或机密级军事秘密一项（件）以上；泄露秘密级军事秘密3（件）以上"。参见《军人职责犯罪立案标准》第十四条的规定。

二 司法解释与我国侵害社会法益的传播犯罪构成要件的明确性

(一) 司法解释中我国侵害社会法益的传播犯罪的构成要件明确性的分值

司法解释中侵害社会法益的传播犯罪的构成要件的明确性分值表

构成要件要素 罪名	行为（对象、工具途径）描述等级	6分	行为客体 1分	行为主体 1分	结果 1分	因果关系 2分	总分	增分
欺诈发行股票、债券罪	中	3	1	1	1	1	7	2
违规披露、不披露重要信息罪	中	3	1	1	1	1	7	2
编造并传播证券、期货交易虚假信息罪	低	2	1	1	1	1	6	1
虚假广告罪	中	3	1	1	1	1	7	3
非法经营罪	高	6	1	1	0	0	8	5
煽动暴力抗拒法律实施罪	中	3	1	1	0	0	5	1
非法获取国家秘密罪	中	2	1	1	0	0	4	0
非法使用窃听、窃照专用器材罪	低	2	1	1	0	1	5	0
拒不履行信息网络安全管理义务罪	中	4	1	1	1	1	8	3
非法利用信息网络罪	高	5	1	1	1	0	8	2
帮助信息网络犯罪活动罪	高	5	1	1	1	0	8	2
扰乱无线电管理秩序罪	高	5	1	1	1	0	8	4

续表

构成要件要素 罪名	行为（对象、工具途径）描述等级 6分		行为客体 1分	行为主体 1分	结果 1分	因果关系 2分	总分	增分
编造、故意传播虚假恐怖信息罪	高	5	1	1	1	1	9	2
编造、故意传播虚假信息罪	高	6	1	1	0	1	9	0
寻衅滋事罪	高	5	1	1		1	8	8
传授犯罪方法罪	低	1	1	1	0	0	3	0
组织、利用会道门、邪教组织、利用迷信破坏法律实施罪	高	5	1	1		1	8	3
泄露不应公开的案件信息罪	低	2	1	1	0	1	5	0
披露、报道不应公开的案件信息罪	低	3	1	1	0	0	5	0
走私淫秽物品罪	中	4	1	1	0	0	6	1
制作、复制、出版、贩卖、传播淫秽物品牟利罪	中	4	1	1	1	0	7	2
为他人提供书号出版淫秽书刊罪	中	5	1	1	0	0	7	1
传播淫秽物品罪	高	6	1	1	0	0	8	2
组织播放淫秽音像制品罪	中	3	1	1	0	0	5	0

说明：非法获取国家秘密罪、非法使用窃听、窃照专用器材罪，编造、故意传播虚假信息罪，传授犯罪方法罪，侮辱、诽谤英雄烈士罪，泄露不应公开的案件信息罪，披露、报道不应公开的案件信息罪，组织播放淫秽音像制品罪的构成要件，因没有司法解释予以明确，故未进行统计。

（二）司法解释中我国侵害社会法益传播犯罪构成要件明确性增分原因

1. 欺诈发行股票、债券罪。司法解释对该罪构成要件的行为要素进行了明确，即列举了 4 种行为，但对行为对象和工具、途径、方式均未明确。上述行为中，第一种即"伪造政府公文、有效证明文件或者相关凭证、单据"涉及传播行为。对犯罪结果进行了明确[①]——经解释，该罪构成要件明确性比《刑法》第一百六十条的有关规定提高 2 分。

2. 违规披露、不披露重要信息罪。司法解释对该罪构成要件的行为要素进行了明确，即列举了 4 种行为（均可以传播方式进行），但对行为对象和工具、途径、方式均未明确。另外，对犯罪结果进行了明确[②]——经解释，该罪构成要件明确性比《刑法》第一百六十一条的有关规定提高 2 分。

3. 编造并传播证券、期货交易虚假信息罪。司法解释对该罪构成要件的行为要素未进行明确，但对犯罪结果进行了明确[③]——经解释，该罪构成要件明确性比《刑法》第一百八十一条的有关规定提高 1 分。

4. 虚假广告罪。司法解释对该罪构成要件的行为要素仅列举了一种行为：假借预防、控制突发事件的名义，利用广告作虚假宣传。[④] 但对结果要素进行了明确——经解释，该罪构成要件明确性比《刑法》第二百二十二条的有关规定提高 2 分。

5. 非法经营罪。司法解释对该罪构成要件的明确如下：(1) 行为。司法解释列举了以下种 5 传播行为可作为非法经营行为：出版、

[①] 这 4 种行为是：伪造政府公文、有效证明文件或者相关凭证、单据的；股民、债权人要求清退，无正当理由不予清退的；利用非法募集的资金进行违法活动的；转移或者隐瞒所募集资金的参见《经济犯罪案追诉标准》第四条和《公安管辖刑事案件立案标准（二）》第五条。

[②] 这种行为是：虚增或者虚减资产；虚增或者虚减利润；将亏损披露为盈利，或者将盈利披露为亏损；多次提供虚假的或者隐瞒重要事实的财务会计报告，或者多次对依法应当披露的其他重要信息不按照规定披露。参见《公安管辖刑事案件立案标准（二）》第六条。

[③] 参见《公安管辖刑事案件立案标准（二）》第三十七条。

[④] 参见《公安管辖刑事案件立案标准（二）》第七十五条。

印刷、复制、发行书刊、影片、音像、图片、软件等非法出版物的行为;① 非法从事出版物的出版、印刷、复制、发行业务，严重扰乱市场秩序的行为；采取租用国际专线、私设转接设备或者其他方法，擅自经营国际电信业务或者涉港澳台电信业务进行营利活动，扰乱电信市场管理秩序的行为；非法生产、销售"伪基站"设备；以营利为目的，通过信息网络有偿提供删除信息服务，或者明知是虚假信息，通过信息网络有偿提供发布信息等服务，扰乱市场秩序的行为。（2）行为对象。出版、印刷、复制、发行书刊、影片、音像、图片、软件以外的"其他非法出版物"；国际电信业务或者涉港澳台电信业务；删除信息或发布信息。（3）行为工具或方式。前述行为中，实质上规定了传统媒体、网络媒体等传播工具；行为方式也很明确。（4）行为性质即情节。对"情节严重""情节特别严重"进行了解释②——经解释，该罪构成要件明确性比《刑法》第二百二十五条的有关规定提高5分。

6. 煽动暴力抗拒法律实施罪。只有一个司法解释涉及该罪，并规定该罪行为方式之一是利用信息网络进行煽动③——经解释，该罪构成要件明确性比《刑法》第二百七十八条的有关规定提高1分。

7. 拒不履行信息网络安全管理义务罪。该罪是纯正不作为的犯罪，故行为方式是《刑法》第二百八十六条之一中规定的"不履行"和"拒不改正"。司法解释对下列构成要件要素进行了明确：（1）行为即不作为的对象。依照司法解释，网络服务提供者拒不履行的对象，是"监管部门责令采取改正措施"，指网信、电信、公安等依照法律、行

---

① 需要强调：非法出版、复制、发行他人作品，侵犯著作权构成犯罪的，按照侵犯著作权罪定罪处罚，不认定为非法经营罪等其他犯罪。参见《知识产权刑事案件办理意见》第十二条。

② 参见《非法出版物刑事案司法解释》第十一至第十四条，《公安管辖刑事案件立案标准（二）》第七十九条（五）、（六）、（七）；《网络诽谤解释》第七条，《非法生产销售使用"伪基站"案办理意见》第一（一）条。

③ 参见《网络诽谤解释》第九条。

政法规的规定承担信息网络安全监管职责的部门在"责令整改通知书或者其他文书"上要求的网络服务提供者采取的"改正措施"。①（2）行为工具或方式。网络服务提供者应当采取的措施，只能以信息网络为工具，以作为的方式进行。（3）行为性质即情节。对"致使违法信息大量传播""造成严重后果""情节严重""有其他严重情节"进行了解释——经解释，该罪构成要件明确性比《刑法》第二百八十六条之一的有关规定提高3分。

8. 非法利用信息网络罪。司法解释对该罪构成要件的明确如下：（1）行为。司法解释对该罪中的"违法犯罪"概念进行了界定，明确其包括犯罪行为和属于刑法分则规定的行为类型但尚未构成犯罪的违法行为；对"发布信息"的界定为：利用信息网络提供信息的链接、截屏、二维码、访问账号密码及其他指引访问服务。（2）行为工具或方式。在对行为的界定中，明确了信息网络作为工具。（3）行为性质即情节。对"情节严重""有其他严重情节"进行了解释②——经解释，该罪构成要件明确性比《刑法》第二百八十七条之一的有关规定提高2分。

9. 帮助信息网络犯罪活动罪。司法解释对该罪构成要件的明确如下：（1）行为。司法解释增加列举了以下三种帮助信息网络犯罪活动的行为：提供专门用于违法犯罪的程序、工具或者其他技术支持、帮助；频繁采用隐蔽上网、加密通信、销毁数据等措施或者使用虚假身份，逃避监管或者规避调查的；为他人逃避监管或者规避调查提供技术支持、帮助。（2）行为工具或方式。在对行为的界定中，明确了信息网络及其技术作为工具。（3）行为性质即情节。对"情节严重""有其他严重情节"进行了解释③——经解释，该罪构成要件明确性比《刑法》第二百八十七条之二的有关规定提高2分。

---

① 参见《非法利用信息网络等刑事案司法解释》第二条。
② 参见《非法利用信息网络等刑事案司法解释》第八、九条。
③ 参见《非法利用信息网络等刑事案司法解释》第十一、十二条。

10. 扰乱无线电管理秩序罪。司法解释对该罪构成要件的明确如下：（1）行为。司法解释增加列举了以下 5 种扰乱无线电管理秩序罪的行为：未经批准设置无线电广播电台（以下简称"黑广播"），非法使用广播电视专用频段的频率的；未经批准设置通信基站（以下简称"伪基站"），强行向不特定用户发送信息，非法使用公众移动通信频率的；未经批准使用卫星无线电频率的；非法设置、使用无线电干扰器的；非法使用"伪基站"设备干扰公用电信网络信号。（2）行为工具或方式。在对行为的界定中，明确了以无线电广播电台并使用广播电视专用频段的频率为工具、方式。（3）行为性质即情节。对"情节严重""情节特别严重"进行了解释①——经解释，该罪构成要件明确性比《刑法》第二百八十八的有关规定提高 4 分。

11. 编造、故意传播虚假恐怖信息罪。司法解释对该罪构成要件的明确如下：（1）行为。明确编造虚假恐怖信息罪必须包括传播或放任传播的行为。② （2）行为对象。司法解释对虚假恐怖信息进行了界定。③ （3）行为性质即情节。对"严重扰乱社会秩序""造成严重后果"进行了明确。④ ——经解释，该罪构成要件明确性比《刑法》第二百九十一条之一的有关规定高 2 分。

12. 寻衅滋事罪。该罪在《刑法》分则规定中，均针对破坏现实物理空间秩序的行为，与传播无关。但经过《网络诽谤解释》的解释，将行为扩展到信息传播。（1）行为。司法解释规定了两种网络传播型寻衅滋事罪：一是利用信息网络辱骂、恐吓他人，情节恶劣，破坏社会秩序的行为；二是编造虚假信息，或者明知是编造的虚假信息，在信息网络上散布，或者组织、指使人员在信息网络上散布，起哄闹事，造成

---

① 参见《扰乱无线电通讯管理秩序案司法解释》第一、二条，《非法生产销售使用"伪基站"案办理意见》第一（二）条。
② 参见《虚假恐怖信息案司法解释》第一条。
③ 参见《虚假恐怖信息案司法解释》第六条。
④ 参见《虚假恐怖信息案司法解释》第二、三、四条。

公共秩序严重混乱的行为。(2) 行为对象。司法解释对行为的规定中，明确了两种对象：一是自然人，二是社会秩序。(3) 行为工具。司法解释明确此种寻衅滋事行为只能以信息网络进行，不包括其他媒体。[①] 由于司法解释以类推方法将寻衅滋事适用于网络传播，故不能将此类推定性为对构成要件的明确。

13. 组织、利用会道门、邪教组织、利用迷信破坏法律实施罪。司法解释对该罪构成要件的明确如下：(1) 行为。司法解释将三种涉及传播的行为列入该罪打击范围：煽动、蒙骗成员或者他人不履行法定义务的行为；使用"伪基站""黑广播"等无线电台（站）或者无线电频率宣扬邪教的行为；利用通信信息网络宣扬邪教的行为。(2) 行为工具。司法解释明确此种寻衅滋事行为可以传统媒体（"伪基站""黑广播"）和信息网络进行。(3) 行为性质即情节。对"情节特别严重""情节较轻"进行了明确[②]——经解释，该罪构成要件明确性比《刑法》第三百条的有关规定提高2分。

14. 走私淫秽物品罪。司法解释对该罪构成要件，仅对行为对象进行了明确：包括"其他通过文字、声音、形象等形式表现淫秽内容的影碟、音碟、电子出版物等物品"[③]——经解释，该罪构成要件明确性比《刑法》第一百五十二条的有关规定提高1分。

15. 制作、复制、出版、贩卖、传播淫秽物品牟利罪。司法解释对该罪构成要件的明确如下：(1) 行为。司法解释增加列举了3种行为：利用互联网、移动通信终端制作、复制、出版、贩卖、传播淫秽电子信息；明知他人用于出版淫秽书刊而提供书号、刊号；通过声讯台传播淫秽语音信息；通过投放广告等方式向淫秽网站直接或者间接提供资金，或者提供费用结算服务。(2) 行为对象。对"其他淫秽物品"进行了界定。(3) 行为工具。司法解释明确了下列行为工具或方式：利用聊

---

① 参见《网络诽谤解释》第五条。
② 参见《组织、利用邪教破坏法律实施等刑事案司法解释》第二、三、四条。
③ 参见《公安管辖刑事案件立案标准（一）》第二十五条。

天室、论坛、即时通信软件、电子邮件等方式。(4) 行为性质即情节。对"情节特别严重""情节严重"进行了明确。①——经解释,该罪构成要件明确性比《刑法》第三百六十三条第一款的有关规定提高2分。

16. 为他人提供书号出版淫秽书刊罪。司法解释对该罪构成要件的明确如下:(1) 行为。司法解释增加列举了两种行为:为他人提供书号、刊号出版淫秽书刊的行为;为他人提供版号出版淫秽音像制品的行为。(2) 行为对象。包括书号、刊号和版号。——经解释,该罪构成要件明确性比《刑法》第三百六十三条第二款的有关规定高1分。

17. 传播淫秽物品罪。司法解释对该罪构成要件的明确如下:(1) 行为。司法解释增加列举了4种行为:不以牟利为目的,利用互联网或者转移通信终端传播淫秽电子信息;利用互联网建立主要用于传播淫秽电子信息的群组;在自己所有、管理或者使用的网站或者网页上为淫秽电子信息提供直接链接;允许或者放任他人在自己所有、管理的网站或者网页上发布淫秽电子信息;提供互联网接入、服务器托管、网络存储空间、通信传输通道、代收费等服务,并收取服务费。② (2) 行为工具。司法解释明确了下列行为工具或方式:利用聊天室、论坛、即时通信软件、电子邮件等方式。(3) 行为性质即情节。对"情节严重"进行了明确。③——经解释,该罪构成要件明确性比《刑法》第三百六十四条的有关规定提高2分。

由上可见,除非法获取国家秘密罪,非法使用窃听、窃照专用器材罪,编造、故意传播虚假信息罪,传授犯罪方法罪,泄露不应公开的案件信息罪,披露、报道不应公开的案件信息罪和组织播放淫秽音像制品

---

① 参见《利用互联网等传播淫秽信息案司法解释(一)》第一、二、五、九条,《非法出版物刑事案司法解释》第十条和《利用互联网等传播淫秽信息案司法解释(二)》第一、七条。

② 参见《利用互联网等传播淫秽信息案司法解释(一)》第三、四条,《利用互联网等传播淫秽信息案司法解释(二)》第三、五、六条。

③ 参见《非法出版物刑事案司法解释》第十条《利用互联网等传播淫秽信息案司法解释(一)》第三条。

罪这 7 种犯罪因没有司法解释予以明确外，其他 17 种侵害国家法益的传播犯罪（占 71%），均由司法解释对其构成要件进行了不同程度的明确；整体明确度为 6.67 分，平均增分 2.12（除去司法解释未予明确的 7 种犯罪）：其中，非法经营罪和扰乱无线电管理秩序罪增分最多，分别为 5 分和 4 分。

三 司法解释与我国侵害个体法益的传播犯罪构成要件的明确性

（一）司法解释中我国侵害个体法益的传播犯罪的构成要件明确性的分值

司法解释中侵害个体法益传播犯罪的构成要件的明确性分值表

构成要件要素 罪名	行为（对象、工具途径）描述等级	6分	行为客体 1分	行为主体 1分	结果 1分	因果关系 1分	总分	增分
侮辱罪	低	1	1	1	0	0	3	0
诽谤罪	高	5	1	1	1	1	9	6
煽动民族仇恨、民族歧视罪	低	1	1	1	0	0	3	0
出版歧视、侮辱少数民族作品罪	中	4	1	1	0	1	7	0
侵犯公民个人信息罪	高	5	1	1	1	1	9	4
损害商业信誉、商品声誉罪	中	3	1	1	0	1	6	0
诈骗罪	高	5	1	1	1	1	9	5
敲诈勒索罪	低	2	1	1	1	1	6	2
强迫交易罪	中	2	1	1	0	0	4	0
假冒注册商标罪	高	5	1	1	1	0	8	3
侵犯著作权罪	高	6	1	1	1	0	9	2

续表

构成要件要素\罪名	行为（对象、工具途径）描述等级	6分	行为客体 1分	行为主体 1分	结果 1分	因果关系 1分	总分	增分
侵犯商业秘密罪	低	2	1	1	0	1	5	0
销售侵权复制品罪	低	2	1	1	0	1	5	0

说明：侮辱罪，煽动民族仇恨、民族歧视罪，出版歧视、侮辱少数民族作品罪，损害商业信誉、商品声誉罪，强迫交易罪，侵犯商业秘密罪和销售侵权复制品罪的构成要件因没有司法解释予以明确，故未进行统计。

（二）司法解释中我国侵害个体法益传播犯罪构成要件明确性增分原因

1. 诽谤罪。司法解释对该罪构成要件的明确如下：（1）行为。司法解释规定了3种"捏造事实诽谤他人"的行为：捏造事实并散布；篡改信息并散布；在网络上散布。[①]（2）行为工具。司法解释明确了该罪的行为工具即信息网络。（3）行为性质即情节及后果。对"情节严重"进行了明确[②]——经解释，该罪构成要件明确性比《刑法》第二百四十六条第一款的有关规定提高6分。

2. 侵犯公民个人信息罪。司法解释对该罪构成要件的明确如下：（1）行为。司法解释规定了以下几种侵犯公民个人信息的行为：向特定人提供；通过网络等途径发布；以购买、收受、交换等方式获取，或在履职、提供服务过程中收集；设立用于实施上述有关违法犯罪活动的

---

① 《网络诽谤解释》第一条规定："具有下列情形之一的，应当认定为刑法第二百四十六条第一款规定的'捏造事实诽谤他人'：（一）捏造损害他人名誉的事实，在信息网络上散布，或者组织、指使人员在信息网络上散布的；（二）将信息网络上涉及他人的原始信息内容篡改为损害他人名誉的事实，在信息网络上散布，或者组织、指使人员在信息网络上散布的；明知是捏造的损害他人名誉的事实，在信息网络上散布，情节恶劣的，以'捏造事实诽谤他人'论。"

② 参见《网络诽谤解释》第二、三条。

网站、通讯群组。① 司法解释还明确了违反国家有关规定的含义。②（2）行为工具。司法解释明确了该罪的行为工具主要是信息网络，当然也包括其他工具。（3）行为性质即情节及后果。对"情节严重""情节特别严重"进行了明确③——经解释，该罪构成要件明确性比《刑法》第二百五十三条之一的有关规定提高4分。

3. 诈骗罪。司法解释对该罪构成要件的明确如下：（1）行为。司法解释规定了两种传播型诈骗手段：利用传播手段对不特定多数人的诈骗行为；明知他人实施诈骗犯罪，为其提供信用卡、手机卡、通信工具、通信传输通道、网络技术支持、费用结算等帮助。④（2）行为工具与方式。司法解释明确了该罪的行为工具与方式包括短信、电话或者利用互联网、广播电视、报纸杂志等。⑤（3）行为性质即情节及后果。司法解释对"数额较大""数额巨大""数额特别巨大"进行了明确——经解释，该罪构成要件明确性比《刑法》第二百六十六条的有关规定提高5分。

4. 敲诈勒索罪。司法解释对该罪构成要件的明确如下：（1）行为。司法解释对传播型敲诈勒索，只规定了利用新闻工作者身份进行，对工具、途径与方式未明确。（2）行为性质即情节及后果。司法解释对"数额较大""多次敲诈勒索"进行了明确。——经解释，该罪构成要件明确性比《刑法》第二百七十四条的有关规定高2分。

5. 假冒注册商标罪。司法解释对该罪构成要件的明确如下：（1）行为。司法解释对该罪列举了以下几种行为：未经注册商标所有人许可，在同一种商品上以广告宣传、展览等方式使用与相同的商标；伪造、擅自制造他人注册商标标识或者销售伪造、擅自制造的注册商标

---

① 参见《个人信息刑事司法解释》第三、四、八条。
② 参见《个人信息刑事司法解释》第二条。
③ 参见《个人信息刑事司法解释》第五、六条。
④ 参见《诈骗案司法解释》第二条（一）和第七条。
⑤ 参见《诈骗案司法解释》第二条（一）。

标识。[1]（2）行为对象。司法解释对该罪的行为对象"同一种商品"[2]和"相同的注册商标"两个概念，进行了明确界定。[3]（3）行为性质即情节及后果。司法解释对"情节严重""情节特别严重""数额较大""数额巨大"进行了明确[4]——经解释，该罪构成要件明确性比《刑法》第二百一十三条的有关规定提高3分。

6. 侵犯著作权罪。司法解释对该罪构成要件的明确如下：（1）行为。司法解释对将以下行为列入侵犯著作权行为：通过信息网络向公众传播构成复制发行；没有得到著作权人授权或者伪造、涂改著作权人授权许可文件或者超出授权许可范围的情形属于"未经著作权人许可"。[5] 以在他人作品中刊登收费广告、捆绑第三方作品等方式直接或者间接收取费用；或通过信息网络传播他人作品，或者利用他人上传的侵权作品，在网站或者网页上提供刊登收费广告服务，直接或者间接收取费用；以会员制方式通过信息网络传播他人作品，收取会员注册费或者其他费用的情形，属于"以营利为目的"。[6] "复制发行"包括复制、发行或者既复制又发行的行为；[7] "发行"，包括总发行、批发、零售、通过信息网络传播以及出租、展销[8]和侵权产品的持有人通过广告、征

---

[1] 参见《知识产权刑事案件司法解释（一）》第一、三、八条。
[2] 名称相同的商品以及名称不同但指同一事物的商品，可以认定为"同一种商品"。"名称"是指国家工商行政管理总局商标局在商标注册工作中对商品使用的名称，通常即《商标注册用商品和服务国际分类》中规定的商品名称。"名称不同但指同一事物的商品"是指在功能、用途、主要原料、消费对象、销售渠道等方面相同或者基本相同，相关公众一般认为是同一种事物的商品。参见《知识产权刑事案件办理意见》第五条。
[3] "与其注册商标相同的商标"指：改变注册商标的字体、字母大小写或者文字横竖排列，与注册商标之间仅有细微差别的；改变注册商标的文字、字母、数字等之间的间距，不影响体现注册商标显著特征的；改变注册商标颜色的；其他与注册商标在视觉上基本无差别、足以对公众产生误导的商标。参见《知识产权刑事案件办理意见》第五条。
[4] 参见《知识产权刑事案件司法解释（一）》第一、二、三条。
[5] 参见《知识产权刑事案件司法解释（一）》第十一条。
[6] 参见《知识产权刑事案件办理意见》第十条。
[7] 参见《知识产权刑事案件司法解释（二）》第二条。
[8] 参见《知识产权刑事案件办理意见》第十二条第一款。

订等方式推销侵权产品。① （2）行为性质即情节及后果。司法解释对"数额较大""严重情节""数额巨大""特别严重情节""其他严重情节"进行了明确。② ——经解释，该罪构成要件明确性比《刑法》第二百一十七条第一款的有关规定高2分。

总之，在13种侵害个体法益的传播犯罪中，只有6种由司法解释对其构成要件进行了不同程度的明确（占46%），整体明确度为6.46分，平均增分3.67（除去司法解释未予明确的7种犯罪）；其中，诽谤罪和诈骗罪增分最多，分别为6分和5分。

由本节分析可见：由于司法解释的规定，侵害国家、社会和个体法益的三类53种传播犯罪中，共有35种传播犯罪的构成要件得到不同程度的明确。三类传播犯罪构成要件解释率分别为80%、71%和46%，即：侵害国家法益的传播犯罪构成要件受到较高重视，而侵害个体法益传播犯罪构成要件一半以上未得到解释；经过解释，三类传播犯罪构成要件平均增分分别为2.17分、2.12分和3.67分，显然，对侵害个体法益的6种传播犯罪构成要件的解释效果最好；而三类传播犯罪中，经过解释，整体明确度分别为5.27分、6.67分、6.46分——显然，侵害社会法益的传播犯罪构成要件明确度最高，侵害国家法益的传播犯罪构成要件明确度依然较低。

第三节　传播犯罪的空白罪状问题

刑法学界对"空白罪状"有多种界定，其本质特征在于刑法条文本身未对具体犯罪构成的行为要件作出具体、明确的表述，而是由相关的规范或制度加以具体、明确的规定，③ 即：有无参照其他法律法规是

---

① 《知识产权刑事案件司法解释（二）》第二条第二款。
② 参见《知识产权刑事案件司法解释（一）》第五条、《知识产权刑事案件司法解释（二）》第一条、《知识产权刑事案件办理意见》第十三条。
③ 刘树德：《罪刑法定原则中空白罪状的追问》，《法学研究》2001年第2期。

根本性标志。当然，"参照"其他法律法规的表述可能多种，有"违反国家规定""违反法律法规""不履行法律法规规定的……"等。事实上，空白罪状可分为：形式的空白罪状，即有"参照"其他法律法规或类似表述之规定的空白罪状；实质的空白罪状，即相关构成要件未规定参照其他法律法规，但仅有简单的行为概念，没有行为类型化列举和工具与方式途径的规定，高度抽象，必须经刑法解释方能适用。

由上界定可见：在侵害国家法益传播犯罪中，典型的属于空白罪状的罪名为故意泄露国家秘密罪、过失泄露国家秘密罪、故意泄露军事秘密罪、过失泄露军事秘密罪；在侵害社会法益的传播犯罪中，典型的属于空白罪状的罪名为虚假广告罪、非法经营罪、非法使用窃听、窃照专用器材罪，拒不履行信息网络安全管理义务罪；① 在侵害个体法益的传播犯罪中，典型的属于空白罪状的罪名为侵害个人信息罪。但是，就《刑法》本身的规定而言，如果从构成要件的明确性考虑，除了宣扬恐怖主义、极端主义、煽动实施恐怖活动罪和非法持有宣扬恐怖主义、极端主义物品罪，非法利用信息网络罪，帮助信息网络犯罪活动罪，编造、故意传播虚假恐怖信息罪编造、故意传播虚假信息罪，为他人提供书号出版淫秽书刊罪，传播淫秽物品罪，出版歧视、侮辱少数民族作品罪和侵犯著作权罪这10种犯罪外，② 其他传播犯罪的构成要件都可以列入实质的空白罪状。

关于"空白罪状"问题，学界有从法律明确性角度，认为"空白罪状"违反罪刑法定原则；③ 但也有观点认为，其并不违反实质依法治国及实质罪刑法定原则。④ 本书认为，"空白罪状"主要涉及明确性原

---

① 在侵害社会法益的传播犯罪中，煽动暴力抗拒法律实施罪的构成要件，虽然没有明确具体的法律与行政法规，但该罪构成要件并不是空白罪状，因为所有的国家法律、行政法规都是要抗拒的对象。
② 依本章第一节的评估，上述罪名犯罪构成得分为4—6分。
③ 刘树德：《罪刑法定原则中空白罪状的追问》，《法学研究》2001年第2期。
④ 刘艳红、周佑勇：《行政刑法的一般理论》，北京大学出版社2008年版，第48页。

则，对此，不能先入为主地认为"空白罪状"天然地违反该原则，也不能认为它是"刑法相对明确的一种立法体现"①：是否违反，还需要分析其所参照的法律法规中的相关规定是否明确，如果相关规定本身就很模糊或存在分歧，则"空白罪状"肯定违反明确性原则。申言之，形式的空白罪状并不一定违反刑法的明确性原则，"空白罪状因为存在参照规范，只要参照规范是明确的，则应当认为并不违反明确性的要求"②。而因为有《保守国家秘密法》《保守国家秘密法实施条例》《军事设施保护法》等法律法规的存在，故意或过失泄露国家或军事秘密的犯罪，很难说存在明确性问题。而且，"空白罪状"即使违反明确性原则，在某种情况下也是囿于立法的历史局限，有其"必然性"。

形式的空白罪状涉及法律法规的引用问题。本节通过对拒不履行信息网络安全管理义务罪、侵犯公民个人信息罪的空白罪状问题进行分析，主要探讨形式的空白罪状问题。

一 拒不履行信息网络安全管理义务罪的空白罪状问题

《刑法》第二百八十六条之一规定的拒不履行信息网络安全管理义务罪的构成要件，因为需要参照"法律、行政法规规定的信息网络安全管理义务"，所以是典型的空白罪状。

(一) 法定的"信息网络安全管理义务"及其结论

学界通常认为，信息网络安全管理义务的设定，应当根据不同网络服务提供者的性质、类型进行。关于网络服务提供者的分类，学界一般根据其提供的"服务"类型进行划分，认为可分为网络接入服务提供

---

① 杨剑波：《刑法明确性原则研究》，中国人民公安大学出版社2010年版，第99页。
② 陈兴良：《刑法的明确性问题——以〈刑法〉第225条第4项为例的分析》，《中国法学》2011年第4期。

者、网络平台服务提供者、网络内容及产品服务提供者。①

关于拒不履行信息网络安全管理义务罪,《非法利用信息网络等刑事案司法解释》不仅对网络服务提供者进行了类型划分,② 而且对"监管部门责令采取改正措施"及法益侵害后果即"致使违法信息大量传播""造成严重后果""情节严重"均进行了解释,然而,对至关重要的"信息网络安全管理义务",却未进行解释,该罪的行为对象这一构成要件的关键要素,仍不明晰。

理论上,"信息网络安全管理义务"可分为信息网络流程管理义务、设施管理义务及信息内容管理义务三大类。《网络安全法》就是依照这种分类进行的规定:

1. 信息网络流程管理义务

这种义务比较复杂,包括制度和操作规程、技术措施、技术产品的管理。(1) 内部网络流程管理义务即"网络安全保护义务";③ (2) 对

---

① 1. 网络接入服务提供者就是所有为信息网络用户提供联通信息网络服务的单位或个人;"接入"既指连接一个宽带光纤等物理接入,也指把一个网站等信息载体成功与互联网连接,为接入互联网而进行的一系列配套增值服务,如空间出租,服务器托管等。2. 网络平台服务提供者(Internet Presence Provider)是指提供搜索引擎、存储、分享服务,电子商务服务平台、社交网络服务平台等平台服务的提供者,包括单位和自然人。3. 网络内容及产品服务提供者即指为网络用户提供网络内容和网络产品服务的单位或自然人。网络内容提供者(Internet Content Provider)即向网络用户综合提供网络信息业务和增值业务的运营者,如新浪、搜狐等。网络产品提供者即为用户提供满足其需求的信息网络功能与服务的信息网络运营者。"网络产品"是指网站为满足用户需求而创建的用于运营的功能和服务,是满足信息网络用户需求和欲望的无形载体,是网站功能与服务的集成,如腾讯的产品是"QQ",博客网的产品是"博客"等。谢望原:《论拒不履行信息网络安全管理义务罪》,《中国法学》2017 年第 2 期。

② 根据《非法利用信息网络等刑事案司法解释》第一条,网络服务提供者分三类,分别提供以下服务:1. 网络接入、域名注册解析等信息网络接入、计算、存储、传输服务;2. 信息发布、搜索引擎、即时通信、网络支付、网络预约、网络购物、网络游戏、网络直播、网站建设、安全防护、广告推广、应用商店等信息网络应用服务;3. 利用信息网络提供电子政务、通信、能源、交通、水利、金融、教育、医疗等公共服务。

③ 《网络安全法》第二十一条规定这些义务包括:制定内部安全管理制度和操作规程,确定网络安全负责人,落实网络安全保护责任;采取防范计算机病毒和网络攻击、网络侵入等危害网络安全行为的技术措施;采取监测、记录网络运行状态、网络安全事件的技术措施,并按照规定留存相关的网络日志不少于六个月;采取数据分类、重要数据备份和加密等措施;法律、行政法规规定的其他义务。参见《网络安全法》第二十一条。

网络服务提供者的网络产品、服务规定了符合相关国家标准、持续提供安全维护和收集用户个人信息时向用户明示并取得同意的强制性义务;① (3) 销售提供网络设备与产品需经认证与检测的义务;② (4) 要求用户提供真实身份信息的义务;③ (5) 制定和适用网络安全事件应急预案的义务;④ (6) 不得从事危害网络安全和支持他人从事危害网络安全行为的不作为义务;⑤ (7) 对相关国家机关的技术支持和协助义务。⑥

2. 网络基础设施安全管理义务

《网络安全法》第三章第一节涉及网络设备的安全管理义务:认证与检测的义务,第二节专节规定了关键信息基础设施的运行安全的管

---

① 《网络安全法》第二十二条规定:"网络产品、服务应当符合相关国家标准的强制性要求。网络产品、服务的提供者不得设置恶意程序;发现其网络产品、服务存在安全缺陷、漏洞等风险时,应当立即采取补救措施,按照规定及时告知用户并向有关主管部门报告。网络产品、服务的提供者应当为其产品、服务持续提供安全维护;在规定或者当事人约定的期限内,不得终止提供安全维护。网络产品、服务具有收集用户信息功能的,其提供者应当向用户明示并取得同意;涉及用户个人信息的,还应当遵守本法和有关法律、行政法规关于个人信息保护的规定。"

② 《网络安全法》第二十三条规定:"网络关键设备和网络安全专用产品应当按照相关国家标准的强制性要求,由具备资格的机构安全认证合格或者安全检测符合要求后,方可销售或者提供。国家网信部门会同国务院有关部门制定、公布网络关键设备和网络安全专用产品目录,并推动安全认证和安全检测结果互认,避免重复认证、检测。"

③ 《网络安全法》第二十四条规定:"网络运营者为用户办理网络接入、域名注册服务,办理固定电话、移动电话等入网手续,或者为用户提供信息发布、即时通信等服务,在与用户签订协议或者确认提供服务时,应当要求用户提供真实身份信息。用户不提供真实身份信息的,网络运营者不得为其提供相关服务。"

④ 《网络安全法》第二十五条规定:"网络运营者应当制定网络安全事件应急预案,及时处置系统漏洞、计算机病毒、网络攻击、网络侵入等安全风险;在发生危害网络安全的事件时,立即启动应急预案,采取相应的补救措施,并按照规定向有关主管部门报告。"

⑤ 《网络安全法》第二十七条规定这些不作为义务包括:不得从事非法侵入他人网络、干扰他人网络正常功能、窃取网络数据等危害网络安全的活动;不得提供专门用于从事侵入网络、干扰网络正常功能及防护措施、窃取网络数据等危害网络安全活动的程序、工具;明知他人从事危害网络安全的活动的,不得为其提供技术支持、广告推广、支付结算等帮助。

⑥ 《网络安全法》第二十八条规定:"网络运营者应当为公安机关、国家安全机关依法维护国家安全和侦查犯罪的活动提供技术支持和协助。"

理，其中涉及网络服务提供者的一系列义务：（1）内部网络流程管理义务；①（2）采购设施的安全审查义务；②（3）与设施提供者签订安全保密协议；③（4）向境外提供个人信息时经有关部门进行安全评估义务；④（5）年度设施安全检测义务。⑤

3. 信息内容管理义务

《网络安全法》第四章就信息内容规定以下几种义务：（1）对个人信息的义务。《网络安全法》规定了收集、使用个人信息时的公开收集、使用规则和收集、使用信息的目的、方式和范围，并经被收集者同意的义务；不得泄露、篡改、毁损其收集的个人信息，未经被收集者同意不得向他人提供个人信息的义务；防止信息泄露、毁损、丢失的义务；应用户要求删除或者更正其个人信息的义务。⑥（2）不作为即不得设立用于违法犯罪网站、通信群组及发布违法犯罪信息的义务。⑦

---

① 《网络安全法》第二十四条对运营者规定了如下义务：设置专门安全管理机构和安全管理负责人，并对该负责人和关键岗位的人员进行安全背景审查；定期对从业人员进行网络安全教育、技术培训和技能考核；对重要系统和数据库进行容灾备份；制定网络安全事件应急预案，并定期进行演练；法律、行政法规规定的其他义务。

② 《网络安全法》第三十五条规定："关键信息基础设施的运营者采购网络产品和服务，可能影响国家安全的，应当通过国家网信部门会同国务院有关部门组织的国家安全审查。"

③ 《网络安全法》第三十六条规定："关键信息基础设施的运营者采购网络产品和服务，应当按照规定与提供者签订安全保密协议，明确安全和保密义务与责任。"

④ 《网络安全法》第三十七条规定："关键信息基础设施的运营者在中华人民共和国境内运营中收集和产生的个人信息和重要数据应当在境内存储。因业务需要，确需向境外提供的，应当按照国家网信部门会同国务院有关部门制定的办法进行安全评估；法律、行政法规另有规定的，依照其规定。"

⑤ 《网络安全法》第三十八条规定："关键信息基础设施的运营者应当自行或者委托网络安全服务机构对其网络的安全性和可能存在的风险每年至少进行一次检测评估，并将检测评估情况和改进措施报送相关负责关键信息基础设施安全保护工作的部门。"

⑥ 参见《网络安全法》第四十至四十三条。

⑦ 《网络安全法》第四十六条规定："任何个人和组织应当对其使用网络的行为负责，不得设立用于实施诈骗，传授犯罪方法，制作或者销售违禁物品、管制物品等违法犯罪活动的网站、通信群组，不得利用网络发布涉及实施诈骗，制作或者销售违禁物品、管制物品以及其他违法犯罪活动的信息。"

(3) 对用户发布的违禁信息的防止扩散义务, 即停止传输和删除义务。① (4) 建立对网络信息的投诉、举报及配合监督检查机制。②

《网络安全法》是全国人大通过的我国第一部对网络传播进行规范的正式法律, 其对网络服务提供者、网络用户等设定的相关义务, 也是最权威的。《网络安全法》的上述规定, 加之《非法利用信息网络等刑事案司法解释》对网络服务提供者进行的三种类型的划分, 可以确定: 信息网络流程管理义务、网络基础设施安全管理义务和信息内容管理义务, 都是拒不履行信息网络安全管理义务罪中的基本核心义务。

(二) 法定的"信息网络安全管理义务"的不明确性

《网络安全法》虽然详细规定了上述网络服务提供的义务, 但其仍然留下不确定性:

1. 拒不履行信息网络安全管理义务罪究竟是纯正的不作为犯还是不纯正的不作为犯

由上述规定,《网络安全法》对网络服务提供者规定的三类网络安全义务中, 既有作为义务, 也有不作为义务。如果该罪违反的义务中的不作为义务, 即不得从事危害网络安全和支持他人从事危害网络安全行为的不作为义务, 以及不得设立用于违法犯罪网站、通讯群组及发布违法犯罪信息的义务, 事实上是以作为的形式进行犯罪, 则可构成非法利用信息网络罪、侵犯公民个人信息罪、诽谤罪、传播淫秽物品牟利罪以及煽动型犯罪的正犯, 而不必舍近求远, 适用本罪。问题是, 该行为究竟属于纯正的不作为还是不纯正的不作为?

事实上, 无论理论上还是实践中, 拒不履行信息网络安全管理义务的不作为, 既可以构成纯正的拒不履行信息网络安全管理义务罪, 也可

---

① 《网络安全法》第四十七条规定: "网络运营者应当加强对其用户发布的信息的管理, 发现法律、行政法规禁止发布或者传输的信息的, 应当立即停止传输该信息, 采取消除等处置措施, 防止信息扩散, 保存有关记录, 并向有关主管部门报告。"

② 《网络安全法》第四十九条规定: "网络运营者应当建立网络信息安全投诉、举报制度, 公布投诉、举报方式等信息, 及时受理并处理有关网络信息安全的投诉和举报。网络运营者对网信部门和有关部门依法实施的监督检查, 应当予以配合。"

以构成不纯正不作为的其他犯罪。如对于著名的"快播案",就有学者认为,快播公司不履行监管义务的行为是不作为,这种不作为既构成纯正不作为的拒不履行网络安全管理义务罪,同时又构成不纯正不作为的传播淫秽物品牟利罪,二者之间是想象竞合关系。① 想象竞合通常都是作为形式的犯罪,而拒不履行信息网络安全管理义务的不作为,可能符合两种犯罪的构成要件,只能择一重罪处理。

2. 事前审核义务是否可作为拒不履行信息网络安全管理义务罪"信息网络安全管理义务"的内容

在信息内容管理义务方面,事前审核义务是网络中介服务提供者义务的焦点问题。根据1998年美国《数字千年版权法》第512节规定,提供传输、缓存、存储和信息定位服务的网络服务提供者,只要不提供信息内容或者不介入内容提供,并对违法内容不知情,或者对明显违法信息进行了删除等,并履行"通知—删除"义务,则可免责。② 申言之,上述网络服务提供者并没有事前对信息内容的审核义务。世界各国也普遍接受了这一"避风港规则"。

然而,DMCA中为平衡网络服务商与被侵权主体的利益,在规定"避风港"原则的同时,还同时规定了"红旗规则"(Red Flag),即网络服务商享有"避风港"必须有"没有明知侵权信息或侵权活动在网络系统中的存在,也不知道任何可以明显体现出侵权信息或侵权活动存在的事实情况"的前提,③ 即:当网络系统中的侵权材料像一面鲜艳的红旗在网络服务提供者前飘扬,而处于相同情况下的理性人都明显能够发现时,如果网络服务提供者采取"鸵鸟政策",像鸵鸟那样将头深深地埋入沙子之中,假装看不见侵权事实,即可认定网络服务提供者至少"应当知晓"侵权材料的存在。

---

① 学者认为,该案最终只能以重罪,即不作为的传播淫秽物品牟利罪定罪处罚。陈兴良:《快播案一审判决的刑法教义学评判》,《中外法学》2017年第1期。
② See. Digital Millennium Copyright Act, 512 (a), (b), (c), (d), (i).
③ 17U. S. C § 512 (c) & (d).

而且，在大陆法系，德国法对一般注意义务主要从三个方面进行梳理：（1）对自己控制范围内的安全承担的义务；（2）因履行职责所需承担的职业义务；（3）对于先危险行为须承担的义务。①

另外，国家互联网信息办公室制定实施的《网络信息内容生态治理规定》（部门规章）明确规定了网络信息内容服务平台的"主体责任"，②并明确了"信息发布审核""跟帖评论审核""实时巡查"义务。③

可见，在民法和行政法中，事先和事中注意义务是存在的，这意味着网络中介服务提供者存在一定范围的事先审核义务。问题是：这种一定范围的事先审核义务，是否属于拒不履行信息网络安全管理义务罪"信息网络安全管理义务"？

刑法第二百八十六条之一第一款规定的"信息网络安全管理义务"，是"法律和行政法规"规定的义务，《网络信息内容生态治理规定》作为部门规章，没有资格作为此义务的依据——这一点是明确的。然而，《网络安全法》第四十七条关于网络运营者对其用户发布的信息的管理规定中，对于法律、行政法规禁止发布或者传输的信息的防止扩散义务，却没有明确审核时间，即发布前还是发布后；事先审核义务始终像幽灵一样，在刑事领域也缭绕着网络中介服务提供者。

二 侵犯公民个人信息罪的空白罪状问题

根据我国《刑法》第二百五十三条之一的规定，侵犯公民个人信息罪的构成要件为："违反国家有关规定，向他人出售或者提供公民个人信息……"，由于符合该罪构成要件必须引用"国家有关规定"，因此是典型的空白罪状。

---

① 廖焕国：《侵权法上注意义务比较研究》，武汉大学，2005年，第26—28页。
② 参见《网络信息内容生态治理规定》第八条。
③ 参见《网络信息内容生态治理规定》第九条。

根据《个人信息刑事司法解释》的规定,"国家有关规定"不仅包括法律和行政法规,还包括部门规章①——该规定突破《刑法》第九十六条的明文规定,②将"部门规章"纳入"国家规定"的范围,使其成为犯罪行为构成要件可以引用的准据之一,引发了学界争议。

(一) 司法解释扩大解释"国家有关规定"的背景:侵犯公民个人信息罪的超前性

2009年2月通过的《刑法修正案(七)》,在我国《刑法》中新增了第253条之一,"两高"的司法解释将其概括为出售、非法提供公民个人信息罪和非法获取公民个人信息罪。然而,作为该罪构成要件要素的侵害对象——个人信息,在当时是比较模糊的概念。

1. "个人信息"概念界定的凌乱

《刑法修正案(七)》虽然增加了相应罪名,但对个人信息并没有明确界定。直到2017年6月1日生效的《网络安全法》对个人信息进行了界定,③其明显的问题是不承认个人行踪为个人信息的内容之一。吊诡的是,同日生效的《个人信息刑事司法解释》却将"行踪轨迹"界定为个人信息的外延之内,④同时强调了账号密码、财产状况也属于刑事法律保护的个人信息。而2020年5月公布的《民法典·人格权编》

---

① 《个人信息刑事司法解释》第二条规定:"违反法律、行政法规、部门规章有关公民个人信息保护的规定的,应当认定为刑法第二百五十三条之一规定的'违反国家有关规定'。"

② 刑法第九十六条规定:"本法所称违反国家规定,是指违反全国人民代表大会及其常务委员会制定的法律和决定,国务院制定的行政法规、规定的行政措施、发布的决定和命令。"

③ 《网络安全法》第七十六条第五款规定:"个人信息,是指以电子或者其他方式记录的能够单独或者与其他信息结合识别自然人个人身份的各种信息,包括但不限于自然人的姓名、出生日期、身份证件号码、个人生物识别信息、住址、电话号码等。"

④ 《个人信息刑事司法解释》第一条规定:"刑法第二百五十三条之一规定的'公民个人信息',是指以电子或者其他方式记录的能够单独或者与其他信息结合识别特定自然人身份或者反映特定自然人活动情况的各种信息,包括姓名、身份证件号码、通信通讯联系方式、住址、账号密码、财产状况、行踪轨迹等。"

第一千零三十四条,则强调了个人信息还包括健康信息和行踪信息。① ——据此,虽然行踪信息无论在民法还是刑法中均得到了承认,但对于自然人非常重要的健康信息是否属于刑法中的个人信息,是根据上位法高于下位法的原则,还是特别法优于普通法的原则,目前在法理上仍不确定。

2. 个人信息权益性质界定的困难

个人信息"顾名思义,需以信息的形式表现出来,因此,个人信息通常需要记载下来,或者以数字化的形式表现出来,"② 其通常需具备一定的物质实体,如光盘、数据库等;个人信息可以直接或间接地识别自然人,强调的是"身份识别性";正因如此,个人信息多涉及商业开发、社会管理或公共安全。

在实践中,人们逐渐认识到个人信息是具有民事权益的性质,这是因为:第一,个人信息权产生于信息社会,是随着信息科技的发展、人与人之间的交往程度的加深而产生的,这与其他具体人格权不同。第二,从权利内容上看,个人信息权有其特定的内涵,如个人信息查阅权、知情权、删除权、更正权与收益权等,都是其他人格权所不具备的。也因此,因个人信息权所产生的法律关系的内容也有其规律:在侵权行为法律关系中,侵权行为总是非法收集、使用、处理、买卖、传播前述信息内容;在合同法律关系中,违约行为总是逾期、超范围使用前述信息内容,或者未按合同约定支付对价。第三,个人信息权的保护与救济方法有自身特色。针对前述个人信息权的五大内容,有不同的保护方法,而这些方法也迥异于其他具体人格权的保护方法。第四,社会生活中涉及个人信息的利益冲突反复出现,产生了利益保护的一致性需

---

① 根据《民法典·人格权编》第一千零三十四条的规定,个人信息"是以电子或者其他方式记录的能够单独或者与其他信息结合识别特定自然人的各种信息,包括自然人的姓名、出生日期、身份证件号码、生物识别信息、住址、电话号码、电子邮箱、健康信息、行踪信息等"。

② Philip Coppel, *Information Rights*, London: Sweet & Maxwell, 2004: 257.

求。在此方面，对个人信息作为权利的需要已经得到社会普遍认同：（1）个人信息及其重要性已经被人们所普遍认识，越来越意识到流失个人信息对自身的不利与存在的潜在威胁。（2）个人信息的性质、归属、控制、利用、保护等内容，不仅仅是法学界、传播学界的热点，也成为社会学、伦理学、计算机科学、信息学等领域的新焦点。（3）围绕个人信息而产生的交易关系越来越频繁而不可或缺。第五，对于个人信息所体现之利益的理论评价趋于一致，在相同的条件它们受到了法律的同等对待。[①] 这在许多国家的立法中表现出相当的一致性，这些法律围绕个人信息，从权利、义务到法律保护，都有成熟的经验，在许多方面都有一致性；理论研究中，从框架到概念表述，形成体系并有一致性。

总之，围绕个人信息权益的法律关系有它自己的特征，所以，这种权益是进入信息社会后形成的一种独立于其他民事权益的权益。

然而，个人信息权益究竟是人格权益还是财产权益，迄今没有结论，这是因为：

首先，个人信息与财产要素有密切关系。（1）个人信息具有商业利用价值。商家可以根据个人信息数据库里记载的个人信息，有选择性和针对性地开展宣传和促销活动即定向广告，更加有效地拓展市场，获取商业利润。（2）加工后的个人信息具有稀缺性。虽然未经加工、分类、处理的个人信息可能不具稀缺性，但一旦经过加工处理，成为个人数据库，便成为稀缺资源，具有稀缺性。重要的是，当下，个人信息不仅已经被用于广泛的商业领域，给信息主体带来利益，同时也给社会经济发展带来利益，符合社会发展需要。

其次，个人信息与精神性人格要素也密切相关。人格要素是保障人作为自然存在和社会存在所需要的各种因素，可以分为物质要素和精神要素两类：物质要素包括生命、身体、健康等，保障人的自然存

[①] 张涛：《个人信息权的界定及其民法保护》，吉林大学，2012年，第26页。

在；精神要素包括名誉、荣誉、自由、隐私、肖像、姓名等，保障自然人的社会存在。自然人的人格要素范围随着社会的发展而扩展。虽然物质人格要素可能相对固定，但是精神人格要素的范围却伴随着人类认识自我、认识世界能力的提高而不断扩充：从罗马法时期被人们深入了解的自由，到近代立法中被普遍关注的姓名、肖像、名誉，直至现代被广泛确认的隐私、信用等，均说明了此判断。进入信息社会以后，个人信息已经成为当今社会人们生存必不可少的重要组成部分，其与人的精神利益密切相关：（1）个人信息涉及人的安全感。个人信息犹如一个人镜中的自我，如果被不愿意掌握其内容的人了解、掌握，人便如同光天化日之下的裸露人；另外，"在信息化社会里，一个人的信息存在集中体现为在政府及各个机构的信息系统里储存的关于这个人的一组组信息。如果这些信息丢失，就意味着这个人失去了信息存在，这个人可能在这个现实社会里也无法生存。"[①] 而安全需要是健康人格塑造的必要因素之一，对自身处于安全环境的认同所产生的心理宁静是人社会存在的重要保障。（2）个人信息还涉及人的自决权。在现代社会，自然人进行社会活动可在法律与伦理范围内依照自己的意志和利益进行，对于个人信息本身是否公开、向谁公开、公开的程度和范围、公开的时间等事项的自决权也是自然人意志与自决权的体现。（3）个人信息还涉及人的尊严。"个人尊严也是一种社会的、历史的伦理表现，在不同的社会历史阶段，会有与此相适应的衡量尊严的价值尺度。"[②] 受社会和他人尊重是人的基本需要，是人作为法律关系主体所享有的最重要的人格价值。自然人维护个人信息的准确性、控制自己个人信息的利用范围等正是保证自身的个人尊严得到社会认可的表现，因为被无关自己的他人掌握并利用个人信息，会使信息主体感到尊严被侵害。如果违反信息主体的意志，公开、买卖其

---

① 陆小华：《信息财产权——民法视角中新财富保护模式》，法律出版社2009年版，第67页。

② 马俊驹：《人格和人格权理论讲稿》，法律出版社2009年版，第49页。

个人信息，甚至进行人肉搜索，就使人本身成为了他人的利用对象，侵害乃至剥夺了信息主体的基本人格尊严。

可见，个人信息兼具精神价值和财产价值，精神价值和财产价值的在个人信息中叠加，正因如此，其究竟属于"财产权益"还是"人格权益"，学界有不同的观点。2020年5月公布的《民法典·人格权编》中，将有关个人信息的权益规定在该编第一千零三十四至三十九条中，确定其属于人格权益范畴。当然，该规定并没有确认其"权利"地位，而规定于第六章即"隐私权与个人信息"一章中，这说明立法者在此方面的犹豫。

因此，在个人信息权益本身都未被民事法律、包括刚刚生效的《民法典》进行定位之前，在个人信息权益纠纷甚至都未成为独立的民事案由之前，我国《刑法》在十几年前就设立了侵犯公民个人信息的罪名，尽管刑法学界认为刑法规定并不一定以民事法律规定为前提，这种超前性是非常突出的。

如前所述，不仅个人信息作为一种权利未能在民法中确立，其在我国的法律体系中并未得到与实践中侵权程度相符的重视：首先，虽然我国学界从21世纪初始就建议进行个人信息保护的专门立法，但至今未完成，使得对个人信息的保护只能以其他法律、法规、部门规章甚至规范性文件中零散的规定进行，目前，《网络安全法》和《民法典》也只在一定程度上解决了对个人信息的保护问题。其次，侵害公民个人信息的犯罪是信息社会中产生的具有明显行政管制性特征的犯罪，[1] 属于法定犯、行政犯，但我国《行政处罚法》或《治安管理处罚法》均未将侵犯公民个人信息的行为规定为行政违法行为，更未规定相应的处罚措施，使得该罪颇有"无本之木"的色彩。

综上所述，需要以其他法律规定为基础进行定罪的侵犯公民个人信

---

[1] 陈璐：《论〈网络安全法〉对个人信息刑法保护的新启示——以"两高"最新司法解释为视角》，《法治研究》2017年第4期。

息犯罪，在个人信息法律性质、法律内涵与外延均没有清晰、统一认识的情况下，在构成要件上只能是空白罪状。

(二) 理解不一的"违反国家有关规定"

《刑法修正案（七）》增加的出售、非法提供和获取公民个人信息罪中，构成要件要素之一为"违反国家规定"；在《刑法修正案（九）（草案）》中，该罪罪状描述依旧是之前的"违反国家规定"的表述；在该《草案》二次审议稿中，修改为"违反规定"；《草案》三次审议稿中依然是"违反规定"的表述；最终，《刑法修正案（九）》将"违反规定"修改为"违反国家有关规定"。[①]

"违反国家规定"→"违反规定"→"违反国家有关规定"——该立法过程，表明立法者的相关区分意图。对此，有学者认为，"无论是从文义解释还是从沿革解释来看，如果认为两者不同，'违反国家有关规定'含义范围都应当大于'违反国家规定'。"[②] 然而，从文义解释而言，"违反国家规定"→"违反规定"过程是扩大外延的过程，"违反规定"→"违反国家有关规定"则是缩小外延的过程。由于缺乏相关背景资料，无法明确立法者的具体目的。然而，立法者既然改变了原来的表述，增加了"有关"二字，则肯定有其考量，但难以确定具体含义：

首先，"违反国家有关规定"系侵犯个人信息罪的构成要件要素，而究竟哪些行为属于"违反国家有关规定"，刑法条文只是给出了出售、提供、窃取或非法获取，却没有也难以给出明确列举，只能结合刑法之外的其他"国家有关规定"才能确定。

[①] 赵秉志：《〈中华人民共和国刑法修正案（九）〉理解与适用》，中国法制出版社2016年版，第144—145页。

[②] 赵秉志、莫洪宪、齐文远：《中国刑法改革与适用研究》（上卷），高贺、刘科：《侵犯公民个人信息犯罪中的三个问题》，中国人民公安大学出版社2016年版，第528页。

其次,《刑法修正案(九)》整体上扩大了对个人信息犯罪的打击,[①] 但并不意味着所有构成要件要素外延的扩展。或许,正因扩大了犯罪主体、对象,提高了刑度,所以对"国家规定"进行限缩,变为"有关"国家规定,以避免对相关违法行为过度刑罚化。

最后,从体系解释角度,"违反国家有关规定"难以找到参照条款。刑法分则中,分别出现28次"违反国家规定"、4次"违反规定"、2次"违反规章制度"、1次"违反法律规定"的表述,即除了刑法第253条之一规定的本罪外,刑法分则没有任何条款使用了"违反国家有关规定"的表述,而且,这些表述与其有很大差距,因此无法通过参照其他规定中的表述来解释其含义。

总之,从"违反国家有关规定",只能得出违反的是涉及公民个人信息方面的规定的结论,即只能确定此类规定涉及的行为对象的大致范围,至于这些规定的制定主体、位阶层级等则属于空白状态,既可以作出两种甚至多种解释:"国家有关规定"的范围既可能比《刑法》第九十六条规定的更广泛(包括法律、行政法规之外的地方性法规、部门规章等),也可能比其更狭窄(比如只包括全国人大及其常委会制定的正式法律)——因此,难以有唯一的可信性解释。

(三)"违反国家有关规定"的扩张性司法解释对罪刑法定原则的背离

在对个人信息保护缺乏系统、完善的法律制度情况下,为遏制严重侵害个人信息犯罪行为日益增长的态势,司法解释对"违反国家有关规定"的扩张性解释,无疑为司法认定提供了便利。然而,其对罪刑法定原则的背离也是明显的:

---

① 首先是犯罪主体的扩大,由原来的特殊主体变为一般主体,原来作为犯罪构成要素的特殊身份仅作为身份加重犯处理;其次是犯罪主体的扩大导致的犯罪对象的扩大,即取消了原来对于"公民个人信息"的限制,只要是公民个人信息,即可成为该罪的犯罪对象;最后是法定刑加重,最高刑由原来的三年有期徒刑变为七年有期徒刑,量刑区间也由一档变为两档。

首先，根据我国《刑法总则》第九十六条，"国家规定"中，"规定"的制定主体仅限于全国人大及其常委会、国务院，其范围仅限于全国人大及其常委会制定的法律、决定和国务院制定的行政法规、规定的行政措施、发布的决定和命令。①《刑法分则》的规定应当接受《刑法总则》的指导和约束。而司法解释不应当以"国家有关规定"比"国家规定"多出"有关"二字，就擅自扩大解释。所以，刑法学界主流观点认为，地方国家权力机关制定的地方性法规、由国务院各部委和地方政府制定的行政规章，不能列入"国家规定"范围内。②

其次，文义解释的原则不能超越法律规定本身可能的语义范围。《刑法》第二百五十三条之一中的"国家有关规定"，正常的理解是有关个人信息保护的国家级（全国人大及其常委会、国务院制定）的相关制度，而不能是与个人信息保护无关的规定，也不能是下一级的有关个人信息保护的规定。司法解释将部门规章解释为"国家有关规定"，明显超出该概念可能的语义范围。

最后，学界认为，司法实践中出现《刑法》第九十六条被无视，即将不符合上述规定的法律制度视为符合，或者将符合上述规定的法律制度视为不符合的情形，这种情形的负面影响是"使得行政犯中的空白罪状本身的不明确性被无限放大"。③虽然部门规章也属于"国家规定"，但其是行政法领域的"国家规定"，不是刑法领域的"国家规定"，更不是《刑法》第九十六条中的"国家规定"。而《刑法》增设的第九十六条的规定，其目的本身就是为纠正司法实践中认识上的分歧，以及以部门规章、地方性法规等低位阶法律制度来认定构成要件要素的随意性错误行为，以统一相关概念和司法标准，维护司法的权威性

---

① 《刑法》第九十六条规定："本法所称违反国家规定，是指违反全国人民代表大会及其常务委员会制定的法律和决定，国务院制定的行政法规、规定的行政措施、发布的决定和命令。"
② 刘德法、尤国富：《论空白罪状中的"违反国家规定"》，《法学杂志》2011年第1期。
③ 蒋铃：《刑法中"违反国家规定"的理解和适用》，《中国刑事法杂志》2012年第7期。

和严肃性,以落实罪刑法定原则,维护其人权保障功能。①

综上所述,司法解释不能背离立法的目的、原则和原意,② 因此,《刑法》第二百五十三条之一中的"国家有关规定",确定不应包括部门规章。

第四节 传播犯罪制度中的兜底条款与"口袋罪"

所谓"口袋罪",是形象化指称,指由于刑事法律制度对犯罪构成(罪状)高度概括或模糊,司法实践的随意和惰性,导致相关违法行为均可适用该罪名。对于"口袋罪",学界从不同角度进行界定。③ 虽然学界也有观点认为"口袋罪"兼具正负价值,但此类罪名对罪刑法定原则的消解作用是公认的,即使认可此类罪名有正面作用的学者,也认为应该严格限制此类罪名的适用。④

由兜底条款导致"口袋罪",是我国刑事司法偏离罪刑法定原则的又一主要表现。本来,1997年《刑法》实现罪刑法定原则的重要举措是对口袋罪的立法分解,然而,由于分解后的具体罪名规定了兜底条款,在司法实践中随着犯罪态势的复杂而暴露出泛化适用的不良倾向,

---

① 高铭暄:《中华人民共和国刑法的孕育诞生和发展完善》,北京大学出版社2012年版,第291页;叶良芳:《法秩序统一性视域下"违反国家有关规定"的应然解释——〈关于办理侵犯公民个人信息刑事案件适用法律若干问题的解释〉第2条评析》,《浙江社会科学》2017年第10期。

② 我国《立法法》第一百零四条规定:"最高人民法院、最高人民检察院作出的属于审判、检察工作中具体应用法律的解释,应当主要针对具体的法律条文,并符合立法的目的、原则和原意。"

③ 高翼飞:《从扩张走向变异:非法经营罪如何摆脱"口袋罪"的宿命》,《政治与法律》2012年第3期;张训:《口袋罪视域下的寻衅滋事罪研究》,《政治与法律》2013年第3期;赵长青:《略论刑法分则的立法改革》,《中外法学》1997年第1期。

④ 如有观点认为口袋罪与法治发展进程密切相关,体现了较为成熟的立法技术,维护社会秩序稳定的深刻反映,是其他罪名的必要补充,因此是"法有限、情无限"的现实所需和必然产物。参见陈小炜《"口袋罪"的应然态度和限制进路》,《苏州大学学报》(哲学社会科学版)2015年第3期。

导致这些罪名沦为"口袋罪"。①

在传播犯罪中,最为突出的"口袋罪"是《刑法》第二百二十五条规定的非法经营罪(该条第四款是兜底条款)和第二百九十三条规定的寻衅滋事罪(该条第一款第四项中的"起哄闹事"是兜底条款)。

一 传播型非法经营罪及其适用现状

非法经营罪源于我国 1979 年《刑法》规定的投机倒把罪,② 但对投机倒把行为没有具体规定。③ 改革开放后,该罪作为计划经济体制的产物,已显然不符合形势发展。因此,1997 年《刑法》废除了该罪,代之以非法经营罪。但由于《刑法》第二百二十五条第四款中关于"其他非法经营行为"的兜底规定,我国司法机关不断扩张非法经营罪的范围,使该罪仍然保留了"口袋罪"的特征。因此,有学者认为,从投机倒把罪到非法经营罪的罪名演变,可以视为我国《刑法》70 年历史变迁的一个缩影。④

(一)司法解释涉及的传播型非法经营罪

我国涉及传播型非法经营罪的司法解释主要有《非法出版物刑事案司法解释》(1998 年)、《公安管辖刑事案件立案标准(二)》(2010 年)、《网络诽谤解释》(2013 年)、《非法生产销售使用"伪基站"案办理意见》(2014 年),其涉及传播型非法经营行为主要包括:

---

① 高铭暄:《刑法基本原则的司法实践与完善》,《中国检察官》2019 年第 13 期。
② 在 1949 年至 1979 年期间,我国没有制定刑法典,但个别单行刑法和规范性文件规定的罪名中包括投机倒把罪。1950 年 7 月 25 日的《中华人民共和国刑法大纲草案》第 99 条就对投机倒把罪做了规定:"投机倒把或囤积居奇,致市场紊乱者,处一年以上五年以下监禁,并酌处罚金。情节特别严重者,处五年以上十年以下监禁,并没收其财产之全部或一部。"
③ 1979 年《刑法》第一百一十六条规定:"违反金融、外汇、金银、工商管理法规,投机倒把,情节严重的,处三年以下有期徒刑或者拘役,可以并处、单处罚金或者没收财产。"
④ 陈兴良:《投机倒把罪:一个口袋罪的死与生》,《现代法学》2019 年第 4 期。

1. 与出版物有关的非法经营行为

《非法出版物刑事案司法解释》规定的与出版物有关的非法经营行为包括：（1）经营"非法出版物"的行为。指出版、印刷、复制、发行除煽动分裂国家、煽动颠覆国家政权、推翻社会主义制度、侵犯著作权、歧视侮辱少数民族、淫秽内容以外的其他严重危害社会秩序和扰乱市场秩序的非法出版物。①（2）非法从事出版物的出版、印刷、复制、发行业务，严重扰乱市场秩序——该罪涉及的行为是"非法从事"，即未经批准或其他违反国家规定的行为；其行为对象是"合法出版物"；要求"情节特别严重"。②

2. 与互联网经营相关、违反国家规定的两种行为

《最高人民法院、最高人民检察院、公安部关于依法开展打击淫秽色情网站专项行动有关工作的通知》规定的相关非法经营行为包括：（1）擅自设立互联网上网服务营业场所；（2）擅自从事互联网上网服务经营活动。③我国对设立互联网上网服务营业场所和从事互联网上网服务经营，均需经过审批，未经审批从事上述行为，即构成"违反国家规定"。

3. 与网络信息经营相关、以营利为目的、违反国家规定的两种行为

《网络诽谤解释》规定的相关非法经营行为包括：（1）通过信息网络有偿提供删除信息服务；（2）通过信息网络有偿提供发布明知是虚假信息的服务。④

---

① 《非法出版物刑事案司法解释》第十一条。
② 《非法出版物刑事案司法解释》第十五条。
③ 参见《最高人民法院、最高人民检察院、公安部关于依法开展打击淫秽色情网站专项行动有关工作的通知》第二条。
④ 依照司法解释，上述两种行为，具有下列情形之一的，属于非法经营行为"情节严重"，依照刑法第二百二十五条第（四）项的规定，以非法经营罪定罪处罚：（一）个人非法经营数额在五万元以上，或者违法所得数额在二万元以上的；（二）单位非法经营数额在十五万元以上，或者违法所得数额在五万元以上的。实施前款规定的行为，数额达到前款规定的数额五倍以上的，应当认定为刑法第二百二十五条规定的"情节特别严重"。参见《网络诽谤解释》第七条。

4. 与"伪基站"经营有关的三种行为

《非法生产销售使用"伪基站"案办理意见》规定的相关非法经营行为包括：(1) 非法生产、销售"伪基站"设备；[①] (2) 非法生产、销售"伪基站"设备，经鉴定为专用间谍器材，同时构成《刑法》第二百八十三条规定的非法生产、销售间谍专用器材罪和非法经营罪；[②] (3) 明知他人实施非法生产、销售"伪基站"设备，或者非法使用"伪基站"设备干扰公用电信网络信号等犯罪，为其提供资金、场所、技术、设备等帮助。[③]

可见，传播型非法经营罪既涉及传统媒体，也涉及网络媒体，但以网络媒体传播为主。

(二) 涉及网络信息经营的非法经营罪司法解释的问题

非法经营罪作为"口袋罪"，被广为诟病。司法解释将其套用相关行为之时，均要进行明确。与网络信息经营相关的两种行为被装入非法经营罪"口袋"时，《网络诽谤解释》本应将兜底条款明确化、具体化，但其第七条的"违反国家规定"，却再次制造空白条款，致使非法经营罪在涉及网络信息经营的行为中形成"兜底条款"→"口袋罪"→空白条款的循环链条，即以空白条款解释"口袋罪"，可谓我国加强版"口袋罪"。

作为加强版"口袋罪"，非法经营罪在网络领域中的适用，涉及多种"新类型"行为，如"刷单炒信"行为，其指在电商平台进行一定程度的频繁、多次、甚至重复的虚假交易，并将该虚假的交易过程、数

[①] 依照司法解释，非法生产、销售"伪基站"设备具有以下情形之一的，依照《刑法》第二百二十五条的规定，以非法经营罪追究刑事责任：(1) 个人非法生产、销售"伪基站"设备三套以上，或者非法经营数额五万元以上，或者违法所得数额二万元以上的；(2) 单位非法生产、销售"伪基站"设备十套以上，或者非法经营数额十五万元以上，或者违法所得数额五万元以上的；(3) 虽未达到上述数额标准，但两年内曾因非法生产、销售"伪基站"设备受过两次以上行政处罚，又非法生产、销售"伪基站"设备的。参见《非法生产销售使用"伪基站"案办理意见》一 (一) 之规定。

[②] 参见《非法生产销售使用"伪基站"案办理意见》一 (一) 之规定。

[③] 参见《非法生产销售使用"伪基站"案办理意见》一 (三) 之规定。

量和资金等对外展示,以提升、增加网店的人气和信用,为自己或他人提高商品服务竞争力的行为。① 基于《刑法》第二百二十五条第四款和《网络诽谤解释》第七条的规定,自 2017 年始,这种行为被归入非法经营罪。②

二 传播型寻衅滋事罪及其适用现状

(一) 传播型寻衅滋事罪:典型的类推解释

寻衅滋事罪源于 1979 年《刑法》规定的的流氓罪。1997 年《刑法》废除了流氓罪,并将其分解为聚众斗殴罪、强制猥亵、侮辱妇女罪和猥亵儿童罪、寻衅滋事罪和聚众淫乱罪等四个罪名。2011 年《刑法修正案(八)》将寻衅滋事罪进一步细化为四项具体行为,增强了实践操作性。然而,由于《刑法》第二百九十三条第一款第四项中的"起哄闹事"兜底条款的存在,以及该罪属情节犯,"情节严重""情节恶劣"等在认定上界限很难区分,使该罪不可避免地成为"口袋罪"。

我国《刑法》第二百九十三条规定的寻衅滋事罪是发生在现实物理空间的行为,其侵害客体有二:第(一)至第(三)项针对公民人身和财产;第(四)项针对公共场所秩序,并要求通过"在公共场所

---

① 刘仁文、杨学文:《用刑法规制电子商务失范行为》,《检察日报》2015 年 8 月 26 日第 3 版。

② 2017 年 6 月 20 日上午,浙江省杭州市余杭区人民法院在我国第一次将此类行为判决为非法经营罪:2013 年 2 月,李某利用网站以及网上聊天工具创建一刷单炒信平台,通过制定刷单炒信规则与流程使得网上店铺的卖家成为这一刷单平台的会员,收取其交纳的保证金和管理平台维护费。该刷单平台组织会员利用该平台发布刷单信息抑或接受刷单信息,会员在收到任务后,通过在电商平台进行伪造交易并给予虚假好评的方式赚取任务点,采取赏格任务点的方法吸引其他会员为自己刷单炒信,进而提升自家网商店铺的销量和信誉,欺骗买家。截止 2014 年 6 月,李某共收取会员费、平台管理维护费、体验费以及任务点销售收入等共合计 80 余万元人民币。2017 年 6 月 20 日上午,浙江省杭州市余杭区人民法院认为,被告人李某违反国家规定,以营利为目的,明知是虚假的信息仍通过网络有偿提供发布信息等服务,扰乱市场秩序,情节特别严重,其行为已经构成非法经营罪,判处有期徒刑 5 年零 6 个月,并处罚金人民币 90 万元。参见浙江省杭州市余杭区人民法院(2016)浙 0110 刑初 726 号刑事判决书。

起哄闹事",造成"公共场所秩序严重混乱",司法解释创设的传播型寻衅滋事罪的依据只能对应于该项规定。2013年最高人民法院、最高人民检察院《关于办理寻衅滋事刑事案件适用法律若干问题的解释》(下称《寻衅滋事司法解释》)第五条将"公共场所"界定为"车站、码头、机场、医院、商场、公园、影剧院、展览会、运动场或者其他公共场所",该规定中虽有"其他公共场所"之兜底表述,但据文义,其显然是现实社会的公共场所,据此,其他公共秩序的混乱更与"公共场所秩序严重混乱"无关,相关犯罪也不应归为寻衅滋事罪。

然而,《网络诽谤解释》第五条第二款规定的传播型寻衅滋事罪的构成要件如下:(1)行为。依据司法解释,无论是仅仅编造,还是传播,或者是既编造又传播,均可作为该罪构成要件的要素。(2)行为对象。编造传播的内容是没有特定限制的"虚假信息",即不限于涉及突发事件的恐情、险情、疫情、灾情、警情。(3)行为工具与途径。对传播途径和工具要求是含义广泛的"信息网络",虽不包括其他媒体,但如前所述,"信息网络"是一个过于宽泛的概念——如此,《网络诽谤解释》第五条第二款实现了双层扩张:第一层,将"公共场所秩序"扩张为上位概念"公共秩序";第二层,将"公共秩序"从现实物理空间扩张到网络空间。

从行为及其工具、途径、对象等构成要件要素上看,传播型寻衅滋事罪与其说扩张了寻衅滋事罪的行为类型并衔接了《治安管理处罚法》第二十六条(四)中对寻衅滋事的处罚,不如说是对《治安管理处罚法》第二十五条(一)中的谣言传播处罚的衔接,原因是:编造、传播虚假信息罪是2015年《刑法修正案(九)》新增罪名,此前对相关恐情、险情、疫情、灾情、警情在内的谣言传播的打击只能由行政法承担。当然,《治安管理处罚法》第二十六条(四)中的"其他寻衅滋事行为"这一要素的模糊,为该扩张提供了基础。事实上,《刑法修正案(九)》新增的编造、传播虚假信息罪,本身就是为解决将"公共场所秩序"扩张为"公共秩序"而引发的争议,所以,针对利用信息网络传播虚假信息的行为就不应当再适用寻衅滋事罪。① 而因编造、传播虚假信息罪只针对险情、疫情、灾情、警情的谣言传播，学界就有如此结论：第一，编造、传播险情、疫情、灾情、警情之外的谣言的行为，不构成犯罪；第二，无论从目的解释，还是新法优于旧法角度，传播型寻衅滋事罪都应该废止。②

总之，2013年"两高"发布的《网络诽谤解释》，使寻衅滋事罪在针对现实社会的四种行为之外，正式向言论传播领域延伸，向网络空间扩张，尽管也有观点认为将网络空间认定为公共场所尚属合理的扩大解释，③ 甚至有观点赞同网络传播虚假信息本身等于扰乱公共秩序，④ 但学界主流认为该解释属于违背罪刑法定原则的典型的类推解释。

（二）传播型寻衅滋事罪在实践中的"口袋"特征

传播型寻衅滋事罪在个别案例适用中，法院并不认为独立的传播行为一定导致公共秩序严重混乱。如李某某寻衅滋事案中，法院认为，"被告人李某某虽在互联网上发帖，但没有相关证据证明造成公共秩序严重混乱，故不构成寻衅滋事罪。"⑤ 但大部分此类案例的判决仍体现出该罪的"口袋"特征。

以"寻衅滋事罪""信息网络""二审"为关键词，对中国裁判文书网2014—2019年的相关案例进行搜索，剔除无效案例，可得47个有效案例。从统计分析可见：传播型寻衅滋事罪背离罪刑法定原则的"口袋罪"特征，不仅体现在传播源由、对"公共场所"的二次扩张上，而且体现在与其他罪名的混淆上。

---

① 梁根林：《传统犯罪网络化：归责障碍、刑法应对与教义限缩》，《法学》2017年第2期。
② 张明楷：《网络时代的刑事立法》，《法律科学》（西北政法大学学报）2017年第3期。
③ 卢恒飞：《网络谣言如何扰乱了公共秩序——兼论网络谣言型寻衅滋事罪的理解与适用》，《交大法学》2015年第1期。
④ 参见潘修平、赵维军《网络型寻衅滋事罪的定性》，《江西社会科学》2015年第8期。
⑤ 河南省民权县人民法院（2015）民刑初字第81号刑事判决书。

1. 传播缘由

	传播源由							侵害对象			
	涉法信访	家庭纠纷	营利	个人利益	拆迁	环保	不满社会	不明	行政或国家形象	政法机关	他人	社会秩序
案例数量	12	1	4	16	2	2	9	1	31	13	8	5

注：由于一个案件的网络传播行为可能侵害两个以上对象，故侵害对象总数量超过47个。

由上表可见：传播型寻衅滋事罪中，行为人进行网络传播的缘由多种多样，既有出于私益，也有不明原因；而行为侵害的对象，则大都集中于公权力机关或公共秩序，真正涉及社会秩序的只有5例——此类网络传播（言论）行为的多种传播缘由及侵害对象，使传播型寻衅滋事罪显示出"一网打尽"的特征。

2. 传播结果：对"公共场所"的二次扩张

如前，《网络诽谤解释》第五条第二款实现了双层扩张："公共场所秩序"→"公共秩序"→网络空间秩序。

在所有47个有效案例中，只有7例案件认定虚假信息侵害网络秩序、引发社会秩序混乱并予以证明或说明：① 其中最为具体的是叶某寻衅滋事案中，裁判文书罗列了证人言，证明是受到叶某等人在网络上发表的关于在该县建设垃圾焚化处理场的虚假信息煽动，广东博罗县城2014年9月20日上午约有300余名群众上街非法集会游行，造成沿途交通瘫痪，严重影响交通秩序。② 在被告人巴某寻衅滋事案中，其在网

---

① 湖南省娄底市中级人民法院（2016）湘13刑终204号刑事裁定书；山西省吕梁市中级人民法院（2015）吕刑终字第93号刑事裁定书；黑龙江省哈尔滨市中级人民法院（2019）黑01刑终212号刑事裁定书；广东省惠州市中级人民法院（2016）粤13刑终108号刑事裁定书。

② 广东省惠州市中级人民法院（2016）粤13刑终108号刑事裁定书。

络上发布关于贝果宗教活动和赛巴活佛的不良言论音频,内容中间接提出了"杰钦修丹"有关言论,主观上蓄意挑起教派之间的矛盾,引发了赛巴寺僧人及信众的极度不满以及在治多县公安局聚众闹访事件。① 在蔡某寻衅滋事案中,法院认定"蔡所发信息内容在网络上被广泛阅读,并被多家媒体引用报道。同年8月29日、9月6日,上海市住房和城乡建设管理委员会先后两次发布辟谣帖。上述虚假信息的传播导致本市房地产成交量及离婚数量均大幅上升,给本市各房地产交易中心的公共秩序及婚姻登记机构的工作秩序均造成了严重混乱。"② 在被告人高某寻衅滋事案中,在其发布虚假煤矿爆炸信息后,省、地、市政府采取多级应急联动;③

但大部分案例只认定"造成恶劣影响",而不说明造成何种影响。④ 在认定侵害网络秩序引发社会秩序混乱但未证明或说明的案件中,一些案件认定所编造传播虚假信息"损害政府形象"⑤ 或"造成了基层组织和政府的信任危机"⑥

3. 与其他罪名的混淆

第一,与编造传播虚假信息罪的混淆。2015年《刑法修正案(九)》新增编造、传播虚假信息罪,该罪只针对险情、疫情、灾情、警情的谣言传播,而传播型寻衅滋事罪针对的虚假信息并未进行界定,故司法实践中,有公诉机关对传播虚假险情、疫情、灾情、警情的行

---

① 青海治多县人民法院(2017)青2724刑初9号刑事判决书。
② 上海市静安区人民法院(2017)沪0106刑初179号刑事判决书。
③ 山西省汾阳市人民法院(2014)汾刑初字第229号刑事判决书(2014)汾刑初字第229号。
④ 关于传播型寻衅滋事罪的法益侵害,参见第十章第三节二(三)的内容。
⑤ 安徽省阜阳市中级人民法院(2016)皖12刑终216号刑事裁定书;福建省龙岩市中级人民法院(2017)闽08刑终200号刑事裁定书;新疆维吾尔自治区伊犁哈萨克自治州塔城地区中级人民法院(2015)伊州刑二终字第225号刑事裁定书;长沙市中级人民法院(2019)湘01刑终393号刑事裁定书;泸州市中级人民法院(2019)川05刑终91号刑事裁定书。
⑥ 安徽小六安市中级人民法院(2019)皖15刑终297号刑事裁定书;鹤壁市中级人民法院(2018)豫06刑终117号刑事裁定书。

为,以寻衅滋事罪起诉。当然,法院在审理中,有案例遵循从新兼从轻的原则,将公诉机关指控的寻衅滋事罪纠正为故意传播虚假信息罪。①

第二,与诽谤罪的混淆。一些案例中,将基层地方政府或企业法人领导等个人名誉权益的侵害作为该罪的法益侵害后果即"社会秩序严重混乱",从而导致与诽谤罪混淆。② 如翁某、李某寻衅滋事案中,其因李某因廊坊市五味斋商厦经营权问题与王某发生纠纷,后伙同翁某撰写名为《廊坊黑恶势力王某勾结警察强霸五味斋》的不实文章,并在网络上进行发布,被以寻衅滋事罪判处刑罚。③ 而在2018年社会影响巨大的"伊利谣言案"中,呼和浩特公安机关经侦查,以涉嫌寻衅滋事罪、诽谤罪将刘某和邹某抓获,检察机关以诽谤罪对2人批准逮捕;后在起诉中将二人罪名变更为寻衅滋事罪。法院以寻衅滋事罪判处邹某有期徒刑一年,缓刑一年六个月;以寻衅滋事罪判处刘某有期徒刑八个月。④ 另外,利用信息网络,编造虚假信息侮辱辱骂他人,究竟是

---

① 安徽省阜阳市中级人民法院(2016)皖12刑终216号刑事裁定书。
② 河北省沧州市中级人民法院(2019)冀09刑终351号刑事裁定书;兴安盟中级人民法院(2018)内22刑终86号刑事裁定书;河北省廊坊市中级人民法院(2017)冀10刑终53号刑事裁定书。
③ 河北省廊坊市中级人民法院(2017)冀10刑终53号刑事裁定书。
④ 2018年3月24日起,微信公众号"天禄财经"作者刘某陆续在其公号发布《出乌兰记——盘先生在美丽坚》《出美丽坚记——盘先生回乌兰配合调查》《出乌兰记——童话故事》三篇文章,暗示性地把"小说"所指与伊利董事长潘某联系在一起。3月26日上午,邹某在其公号发文称:"光祥财经获悉,潘刚已于近期回国,很快被有关部门带走并协助调查。"当日,伊利发布澄清公告称,相关报道不实,市场传言均为谣言,公司生产经营一切正常。邹某是看了刘某的文章后,加了刘的微信并核实,刘在自己也拿不准的情况下,却告诉邹"可以写"。邹某出于职业敏感,也打电话向伊利公司求证,被告知是谣言后,但仍写下了《公司聚焦:伊利股份董事长潘刚或"失联"》的文章并发出,并且在伊利再次告诉他是谣言要求删稿时,也没有同意。两个人的文章先后发出,经过互联网的快速传播,引起很大反响,导致以伊利为核心的上下游产业链均受到了冲击,反应到资本市场上,股价从34元一路下跌至24元,谣言发布的两天时间里,市值缩水130亿元。郭铁:《"伊利谣言案"涉事2人因何被判寻衅滋事罪?事件始末回顾》,《新京报》2018年10月24日第A5版;新华社记者:《网络自媒体不是"法外之地"》,(2018-5-7)[2018-12-08],https://www.guancha.cn/FaZhi/2018_05_07_456014.shtml;刘懿德:《"伊利谣言案"二审宣判 呼和浩特中院裁定维持原判》,(2018-11-23)[2018-12-08],https://www.xinhuanet.com/legal/2018-11/23/c_1123760139.html。

适用《网络诽谤解释》第五条第一款还是第二款，在判决中不清楚。①

第三，与煽动颠覆国家政权罪的混淆。司法实践中，将在网络上传播对执政党和政府不满，侵害的法益并非社会法益而是国家法益（如在推特上传播编造抨击国家政治制度及政党制度的虚假信息，或在境外网络平台上大量传播、散布，诋毁我国的社会主义制度、中国共产党领导以及国家政治、政策，严重损害中国共产党和中华人民共和国在国际上的地位与形象），危害国家利益的行为，也以寻衅滋事罪判决。②

第五节　传播犯罪制度中构成要件的其他模糊性问题

事实上，即使不考虑空白罪状、"兜底条款"与"口袋罪"问题，在传播犯罪制度中，仍然大量存在构成要件要素的模糊性问题，此类问题与空白罪状、"兜底条款""口袋罪"问题一起，对罪刑法定原则构成共同的威胁或影响。以下仅以编造、故意传播虚假恐怖信息罪和编造并传播证券、期货交易虚假信息罪为例进行说明。

一　编造、故意传播虚假（恐怖）信息罪构成要件的要素的模糊性问题

从法律规定的构成要件要素上看：（1）行为。依照《编造传播虚

---

① 河北省承德市中级人民法院（2016）冀08刑终11号刑事裁定书；黑龙江省双鸭山市中级人民法院（2017）黑05刑终11号刑事裁定书。

② 湖北省武汉市蔡甸区人民法院（2019）鄂0114刑初512号刑事判决书；江苏省南京市雨花台区人民法院（2017）苏0114刑初446号刑事判决书；山西省忻州市忻府区人民法院（2018）晋0902刑初342号刑事判决书；浙江省台前县人民法院（2018）豫0927刑初3号刑事判决书。

假恐怖信息解释》第一条，编造、故意传播虚假恐怖信息，可以构成编造虚假恐怖信息罪和故意传播虚假恐怖信息罪：前者罪名中虽只有"编造"，但其构成要件必须包括编造和传播。[①] 这是因为：只有"传播"行为才能严重扰乱社会秩序，而单独编造行为不能造成法益侵害目的。编造、故意传播虚假的险情、疫情、灾情、警情的行为，或者构成编造、故意传播虚假信息罪，或者构成故意传播虚假信息罪，而不存在单纯的编造虚假信息罪。（2）行为对象。编造、故意传播虚假恐怖信息罪指编造爆炸威胁、生化威胁、放射威胁等恐怖信息，或者明知是编造的恐怖信息而故意传播。2013年9月30日起施行的《编造传播虚假恐怖信息解释》对"虚假恐怖信息"的要求，强调"重大"性。[②] 而依《刑法》第二百九十一条之一的规定，编造、故意传播虚假信息罪中编造的内容仅限关于险情、疫情、灾情、警情的4种虚假信息，没有以"等"字兜底，意味着编造或者传播此外的虚假信息的行为，不构成此罪。（3）行为途径与工具。依《刑法》第二百九十一条之一，编造、故意传播虚假恐怖信息罪对传播途径和工具没有具体要求；编造、故意传播虚假信息罪对传播途径和工具要求是信息网络或者其他媒体——可见，在立法者看来，前罪的严重性甚于后罪，故在传播途径与工具上不做限制。

编造、故意传播虚假（恐怖）信息罪构成要件的要素存在的问题是：（1）行为本身的含义。司法解释关于"编造虚假恐怖信息罪"包

---

① 《编造传播虚假恐怖信息解释》第一条规定："编造恐怖信息，传播或者放任传播，严重扰乱社会秩序的，依照刑法第二百九十一条之一的规定，应认定为编造虚假恐怖信息罪；明知是他人编造的恐怖信息而故意传播，严重扰乱社会秩序的，依照刑法第二百九十一条之一的规定，应认定为故意传播虚假恐怖信息罪。"但最高人民法院确定的编造虚假恐怖信息罪，也包含了犯罪嫌疑人的传播行为。

② 根据《编造传播虚假恐怖信息解释》第六条规定，"虚假恐怖信息"指以发生爆炸威胁、生化威胁、放射威胁、劫持航空器威胁、重大灾情、重大疫情等严重威胁公共安全的事件为内容，可能引起社会恐慌或者公共安全危机的不真实信息。

括传播行为的规定,极易引起混乱:① 其一,从文义来看,"编造"行为不应当包括"传播"行为的内容;其二,从犯罪既遂方面来看,只有完成"传播"行为才能导致"严重扰乱社会秩序",所以,单独"编造"恐怖信息行为不应当厘定为一个罪名,"编造"恐怖信息行为也不适宜单独作为编造、故意传播虚假恐怖信息罪的犯罪行为方式之一。② 编造、故意传播虚假信息罪也是如此。(2) 行为对象的含义。险情、疫情、灾情、警情的含义究竟是什么,如何处理这四个概念存在相互交叉与重叠的关系,譬如灾情可以包含疫情,灾情、疫情也可能都是险情。③ 虽有学者界定上述四种突发事件的含义,④ 但在具体实践中,这种界定仍然不能解决问题。(3) 行为对象的交叉。在《刑法修正案(九)》增加编造、故意传播虚假信息罪之后,《编造传播虚假恐怖信息解释》第六条关于"虚假恐怖信息"的包括重大灾情、重大疫情的界定,与编造、故意传播虚假信息罪中列举的虚假信息有交叉,虽然前者强调"重大",但难以界分,应进行修订。(4) 行为工具与途径的界定。如何理解"信息网络"和"传播",即传播范围是仅仅面向不特定人群还是兼顾特定人群?如果兼顾特定人群,人数以多少为限?如在一个不到10人的微信朋友群中传播,是否符合该罪构成要件的本义?

---

① 司法实践中,一些案例将只有编造没有传播的行为判为"编造虚假恐怖信息罪"。参见上海市闵行区人民法院(2017)沪0112刑初1851号判决书;广西壮族自治区阳朔县人民法院(2014)阳刑初字第88号判决书。
② 时斌:《编造、故意传播虚假恐怖信息罪的制裁思路——兼评刑法修正案(九)相关条款》,《政法论坛》2016年第1期。
③ 皮勇:《网络犯罪比较研究》,中国人民公安大学出版社2005年版,第86—88页;苏青:《网络谣言的刑法规制:基于〈刑法修正案(九)〉的解读》,《当代法学》2017年第1期。
④ 学者认为,"险情",简而言之就是危险情况;"疫情"是指疫病的发生和蔓延,即疫病的发生和发展情况;"灾情"指受灾的情况;"警情"是治安事件或者犯罪事件发生后,必须由警察出来维护的突发性事件。李双其:《网络犯罪防控对策》,群众出版社2001年版,第79—82页。

二 编造并传播证券、期货交易虚假信息罪构成要件的要素模糊性问题

第一，关于该罪的行为。首先，有观点认为只将他人编造的相关虚假信息予以传播，也构成本罪;[1] 但主流观点认为编造与传播兼备，才符合本罪构成要件行为要素之要求。[2] 从文义上理解，在编造与传播之间有"并且"二字，显然强调了两者的兼备性，即：单单编造与传播均不应以本罪论处。其次，关于"传播"方式与途径，从常识看，能对证券、期货交易产生较大影响的应当是使用媒体进行的传播，不应包括人际传播，但法律未予明确。最后，对证券、期货宏观市场分析判断和预测，即便有错误、失误，也不能认为属于编造，因为这种分析预测给出的不是事实方面的信息，而是观点。[3]

第二，关于行为对象即"虚假信息"的含义。即哪些虚假信息可以影响证券、期货交易？虽然一般理解主要是指可能对上市公司股票交易价格和期货合约的交易产生较大影响的虚假信息，但鉴于相关法律对此类信息已有规定，法律或司法解释完全可以而且应当进行明确界定。[4]

---

[1] 张明楷：《刑法分则的解释原理》（上），中国人民大学出版社 2011 年版，第 498 页。
[2] 周光权：《刑法总论》，中国人民大学出版社 2016 年版，第 267 页。
[3] 王守俊：《编造并传播证券、期货交易虚假信息罪适用问题论析》，《经济研究导刊》2016 年第 31 期。
[4] 中国证监会公布实施的《上市公司信息披露管理办法》第三十条规定："发生可能对上市公司证券及其衍生品种交易价格产生较大影响的重大事件，投资者尚未得知时，上市公司应当立即披露，说明事件的起因、目前的状态和可能产生的影响。前款所称重大事件包括：（一）公司的经营方针和经营范围的重大变化；（二）公司的重大投资行为和重大的购置财产的决定；（三）公司订立重要合同，可能对公司的资产、负债、权益和经营成果产生重要影响；（四）公司发生重大债务和未能清偿到期重大债务的违约情况，或者发生大额赔偿责任；（五）公司发生重大亏损或者重大损失；（六）公司生产经营的外部条件发生的重大变化；（七）公司的董事、1/3 以上监事或者经理发生变动；董事长或者经理无法履行职责；（八）持有公司 5% 以上股份的股东或者实际控制人，其持有股份或者控制公司的情况发生较大变化；（九）公司减资、合并、分立、解散及申请破产的决定；或者依法进入破产程序、被责令关闭；（十）涉及公司的重大诉讼、仲裁，股东大会、董事会决议被依法撤销或者宣告无

第三，关于行为途径与工具。关于"传播"方式与途径，从常识看，能对证券、期货交易产生较大影响的应当是使用媒体进行的传播，不应包括人际传播，但法律未予明确。

第四，关于因果关系。依据规定，"扰乱证券、期货市场，造成严重后果"必须是行为人的行为所造成，但这种因果关系在司法中几乎不可能得以证明。

第六节　本章结论

就《刑法》本身规定而言，我国传播犯罪制度中，除个别罪名外，绝大部分罪名构成要件比较模糊，存在不同程度的明确性问题。

在侵害国家法益的传播犯罪领域，12种侵害国家法益的传播犯罪（占80%）的构成要件，由司法解释进行了不同程度的明确。其中，有司法解释、构成要件明确度较高的是准备实施恐怖活动罪，故意泄露国家秘密罪，为境外的机构、组织、人员窃取、刺探、收买、非法提供国家秘密罪，非法持有宣扬恐怖主义、极端主义物品罪。而煽动分裂国家罪、煽动颠覆国家政权罪和战时造谣惑众罪，没有司法解释予以明确。

（接上页）效；（十一）公司涉嫌违法违规被有权机关调查，或者受到刑事处罚、重大行政处罚；公司董事、监事、高级管理人员涉嫌违法违纪被有权机关调查或者采取强制措施；（十二）新公布的法律、法规、规章、行业政策可能对公司产生重大影响；（十三）董事会就发行新股或者其他再融资方案、股权激励方案形成相关决议；（十四）法院裁决禁止控股股东转让其所持股份；任一股东所持公司5%以上股份被质押、冻结、司法拍卖、托管、设定信托或者被依法限制表决权；（十五）主要资产被查封、扣押、冻结或者被抵押、质押；（十六）主要或者全部业务陷入停顿；（十七）对外提供重大担保；（十八）获得大额政府补贴等可能对公司资产、负债、权益或者经营成果产生重大影响的额外收益；（十九）变更会计政策、会计估计；（二十）因前期已披露的信息存在差错、未按规定披露或者虚假记载，被有关机关责令改正或者经董事会决定进行更正；（二十一）中国证监会规定的其他情形。"——有关上述规定中的重大事件的虚假信息，可视为编造并传播证券、期货交易虚假信息罪中的虚假信息。

在侵害社会法益的传播犯罪领域，17种侵害国家法益的传播犯罪（占71%）的构成要件，由司法解释进行了不同程度的明确。其中，有司法解释、构成要件明确度较高的有11个罪名：欺诈发行股票、债券罪，违规披露、不披露重要信息罪，虚假广告罪，非法经营罪，拒不履行信息网络安全管理义务罪，非法利用信息网络罪，帮助信息网络犯罪活动罪，扰乱无线电管理秩序罪，编造、故意传播虚假恐怖信息罪，编造、故意传播虚假信息罪和寻衅滋事罪。另外，非法获取国家秘密罪，非法使用窃听、窃照专用器材罪，编造、故意传播虚假信息罪，传授犯罪方法罪，侵害英雄烈士名誉、荣誉罪，泄露不应公开的案件信息罪，披露、报道不应公开的案件信息罪和组织播放淫秽音像制品罪这7种犯罪，没有司法解释予以明确。

在侵害个体法益的传播犯罪领域，13种侵害个体法益的传播犯罪中，只有6种由司法解释对其构成要件进行了不同程度的明确（占46%）。其中，明确度较高的犯罪有5种：诽谤罪、侵犯公民个人信息罪、诈骗罪、假冒注册商标罪和侵犯著作权罪。而侮辱罪，煽动民族仇恨、民族歧视罪、出版歧视、侮辱少数民族作品罪，损害商业信誉、商品声誉罪，强迫交易罪，侵犯商业秘密罪和销售侵权复制品罪的构成要件，没有司法解释予以明确。

总之，侵害国家、社会和个体法益的三类53种传播犯罪中，共有35种传播犯罪的构成要件得到不同程度的明确，三类传播犯罪构成要件解释率由高到低为：侵害国家法益的传播犯罪→侵害社会法益的传播犯罪→侵害个体法益的传播犯罪——其关键原因即：侵害国家法益的传播犯罪构成要件比较模糊。然而，依据本书设定的构成要件明确度的分值，三类传播犯罪经过解释的整体明确度，侵害社会法益的传播犯罪最高，侵害国家法益的传播犯罪依然最低；即使是构成要件明确度比较高的犯罪中，也不同程度存在模糊性问题。

构成要件的模糊，大量空白罪状与兜底条款的存在，以及"口袋罪"的问题，事实上造成犯罪制度的低门槛，为传播犯罪打击圈和刑罚的不当扩张埋下了隐患。

需要强调的是：用类推方法进行的关于寻衅滋事罪的解释，即使构成要件明确度较高，也是错误的、违法的解释，不能视为达到构成要件符合性的要求。

第十章　法益保护原则视角下的我国传播犯罪制度

刑事立法与司法必须遵循刑法的基本原则，以保护法益为目的。指导违法性判断的行为无价值（规范违反说）和结果无价值（法益侵害说）理论，均承认法益侵害为违法性判断的实质内容，且将其置于优先考虑的地位，① 因此，法益侵害是公认的违法性判断的核心内容，没有法益侵害，就不成立犯罪。

法益应当是明确的，否则法官难以裁判一个行为是否成立犯罪；法益应当是具体的、可还原为个体法益的，否则法官将在抽象的概念中进入裁判迷宫；具体犯罪中的法益应当是清晰、个别化的，即可科学区分直接、主要法益及间接、次要法益，否则法官将难以抉择具体罪名及量刑幅度。

传播侵害结果的推定违反法益保护原则，在本书第三章已探讨。本章主要研究我国传播犯罪制度法益侵害要求的明确度，法益的抽象化、罪名的非科学归类及法益混淆引发的问题。

---

① 周光权：《法益初论》，中国政法大学出版社2003年版，第28页。

第一节 中国传播犯罪法律制度中
犯罪结果与情节的明确度

犯罪结果有危险和侵害。由于涉及言论自由这一宪法权利，由于本身并不直接导致法益侵害，传播犯罪的成立条件在法理上要求有现实法益侵害，方具备实质违法性；其在立法上应该以侵（实）害犯为主，以危险犯为辅。当然，危险有具体危险和抽象危险之分：前者在表现形式上已经能够显示为一种由行为所造成的法益侵害可能性的外在的事实状态，是一种"危险结果"，需要司法实践中根据具体的情况予以证明和确定，而不能进行某种程度的假定或抽象；后者是一种蕴含于行为之内的法益侵害可能性，不属于犯罪的成立条件，是立法者拟制的危险，不需要司法上的具体判断。[①]

需要强调：所谓危险犯，并非法律或司法解释不可规定概括的或具体的侵害结果，而是只要违法行为形成危险，即构成犯罪既遂。

一 针对国家法益传播犯罪结果或情节的明确度

我国《刑法》分则中，针对国家法益的传播犯罪，均为危险犯，而且绝大部分是抽象危险犯即行为犯，以"情节"作为犯罪成立或量刑的依据。当然，经过相关司法解释对情节的解释，以下几种犯罪可能成为具体的危险犯甚至侵害犯：

（一）为境外的机构、组织、人员窃取、刺探、收买、非法提供国家秘密罪侵害结果的明确度

2001年《为境外窃取、刺探、收买、非法提供国家秘密罪司法解释》中，对该罪判处五年以下有期徒刑、五年以上十年以下有期徒刑或

---

① 周光权：《刑法论》，中国人民大学出版社2016年版，第121页。

十年以上有期徒刑、无期徒刑的情形，分别如此规定行为对象与结果："秘密级国家秘密或者情报"；① "机密级国家秘密""三项以上秘密级国家秘密""国家秘密或者情报，对国家安全和利益造成其他严重损害"；"绝密级国家秘密""三项以上机密级国家秘密""国家秘密或者情报，对国家安全和利益造成其他特别严重损害"。② ——其中，第一种为"情节较轻"，第三种为"情节特别严重"。

需要注意：如果国家秘密被提供给境外机构、组织或人员本身即可视为国家法益侵害可能性的外在的事实状态，则此罪名本身即具体的危险犯；而如果提供的是国家秘密或者情报，则"对国家安全和利益造成其他特别严重损害"的要求，无疑是侵害犯的要求，当然，"对国家安全和利益造成其他特别严重损害"究竟是何种损害，仍不明确。

（二）故意泄露国家秘密罪侵害结果的明确度

2006年《渎职犯罪立案标准》一（三）中，对该罪的行为对象与结果的规定是："绝密级国家秘密1项（件）以上""泄露机密级国家秘密2项（件）以上""泄露秘密级国家秘密3项（件）以上""向非境外机构、组织、人员泄露国家秘密，造成或者可能造成危害社会稳定、经济发展、国防安全或者其他严重危害后果""通过口头、书面或者网络等方式向公众散布、传播国家秘密"——显然，经过司法解释，原来《刑法》分则第三百九十八条规定的该罪，基本上由抽象危险犯变为具体危险犯。当然，"危害社会稳定、经济发展、国防安全或者其他严重危害后果"究竟包括哪些，尚未明确。

（三）过失泄露国家秘密罪侵害结果的明确度

2006年《渎职犯罪立案标准》一（四）中，对该罪的行为对象与结果的规定是："绝密级国家秘密1项（件）以上""泄露机密级国家

---

① 此种情节可处五年以下有期徒刑、拘役、管制或者剥夺政治权利。参见《为境外窃取、刺探、收买、非法提供国家秘密罪司法解释》第四条。
② 此种情节可处十年以上有期徒刑、无期徒刑。参见《为境外窃取、刺探、收买、非法提供国家秘密罪司法解释》第二条。

秘密3项（件）以上""泄露秘密级国家秘密4项（件）以上""违反保密规定，将涉及国家秘密的计算机或者计算机信息系统与互联网相连接，泄露国家秘密""泄露国家秘密或者遗失国家秘密载体，隐瞒不报、不如实提供有关情况或者不采取补救措施的"——显然，与故意泄露国家秘密罪类似，经过司法解释，原来《刑法》分则第三百九十八条规定的该罪，基本上由抽象危险罪变为具体危险罪。

（四）故意泄露军事秘密罪侵害结果的明确度

2013年《军人职责犯罪立案标准》第十四条中，对该罪的行为对象与结果的规定是："绝密级或者机密级军事秘密一项（件）以上""秘密级军事秘密3项（件）以上""向公众散布、传播军事秘密""造成严重危害后果""执行重大任务时泄密"——显然，如果军事秘密泄露本身即可视为国家法益侵害可能性的外在的事实状态，则该罪名本身即具体危险犯。然而，在多大范围内向公众散布、传播及"造成严重危害后果"的具体含义，仍不明确。

（五）过失泄露军事秘密罪侵害结果的明确度

2013年《军人职责犯罪立案标准》第十五条中，对该罪的行为对象与结果的规定是："绝密级军事秘密1项（件）以上""机密级军事秘密3项（件）以上""秘密级军事秘密4项（件）以上""泄露军事秘密或者遗失军事秘密载体，不按照规定报告，或者不如实提供有关情况，或者未及时采取补救措施"——显然，从结果上看，该罪与故意泄露军事秘密罪的区别：一是在于泄露秘密的数量；二是是否向公众散布、传播；是否造成严重危害后果。

总之，在15种针对国家法益的传播犯罪中，司法解释只对5种犯罪的侵害结果进行了解释，使相关犯罪基本上或在相关情形中由抽象危险罪变为具体危险罪；其他10种犯罪的犯罪结果，没有进一步的明确。

二 针对社会法益传播犯罪结果或情节的明确度

我国《刑法》分则中，针对社会法益的传播犯罪，既有危险犯，也有侵害犯。相关司法解释对以下罪名的犯罪结果或情节进行了规定：

（一）欺诈发行股票、债券罪侵害结果的明确度

该罪是侵害犯，《刑法》第一百六十条要求成立该罪必须"数额巨大、后果严重或者有其他严重情节"。2001年《经济犯罪案追诉标准》中，该罪的犯罪结果规定为"发行数额在一千万元以上"或"造成恶劣影响"；[①] 2010年《公安管辖刑事案件立案标准（二）》中，犯罪结果改为"发行数额在五百万元以上""其他后果严重或者有其他严重情节"——发行数额比较明确，但"恶劣影响"与"其他后果严重或者有其他严重情节"依然比较笼统。

（二）违规披露、不披露重要信息罪侵害结果的明确度

该罪是侵害犯，《刑法》第一百六十一条要求成立该罪必须"严重损害股东或者其他人利益"。2008年《经济犯罪案追诉标准补充规定》和《公安管辖刑事案件立案标准（二）》中，[②] 要求该罪的犯罪结果为给股东、债权人或者其他人造成直接经济损失数额累计在五十万元以上"或"其他严重损害股东、债权人或者其他人利益，或者有其他严重情节"——前者比较具体，后者比较模糊。

（三）编造并传播证券、期货交易虚假信息罪侵害结果的明确度

该罪是侵害犯，《刑法》第一百八十一条要求成立该罪必须"造成严重后果"。2001年《经济犯罪案追诉标准》中，该罪的犯罪结果规定为"造成投资者直接经济损失数额在三万元以上""致使交易价格和交易量异常波动"或"造成恶劣影响"；《公安管辖刑事案件立案标准

[①] 参见《经济犯罪案追诉标准》第四条。
[②] 参见《经济犯罪案追诉标准补充规定》第一条和《公安管辖刑事案件立案标准（二）》第六条。

（二）》保留第二个标准，去掉了第三个标准，但在数额上提高了入罪标准，要求"造成投资者直接经济损失数额在五万元以上"，另外，增加了"获利或者避免损失数额累计在五万元以上"和"其他造成严重后果的情形"的犯罪结果选择项①——可见，在四项标准中，两项有具体数额要求，比较明确；另两项则比较模糊，其中，"交易价格和交易量异常波动"，在证券期货市场上很难予以法律界定。而且，从目前来看，此罪侵害结果即入罪门槛过低。

（四）虚假广告罪侵害结果的明确度

该罪不仅在构成要件上是空白条款，在结果要件上也属危险犯、情节犯，《刑法》第二百二十二条要求成立该罪必须"情节严重"。但《公安管辖刑事案件立案标准（二）》对该罪犯罪结果即立案追诉标准进行了量化，包括"违法所得数额在十万元以上""给单个消费者造成直接经济损失数额在五万元以上""给多个消费者造成直接经济损失数额累计在二十万元以上""假借预防、控制突发事件的名义，利用广告作虚假宣传，致使多人上当受骗，违法所得数额在三万元以上""造成人身伤残"——如此，该罪经司法解释，基本上可视为侵害犯；当然，其中两条追诉标准，依然保留着危险犯、情节犯的痕迹。②

（五）传播型非法经营罪犯罪情节的明确度

该罪是危险犯，《刑法》第二百二十五条规定成立该罪必须"情节严重"。

与传播相关的非法经营罪，相关司法解释规定的了入罪标准：（1）针对出版、印刷、复制、发行书刊、影片、音像、图片、软件等非法出版物的行为，规定了"情节严重""情节特别严重"的数额、数

---

① 参见《公安管辖刑事案件立案标准（二）》第三十七条。
② 这两条分别是"两年内因利用广告作虚假宣传，受过行政处罚二次以上，又利用广告作虚假宣传"和"其他情节严重的情形"。参见《公安管辖刑事案件立案标准（二）》第七十五条。

量起点标准;① （2）针对通过信息网络有偿提供删除信息服务和通过信息网络有偿提供发布明知是虚假信息的服务非法经营行为，规定了"情节严重""情节特别严重"的数额、数量起点标准;② （3）对于与"伪基站"经营有关的行为，规定了以经营数额为依据的入罪标准。③——但严格来讲，上述标准并非犯罪结果即法益侵害的标准，因此，并不改变该罪危险犯的定性。

（六）拒不履行信息网络安全管理义务罪侵害结果的明确度

该罪是侵害犯，根据《刑法》第二百八十六条之一的要求，成立该罪必须"致使违法信息大量传播""致使用户信息泄露，造成严重后果""致使刑事案件证据灭失，情节严重""有其他严重情节"。2019年《非法利用信息网络等刑事案司法解释》对上述四个标准进行了详细的解释，其中：关于第一个标准，对刑法上的传播范围进行了界定;④ 关于第二个标准，对核心隐私信息和可能影响人身、财产安全的个人信息数量进行了规定;⑤ 关于第三个标准中的"情节严重"，从犯罪性质及

---

① 参见《非法出版物刑事案司法解释》第十二、十三条。
② 参见《网络诽谤解释》第七条。
③ 参见《非法生产销售使用"伪基站"案办理意见》一（一）之规定。
④ 根据《非法利用信息网络等刑事案司法解释》第三条，"致使违法信息大量传播"指：（一）致使传播违法视频文件二百个以上的；（二）致使传播违法视频文件以外的其他违法信息二千个以上的；（三）致使传播违法信息，数量虽未达到第一项、第二项规定标准，但是按相应比例折算合计达到有关数量标准的；（四）致使向二千个以上用户账号传播违法信息的；（五）致使利用群组成员账号数累计三千以上的通讯群组或者关注人员账号数累计三万以上的社交网络传播违法信息的；（六）致使违法信息实际被点击数达到五万以上的；（七）其他致使违法信息大量传播的情形。
⑤ 根据《非法利用信息网络等刑事案司法解释》第四条，"造成严重后果"指：（一）致使泄露行踪轨迹信息、通信内容、征信信息、财产信息五百条以上的；（二）致使泄露住宿信息、通信记录、健康生理信息、交易信息等其他可能影响人身、财产安全的用户信息五千条以上的；（三）致使泄露第一项、第二项规定以外的用户信息五万条以上的；（四）数量虽未达到第一项至第三项规定标准，但是按相应比例折算合计达到有关数量标准的；（五）造成他人死亡、重伤、精神失常或者被绑架等严重后果的；（六）造成重大经济损失的；（七）严重扰乱社会秩序的；（八）造成其他严重后果的。

后果角度进行了规定;① 关于第四个标准,则范围很广泛。② ——上述规定,使该罪名作为侵害犯,在犯罪结果方面非常明确,但是否能改变该罪名象征性立法的情况,尚有待观察。

(七) 非法利用信息网络罪犯罪情节的明确度

该罪是危险犯,《刑法》第二百八十七条之一规定成立该罪必须"情节严重"。《非法利用信息网络等刑事案司法解释》对该罪"情节严重",不仅从成立网站、通讯群组的数量等情节上进行明确,也从信息发布数量上进行了规定。③ 从法理角度,该罪应该是具体的危险犯,即成立网站、通讯群组的行为必须对社会法益侵害造成可能性的外在的事实状态,否则不应入罪。

(八) 帮助信息网络犯罪活动罪犯罪情节的明确度

该罪是危险犯,《刑法》第二百八十七条之二规定成立该罪必须

---

① 根据《非法利用信息网络等刑事案司法解释》第五条,"致使刑事案件证据灭失,情节严重"中的"情节严重"指:(一)造成危害国家安全犯罪、恐怖活动犯罪、黑社会性质组织犯罪、贪污贿赂犯罪案件的证据灭失的;(二)造成可能判处五年有期徒刑以上刑罚犯罪案件的证据灭失的;(三)多次造成刑事案件证据灭失的;(四)致使刑事诉讼程序受到严重影响的;(五)其他情节严重的情形。

② 根据《非法利用信息网络等刑事案司法解释》第六条,"有其他严重情节"指:(一)对绝大多数用户日志未留存或者未落实真实身份信息认证义务的;(二)二年内经多次责令改正拒不改正的;(三)致使信息网络服务被主要用于违法犯罪的;(四)致使信息网络服务、网络设施被用于实施网络攻击,严重影响生产、生活的;(五)致使信息网络服务被用于实施危害国家安全犯罪、恐怖活动犯罪、黑社会性质组织犯罪、贪污贿赂犯罪或者其他重大犯罪的;(六)致使国家机关或者通信、能源、交通、水利、金融、教育、医疗等领域提供公共服务的信息网络受到破坏,严重影响生产、生活的;(七)其他严重违反信息网络安全管理义务的情形。

③ 根据《非法利用信息网络等刑事案司法解释》第十条,"情节严重"指:(一)假冒国家机关、金融机构名义,设立用于实施违法犯罪活动的网站的。(二)设立用于实施违法犯罪活动的网站,数量达到三个以上或者注册账号数累计达到二千以上的。(三)设立用于实施违法犯罪活动的通讯群组,数量达到五个以上或者群组成员账号数累计达到一千以上的。(四)发布有关违法犯罪的信息或者为实施违法犯罪活动发布信息,具有下列情形之一的:1. 在网站上发布有关信息一百条以上的;2. 向二千个以上用户账号发送有关信息的;3. 向群组成员数累计达到三千以上的通讯群组发送有关信息的;4. 利用关注人员账号数累计达到三万以上的社交网络传播有关信息的。(五)违法所得一万元以上的。(六)二年内曾因非法利用信息网络、帮助信息网络犯罪活动、危害计算机信息系统安全受过行政处罚,又非法利用信息网络的。(七)其他情节严重的情形。

"情节严重"。《非法利用信息网络等刑事案司法解释》对该罪"情节严重",从帮助对象数量、支付结算和投放广告金额、违法所得、被帮助对象的犯罪结果等角度,进行了明确。① 与非法利用信息网络罪情况相同,该罪也应该是具体的危险犯,即支付结算和投放广告等帮助行为,必须对社会法益侵害造成可能性的外在的事实状态,否则不应入罪。

(九)扰乱无线电管理秩序罪犯罪情节的明确度

该罪是危险犯、法定犯,《刑法》第二百八十八条规定成立该罪必须"情节严重"。

2017年《扰乱无线电通讯管理秩序案司法解释》对"情节严重",既从侵害结果角度,也从使用场合、频次、发送信息数量、违法所得等角度,进行了解释。② 对"情节特别严重"的解释,也基本上基于上述角度。③ 但司法解释的相关内容,使该罪性质界于具体危险犯和抽象危

---

① 根据《非法利用信息网络等刑事案司法解释》第十二条,"情节严重"指:(一)为三个以上对象提供帮助的;(二)支付结算金额二十万元以上的;(三)以投放广告等方式提供资金五万元以上的;(四)违法所得一万元以上的;(五)二年内曾因非法利用信息网络、帮助信息网络犯罪活动、危害计算机信息系统安全受过行政处罚,又帮助信息网络犯罪活动的;(六)被帮助对象实施的犯罪造成严重后果的;(七)其他情节严重的情形。

② 根据《扰乱无线电通讯管理秩序案司法解释》第二条,"情节严重"指:(一)影响航天器、航空器、铁路机车、船舶专用无线电导航、遇险救助和安全通信等涉及公共安全的无线电频率正常使用的;(二)自然灾害、事故灾难、公共卫生事件、社会安全事件等突发事件期间,在事件发生地使用"黑广播""伪基站"的;(三)举办国家或者省级重大活动期间,在活动场所及周边使用"黑广播""伪基站"的;(四)同时使用三个以上"黑广播""伪基站"的;(五)"黑广播"的实测发射功率五百瓦以上,或者覆盖范围十公里以上的;(六)使用"伪基站"发送诈骗、赌博、招嫖、木马病毒、钓鱼网站链接等违法犯罪信息,数量在五千条以上,或者销毁发送数量与记录的;(七)雇佣、指使未成年人、残疾人等特定人员使用"伪基站"的;(八)违法所得三万元以上的;(九)曾因扰乱无线电通讯管理秩序受过刑事处罚,或者二年内曾因扰乱无线电通讯管理秩序受过行政处罚,又实施刑法第二百八十八条规定的行为的;(十)其他情节严重的情形。

③ 根据《扰乱无线电通讯管理秩序案司法解释》第三条,"情节特别严重"指:(一)影响航天器、航空器、铁路机车、船舶专用无线电导航、遇险救助和安全通信等涉及公共安全的无线电频率正常使用,危及公共安全的;(二)造成公共秩序混乱等严重后果的;(三)自然灾害、事故灾难、公共卫生事件和社会安全事件等突发事件期间,在事件发生地使用"黑广播""伪基站",造成严重影响的;(四)对国家或者省级重大活动造成严重影响的;(五)同时使用十个以上"黑广播""伪基站"的;(六)"黑广播"的实测发射功率三千瓦以上,或者覆盖范围二十公里以上的;(七)违法所得十五万元以上的;(八)其他情节特别严重的情形。

险犯之间。

(十) 编造、故意传播虚假恐怖信息罪侵害结果的明确度

该罪是侵害犯，根据《刑法》第二百九十一条要求，成立该罪必须"严重扰乱社会秩序"或"造成严重后果"。2013年《虚假恐怖信息案司法解释》第三条分别从公共场所秩序混乱，大型客运交通工具中断或受到影响，工作、生产、经营、教学科研秩序中断或影响，生活秩序严重混乱，职能部门反应，人员伤亡，经济损失等方面，对上述两种犯罪结果进行了列举①——经列举，该罪名的犯罪结果非常清晰。

另外，编造、传播虚假信息罪和寻衅滋事罪的犯罪结果虽未有司法解释进行规定，但其犯罪结果的表述与编造、故意传播虚假恐怖信息罪相同，其判断也应参照编造、故意传播虚假恐怖信息罪司法解释中的规定。

(十一) 组织、利用会道门、邪教组织、利用迷信破坏法律实施罪犯罪情节与侵害结果的明确度

该罪是危险犯、法定犯、情节犯，《刑法》第三百条规定成立该罪"情节较轻"即可，申言之：该罪可分为"情节较轻""情节严重""情节特别严重"。2017年《组织、利用邪教破坏法律实施等刑事案司法解释》，从犯罪场合、手段、次数、规模、违法所得等角度，对上述三种情节进行了解释。②

需要注意的是：司法解释规定了在有犯罪结果即"致人重伤、死亡"的情况下，也构成此罪。

(十二) 走私淫秽物品罪犯罪情节的明确度

该罪是危险犯，《刑法》第一百五十二条对该罪规定了三种情节："情节较轻""情节一般"（文中未表述）和"情节严重"。《公安管辖刑事案件立案标准（一）》以追诉标准（可视为"情节较轻"一

---

① 参见《虚假恐怖信息案司法解释》第三条。
② 参见第七章第四节一的相关内容。

档）进行了解释。而《走私罪司法解释》在承继了前追诉标准（"情节较轻"）规定同时，对"情节一般"和"情节严重"进行了界定，要求走私淫秽物品的数量分别是情节较轻规定的最高数量以上不满最高数量五倍和最高数量五倍以上。[①]

（十三）制作、复制、出版、贩卖、传播淫秽物品牟利罪犯罪情节的明确度

该罪是危险犯，《刑法》第三百六十三条对该罪规定了三种情节：入罪情节、"情节严重"和"情节特别严重"。1998年《非法出版物刑事案司法解释》和2008年《公安管辖刑事案件立案标准（一）》，对涉及传统出版物的本罪上述三种情节进行了规定；利用互联网等传播淫秽信息案司法解释（一）和（二）》对涉及电子淫秽出版物或信息的上述三种情节进行了规定。[②]

（十四）传播淫秽物品罪犯罪情节的明确度

该罪是危险犯，《刑法》第三百六十四条规定成立该罪需"情节严重"。《公安管辖刑事案件立案标准（一）》和《利用互联网等传播淫秽信息案司法解释（一或二）》，分别对涉及传统出版物和电子淫秽出版物或信息的本罪"情节严重"，进行了界定。[③]

（十五）组织播放淫秽音像制品罪犯罪情节的明确度

该罪是危险犯，根据《刑法》第三百六十四条对该罪规定了两种情节：入罪情节和"情节严重"。《公安管辖刑事案件立案标准（一）》和《利用互联网等传播淫秽信息案司法解释（一或二）》，分别对涉及传统出版物和电子淫秽出版物或信息的本罪入罪情节和"情节严重"，

---

① 参见《公安管辖刑事案件立案标准（一）》第二十五条，《走私罪司法解释》第十三条第二款和第三款，以及本书第六章第五节一（一）4部分的内容。
② 参见本书第七章第四节一（一）4部分的内容。
③ 参见《公安管辖刑事案件立案标准（一）》第八十四条，《利用互联网等传播淫秽信息案司法解释（一）》第三条，《利用互联网等传播淫秽信息案司法解释（二）》第二、三、五条，以及本书第六章第五节一（一）4部分的内容。

进行了界定。①

综上所述，侵害社会法益的 25 种传播犯罪中，只有 10 种是侵害犯，其中 5 种犯罪的结果有司法解释进行明确，其余 5 种：编造、传播虚假信息罪和寻衅滋事罪的犯罪结果可参照编造、故意传播虚假恐怖信息罪司法解释中的规定；而侵害英雄烈士名誉、荣誉罪中的"损害社会公共利益"、非法使用窃听、窃照专用器材罪要求的"造成严重后果"和泄露不应公开的案件信息罪要求的"造成信息公开传播或者其他严重后果"，没有司法解释——这里，"造成信息公开传播"很难借鉴拒不履行信息网络管理义务罪中的"致使违法信息大量传播"的解释，因为泄露的对象是不同类型的信息。

另外，在作为危险犯的 15 种侵害社会法益的传播犯罪中，司法解释对其中的 9 种犯罪的情节进行了明确。

总体而言，侵害社会法益的传播犯罪，犯罪结果或情节的明确度（14/25＝56%）高于侵害国家法益的传播犯罪（5/15＝33.33%）——如果考虑到编造、传播虚假信息罪和寻衅滋事罪的犯罪结果可参照编造、故意传播虚假恐怖信息罪司法解释中的规定，此类犯罪结果或情节的明确度可达 16/25＝64%。

三 针对个体法益传播犯罪结果或情节的明确度

我国《刑法》分则中，针对个体法益的传播犯罪，既有危险犯，也有侵害犯。相关司法解释对以下罪名的犯罪结果或情节进行了规定：

（一）诽谤罪犯罪情节与侵害结果的明确度

该罪在自诉案件中原则上是危险犯，《刑法》第二百四十六条规定成立该罪需"情节严重"。但该罪在公诉案件中是侵害犯。需要注意，

---

① 参见《公安管辖刑事案件立案标准（一）》第八十五条，以及本书第六章第五节一（一）4 部分的内容。

传统媒体的诽谤，并没有司法解释对"情节严重"予以界定；2013年《网络诽谤解释》，从行为次数与后果两个角度列举了3种"情节严重"的情形。①

但如果该罪是公诉犯罪，需要犯罪结果即"严重危害社会秩序和国家利益"——而根据《网络诽谤解释》，这种情形有6种（另有兜底条款），其中既有可还原为个体利益的现实社会秩序和个体名誉的侵害，也有抽象的、拟定的利益的"侵害"。② 需要注意：根据2009年4月公安部《关于严格依法办理侮辱诽谤案件的通知》强调：侮辱、诽谤案件一般属于自诉案件，只有"严重危害社会秩序和国家利益"的两种行为（另有兜底条款），才能作为公诉案件办理。③《网络诽谤解释》显然扩张了诽谤罪公诉的范围，而且，"社会影响""国家形象"都是抽象模糊的概念，在法理上通常不被认定为法益。④

（二）侵害个人信息罪犯罪情节和侵害结果的明确度

该罪是危险犯，《刑法》第二百五十三条之一规定了成立该罪的两个条件："情节严重"和"情节特别严重"。《个人信息刑事司法解释》从被获取传播的个人信息的类型、数量、犯罪所得、受行政处罚经历等角度，规定了12种"情节严重"的情形；⑤ 从给受害人造成的结果及

---

① "情节严重"指：（一）同一诽谤信息实际被点击、浏览次数达到五千次以上，或者被转发次数达到五百次以上的；（二）造成被害人或者其近亲属精神失常、自残、自杀等严重后果的；（三）二年内曾因诽谤受过行政处罚，又诽谤他人的；（四）其他情节严重的情形。参见《网络诽谤解释》第二条。
② "严重危害社会秩序和国家利益"指：（一）引发群体性事件的；（二）引发公共秩序混乱的；（三）引发民族、宗教冲突的；（四）诽谤多人，造成恶劣社会影响的；（五）损害国家形象，严重危害国家利益的；（六）造成恶劣国际影响的；（七）其他严重危害社会秩序和国家利益的情形。参见《网络诽谤解释》第三条。
③ 包括：因侮辱、诽谤行为导致群体性事件，严重影响社会秩序的；因侮辱、诽谤外交使节、来访的外国国家元首、政府首脑等人员，造成恶劣国际影响的；因侮辱、诽谤行为给国家利益造成严重危害的其他情形。参见《关于严格依法办理侮辱诽谤案件的通知》第二条。
④ 参见本章第三节第二部分。
⑤ 参见《个人信息刑事司法解释》第五条第一款、第六条及以及本书第六章第五节一（一）8部分的内容。

重大经济损失角度，规定了两种具体的"情节特别严重"情形①——如此，该罪虽为危险犯，但入罪的情节和结果已较为明确。

（三）损害商业信誉、商品声誉罪犯罪情节与侵害结果的明确度

该罪虽规定在第三章即"破坏社会主义市场经济秩序罪"一章中，但其直接、主要侵害的法益实质上是个体法益。

该罪是危险犯，《刑法》第二百二十一条要求该罪成立必须"给他人造成重大损失或者有其他严重情节"。《公安管辖刑事案件立案标准（二）》，从给他人造成经济损失数额、停业、停产及犯罪手段、工具方面，对该罪侵害结果即立案追诉标准进行了量化，使该罪的犯罪情节和结果标准比较清晰。②

需要强调，虽然《刑法》强调该罪成立必须"给他人造成重大损失"，但"有其他严重情节"也是该罪成立条件。而且，《公安管辖刑事案件立案标准（二）》规定的立案追诉标准中，也有"利用互联网或者其他媒体公开损害他人商业信誉、商品声誉"情节的规定，故该罪为危险犯，或者说是：有限的危险犯加侵害犯。

（四）传播型诈骗罪犯罪情节与侵害结果的明确度

该罪是侵害犯，依据《刑法》第二百六十六条之规定，成立该罪必须诈骗公私财物"数额较大"；另外"数额巨大""数额特别巨大"的，有不同量刑幅度。《诈骗案司法解释》对"数额较大""数额巨大""数额特别巨大"分别给予明确界定。③

---

① 参见《个人信息刑事司法解释》第五条第二款以及本书第六章第五节一（一）8部分的内容。

② 该罪立案追诉标准是：（一）给他人造成直接经济损失数额在五十万元以上的。（二）虽未达到上述数额标准，但具有下列情形之一的：1. 利用互联网或者其他媒体公开损害他人商业信誉、商品声誉的；2. 造成公司、企业等单位停业、停产六个月以上，或者破产的。（三）给他人造成重大损失或者有其他严重情节的情形。参见《公安管辖刑事案件立案标准（二）》第七十四条。

③ 诈骗公私财物价值三千元至一万元以上、三万元至十万元以上、五十万元以上的，应当分别认定为刑法第二百六十六条规定的"数额较大""数额巨大""数额特别巨大"。参见《诈骗案司法解释》第一条。

本罪中规定的情节是典型的量刑情节，司法解释从诈骗对象、工具与手段、款物性质、受害人损害等角度，规定了"其他严重情节""其他特别严重情节"的5种情形。①

对于利用传播工具、诈骗数额难以查证的行为，司法解释明确了以诈骗罪（未遂）定罪处罚的3种情形。②

（五）传播型敲诈勒索罪犯罪情节与侵害结果的明确度

该罪类似于损害商业信誉、商品声誉罪，是危险犯，因为《刑法》第二百七十四条规定"多次敲诈勒索"即情节可构成犯罪。然而，司法解释对犯罪结果"数额较大"的要求规定在情节即"多次敲诈勒索"之前，并对"数额较大""数额巨大""数额特别巨大"③和"多次敲诈勒索"④分别进行了明确规定。因此，该罪是有限的危险犯加侵害犯。

复杂性在于：根据司法解释，如果达到"数额较大"标准的百分之五十，具备7种情节的，视为"数额较大"——其中，前6种情节比较清楚，第7种即"造成其他严重后果"比较模糊。⑤

---

① 根据规定，诈骗公私财物达到本解释第一条规定的数额标准，具有下列情形之一的，可以依照刑法第二百六十六条的规定酌情从严惩处：（一）通过发送短信、拨打电话或者利用互联网、广播电视、报纸杂志等发布虚假信息，对不特定多数人实施诈骗的；（二）诈骗救灾、抢险、防汛、优抚、扶贫、移民、救济、医疗款物的；（三）以赈灾募捐名义实施诈骗的；（四）诈骗残疾人、老年人或者丧失劳动能力人的财物的；（五）造成被害人自杀、精神失常或者其他严重后果的。诈骗数额接近本解释第一条规定的"数额巨大""数额特别巨大"的标准，并具有前款规定的情形之一或者属于诈骗集团首要分子的，应当分别认定为刑法第二百六十六条规定的"其他严重情节""其他特别严重情节"。参见《诈骗案司法解释》第二条。

② 这3种情形是：（一）发送诈骗信息五千条以上的；（二）拨打诈骗电话五百人次以上的；（三）诈骗手段恶劣、危害严重的。参见《诈骗案司法解释》第五条。

③ 根据规定，敲诈勒索公私财物价值二千元至五千元以上、三万元至十万元以上、三十万元至五十万元以上的，应当分别认定为刑法第二百七十四条规定的"数额较大""数额巨大""数额特别巨大"。参见《敲诈勒索案司法解释》第一条。

④ 二年内敲诈勒索三次以上的，系"多次敲诈勒索"。参见《敲诈勒索案司法解释》第三条。

⑤ 这7种情节是：（一）曾因敲诈勒索受过刑事处罚的；（二）一年内曾因敲诈勒索受过行政处罚的；（三）对未成年人、残疾人、老年人或者丧失劳动能力人敲诈勒索的；（四）以将要实施放火、爆炸等危害公共安全犯罪或者故意杀人、绑架等严重侵犯公民人身权利犯罪相威胁敲诈勒索的；（五）以黑恶势力名义敲诈勒索的；（六）利用或者冒充国家机关工作人员、军人、新闻工作者等特殊身份敲诈勒索的；（七）造成其他严重后果的。

（六）传播型强迫交易罪犯罪情节与结果的明确度

该罪是危险犯，《刑法》第二百二十六条要求成立该罪必须"情节严重"。《公安管辖刑事案件立案标准（一）》从受害人经济损失、交易次数与人数、交易额度、受害人购买数额或行为人违法所得数额角度，规定了"情节严重"即追诉标准。①

（七）假冒注册商标罪犯罪情节的明确度

该罪是危险犯，《刑法》第二百一十三条要求成立该罪必须"情节严重"；量刑的第二档是"情节特别严重"。2004年的《知识产权刑事案件司法解释（一）》和《公安管辖刑事案件立案标准（二）》对该罪的"情节严重"和"情节特别严重"，从非法经营额、违法所得和假冒注册商标的数量方面进行了明确。②

（八）侵犯著作权罪犯罪情节的明确度

该罪是危险犯，《刑法》第二百一十七条规定有"严重情节"即可成立本罪；但该条同时将"违法所得数额较大"置于"严重情节"之前；另外，该罪还规定有"违法所得数额巨大"或者有"其他特别严重情节"的量刑档次。《知识产权刑事案件司法解释（一和二）》和《知识产权刑事案件办理意见》对上述情节要求，从非法经营额、违法所得和违法复制、发行、传播的数量方面进行了明确。③

（九）销售侵权复制品罪犯罪情节与结果的明确度

该罪是侵害犯，根据《刑法》第二百一十八条的要求，成立该罪必须"违法所得数额巨大"。《非法出版物刑事案司法解释》和《公安管辖刑事案件立案标准（一）》，区别个人与单位犯罪，对"数额巨

---

① 参见《公安管辖刑事案件立案标（一）》二十八条及本书第六章第五节一（一）8部分的内容。
② 参见《知识产权刑事案件司法解释（一）》第一条及本书第六章第五节一（一）7部分的内容。
③ 参见《知识产权刑事案件司法解释（一）》第五条、《知识产权刑事案件司法解释（二）》第一条、《知识产权刑事案件办理意见》第十三条及本书第六章第五节一（一）7部分的内容。

大"进行了明确。①

（十）侵犯商业秘密罪犯罪结果的明确度

该罪是侵害犯，根据《刑法》第二百一十九条要求，成立该罪必须"给商业秘密的权利人造成重大损失"；另外，"造成特别严重后果"的属于第二档量刑幅度。《知识产权刑事案件司法解释（一）》和《公安管辖刑事案件立案标准（二）》，分别从受害人损失数额及生产受影响程度，对两档所要求进行了明确，② 尤其是后者，从情节（"利用互联网或者其他媒体公开损害他人商业信誉、商品声誉的"）及后果（"造成公司、企业等单位停业、停产六个月以上，或者破产的"）角度进行了规定。

综上所述，侵害个体法益的 13 种传播犯罪中，司法解释对其中 10 种犯罪的结果或情节进行了明确，占 77%。只有 5 种是侵害犯，其中 4 种犯罪的结果有司法解释进行明确，唯有出版歧视、侮辱少数民族作品罪的结果没有规定；危险犯中，侮辱罪和煽动民族仇恨、民族歧视罪没有司法解释对其情节进行明确。总体上看，侵害个体法益的传播犯罪，犯罪侵害结果或情节的明确度比侵害国家法益和社会法益的传播犯罪的明确度都高。

四　小结

（一）传播犯罪结果或情节的解释率

在三大类 53 种传播犯罪中，共有 15 种犯罪属侵害犯，占 28.30%；38 种危险犯，占 71.70%。另外侵害国家法益的传播犯罪中，侵害犯为零；侵害社会法益的 25 种传播犯罪中，10 种侵害犯占 40%；侵害个体

---

① 参见《非法出版物刑事案司法解释》第四条及本书第六章第五节一（一）7 部分的内容。

② 参见《知识产权刑事案件司法解释（一）》第七条和《公安管辖刑事案件立案标准（二）》第七十三条。

法益的 15 种传播犯罪中，5 种侵害犯占 33.33%。

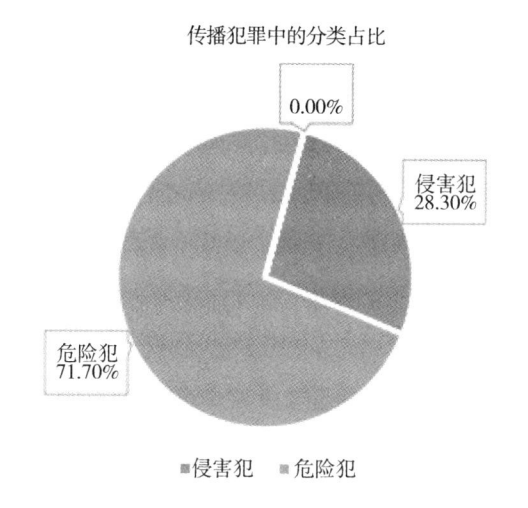

传播犯罪中的分类占比

0.00%
侵害犯 28.30%
危险犯 71.70%

■侵害犯　■危险犯

在 53 种传播犯罪中，共有 29 种犯罪的结果或情节在司法解释中得到明确，解释率为 55.77%；这个数量差强人意。而侵害国家法益、社会法益和个体法益的传播犯罪解释率分别是 33.33%、56% 和 76.92%。

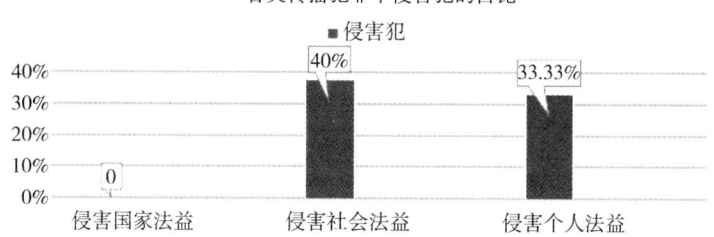

各类传播犯罪中侵害犯的占比

■侵害犯

侵害国家法益 0　　侵害社会法益 40%　　侵害个人法益 33.33%

另外，在 15 种侵害犯中，共有 5 种犯罪的结果没有司法解释予以明确（其中有两种犯罪的结果可参照司法解释对其他犯罪结果的解释），解释率为 66.67%；在 38 种危险犯中，其中有 20 种犯罪的结果司法解释予以明确，解释率为 52.63%。可见，侵害犯犯罪结果的解释率高于危险犯的解释。

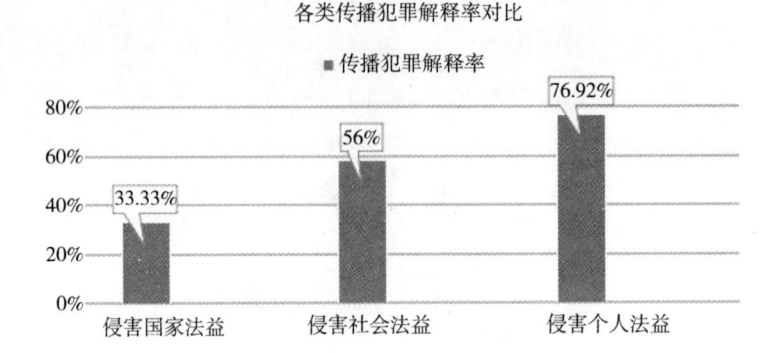

各类传播犯罪解释率对比

■ 传播犯罪解释率

- 侵害国家法益: 33.33%
- 侵害社会法益: 56%
- 侵害个人法益: 76.92%

（二）传播犯罪结果或情节解释内容的特点

从内容上看，司法解释的特点是：

1. 在对侵害犯结果的解释中，有对情节的解释；在对危险犯情节的解释中，也有结果的说明——如果说后者可能起到解释的正面作用，前者则可能使犯罪结果模糊化，使侵害犯陷入危险犯的"危险"之中。

2. 从犯罪既遂角度，传播犯罪呈现出抽象危险犯（18种）→具体危险犯（20种）→侵害犯（15种）的层次性；而且，即使在侵害犯中，在对传播犯罪结果或情节的解释中，有许多抽象的"社会影响""国家形象"等难以还原为个体利益的概念。

总之，我国传播犯罪侵害结果或情节的明确性不容乐观，其对司法实践的负面影响可以预见。

第二节　中国传播犯罪罪名归类、法益混淆及其引发的问题

一种犯罪行为往往侵害一种以上的法益，但这些法益中有直接、主要被侵害的法益和间接、次要被侵害的法益，犯罪分类应该以直接、主要被侵害的法益为基准。而法益混淆指将某种犯罪行为本未侵害的或间接侵害的法益与直接侵害的法益混合规定，或将该犯罪行为依其间接、

次要侵害的法益进行归类。

我国《刑法》分则中的罪名，是按侵害法益（客体）进行分类的，其中第一至第七章在章名中明确表明了章罪名所侵害的法益（客体）：国家安全、公共安全、社会主义市场经济秩序、公民人身权利和民主权利、财产、社会管理秩序、国防利益；第八至第十章以行为冠名，主要考虑的是犯罪主体不同，但其涉及法益（客体）为国家法益和社会法益——可见，如果将侵害客体等同于法益，[①] 我国《刑法》分则对罪名的归纳，以法益和行为、主体三种标准进行，必然会产生混乱。

如果说，对章罪名的排列顺序反映了立法者对法益类型重要性的认识及同类案件的发生频率，而对具体罪名的归类，则反映了立法者对某类侵害行为直接、主要侵害客体（法益）的观点；如果说任何国家的立法者都有自己认识上的立足点而无可非议的话，对具体罪名归类即主要侵害法益认识的出发点及偏狭，则会影响刑事诉讼程序的选择甚至司法政策取向。尤其是：当某种行为可能侵害两类以上法益时，立法在法益（客体）上的错误及模糊，会直接影响司法的客观公正。

传播犯罪也是如此，由于上述原因，存在罪名的非科学归类及法益混淆现象，误导司法者对相关犯罪所侵害法益的认识，导致法律适用和程序适用的相关问题。

一 传播犯罪中罪名归类的错误

（一）直接、主要侵害国家法益的传播犯罪被归类为危害公共安全和妨害社会管理秩序的犯罪中

1. 涉恐传播犯罪

此类犯罪主要是帮助恐怖活动罪，准备实施恐怖活动罪，宣扬恐

[①] 有学者认为，犯罪客体即刑法所保护的法益。参见张明楷《刑法学》（上），法律出版社2016年版，第101页。

主义、极端主义、煽动实施恐怖活动罪，利用极端主义破坏法律实施罪，非法持有宣扬恐怖主义、极端主义物品罪。

恐怖主义犯罪侵害公共安全和社会秩序，同时也侵害国家安全。在我国现阶段，除少量主要危害公共安全和社会秩序的恐怖主义犯罪外，上述涉恐传播犯罪，主要与"藏独""疆独"的分裂主义行为密切相关，而其危害的法益主要是国家法益——国家安全。因此，此类犯罪应调整，归入危害国家安全的犯罪一章中。

2. 涉密传播犯罪

根据我国《保守国家秘密法》，国家秘密是关系"国家安全和利益"，依照法定程序确定，在一定时间内只限一定范围的人员知悉的事项。[①] 然而，在我国，不仅保密主体上是"全民保密",[②] 国家秘密的范围分为绝密、机密和秘密三级，有关的厅、局级以下的单位也可以确定国家秘密的事项,[③] 如此，在"保密氛围"中，一些根本与"国家"安全和利益无关的地方利益、部门利益及至领导人个人利益，被确定为"国家"秘密。

可能正因为我国"国家秘密"范围在实践中被过于宽泛地确定，所以，故意泄露国家秘密罪和过失泄露国家秘密罪未被归入《刑法》分则第一章即"危害国家安全罪"一章中——这种考量虽有实际的合理性，但在理论上是不能自洽的。

（二）直接、主要侵害国家、社会法益的传播犯罪被归类为侵害个体法益（人身权利、民主权利）的犯罪中

这种情况主要体现在煽动民族仇恨、民族歧视罪和出版歧视、侮辱少数民族作品罪。

---

① 参见《保守国家秘密法》第二条。
② 根据《保守国家秘密法》第三条，一切国家机关、武装力量、政党、社会团体、企业事业单位和公民都有保守国家秘密的义务。
③ 根据《保守国家秘密法》第十三条，中央国家机关、省级机关及其授权的机关、单位可以确定绝密级、机密级和秘密级国家秘密；设区的市、自治州一级的机关及其授权的机关、单位可以确定机密级和秘密级国家秘密。根据《保守国家秘密法》第十四条，机关、单位对所产生的国家秘密事项，按照国家秘密及其密级的具体范围的规定确定密级，同时确定保密期限和知悉范围。

《刑法》第二百四十九条规定的煽动民族仇恨、民族歧视罪，非常简单，没有说明具体的法益。但该罪规定在现行分则第四章即"侵犯公民人身权利、民主权利罪"之中，说明立法者主要目的是要保护自然人个体的权利。

我国是多民族国家，各民族平等、团结、和睦、互助，对国家的稳定、繁荣和发展具有重要意义，而民族之间的平等是这种关系的基础。每一个民族对国家的决策与活动，都应当享有平等的表决、管理权，但是，民族歧视与民族仇恨，却使多民族国家的管理受到阻碍，导致民族关系的不平等，引发社会动荡，危害国家的稳定、繁荣和发展。因此，本罪直接、主要侵害的法益是民族之间的平等、民主权利。①

需要强调：煽动民族仇恨、民族歧视罪，其侵害的对象并非某一个特定的自然人即个体，而是民族或族群。其在侵害民族的平等、民主权利即国家管理政策、秩序同时，也会侵害社会秩序。然而，将煽动民族仇恨、民族歧视罪规定在第四章即"侵犯公民人身权利、民主权利罪"之中，却产生以下问题：

第一，使学界误认为本罪也保护特定公民的平等的政治、经济和、民主权利甚至人身权，申言之，如果没有公民的人身权受到侵害，则不可能侵害国家各民族平等、团结、和睦、互助的政策及关系。也因此，虽然《刑法》分则第四章没有设置节，但许多教科书中将本罪直接归为侵犯人格权的犯罪。②

第二，本罪所应具备的"惑众"的特点容易被忽略。煽动型犯罪另一个重要特点是"惑众"，即针对特定或者不特定的多数人实施。③ 司法实践中，一些案例，传播范围较窄，对象较少，也以该罪定

---

① 彭剑鸣、邓万飞：《论煽动民族仇恨、民族歧视罪》，《贵州民族研究》2002年第2期。
② 周光权：《刑法各论·细目》，中国人民大学出版社2016年版，第2页；马克昌：《刑法学·目录》，高等教育出版社2003年版，第2页；李希慧：《刑法各论·目录》，中国人民大学出版社2007年版，第2页。
③ 魏东、郭理蓉：《关于煽动型犯罪的几个问题》，《云南法学》1999年第1期。

罪处罚。①

第三,一些案例将针对个别人甚至死者、与保护民族平等和民主法益无关联的行为,认定为该罪。如近年的罗某侮辱成吉思汗画像案。② 该案中,罗某侮辱铁木真画像一案存在很多法律问题:罗某踩踏铁木真表达的是他对于铁木真"个人"的不满,这种不满也许是"仇恨",即使是仇恨也并非对"蒙古族"的仇恨。首先,煽动民族仇恨罪要求的要件在主观上必须是"具有煽动民族仇恨的故意"。罗某自认自己的动机是"博取关注",目的是"提高视频点击率"。显然,犯罪构成要件不符合。其次,构成犯罪不仅仅要求形式上符合犯罪构成要件,更重要的是罪质上也必须达到了"犯罪的质的规定性"。煽动民族仇恨罪的要求"情节严重"才能构成犯罪。所谓情节严重一般是指手段恶劣、多次煽动、引起民族公愤的;严重损害民族感情、尊严;致使民族成员大量逃往国外以及引起其他影响民族团结、平等后果等。但个别举报罗某的人不能代表国内的蒙古民族。最后,更可怕的是:如果以"感情受伤害"这种不确定不可测的因素作为"定罪"的依据,那么必然导致罪法益保护原则的破坏。

第四,单纯地侵害民族平等、民主权利的案件,已经不是此类案件的主流。通过破坏民族关系,欲进行恐怖、极端主义活动,甚至分裂国家,已在此类行为中占据重要位置。所以,刑法的打击重点也应当转向此类活动。因此,有学者建议学习俄罗斯,③ 尽早修订立法,将该类犯

---

① 牟大钊:《论我国涉民族关系犯罪的立法完善——以煽动民族仇恨、民族歧视罪为切入点》,《山东理工大学学报》(社会科学版) 2012 年第 5 期。
② 该案例参见第七章第二节二(二)部分。
③ 《俄罗斯刑法典》(2008 年 2 月 13 日第 61 次修订文本)第十编"反对国家政权的犯罪"第二十九章"侵害宪法制度基本原则和国家安全的犯罪"第 282 条"煽动仇恨或怨仇或者诋辱人格尊严罪"规定:"1. 实施旨在煽动仇恨、激起怨仇或者诋辱人格尊严的行为,或诋辱具有不同性别、种族、民族、语言、出身、宗教观念及社团归属特征团体人员尊严的行为,如果具有公开实施或者利用大众信息传播媒体实施情节的,——应当判处数额为十万卢布以上三十万卢布以下或者被判刑人一年至两年以内工资或其他收入罚金刑,或为期三年以下剥

罪归于危害国家安全类犯罪。①

（三）直接、主要侵害个体法益的传播犯罪被归类为侵害市场经济秩序的犯罪中

损害商业信誉、商品声誉罪是典型的依照间接、次要侵害的法益进行归类的罪名。

名誉是对民事主体的品德、声望、才能、信用等的社会评价，② 其中的信用主要是企业的信用，其涉及的是商业信誉与商品声誉。申言之，我国《民法典》规定的名誉权主体包括自然人和企业，客体包括自然人的品德、声望、才能和企业的商业信誉、商品声誉。无论是自然人还是企业，都属个体，在民事法律关系中是平等主体；在民事诉讼中，无论是普通公民，还是工商金融"寡头"，也都是平等的诉讼主体——这是民主社会和市场经济的内在要求。

诽谤企业商业信誉与商品声誉的犯罪行为也应与诽谤自然人的行为，一同规定在诽谤罪中：首先，如上所述，刑法对民事主体（个体）本应平等保护，对民誉权主体也应一视同仁，不能因民事权利主体类型不同而区别保护。其次，我国《刑法》对罪名的归类，主要是依据犯罪行为所侵害的法益（客体）进行的。最后，对商业信誉与商品声誉的诽谤，直接、主要侵害的是特定企业个体的商誉、信用，对市场经济秩序的侵害是间接、次要的侵害。

目前，我国《刑法》将本应归入第四章的诽谤企业商业信誉与商品声誉的犯罪行为归入第三章（破坏社会主义市场经济秩序罪）第三节的"扰乱市场秩序罪"中，属于认识错误：将该行为间接、次要侵害的法益作为直接、主要侵害的法益。对此，也可能有观点会认为：侵

（接上页）夺担任一定职务或从事一定活动权利刑，或为期一百八十个小时以下义务性劳动刑，或为期一年以下矫正性劳动刑，或为期两年以下剥夺自由。2.……"参见《俄罗斯联邦刑事法典》，赵路译，中国人民公安大学出版社2009年版，第118页。

① 吴占英：《中俄刑法典对煽动族群仇恨、歧视性质的行为规制之比较》，《湖北社会科学》2012年第10期。

② 参见《民法典》第一千零二十四条。

害知识产权的犯罪行为也是直接、主要针对个体法益的犯罪，也被归入第三章中，而且独立成一节。当然，将直接、主要针对个体法益的侵害知识产权的犯罪归入破坏社会主义市场经济秩序的第三章，本身也不科学。然而，事实上，商业信誉与商品声誉反映的是企业个体的人格（如法人人格），这种人格虽与财产间接相关，但与直接相关财产关系的知识产权有本质不同，后者是一种人格权与财产权合而为一的权利，无论归类为第四章（侵犯公民人身权利、民主权利罪）或第五章（侵犯财产罪）中，都有违和感。更重要的是：侵害知识产权的犯罪，也没有区分权利主体进行自诉与公诉的区别适用（以下详述）。

由于《刑法》第二百四十六条对诽谤罪原则上适用自诉程序，使适用公诉程序的损害商业信誉、商品声誉罪表现出对企业的特别保护，违反民主社会与市场经济的基本原则。既然对诽谤自然人的犯罪行为主要适用自诉程序，对诽谤企业商业信誉与商品声誉的行为也应一视同仁，而不应因所侵害对象不同给予不同待遇而适用公诉程序。

当然，如果诽谤企业商业信誉与商品声誉的犯罪行为规定在第三章的诽谤罪中，该章章名中的"公民"二字就应该删除。

二　诽谤罪立法与司法中法益混淆及引发的问题

根据我国《刑法》第二百四十六条的规定，诽谤罪是危险犯，"情节严重"可以构成犯罪。但该罪是亲告罪，只有被害人告诉的才处理，即该罪原则上适用自诉程序。然而，引发社会关注和学界争议的问题是：该条第二款中的但书部分即"严重危害社会秩序和国家利益的除外"——即此情况引发的公诉。由于该罪规定了三种法益，在侵害社会法益和国家法益情况下的混淆导致自诉与公诉程序不清及公民人权问题。

（一）诽谤罪适用自诉的依据

根据我国《刑法》第二百四十六条规定，侮辱罪和诽谤罪都属于告诉才处理的案件。① 至于被害人是向公安、检察院抑或人民法院告诉，刑法理论与刑事诉讼法理论的主流观点认为，告诉才处理是指被害人向人民法院自诉才审理。例如，刑法学者指出："告诉才处理，是指被害人直接向人民法院告发的，法院才受理；被害人没有直接向人民法院告发的，法院则不受理。"② 刑事诉讼法学者指出："规定为告诉才处理的案件，只能自诉，不能公诉。"③

至于自诉的含义，通说认为，刑事诉讼中的自诉是相对于公诉而言的，它是指法律规定的享有自诉权的个人直接向有管辖权的人民法院提起的刑事诉讼。在我国，自诉案件是指法律规定的可以由被害人或者其法定代理人、近亲属直接向人民法院起诉，要求追究被告人刑事案件，人民法院能够直接受理的刑事案件。④

换言之，刑事法学界通行的主流观点是：告诉才处理的"告诉"是指被害人自诉，"处理"是指人民法院的审理。而根据我国《刑事诉讼法》第二百零四条的明确规定，告诉才处理的案件属于自诉案件——至此，我国《刑法》第二百四十六条规定的侮辱罪和诽谤罪（严重危害社会秩序和国家利益的除外）属于自诉案件，当无疑义。

至于刑法设立告诉才处理的犯罪的法理，理论上认为具有三个方面的根据：其一，鉴于犯罪相对轻微，有必要考虑被害人的意愿（轻微思想）；其二，鉴于加害人与被害人之间的关系密切，可以不通过审判而经由调解等方式解决（和解思想）；其三，鉴于案件关涉被害人的隐私、名誉，若不经过被害人的同意进入刑事诉讼程序，便不利于保护被害人的隐私权（保护隐私思想）。⑤

---

① 《刑法》第九十条规定："本法所称告诉才处理，是指被害人告诉才处理。如果被害人因受强制、威吓无法告诉的，人民检察院和被害人的近亲属也可以告诉。"
② 陈兴良：《规范刑法学》（下册），中国人民大学出版社2013年版，第792页。
③ 陈光中：《刑事诉讼法实施问题研究》，中国法制出版社2000年版，第18页。
④ 陈光中：《刑事诉讼法》，北京大学出版社、高等教育出版社2013年版，第330页。
⑤ Vgl., Hans-Heinrich Jescheck /Thomas Weigend, Strafrecht Allgemeiner Teil, 5. Aufl., Duncker & Humblot 1996, S. 907；[日] 大塚仁：《刑法概说》（总论），有斐阁2008年版，第94页。

(二) 诽谤罪中公诉条件的扩张与及最高法院的解释

依照《刑法》第二百四十六条第二款规定，在"严重危害社会秩序和国家利益"情况下，诽谤罪可以公诉。申言之：诽谤罪在公诉情况下是侵害犯，必须有实害结果。

事实上，早在 2009 年 4 月，为限制诽谤罪案件中公诉的滥用，公安部在《关于严格依法办理侮辱诽谤案件的通知》中确立了对诽谤罪启动公诉程序的原则：始终坚持党的事业至上、人民利益至上、宪法法律至上，按照"最大限度地增加和谐因素，最大限度地减少不和谐因素"的要求，切实做到严格、公正、文明执法，努力化解矛盾，避免因执法不当而引发新的不安定因素。① 而且，根据此原则，公安部强调：侮辱、诽谤案件一般属于自诉案件，应当由公民个人自行向人民法院提起诉讼，只有在"严重危害社会秩序和国家利益"情形下，以侮辱罪、诽谤罪立案侦查，作为公诉案件办理。②

但 2013 年《网络诽谤解释》第三条则对"严重危害社会秩序和国家利益"进行了扩张，其规定对于七种情况属于"严重危害社会秩序和国家利益"。③——应当说：这七种情形是在公安部在《关于严格依法办理侮辱诽谤案件的通知》第二条基础上的扩张。对于这种扩张，最高人民法院已经考虑到可能会伤害广大网民利用信息网络进行"网络反腐"积极性，所以，其特别强调："即使检举、揭发的部分内容失实，

---

① 公安部当时认为，如果将群众的批评、牢骚以及一些偏激言论视作侮辱、诽谤，使用刑罚或治安处罚的方式解决，不仅于法无据，而且可能激化矛盾，甚至被别有用心的人利用，借机攻击我国的社会制度和司法制度，影响党和政府的形象。参见《关于严格依法办理侮辱诽谤案件的通知》第一条。

② "严重危害社会秩序和国家利益"包括：因侮辱、诽谤行为导致群体性事件，严重影响社会秩序的；因侮辱、诽谤外交使节、来访的外国国家元首、政府首脑等人员，造成恶劣国际影响的；因侮辱、诽谤行为给国家利益造成严重危害的其他情形。参见《关于严格依法办理侮辱诽谤案件的通知》第二条。

③ 这七种情况是：（一）引发群体性事件的；（二）引发公共秩序混乱的；（三）引发民族、宗教冲突的；（四）诽谤多人，造成恶劣社会影响的；（五）损害国家形象，严重危害国家利益的；（六）造成恶劣国际影响的；（七）其他严重危害社会秩序和国家利益的情形。参见《网络诽谤解释》第三条。

只要不是故意捏造事实诽谤他人的,或者不属明知是捏造的损害他人名誉的事实而在信息网络上散布的,就不应以诽谤罪追究刑事责任。"①

按照最高人民法院的解释,诽谤行为如果严重危害社会秩序和国家利益,其构成诽谤罪,且可以公诉;但反过来却并不如此,即使诽谤行为达到了入罪的情节严重标准,若没有严重危害社会秩序和国家利益,则不能按公诉罪进行刑事追究。

另外,需要解释:《刑法》第二百四十六条第三款的规定,②只是意味由公安机关通过技术手段在证据方面"提供协助",这种协助不能超越"提供证据"的范围,而且是在人民法院主导下进行,公安机关不能对被告人实行强制措施,而只是收集、提供证据,否则将对自诉原则构成严重威胁和破坏。③

(三)诽谤罪中公诉的滥用

由于刑法的相关规定具有一定含糊性,刑事诉讼法对此也缺乏相应的规范,理论上又缺乏准确共识,加上确实有意见认为某些诽谤地方党政领导人的行为严重损害当地党委、政府的形象,引发群体性事件,或者影响了招商引资工作的进行,危害社会秩序或者经济发展,应当由公诉权予以介入,④导致司法实务中以此为由将自诉案件作为公诉处理带

---

① 最高人民法院刑事审判第三庭:《〈关于办理利用信息网络实施诽谤等刑事案件适用法律若干问题的解释〉的理解与适用》,《人民司法》2013年第21期,第23页。

② 即"通过信息网络实施第一款规定的行为,被害人向人民法院告诉,但提供证据确有困难的,人民法院可以要求公安机关提供协助"的规定。

③ 有观点认为,公安机关不应介入此类自诉案件,理由为:自诉案件中尊重被害人追诉犯罪的意愿,被害人不追诉的,国家不主动追诉;在审理网络诽谤案件时,必须同时注意避免因打击网络诽谤不当而侵害公民言论自由,特别是侵害公民批评、建议、检举的基本权利;按照刑事诉讼法和相关司法解释的规定,如果被害人在提起自诉时被告人不明确,人民法院有权不予受理,案件根本不可能进入诉讼程序,何来公安机关介入的可能;如果刑事自诉证据不足,案件可能是民事诉讼,如此,公安机关的调查取证很可能是在动用国家资源,为私人的民事诉讼服务,这不仅会造成刑事司法资源的浪费,也会引发诽谤案件中双方主体地位的不对等,对另一方当事人不公平。参见李杰《网络诽谤犯罪自诉案件公安机关应否介入》,《人民法院报》2015年7月8日第6版。

④ 参见最高人民检察院《关于征求如何适用刑法第246条第2款但书规定的意见的函》(高检研函字〔2008〕8号)。

有很大的随意性。尤其是某些地方领导随意适用这一规定，公器私用，动用公安机关、检察机关将原本应当自诉的案件，甚至原本不构成诽谤罪的案件都按照公诉案件处理，侵犯公民宪法权利，从而在保障公民言论自由、舆论监督权利和保护个人名誉之间完全失衡，使得这一条款备受诟病。① 其更为严重的后果在于可能导致言论的"寒蝉效应"，使国家权力失去民众的监督。② 在我国司法实践中，混淆作为诽谤罪构成要件的情节严重与作为公诉罪追究条件的"严重危害社会秩序和国家利益"，随意扩大诽谤罪公诉范围的情况时常发生，"彭水诗案""稷山匿名信案""王帅贴案""志丹短信案""吴保全案""拘传《法制日报》记者案"等，都是如此。

事实上，如果依照相关规定与上述理解，对于《网络诽谤解释》中"严重危害社会秩序和国家利益"的七种情形，除第七种属于兜底条款，第三至第六种引发异议的空间并不大，而第一种和第二种导致的"公器私用"概率最大。

（四）诽谤罪中公诉的条件的理解

诽谤罪中公诉的条件的理解主要涉及两大问题：

1. 如何理解"严重危害社会秩序和国家利益"中的"和"字

刑法学界主流观点认为，刑法分则条文在两个要素之间使用"和"字时，并不一定表明同时具备的关系，而是需要从实质上进行考察，综合作出判断。③ 所以，这里的情节严重并不一定要求同时对社会秩序和国家利益均造成严重危害。④ 而如果按照必须同时具备的逻辑对这些规

---

① 林维：《"严重危害社会秩序和国家利益"的认定 以亲告罪的立法旨趣为核心》，《法律适用》2013年第12期。
② 高铭暄、张海梅：《网络诽谤构成诽谤罪之要件——兼评"两高"关于利用信息网络诽谤的解释》，《国家检察官学院学报》2015年第4期。
③ 张明楷：《刑法分则的解释原理》，中国人民大学出版社2004年版，第305页。
④ 赵秉志、彭新林：《"严重危害社会秩序和国家利益"的范围如何确定——对刑法典第246条第2款但书的理解》，《中国检察官》2009年第12期。

范进行机械解释，就完全无法实现刑法的法益保护目的。① 笔者认为，依照我国法律的表述习惯，如果是择一情况即可适用，即应以"或"字替代"和"字，而"和"字只能理解为两种条件同时具备，即构成情节严重，必须同时对社会秩序和国家利益均造成严重危害；如果择一即可，也有违刑法的谦抑原则。

2. 诽谤党政领导人可否适用公诉

对于诽谤地方党政领导人的案件，认定为"严重危害社会秩序和国家利益"存在以下法理问题：第一，从刑法规定诽谤罪所要保护的法益角度着眼，诽谤行为直接、主要侵犯的是公民的人格尊严与名誉权，因而被列入刑法典分则"侵犯公民人身权利、民主权利罪"一章。如果认定诽谤领导人的行为严重危害社会秩序和国家利益，需要证明二者之间的逻辑关系，而事实上，二者之间通常并无必然的因果关系。第二，地方党政领导人属于公众人物，比普通人拥有特殊的地位、职权和影响力，掌握较多的公共资源，拥有较大的"话语权"，对普通公民的批评理应有一定容忍度，以利于我国《宪法》规定的公众知情权与监督权的实现。第三，从人格尊严及名誉权与言论自由权的平衡保护来看，法律对任何权利的保护都不是绝对的，言论自由权如此，人格尊严及名誉权亦如此，所以"对于人格尊严及名誉权的法律保护尤其是其刑法保护本身应有相应的限制"。② 第四，侮辱、诽谤党和国家领导人，属于严重损害国家形象或者造成恶劣国际影响的情形，但对于地方党政领导人，侮辱、诽谤行为即使致导致其精神失常或者自杀等严重后果，也未必严重危害社会秩序和国家利益，因此，"对地方机关工作人员的侮辱、诽谤不属于严重危害社会秩序和国家利益的情形"。③

---

① 林维：《"严重危害社会秩序和国家利益"的认定 以亲告罪的立法旨趣为核心》，《法律适用》2013年第12期。

② 赵秉志、彭新林：《"严重危害社会秩序和国家利益"的范围如何确定——对刑法典第246条第2款但书的理解》，《中国检察官》2009年第12期。

③ 张明楷：《刑法学》，法律出版社2011年版，第824页。

(五) 建议

1. 在《刑法》第二百四十六条第二款"严重危害社会秩序和国家利益"前,附加"诽谤国家领导人"一句,以限制公诉的适用。

2. 认定诽谤领导人的行为严重危害社会秩序和国家利益,需要证明二者之间的逻辑关系。

3. 不宜将引发小群体乃至数人的事件,或者单位内部小范围的事件,认定为"引发群体性事件的";也不能把较为短暂的、规模较小的、影响范围较小的、仅仅造成心理慌乱但并未造成实际公共秩序混乱的以及尚未造成较为严重的公共秩序混乱的诽谤行为认定为"引发公共秩序混乱的"。① 因此,《网络诽谤解释》应当修正,在第一种情形中附加"大规模"条件;在第二种情形中附加"持续性"条件;在第三种情形中附加"大规模"或"持续性"条件;删除第四种情形;将第五种情形修改为"诽谤国家领导人"。

第三节 中国传播犯罪司法实践中法益的抽象化问题
——以谣言传播犯罪为例

广义的法律意义上的"谣言"传播犯罪,包括三种:(1)侵害国家法益的犯罪,其使用"谣言"相关的"造谣"概念出现在《刑法》第一百零五条、第三百七十八条和第四百三十三条,分别涉及三种并不常见的犯罪即煽动颠覆国家政权罪、战时造谣扰乱军心罪和战时造谣惑众罪。(2)侵害社会法益的犯罪,其使用替代概念"虚假信息",也涉及三种罪名:2013年9月10日起施行的"两高"《关于办理利用信息网络实施诽谤等刑事案件适用法律若干问题的解释》(下称《网络诽谤解释》第五条第二款创设的(传播型)寻衅滋事罪,2015年《刑法修

---

① 林维:《"严重危害社会秩序和国家利益"的认定 以亲告罪的立法旨趣为核心》,《法律适用》2013年第12期。

正案（九）》中增加的"编造、故意传播虚假信息罪"（现《刑法》第二百九十一条之一，含编造、故意传播虚假恐怖信息罪），《刑法》第一百八十一条规定的编造并传播证券、期货交易虚假信息罪。(3) 侵害个体法益的犯罪，包括诽谤罪和侵害商品声誉和商业信誉罪，其中后者使用与谣言相近的概念"虚伪事实"——这样，刑法领域的谣言传播犯罪共有上述 8 种。[①]

对于谣言传播犯罪的成立条件，学界多从构成要件符合性及罪刑法定原则角度进行研究。虽然实质违法性即法益侵害这一犯罪成立必要条件的认定也是近年我国谣言传播犯罪中的难点与焦点问题，而且其司法实践现状也缺乏量化研究成果，但上述问题却是理论研究的薄弱环节。而 2020 年新冠肺炎疫情相关案例不考虑法益侵害的现象，再次凸显出该问题的重要性。本节基于法益侵害的视角，从法理上探析谣言传播入罪的条件、我国相关法律制度及司法实践存在的问题，并提出相关完善建议。

需要说明：由于侵害国家法益的谣言传播犯罪极少或没有案例，而侵害个体法益的传播犯罪通常不在"谣言"问题的关注范围内，故本节以司法实践中适用频率较高、侵害社会法益的三种主要的谣言（虚假信息）传播犯罪，即编造、故意传播虚假恐怖信息罪，编造、故意传播虚假信息罪和传播型寻衅滋事罪为研究对象。

一 谣言传播犯罪法益侵害结果的规定及其问题

关于谣言传播犯罪，根据其侵害的不同法益，我国《刑法》规定了不同的结果：在我国视为最重要的法益即国家安全领域，《刑法》第一百零五条第二款规定的以造谣进行的煽动颠覆政权国家罪是危险犯，

[①] 另外，虚假广告罪和欺诈发行股票、债券罪也涉及虚假内容的传播，但通常并不采取"谣言"形式，故不列入谣言传播犯罪。

并不要求现实的结果即被煽动者实施颠覆国家政权的行为;① 在涉及社会秩序领域,规定的是侵害犯,即要求有现实法益侵害的具体后果。

(一) 编造、故意传播虚假（恐怖）信息罪的法益侵害结果

作为选择性罪名,《刑法》第二百九十一之一中事实上规定了两小类4个罪名:编造虚假恐怖信息罪、故意传播虚假恐怖信息罪,以及编造、故意传播虚假信息罪和故意传播虚假信息罪——但司法解释只对涉及虚假恐怖信息的两个小罪名明确了侵害后果,对于涉及虚假（险情、疫情、灾情、警情）信息的两个罪名则没有规定。

从《刑法》第二百九十一之一的第一款规定来看,编造、故意传播虚假恐怖信息罪是选择性罪名,编造和传播均可构成犯罪。问题是:如果只有编造,没有传播,就没有法益侵害后果,更谈不上后果的"严重",所以,2013年9月30日起施行的《编造传播虚假恐怖信息解释》要求"编造"虚假恐怖信息罪也需有传播行为。②

《编造传播虚假恐怖信息解释》规定的犯罪结果及刑罚梯度包括两个层次:(1)"严重扰乱社会秩序"。根据《编造传播虚假恐怖信息解释》第二条,"严重扰乱社会秩序"指致使机场、车站、码头、商场、影剧院、运动场馆等人员密集场所秩序混乱,或者采取紧急疏散措施的;影响航空器、列车、船舶等大型客运交通工具正常运行的;致使国家机关、学校、医院、厂矿企业等单位的工作、生产、经营、教学、科研等活动中断的;造成行政村或者社区居民生活秩序严重混乱的;致使公安、武警、消防、卫生检疫等职能部门采取紧急应对措施的;其他严重扰乱社会秩序的。同时,《编造传播虚假恐怖信息解释》还规定了"严重扰乱社会秩序"的最严重状态,即第三条中的"致使航班备降或

---

① 周光权:《刑法总论》,中国人民大学出版社2016年版,第532页。
② 《编造传播虚假恐怖信息解释》第一条规定:"编造恐怖信息,传播或者放任传播,严重扰乱社会秩序的,依照刑法第二百九十一条之一的规定,应认定为编造虚假恐怖信息罪;明知是他人编造的恐怖信息而故意传播,严重扰乱社会秩序的,依照刑法第二百九十一条之一的规定,应认定为故意传播虚假恐怖信息罪。"

返航；或者致使列车、船舶等大型客运交通工具中断运行的；多次编造、故意传播虚假恐怖信息的；造成直接经济损失二十万元以上的；造成乡镇、街道区域范围居民生活秩序严重混乱的；具有其他酌情从重处罚情节的"情形，即在五年以下有期徒刑范围内酌情从重处罚的情节。
(2)"造成严重后果"。根据《编造传播虚假恐怖信息解释》第四条，"造成严重后果"指造成三人以上轻伤或者一人以上重伤、造成直接经济损失五十万元以上、造成县级以上区域范围居民生活秩序严重混乱、妨碍国家重大活动进行或造成其他严重后果的情形，需处五年以上有期徒刑。具体如下表：

法益侵害梯度扰乱表现	"严重扰乱社会秩序"（五年以下从轻）	"严重扰乱社会秩序"（五年以下从重）	"造成严重后果"（五年以上）
公共场所秩序混乱	机场、车站、码头、商场、影剧院、运动场馆等人员密集场所秩序混乱，或紧急疏散		
大型客运交通工具中断或受到影响	正常运行受到影响	1. 航班备降或返航 2. 列车、船舶等交通工具中断运行	
工作、生产、经营、教学科研秩序中断或影响	活动中断		国家重大活动进行受妨碍
生活秩序严重混乱	行政村或者社区范围	乡镇、街道区域范围	县级以上区域范围
职能部门反应	采取紧急应对措施		
人员伤亡			3人以上轻伤或者1人以上重伤
经济损失		20万元以上	50万元以上
编造次数		多次	

可见，编造、故意传播虚假恐怖信息罪是明确的侵害犯，而且根据

上述司法解释,"严重扰乱社会秩序"的5种结果所侵害的社会法益与个体的生命、健康、工作、生活密切相关,完全可还原性为个体利益——该结论并不牵强。

有观点认为,前一个量刑梯度针对的是网络谣言所引发的危险状态,不能和实际危害本身画等号;而后一个量刑梯度针对的是网络谣言的危害后果。① 事实上,任何实际扰乱社会秩序的行为,都会导致社会经济损失,其中有些损失不能以数字说明,但不代表没有后果;而且关于"严重扰乱社会秩序"中,也有"直接经济损失二十万元以上"的后果表述。因此,"严重扰乱社会秩序"和"造成严重后果"并非危险状态和实际危害的区别,而是程度的区别,本质上均为危害后果。

涉及虚假(险情、疫情、灾情、警情)信息的两个罪名的犯罪后果虽未明确,但其与涉及虚假恐怖信息的罪名一同规定于《刑法》第二百九十一之一中,其侵害客体相同,都是社会秩序即社会法益,而且其犯罪后果的表述完全相同——"严重扰乱社会秩序"或"造成严重后果",所以司法解释关于编造、故意传播虚假恐怖信息罪法益侵害的规定,完全可适用于编造、故意传播虚假信息罪。如涉新冠病毒疫情的一起此罪名案件中,法院明确犯罪嫌疑人的行为导致"市长热线、鞍山市公安局110接警中心、鞍山市公安局交警支队等部门纷纷接到市民致电询问相关情况,占用了大量公共资源,严重扰乱机关单位正常办公秩序和社会秩序"。② 但在中国裁判文书网发布的2016—2019年该罪6例二审案例中,只有两例对犯罪行为的具体侵害后果进行认定,分别是"造成学校附近交通秩序混乱"和"造成部分航班备降、顺延、取消的

---

① 李永升、张楚:《公共事件谣言的刑法规制》,《理论月刊》2016年第8期。
② 韩涛:《最高检发布的典型案例"鞍山假交警编造传播虚假信息案",判了!》,《辽宁日报》2020年2月21日第6版。

严重后果"，① 其他 4 例均没有具体侵害后果。② ——这种情况当然不能以侦查和起诉程序未尽职责为理由，但在案件侦查阶段，司法解释的上述明确规定的确未得到尊重，这从 2020 年新冠病毒疫情初期的编造、故意传播虚假信息罪案件中也可看出。

2020 年新冠病毒疫情编造、故意传播虚假信息罪案例违法性认定简表

案　情	违法性（侵害结果）认定	处理结果
谎称在 2 月 8 日上午在一超市购物，与通告的确诊病例活动轨迹有交集，并提供与该病例有时间重合的超市购物凭证③	造成其所属的企业停产 3 天半，47 名员工被居家隔离，并在一定范围内形成了社会恐慌	刑拘
刘某女友闹分手要回老家，其得知女友准备从白云机场乘机回老家后，为拖延时间，挽留女友，编造了女友被确认新冠病毒肺炎的虚假信息，打电话向机场客服热线进行"举报"。④	造成广州市及相关部门启动应急预案，严重浪费了宝贵的社会与警务资源，扰乱了社会秩序	刑拘
网络传播"周边部队开始集结，各连锁酒店全部被政府征用，如果 10 号疫情不好转，解放军进城全面接管，每天的菜解放军按你家人口按需配给送你家里，封户"虚假信息⑤	消息很快在网上网下传播，制造恐慌，有市民开始在超市大量购物	刑拘
网络传播"朋友侄儿是居委工作人员，文冲街道累计感染人数已经一千几例"的虚假信息⑥	不明	刑拘

---

① 其案号分别是河北省承德市中级人民法院（2018）冀 08 刑终 186 号刑事裁定书和西藏自治区拉萨市中级人民法院（2015）拉刑一初字第 3 号刑事判决书。

② 其案号分别是河南省周口市中级人民法院（2018）豫 16 刑终 330 号刑事裁定书、贵州省毕节市中级人民法院（2017）黔 05 刑终 349 号刑事附带民事裁定书、广东省湛江市中级人民法院（2016）粤 08 刑终 219 号刑事裁定书、安徽省阜阳市中级人民法院（2016）皖 12 刑终 216 号刑事裁定书。

③ 《溧阳一男子传播虚假疫情信息被抓，起因竟是他不想上班》，(2020-2-28)[2020-5-10]，http://3g.163.com/news/article_cambrian/F6G4BJ950525U9H3.html。

④ 《男子为挽留女友谎报她是确诊患者 被警方刑拘》，(2020-2-29)[2020-5-10]，https://news.sina.com.cn/o/2020-02-29/doc-iimxyqvz6650370.shtml。

⑤ 《网民发消息称"解放军进城全面接管"，警方：已刑拘》，(2020-2-5)[2020-5-10]，https://finance.sina.cn/2020-02-05/detail-iimxxste8886640.d.html。

⑥ 李栋、章程：《编造"文冲街道感染一千几例"，嫌疑人被依法刑拘》，《广州日报》2020 年 2 月 26 日第 6 版。

续表

案 情	违法性（侵害结果）认定	处理结果
散布关于齐齐哈尔市"富拉尔基区周围各路口实行交通管制"的虚假信息①	该谣言通过网络平台相继在700余个微信聊天群中被转发流传，造成极度恶劣影响和社会恐慌	刑拘
发布"平舆县村庄防疫工作人员被群众砍死"的虚假信息②	引起大量网民围观，造成社会恐慌，严重影响疫情防控工作	刑拘
使用新浪微博编造内容为"'最新疫情地图'长春昨天已经死了一个，7岁小女孩，没有药治"的虚假信息③	浏览次数达到6020次	刑拘
在朋友圈及多个微信群、QQ群发布"我感染了新型冠状病毒，昨天赶紧去了朝阳大悦城、西单大悦城门口咳嗽上百次，感染的人越多越好"的虚假信息④	群内共涉及2700余人，引发群众恐慌，造成严重不良影响	刑拘
杨某与妻子生气，怀疑其妻跑到新城区保合少镇保合少村，于是给该镇政府打电话，自称是某县疾控中心的工作人员，称"和林县一个叫吕某的人，于1月10日从武汉回呼和浩特，目前身体有发热情况，为躲避监控，吕某于当日从和林县来到你镇"。保合少镇干部立即利用微信向全镇发出通知。⑤	给人民群众造成极大的心理恐慌	刑拘
在微信群编造并传播"燕山街已经死人了，长沙第一例死亡"虚假信息⑥	该谣言随后被大量转发，造成恶劣社会影响	刑拘
从官媒报道中添油加醋，人为添加了青岛市首例武汉肺炎疑似患者被发现地即墨区北安街道，并转发至媒体群⑦	不明	刑拘

---

① 《编造、散播该虚假信息的犯罪嫌疑人李某被警方抓获》，（2020-2-01）[2020-5-10]，https://xw.qq.com/cmsid/20200201A08G2F00。

② 平舆县委网信办：《该！一男子传播虚假疫情信息被平舆警方刑事拘留！》，（2020-2-16）[2020-5-10]，https：//new.qq.com/omn/20200216/20200216A0728C00.html。

③ 《梅河口市2人因编造传播疫情谣言被拘留！》，（2020-1-28）[2020-5-10]，https：//www.sohu.com/a/369172234_120206756。

④ 张璐：《自称感染病毒意图传染他人 网友编造传播虚假信息被刑拘》，《新京报》2020年2月28日第5版。

⑤ 刘晓君：《刑拘！为找离家妻子，呼和浩特一男子竟恶意编造传播虚假疫情信息》，（2020-2-2）[2020-5-10]，https：//www.thepaper.cn/newsDetail_forward_5752911。

⑥ 《网传"长沙出现首例肺炎疫情死亡病例"系谣言 造谣者已被警方刑拘》，（2020-2-2）[2020-5-10]，https：//society.huanqiu.com/article/9CaKrnKpdPR。

⑦ 王和岩、苑苏文：《确诊疫情传入次日 青岛一男子"编造"并转发疫情信息被刑拘》，（2020-1-23）[2020-5-10]，http：//china.caixin.com/2020-01-23/101507777.html。

上表中的 11 个编造、故意传播新冠病毒疫情虚假信息罪案例，除前 3 个有具体的严重扰乱社会秩序或造成严重后果的表述外，其余 8 个要么将浏览量作为侵害后果，要么以无实际证据的"造成心理恐慌""造成社会影响"作为侵害后果，其与前述大部分二审裁判文书中没有实际侵害后果表述的情况是一致的，与司法解释的要求相去甚远——虽然并非所有进入侦查阶段的案件都能走完刑事诉讼程序，也并非都以犯罪嫌疑人有罪为结果，但在没有查明侵害后果的情况下即采取刑事诉讼措施，显然欠缺说服力。

需要强调两点：一、上述案例中，其中一部分显然并非找不到或难以找到实际侵害证据，但在缺乏实际侵害后果的情况下进行刑拘或判刑，漠视或误解违法性条件是关键原因之一。二、事实上，在特定期间，上述一些不实信息未必会产生负面效应，反倒可能产生提醒特定社区民众加强防控的社会预警功能。由此可见：实际侵害后果在编造、传播虚假信息罪成立判断中，不仅重要，而且比较复杂。

需要强调的是：对"严重扰乱社会秩序"中"其他严重扰乱社会秩序的"的理解，应当与列举于其前面的 5 种"严重扰乱社会秩序"情形一样，局限于现实社会秩序的严重扰乱。

（二）传播型寻衅滋事罪的法益侵害结果

《网络诽谤解释》第五条第二款规定的传播型寻衅滋事罪，要求"造成公共秩序严重混乱"，也是侵害犯。由于寻衅滋事罪与编造、故意传播虚假恐怖信息罪均规定于《刑法》第六章"妨害社会管理秩序罪"的第一节"扰乱公共秩序罪"中，司法解释对后者犯罪结果即"严重扰乱社会秩序"的前述 5 种规定，同样也可适用于传播型寻衅滋事罪，对其理解本不应有什么问题。

问题在于司法解释规定的传播型寻衅滋事罪的法益侵害的结果——"造成公共秩序严重混乱"本身的扩张性，这是因为："公共秩序"系由"公共场所秩序"扩张而来。① 更大问题是:"公共秩序"外延从现实物理空间扩及网络空间。对上述扩张,刑法学界主流观点认为:第一,从性质上看,这种扩张性解释属于刑法禁忌的典型的类推解释。② 第二,从结果上看,这种类推实际上是将网络传谣这种《刑法》中的寻衅滋事罪没有规定的行为,利用起哄闹事这一中介加以转换,由此实现了司法解释的造法功能,违反罪刑法定原则。③

如果从三阶层犯罪论体系分析,司法解释事实上进行了两个阶层的扩张:在构成要件中进行了行为的扩张,即将在网络上编造、传播虚假信息扩张为寻衅滋事行为;在违法性条件中将法益从具体的、现实的"公共场所秩序",扩张为概括性法益即"公共秩序"——可见,寻衅滋事罪法益侵害即违法性条件内涵与外延的扩张,是通过构成要件中行为的扩张完成的。

对于传播型寻衅滋事罪的结果即违法性,最高人民法院认为,"造成公共秩序严重混乱",主要是指"导致现实社会公共秩序严重混乱,因为网络空间是现实社会的组成部分,行为人在信息网络上散布虚假信息,起哄闹事,在导致网络秩序混乱的同时,往往会导致现实社会公共秩序的混乱,甚至引发群体性事件等。"④ ——从该解释来看,很明显:最高人民法院将网络空间与现实社会区别开来,而且,"公共秩序"依然是现实空间的秩序。

法理的否定并不能阻挡上述司法解释相关规定的适用(下文详述),但即使不考虑其类推的性质,即使"严重扰乱社会秩序"的前述5种规定可认定为传播型寻衅滋事罪中的"公共秩序严重混乱",这里依然有两个关键问题:

---

① 参见第九章第四节二的内容。
② 张明楷:《简评近年来的刑事司法解释》,《清华法学》2014 年第 1 期。
③ 陈兴良:《寻衅滋事罪的法教义学形象:以起哄闹事为中心展开》,《中国法学》2015 年第 3 期。
④ 最高人民法院刑事审判第三庭:《〈关于办理利用信息网络实施诽谤等刑事案件适用法律若干问题的解释〉的理解与适用》,《人民司法》2013 年第 21 期。

第一，在网络上编造、传播虚假信息能否造成法益侵害即现实社会的秩序严重混乱？从寻衅滋事罪的违法性条件即法益侵害来看，成立该罪要求在公共场所起哄闹事并造成该公共场所秩序严重混乱。然而，在网络上散布虚假信息起哄的行为是否导致寻衅滋事罪的法益侵害即现实社会公共秩序严重混乱，是不确定的：寻衅滋事罪中的危害结果即法益侵害发生地就是行为发生地，两者具有同一性；而在网络上散布虚假信息起哄的行为发生地是网络上，而危害结果即法益侵害发生地是现实社会，两者不具有同一性。[①] 因此，这里不仅要有法益侵害结果的证据，还需要因果关系的证明。

第二，"网络秩序"是否属于"社会秩序"，即"社会秩序"作为法益是否包括"网络秩序"？对此，有学者予以认可。[②] 对于传播型寻衅滋事罪的法益侵害，最高人民法院虽然认为网络空间是现实社会的组成部分，但否定了"网络秩序"的单独存在。而学界主流意见也认为："网络秩序"这个概念是不存在的，网络本来就是自由表达的平台，存在不同意见很正常，秩序井然很多时候意味着"一言堂"，所以就网络而言，不可能发生刑法意义上的"秩序严重混乱"。[③]

需强调："严重扰乱社会秩序"的前述5种规定是现实社会的法益侵害，而且司法解释并没有明确"网络秩序"本身属于"社会秩序"。但上述两个关键问题不解决，将导致司法实践的现象性错误（下文详述）。

（三）编造并且传播证券、期货交易虚假信息罪的法益侵害结果

本罪为典型的侵害犯，要求其法益侵害结果必须"扰乱证券、期货

[①] 欧阳本祺：《论网络时代刑法解释的限度》，《中国法学》2017年第3期。

[②] 于志刚：《"双层社会"中传统刑法的适用空间——以"两高"〈网络诽谤解释〉的发布为背景》，《法学》2013年第10期；于冲：《网络刑法的体系构建》，中国法制出版社2016年版，第36页。

[③] 张千帆：《刑法适用应遵循宪法的基本精神——以"寻衅滋事"的司法解释为例》，《法学》2015年第4期。

市场，造成严重后果"：① 如果未扰乱证券、期货交易市场，或者扰乱证券、期货交易市场但未造成实际危害后果，或者造成了实际危害后果但不严重的，均不构成本罪。所谓造成严重后果，从理论上讲，主要是指因行为人的行为造成了证券、期货市价格强烈波动，引发投资者恐慌而大量抛售或购买证券、期货合约，并给投资者造成重大经济损失，且造成恶劣社会影响，等等。根据2010年《最高人民检察院、公安部关于公安机关管辖的刑事案件立案追诉标准的规定》第三十七条规定的门槛并不高，② 但实践中，由于很难证明法益侵害即投资者因恐慌而进行的交易是由传播行为导致，故此类案例极少。③

综上所述，在针对社会秩序与经济秩序的上述谣言传播犯罪中，除传播型寻衅滋事罪扩张了法益侵害结果外，无论是《刑法》本身还是相关司法解释，其规定的法益侵害结果，都是比较具体的、可还原性的，从中可看出立法者和最高司法机关对此类犯罪中法益侵害的主流意见。而主要问题在于《网络诽谤解释》中传播型寻衅滋事罪的相关规定，为司法实践中"网络秩序"这种抽象、模糊的法益认定提供了一个中介。

二 谣言传播犯罪司法实践中法益侵害的认定

由于编造并且传播证券、期货交易虚假信息罪尚未发现有案例，故关于谣言传播犯罪侵害结果认定的司法实践，只能以编造、故意传播虚

---

① 《刑法》第一百八十一条规定："编造并且传播影响证券、期货交易的虚假信息，扰乱证券、期货交易市场，造成严重后果的，处五年以下有期徒刑或者拘役，并处或者单处一万元以上十万元以下罚金。"
② 该条规定，严重后果指："获利或者避免损失数额累计在五万元以上的；造成投资者直接经济损失数额在五万元以上的；致使交易价格和交易量异常波动的；虽未达到上述数额标准，但多次编造并且传播影响证券、期货交易的虚假信息的；其他造成严重后果的情形。"
③ 目前，中国裁判文书网上仅有一个案例：上海市第二中级人民法院（2018）沪02刑初27号刑事判决书。

假恐怖信息罪,编造、故意传播虚假信息罪和传播型寻衅滋事罪为分析对象。

(一) 编造、故意传播虚假恐怖信息罪案例中法益侵害结果的认定

以"编造、故意传播虚假恐怖信息罪""二审"为关键词,在中国裁判文书网上可搜索到 2014—2019 年的有效案例(行为人被判刑)44 例。此类犯罪虽要求行为人须有传播行为或放任传播行为,但通过网络传播实施的此类犯罪并不多,在 44 例案例中仅有 5 例中行为人有网络传播虚假恐怖信息的行为;[①] 其他案例中,行为人主要以向 110 报警电话或公共场所服务热线电话虚假报警,或者张贴传单实施犯罪行为。

由于恐怖信息本身可能带来的严重后果,公安等政府机构或相关公共场所、交通运输部门均给予高度重视,采取相关措施,故此类犯罪行为导致的法益侵害后果比较容易证明。在 44 例案例中,仅有 5 例案例的裁判文书没有实际法益侵害结果的说明或证明,另外 39 例(占 88.64%)裁判文书中均列举了具体的法益侵害具体结果,包括:(1)"严重扰乱社会秩序"中的"致使公安、武警、消防、卫生检疫等职能部门采取紧急应对措施",包括出动警力、搜寻排查(危险物品等)、疏散有关人员等,甚至有出动排爆专家、民警、保安员、安检人员、车站或机场工作人员,以及警车或搜爆犬数量的说明。[②] (2)"造成严重后果"中的经济损失说明与证明,[③] 包括一些案件中具体经济损失数额。[④] 2020 年 3 月 9 日广东省广州市海珠区人民法院判决的一起谎

---

① 山西省忻州市中级人民法院(2014)忻中刑终字第 199 号刑事判决书;安徽省合肥市中级人民法院(2014)合刑终字第 00387 号刑事裁定书;北京市第三中级人民法院(2014)三中刑终字第 306 号刑事裁定书;黑龙江省哈尔滨市中级人民法院(2016)黑 01 刑终 267 号刑事裁定书;福建省福州市中级人民法院(2019)闽 01 刑终 179 号刑事裁定书。

② 广东省广州铁路运输中级法院(2015)广铁中法刑终字第 2 号刑事裁定书;江苏省南京市中级人民法院(2016)苏 01 刑终 270 号刑事裁定书;江苏省苏州市中级人民法院(2017)苏 05 刑终 301 号刑事裁定书。

③ 辽宁省辽阳市中级人民法院(2014)辽阳刑二终字第 97 号刑事裁定书。

④ 广东省深圳市中级人民法院(2015)深中法刑一终字第 295 号刑事裁定书;湖南省益阳市中级人民法院(2014)益法刑一终字第 142 号刑事裁定书;广东省广州市中级人民法院(2015)穗中法刑一终字第 609 号刑事裁定书。

称确诊新冠肺炎的女友将在广州白云机场乘坐飞机的案件（法院以编造虚假恐怖信息罪判处被告人刘某某有期徒刑七个月）审理中，虽然该案的构成要件符合性及有责性都难以成立，但其法益侵害"导致街道、公安、疾控等部门单位启动应急处置，到李某某入住的某酒店核实，并对李某某及酒店其他住客采取隔离措施"）的认定是明确的、具体的。①

（二）编造、故意传播虚假信息罪案例中法益侵害结果的认定

以"编造、故意传播虚假信息罪"为关键词，在中国裁判文书网上可搜索到 2016—2019 年的有效二审案例（行为人被判刑）6 例，一审案例 27 例。在上述 33 例案例中，共 9 个案例（2 例二审案例和 7 例一审案例，约占 27.3%）中对法益侵害后果进行了具体认定，包括"严重扰乱社会秩序"中的以下类型：（1）造成学校交通秩序混乱或堵塞；②（2）影响航空器正常运行（部分航班备降、顺延、取消）；③（3）造成国家机关或学校等单位不能正常工作；④（4）致使公安、武警、消防、卫生检疫等职能部门部署应急防范措施，出动警力进行排查等；⑤（5）严重影响社区居民生活秩序（"群众连夜搬家"）。⑥ 在 2020年 2 月判决的涉新冠病毒疫情的一起此罪名案件中（不在上述 9 个案例中），法院明确犯罪嫌疑人的行为导致的法益侵害结果是"市长热线、鞍山市公安局 110 接警中心、鞍山市公安局交警支队等部门纷纷接到市民致电询问相关情况，占用了大量公共资源，严重扰乱机关单位正常办

---

① 万鹏：《广州一男子犯编造虚假恐怖信息罪获刑七个月》，《人民法院报》2020 年 3 月 10 日第 4 版。
② 河北省承德市中级人民法院（2018）冀 08 刑终 186 号刑事裁定书；福建省光泽县人民法院（2016）闽 0723 刑初 85 号刑事判决书；河北省平泉市人民法院（2018）冀 0823 刑初 44 号刑事判决书。
③ 西藏自治区拉萨市中级人民法院（2015）拉刑一初字第 3 号刑事判决书。
④ 贵州省毕节市七星关区人民法院（2017）黔 0502 刑初 171 号刑事附带民事判决书；广东省汕头市潮阳区人民法院（2018）粤 0513 刑初 805 号刑事判决书。
⑤ 四川省泸州市江阳区人民法院（2017）川 0502 刑初 487 号刑事判决书；山西省和顺县人民法院（2019）晋 0723 刑初 65 号刑事判决书。
⑥ 河北省沧县人民法院（2019）冀 0921 刑初 417 号刑事判决书。

公秩序和社会秩序",① 并不属于上述情形,是否属于《编造传播虚假恐怖信息解释》第二条中对法益侵害的兜底条款即"其他严重扰乱社会秩序的",不得而知。

其他 24 例案例 (约占 72.7%) 中,有 12 例是泛泛的、没有说明具体法益侵害结果即"造成社会秩序严重混乱"的认定;有 12 例是判决臆定的、抽象的、空洞的非法定法益侵害后果,包括以下类型:(1) 给某个行政区域、政府或其某项工作造成不良 (或负面) 影响或造成恶劣社会影响 (共 8 例);② (2) 网络空间秩序的严重混乱;③ (3) 引起群众对某单位的误解;④ (4) 群众极度恐惧,社会恐慌。⑤

值得注意的是,在一起案例中,政府机关的紧急辟谣被作为法益侵害的唯一证据。⑥

总之,与编造、故意传播虚假恐怖信息罪案例相反,大部分编造、故意传播虚假信息罪案例中,或是泛泛的"造成社会秩序严重混乱"的认定,或是法官臆定的法益侵害结果,少有现实法益侵害结果的认定。

(三) 传播型寻衅滋事罪案例中法益侵害结果的认定

以"寻衅滋事罪""二审""虚假信息"为关键词,在中国裁判文书网上可搜索到 2014—2019 年的有效案例 (行为人被判刑) 47 例。由

---

① 韩涛:《最高检发布的典型案例"鞍山假交警编造传播虚假信息案",判了!》,《辽宁日报》2020 年 2 月 21 日第 6 版。
② 河南省周口市中级人民法院 (2018) 豫 16 刑终 330 号刑事裁定书;吉林省永吉县人民法院 (2017) 吉 0221 刑初 199 号刑事判决书;江苏省滨海县人民法院 (2018) 苏 0922 刑初 12 号刑事判决书;湖南省湘潭市雨湖区人民法院 (2017) 湘 0302 刑初 508 号刑事判决书;四川省会东县人民法院 (2019) 川 3426 刑初 52 号刑事判决书;云南省易门县人民法院 (2019) 云 0425 刑初 61 号刑事判决书;广东省汕头市潮南区人民法院 (2019) 粤 0514 刑初 226 号刑事判决书;贵州省毕节市七星关区人民法院 (2019) 黔 0502 刑初 592 号刑事判决书。
③ 安徽省阜南县人民法院 (2016) 皖 1225 刑初 77 号、(2017) 皖 1225 刑初 166 号刑事判决书。
④ 内蒙古自治区敖汉旗人民法院 (2017) 内 0430 刑初 349 号刑事判决书。
⑤ 河南省确山县人民法院 (2018) 豫 1725 刑初 204 号刑事判决书。
⑥ 湖南省慈利县人民法院 (2016) 湘 0821 刑初 150 号刑事判决书。

于该罪要求必须以网络传播为要件,其对"网络秩序混乱"可否和如何作为法益侵害结果的认定分三类情形:

1. 否定"网络秩序混乱"可以单独作为该罪成立的法益侵害结果

此类案例仅有1例。该案中,法院以"被告人李某某虽在互联网上发帖,但没有相关证据证明造成公共秩序严重混乱,故不构成寻衅滋事罪"为由,判决被告人不构成犯罪。[①]

2. 认定网络秩序混乱与现实社会秩序严重混乱同时作为该罪成立的法益侵害结果

有18个案例同时提及"网络(空间)秩序"和"社会秩序",但只有5例(占总样本案例的10.63%)案例对现实社会秩序严重混乱即法益侵害后果进行具体认定,包括传播的虚假信息导致"群众聚集,在现场阻碍民警依法执行职务、损坏警车"[②];其中最为具体的是叶某寻衅滋事案中,裁判文书罗列了证人证言,证明是受到叶某等人在网络上发表的关于在该县建设垃圾焚化处理场的虚假信息煽动,广东博罗县城2014年9月20日上午约有300余名群众上街非法集会游行,造成沿途交通瘫痪,严重影响交通秩序。[③]

3. 认定网络秩序混乱可单独作为该罪成立的法益侵害结果

有28例(占总样本案例的59.57%)案例根本不提"社会秩序",而是单独将"网络(空间)秩序严重混乱"作为法益侵害结果。此处问题不仅在于如何理解"网络秩序混乱",更在于法院审理此类案件时大都将"网络秩序混乱"作为法益侵害结果的唯一判断依据,而不考虑相关行为是否侵害了现实物理空间的公共秩序;这种情况自"秦火火案"判决中的"该微博被转发11000次,评论3300余次,引发大量网

---

① 河南省民权县人民法院(2015)民刑初字第81号刑事判决书。
② 湖南省娄底市中级人民法院(2016)湘13刑终204号刑事裁定书;山西省吕梁市中级人民法院(2015)吕刑终字第93号刑事裁定书;黑龙江省哈尔滨市中级人民法院(2019)黑01刑终212号刑事裁定书;广东省惠州市中级人民法院(2016)粤13刑终108号刑事裁定书。
③ 广东省惠州市中级人民法院(2016)粤13刑终108号刑事裁定书。

民对国家机关公信力的质疑"始，① 发展到"其利用信息网络实施寻衅滋事，虽未引起现实社会秩序严重混乱，从其高点击率和高转发率来看，已经破坏了网络公共空间秩序，构成犯罪"②——即明知行为未侵害现实公共秩序，也判决其构成犯罪，不仅违反《刑法》相关规定，也背离了司法解释的精神。

另外，传播型寻衅滋事罪法益侵害认定中，还出现以下问题：（1）将"影响政府形象""造成社会影响"作为该罪的法益侵害结果。在此类犯罪的47例样本案例中，有31例提及"政府形象"或"社会影响"，一些案件认定所编造传播虚假信息"损害政府形象"③或"造成了基层组织和政府的信任危机"。④ 而且，许多案例只认定"造成恶劣影响"，但不说明造成何种影响。（2）将基层地方政府或企业法人领导等个人名誉权益的侵害作为该罪的法益侵害后果即"社会秩序严重混乱"，从而导致与诽谤罪混淆。⑤ 此类案例中，利用信息网络，编造虚假信息侮辱辱骂他人，究竟是适用《网络诽谤解释》第五条第一款还是第二款，在判决中不清楚。⑥ （3）将国家法益与社会法益（社会秩序）混淆。如在某案中，法院认定："行为人明知在推特上传播编造的抨击国家政治制度及政党制度的某信息为虚假信息，仍在境外网络平台

---

① 北京市朝阳区人民法院（2013）朝刑初字第2584号刑事判决书。
② 山东省菏泽市中级人民法院（2016）鲁17刑终300号刑事裁定书。
③ 参见安徽省阜阳市中级人民法院（2016）皖12刑终216号刑事裁定书；福建省龙岩市中级人民法院（2017）闽08刑终200号刑事裁定书；新疆维吾尔自治区伊犁哈萨克自治州塔城地区中级人民法院（2015）伊州刑二终字第225号刑事裁定书；湖南省长沙市中级人民法院（2019）湘01刑终393号刑事裁定书；四川省泸州市中级人民法院（2019）川05刑终91号刑事裁定书。
④ 安徽省六安市中级人民法院（2019）皖15刑终297号刑事裁定书；河南省鹤壁市中级人民法院（2018）豫06刑终117号刑事裁定书。
⑤ 河北省沧州市中级人民法院（2019）冀09刑终351号刑事裁定书；内蒙古自治区兴安盟中级人民法院（2018）内22刑终86号刑事裁定书；河北省廊坊市中级人民法院（2017）冀10刑终53号刑事裁定书；河北省廊坊市中级人民法院（2017）冀10刑终53号刑事裁定书。
⑥ 河北省承德市中级人民法院（2016）冀08刑终11号刑事裁定书；黑龙江省双鸭山市中级人民法院（2017）黑05刑终11号刑事裁定书。

上大量传播、散布，诋毁我国的社会主义制度、中国共产党领导以及国家政治、政策，造成了恶劣的影响。"①

综上所述，谣言传播最常见三类犯罪整个样本案例中，司法对现实法益侵害结果认定的平均比例为（39+9+5）÷（44+33+47）=42.74%；其各自的比例依次为编造、故意传播虚假恐怖信息罪（88.64%），编造、故意传播虚假信息罪（27.3%）和传播型寻衅滋事罪（10.63%）。

三 小结

除编造、故意传播虚假恐怖信息罪外，由于将抽象的"政府形象""社会影响""网络秩序"作为被侵害的法益，我国谣言传播犯罪的裁判中，编造、故意传播虚假信息罪和传播型寻衅滋事罪对现实法益侵害结果认定的比例很低，相关司法实践表现出与法律和司法解释的悖离。当然，相关司法解释本身也存在缺漏、模糊、过于简单等问题。

第四节 本章结论

基于法益保护原则的视角，我国传播犯罪制度主要存在以下问题：

一 我国传播犯罪制度法益侵害或侵害结果明确度较低

在我国 53 种传播犯罪中，犯罪结果或情节的司法解释率为 55.77%，总体不高。在相关侵害犯的解释中，有对情节的解释，有许多抽象、难以还原为个体利益的概念……基于上述情况，存在相当程度的犯罪结果模糊化，法益侵害抽象化。因此，我国传播犯罪制度侵害结

---

① 湖北省武汉市蔡甸区人民法院（2019）鄂 0114 刑初 512 号刑事判决书。

果或情节的明确性不容乐观，其对司法实践的负面影响显而易见。

二 传播犯罪中罪名归类引发的问题

我国传播犯罪制度存在罪名的非科学归类及法益混淆现象，表现在：(1) 直接、主要侵害国家法益的传播犯罪被归类为危害公共安全和妨害社会管理秩序的犯罪中，如涉恐传播犯罪中的帮助恐怖活动罪，准备实施恐怖活动罪，宣扬恐怖主义、极端主义、煽动实施恐怖活动罪，利用极端主义破坏法律实施罪，非法持有宣扬恐怖主义、极端主义物品罪，以及部分涉密传播犯罪。(2) 直接、主要侵害国家、社会法益的传播犯罪被归类为侵害个体法益（人身权利、民主权利）的犯罪中，主要是煽动民族仇恨、民族歧视罪和出版歧视、侮辱少数民族作品罪。(3) 直接、主要侵害个体法益的传播犯罪被归类为侵害市场经济秩序的犯罪中，主要是损害商业信誉、商品声誉罪。(4) 主要侵害个体法益的犯罪有时被归为侵害国家和社会法益的犯罪，主要是诽谤罪，《刑法》相关规定中"严重危害社会秩序和国家利益的除外"之规定，引发公诉，导致自诉与公诉程序不清及公民人权问题。

上述问题，误导司法者对相关犯罪侵害法益的认识，导致错误的法律适用和程序适用。

三 法益的抽象化引发的问题

传播犯罪司法实践中的法益抽象化现象，主要表现在谣言传播犯罪中。由于将抽象的"政府形象""社会影响""网络秩序"作为被侵害的法益，我国谣言传播犯罪的裁判中，编造、故意传播虚假信息罪和传播型寻衅滋事罪对现实法益侵害结果认定的比例很低，相关司法实践表现出与法律和司法解释的悖离。

另外，我国司法实践当中针对包括诽谤在内的诸多传播侵害结果的判定，更多采用推定。这种情况不仅有违刑事诉讼中由原告承担被告人有罪之证明责任的原则，也有违刑事诉讼"排除合理怀疑"之标准。

总之，无论是传播犯罪结果的模糊，法益混淆导致的罪名归类不当，还是法益抽象化或者侵害结果的推定，其直接影响是传播犯罪成立条件不确定性及刑罚打击圈的过分扩张，实质上则都是违反法益保护原则的表现。

第十一章 中国传播犯罪的总体特征、问题与完善

基于前十章的研究分析,可以对我国传播犯罪的总体特征、问题得出概括性结论。当然,如前所述,本书对有责性原则下的相关问题未予研究,所以,本章的概括性结论仅基于罪刑法定和法益保护原则的结论。

第一节 中国传播犯罪的特征、趋势与热点案例

一 传播犯罪的司法实践特征

基于对我国2014—2019年五年间282起侵害国家法益传播犯罪案件、872起侵害社会法益传播犯罪、459起侵害个体法益传播犯罪案件的量化分析,可以看出此类犯罪的总体特征:(1)关于此类犯罪行为特征,从媒介使用上看,网络媒介(尤其是微信、QQ)成为犯罪行为实施中的重要工具,但传统媒介仍然是重要的犯罪工具之一。(2)关于此类犯罪主体,除个别犯罪外,其他传播犯罪以21—40岁,受中等和高等教育的男性为主。(3)关于此类犯罪主观性,除过失型泄密类案件及为他人提供书号出版淫秽书刊罪外,其他犯罪在主观上只能由故

意构成,而其主观目的与动机多样,包括牟利、危害国家安全或社会秩序、获取高关注度、发泄情绪、炫耀、徇私等。(4)关于此类犯罪的刑罚适用,主刑多为三年以下有期徒刑,整体呈现轻刑化的司法特征;附加刑主要是被处以罚金、剥夺政治权利,罚金视具体案情不等。

二 传播犯罪的结构特征与总体走势

总的看来,我国传播犯罪在数量上表现出以下特征:

(一)侵害国家法益传播犯罪结构特征

在侵害国家法益的传播犯罪中,以宣扬恐怖主义、极端主义、煽动实施恐怖活动罪为主;在侵害社会法益的传播犯罪中,以扰乱社会秩序的传播犯罪(包括非法获取国家秘密罪,非法利用信息网络罪,帮助信息网络犯罪活动罪,编造、故意传播虚假恐怖信息罪,传播型寻衅滋事罪,组织、利用会道门、邪教组织、利用迷信破坏法律实施罪数量)为多;在侵害个体人格权益和民主权益的传播犯罪中,主要是侮辱罪、诽谤罪、传播型侵害个人信息罪、传播型诈骗罪和假冒注册商标罪占突出多数。

(二)侵害国家法益传播犯罪整体走势

2014—2019年,侵害国家法益、社会法益和个体法益的传播犯罪案件的数量,整体上均呈上升趋势。而侵害国家法益传播犯罪中,危害国家安全和侵害国家功能犯罪总数整体呈下降趋势,但侵害国家安全和公共安全的传播犯罪呈上升趋势。

(三)重刑的打击对象

在侵害国家法益的传播犯罪中,主刑多为三年以下有期徒刑,整体呈现轻刑化的司法特征;重型即10年以上有期徒刑主要出现在危害国家安全的传播犯罪案件中。在侵害社会法益的犯罪中,判处10年以上有期徒刑的案例出现在妨害社会伦理道德的犯罪案件中。在侵害个体法益的传播犯罪中,5年以上有期徒刑的案例主要出现在侵害个体财产权益的犯罪中。

综上所述，我国传播犯罪在数量上呈现上升趋势的同时，在刑罚上呈现出轻刑化走势，显示出传播犯罪制度在整体上扩大刑罚打击圈，重点打击侵害国家安全、妨害社会伦理道德及侵害个体财产权益犯罪的同时，以轻刑来缓和其中张力的思路。

第二节　中国传播犯罪相关制度的主要问题

一　我国传播犯罪制度的突出问题

（一）罪名设置过于超前

我国传播犯罪领域立法表现出"超前"性，集中体现在有关信息传播领域的犯罪，如拒不履行信息网络安全管理义务罪、帮助信息网络犯罪活动罪、非法利用信息网络罪乃至侵害公民个人信息罪——将有争议的行为归入犯罪，违反刑法谦抑性要求，也违背传统刑法理论。

（二）罪名结构不合理

在罪名结构上，侵害国家法益、社会法益的罪名各有15种和25种，而针对个体法益的传播犯罪则只有13种，体现出传播犯罪制度主要针对危害国家安全和社会稳定、伦理风化、知识产权、谣言传播和新型网络传播犯罪，而对个体法益的保护显然比较薄弱。一些制度既不符合常识和法理，也不适应现实，所以出现象征性立法现象，浪费了立法资源。

（三）立法内容的偏颇

由于以打击性、惩罚性为首要目标，而非以法益保护为出发点，即对违法行为从"入罪"角度进行考虑，而不是从"出罪"角度进行考虑，因此，传播犯罪制度制订在法理、逻辑上考虑并不周严：强调追诉标准，忽视犯罪构成；强调犯罪行为，忽视犯罪结果——导致一定程度和范围的刑罚打击圈的不当扩大。

二 我国传播犯罪个罪的主要问题

传播犯罪个罪的问题主要集中于罪刑法定原则问题、法益保护原则问题，即构成要件、法益侵害（证明）方面；其他方面如有责性问题、竞合问题、程序问题、共犯问题，虽在个罪中有表现，但比较分散。在侵害社会法益传播犯罪中，涉及罪刑法定原则的问题比较集中；在侵害个体法益的传播犯罪中，涉及法益保护原则的问题则比较集中。

具体到传播犯罪个罪的罪刑法定原则问题，主要是构成要件明确度整体上不高；一些罪名存在"空白罪状""兜底条款"与"口袋罪"问题，尤其是比较"著名"的"口袋罪"如非法经营罪和寻衅滋事罪，在传播犯罪领域都有广泛而深入的适用。

具体到传播犯罪个罪的法益保护原则问题，一些犯罪法益混淆引发罪名归类等诸多问题；司法实践中，法益抽象化及法益侵害的推定，不当扩张了刑罚范围。

第三节 中国传播犯罪相关制度的完善建议

传播犯罪相关法律问题的解决，既需要从我国相关法律制度形成、演进过程与特点中寻找原因，也应当从罪刑法定原则和法益保护原则角度，寻找问题解决的答案。

一 传播犯罪制度的原则性、结构性建议

（一）在立法司法原则上应奉行谦抑、避免激进

国家安全、社会稳定及矛盾解决的法治化，靠的是整个法律体系，刑法制度只是其中的一环，而由于其剥夺人生命、自由的严厉性，只能作为最后的、不得已的选择。在此方面，应自觉反思刑治主义传统，尤

其是涉及言论的传播犯罪，更应慎重立法、谨慎司法。具体而言：对（与）行使宪法规定的言论自由、舆论监督基本权利（相关）的行为，对核心和基础概念不明、属性模糊或未取得理论上统一观点的违法行为，不宜仓促入罪；对已经入罪的，如披露、报道不应公开的案件信息罪，拒不履行信息网络安全管理义务罪，非法利用信息网络罪，应当择机依规废除。

（二）在立法结构上应加强保护个人法益尤其是物质性人格权的传播犯罪的立法

目前，针对以传播手段侵害他人生命、健康权益的违法行为，应当专门设置罪名进行打击：一是虚假网络医疗广告传播影响患者正常就医治疗，从而侵害他人生命权的行为；二是因网络传播内容侵害他人精神性人格权或财产权，导致被侵权人自杀或死亡的行为；三是传播内容诱导被侵权人自杀的行为。

（三）在制度内容上，司法解释应补"短板"：着重构成要件要素和侵害后果的解释

针对司法解释着重解释"情节"中的行为的特点，在清理或重新制定司法解释中，应当基于罪刑法定和法益保护原则，着重对构成要件要素和侵害后果进行列举或明确，尤其对《刑法》明确规定为侵害犯的传播犯罪个罪，应杜绝将行为作为"情节严重"标准的情况，以免将侵害犯"变通"为危险犯。

二 基于罪刑法定原则的建议

（一）关于传播犯罪中"空白罪状"问题的建议

传播犯罪中，典型的、形式上的空白罪状的罪名包括：侵害国家法益的传播犯罪为故意泄露国家秘密罪、过失泄露国家秘密罪、故意泄露军事秘密罪、过失泄露军事秘密罪；在侵害社会法益的传播犯罪中，典型的属于空白罪状的罪名为虚假广告罪、非法经营罪、非法使用窃听、

窃照专用器材罪,拒不履行信息网络安全管理义务罪;在侵害个体法益的传播犯罪中,典型的属于空白罪状的罪名为侵害个人信息罪。虽然囿于立法的历史局限,"空白罪状"在某种情况下也有其"必然性",而且其并不必然违反明确性原则,但考虑到我国司法人员的素质,大量空白罪状的存在,必然侵蚀罪刑法定原则,故应当完全消除形式的空白罪状,尽可能消除实质的空白罪状。

1. 对所有的"违反国家规定""违反国家有关规定"的表述,进行明确界定

包括:明确"国家规定"的层级及机构;明确"规定"的范围及效力。同时,清理司法解释中违反《刑法》第九十六条规定的内容,特别是《个人信息刑事司法解释》第二条的规定,删除"部门规定"的规定。

2. 关于拒不履行信息网络安全管理义务罪的处理方案

《刑法》第二百八十六条之一规定的拒不履行信息网络安全管理义务罪,有两种处理方案:其一,以司法解释明确"法律、行政法规规定的信息网络安全管理义务"的具体内容;其二,如果不能明确"法律、行政法规规定的信息网络安全管理义务"的具体内容,则废除该罪。因为刑法不应以一个内涵与外延模糊的概念来确定罪名。

(二) 关于传播犯罪中的"兜底条款"与"口袋罪"问题的建议

1. 关于非法经营罪的适用

(1)《非法出版物刑事案司法解释》第十一条,将除煽动分裂国家、煽动颠覆国家政权、推翻社会主义制度、侵犯著作权、歧视侮辱少数民族、淫秽内容以外的其他严重危害社会秩序和扰乱市场秩序的非法出版物的行为,纳入非法经营罪范围。事实上,我国对侵害国家法益、社会法益和个体法益的传播行为,编织了严密的刑事法网,这些行为,都可以相关罪名进行处理,没必要再以非法经营罪进行打击。

(2) 鉴于《网络诽谤解释》第七条的"违反国家规定",再次制造空白条款,致使非法经营罪在涉及网络信息经营的行为中形成"兜底条款"→"口袋罪"→空白条款的循环链条,应当删除该加强版"口袋罪"。

鉴于非法经营罪第四款兜底条款作为"口袋罪"来源之负面性，建议所有以该款规定作为依据被纳入的行为，都应经全国人大或其常委会的审查。

2. 关于传播型寻衅滋事罪

寻衅滋事罪在网络传播领域的适用，是典型的类推解释——这在刑法学界是明确的主流观点，而且其适用与最高人民法院相关司法解释也互相矛盾。因此，尽快清理《网络诽谤解释》第五条第二款的规定，是当务之急。

总之，任何制度上的选择都带有文化的印记，"兜底条款"与"口袋罪"正是刑治主义传统文化的制度表达，即希望刑法能够包罗万象、解决一切问题。尽管根据罪刑法定的要求，犯罪圈应当确定，法无明文规定则不为罪，但立法者总是更多的依赖刑法来达到社会治理的效果。[①] 事实上，相关违法问题的解决依赖的是包括民法、行政法等部门法在内的整个法律体系，刑法只是其中一环，而且是最后一环。过多依赖刑法进行社会治理，不仅明显背离刑法的谦抑性，而且会造成新的社会矛盾。因此，在涉及言论的刑法领域，"兜底条款"与"口袋罪"应慎之又慎。

三　基于法益保护原则的建议

（一）基于法益具体化、可还原化原则，司法解释应对"新类型法益""扰乱社会秩序"进行全面、统一解释

虽然司法解释对相关传播犯罪法益侵害即后果进行了明确，但仍有待完善，包括：

---

① 张宇琛：《从"兜底条款"和"新口袋罪"看刑治主义的法律传统》，《齐齐哈尔大学学报》（哲学社会科学版）2020年第2期。

1. 关于"网络秩序"能否作为刑法中的法益

近年"网络秩序"能否作为法益成为刑法学界焦点之一。尽管有观点认为"网络时代不同的价值观并存,传统法益在网络时代受到了新的侵害,必然不可避免地产生通过扩大处罚范围以保护法益的倾向",[①] 但法益保护是刑法的基本原则,涉及言论自由的犯罪尤其需要遵守此原则,无法益侵害则无犯罪。如果整个社会或社会主流意见认为"网络秩序"也应当作为谣言传播犯罪中被侵害的法益即"社会秩序"的一部分,那也应当首先通过立法规定——当然,这种立法需经合宪性审查。

2. 对"扰乱社会秩序"进行统一解释

《刑法》分则中许多传播犯罪规定的侵害后果即法益侵害中,都有"严重扰乱社会秩序"之表述。目前,《编造传播虚假恐怖信息解释》第二至第四条对侵害社会秩序犯罪中的"严重扰乱社会秩序"和"造成严重后果"进行了司法解释,最高人民法院应当参照此规定,对此适用范围甚广的"扰乱社会秩序",进行统一的司法解释。

(二)依据相关传播犯罪侵害的主要法益类型对其进行正确归类

1. 涉恐传播犯罪和涉密传播犯罪的归类

关于涉恐传播犯罪,包括帮助恐怖活动罪,准备实施恐怖活动罪,宣扬恐怖主义、极端主义、煽动实施恐怖活动罪,利用极端主义破坏法律实施罪,非法持有宣扬恐怖主义、极端主义物品罪,应归入危害国家安全的犯罪一章中。

关于涉密传播犯罪,首先应区分"国家秘密"的内容,将泄露真正涉及国家安全、国防安全和军事利益秘密的犯罪归入"危害国家安全罪"一章,而把泄露地方、部门安全的秘密的犯罪归入"妨害社会管理秩序罪"一章,是合理的取向。当然,"国家秘密"的概念、内涵与

[①] 张明楷:《网络时代的刑事立法》,《法律科学》(西北政法大学学报)2017年第3期。

外延需要重新界定：只有涉及国家安全、国防安全和军事利益的秘密才能属于"国家"秘密。

另外，根据《渎职犯罪立案标准》一（三）的规定，该罪的行为结果之一是"造成或者可能造成危害社会稳定、经济发展、国防安全或者其他严重危害后果"——在此情况下，不加区分地使该罪由危险犯变为侵害犯，并不妥当。而将涉及泄露国家安全、国防安全和军事利益秘密的传播犯罪作为危险犯，将泄露地方、部门安全的秘密的犯罪作为侵害犯，可能更为稳妥。当然，司法解释还应当明确"危害社会稳定、经济发展、国防安全或者其他严重危害后果"的具体含义。

2. 煽动民族仇恨、民族歧视罪和出版歧视、侮辱少数民族作品罪的归类

如前所述，此类犯罪主要侵害的是国家法益，附带侵害社会法益，对个体法益侵害最小，故煽动民族仇恨、民族歧视罪和出版歧视、侮辱少数民族作品罪应归于危害国家安全类犯罪。

3. 损害商业信誉、商品声誉罪的归类

损害商业信誉、商品声誉罪是侵害企业或自然人个体法益的犯罪，在目前我国《刑法》分则中却被归类为侵害市场经济秩序的犯罪中，属于典型的依照间接、次要侵害的法益进行归类的罪名，应将其归为侵害个人财产权益的犯罪中。

（三）对侵害个体法益的传播犯罪原则上适用自诉程序

目前，除《刑法》规定对诽谤罪、侮辱罪适用自诉程序外，相关司法解释还规定对知识产权案件可适用自诉程序。[①] 所以，侵害个体法益传播犯罪中，事实上已有包括知识产权领域的假冒注册商标罪、侵犯著作权罪、侵犯商业秘密罪和销售侵权复制品罪4种犯罪在内的6个罪名可适用自诉程序。依照法理，人身权益的重要性高于财产权益，如果

[①] 《知识产权刑事案件办理意见》第四条规定："人民法院依法受理侵犯知识产权刑事自诉案件，对于当事人因客观原因不能取得的证据，在提起自诉时能够提供有关线索，申请人民法院调取的，人民法院应当依法调取。"

诽谤罪、侮辱罪可适用自诉程序，其他侵害个体法益的 7 种传播犯罪原则也应适用。当然，对因侵害个体法益而严重危害社会秩序和国家利益的，可以适用公诉程序。

对侵害个体法益的传播犯罪原则上适用自诉程序，可以节约司法资源，也鼓励受害人以民事程序解决矛盾、获得赔偿，有利于缓和社会矛盾，从而从一个侧面体现刑法的谦抑。

（四）以社会调查法（量化方法）确定法益侵害即传播侵害后果

作为刑法的基本原则之一，法益保护原则要求有法益侵害的行为才能成立犯罪，而法益侵害则需要犯罪结果的证明。我国对诸多传播侵害行为的结果即法益侵害适用认定或推定方法，这违反法益保护原则。

法律说服不仅需要运用逻辑推理，同时更加需要社会科学解释。[1] 法官针对传播侵害结果所进行的判定，主要应当围绕事实问题展开，而这一事实问题更多地与传播效果即公开传播的信息对第三人的认知态度改变与否相关联；在侵害精神性人格权时，传播侵害结果的判定尤其需要考察社会公众对特定当事人的认知态度改变与否。事实推定无视经验法则之相对性主观性，亦不考虑现象的特殊性，仅依其类型而认定现象，从发现真实上而言危险性较大。[2]

从传播诉讼的司法实务来看，对于传播结果，借助社会科学考察，可以使法官将判决建立在更加客观的证据基础之上。[3] 而将数量标准与经由社会科学研究提供的社会科学证据一起，综合认证以判定侵害结果的事实，这则对传统判定传播损害结果的方式是一种建设性变革。具体而言，立法中，关于法益侵害，除了涉及国家安全、公共安全的传播犯罪，其他传播犯罪原则上应该是侵害犯。在司法实践中，应该对侵害结果即法益侵害进行严格的证明：一方面参照传播性

---

[1] 牛犇、刘思姐：《我国社会科学证据发展状况初探》，《沈阳工业大学学报》（社会科学版）2018 年第 4 期。

[2] 陈朴生：《刑事诉讼法实务》，海天印刷厂有限公司 1997 年版，第 586 页。

[3] 梁坤：《社会科学证据在美国的发展及其启示》，《环球法律评论》2012 年第 1 期。

理论，从传播对象的性质、传播的载体与形式、传播内容等多方面，综合衡量传播行为是否具有公然性以及传播可能性的大小；另一方面，在诉讼中结合具体的证据对侵害结果进行综合判断，而且，举证责任在于自诉人或公诉人。

参考文献

一 著作

柴发邦：《民事诉讼法》，北京大学出版社2000年版。

常宝莲：《民事诉讼证明的方法论：以事实证明为中心》，厦门大学出版社2015年版。

常怡：《民事诉讼法学》，中国政法大学出版社1996年版。

陈光中：《刑事诉讼法》，北京大学出版社、高等教育出版社2013年版。

陈光中：《刑事诉讼法实施问题研究》，中国法制出版社2000年版。

陈朴生：《刑事诉讼法实务》，海天印刷厂有限公司1997年版。

陈兴良：《规范刑法学》（下册），中国人民大学出版社2013年版。

陈兴良：《教义刑法学》，中国人民大学出版社2017年版。

陈兴良：《刑事法治论》，中国人民大学出版社2017年版。

陈兴良主编：《刑法总论精释》（上），人民法院出版社2016年版。

陈志武：《媒体、法律与市场》，中国政法大学出版社2004年版。

董璐：《传播学核心理论与概念》第二版，北京大学出版社2016年版。

方建移：《传播心理学》，浙江教育出版社2016年版。

高铭暄、马克昌：《刑法学》，北京大学出版社2017年版。

高铭暄：《中国刑法学》，中国人民大学出版社1989年版。

高铭暄：《中华人民共和国刑法的孕育诞生和发展完善》，北京大学出版社2012年版。

宫承波：《传播学纲要》，中国广播电视出版社2007年版。

胡正荣编：《传播学概论》，高等教育出版社2017年版。

雷建斌：《中华人民共和国刑法修正案（九）解释与适用》，人民法院出版社2015年版。

李洁：《犯罪结果论》，吉林大学出版社1994年版。

李双其：《网络犯罪防控对策》，群众出版社2001年版。

李希慧编：《刑法各论》，中国人民大学出版社2012年版。

林东茂：《刑法综览》，中国人民大学出版社2009年版。

林刚：《新媒体概论》，中国传媒大学出版社2014年版。

刘艳红、周佑勇：《行政刑法的一般理论》，北京大学出版社2008年版。

刘艳红：《刑法学：下》，北京大学出版社2016年版。

刘艳红：《开放的犯罪构成要件理论研究》，中国政法大学出版社2002年版。

罗斌：《传播侵权研究》，国家图书馆出版社2008年版。

马俊驹：《人格和人格权理论讲稿》，法律出版社2009年版。

马克昌：《犯罪通论》，武汉大学出版社1999年版。

马克昌：《刑法学·目录》，高等教育出版社2003年版。

潘德勇：《实证法学方法论研究》，中国政法大学出版社2015年版。

皮勇：《网络犯罪比较研究》，中国人民公安大学出版社2005年版。

钱叶六：《监督过失理论及其适用》，刘明祥主编：《过失犯研究——以交通过失和医疗过失为中心》，北京大学出版社2010年版。

曲新久：《刑法学》，中国政法大学出版社2009年版。

沈德咏：《〈刑法修正案（九）〉条文的理解与适用》，人民法院出版社 2015 年版。

孙旭培：《新闻传播法》，复旦大学出版社 2015 年版。

王利明、杨立新：《人格权与新闻侵权》，中国方正出版社 2010 年版。

王世洲、郭自力、张美英：《危害国家安全罪研究》，中国检查出版社 2012 年版。

王文科：《传媒导论》，浙江大学出版社 2008 年版。

吴文虎：《传播学概论》，武汉大学出版社 2000 年版。

夏征农主编：《辞海》，上海辞书出版社 2000 年版。

肖沛雄：《新编传播学》，广东人民出版社 2006 年版。

徐彬：《社会管理学十讲》，安徽师范大学出版社 2015 年版。

杨剑波：《刑法明确性原则研究》，中国人民公安大学出版社 2010 年版。

姚广宜：《中国媒体监督与司法公正关系问题研究》，中国政法大学出版社 2013 年版。

于冲：《网络刑法的体系构建》，中国法制出版社 2016 年版。

张明楷：《刑法学》（下），法律出版社 2016 年版。

张明楷：《法益初论》，中国政法大学出版社 2003 年版。

张明楷：《刑法的基本立场》，中国法制出版社 2002 年版。

张明楷：《刑法分则的解释原理》，中国人民大学出版社 2011 年版。

张明楷：《刑法学》（上），法律出版社 2016 年版。

张明楷：《罪刑法定与刑法解释》，北京大学出版社 2009 年版。

张新宝：《侵权责任法原理》，中国人民大学出版社 2005 年版。

章武生：《民事诉讼法新论》，法律出版社 2002 年版。

赵秉志、莫洪宪、齐文远：《中国刑法改革与适用研究》（上卷），高贺、刘科：《侵犯公民个人信息犯罪中的三个问题》，中国人民公安大学出版社 2016 年版。

赵秉志：《〈中华人民共和国刑法修正案（九）〉理解与适用》，中国法制出版社 2016 年版。

中国社会科学院语言研究所编：《现代汉语词典》，商务印书馆 2005 年版。

中国社会科学院语言研究所词典编辑室：《现代汉语词典》，商务印书馆 2012 年版。

周光权：《法益初论》，中国政法大学出版社 2003 年版。

周光权：《刑法各论》，中国人民大学出版社 2016 年版。

[日] 曾根威彦：《刑法各论》，弘文堂 2008 年版。

[日] 曾根威彦：《刑法学基础》，黎宏译，法律出版社 2005 年版。

[美] David Denny：《面对风险社会》，吕奕欣、郑佩岚译，台湾"国立"编译馆 2009 年版。

[日] 大塚仁：《刑法概说》（总论），有斐阁 2008 年版。

[日] 大塚仁：《犯罪论的基本问题》，冯军译，中国政法大学出版社 1993 年版。

[意] 杜里奥·帕多瓦尼：《意大利刑法学原理》，陈忠林译，法律出版社 1998 年版。

[美] E. 博登海默：《法理学—法哲学及其方法》，邓正来等译，华夏出版社 1987 年版。

[德] 冈特·施特拉腾韦特、洛塔尔·库伦：《刑法总论 I——犯罪论》，杨萌译，法律出版社 2006 年版。

[德] 汉斯·海因里希·耶塞克、托马斯·魏根特：《德国刑法教科书》，徐久生译，中国法制出版社 2001 年版。

[美] 简宁斯·布莱恩特、道尔夫·兹尔曼编：《媒介效果：理论与研究前沿》，石义彬、彭彪译，华夏出版社 2009 年版。

[日] 井田良：《讲义刑法学·总论》，有斐阁 2008 年版。

[美] 卡尔·霍夫兰、欧文·贾尼斯、哈罗德·凯利：《传播与劝服：关于态度转变的心理学研究》，张建中等译，中国人民大学出版社 2015 年版。

［德］卡尔·拉伦茨：《法学方法论》，陈爱娥译，五南图书出版公司1996年版。

美国法律研究院：《侵权法重述第二版：条文部分》，许传玺等译，法律出版社2012年版。

［日］美浓部达吉：《法之本质》，林纪东译，台北商务印书馆1993年版。

Philip Coppel, *Information Rights*, London: Sweet & Maxwell, 2004.

［日］平川宗信：《刑法各论》，有斐阁1995年版。

［日］前田雅英：《现代社会与实质的犯罪》，东京大学出版会1992年版。

［日］山口厚：《刑法各论》，王昭武译，中国人民大学出版社2011年版。

［日］山中敬一：《法学院讲义　刑法总论》，成文堂2005年版。

［日］山中敬一：《刑法总论》，成文堂2015年版。

［美］斯坦利·巴兰、丹尼斯·戴维斯：《大众传播理论：基础、争鸣与未来》，曹书乐译，清华大学出版社2004年版。

［美］沃纳·赛佛林、小詹姆斯·坦卡德：《传播理论：起源、方法与应用》，郭镇之等译，华夏出版社2000年版。

［日］松井茂记：《媒体法》，萧淑芬译，元照出版公司2004年版。

［苏］特拉伊宁：《犯罪构成的一般学说》，薛秉忠等译，中国人民大学出版社1958年版。

［日］团藤重光：《刑法纲要各论》，创文社1990年版。

［日］网野光雄：《刑法要说各论》，成文堂2009年版。

［德］乌尔里希·齐白：《全球风险社会与信息社会中的刑法》，周遵友等译，中国法制出版社2012年版。

［日］西田典之：《日本刑法各论》，王昭武等译，法律出版社2013年版。

［日］西田典之：《刑法各论》，弘文堂2012年版。

[德]耶林:《拿破仑法典以来私法的普遍变迁》,徐砥平译,中国政法大学出版社 2003 年版。

[德]伊丽莎白·诺尔—诺依曼:《沉默的螺旋:舆论——我们的社会皮肤》,董璐译,北京大学出版社 2013 年版。

[德]约克·艾斯勒:《抽象危险犯的基础和边界》,《刑法论丛》(第 14 卷),蔡桂生译,法律出版社 2008 年版。

[美]约瑟夫·克拉珀:《大众传播的效果》,段鹏译,中国传媒大学出版社 2016 年版。

[日]中山研一:《刑法各论》成文堂 1985 年版。

二 期刊论文

白净、魏永征:《论英国诽谤法改革的趋势》,《国际新闻界》2011 年第 6 期。

班克庆:《煽动型犯罪研究》,苏州大学,2012 年。

卞建林:《媒体监督与司法公正》,《政法论坛》2000 年第 6 期。

曹波:《论不应公开的案件信息刑法保护的规范诠释》,《科学经济社会》2017 年第 2 期。

车辉:《论新闻侵害名誉权的认定》,《甘肃社会科学》2000 年第 5 期。

陈洪兵:《竞合处断原则探究——兼与周光权、张明楷二位教授商榷》,《中外法学》2016 年第 3 期。

陈洪兵:《中国式刑法立法模式下的结果犯与实害犯》,《杭州师范大学学报》(社会科学版)2017 年第 5 期。

陈娟、邓丽:《虚假广告罪的主体研究》,《法制与社会》2009 年第 3 期。

陈璐:《论〈网络安全法〉对个人信息刑法保护的新启示——以"两高"最新司法解释为视角》,《法治研究》2017 年第 4 期。

陈小炜：《"口袋罪"的应然态度和限制进路》，《苏州大学学报》（哲学社会科学版）2015 年第 3 期。

陈兴良：《犯罪构成论：从四要件到三阶层一个学术史的考察》，《中外学》2010 年第 1 期。

陈兴良：《快播案一审判决的刑法教义学评判》，《中外法学》2017 年第 1 期。

梁根林：《传统犯罪网络化：归责障碍、刑法应对与教义限缩》，《法学》2017 年第 2 期。

陈兴良：《投机倒把罪：一个口袋罪的死与生》，《现代法学》2019 年第 4 期。

陈兴良：《网络犯罪的刑法应对》，《中国法律评论》2020 年第 1 期。

陈兴良：《刑法的明确性问题以〈刑法〉第 225 条第 4 项为例的分析》，《中国法学》2011 年第 4 期。

陈兴良：《寻衅滋事罪的法教义学形象：以起哄闹事为中心展开》，《中国法学》2015 年第 3 期。

杜曦明：《利用信息网络实施的诽谤犯罪实务问题研究》，《法律适用》2013 年第 11 期。

段启俊、郑洋：《网络诽谤犯罪若干问题研究》，《湖南大学学报》（社会科学版）2016 年第 5 期。

范捷：《网络"传播型"犯罪司法认定研究》，南京师范大学，2016 年。

范君：《快播案犯罪构成及相关审判问题 从技术判断行为的进路》，《中外法学》2017 年第 1 期。

付玉明：《犯罪故意的事实认识与内容解读》，《中国刑事法杂志》2016 年第 6 期。

付玉明：《论刑法中的中立帮助行为》，《法学杂志》2017 年第 10 期。

高铭暄、张海梅：《网络诽谤构成诽谤罪之要件——兼评"两高"关于利用信息网络诽谤的解释》，《国家检察官学院学报》2015年第4期。

高铭暄：《刑法基本原则的司法实践与完善》，《中国检察官》2019年第13期。

高一飞：《互联网时代的媒体与司法关系》，《中外法学》2016年第2期。

高翼飞：《从扩张走向变异：非法经营罪如何摆脱"口袋罪"的宿命》，《政治与法律》2012年第3期。

桂林：《如何理解强迫交易行为"情节特别严重"》，《检察日报》2018年7月15日第6版。

郭玮：《象征性刑法概念辨析》，《政治与法律》2018年第10期。

郭泽强、张曼：《网络服务提供者刑事责任初论——以中立帮助行为的处罚为中心》，《预防青少年犯罪研究》2016年第2期。

韩玉胜、胡杰：《诽谤罪中散布行为的界定》，《人民检察》2014年第5期。

胡杰、任卓冉：《诽谤罪既遂标准探讨》，《人民论坛》2014年第12期。

胡亚龙：《煽动犯基本问题研究》，中南财经政法大学，2017年。

胡英：《虚假广告罪的构成和易混淆的几个问题》，《律师世界》1999年第4期。

胡云腾、刘科：《知识产权刑事司法解释若干问题研究》，《中国法学》2004年第6期。

贾健：《象征性刑法"污名化"现象检讨——兼论象征性刑法的相对合理性》，《法商研究》2019年第1期。

郭玮：《象征性刑法概念辨析》，《政治与法律》2018年第10期。

姜瀛：《"以网管网"背景下网络平台的刑法境遇》，《国家检察官学院学报》2017年第5期。

姜瀛：《论网络诽谤犯罪的法益保护前置化》，《华北水利水电大学学报》（社会科学版）2014年第2期。

蒋铃：《刑法中"违反国家规定"的理解和适用》，《中国刑事法杂志》2012年第7期。

克劳斯·罗克辛、陈璇：《对批判立法之法益概念的检视》，《法学评论》2015年第1期。

冷大伟：《犯罪故意"明知"问题探析》，《烟台大学学报》（哲学社会科学版）2015年第5期。

李杰：《网络诽谤犯罪自诉案件公安机关应否介入》，《人民法院报》2015年第6期。

李婷婷、展江：《"新闻圣徒"的敲诈勒索和强迫交易罪》，《青年记者》2018年第25期。

李希慧、沈元春：《虚假广告罪若干问题探究》，《河北法学》2005年第12期。

李晓明：《诽谤行为是否构罪不应由他人的行为来决定——评"网络诽谤"司法解释》，《政法论坛》2014年第1期。

李永升、张楚：《公共事件谣言的刑法规制》，《理论月刊》2016年第8期。

李玉玉：《新媒体信息犯罪研究》，安徽大学，2016年。

梁坤：《社会科学证据在美国的发展及其启示》，《环球法律评论》2012年第1期。

梁根林：《传统犯罪网络化：归责障碍、刑法应对与教义限缩》，《法学》2017年第2期。

廖焕国：《侵权法上注意义务比较研究》，武汉大学，2005年。

林凌：《军事新闻传播侵权形态及责任认定》，《南京政治学院学报》2010年第2期。

林维：《"严重危害社会秩序和国家利益"的认定 以亲告罪的立法旨趣为核心》，《法律适用》2013年第12期。

林维：《刑法应当如何平等规制律师》，《中国法律评论》2015年第2期。

刘德法、尤国富：《论空白罪状中的"违反国家规定"》，《法学杂志》2011年第1期。

刘仁文、杨学文：《帮助行为正犯化的网络语境——兼及对犯罪参与理论的省思》，《法律科学》（西北政法大学学报）2017年第3期。

刘树德：《罪刑法定原则中空白罪状的追问》，《法学研究》2001年第2期。

刘天宇：《制度缺失下新闻记者的调查采访困境》，《新闻研究导刊》2016年第5期。

刘蔚文：《销售侵权复制品罪的弃用现象与启用路径研究》，《政治与法律》2013年第5期。

刘湘廉、师晓东：《网络诽谤"情节严重"标准之探讨》，《海峡法学》2015年第1期。

刘艳红：《网络犯罪帮助行为正犯化之批判》，《法商研究》2016年第3期。

刘艳红：《网络犯罪的刑法解释空间向度研究》，《社会科学文摘》2020年第2期。

刘艳红：《网络时代言论自由的刑法边界》，《中国社会科学》2016年第10期。

刘艳红：《象征性立法对刑法功能的损害——二十年来中国刑事立法总评》，《政治与法律》2017年第3期。

刘艳红：《以科学立法促进刑法话语体系发展》，《学术月刊》2019年第4期。

刘洋洋：《从微信传播属性看微信犯罪》，陕西师范大学，2016年。

卢恒飞：《网络谣言如何扰乱了公共秩序——兼论网络谣言型寻衅滋事罪的理解与适用》，《交大法学》2015年第1期。

卢建平：《在宽严和轻重之间寻求平衡：我国侵犯著作权犯罪刑事

立法完善的方向》,《深圳大学学报》2006 年第 5 期。

陆旭:《网络服务提供者的刑事责任及展开——兼评〈刑法修正案(九)〉的相关规定》,《法治研究》2015 年第 6 期。

牟大钊:《论我国涉民族关系犯罪的立法完善——以煽动民族仇恨、民族歧视罪为切入点》,《山东理工大学学报》(社会科学版) 2012 年第 5 期。

牛犇、刘思妲:《我国社会科学证据发展状况初探》,《沈阳工业大学学报》(社会科学版) 2018 年第 4 期。

欧阳本祺:《论网络时代刑法解释的限度》,《中国法学》2017 年第 3 期、《法学》2013 年第 10 期。

参见潘修平、赵维军《网络型寻衅滋事罪的定性》,《江西社会科学》2015 年第 8 期。

彭桂兵、陈煜帆:《取道竞争法:我国新闻聚合平台的规制路径——欧盟〈数字版权指令〉争议条款的启示》,《新闻与传播研究》2019 年第 4 期。

彭剑鸣、邓万飞:《论煽动民族仇恨、民族歧视罪》,《贵州民族研究》2002 年第 2 期。

皮勇:《论中国网络空间犯罪立法的本土化与国际化》,《比较法研究》2020 年第 1 期。

齐文远、杨柳:《网络平台提供者的刑法规制》,《法律科学》(西北政法大学学报) 2017 年第 3 期。

曲新久:《惩治网络诽谤的三个刑法问题》,《人民检察》2013 年第 9 期。

曲新久:《论侵犯公民个人信息犯罪的超个人法益属性》,《人民检察》2015 年第 11 期。

石绪、何雯雯:《浅析网络诽谤中"情节严重"的认定》,《法制与经济(中旬)》2014 年第 3 期。

时斌:《编造、故意传播虚假恐怖信息罪的制裁思路——兼评刑法修正案（九）相关条款》,《政法论坛》2016年第1期。

宋俊艳:《滥用媒体自由刑法控制对策研究》,《中国报业》2017年第16期。

宋素红、罗斌:《我国新闻诽谤诉讼中推定的滥用及其原因——中美新闻诽谤诉讼程序性责任的分担比较》,《国际新闻界》2006年第6期。

苏青:《网络谣言的刑法规制:基于〈刑法修正案（九）〉的解读》,《当代法学》2017年第1期。

苏颖:《论恐怖主义传播型犯罪的界限——兼评〈刑法第九修正案〉120条之六》,《法制博览》2016年第29期。

孙万怀、卢恒飞:《刑法应当理性应对网络谣言——对网络造谣司法解释的实证评估》,《法学》2013年第11期。

唐煜枫、王明辉:《论言论自由的刑法保障——一个罪刑法定视野的关照》,《甘肃政法学院学报》2010年第2期。

参见田宏杰《立法扩张与司法限缩:刑法谦抑性的展开》,《中国法学》2020年第1期。

涂龙科:《网络内容管理义务与网络服务提供者的刑事责任》,《法学评论》2016年第3期。

王帆:《在华外国人的媒介使用与效果研究——中国对外传播研究路径的再审视》,复旦大学,2012年。

王华伟:《网络服务提供者刑事责任的认定路径——兼评快播案的相关争议》,《国家检察官学院学报》2017年第5期。

王利明:《认定侵害名誉权的若干问题》,《法学研究》1993年第1期。

王守俊:《编造并传播证券、期货交易虚假信息罪适用问题论析》,《经济研究导刊》2016年第31期。

王晓滨:《媒体自由的刑法控制边界》,《新闻界》2015年第1期。

王秀梅:《依法打击"东突"势力 切实维护国家稳定——兼论

"煽动民族仇恨、民族歧视罪"的完善》,《法学评论》2011 年第 6 期。

王志祥、黄云波:《行为犯之基本问题研究》,《河南社会科学》2015 年第 9 期。

魏昌东:《刑法立法"反向运动"中的象征主义倾向及其规避》,《环球法律评论》2018 年第 6 期。

魏东、郭理蓉:《关于煽动型犯罪的几个问题》,《云南法学》1999 年第 1 期。

魏永征:《从"新闻侵权"到"媒介侵权"》,《新闻与传播研究》2014 年第 2 期。

魏永征:《新闻调查记者与国家秘密——从记者刘伟卷入"案中案"说起》,《新闻界》2015 年第 22 期。

魏振瀛:《侵害名誉权的认定》,《中外法学》1990 年第 1 期。

吴占英:《中俄刑法典对煽动族群仇恨、歧视性质的行为规制之比较》,《湖北社会科学》2012 年第 10 期。

萧瀚:《"公共人物"登录判决书及陪审团制度萌芽——范志毅诉文汇新民联合报业集团名誉侵权案评析》,《清华法学》2003 年第 2 期。

谢望原:《论拒不履行信息网络安全管理义务罪》,《中国法学》2017 年第 2 期。

谢元森:《沉寂的喧嚣:网络烂尾新闻的社会记忆与遗忘》,南京师范大学,2015 年。

徐然:《帮助信息网络犯罪活动罪的规范属性与司法认定》,《法律适用》(司法案例) 2018 年第 16 期。

杨博:《网络诽谤行为的刑法规制研究》吉林大学,2017 年。

杨彩霞:《P2P 软件和服务提供商著作权侵害刑事责任探究——以 P2P 技术架构为切入点》,《政治与法律》2016 年第 3 期。

杨帆、张海宏:《销售侵权复制品罪虚置之争的再思考——基于功利主义知识产权刑事政策立场的评析》,《政治与法律》2014 年第 3 期。

杨瑞铭:《后真相时代下调查记者的伦理法制素养缺失与重建》,

《南方论刊》2019年第8期。

杨新绿:《论拒不履行信息网络安全管理义务罪的法益》,《北方法学》2019年第6期。

杨勖:《论互联网服务提供者的刑事责任位阶——从"快播案"说起》,《北京政法职业学院学报》2016年第3期。

姚广宜:《从调查数据看中国媒体与司法关系的现状》,《中国政法大学学报》2013年第6期。

姚珺:《互联网中的反沉默螺旋现象》,《武汉理工大学学报》(社会科学版)2004年第3期。

叶良芳:《法秩序统一性视域下"违反国家有关规定"的应然解释——〈关于办理侵犯公民个人信息刑事案件适用法律若干问题的解释〉第2条评析》,《浙江社会科学》2017年第10期。

殷少平:《论互联网环境下著作权保护的基本理念》,《法律适用》2009年第12期。

尹培培:《"诽谤信息转发500次入刑"的合宪性评析》,《华东政法大学学报》2014年第4期。

于志刚:《"双层社会"中传统刑法的适用空间——以"两高"〈网络诽谤解释〉的发布为背景》,《法学》2013年第10期。

于志刚:《共犯行为正犯化的立法探索与理论梳理——以"帮助信息网络犯罪活动罪"立法定位为角度的分析》,《法律科学》(西北政法大学学报)2017年第3期。

于志刚:《网络犯罪的发展轨迹与刑法分则的转型路径》,《法商研究》2014年第4期。

于志刚:《中国网络犯罪的代际演变、刑法样本与理论贡献》,《社会科学文摘》2019年第5期。

袁国礼:《〈财经〉记者王晓璐、证监会刘书帆等被采取强制措施》,《京华时报》2015年8月31日第4版。

张琛:《论结果无价值论视角下的行为犯与抽象危险犯》,《公民与法》（法学版）2014 年第 6 期。

张金玺：《试论新闻侵害名誉权诉讼中的损害后果认定》，《国际新闻界》2008 年第 2 期。

张明楷：《刑法第 14 条"销售金额"的展开》，《清华法律评论》（第 2 辑），清华大学出版社 1999 年版。

张明楷：《法益保护与比例原则》，《中国社会科学》2017 年第 7 期。

张明楷：《简评近年来的刑事司法解释》，《清华法学》2014 年第 1 期。

张明楷：《阶层论的司法运用》，《清华法学》2017 年第 5 期。

张明楷：《结果无价值论的法益观——与周光权教授商榷》，《中外法学》2012 年第 1 期。

张明楷：《论帮助信息网络犯罪活动罪》，《政治与法律》2016 年第 2 期。

张明楷：《网络诽谤的争议问题探究》，《中国法学》2015 年第 3 期。

张明楷：《网络时代的刑法理念——以刑法的谦抑性为中心》，《人民检察》2014 年第 9 期。

张明楷：《网络时代的刑事立法》，《法律科学》（西北政法大学学报）2017 年第 3 期。

张明楷：《违法阻却事由与犯罪构成体系》，《法学家》2010 年第 1 期。

张千帆：《刑法适用应遵循宪法的基本精神——以"寻衅滋事"的司法解释为例》，《法学》2015 年第 4 期。

张绍谦：《试论行政犯中行政法规与刑事法规的关系——从著作权犯罪的"复制发行"说起》，《政治与法律》2011 年第 8 期。

张涛：《个人信息权的界定及其民法保护》，吉林大学，2012 年。

张西明：《关于新闻侵权纠纷的双向思考》，《新闻与传播研究》

1994年第1期。

张训:《口袋罪视域下的寻衅滋事罪研究》,《政治与法律》2013年第3期。

张尹:《非法利用信息网络罪的司法适用》,《法律适用》2019年第15期。

张宇琛:《从"兜底条款"和"新口袋罪"看刑治主义的法律传统》,《齐齐哈尔大学学报》(哲学社会科学版)2020年第2期。

张远煌、余浩:《论刑法中"销售"与"复制发行"之关系》,《中国刑事法杂志》2011年第6期。

张志勋、黄淑彬:《TRIPS协定与我国著作权的刑法保护问题》,《南昌大学学报》(人文社会科学版)2004年第6期。

赵秉志、刘志伟等:《关于〈刑法修正案(九)(草案)〉的修法建议》,《刑法论丛》2014年第4期。

赵秉志、彭新林:《"严重危害社会秩序和国家利益"的范围如何确定——对刑法典第246条第2款但书的理解》,《中国检察官》2009年第12期。

赵秉志、商浩文:《论妨害司法罪的立法完善——以〈刑法修正案(九)(草案)〉的相关修法为主要视角》,《法律适用》2015年第1期。

赵秉志、徐文文:《论我国编造、传播虚假信息的刑法规制》,《当代法学》2014年第5期。

赵国玲、刘东根:《中国内地与澳门刑法中侵犯著作权犯罪之比较》,《犯罪研究》2002年第5期。

参见《俄罗斯联邦刑事法典》,赵路译,中国人民公安大学出版社2009年版。

赵鹏飞、刘彦超:《新媒体时代网络舆情"沉默螺旋"与"反沉默螺旋"研究——以"罗尔事件"为例》,《武警学院学报》2017年第3期。

赵运锋：《帮助信息网络犯罪活动罪的立法依据与法理分析》，《上海政法学院学报》（法治论丛）2017年第1期。

赵长青：《略论刑法分则的立法改革》，《中外法学》1997年第1期。

郑成思、薛红：《国际上电子商务立法状况》，《科技与法律》2000年第3期。

郑丽萍、宁势强：《微信群内发布淫秽视频链接行为定罪问题研究》，《法律适用》2017年第8期。

周光权：《〈刑法修正案（九）〉（草案）的若干争议问题》，《法学杂志》2015年第5期。

周光权：《犯罪构成理论与价值评价的关系》，《环球法律评论》2003年第3期。

周光权：《犯罪支配还是义务违反 快播案定罪理由之探究》，《中外法学》2017年第1期。

周光权：《行为无价值论的法益观》，《中外法学》2011年第5期。

周光权：《阶层犯罪论及其实践展开》，《清华法学》2017年第5期。

周光权：《拒不履行信息网络安全管理义务罪的司法适用》，《人民检察》2018年第9期。

周利民、肖银垒：《论虚假广告代言人的刑事责任》，《湖南警察学院学报》2018年第5期。

邹盛、马青连：《公民言论自由权利行使与网络言论型犯罪的界限》，《哈尔滨师范大学社会科学报》2018年第4期。

最高人民法院刑事审判第三庭：《〈关于办理利用信息网络实施诽谤等刑事案件适用法律若干问题的解释〉的理解与适用》，《人民司法》2013年第21期。

最高人民检察院法律政策研究室：《〈关于办理利用信息网络实施诽谤等刑事案件适用法律若干问题的解释〉解读》，《人民检察》2013

年第 23 期。

［日］川端博:《罪刑法定主义的问题状况》,《现代刑事法》2001年第 11 期。

Cacioppo J T, Petty R E. Effects of message repetition and position on cognitive response, recall, and persuasion, Journal of Personality & Social Psychology,1979, 37（1）: 97-109.

Cohen, Jeremy, Gunther, Albert C. Libel as Communication Phenomena, Communications and the Law,1987, 9: 9-30.

Eveland, W. P, Nathanson, et al. Rethinking the Social Distance Corollary: Perceived Likelihood of Exposure and the Third-Person Perception, COMMUNICATION RESEARCH,1999, 26: 275-302.

GUNTHER, A. What We Think Others Think Cause and Consequence in the Third - Person Effect, Communication Research, 1991, 18（3）: 355-372.

H. Welzel, Das deutsche Strafrecht. Eine systematische Darstellung, 11. Aufl., Walter de Gruyter & Co., 1969, S. 23.

Jeremy Cohen, Diana Mutz, Vincent Price, et al. Perceived Impact of Defamation: An Experiment on Third-Person Effects, Public Opinion Quarterly,1988, 52（2）: 161-173.

Krems, Grundfragen der Gesetzgebungslehre, Berlin: Dunker & Humblot Gmb H, 1979, S. 34; Peter-Alexis Albrecht, Das nach-pr? ventive Strafrecht, in: Institut für Kriminalwissenschaften und Rechtsphilosophie Frankfurt a. M. (Hrsg.), Jenseit des rechtsstaatlichen Strafrechts, 2007, S. 5.

Phillips D W. The Third-Person Effect in Communication, Public Opinion Quarterly,1983, 47: 1-15.

Salwen M B, Driscoll P D. Consequences of third-person perception in support of press restrictions in the O. J. Simpson trial, Journal of Communication,2010, 47（2）: 60-78.

Schenckv. U. S. 249 U. S. 47, 39S. Ct. 247, 63 1. Ed. 470（1919）。

三　案号

第四章

（一）为境外窃取、刺探、收买、非法提供国家秘密、情报罪

重庆市高级人民法院（2015）渝高法刑终字第00019号，广西壮族自治区百色市中级人民法院（2015）百中刑初字第27号。

广东省梅州市中级人民法院（2016）粤14刑更第1524号，陕西省榆林市中级人民法院（2016）陕08刑更959号，海南省第一中级人民法院（2016）琼96刑更1953号，安徽省蚌埠市中级人民法院（2016）皖03刑更271号，贵州省贵阳市中级人民法院（2016）黔01刑初41号，河南省高级人民法院（2016）豫刑终624号，江苏省南京市中级人民法院（2016）苏01刑初41号，山西省忻州市中级人民法院（2016）晋09刑终65号，广东省湛江市中级人民法院（2016）粤08刑初115号，吉林省长春市宽城区人民法院（2016）吉0103刑初99号，广东省广州市中级人民法院（2016）粤01刑初598号。

湖北省高级人民法院（2017）鄂刑更5号，福建省南平市中级人民法院（2017）闽07刑更739号，陕西省渭南市中级人民法院（2017）陕05刑更1489号，江苏省南京市中级人民法院（2017）苏01刑更6571号，湖北省武汉市中级人民法院（2017）鄂01刑更2132号，浙江省湖州市中级人民法院（2017）浙05刑更1279号，福建省南平市中级人民法院（2017）闽07刑更500号，浙江省杭州市中级人民法院（2017）浙01刑更2095号，江苏省南京市中级人民法院（2017）苏01刑更196号，福建省南平市中级人民法院（2017）闽07刑更1227号，福建省南平市中级人民法院（2017）闽07刑更1734号，海南省三亚市中级人民法院（2017）琼02刑更529号，福建省三明市中级人民法院（2017）闽04刑更1663号，浙江省高级人民法院（2017）浙刑终377

号，湖北省咸宁市中级人民法院（2017）鄂12刑初21号，广东省清远市中级人民法院（2017）粤18刑初35号，福建省福州市中级人民法院（2017）闽01刑初115号，福建省漳州市中级人民法院（2017）闽06刑初46号，福建省宁德市中级人民法院（2017）闽09刑初35号，辽宁省葫芦岛市中级人民法院（2017）辽14刑初27号，湛江市中级人民法院（2017）粤08刑初12号，河南省高级人民法院（2017）豫刑终651号，长春市中级人民法院（2017）吉01刑更5458号，北京市第二中级人民法院（2017）京02刑初101号，四川省绵阳市中级人民法院（2017）川07刑初28号，平昌县人民法院（2017）川1923刑初225号。

海南省第一中级人民法院（2018）琼96刑更427号，贵州省贵阳市中级人民法院（2018）黔01刑更118号，福建省南平市中级人民法院（2018）闽07刑更366号，海南省三亚市中级人民法院（2018）琼02刑更51号，天津市第一中级人民法院（2018）津01刑更922号，湖北省沙洋人民法院（2018）鄂0891刑更2132号，湖南省益阳市中级人民法院（2018）湘09刑更430号，江西省宜春市中级人民法院（2018）赣09刑更815号，浙江省杭州市中级人民法院（2018）浙01刑更919号，河北省保定市中级人民法院（2018）冀06刑更2014号，福建省南平市中级人民法院（2018）闽07刑更1049号，黑龙江省哈尔滨市中级人民法院（2018）黑01刑更2248号，福建省南平市中级人民法院（2018）闽07刑更1325号，广东省梅州市中级人民法院（2018）粤14刑更771号，福建省南平市中级人民法院（2018）闽07刑更1019号，福建省高级人民法院（2018）闽刑终413号，浙江省高级人民法院（2018）浙刑终135号，福建省高级人民法院（2018）闽刑终145号，广东省高级人民法院（2018）粤刑终10号，广东省广州市中级人民法院（2018）粤01刑初441号，广东省广州市中级人民法院（2018）粤01刑初362号，广东省广州市中级人民法院（2018）粤01刑初473号，福建省福州市中级人民法院（2018）闽01刑初145

号，福建省南平市中级人民法院（2018）闽07刑更2073号，福建省南平市中级人民法院（2018）闽07刑更2014号，广西壮族自治区南宁市中级人民法院（2018）桂01刑更3189号，福建省福州市中级人民法院（2018）闽01刑初105号，浙江省舟山市中级人民法院（2018）浙09刑初21号，广东省揭阳市中级人民法院（2018）粤52刑初18号，河北省石家庄市中级人民法院（2018）冀01刑更472号，四川省阿坝藏族羌族自治州中级人民法院（2018）川32刑初14号，四川省阿坝藏族羌族自治州中级人民法院（2018）川32刑初13号，四川省绵阳市中级人民法院（2018）川07刑初1号，辽宁省锦州市中级人民法院（2018）辽07刑更1492号，广西壮族自治区柳州市中级人民法院（2018）桂02刑更4862号。

山东省济南市中级人民法院（2019）鲁01刑更3053号，辽宁省抚顺市中级人民法院（2019）辽04刑更1517号，辽宁省抚顺市中级人民法院（2019）辽04刑更940号，四川省南充市中级人民法院（2019）川13刑更803号，山东省济南市中级人民法院（2019）鲁01刑更471号，湖南省长沙市中级人民法院（2019）湘01刑更2571号，广东省韶关市中级人民法院（2019）粤02刑更2815号，四川省甘孜藏族自治州中级人民法院（2019）川33刑更432号，山东省济南市中级人民法院（2019）鲁01刑更3115号，福建省南平市中级人民法院（2019）闽07刑更146号，江苏省南京市中级人民法院（2019）苏01刑更887号，广东省惠州市中级人民法院（2019）粤13刑更1646号，山东省济南市中级人民法院（2019）鲁01刑更3059号，河南省平顶山市中级人民法院（2019）豫04刑初44号。

（二）泄露国家秘密罪

陕西省西安市长安区人民法院（2014）长安刑初字第00274号，山东省青岛市崂山区人民法院（2014）崂刑初字第286号，天门市人民法院（2014）鄂天门刑初字第00314号，湖南省永州市中级人民法院（2014）永中法刑二终字第69号，上海市长宁区人民法院（2014）长刑初字第 1128 号，湖北省广水市人民法院（2014）鄂广水刑初字第 00043 号，江苏省宿迁市宿城区人民法院（2014）宿城刑初字第 0102 号，云南省泸西县人民法院（2014）泸刑初字第 88 号，山东省青岛市崂山区人民法院（2014）崂刑初字第 285 号，贵州省贵阳市花溪区人民法院（2014）花刑初字第 395 号。

黑龙江省哈尔滨市中级人民法院（2015）哈刑二终字第 49 号，江苏省扬州市中级人民法院（2015）扬刑二终字第 00102 号，江苏省南京市玄武区人民法院（2015）玄刑初字第 434 号，福建省宁化县人民法院（2015）宁刑初字第 87 号，湖北省武汉市江岸区人民法院（2015）鄂江岸刑初字第 00735 号，吉林省通化县人民法院（2015）通刑初字第 56 号，湖北省荆门市掇刀区人民法院（2015）鄂掇刀刑初字第 00142 号，江苏省南京市栖霞区人民法院（2015）栖刑初字第 86 号，河南省虞城县人民法院（2015）虞刑初字第 3 号，贵州省贵阳市南明区人民法院（2015）南刑初字第 654 号，山东省章丘市人民法院（2015）章刑初字第 518 号，上海市杨浦区人民法院（2015）杨刑初字第 988 号。

河北省承德市双桥区人民法院（2016）冀 08 刑初 189 号，江苏省扬州市邗江区人民法院（2016）苏 1003 刑初 418 号，湖北省宜昌市西陵区人民法院（2016）鄂 0502 刑初 53 号，山东省安丘市人民法院（2016）鲁 0784 刑初 431 号，湖南省宁远县人民法院（2016）湘 1126 刑初 506 号，安徽省宿州市埇桥区人民法院（2016）皖 1302 刑初 489 号，广西壮族自治区南宁市江南区人民法院（2016）桂 0105 刑初 411 号。

贵州省贵阳市中级人民法院（2017）黔 01 刑终 212 号，江苏省南京市浦口区人民法院（2017）苏 0111 刑初 456 号，河北省邢台市桥西区人民法院（2017）冀 0503 刑初 116 号，江苏省盐城市亭湖区人民法院（2017）苏 0902 刑初 15 号，山东省济南市长清区人民法院（2017）鲁 0113 刑初 27 号，甘肃省嘉峪关市中级人民法院（2017）甘 02 刑终 57 号，吉林省白城市洮北区人民法院（2017）吉 0802 刑初

324号。

山东省济宁市中级人民法院（2018）鲁08刑更273号，海南省海口市中级人民法院（2018）琼01刑终136号，辽宁省抚顺市东洲区人民法院（2018）辽0403刑初140号。

吉林省长春市新区人民法院（2019）吉0193刑初139号，江西省南昌市中级人民法院（2019）赣01刑更4642号，湖北省汉江中级人民法院（2019）鄂96刑终231号，北京市第二中级人民法院（2019）京02刑终137号，河北省衡水市中级人民法院（2019）冀11刑终39号，湖南省绥宁县人民法院（2019）湘0527刑初140号，四川省乐山市市中区人民法院（2019）川1102刑初465号，广东省陆丰市人民法院（2019）粤1581刑初367号。

（三）宣扬恐怖主义、极端主义、煽动实施恐怖活动罪

陕西省韩城市人民法院（2016）陕0581刑初57号，广东省深圳市宝安区人民法院（2016）粤0306刑初7217号，天津市第二中级人民法院（2016）津02刑终660号。

北京市第一中级人民法院（2017）京01刑初55号，北京市第一中级人民法院（2017）京01刑初45号，北京市第一中级人民法院（2017）京01刑初58号，青海省高级人民法院（2017）青刑终61号，北京市第一中级人民法院（2017）京01刑初57号，北京市高级人民法院（2017）京刑终196号，河南省唐河县人民法院（2017）豫1328刑初425号，上海市闵行区人民法院（2017）沪0112刑初1362号，陕西省延安市宝塔区人民法院（2017）陕0602刑初519号，北京市第三中级人民法院（2017）京03刑初13号，云南省昆明市中级人民法院（2017）云01刑初122号，北京市第二中级人民法院（2017）京02刑初104号，北京市第二中级人民法院（2017）京02刑初73号，北京市第三中级人民法院（2017）京03刑初46号，北京市第一中级人民法院（2017）京01刑初75号，广东省东莞市中级人民法院（2017）粤19刑初215号，广东省东莞市中级人民法院（2017）粤19刑初255号。

宁夏回族自治区银川市西夏区人民法院（2018）宁0105刑初49号，云南省保山市中级人民法院（2018）云05刑初237号，宁夏回族自治区银川市中级人民法院（2018）宁01刑初40号，青海省海北藏族自治州中级人民法院（2018）青22刑初2号，山东省日照市东港区人民法院（2018）鲁1102刑初51号，辽宁省大连市甘井子区人民法院（2018）辽0211刑初39号，江苏省苏州市中级人民法院（2018）苏05刑初68号，山西省晋城市城区人民法院（2018）晋0502刑初445号，天津市滨海新区人民法院（2018）津0116刑初80230号，江苏省苏州市中级人民法院（2018）苏05刑初103号，广东省开平市人民法院（2018）粤0783刑初165号，广东省开平市人民法院（2018）粤0783刑初279号，湖北省保康县人民法院（2018）鄂0626刑初93号，浙江省金华市中级人民法院（2018）浙07刑初38号，内蒙古自治区赤峰市中级人民法院（2018）内04刑初10号，天津市第一中级人民法院（2018）津01刑初64号，湖北省武汉市中级人民法院（2018）鄂01刑初198号，江苏省苏州市中级人民法院（2018）苏05刑初34号，本溪市中级人民法院（2018）辽05刑初18号，云南省红河哈尼族彝族自治州中级人民法院（2018）云25刑终275号，浙江省宁波市中级人民法院（2018）浙02刑初63号，云南省西双版纳傣族自治州中级人民法院（2018）云28刑初44号，河南省郑州市中级人民法院（2018）豫01刑初145号，湖北省武汉市中级人民法院（2018）鄂01刑初41号，吕梁市中级人民法院（2018）晋11刑初49号，山东省日照市中级人民法院（2018）鲁11刑初28号，江苏省苏州市中级人民法院（2018）苏05刑初96号，河南省郑州市中级人民法院（2018）豫01刑初180号。

河南省邓州市人民法院（2019）豫1381刑初1330号，北京市第二中级人民法院（2019）京02刑初6号，云南省昆明市中级人民法院（2019）云01刑初629号，安徽省高级人民法院（2019）皖刑终182号，广东省高级人民法院（2019）粤刑终1638号，太原市中级人民法院（2019）晋01刑初116号，四川省攀枝花市中级人民法院

(2019) 川 04 刑初 24 号，云南省西双版纳傣族自治州中级人民法院（2019）云 28 刑初 244 号，广东省珠海市中级人民法院（2019）粤 04 刑初 91 号，河南省郑州市中级人民法院（2019）豫 01 刑初 101 号，安徽省池州市中级人民法院（2019）皖 17 刑初 2 号，青海省海北藏族自治州中级人民法院（2019）青 22 刑初 2 号，广东省东莞市中级人民法院（2019）粤 19 刑初 26 号，广东省清远市中级人民法院（2019）粤 18 刑初 12 号，广东省东莞市中级人民法院（2019）粤 19 刑初 100 号，山西省太原市中级人民法院（2019）晋 01 刑初 20 号，山西省太原市中级人民法院（2019）晋 01 刑初 26 号，山西省太原市中级人民法院（2019）晋 01 刑初 29 号，山西省太原市中级人民法院（2019）晋 01 刑初 34 号，云南省西双版纳傣族自治州中级人民法院（2019）云 28 刑初 59 号，山东省泰安市中级人民法院（2019）鲁 09 刑初 13 号，安徽省安庆市中级人民法院（2019）皖 08 刑终 257 号，自贡市贡井区人民法院（2019）川 0303 刑初 128 号，上海市浦东新区人民法院（2019）沪 0115 刑初 4530 号，安徽省蒙城县人民法院（2019）皖 1622 刑初 522 号，青海省格尔木市人民法院（2019）青 2801 刑初 269 号，湖北省黄冈市中级人民法院（2019）鄂 11 刑初 3 号，贵州省贵阳市乌当区人民法院（2020）黔 0112 刑初 27 号，河北省永清县人民法院（2020）冀 1023 刑初 52 号。

（四）非法持有宣扬恐怖主义、极端主义物品罪

湖南省宁远县人民法院（2016）湘 1126 刑初 506 号，安徽省六安市中级人民法院（2016）皖 15 刑初 23 号，浙江省绍兴市越城区人民法院（2016）浙 0602 刑初 1390 号。

浙江省宁波市中级人民法院（2017）浙 02 刑初 20 号，北京市第三中级人民法院（2017）京 03 刑初 13 号，北京市第三中级人民法院（2017）京 03 刑初 46 号，北京市第一中级人民法院（2017）京 01 刑初 47 号，四川省乐山市中级人民法院（2017）川 11 刑初 12 号，北京市第一中级人民法院（2017）京 01 刑初 69 号，安徽省合肥市中级人民法

院（2017）皖 01 刑初 54 号，安徽省合肥市中级人民法院（2017）皖 01 刑初 57 号，河南省开封市中级人民法院（2017）豫 02 刑初 34 号，广东省东莞市中级人民法院（2017）粤 19 刑初 36 号，山东省平邑县人民法院（2017）鲁 1326 刑初 185 号，陕西省延安市宝塔区人民法院（2017）陕 0602 刑初 519 号，广西壮族自治区柳州市鱼峰区人民法院（2017）桂 0203 刑初 372 号，陕西省西安市雁塔区人民法院（2017）陕 0113 刑初 178 号，青海省西宁市中级人民法院（2017）青 01 刑初 30 号。

北京市第二中级人民法院（2018）京 02 刑初 125 号，北京市第二中级人民法院（2018）京 02 刑初 121 号，陕西省西安市中级人民法院（2018）陕 01 刑终 857 号，福建省泉州市中级人民法院（2018）闽 05 刑初 65 号，安徽省芜湖市中级人民法院（2018）皖 02 刑初 1 号，浙江省宁波市中级人民法院（2018）浙 02 刑初 12 号，吉林省白城市中级人民法院（2018）吉 08 刑初 15 号，内蒙古自治区呼和浩特市中级人民法院（2018）内 01 刑初 37 号，河南省郑州市金水区人民法院（2018）豫 0105 刑初 915 号，江苏省扬州市江都区人民法院（2018）苏 1012 刑初 381 号，云南省昭通市中级人民法院（2018）云 06 刑初 35 号，青海省海北藏族自治州中级人民法院（2018）青 22 刑初 1 号。

山东省烟台市中级人民法院（2019）鲁 06 刑初 81 号，河南省郑州市中级人民法院（2019）豫 01 刑初 181 号，四川省泸州市中级人民法院（2019）川 05 刑初 13 号，广东省清远市中级人民法院（2019）粤 18 刑初 12 号，安徽省池州市中级人民法院（2019）皖 17 刑初 2 号，山东省滨州市沾化区人民法院（2019）鲁 1603 刑初 259 号，上海市静安区人民法院（2019）沪 0106 刑初 1792 号，山东省莒南县人民法院（2019）鲁 1327 刑初 641 号，江西省九江市浔阳区人民法院（2019）赣 0403 刑初 459 号，山东省莒南县人民法院（2019）鲁 1327 刑初 428 号，黑龙江省绥化市北林区人民法院（2019）黑 1202 刑初

212号,四川省洪雅县人民法院(2019)川1423刑初155号,辽宁省凌海市人民法院(2019)辽0781刑初87号,黑龙江省伊春市中级人民法院(2019)黑07刑初8号,四川省资中县人民法院(2019)川1025刑初28号,上海市静安区人民法院(2019)沪0106刑初1792号,安徽省亳州市中级人民法院(2019)皖16刑初2号,河南省洛阳市中级人民法院(2020)豫03刑初16号,云南省昆明市中级人民法院(2020)云01刑初16号,黑龙江省绥化市北林区人民法院(2020)黑1202刑初12号,贵州省贵阳市乌当区人民法院(2020)黔0112刑初27号。

第五章
(一)虚假广告罪

辽宁省沈阳市沈河区人民法院(2014)沈河刑初字第753号,湖北省恩施市人民法院(2014)鄂恩施刑初字第00148号,北京市石景山区人民法院(2014)石刑初字第136号,安徽省滁州市琅琊区人民法院(2014)琅刑初字第00046号,北京市朝阳区人民法院(2014)朝刑初字第3542号,河南省鹤壁市山城区人民法院(2014)山刑初字第178号。

河北省玉田县人民法院(2015)玉刑初字第9号。

湖北省孝昌县人民法院(2016)鄂0921刑初159号,北京市丰台区人民法院(2016)京0106刑初1625号,北京市丰台区人民法院(2016)京0106刑初1624号,内蒙古自治区乌审旗人民法院(2016)内0626刑初230号,河南省三门峡市湖滨区人民法院(2016)豫1202刑初211号,河南省三门峡市湖滨区人民法院(2016)豫1303刑初字420号。

浙江省杭州市萧山区人民法院(2017)浙0109刑初1886号,江苏省淮安市洪泽区人民法院(2017)苏0813刑初294号,重庆市渝北区人民法院(2017)渝0112刑初993号,四川省简阳市人民法院(2017)川0180刑初384号,河南省三门峡市湖滨区人民法院

（2017）豫1202刑初244号，贵州省正安县人民法院（2017）黔0324刑初33号，河南省三门峡市湖滨区人民法院（2017）豫1202刑初68号。

辽宁省建平县人民法院（2018）辽1322刑初174号，浙江省宁波市江北区人民法院（2018）浙0205刑初503号，上海市青浦区人民法院（2018）沪0118刑初58号，湖北省孝昌县人民法院（2018）鄂0921刑初70号，陕西省渭南市华州区人民法院（2018）陕0503刑初36号，河南省灵宝市人民法院（2018）豫1282刑初25号。

江西省九江市浔阳区人民法院（2019）赣0403刑初382号，江西省九江市浔阳区人民法院（2019）赣0403刑初581号，辽宁省大连经济技术开发区人民法院（2019）辽0291刑初464号，浙江省宁波市江北区人民法院（2019）浙0205刑初244号，河南省郑州市上街区人民法院（2019）豫0106刑初41号。

（二）非法经营罪

广东省中山市中级人民法院（2014）中中法刑二终字第86号，广东省三明市中级人民法院（2014）三刑终字第174号，四川省宜宾市中级人民法院（2014）宜中刑二终字第163号，山东省菏泽市中级人民法院（2014）菏刑二终字第104号，北京市第二中级人民法院（2014）二中刑终字第19号，山东省莱芜市中级人民法院（2014）莱中刑二终字第45号，安徽省亳州市中级人民法院（2014）亳刑终字第00146号，深圳市中级人民法院（2014）深中法刑二终字第647号，四川省绵阳市中级人民法院（2014）绵刑终字第260号，山东省济南市中级人民法院（2014）济刑二终字第73号，四川省广元市中级人民法院（2014）广刑终字第79号。

江苏省淮安市中级人民法院（2015）淮中刑二终字第00043号，山西省晋中市中级人民法院（2015）晋中中法刑终字第218号，河南省三门峡市中级人民法院（2015）三刑终字第97号，河北省石家庄市中级人民法院（2015）石刑终字第00650号，山东省滨州市中级人民法院

（2015）滨中刑二终字第 55 号，湖北省武汉市中级人民法院（2015）鄂武汉中刑终字第 00371 号，福建省泉州市中级人民法院（2015）泉刑终字第 724 号，湖南省怀化市中级人民法院（2015）怀中刑二终字第 152 号。

湖南省长沙市中级人民法院（2016）湘 01 刑终 1265 号，湖南省益阳市中级人民法院（2016）湘 09 刑终 149 号，湖南省长沙市中级人民法院（2016）湘 01 刑终 43 号，广东省广州市中级人民法院（2016）粤 01 刑终 838 号，广东省广州市中级人民法院（2016）粤 01 刑终 842 号，深圳市中级人民法院（2016）粤 03 刑终 897 号，北京市第一中级人民法院（2016）京 01 刑终 342 号，广西北海市中级人民法院（2016）桂 05 刑终 27 号，福建省福州市中级人民法院（2016）闽 01 刑终 780 号，湖南省娄底市中级人民法院（2016）湘 13 刑终 191 号。

安徽省安庆市中级人民法院（2017）皖 08 刑终 18 号，浙江省台州市中级人民法院（2017）浙 10 刑终 926 号，湖南省邵阳市中级人民法院（2017）湘 05 刑终 181 号，山东省烟台市中级人民法院（2017）鲁 06 刑终 143 号，浙江省温州市中级人民法院（2017）浙 03 刑终 630 号，河南省安阳市中级人民法院（2017）豫 05 刑终 477 号，湖北省荆门市中级人民法院（2017）鄂 08 刑终 117 号，广东省珠海市中级人民法院（2017）粤 04 刑终 358 号，山东省烟台市中级人民法院（2017）鲁 06 刑终 154 号，安徽省合肥市中级人民法院（2017）皖 01 刑终 162 号，湖南省怀化市中级人民法院（2017）湘 12 刑终 277 号，山东省菏泽市中级人民法院（2017）鲁 17 刑终 532 号，黑龙江省大庆市中级人民法院（2017）黑 06 刑终 234 号，山东省菏泽市中级人民法院（2017）鲁 17 刑终 22 号，安徽省滁州市中级人民法院（2017）皖 11 刑终 313 号，江苏省连云港市中级人民法院（2017）苏 07 刑终 225 号，甘肃省兰州市中级人民法院（2017）甘 01 刑终 31 号，江西省吉安市中级人民法院（2017）赣 08 刑终 356 号，福建省福州市中级人民法院（2017）闽 01 刑终 163 号，福建省三明市中级人民法院（2017）闽 04 刑终 83 号。

重庆市第五中级人民法院（2018）渝 05 刑终 306 号，浙江省丽水市中级人民法院（2018）浙 11 刑终 109 号，广东省佛山市中级人民法院（2018）粤 06 刑终 1075 号，浙江省绍兴市中级人民法院（2018）浙 06 刑终 421 号，青海省西宁市中级人民法院（2018）青 01 刑终 90 号，山西省晋中市中级人民法院（2018）晋 07 刑终 58 号，江苏省淮安市中级人民法院（2018）苏 08 刑终 154 号，河南省南阳市中级人民法院（2018）豫 13 刑终 444 号，福建省福州市中级人民法院（2018）闽 01 刑终 1427 号，湖南省怀化市中级人民法院（2018）湘 12 刑终 561 号，山东省菏泽市中级人民法院（2018）鲁 17 刑终 267 号，山西省忻州市中级人民法院（2018）晋 09 刑终 190 号，河北省邢台市中级人民法院（2018）冀 05 刑终 412 号，河南省周口市中级人民法院（2018）豫 16 刑终 101 号，甘肃省平凉市中级人民法院（2018）甘 08 刑终 150 号，湖南省湘潭市中级人民法院（2018）湘 03 刑终 119 号。

广东省珠海市中级人民法院（2019）粤 04 刑终 60 号，福建省泉州市中级人民法院（2019）闽 05 刑终 203 号，安徽省淮南市中级人民法院（2019）皖 04 刑终 189 号，广西壮族自治区百色市中级人民法院（2019）桂 10 刑终 166 号，湖北省孝感市中级人民法院（2019）鄂 09 刑终 349 号，新疆维吾尔自治区克拉玛依市中级人民法院（2019）新 02 刑终 62 号，陕西省汉中市中级人民法院（2019）陕 07 刑终 14 号，山西省忻州市中级人民法院（2019）晋 09 刑终 397 号，山东省德州市中级人民法院（2019）鲁 14 刑终 89 号。

（三）非法获取国家秘密罪

吉林省德惠市人民法院（2014）德刑初字第 122 号，吉林省德惠市人民法院（2014）德刑初字第 386 号，安徽省宿州市埇桥区人民法院（2014）埇刑初字第 00120 号，贵州省贵阳市花溪区人民法院（2014）花刑初字第 395 号，辽宁省盘锦市兴隆台区人民法院

(2014) 兴刑初字第 00056 号，吉林省长春市南关区人民法院 (2014) 南刑初字第342号，江苏省新沂市人民法院 (2014) 新刑初字第00473号，湖南省萍乡市安源区人民法院 (2014) 安刑初字第38号，山西省平遥县人民法院 (2014) 平刑初字第101号，吉林省长春高新技术产业开发区人民法院 (2014) 长高开刑初字第18号，江西省丰县人民法院 (2014) 丰刑初字第 0275 号，江西省余干县人民法院 (2014) 干刑初字第6号，重庆市沙坪坝区人民法院 (2014) 沙法刑初字第01273号，江苏省无锡市高新技术产业开发区人民法院 (2014) 新刑初字第0055号，辽宁省盘锦市兴隆台区人民法院 (2014) 兴刑初字第00081号，贵州省都匀市人民法院 (2014) 都刑初字第31号，福建省漳州市芗城区人民法院 (2014) 芗刑初字第583号，重庆市沙坪坝区人民法院 (2014) 沙法刑初字第00131号，甘肃省兰州市七里河区人民法院 (2014) 七刑初字第133号，河北省蔚县人民法院 (2014) 蔚刑初字第175号，辽宁省阜新市细河区人民法院 (2014) 细刑初字第00114号，山西省吕梁市离石区人民法院 (2014) 离刑初字第326号，辽宁省盘锦市兴隆台区人民法院 (2014) 兴刑初字第00167号，湖北省鄂州市鄂城区人民法院 (2014) 鄂刑初字第00398号，安徽省蚌埠市蚌山区人民法院 (2014) 蚌山刑初字第00058号，黑龙江省牡丹江市爱民区人民法院 (2014) 爱刑初字第25号，甘肃省兰州市七里河区人民法院 (2014) 七刑初字第132号，吉林省柳河县人民法院 (2014) 柳刑初字第229号，山东省德州市德城区人民法院 (2014) 德城刑初字第129号，江苏省新沂市人民法院 (2014) 新刑初字第00442号，四川省广元市利州区人民法院 (2014) 广利州刑初字第15号，江苏省新沂市人民法院 (2014) 新刑初字第00066号，河南省三门峡市湖滨区人民法院 (2014) 湖刑初字第333号，云南省昆明市官渡区人民法院 (2014) 官刑二初字第240号，贵州省普定县人民法院 (2014) 普刑初字第27号，甘肃省永登县人民法院 (2014) 永刑初字第94号，河南省三门峡市湖滨区人民法院 (2014) 湖刑初字第334号，江苏省淮安市清河区人民法院（2014）河刑初字第0225号，江苏省南京市江宁区人民法院（2014）江宁刑初字第515号，山西省临汾市尧都区人民法院（2014）尧刑初字第455号，吉林省长春市南关区人民法院（2014）南刑初字第241号，陕西省佳县人民法院（2014）佳刑初字第00054号，江苏省无锡市惠山区人民法院（2014）惠刑初字第0070号，湖北省鄂州市鄂城区人民法院（2014）鄂刑初字第00400号，重庆市沙坪坝区人民法院（2014）沙法刑初字第01056号，江西省丰城市人民法院（2014）丰刑初字第76号，福建省厦门市湖里区人民法院（2014）湖刑初字第334号，江苏省丰县人民法院（2014）丰刑初字第0357号，河北省柏乡县人民法院（2014）柏刑初字第69号，福建省福州市鼓楼区人民法院（2014）鼓刑初字第146号，湖北省广水市人民法院（2014）鄂广水刑初字第00043号，吉林省长春市南关区人民法院（2014）南刑初字第231号，上海市第一中级人民法院（2014）沪一中刑终字第224号，江苏省南京市建邺区人民法院（2014）建刑二初字第121号，湖北省武汉市洪山区人民法院（2014）鄂洪山刑初字第00898号，陕西省西安市雁塔区人民法院（2014）雁刑初字第00942号，吉林省农安县人民法院（2014）农刑初字第461号，江苏省盐城市亭湖区人民法院（2014）亭刑初字第0111号，辽宁省朝阳市双塔区人民法院（2014）朝双刑初字第00299号，吉林省榆树市人民法院（2014）榆刑初字第431号。

宁夏回族自治区盐池县人民法院（2015）盐刑初字第3号，辽宁省阜新蒙古族自治县人民法院（2015）阜县刑初字第00027号，辽宁省大洼县人民法院（2015）大洼刑初字第00035号，福建省南平市延平区人民法院（2015）延刑初字第2号，湖北省崇阳县人民法院（2015）鄂崇阳刑初字第00028号，吉林省伊通满族自治县人民法院（2015）伊刑初字第33号，辽宁省普兰店市人民法院（2015）普刑初字第74号，湖南省永州市中级人民法院（2015）永中法刑二终字第26号，四川省宜宾市翠屏区人民法院（2015）翠屏刑初字第334号，河南省濮阳县人民法院（2015）濮刑初字第 548 号，云南省禄丰县人民法院（2015）禄刑初字第 153 号，云南省昆明市呈贡区人民法院（2015）呈刑初字第 254 号，河南省驻马店市驿城区人民法院（2015）驿刑初字第 300 号，江苏省无锡市惠山区人民法院（2015）惠刑初字第 00044 号，湖北省咸宁市咸安区人民法院（2015）鄂咸安刑初字第 00064 号，辽宁省普兰店市人民法院（2015）普刑初字第 74 号，江苏省苏州市虎丘区人民法院（2015）虎刑初字第 00025 号，江苏省宿州市埇桥区人民法院（2015）埇刑初字第 00976 号，河南省郑州市管城回族区人民法院（2015）管刑初字第 76 号，辽宁省朝阳市双塔区人民法院（2015）朝双刑初字第 00380 号，辽宁省凌源市人民法院（2015）凌刑初字第 00024 号，四川省广安市中级人民法院（2015）广法刑终字第 60 号，吉林省长春经济技术开发区人民法院（2015）长经开刑初字第 00024 号，云南省昆明市五华区人民法院（2015）五法刑一初字第 523 号，湖北省咸宁市中级人民法院（2015）鄂咸宁中刑终字第 82 号，山东省费县人民法院（2015）费刑初字第 215 号，辽宁省阜新市细河区人民法院（2015）细刑初字第 43 号，江苏省徐州市铜山区人民法院（2015）铜刑初字第 501 号，湖南省湘潭市雨湖区人民法院（2015）雨法刑初字第 244 号，甘肃省兰州市城关区人民法院（2015）城刑初字第 111 号，陕西省渭南市临渭区人民法院（2015）临渭刑初字第 00122 号，宁夏回族自治区吴忠市红寺堡开发区人民法院（2015）吴红刑初字第 11 号，江苏省丰县人民法院（2015）丰刑初字第 0726 号，河北省元氏县人民法院（2015）元刑初字第 00109 号，山东省济南市历下区人民法院（2015）历刑二初字第 156 号，福建省福州市台江区人民法院（2015）台刑初字第 348 号，甘肃省舟曲县人民法院（2015）舟刑初字第 17 号，湖北省钟祥市人民法院（2015）鄂钟祥刑初字第 00005 号，河北省唐山市路南区人民法院（2015）南刑初字第 145 号，江苏省宿迁市宿城区人民法院（2015）宿城刑初字第 0173 号，吉林省长春经济技术开发区人民法院（2015）长经开刑初字第 124 号，黑龙江省哈尔滨市

参考文献　　475

道外区人民法院（2015）外刑初字第48号，四川省西昌市人民法院（2015）西昌刑初字第129号，吉林省长春汽车经济技术开发区人民法院（2015）长汽开刑初字第117号，湖北省赤壁市人民法院（2015）鄂赤壁刑初字第00156号，内蒙古自治区呼和浩特市赛罕区人民法院（2015）赛刑初字第00213号，河南省汝州市人民法院（2015）汝刑初字第13号，安徽省宿州市埇桥区人民法院（2015）埇刑初字第00302号，江苏省镇江市京口区人民法院（2015）京刑初字第244号，湖南省长沙县人民法院（2015）长县刑初字第00290号，湖北省潜江市人民法院（2015）鄂潜江刑初字第00338号，北京市西城区人民法院（2015）西刑初字第93号，云南省昆明市五华区人民法院2015）五法刑一初字第216号，湖北省南漳县人民法院（2015）鄂南漳刑初字第00052号，河南省驻马店市驿城区人民法院（2015）驿刑初字第300号。

贵州省德江县人民法院（2016）黔0626刑初34号，贵州省德江县人民法院（2016）黔0626刑初47号，贵州省德江县人民法院（2016）黔0626刑初54号，贵州省德江县人民法院（2016）黔0626刑初59号，贵州省德江县人民法院（2016）黔0626刑初60号，贵州省德江县人民法院（2016）黔0626刑初65号，新疆克拉玛依市中级人民法院（2016）新0203刑初30号，新疆克拉玛依市中级人民法院（2016）新0203刑初89号，山东省淄博市周村区人民法院（2016）鲁0306刑初392号，湖南省郴州市北湖区人民法院（2016）湘1002刑初106号，山西省左云县人民法院（2016）晋0226刑初56号，辽宁省大洼县人民法院（2016）辽1121刑初58号，甘肃省嘉峪关市城区人民法院（2016）甘0271刑初160号，辽宁省阜新蒙古族自治县人民法院（2016）辽0921刑初131号，河南省濮阳县人民法院（2016）豫0928刑初6号，山东省枣庄市市中区人民法院（2016）鲁0402刑初101号，重庆市第一中级人民法院（2016）渝01刑终236号，吉林省榆树市人民法院（2016）吉0182刑初1号，江西省抚州市临川区人民法院

（2016）赣 1002 刑初 263 号，山东省枣庄市市中区人民法院（2016）鲁 0402 刑初 333 号，四川省西昌市人民法院（2016）川 3401 刑初 336 号，内蒙古自治区呼伦贝尔市海拉尔区人民法院（2016）内 0702 刑初 56 号，广东省清远市清城区人民法院（2016）粤 1802 刑初 109 号，湖北省崇阳县人民法院（2016）鄂 1223 刑初 116 号，四川省美姑县人民法院（2016）川 3436 刑初 42 号，吉林省长春市中级人民法院（2016）吉 01 刑终 305 号，山西省吕梁市离石区人民法院（2016）晋 1102 刑初 30 号，江苏省镇江市润州区人民法院（2016）苏 1111 刑初 225 号，吉林省通榆县人民法院（2016）吉 0822 刑初 4 号，山东省淄博市周村区人民法院（2016）鲁 0306 刑初 395 号，四川省眉山市东坡区人民法院（2016）川 1402 刑初 289 号，安徽省南陵县人民法院（2016）皖 0223 刑初 263 号，安徽省宿州市埇桥区人民法院（2016）皖 1302 刑初 489 号，浙江省温州市龙湾区人民法院（2016）浙 0303 刑初 449 号，河北省衡水市桃城区人民法院（2016）冀 1102 刑初 135 号，江苏省扬州市邗江区人民法院（2016）苏 1003 刑初 418 号，四川省广安市广安区人民法院（2016）川 1602 刑初 308 号，四川省西昌市人民法院（2016）川 3401 刑初 292 号，江西省九江市浔阳区人民法院（2016）赣 0403 刑初 21 号，内蒙古自治区呼伦贝尔市海拉尔区人民法院（2016）内 0702 刑初 55 号，河南省周口市川汇区人民法院（2016）豫 1602 刑初 40 号，黑龙江省哈尔滨市道里区人民法院（2016）黑 0102 刑初 64 号，河南省周口市川汇区人民法院（2016）豫 1602 刑初 172 号，湖北省保康县人民法院（2016）鄂 0626 刑初 9 号，四川省成都市锦江区人民法院（2016）川 0104 刑初 207 号，河北省衡水市桃城区人民法院（2016）冀 1102 刑初 465 号，河北省邯郸市丛台区人民法院（2016）冀 0403 刑初 168 号，江苏省淮安市淮阴区人民法院（2016）苏 0804 刑初 337 号，山东省枣庄市市中区人民法院（2016）鲁 0402 刑初 196 号，湖北省保康县人民法院（2016）鄂 0626

刑初 83 号，江苏省镇江市京口区人民法院（2016）苏 1102 刑初字 11 号，辽宁省抚顺市顺城区人民法院（2016）辽 0411 刑初 103 号，内蒙古自治区通辽市科尔沁区人民法院（2016）内 0502 刑初 321 号，重庆市渝中区人民法院（2016）渝 0103 刑初 931 号，河南省洛阳市中级人民法院（2016）豫 03 刑终 351 号，云南省昆明市西山区人民法院（2016）云 0112 刑初 206 号，辽宁省辽阳市白塔区人民法院（2016）辽 1002 刑初 278 号。

湖南省郴州市北湖区人民法院（2017）湘 1002 刑初 1 号，湖北省潜江市人民法院（2017）鄂 9005 刑初 14 号，山西省吉县人民法院（2017）晋 1028 刑初 22 号，山东省邹城市人民法院（2017）鲁 0883 刑初 51 号，山东省昌乐县人民法院（2017）鲁 0725 刑初 178 号，辽宁省朝阳市双塔区人民法院（2017）辽 1302 刑初 10 号，辽宁省阜新蒙古族自治县人民法院（2017）辽 0921 刑初 16 号，河南省驻马店市驿城区人民法院（2017）豫 1702 刑初 190 号，湖北省监利县人民法院（2017）鄂 1023 刑初 17 号，山东省日照市东港区人民法院（2017）鲁 1102 刑初 20 号，广东省汕头市澄海区人民法院（2017）粤 0515 刑初 126 号，山东省菏泽市牡丹区人民法院（2017）鲁 1702 刑初 799 号，江西省九江市浔阳区人民法院（2017）赣 0403 刑初 8 号，河北省蔚县人民法院（2017）冀 0726 刑初 10 号，重庆市渝中区人民法院（2017）渝 0103 刑初 864 号，江西省婺源县人民法院（2017）赣 1130 刑初 49 号。

辽宁省朝阳市双塔区人民法院（2018）辽 1302 刑初 27 号，贵州省贵阳市观山湖区人民法院（2018）黔 0115 刑初 415 号，山东省菏泽市牡丹区人民法院（2018）鲁 1702 刑初 1127 号，山东省枣庄市市中区人民法院（2018）鲁 0402 刑初 335 号，山东省菏泽市牡丹区人民法院（2018）鲁 1702 刑初 1126 号，江苏省丰县人民法院（2018）苏 0321 刑初 8 号，山东省菏泽市牡丹区人民法院 2018 鲁 1702 刑初 576 号，江苏省如东县人民法院（2018）苏 0623 刑初 400 号，江西省鄱阳县人民法院（2018）赣1128刑初1号，江西省九江市浔阳区人民法院（2018）赣0403刑初293号。

湖北省江陵县人民法院（2019）鄂1024刑初19号，山东省菏泽市牡丹区人民法院（2019）鲁1702刑初1285号，湖北省南漳县人民法院（2019）鄂0624刑初117号，江苏省扬州市江都区人民法院（2019）苏1012刑初76号。

（四）非法使用窃听、窃照专用器材罪

甘肃省礼县人民法院（2014）礼刑初字第82号，海南省儋州市人民法院（2014）儋刑初字第274号，湖北省汉川市人民法院（2014）鄂汉川刑初字第00383号，辽宁省沈阳市大东区人民法院（2014）大东刑初字第596号，吉林省松原市宁江区人民法院（2014）宁刑初字第299号，湖南省长沙市雨花区人民法院（2014）雨刑初字第00883号。

甘肃省兰州市城关区人民法院（2015）城刑初字第855号，贵州省桐梓县人民法院（2015）桐法刑初字第209号，四川省广安市广安区人民法院（2015）广安刑初字第252号，重庆市大渡口区人民法院（2015）渡法刑初字第00218号，江苏省宿迁市宿豫区人民法院（2015）宿豫刑初字第00494号，浙江省诸暨市人民法院（2015）绍诸刑初字第176号，黑龙江省大庆市萨尔图区人民法院（2015）萨刑初字第104号，安徽省宿州市埇桥区人民法院（2015）埇刑初字第00533号。

河南省平顶山市卫东区人民法院（2016）豫0403刑初15号，青海省西宁市城东区人民法院（2016）青0102刑初31号，青海省西宁市城东区人民法院（2016）青0102刑初239号，浙江省新昌县人民法院（2016）浙0624刑初387号，贵州省平坝县人民法院（2016）黔0403刑初93号，安徽省宿州市埇桥区人民法院（2016）皖1302刑初973号，湖南省长沙市雨花区人民法院（2016）湘0111刑初456号，江苏省泗洪县人民法院（2016）苏1324刑初582号，河南省平顶山市卫东区人民法院（2016）豫 0403 刑初 15 号。

山西省太原市迎泽区人民法院（2017）晋 0106 刑初 497 号。

吉林省长春市二道区人民法院（2019）吉 0105 刑初 237 号。

（五）非法利用信息网络罪

北京市海淀区人民法院（2016）京 0108 刑初 2019 号，江苏省滨海县人民法院（2016）苏 0922 刑初 508 号，浙江省金华市金东区人民法院（2016）浙 0703 刑初 314 号，河北省景县人民法院（2016）冀 1127 刑初 108 号，江苏省常州市金坛区人民法院（2016）苏 0482 刑初 576 号，湖北省宜昌市西陵区人民法院（2016）鄂 0502 刑初 175 号。

辽宁省本溪市平山区人民法院（2017）辽 0502 刑初 222 号，辽宁省庄河市人民法院（2017）辽 0283 刑初 291 号，江苏省南通经济技术开发区人民法院（2017）苏 0691 刑初 198 号，江苏省滨海县人民法院（2017）苏 0922 刑初 314 号，四川省广安市广安区人民法院（2017）川 1602 刑初 315 号，江苏省常州市武进区人民法院（2017）苏 0412 刑初 627 号，云南省昆明市五华区人民法院（2017）云 0102 刑初 1250 号，安徽省桐城市人民法院（2017）皖 0881 刑初 100 号，浙江省舟山市定海区人民法院（2017）浙 0902 刑初 187 号，福建省龙岩市新罗区人民法院（2017）闽 0802 刑初 93 号，江苏省扬州市广陵区人民法院（2017）苏 1002 刑初 539 号，广东省深圳市宝安区人民法院（2017）粤 0306 刑初 6655 号，广东省深圳市宝安区人民法院（2017）粤 0306 刑初 5018 号，福建省宁德市蕉城区人民法院（2017）闽 0902 刑初 432 号，江苏省射阳县人民法院（2017）苏 0924 刑初 303 号，上海市松江区人民法院（2017）沪 0117 刑初 1938 号，江苏省扬州市广陵区人民法院（2017）苏 1002 刑初 540 号。

江苏省滨海县人民法院（2018）苏 0922 刑初 10 号，江苏省丹阳市人民法院（2018）苏 1181 刑初 533 号，江苏省宿迁市中级人民法院（2018）苏 13 刑终 203 号，天津市南开区人民法院（2018）津 0104 刑初 292 号，湖北省咸宁市咸安区人民法院（2018）鄂 1202 刑初 182 号，江苏省丹阳市人民法院（2018）苏1181刑初341号，江苏省丹阳市人民法院（2018）苏1181刑初1106号，广东省深圳市宝安区人民法院（2018）粤0306刑初1623号，江苏省盐城市盐都区人民法院（2018）苏0903刑初252号，新疆维吾尔自治区乌鲁木齐市沙依巴克区人民法院（2018）新0103刑初581号，江苏省常熟市人民法院（2018）苏0581刑初1998号，江苏省连云港市赣榆区人民法院（2018）苏0707刑初443号，江苏省高邮市人民法院（2018）苏1084刑初20号，浙江省遂昌县人民法院（2018）浙1123刑初131号，广东省广州市越秀区人民法院（2018）粤0104刑初339号，新疆维吾尔自治区乌鲁木齐市新市区人民法院（2018）新0104刑初413号，新疆维吾尔自治区乌鲁木齐市新市区人民法院（2018）新0104刑初432号，新疆维吾尔自治区乌鲁木齐市新市区人民法院（2018）新0104刑初435号，新疆维吾尔自治区乌鲁木齐市新市区人民法院（2018）新0104刑初447号，新疆维吾尔自治区乌鲁木齐市新市区人民法院（2018）新0104刑初461号，新疆维吾尔自治区乌鲁木齐市新市区人民法院（2018）新0104刑初469号，新疆维吾尔自治区乌鲁木齐市新市区人民法院（2018）新0104刑初501号，新疆维吾尔自治区乌鲁木齐市新市区人民法院（2018）新0104刑初502号，新疆维吾尔自治区乌鲁木齐市新市区人民法院（2018）新0104刑初503号，新疆维吾尔自治区乌鲁木齐市新市区人民法院（2018）新0104刑初505号，新疆维吾尔自治区乌鲁木齐市新市区人民法院（2018）新0104刑初507号，新疆维吾尔自治区乌鲁木齐市新市区人民法院（2018）新0104刑初508号，新疆维吾尔自治区乌鲁木齐市新市区人民法院（2018）新0104刑初509号，新疆维吾尔自治区乌鲁木齐市新市区人民法院（2018）新0104刑初511号，新疆维吾尔自治区乌鲁木齐市新市区人民法院2018新0104刑初512号，新疆维吾尔自治区乌鲁木齐市新市区人民法院（2018）新0104刑初518号，新疆维吾尔自治区乌鲁木齐市新市区人民法院（2018）新0104刑初571号，新疆维吾尔自治区乌鲁木齐市新市区人民法院（2018）新 0104 刑初 615 号，新疆维吾尔自治区乌鲁木齐市新市区人民法院（2018）新 0104 刑初 616 号，新疆维吾尔自治区乌鲁木齐市新市区人民法院（2018）新 0104 刑初 617 号，新疆维吾尔自治区乌鲁木齐市新市区人民法院（2018）新 0104 刑初 631 号，新疆维吾尔自治区乌鲁木齐市新市区人民法院（2018）新 0104 刑初 632 号，新疆维吾尔自治区乌鲁木齐市新市区人民法院（2018）新 0104 刑初 633 号，新疆维吾尔自治区乌鲁木齐市新市区人民法院 2018 新 0104 刑初 641 号，新疆维吾尔自治区乌鲁木齐市新市区人民法院（2018）新 0104 刑初 642 号，新疆维吾尔自治区乌鲁木齐市新市区人民法院（2018）新 0104 刑初 758 号，新疆维吾尔自治区乌鲁木齐市新市区人民法院（2018）新 0104 刑初 844 号，江苏省阜宁县人民法院（2018）苏 0923 刑初 76 号，江苏省滨海县人民法院（2018）苏 0922 刑初 428 号，江西省新余市渝水区人民法院（2018）赣 0502 刑初 158 号，北京市朝阳区人民法院（2018）京 0105 刑初 2309 号，北京市朝阳区人民法院（2018）京 0105 刑初 2344 号，北京市海淀区人民法院（2018）京 0108 刑初 2333 号，广东省深圳市龙岗区人民法院（2018）粤 0307 刑初 3951 号，四川省崇州市人民法院（2018）川 0184 刑初 608 号，江苏省常熟市人民法院（2018）苏 0581 刑初 321 号，江苏省常熟市人民法院（2018）苏 0581 刑初 654 号，江苏省常熟市人民法院（2018）苏 0581 刑初 1886 号，河南省鹤壁市淇滨区人民法院（2018）豫 0611 刑初 176 号，山东省平度市人民法院（2018）鲁 0283 刑初 224 号，河南省西华县人民法院（2018）豫 1622 刑初 602 号。

辽宁省葫芦岛市连山区人民法院（2019）辽 1402 刑初 392 号，辽宁省葫芦岛市连山区人民法院（2019）辽 1402 刑初 394 号，河南省宜阳县人民法院（2019）豫 0327 刑初 332 号，甘肃省正宁县人民法院（2019）甘 1025 刑初 106 号，江苏省扬州经济技术开发区人民法院（2019）苏 1091 刑初 181 号，山东省乳山市人民法院（2019）鲁 1083 刑初 236 号，安徽省合肥市蜀山区人民法院（2019）皖 0104 刑初 48 号，江苏省盐城市盐都区人民法院

(2019）苏 0903 刑初 140 号，辽宁省葫芦岛市连山区人民法院（2019）辽 1402 刑初 386 号，江西省吉水县人民法院（2019）赣 0822 刑初 88 号，福建省南安市人民法院（2019）闽 0583 刑初 652 号，辽宁省兴城市人民法院（2019）辽 1481 刑初 307 号，江苏省常熟市人民法院（2019）苏 0581 刑初 194 号，江苏省常熟市人民法院（2019）苏 0581 刑初 301 号，江苏省常熟市人民法院（2019）苏 0581 刑初 507 号，江苏省常熟市人民法院（2018）苏 0581 刑初 654 号，江苏省常熟市人民法院（2019）苏 0581 刑初 1071 号，江苏省常熟市人民法院（2019）苏 0581 刑初 1149 号，江苏省常熟市人民法院（2019）苏 0581 刑初 1421 号，四川省阆中市人民法院（2019）川 1381 刑初 104 号，四川省成都市成华区人民法院（2019）川 0108 刑初 489 号，江苏省苏州市吴江区人民法院 2019 苏 0509 刑初 63 号，福建省安溪县人民法院（2019）闽 0524 刑初 986 号，浙江省武义县人民法院（2019）浙 0723 刑初 273 号，山西省交城县人民法院（2019）晋 1122 刑初 44 号，辽宁省葫芦岛市连山区人民法院（2019）辽 1402 刑初 383 号，辽宁省葫芦岛市连山区人民法院（2019）辽 1402 刑初 385 号，辽宁省葫芦岛市连山区人民法院（2019）辽 1402 刑初 414 号，江苏省东台市人民法院（2019）苏 0981 刑初 310 号，广东省广州市越秀区人民法院（2019）粤 0104 刑初 751 号，山东省五莲县人民法院（2019）鲁 1121 刑初 215 号，山东省蒙阴县人民法院（2019）鲁 1328 刑初 48 号，山东省临沂市罗庄区人民法院（2019）鲁 1311 刑初 106 号，江苏省盐城市盐都区人民法院（2019）苏 0903 刑初 296 号，河南省中牟县人民法院（2019）豫 0122 刑初 1030 号，江西省永修县人民法院（2019）赣 0425 刑初 214 号，江苏省苏州市吴江区人民法院 2019 苏 0509 刑初 93 号，北京市海淀区人民法院（2019）京 0108 刑初 593 号，四川省犍为县人民法院（2019）川 1123 刑初 198 号，广东省广州市中级人民法院（2019）粤 01 刑终 1604 号，陕西省凤翔县人民法院（2019）陕 0322 刑初 11 号，江西省永修县人民法院（2019）赣 0425 刑初 221 号，江苏省江阴市人民法院（2019）苏 0281 刑初 55 号，河南省鹿邑县人民法院（2019）豫 1628 刑初 455 号，黑龙江省伊春市带岭区人民法院（2019）黑 0713 刑初 6 号，贵州省罗甸县人民法院（2019）黔2728刑初144号，江苏省滨海县人民法院（2019）苏922刑初274号，浙江省诸暨市人民法院（2019）浙0681刑初983号，广东省广州市海珠区人民法院（2019）粤0105刑初353号。

（六）帮助信息网络犯罪活动罪

浙江省浦江县人民法院（2016）浙0726刑初968号，江苏省扬中市人民法院（2016）苏1182刑初331号，浙江省绍兴市上虞区人民法院（2016）浙0604刑初1032号，江苏省徐州市泉山区人民法院（2016）苏0311刑初509号。

河南省鹤壁市淇滨区人民法院（2017）豫0611刑初340号，江西省余干县人民法院（2017）赣1127刑初283号，江苏省徐州市泉山区人民法院（2017）苏0311刑初275号，江西省余干县人民法院（2017）赣1127刑初284号，浙江省龙泉市人民法院（2017）浙1181刑初203号，广东省台山市人民法院（2017）粤0781刑初621号，鹤壁市淇滨区人民法院（2017）豫0611刑初362号，江苏省徐州市云龙区人民法院（2017）苏0303刑初369号，河南省方城县人民法院（2017）豫1322刑初145号，江苏省太仓市人民法院（2017）苏0585刑初1086号，浙江省义乌市人民法院（2017）浙0782刑初1563号。

福建省厦门市集美区人民法院（2018）闽0211刑初1044号，江苏省南京市溧水区人民法院（2018）苏0117刑初291号，江苏省苏州市吴中区人民法院（2018）苏0506刑初28号，安徽省南陵县人民法院（2018）皖0223刑初253号，吉林省梨树县人民法院（2018）吉0322刑初356号，江苏省连云港市海州区人民法院（2018）苏0706刑初610号，福建省厦门市同安区人民法院（2018）闽0212刑初204号，浙江省松阳县人民法院（2018）浙1124刑初168号，江苏省徐州市贾汪区人民法院（2018）苏0305刑初272号，吉林省长春市朝阳区人民法院（2018）吉0104刑初797号，广东省中山市第二人民法院（2018）粤2072刑初1816号，福建省龙岩市新罗区人民法院（2018）闽0802刑初434号，上海市徐汇区人民法院（2018）沪0104

刑初 91 号，江苏省南京市秦淮区人民法院（2018）苏 0104 刑初 1146 号，广东省广州市增城区人民法院（2018）粤 0118 刑初 1457 号，江苏省徐州市云龙区人民法院（2018）苏 0303 刑初 609 号，江苏省徐州市云龙区人民法院（2018）苏 0303 刑初 346 号，江苏省徐州市云龙区人民法院（2018）苏 0303 刑初 608 号，江苏省常州市新北区人民法院（2018）苏 0411 刑初 17 号，湖南省汨罗市人民法院（2018）湘 0681 刑初 288 号，湖南省汨罗市人民法院（2018）湘 0681 刑初 358 号。

江苏省徐州市贾汪区人民法院（2019）苏 0305 刑初 186 号，福建省邵武市人民法院（2019）闽 0781 刑初 295 号，江苏省启东市人民法院（2019）苏 0681 刑初 57 号，山东省平原县人民法院（2019）鲁 1426 刑初 237 号，福建省泉州市鲤城区人民法院（2019）闽 0502 刑初 299 号，贵州省桐梓县人民法院（2019）黔 0322 刑初 255 号，浙江省绍兴市越城区人民法院（2019）浙 0602 刑初 46 号，安徽省南陵县人民法院（2019）皖 0223 刑初 189 号，北京市朝阳区人民法院（2019）京 0105 刑初 1651 号，河北省清河县人民法院（2019）冀 0534 刑初 217 号，广西壮族自治区平乐县人民法院（2019）桂 0330 刑初 173 号，广西壮族自治区平乐县人民法院（2019）桂 0330 刑初 188 号，福建省厦门市思明区人民法院（2019）闽 0203 刑初 205 号，河南省安阳县人民法院（2019）豫 0522 刑初 736 号，浙江省磐安县人民法院（2019）浙 0727 刑初 184 号，安徽省明光市人民法院（2019）皖 1182 刑初 212 号，广东省汕头市龙湖区人民法院（2019）粤 0507 刑初 141 号，福建省泉州市鲤城区人民法院（2019）闽 0502 刑初 300 号，贵州省遵义市汇川区人民法院（2019）黔 0303 刑初 525 号，安徽省滁州市南谯区人民法院（2019）皖 1103 刑初 107 号，河南省桐柏县人民法院（2019）豫 1330 刑初 563 号，河南省安阳市殷都区人民法院（2019）豫 0505 刑初 307 号，广东省广州市花都区人民法院（2019）粤 0114 刑初 2640 号，浙江省绍兴市柯桥区人民法院（2019）浙 0603 刑初 62 号，河南省安阳县人民法院（2019）豫 0522 刑初 710 号，广西壮族自治区平乐县人民法院（2019）桂 0330 刑初 168 号，江苏省仪征市人民法院（2019）苏 1081 刑初 329 号，扬州经济技术开发区人民法院（2019）苏 1091 刑初 170 号，湖北省京山市人民法院（2019）鄂 0821 刑初 287 号，四川省资阳市雁江区人民法院（2019）川 2002 刑初 274 号，安徽省芜湖县人民法院（2019）皖 0221 刑初 141 号，广西壮族自治区平乐县人民法院（2019）桂 0330 刑初 169 号，上海市长宁区人民法院（2019）沪 0105 刑初 944 号，河南省沈丘县人民法院（2019）豫 1624 刑初 39 号，山东省烟台高新技术产业开发区人民法院（2019）鲁 0692 刑初 32 号，广西壮族自治区平乐县人民法院（2019）桂 0330 刑初 167 号，广西壮族自治区平乐县人民法院（2019）桂 0330 刑初 187 号，福建省厦门市集美区人民法院（2019）闽 0211 刑初 210 号，江西省永修县人民法院（2019）赣 0425 刑初 226 号，福建省平和县人民法院（2019）闽 0628 刑初 493 号，河南省郑州市金水区人民法院（2019）豫 0105 刑初 660 号，山东省菏泽市定陶区人民法院（2019）鲁 1703 刑初 361 号，安徽省南陵县人民法院（2019）皖 0223 刑初 2 号，山东省利津县人民法院（2019）鲁 0522 刑初 108 号。

（七）扰乱无线电通讯管理秩序罪

河南省驻马店市中级人民法院（2015）驻少刑终字第 90 号，辽宁省盘锦市中级人民法院（2015）盘中刑二终字第 00034 号，辽宁省盘锦市中级人民法院（2015）盘中刑二终字第 00035 号，辽宁省盘锦市中级人民法院（2015）盘中刑二终字第 00036 号，内蒙古自治区巴彦淖尔市中级人民法院（2015）巴刑一终字第 39 号，福建省泉州市中级人民法院（2015）泉刑终字第 1226 号。

内蒙古自治区乌海市中级人民法院（2016）内 03 刑终 81 号，黑龙江省哈尔滨市中级人民法院（2016）黑 01 刑终 453 号，北京市第三中级人民法院（2016）京 03 刑终 341 号，黑龙江省哈尔滨市中级人民法院（2016）黑 01 刑终 429 号，黑龙江省哈尔滨市中级人民法院（2016）黑 01 刑终 558 号，湖北省武汉市中级人民法院（2016）鄂 01

刑终 1409 号。

河南省濮阳市中级人民法院（2017）豫 09 刑终 188 号，重庆市第五中级人民法院（2017）渝 05 刑终 695 号，青海省西宁市中级人民法院（2017）青 01 刑终 47 号，四川省巴中市中级人民法院（2017）川 19 刑再 1 号，河南省许昌市中级人民法院（2017）豫 10 刑终 378 号，海南省第二中级人民法院（2017）琼 97 刑终 118 号。

重庆市第五中级人民法院（2018）渝 05 刑终 104 号，河北省廊坊市中级人民法院（2018）冀 10 刑终 62 号，河北省邯郸市中级人民法院（2018）冀 04 刑终 778 号，重庆市第五中级人民法院（2018）渝 05 刑终 541 号。

陕西省商洛市中级人民法院（2019）陕 10 刑终 108 号。

（八）编造、故意传播虚假恐怖信息罪

北京市第三中级人民法院（2014）三中刑终字第 306 号，广西壮族自治区桂林市灵川县人民法院（2014）灵刑初字第 27 号，陕西省西安市莲湖区人民法院（2014）莲刑初字第 00034 号，北京市东城区人民法院（2014）东刑初字第 541 号，新疆维吾尔自治区乌鲁木齐市新市区人民法院（2014）新刑初字第 979 号，江苏省射阳县人民法院（2014）射刑初字第 00166 号。

湖北省十堰市张湾区人民法院（2015）鄂张湾刑初字第 00042 号，广东省广州市番禺区人民法院（2015）穗番法刑初字第 806 号。

黑龙江省哈尔滨市中级人民法院（2016）黑 01 刑终 267 号，浙江省长兴县人民法院（2016）浙 0522 刑初 510 号，浙江省杭州市余杭区人民法院（2016）浙 0110 刑初 612 号。

北京市海淀区人民法院（2019）京 0108 刑初 552 号，湖北省咸丰县人民法院（2019）鄂 2826 刑初 27 号，四川省成都市双流区人民法院（2019）川 0116 刑初 1130 号，广东省深圳市福田区人民法院（2019）粤 0304 刑初 1224 号，陕西省汉阴县人民法院（2019）陕 0921 刑初 93 号，湖北省武汉市汉阳区人民法院（2019）鄂 0105 刑初

988 号。

（九）编造、故意传播虚假信息罪

安徽省阜南县人民法院（2016）皖 1225 刑初 77 号，湖南省慈利县人民法院（2016）湘 0821 刑初 150 号，福建省光泽县人民法院（2016）闽 0723 刑初 85 号，湖南省醴陵市人民法院（2016）湘 0281 刑初 387 号。

安徽省阜南县人民法院（2017）皖 1225 刑初 166 号，湖南省湘潭市雨湖区人民法院（2017）湘 0302 刑初 508 号，吉林省吉林市丰满区人民法院（2017）吉 0211 刑初 196 号，贵州省毕节市七星关区人民法院（2017）黔 0502 刑初 171 号。

河南省周口市中级人民法院（2018）豫 16 刑终 330 号，江苏省滨海县人民法院（2018）苏 0922 刑初 12 号，吉林省吉林市丰满区人民法院（2018）吉 0211 刑初 117 号，河南省确山县人民法院（2018）豫 1725 刑初 204 号，河北省平泉市人民法院（2018）冀 0823 刑初 44 号，广东省汕头市潮阳区人民法院（2018）粤 0513 刑初 805 号。

四川省会东县人民法院（2019）川 3426 刑初 52 号，浙江省乐清市人民法院（2019）浙 0382 刑初 322 号，河北省沧县人民法院（2019）冀 0921 刑初 417 号，云南省易门县人民法院（2019）云 0425 刑初 61 号，浙江省乐清市人民法院（2019）浙 0382 刑初 603 号，汕头市潮南区人民法院（2019）粤 0514 刑初 226 号，山西省和顺县人民法院（2019）晋 0723 刑初 65 号，贵州省毕节市七星关区人民法院（2019）黔 0502 刑初 592 号，广东省广州市越秀区人民法院（2019）粤 0104 刑初 443 号。

（十）寻衅滋事罪

广西壮族自治区天峨县人民法院（2014）峨刑初字第 95 号，云南省昆明市中级人民法院（2014）昆刑一终字第 53 号，云南省昆明市中级人民法院（2014）昆刑一终字第 53 号，北京市第三中级人民法院（2014）三中刑终字第 00906 号，北京市密云县人民法院（2014）密刑初字第 356 号，山西省汾阳市人民法院（2014）汾刑初字第 229 号，云南省昆明市中级人民法院（2014）昆刑一终字第53号，湖南省湘乡市人民法院（2014）湘法刑初字第359号，吉林省辽源市龙山区人民法院（2014）龙刑初字第112号。

安徽省凤台县人民法院（2015）凤刑初字第00303号，安徽省淮南市中级人民法院（2015）淮刑终字第00202号，福建省漳州市中级人民法院（2015）漳刑终字第300号，黑龙江省哈尔滨市香坊区人民法院（2015）香刑初字第508号，河南省郑州市中级人民法院（2015）郑刑一终字第418号，湖南省双峰县人民法院（2015）双刑初字第357号，河南省太康县人民法院（2015）太刑初字第543号，河南省民权县人民法院（2015）民刑初字第81号，陕西省西安市雁塔区人民法院（2015）雁刑初字第00038号，浙江省海宁市人民法院（2015）嘉海刑初字第1466号。

河北省武邑县人民法院（2016）冀1122刑初111号，河北省任丘市人民法院（2016）冀0982刑初549号，广东省五华县人民法院（2016）粤1424刑初117号，天津市滨海新区人民法院（2016）津0116刑初40051号，青海省西宁市中级人民法院（2016）青01刑终100号，河北省廊坊市广阳区人民法院（2016）冀1003刑初221号，湖南省娄底市中级人民法院（2016）湘13刑终204号，辽宁省大洼县人民法院（2016）辽1121刑初259号，内蒙古自治区杭锦旗人民法院（2016）内0625刑初134号，江苏省邳州市人民法院（2016）苏0382刑初603号，上海市浦东新区人民法院（2016）沪0115刑初3149号，河北省晋州市人民法院（2016）冀0183刑初251号，河南省柘城县人民法院（2016）豫1424刑初794号，青海省西宁市中级人民法院（2016）青01刑终100号，河北省任丘市人民法院（2016）冀0982刑初303号，重庆市第二中级人民法院（2016）渝02刑终56号，山西省吕梁市中级人民法院（2016）晋11刑终75号，陕西省吴堡县人民法院（2016）陕0829刑初27号，云南省元江哈尼族彝族傣族自治县人民法院（2016）云0428刑初36号，浙江省温州市瓯海区人民法院

（2016）浙 0304 刑初 1006 号，辽宁省大洼县人民法院（2016）辽 1121 刑初 259 号，内蒙古自治区牙克石市人民法院（2016）内 0782 刑初 187 号。

河北省三河市人民法院（2017）冀 1082 刑初 270 号，河北省三河市人民法院（2017）冀 1082 刑初 149 号，福建省龙岩市中级人民法院（2017）闽 08 刑终 200 号，贵州省毕节市中级人民法院（2017）黔 05 刑终 349 号，上海市静安区人民法院（2017）沪 0106 刑初 322 号，上海市静安区人民法院（2017）沪 0106 刑初 179 号，浙江省湖州市中级人民法院（2017）浙 05 刑终 150 号，上海市静安区人民法院（2017）沪 0106 刑初 179 号，上海市浦东新区人民法院（2017）沪 0115 刑初 183 号，湖北省宜昌市西陵区人民法院（2017）鄂 0502 刑初 129 号，河南省孟津县人民法院（2017）豫 0322 刑初 323 号，河南省洛阳市中级人民法院（2017）豫 03 刑终 586 号，黑龙江省齐齐哈尔市富拉尔基区人民法院（2017）黑 0206 刑初 23 号，上海市静安区人民法院（2017）沪 0106 刑初 322 号，广东省深圳市龙岗区人民法院（2017）粤 0307 刑初 1824 号，陕西省榆林市中级人民法院（2017）陕 08 刑终 271 号，浙江省湖州市中级人民法院（2017）浙 05 刑终 150 号。

辽宁省辽中县人民法院（2018）辽 0115 刑初 5 号，天津市北辰区人民法院（2018）津 0113 刑初 337 号，广东省广州市天河区人民法院（2018）粤 0106 刑初 1185 号，河南省台前县人民法院（2018）豫 0927 刑初 3 号，广东省中山市中级人民法院（2018）粤 20 刑终 155 号，江西省奉新县人民法院（2018）赣 0921 刑初 214 号，江西省新余市渝水区人民法院（2018）赣 0502 刑初 459 号，河南省台前县人民法院（2018）豫 0927 刑初 3 号，河南省鹤壁市山城区人民法院（2018）豫 0603 刑初 168 号，广东省惠州市中级人民法院（2018）粤 13 刑终 67 号，河南省泌阳县人民法院（2018）豫 1726 刑初 75 号，广东省广州市天河区人民法院（2018）粤 0106 刑初 1185 号，江苏省沛县人民法院

（2018）苏 0322 刑初 244 号，山东省烟台市芝罘区人民法院（2018）鲁 0602 刑初 65 号，陕西省大荔县人民法院（2018）陕 0523 刑初 44 号，广东省惠州市中级人民法院（2018）粤 13 刑终 67 号，辽宁省朝阳县人民法院（2018）辽 1321 刑初 164 号，河北省河间市人民法院（2018）冀 0984 刑初 472 号，江西省奉新县人民法院（2018）赣 0921 刑初 214 号，河南省平舆县人民法院（2018）豫 1723 刑初 600 号。

湖北省通山县人民法院（2019）鄂 1224 刑初 301 号，内蒙古自治区阿尔山市人民法院（2019）内 2202 刑初 6 号，河北省霸州市人民法院（2019）冀 1081 刑初 711 号，江苏省海安市人民法院（2019）苏 0621 刑初 252 号，宁夏回族自治区银川市西夏区人民法院（2019）宁 0105 刑初 37 号，安徽省潜山市人民法院（2019）皖 0824 刑初 110 号，浙江省嘉善县人民法院（2019）浙 0421 刑初 744 号，云南省通海县人民法院（2019）云 0423 刑初 369 号，大连经济技术开发区人民法院（2019）辽 0291 刑初 379 号，湖南省双峰县人民法院（2019）湘 1321 刑初 60 号，山西省盂县人民法院（2019）晋 0322 刑初 135 号，浙江省龙游县人民法院（2019）浙 0825 刑初 300 号，四川省仁寿县人民法院（2019）川 1421 刑初 32 号，北京市东城区人民法院（2019）京 0101 刑初 543 号，福建省顺昌县人民法院（2019）闽 0721 刑初 127 号，湖北省武汉市洪山区人民法院（2019）鄂 0111 刑初 394 号，四川省合江县人民法院（2019）川 0522 刑初 93 号，山西省寿阳县人民法院（2019）晋 0725 刑初 63 号，太原市万柏林区人民法院（2019）晋 0109 刑初 250 号，葫芦岛市连山区人民法院（2019）辽 1402 刑初 310 号，河北省衡水市桃城区人民法院（2019）冀 1102 刑初 296 号，云南省威信县人民法院（2019）云 0629 刑初 50 号，海南省万宁市人民法院（2019）琼 9006 刑初 314 号，四川省剑阁县人民法院（2019）川 0823 刑初 134 号，河南省偃师市人民法院（2019）豫 0381 刑初 115 号，北京市昌平区人民法院（2019）京 0114 刑初 903 号，辽宁省丹东市振安区人民法院（2019）辽 0604 刑初 159 号，湖北省长阳土家族自治县人民法院（2019）鄂 0528 刑初 117 号，四川省通江县人民法院（2019）川 1921 刑初 144 号，台州市椒江区人民法院（2019）浙 1002 刑初 578 号，江西省高安市人民法院（2019）赣 0983 刑初 462 号，河南省西平县人民法院（2019）豫 1721 刑初 37 号，山东省潍坊滨海经济技术开发区人民法院（2019）鲁 0792 刑初 90 号，福建省安溪县人民法院（2019）闽 0524 刑初 250 号，大连经济技术开发区人民法院（2019）辽 0291 刑初 146 号，陕西省旬阳县人民法院（2019）陕 0928 刑初 112 号，江西省赣州经济技术开发区人民法院（2019）赣 0791 刑初 186 号，四川省叙永县人民法院（2019）川 0524 刑初 3 号，云南省昆明市官渡区人民法院（2019）云 0111 刑初 1934 号，河南省方城县人民法院（2019）豫 1322 刑初 481 号，广东省佛山市南海区人民法院（2019）粤 0605 刑初 639 号，湖南省安化县人民法院（2019）湘 0923 刑初 101 号，辽宁省鞍山市铁西区人民法院（2019）辽 0303 刑初 246 号，辽宁省丹东市元宝区人民法院（2019）辽 0602 刑初 226 号，山东省曹县人民法院（2019）鲁 1721 刑初 523 号。

（十一）传授犯罪方法罪

辽宁省大连市中级人民法院（2014）大刑二终字第 185 号，四川省遂宁市中级人民法院（2014）遂中刑终字第 39 号，湖南省长沙市中级人民法院（2014）长中刑一终字第 00697 号。

福建省泉州市中级人民法院（2015）泉刑终字第 237 号，贵州省黔西南布依族苗族自治州中级人民法院（2015）兴刑终字第 179 号。

江苏省泰州市中级人民法院（2016）苏 12 刑终字 209 号，吉林省高级人民法院（2016）吉刑终字 94 号，山西省运城市中级人民法院（2016）晋 08 刑终 238 号。

广东省中山市中级人民法院（2017）粤 20 刑终 460 号，吉林省长春市中级人民法院（2017）吉 01 刑终 500 号，四川省德阳市中级人民法院（2017）川 06 刑终 210 号。

广东省中山市中级人民法院（2018）粤 20 刑终 271 号，河南省南阳市中级人民法院（2018）豫13刑终130号，贵州省贵阳市中级人民法院（2018）黔01刑终718号。

重庆市第一中级人民法院（2019）渝01刑终256号，江苏省南京市中级人民法院（2019）苏01刑终440号，江苏省无锡市中级人民法院（2019）苏02刑终546号。

（十二）组织、利用会道门、邪教组织、利用迷信破坏法律实施罪

湖北省武汉市中级人民法院（2014）鄂武汉中刑终字第00112号。

云南省玉溪市中级人民法院（2015）玉中刑终字第33号，福建省福州市中级人民法院（2015）榕刑终字第798号，湖北省武汉市中级人民法院（2015）鄂武汉中刑终字第01269号。

山西省晋城市中级人民法院（2016）晋05刑终第18号，山东省菏泽市中级人民法院（2016）鲁17刑终442号，河北省衡水市中级人民法院（2016）冀11刑终字第10号，太原市中级人民法院（2016）晋01刑终162号，浙江省宁波市中级人民法院（2016）浙02刑终499号，湖南省邵阳市中级人民法院（2016）湘05刑终365号，辽宁省盘锦市中级人民法院（2016）辽11刑终37号，江苏省扬州市中级人民法院（2016）苏10刑终295号，安徽省铜陵市中级人民法院（2016）皖07刑终165号，辽宁省葫芦岛市中级人民法院（2016）辽14刑终215号，辽宁省葫芦岛市中级人民法院（2016）辽14刑终79号，山东省枣庄市中级人民法院（2016）鲁04刑终195号，内蒙古自治区巴彦淖尔市中级人民法院（2016）内08刑终51号。

宁夏回族自治区银川市中级人民法院（2017）宁01刑终213号，湖北省宜昌市中级人民法院（2017）鄂05刑终16号，江苏省宿迁市中级人民法院（2017）苏13刑终80号，宁夏回族自治区银川市中级人民法院（2017）宁01刑终199号，甘肃省庆阳市中级人民法院（2017）甘10刑终32号，山东省菏泽市中级人民法院（2017）鲁17刑终64号，黑龙江省双鸭山市中级人民法院（2017）黑05刑终16号，江苏省连云港市中级人民法院（2017）苏07刑终109号，山东省菏泽市中级人民法院（2017）鲁17刑终82号，江苏省连云港市中级人民法院（2017）苏07刑终155号。

吉林省白城市中级人民法院（2018）吉08刑终99号，江苏省苏州市中级人民法院（2018）苏05刑终268号，北京市第一中级人民法院（2018）京01刑终203号，湖南省邵阳市中级人民法院（2018）湘05刑终149号，安徽省亳州市中级人民法院（2018）皖16刑终65号，江苏省连云港市中级人民法院（2018）苏07刑终289号，山东省潍坊市中级人民法院（2018）鲁07刑终50号，湖南省怀化市中级人民法院（2018）湘12刑终393号，青海省海西蒙古族藏族自治州中级人民法院（2018）青28刑终25号。

山东省泰安市中级人民法院（2019）鲁09刑终84号，湖北省鄂州市中级人民法院（2019）鄂07刑终28号，河北省邯郸市中级人民法院（2019）冀04刑终738号，贵州省贵阳市中级人民法院（2019）黔01刑终592号，云南省红河哈尼族彝族自治州中级人民法院（2019）云25刑终178号。

（十三）制作、复制、出版、贩卖、传播淫秽物品牟利罪

北京市第二中级人民法院（2015）二中刑终字第351号，浙江省温州市中级人民法院（2015）浙温刑终字第1386号。

浙江省杭州市中级人民法院（2016）浙01刑终167号，浙江省杭州市中级人民法院（2016）浙01刑终1205号，江苏省苏州市中级人民法院（2016）苏05刑终706号，天津市第二中级人民法院（2016）津02刑终660号，浙江省温州市中级人民法院（2016）浙03刑终字176号。

辽宁省大连市中级人民法院（2017）辽02刑终653号，江苏省扬州市中级人民法院（2017）苏10刑终37号，江苏省泰州市中级人民法院（2017）苏12刑终151号，浙江省湖州市中级人民法院（2017）浙05刑终144号，江苏省常州市中级人民法院（2017）苏04刑终314号，四川省南充市中级人民法院（2017）川13刑终219号，黑龙江省哈尔滨市中级人民法院（2017）黑01刑终351号，浙江省台州市中级人民法院（2017）浙10刑终332号，江苏省苏州市中级人民法院（2017）苏05刑终78号，浙江省台州市中级人民法院（2017）浙10刑终442号。

浙江省丽水市中级人民法院（2018）浙11刑终274号，浙江省丽水市中级人民法院（2018）浙11刑终295号，浙江省丽水市中级人民法院（2018）浙11刑终328号，浙江省衢州市中级人民法院（2018）浙08刑终30号，河南省鹤壁市中级人民法院（2018）豫06刑终170号，湖南省长沙市中级人民法院（2018）湘01刑终853号，浙江省温州市中级人民法院（2018）浙03刑终1491号，山东省泰安市中级人民法院（2018）鲁09刑终213号，四川省达州市中级人民法院（2018）川17刑终238号，福建省福州市中级人民法院（2018）闽01刑终844号，云南省昭通市中级人民法院（2018）云06刑终227号，辽宁省丹东市中级人民法院（2018）辽06刑终168号，安徽省阜阳市中级人民法院（2018）皖12刑终122号，云南省曲靖市中级人民法院（2018）云03刑终91号，浙江省台州市中级人民法院（2018）浙10刑终287号，浙江省台州市中级人民法院（2018）浙10刑终804号，广东省广州市中级人民法院（2018）粤01刑终1162号。

河南省商丘市中级人民法院（2019）豫14刑终259号，福建省漳州市中级人民法院（2019）闽06刑终452号，江西省抚州市中级人民法院（2019）赣10刑终311号，福建省福州市中级人民法院（2019）闽01刑终1072号，福建省龙岩市中级人民法院（2019）闽08刑终42号，四川省绵阳市中级人民法院（2019）川07刑终167号，广西壮族自治区南宁市中级人民法院（2019）桂01刑终475号，山东省青岛市中级人民法院（2019）鲁02刑终345号，广东省惠州市中级人民法院（2019）粤13刑终181号，河北省衡水市中级人民法院（2019）冀11刑终400号，重庆市第一中级人民法院（2019）渝01刑终256号。

(十四) 传播淫秽物品罪

广东省珠海市中级人民法院（2015）珠中法刑一终字第165号，辽宁省沈阳市大东区人民法院（2015）大东刑初字第00932号。

浙江省温州市中级人民法院（2016）浙03刑终240号，浙江省温州市中级人民法院（2016）浙03刑终240号。

浙江省台州市中级人民法院（2017）浙10刑终332号，浙江省丽水市中级人民法院（2017）浙11刑终123号。

河南省周口市中级人民法院（2018）豫16刑终8号，福建省福州市中级人民法院（2018）闽01刑终785号，辽宁省大连市中级人民法院（2018）辽02刑终257号。

江苏省南京市中级人民法院（2019）苏01刑终440号，四川省广元市中级人民法院（2019）川08刑终12号，山西省太原市中级人民法院（2019）晋01刑终1172号。

第六章

(一) 侮辱罪

广东省陆丰市人民法院（2014）汕陆法刑初字第151号。

浙江省德清县人民法院（2015）湖德刑初字第578号。

云南省丽江市中级人民法院（2016）云07刑终68号，黑龙江省大兴安岭地区加格达奇区人民法院（2016）黑2701刑初20号，山西省吕梁市离石区人民法院（2016）晋1102刑初91号。

河南省南阳市中级人民法院（2017）豫13刑终46号，湖北省武穴市人民法院（2017）鄂1182刑初264号，湖南省衡东县人民法院（2017）湘0424刑初343号，长春净月高新技术产业开发区人民法院（2017）吉0194刑初156号。

湖北省恩施市人民法院（2018）鄂2801刑初52号，江西省万年县人民法院（2018）赣1129刑初90号，广西壮族自治区乐业县人民法院（2018）桂1028刑初66号，天津市和平区人民法院（2018）津0101刑初407号。

安徽省芜湖市鸠江区人民法院（2019）皖 0207 刑初 125 号，广东省廉江市人民法院（2019）粤 0881 刑初 40 号，河南省唐河县人民法院（2019）豫 1328 刑初 448 号，辽宁省沈阳市皇姑区人民法院（2019）辽 0105 刑初 12 号，辽宁省瓦房店市人民法院（2019）辽 0281 刑初 537 号，山东省临沂市兰山区人民法院（2019）鲁 1302 刑初 7 号，天津市和平区人民法院（2019）津 0101 刑初 300 号。

（二）诽谤罪

安徽省阜阳市中级人民法院（2014）阜刑终字第 00274 号，安徽省阜南县人民法院（2014）南刑初字第 00165 号，安徽省涡阳县人民法院（2014）涡刑初字第 00484 号，福建省古田县人民法院（2014）古刑初字第 97 号，甘肃省岷县人民法院（2014）岷刑初字第 136 号，广东省信宜市人民法院（2014）茂信法刑初字第 111 号，河南省新郑市人民法院（2014）新刑初字第 325 号，湖北省通山县人民法院（2014）鄂通山刑初字第 35 号，江苏省兴化市人民法院（2014）泰兴刑初字第 566 号，浙江省武义县人民法院（2014）金武刑初字第 338 号。

广东省吴川市人民法院（2015）湛吴法刑初字第 244 号，广东省湛江市赤坎区人民法院（2015）湛赤法刑初字第 32 号，河北省唐山市路南区人民法院（2015）南刑初字第 162 号，河南省睢县人民法院（2015）睢少刑初字第 86 号，河南省舞阳县人民法院（2015）舞刑初字第 84 号，湖北省荆州市沙市区人民法院（2015）鄂沙市刑初字第 00412 号，湖北省长阳土家族自治县人民法院（2015）鄂长阳刑初字第 00084 号，辽宁省大洼县人民法院（2015）大洼刑初字第 00117 号，河南省灵宝市人民法院（2015）灵刑初字第 201 号，内蒙古自治区通辽市中级人民法院（2015）通刑终字第 69 号，宁夏回族自治区银川市兴庆区人民法院（2015）兴刑初字第 670 号，青海省西宁市城东区人民法院（2015）东刑初字第 240 号，周口市川汇区人民法院（2015）川刑初字第 417 号，江苏省泰州医药高新技术产业开发区人民法院（2015）泰开刑初字第 00203 号。

安徽省阜阳市颍州区人民法院（2016）皖1202刑初157号，浙江省杭州市萧山区人民法院（2016）浙0109刑初1009号，河北省唐山市路南区人民法院（2016）冀0202刑初103号，湖北省襄阳市襄城区人民法院（2016）鄂0602刑初134号，湖南省岳阳市中级人民法院（2016）湘06刑终69号，吉林省通化县人民法院（2016）吉0521刑初64号，吉林省梨树县人民法院（2016）吉0322刑初436号，江苏省泰州医药高新技术产业开发区人民法院（2016）苏1291刑初222号，山东省平原县人民法院（2016）鲁1426刑初64号，山西省临猗县人民法院（2016）晋0821刑初43号，陕西省眉县人民法院（2016）陕0326刑初字第16号，四川省理县人民法院（2016）川3222刑初3号，浙江省温岭市人民法院（2016）浙1081刑初883号，浙江省义乌市人民法院（2016）浙0782刑初2316号。

安徽省蚌埠市蚌山区人民法院（2017）皖0303刑初296号，安徽省阜南县人民法院（2017）皖1225刑初359号，河南省淮滨县人民法院（2017）豫1527刑初296号，河南省沁阳市人民法院（2017）豫0882刑初1723号，河南省夏邑县人民法院（2017）豫1426刑初941号，河南省中牟县人民法院（2017）豫0122刑初576号，湖南省吉首市人民法院（2017）湘3101刑初368号，福建省沙县人民法院（2017）闽0427刑初188号，山东省德州市中级人民法院（2017）鲁14刑终84号，陕西省府谷县人民法院（2017）陕0822刑初225号，陕西省米脂县人民法院（2017）陕0827刑初55号，四川省九龙县人民法院（2017）川3324刑初20号，浙江省温岭市人民法院（2017）浙1081刑初1828号，浙江省舟山市普陀区人民法院（2017）浙0903刑初418号，河南省周口市中级人民法院（2017）豫16刑终569号，江苏省南通市通州区人民法院（2017）苏0612刑初278号，浙江省宁波市鄞州区人民法院（2017）浙0212刑初261号。

安徽省临泉县人民法院（2018）皖1221刑初210号，山西省代县人民法院（2018）晋0923刑初35号，广东省海丰县人民法院

（2018）粤1521刑初136号，广东省汕头市潮阳区人民法院（2018）粤0513刑初619号，河北省邯郸市永年区人民法院（2018）冀0408刑初302号，河北省新乐市人民法院（2018）冀0184刑初118号，河南省郸城县人民法院（2018）豫1625刑初97号，湖南省城步苗族自治县人民法院（2018）湘0529刑初156号，吉林省德惠市人民法院（2018）吉0183刑初208号，甘肃省宁县人民法院（2018）甘1026刑初114号，山东省菏泽市中级人民法院（2018）鲁17刑终459号，山东省济宁市任城区人民法院（2018）鲁0811刑初489号，山东省临沂市河东区人民法院（2018）鲁1312刑初235号，山东省沂水县人民法院（2018）鲁1323刑初534号，陕西省镇巴县人民法院（2018）陕0728刑初30号，陕西省西安市新城区人民法院（2018）陕0102刑初575号。

安徽省砀山县人民法院（2019）皖1321刑初189号，广东省中山市第一人民法院（2019）粤2071刑初1881号，河北省邢台县人民法院（2019）冀0521刑初149号，湖北省长阳土家族自治县人民法院（2019）鄂0528刑初40号，湖南省宁远县人民法院（2019）湘1126刑初435号，江西省弋阳县人民法院（2019）赣1126刑初107号，河北省晋州市人民法院（2019）冀0183刑初181号，河北省滦南县人民法院（2019）冀0224刑初184号，广西壮族自治区容县人民法院（2019）桂0921刑初115号，福建省厦门市思明区人民法院（2019）闽0203刑初781号，山东省日照市东港区人民法院（2019）鲁1102刑初197号，山西省介休市人民法院（2019）晋0781刑初70号，陕西省安康市中级人民法院（2019）陕09刑终158号，陕西省白河县人民法院（2019）陕0929刑初94号，四川省眉山市彭山区人民法院（2019）川1403刑初67号，天津市滨海新区人民法院（2019）津0116刑初60436号，天津市静海区人民法院（2019）津0118刑初53号，天津市静海区人民法院（2019）津0118刑初138号，兴安县人民法院（2019）桂0325刑初242号。

（三）煽动民族仇恨、民族歧视罪

浙江省玉环县人民法院（2014）台玉刑初字第837号，新疆维吾尔自治区石河子市人民法院（2014）石刑初字第355号。

浙江省慈溪市人民法院（2015）甬慈刑初字第186号，陕西省西安市临潼区人民法院（2015）临潼刑初字第00204号，新疆维吾尔自治区塔城地区乌苏市人民法院（2015）乌刑初字第120号，北京市朝阳区人民法院（2015）朝刑初字第1769号，北京市朝阳区人民法院（2015）朝刑初字第1072号。

北京市朝阳区人民法院（2016）京0105刑初871号，新疆昌吉州阜康市人民法院（2016）新2302刑初59号，新疆生产建设兵团莫索湾垦区人民法院（2016）兵0802刑初33号2016-09-26。

辽宁省沈阳市中级人民法院（2017）辽01刑终411号。

陕西省西安市雁塔区人民法院（2018）陕0113刑初220号，河北省廊坊经济技术开发区人民法院（2018）冀1091刑初30号。

（四）侵犯公民个人信息罪

福建省龙岩市中级人民法院（2016）闽08刑终182号，福建省泉州市中级人民法院（2016）闽05刑终1578号，湖南省衡阳市中级人民法院（2016）湘04刑终291号，江苏省苏州市中级人民法院（2016）苏05刑终776号，江苏省扬州市中级人民法院（2016）苏10刑终325号，山东省青岛市中级人民法院（2016）鲁02刑终397号，四川省绵阳市中级人民法院（2016）川07刑终391号。

安徽省亳州市中级人民法院（2017）皖16刑终293号，福建省莆田市中级人民法院（2017）闽03刑终304号，湖北省咸宁市中级人民法院（2017）鄂12刑终184号，湖北省襄阳市中级人民法院（2017）鄂06刑终288号，江苏省苏州市中级人民法院（2017）苏05刑终729号，山东省青岛市中级人民法院（2017）鲁02刑终92号，上海市第一中级人民法院（2017）沪01刑终279号，浙江省杭州市中级人民法院（2017）浙01刑终819号，浙江省绍兴市中级人民法院

(2017）浙06刑终332号，浙江省温州市中级人民法院（2017）浙03刑终156号，重庆市第五中级人民法院（2017）渝05刑终730号，重庆市第五中级人民法院（2017）渝05刑终919号，重庆市第五中级人民法院（2017）渝05刑终920号，重庆市第五中级人民法院（2017）渝05刑终1090号。

安徽省安庆市中级人民法院（2018）皖08刑终230号，福建省龙岩市中级人民法院（2018）闽08刑终232号，福建省龙岩市中级人民法院（2018）闽08刑终58号，福建省莆田市中级人民法院（2018）闽03刑终235号，广东省深圳市中级人民法院（2018）粤03刑终2653号，广东省湛江市中级人民法院（2018）粤08刑终282号，广西壮族自治区南宁市中级人民法院（2018）桂01刑终512号，贵州省遵义市中级人民法院（2018）黔03刑终645号，河北省邯郸市中级人民法院（2018）冀04刑终480号，河北省邢台市中级人民法院（2018）冀05刑终602号，湖北省荆门市中级人民法院（2018）鄂08刑终41号，湖北省十堰市中级人民法院（2018）鄂03刑终275号，湖北省宜昌市中级人民法院（2018）鄂05刑终365号，湖北省宜昌市中级人民法院（2018）鄂05刑终88号，江苏省连云港市中级人民法院（2018）苏07刑终59号，江苏省无锡市中级人民法院（2018）苏02刑终418号，江西省南昌市中级人民法院（2018）赣01刑终156号，江西省萍乡市中级人民法院（2018）赣03刑终158号，江西省新余市中级人民法院（2018）赣05刑终18号，宁夏回族自治区石嘴山市中级人民法院（2018）宁02刑终105号，山东省济南市中级人民法院（2018）鲁01刑终293号，山东省青岛市中级人民法院（2018）鲁02刑终295号，四川省达州市中级人民法院（2018）川17刑终87号，四川省眉山市中级人民法院（2018）川14刑终104号，四川省绵阳市中级人民法院（2018）川07刑终361号，四川省南充市中级人民法院（2018）川13刑终174号，四川省南充市中级人民法院（2018）川13刑终215号，天津市第二中级人民法院（2018）津02刑终279号，云南省昆明市中级人民法院（2018）云 01 刑终 428 号，浙江省台州市中级人民法院（2018）浙 10 刑终 748 号，浙江省台州市中级人民法院（2018）浙 10 刑终 25 号，重庆市第二中级人民法院（2018）渝 02 刑终 33 号，重庆市第五中级人民法院（2018）渝 05 刑终 332 号，重庆市第五中级人民法院（2018）渝 05 刑终 837 号。

安徽省合肥市中级人民法院（2019）皖 01 刑终 191 号，安徽省合肥市中级人民法院（2019）皖 01 刑终 857 号，广西壮族自治区玉林市中级人民法院（2019）桂 09 刑终 427 号，贵州省遵义市中级人民法院（2019）黔 03 刑终 251 号，贵州省遵义市中级人民法院（2019）黔 03 刑终 78 号，贵州省遵义市中级人民法院（2019）黔 03 刑终 622 号，安徽省合肥市中级人民法院（2019）皖 01 刑终 191 号，安徽省合肥市中级人民法院（2019）皖 01 刑终 857 号，广西壮族自治区玉林市中级人民法院（2019）桂 09 刑终 427 号，贵州省遵义市中级人民法院（2019）黔 03 刑终 251 号，海南省第二中级人民法院（2019）琼 97 刑终 111 号，河南省焦作市中级人民法院（2019）豫 08 刑终 37 号，河南省郑州市中级人民法院（2019）豫 01 刑终 344 号，湖北省宜昌市中级人民法院（2019）鄂 05 刑终 125 号，江苏省苏州市中级人民法院（2019）苏 05 刑终 488 号，江苏省无锡市中级人民法院（2019）苏 02 刑终 528 号，江苏省宿迁市中级人民法院（2019）苏 13 刑终 205 号，江苏省徐州市中级人民法院（2019）苏 03 刑终 255 号，江西省新余市中级人民法院（2019）赣 05 刑终 122 号，福建省厦门市中级人民法院（2019）闽 02 刑终 626 号，山东省临沂市中级人民法院（2019）鲁 13 刑终 359 号，山东省青岛市中级人民法院（2019）鲁 02 刑终 318 号，山东省青岛市中级人民法院（2019）鲁 02 刑终 478 号，上海市第二中级人民法院（2019）沪 02 刑终 1740 号，四川省成都市中级人民法院（2019）川 01 刑终 572 号，浙江省金华市中级人民法院（2019）浙 07 刑终 751 号，浙江省温州市中级人民法院（2019）浙 03 刑终 634 号，重庆市第五中级人民法院（2019）渝 05 刑终 128 号，重庆市第五中级人民法院（2019）渝05刑终140号。

（五）损害商业信誉、商品声誉罪

浙江省温州市鹿城区人民法院（2014）温鹿刑初字第1号，山东省淄博高新技术产业开发区人民法院（2014）新刑初字第31号。

山东省梁山县人民法院（2015）梁刑初字第178号，浙江省嵊州市人民法院（2015）绍嵊刑初字第19号，浙江省温州市鹿城区人民法院（2015）温鹿刑初字第468号，甘肃省文县人民法院（2015）文刑初字第22号，杭州市西湖区人民法院（2015）杭西刑初字第1100号，河南省遂平县人民法院（2015）遂刑初字第00204号。

甘肃省陇南市中级人民法院（2016）甘12刑终2号，内蒙古科尔沁左翼中旗人民法院（2016）内0521刑初119号。

内蒙古自治区和林格尔县人民法院（2017）内0123刑初83号，河南省辉县市人民法院（2017）豫0782刑初209号，河南省鹤壁市淇滨区人民法院（2017）豫0611刑初372号，上海市嘉定区人民法院（2017）沪0114刑初990号，重庆市渝北区人民法院（2017）渝0112刑初1328号。

浙江省杭州市西湖区人民法院（2018）浙0106刑初320号，湖北省鄂州市鄂城区人民法院（2018）鄂0704刑初9号，科尔沁左翼中旗人民法院（2018）内0521刑初43号。

河北省迁安市人民法院（2019）冀0283刑初554号，河北省无极县人民法院（2019）冀0130刑初137号。

（六）传播型诈骗罪

宁夏回族自治区固原市中级人民法院（2015）固刑终字第103号，西藏自治区山南地区中级人民法院（2015）山刑一终字第4号，云南省普洱市中级人民法院（2015）普中刑终字第86号，重庆市第五中级人民法院（2015）渝五中法刑终字第00223号。

贵州省铜仁市中级人民法院（2016）黔06刑终145号，湖北省武汉市中级人民法院（2016）鄂01刑终711号，湖南省岳阳市中级人民法院（2016）湘06刑终391号，内蒙古自治区呼伦贝尔市中级人民法院（2016）内07刑终151号，上海市第一中级人民法院（2016）沪01刑终276号，天津市第二中级人民法院（2016）津02刑终22号，西宁市中级人民法院（2016）青01刑终239号，内蒙古自治区兴安盟中级人民法院（2016）内22刑终130号，重庆市第五中级人民法院（2016）渝05刑终876号。

青海省海东市中级人民法院（2017）青02刑终12号，广西壮族自治区贺州市中级人民法院（2017）桂11刑终171号，河北省邢台市中级人民法院（2017）冀05刑终356号。

山西省太原市中级人民法院（2018）晋01刑终641号，北京市第二中级人民法院（2018）京02刑终309号，广东省高级人民法院（2018）粤刑终27号，广西壮族自治区来宾市中级人民法院（2018）桂13刑终190号，河南省许昌市中级人民法院（2018）豫10刑终490号，黑龙江省伊春市中级人民法院（2018）黑07刑终6号，江苏省无锡市中级人民法院（2018）苏02刑终232号，江西省上饶市中级人民法院（2018）赣11刑终226号，辽宁省辽阳市中级人民法院（2018）辽10刑终200号，辽宁省沈阳市中级人民法院（2018）辽01刑终342号，山西省临汾市中级人民法院（2018）晋10刑终390号，山东省烟台市中级人民法院（2018）鲁06刑终19号，陕西省榆林市中级人民法院（2018）陕08刑终446号，四川省内江市中级人民法院（2018）川10刑终28号，浙江省台州市中级人民法院（2018）浙10刑终976号。

云南省昆明市中级人民法院（2019）云01刑终206号，贵州省黔南布依族苗族自治州中级人民法院（2019）黔27刑终151号，安徽省滁州市中级人民法院（2019）皖11刑终211号，安徽省六安市中级人民法院（2019）皖15刑终179号，北京市高级人民法院（2019）京刑终60号，福建省龙岩市中级人民法院（2019）闽08刑终441号，福建省龙岩市中级人民法院（2019）闽08刑终428号，甘肃省酒泉市中级人民法院（2019）甘09刑终58号，宁夏回族自治区固原市中级人民法院（2019）宁04刑终91号，广东省中山市中级人民法院（2019）粤20刑终636号，四川省广元市中级人民法院（2019）川08刑终140号，海南省第二中级人民法院（2019）琼97刑终111号，海南省第二中级人民法院（2019）琼97刑终343号，河南省安阳市中级人民法院（2019）豫05刑终689号，黑龙江省大庆市中级人民法院（2019）黑06刑终168号，湖南省永州市中级人民法院（2019）湘11刑终429号，吉林省白山市中级人民法院（2019）吉06刑终52号，吉林省长春市中级人民法院（2019）吉01刑终27号，江苏省宿迁市中级人民法院（2019）苏13刑终180号，江西省吉安市中级人民法院（2019）赣08刑终293号，荆州市中级人民法院（2019）鄂10刑终283号，酒泉市中级人民法院（2019）甘09刑终158号，山东省济南市中级人民法院（2019）鲁01刑终184号，陕西省咸阳市中级人民法院（2019）陕04刑终227号，上海市第二中级人民法院（2019）沪02刑终351号，天津市第二中级人民法院（2019）津02刑终325号，西藏自治区山南市中级人民法院（2019）藏05刑终5号，新疆生产建设兵团第十四师中级人民法院（2019）兵13刑终7号，新疆维吾尔自治区昌吉回族自治州中级人民法院（2019）新23刑终277号，河北省邢台市中级人民法院（2019）冀05刑终164号，浙江省金华市中级人民法院（2019）浙07刑终754号。

（七）涉传播敲诈勒索罪

安徽省阜阳市中级人民法院（2014）阜刑终字第00237号，江苏省徐州市中级人民法院（2014）徐刑二终字第106号，上海市第二中级人民法院（2014）沪二中刑终字第1201号，海口市中级人民法院（2014）海中法刑终字第95号，浙江省宁波市中级人民法院（2014）浙甬刑二终字第283号，辽宁省沈阳市中级人民法院（2014）沈中刑二终字第134号，山东省烟台市中级人民法院（2014）烟刑二终字第53号。

北京市海淀区人民法院（2015）海刑初字第 35 号，佛山市中级人民法院（2015）佛中法刑二终字第 420 号，哈尔滨市中级人民法院（2015）哈刑一终字第 274 号，河南省商丘市中级人民法院（2015）商少刑终字第 10 号，吉林市中级人民法院（2015）吉中刑终字第 161 号，三明市中级人民法院（2015）三刑终字第 10 号，厦门市中级人民法院（2015）厦刑终字第 482 号，上海市第二中级人民法院（2015）沪二中刑终字第 243 号，绍兴市中级人民法院（2015）浙绍刑终字第 687 号。

内蒙古自治区阿拉善盟中级人民法院（2016）内 29 刑终 2 号，黑龙江省齐齐哈尔市中级人民法院（2016）黑 02 刑终 273 号，湖南省衡阳市中级人民法院（2016）湘 04 刑终 230 号，青海省西宁市中级人民法院（2016）青 01 刑终 18 号，湖南省双峰县人民法院（2016）湘 1321 刑初 209 号，湖北省随州市中级人民法院（2016）鄂 13 刑终 52 号，天津市第二中级人民法院（2016）津 02 刑终 680 号，新疆维吾尔自治区伊犁哈萨克自治州塔城地区中级人民法院（2016）新 40 刑终 389 号，河北省邢台市中级人民法院（2016）冀 05 刑终 22 号，重庆市第二中级人民法院（2016）渝 02 刑终 29 号。

北京市第一中级人民法院（2017）京 01 刑终 237 号，四川省达州市中级人民法院（2017）川 17 刑终 65 号，贵州省贵阳市中级人民法院（2017）黔 01 刑终 1006 号，海南省海口市中级人民法院（2017）琼 01 刑终 108 号，宁夏回族自治区吴忠市中级人民法院（2017）宁 03 刑终 135 号，四川省达州市中级人民法院（2017）川 17 刑终 41 号，重庆市第五中级人民法院（2017）渝 05 刑终 206 号。

河北省邯郸市中级人民法院（2018）冀 04 刑终 667 号，云南省玉溪市中级人民法院（2018）云 04 刑终 54 号，广东省东莞市中级人民法院（2018）粤 19 刑终 763 号，广西壮族自治区河池市中级人民法院（2018）桂 12 刑终 157 号，贵州省遵义市中级人民法院（2018）黔 03 刑终 721 号，辽宁省辽阳市中级人民法院（2018）辽 10 刑终 100 号，内蒙古自治区乌兰察布市中级人民法院（2018）内 09 刑终 7 号，山西省忻州市中级人民法院（2018）晋 09 刑终 401 号，天津市第二中级人民法院（2018）津 02 刑终 490 号，新疆维吾尔自治区乌鲁木齐市中级人民法院（2018）新 01 刑终 65 号。

陕西省神木市人民法院（2019）陕 0881 刑初 113 号，江西省上饶市中级人民法院（2019）赣 11 刑终 373 号，湖北省襄阳市中级人民法院（2019）鄂 06 刑终 404 号，广西壮族自治区北海市中级人民法院（2019）桂 05 刑终 183 号，福建省漳州市中级人民法院（2019）闽 06 刑终 41 号，甘肃省嘉峪关市中级人民法院（2019）甘 02 刑终 70 号，甘肃省庆阳市中级人民法院（2019）甘 10 刑终 87 号，江苏省淮安市中级人民法院（2019）苏 08 刑终 1 号，云南省昆明市中级人民法院（2019）云 01 刑终 264 号，宁夏回族自治区固原市中级人民法院（2019）宁 04 刑终 17 号，青海省西宁市中级人民法院（2019）青 01 刑终 145 号，河南省三门峡市中级人民法院（2019）豫 12 刑终 162 号，山东省聊城市中级人民法院（2019）鲁 15 刑终 69 号，山西省大同市中级人民法院（2019）晋 02 刑终 262 号，陕西省榆林市中级人民法院（2019）陕 08 刑终 334 号，江西省上饶市中级人民法院（2019）赣 11 刑终 395 号，新疆维吾尔自治区克拉玛依市中级人民法院（2019）新 02 刑终 59 号。

（八）涉传播强迫交易罪

河南省郑州市中级人民法院（2014）郑刑一终字第 369 号，广东省广州市南沙区人民法院（2014）穗南法刑初字第 310 号。

浙江省绍兴市越城区人民法院（2015）绍越刑初字第 578 号，河北省广宗县人民法院（2015）广刑初字第 88 号，上海市浦东新区人民法院（2015）浦刑初字第 3654 号。

广东省珠海市中级人民法院（2016）粤 04 刑终 319 号，广东省惠州市中级人民法院（2016）粤 13 刑终 140 号。

河南省南阳市中级人民法院（2017）豫 13 刑终 498 号，河北省石家庄市新华区人民法院（2017）冀 0105 刑初 64 号。

江苏省连云港市中级人民法院（2018）苏 07 刑终 184 号，河南省新郑市人民法院（2018）豫 0184 刑初 681 号，河南省镇平县人民法院（2018）豫 1324 刑初 684 号。

四川省成都市中级人民法院（2019）川 01 刑终 639 号，陕西省神木市人民法院（2019）陕 0881 刑初 113 号，山东省济南市中级人民法院（2019）鲁 01 刑终 510 号，陕西省府谷县人民法院（2019）陕 0822 刑初 369 号，陕西省咸阳市秦都区人民法院（2019）陕 0402 刑初 304 号。

（九）假冒注册商标罪

福建省泉州市中级人民法院（2014）泉刑终字第 648 号，广东省深圳市中级人民法院（2014）深中法知刑终字第 29 号，广东省深圳市中级人民法院（2014）深中法知刑终字第 16 号，广东省广州铁路运输中级法院（2014）广铁中法刑终字第 20 号，湖北省黄石市中级人民法院（2014）鄂黄石中刑终字第 00021 号。

广东省东莞市中级人民法院（2015）东中法知刑终字第 5 号，广东省深圳市中级人民法院（2015）深中法知刑终字第 142 号，广东省深圳市中级人民法院（2015）深中法知刑终字第 58 号，广东省深圳市中级人民法院（2015）深中法知刑终字第 71 号，河北省邢台市中级人民法院（2015）邢刑终字第 188 号，吉林省吉林市中级人民法院（2015）吉中刑终字第 271 号，浙江省绍兴市中级人民法院（2015）浙绍刑终字第 185 号。

广东省东莞市中级人民法院（2016）粤 19 刑终 368 号，广东省佛山市中级人民法院（2016）粤 06 刑终 293 号，广东省广州市中级人民法院（2016）粤 01 刑终 1461 号，广东省广州市中级人民法院（2016）粤 01 刑终 776 号，广东省深圳市中级人民法院（2016）粤 03 刑终 1634 号，广东省深圳市中级人民法院（2016）粤 03 刑终 1731 号，广东省深圳市中级人民法院（2016）粤 03 刑终 357 号，广东省深圳市中级人民法院（2016）粤 03 刑终 929 号，广东省中山市中级人民法院

(2016) 粤 20 刑终 121 号,广东省中山市中级人民法院 (2016) 粤 20 刑终 49 号,湖北省十堰市中级人民法院 (2016) 鄂 03 刑终 41 号,浙江省湖州市中级人民法院 (2016) 浙 05 刑终 93 号,浙江省衢州市中级人民法院 (2016) 浙 08 刑终 105 号,重庆市第一中级人民法院 (2016) 渝 01 刑终 451 号。

安徽省合肥市中级人民法院 (2017) 皖 01 刑终 233 号,安徽省黄山市中级人民法院 (2017) 皖 10 刑终 14 号,广东省广州市中级人民法院 (2017) 粤 01 刑终 1296 号,广东省广州市中级人民法院 (2017) 粤 01 刑终 1467 号,广东省深圳市中级人民法院 (2017) 粤 03 刑终 2841 号之二,贵州省高级人民法院 (2017) 黔刑终 567 号,江苏省高级人民法院 (2017) 苏刑终 357 号,山东省泰安市中级人民法院 (2017) 鲁 09 刑终 152 号。

广东省佛山市中级人民法院 (2018) 粤 06 刑终 319 号,广东省广州市中级人民法院 (2018) 粤 01 刑终 1392 号,广东省广州市中级人民法院 (2018) 粤 01 刑终 1855 号,广东省惠州市中级人民法院 (2018) 粤 13 刑终 323 号,广东省清远市中级人民法院 (2018) 粤 18 刑终 364 号,广东省深圳市中级人民法院 (2018) 粤 03 刑终 2269 号,广东省深圳市中级人民法院 (2018) 粤 03 刑终 286 号,广东省深圳市中级人民法院 (2018) 粤 03 刑终 2986 号,广东省深圳市中级人民法院 (2018) 粤 03 刑终 3223 号,广东省湛江市中级人民法院 (2018) 粤 08 刑终 281 号,辽宁省本溪市中级人民法院 (2018) 辽 05 刑终 107 号,山西省太原市中级人民法院 (2018) 晋 01 刑终 1207 号。

广东省佛山市中级人民法院 (2019) 粤 06 刑终 315 号,广东省佛山市中级人民法院 (2019) 粤 06 刑终 364 号,河南省济源市中级人民法院 (2019) 豫 96 刑终 53 号,河南省平顶山市中级人民法院 (2019) 豫 04 刑终 361 号,湖南省湘潭市中级人民法院 (2019) 湘 03 刑终 308 号,江西省宜春市中级人民法院 (2019) 赣 09 刑终 316 号,辽宁省本溪市中级人民法院 (2019) 辽 05 刑终 61 号,辽宁省锦州市中级人民法院（2019）辽07刑终13号，山东省济南市中级人民法院（2019）鲁01刑终369号，山东省临沂市中级人民法院（2019）鲁13刑终182号，山西省吕梁市中级人民法院（2019）晋11刑终389号，四川省成都市中级人民法院（2019）川01刑终302号，四川省绵阳市中级人民法院（2019）川07刑终396号。

（十）侵犯著作权罪

北京市第二中级人民法院（2014）二中刑终字第656号，北京市第一中级人民法院（2014）一中刑终字第2516号，北京市第一中级人民法院（2014）一中刑终字第2516号，北京市第一中级人民法院（2014）一中刑终字第2915号，广东省深圳市中级人民法院（2014）深中法知刑终字第17号，湖北省孝感市中级人民法院（2014）鄂孝感中刑终字第00085号，浙江省台州市中级人民法院（2014）浙台知刑终字第4号。

北京市第一中级人民法院（2015）一中刑终字第2083号，北京市第一中级人民法院（2015）一中刑终字第2083号，北京市第一中级人民法院（2015）一中刑终字第2174号，广东省深圳市中级人民法院（2015）深中法知刑终字第133号，江苏省高级人民法院（2015）苏知刑终字第00011号，上海市第三中级人民法院（2015）沪三中刑终字第6号。

广东省汕头市中级人民法院（2016）粤05刑终203号，河南省高级人民法院（2016）豫刑终548号，上海市第三中级人民法院（2016）沪03刑终1号，四川省成都市中级人民法院（2016）川01刑终98号。

江苏省苏州市中级人民法院（2017）苏05刑终87号，北京市第二中级人民法院（2017）京02刑终1号，北京市第三中级人民法院（2017）京03刑终14号，湖北省武汉市中级人民法院（2017）鄂01刑终1330号，浙江省温州市中级人民法院（2017）浙03刑终790号。

北京市第一中级人民法院（2018）京01刑终566号，广东省广州市中级人民法院（2018）粤 01 刑终 1067 号，广东省深圳市中级人民法院（2018）粤 03 刑终 1483 号，河南省高级人民法院（2018）豫刑终 592 号，河南省商丘市中级人民法院（2018）豫 14 刑终 89 号，湖北省恩施土家族苗族自治州中级人民法院（2018）鄂 28 刑终 42 号，江苏省高级人民法院（2018）苏刑终 179 号。

北京市第一中级人民法院（2019）京 01 刑终 173 号，北京市第一中级人民法院（2019）京 01 刑终 609 号，广东省茂名市中级人民法院（2019）粤 09 刑终 2 号，广东省中山市中级人民法院（2019）粤 20 刑终 428 号，江苏省高级人民法院（2019）苏刑终 253 号，宁夏回族自治区银川市中级人民法院（2019）宁 01 刑终 178 号，上海市第三中级人民法院（2019）沪 03 刑终 12 号，上海市第三中级人民法院（2019）沪 03 刑终 14 号，浙江省绍兴市中级人民法院（2019）浙 06 刑终 441 号。

（十一）侵犯商业秘密罪

江苏省南京市鼓楼区人民法院（2014）鼓知刑初字第 1 号，山东省青岛市中级人民法院（2014）青知刑终字第 4 号。

广东省珠海市香洲区人民法院（2015）珠香法知刑初字第 2 号，河北省廊坊经济技术开发区人民法院（2015）廊开刑初字第 058 号。

江西省湖口县人民法院（2016）赣 0429 刑初 36 号。

福建省宁德市蕉城区人民法院（2017）闽 0902 刑初 428 号。

广东省佛山市三水区人民法院（2018）粤 0607 刑初 7 号，广东省惠州市中级人民法院（2018）粤 13 刑终 361 号。

（十二）销售侵权复制品罪

安徽省池州市贵池区人民法院（2014）贵刑初字第 00121 号，湖南省临武县人民法院（2014）临刑初字第 36 号。

福建省宁德市中级人民法院（2015）宁刑终字第 116 号。

山东省潍坊高新技术产业开发区人民法院（2016）鲁 0791 刑初 39 号。

广东省佛山市南海区人民法院（2019）粤0605刑初4638号，河南省原阳县人民法院（2019）豫0725刑初273号，湖北省罗田县人民法院（2019）鄂1123刑初122号。

吉林省白山市浑江区人民法院（2019）吉0602刑初89号。

后　记

　　我从教之前就清楚传播法学界并不太重视体系的建构。从教之后，曾与同行提及该问题，结果，不是遭遇沉默，就是明确的不感兴趣。今年5月在西北大学新闻传播学院和中国社会科学院大学媒体法研究中心承办的"当代传媒法高峰论坛"上，我在做评述时顺带将传播法体系建构的问题提出，有学者认为：传播法的确需要一个框架，但已经有20来本新闻传播法教材，这些教材内容本身就是框架或体系。因此，传播法学界将"新闻传播法"的"框架"作为"传播法"的"体系"的认识，可能是传播法体系建构最大的障碍。值得欣喜的是：我的传播法体系建构的观点引起几个传播法同仁和法学界学者的注意，其中一位学者明确认为：这个问题涉及到传播法的生存与发展。当然，如果有其他学者能自觉而非自发地从事体系建构的研究，可能不会如此"寂寞"。

　　这几年，传播法学界是在一种"低调"甚至压抑的环境中进行学术研究的。四川师范大学庹继光教授的去世，给大家心理投下不小的阴影。所以，同仁们的互相信任、支持、帮助，在这种环境下，分外暖心；所以，"无理由拒绝"的现象在本学界似乎很少。在今年国家社科基金重大项目的申报中，我所了解的情况是：我的教授朋友们即使被邀请作为一般成员，都欣然接受。

　　然而，对课题（尤其是国家级）立项的追求，似乎到了一种近乎

"狂热"的地步：从学校角度，评博士点、硕士点和"双一流"需要课题立项；从个人角度，评职称、晋级以及各种荣誉称号需要课题立项……总之，生存与发展都离不开课题立项。今年，在政府财政很紧张的情况下，国家社科基金重大课题招标数量增加了约三分之一，传播法学界申报人也猛增，近日，我竟然收到6个分别来自法学界和传播法学界主申报人的邀请（邀请我作为子课题负责人），令我吃惊的是：一些主申报人所申报题目与其研究领域相去甚远，而我也很少涉足相关领域。尽管这种现象也可以视为"学术繁荣"的表现之一，但我实在不敢揣测这些项目如果立项，会有什么学术贡献。倒是我未能作为成员参与的一个课题，在"友情帮助"过程中感觉到其价值，但愿主申报人能如愿得以立项——当然，在个人小小的物质与精神欲望艰苦卓绝的实现过程中，"巅峰目的"也基本实现。至于课题与学术的关系，在真正属于学术的课题中，如果细细观察，涉及学科体系的课题立项少之又少，这可能与课题的"论文化倾向"有关，即倾向于在一个小角度的深挖，而不重视宏观体系性研究，这也是在"传播"已经取代"新闻传播"成为新闻传播学核心基础概念，甚至成为二级学科新闻学教学中主要概念的情况下，"传播法"依然未能取代"新闻传播法"的关键原因之一。

本书是延续本人建构传播法体系的思路进行的。2018年，本人的《传播侵权研究》一书出版；现在，《传播犯罪研究》一书即将出版——这个过程整体还是顺利的。但由于种种客观原因，《传播法教程》至今未能出版。本人原计划退休之前完成"传播行政管理研究"及"宪制传播研究"，但愿客观环境能够允许。

本书是在新冠疫情肆虐期间完成的。从2019年本人申报的国家社科基金项目"传播犯罪研究"（自选题目，批准题目是"传播犯罪的趋势、类型及立法司法研究"）立项，至今即将出版——两年期间，研究工作几乎是在"躲进小楼成一统"的情况下进行的：不仅原定的调研计划无法实施，而且由于本人的国家社科基金重点项目"'主体责任'

视域下网络平台的法律规制"于 2020 年立项，传播犯罪研究必须于 2020 年结项，故项目的规模与内容也进行了缩减。尽管比较仓促，项目终得以"良好"档次一次顺利结项。巧合的是：申报结项时，学校正进行新文科建设丛书的立项，本人此项目研究的结项文本得以顺利立项，进入出版程序。

本书是在传播型犯罪愈发广泛适用的情况下完成的。近年来，不仅是司法增加了因应网络传播时代的新类型犯罪，一些传统的犯罪，如寻衅滋事罪和非法经营罪，也向网络传播领域延伸，成为频繁适用的罪名。尤其是寻衅滋事罪，在新冠疫情肆虐期间也如瘟疫一般肆虐。各种传播犯罪广泛适用，这使我深深体会到本研究、本书的价值。

这两年，父母身体的相对稳定也使我能专心完成此项研究，夫人则一如既往地付出许多，孩子快速成长和进步给了我莫大的安慰——小而言之，父辈的努力是为了孩子有光明的前途；大而言之，我相信我和同仁的努力是为了下一代能有一个正常、自由的环境。

感谢我的硕士研究生龙敏（现供职于重庆大学）和成都体育学院硕士研究生陈雪晴。在紧张的项目进行过程中，两位学生进行了许多重要的前期准备工作，其中：（尽管框架与观点由本人确定，许多资料也由本人提供，但）本书的第三章和第五章数据等资料由龙敏帮助统计完成，第四章和第六章数据资料由陈雪晴帮助统计完成。可以说，两位学生的倾力相助，是本人如期完成项目、顺利出版本书的重要因素之一。

感谢本书责任编辑、中国社会科学出版社的宫京蕾老师，她的一丝不苟和效率，充分体现了中国社会科学出版社的水平，希望以后能与宫编辑继续合作。

感谢中国社会科学院大学的出版资助，尤其感谢学校科研处蒋甫玉老师，他以认真、负责的工作态度使本书得以顺利出版。

2021 年 8 月初于京师园